# HXD$_{1C}$型机车构架与运用操作

陈纯北　编著

中国铁道出版社有限公司

2022年·北　京

## 内 容 简 介

HXD1C 型电力机车属近年来引进技术消化吸收后自主创新设计生产的新型大功率交流电传动电力机车。本书对该型电力机车构架与运用操作进行了系统介绍，并结合作者所在机务段与外段运用该型电力机车的实际情况，列述了运用中出现的结构性缺陷与操作失当引起的典型故障个例。

本书可作为司乘、地勤质检、验收、机车调度等人员的专业学习读本，并适用于本专业司乘人员培训学习用教材或大专院校辅助性教材。

**图书在版编目(CIP)数据**

HXD1C 型机车构架与运用操作/陈纯北编著．—北京：中国铁道出版社，2015.11(2022.8 重印)
ISBN 978-7-113-21051-9

Ⅰ.①H… Ⅱ.①陈… Ⅲ.①电力机车—交流电传动—传动机构 Ⅳ.①U264.2

中国版本图书馆 CIP 数据核字(2015)第 252693 号

**书　　名**：**HXD1C 型机车构架与运用操作**
**作　　者**：陈纯北

**责任编辑**：王明容　　**编辑部电话**：010-51873421　　**电子信箱**：jiche@tdpress.com
**编辑助理**：王佳琦
**封面设计**：郑春鹏
**责任校对**：王　杰
**责任印制**：高春晓

**出版发行**：中国铁道出版社有限公司(100054，北京市西城区右安门西街 8 号)
**网　　址**：http://www.tdpress.com
**印　　刷**：三河市宏盛印务有限公司
**版　　次**：2015 年 11 月第 1 版　2022 年 8 月第 3 次印刷
**开　　本**：787 mm×1 092 mm　1/16　**印张**：32　**字数**：788 千
**书　　号**：ISBN 978-7-113-21051-9
**定　　价**：85.00 元

# 前　　言

作者作为铁路运输机车运用司乘操作人员经历了蒸汽机车、内燃机车与电力机车牵引时期。在此期间，我国铁路运输动力牵引变迁发生了翻天覆地的变化。以作者所服务的兰新线为例，20 世纪 70 年代蒸汽机车上/下行在 6‰限制坡道上牵引 1 800/1 600 t。自 20 世纪 80 年代起随着运用内燃机车更新换代和线路设备的改造，牵引货物从上/下行的 1 800/1 600 t 逐渐增到 4 000/3 600 t，再到现在电力机车上/下行牵引 5 000 t。尽管机车牵引动力与机车设备的变更有相当大的技术进步，机车操作方法也发生了根本性的改变，但列车的操纵方式及相应要求变化并不大。

例如，蒸汽机车是以锅炉蒸汽为动力，即要求始终保持机车锅炉水表水位与汽压的适度平衡，以求机车牵引动力发挥最好效率。否则，锅炉水位太高进入汽缸的蒸汽会不太干燥，甚至会造成“窜水”；锅炉汽压太低，进入汽缸内的单位压强会降低，均会影响机车动力的产生与牵引力的发挥。同时，若不能根据列车编组负载与线路纵断面的变化情况随时调整好汽缸手把位置与汽门的供汽量，即便锅炉内汽足火旺也不能良好地发挥蒸汽机车的动力效率。

内燃机车牵引在机车操作上虽然有了较大变化，机车动力(柴油机)属自动控制，如何调整好柴油机功率输出，并在柴油机功率输出最佳的工况下发挥好机车的牛马特性，充分利用好机车的运用牵引特性，也得根据列车负载与线路纵断面的变化情况和机车运用性能，发挥好内燃机车各系统间功能与部件间的协调，避免盲目操作机车，导致机车运用故障的发生。例如，机车运行中由负载重的上坡道转入负载减轻的缓和坡道时，如未实施好机车操作调节，一味还是在机车柴油机高转速大功率输出下工作，其结果是导致牵引电动机在限压上线运行，致使牵引电动机环火短路“放炮”，牵引电动机损坏，严重时波及到 1、2ZL 整流柜内整流元件(类似的内燃机车运用操作失当引起的机车运用故障个例，作者在前几本内燃机车运用书籍中均有介绍)。

现代大功率电力机车(特别是交—直—交电传动方式)克服了上述两类机车功率不足与机车操控上已有的各类缺陷，但同样还存在着一定的机车结构性缺陷带来的运用障碍。虽然该类型电力机车具有定速控制等先进的操控技术措施，但机车运用故障同样会发生。若一味地依赖于所谓的机车先进操控系统，未随运用机车类型的改变而转变机车操作方式，任何先进的设备都是运用不好的。例如，电力机车性能中是以 AC 25 kV 的外动力——接触网电源为基准，经主变流器的转换，但在电力机车运用中网侧压力因线路区段负载高低的影响，接受到的网侧电压有超 AC 31 kV 与低于 AC 17.5 kV 及以下时，或机车长时间处于高负荷功率域段。因此主变流器内二次谐振波对其部件形成冲击，导致电气/电子设备（电容、模块的“炸壳”、电容“涌液鼓包”接地）发生非正常损坏。若机车操作者能在网侧电压高/低峰域值段，预防性地提前对机车减负，使机车负荷趋于缓和，该类机车运用故障相应也能得到减少或避免发生。

无论是蒸汽机车、内燃机车还是现在的电力机车在运用上均有继承性，虽然在操作方法上会有所不同，但在机车操作方式要求上是有其相同性的。应根据机车类型的不同，发挥好机车“三力”的具体配合运用，即机车牵引力、机车制动力与机车电（阻）制动力（蒸汽机车无此功能）的理性运用；同时在列车操纵中应注重“三要素”，即在列车操纵中处理好机车性能、列车编组与线路纵断面三者间带来机车牵引力与列车运行阻力的变量关系，充分发挥和掌握好机车“三力”的实施与运用，在保证列车安全运行的同时，提升机车操作技术水平、提高机车的运用效率与效益，对一种新型机车的运用尤其如此。

因此本书突出叙述了 HXD1C 型电力机车运用操作与其相关内容，并系统地在第二章介绍了该型电力机车性能，熟悉此类知识以便于对机车性能运用操作的掌握和发挥；在第二、三章内介绍了机车总体与部分部件的构架知识，以便对机车部件熟悉；在第四、五章系统地介绍了该型机车主、辅系统的主要部件，以便于对该类部件运用性能的了解与掌握；在第六、七章叙述了机车电子控制系统与电空制动机的操作与控制，以求对机车电子控制技术与制动系统有新的认识；在第八章叙述了机车运用操作，对该型电力机车运用操作应有一全新的概念，无论是机车功率的发挥还是机车列车制动力的实施（加），均属指令间接控制，属指令控制就需按程序设置进程的步骤操作，不得盲目操作，否则将对机车操作带来运用障碍（发生机车计算机保护性“死机”）与相应非正常制动（惩罚），严重时，造成电气设备硬（机）件的损坏；在第九章介绍了机车运用故障处理，以求对该型机车存在的结构缺陷与运用操作失当有所认识，能够寻求最佳机车运用操作方法，提高机车操作技能克服机车运用缺陷；在第十章介绍了机车运用典型故障个例，能够补充机车运用者对机车性能运用与操作上的知识不足，便于改进创新机车运用操作技能；在第十一章介绍了机车运用的相关名词、机车运用安全要求与相应规定，以保证在机车运用中的正确运用与安全。

为能提请有关机车设计制造及运用部门改进完善机车性能和规范机车的操作行为，书内提供了部分现场机车运用信息，以使其机车性能更趋完善，运用适应性增强，运用操作更趋合理。HXD1C 型电力机车投入运用才四年多，对于该型机车运用而言，还有不少部（机）件与机车操作控制系统需得到进一步完善与改进。仅就对这一新型机车运用而言，虽然本书内对此有所介绍与揭示，但还很欠缺，该型机车某类设备与部件在完善改进中，其隐形故障的存在并未在机车运用中暴露，但不等于不存在。本书仅就机车运用操作方面展开介绍，如哪些方面与运用者的运用机车有所区别或叙述不周，请以所运用机车出厂携带技术说明的技术参数为准，或以机车运用业务部门对机车改进措施（文件）为准。

本书在撰写中得到了作者所在单位——乌鲁木齐和哈密机务段各级领导的大力支持。并先后得到了湖东电力机务段马纯勇，襄樊机务段丁明顺，乌鲁木齐机务段吕建光，哈密机务段刘彦龙、刘闯，株洲电力机车厂与株洲电力机车研究所驻哈密机务段服务组的相关同志，以及哈密机务段教育科与技术科档案室周丽君给予的大力协助，在此表示衷心感谢！

由于时间仓促，水平所限，谬误在所难免，对提出的批评指正谨表谢意！

陈纯北

2015 年 5 月于新疆哈密

# 目　录

# 第一章　概　　述

《中长期铁路网规划》对研究通过的铁路机车车辆装备现代化实施方案明确指出，“加快我国铁路运输装备现代化，要按照引进先进技术、联合设计生产、打造中国品牌的总体要求”。根据上述方针，国家发改委与原铁道部联合下达了《大功率交流传动电力机车技术引进与国产化实施方案》。$HXD_{1C}$ 型电力机车是在 $HXD_1$、$HXD_{1B}$ 型电力机车技术引进的基础上，掌握了大功率交流传动机车的系统集成及相关配套技术，形成了一套适应中国铁路运输需要的技术体系，自主研制的六轴 7 200 kW 交流传动货运电力机车。即在 $HXD_1$、$HXD_{1B}$ 型电力机车技术优点的基础上，克服相应缺点，适应我国现有线路单机在 6‰的坡道上牵引 5 000 t 货物列车的要求。该型电力机车最大轮周牵引力/电制动功率 7 200 kW，最高运行速度 120 km/h。

## 一、$HXD_{1C}$ 型电力机车性能/总成与主电路

1. 机车性能

机车性能是指机车牵引特性与制动特性及其相应部件的主要技术参数。$HXD_{1C}$ 型电力机车运用性能是根据机车构架构成的系统所发挥的机车综合性运用功能，来体现机车牵引特性、电制动与制动特性集成技术在系统控制下的综合体现。

2. $HXD_{1C}$ 型电力机车构架总成

机车构架是指机车主要构成部件的总成。$HXD_{1C}$ 型电力机车为六轴交流电力机车，轴式为 $C_0$-$C_0$，属于交—直—交传动的范畴，采用前后双端司机室顺向操纵，它由接触网供给高压交流电，属外动力电源，由机车车顶受电弓导入，在机车上经主变压器降压，再经机车主变流器四象限整流并通过中间直流环节转变成直流电，然后再经牵引逆变器、辅助逆变器将直流电变换成三相交流电，用来驱动交流牵引电动机及其他辅助装置的三相交流电机，完成机车的牵引任务。

机车内机械间纵向采用三个间隔，即前后Ⅰ端司机室、机械间与Ⅱ端司机室。其中Ⅰ、Ⅱ端司机室布置基本相同，机械间设备采用靠边对称布置，中间是走廊。机车外形纵向从左向右为Ⅰ司机室外墙、机械间外墙与Ⅱ司机室外墙横向从上到下为机车车顶、车体与走行部。在第三章第三节分别叙述了 $HXD_{1C}$ 型电力机车运用、总体总成与附属装置。

3. 机车主电路

$HXD_{1C}$ 型电力机车主电路电气设备主要由外来电源授受电器，降压变换装置——主变压器，交—直—交流变换装置——主变流器与逆变驱动器及牵引电动机与相应辅助控制、测量与保护装置所组成。在第三章第四节分别介绍了机车主变压器、主变流器、外来电源授受电气设备与交流牵引电动机。

(1)机车电气设备

$HXD_{1C}$ 型电力机车接受接触网(外来)电源经主变压器降压与主变流器变换控制，转换成机车的动力源，驱动机车牵引列车运行。其外来电源授受电气设备均属高压电器，主要有受电弓、真空断路器、接地开关、高压隔离开关、高压电压互感器、原边电流互感器、避雷器和高压电

缆总成等。该类电气设备有专项授受性电器（如受电弓）、专项控制电器（如高压隔离开关）、保护性电器（如接地开关、避雷器）、控制兼保护性电器（如真空断路器）、测量电器（如电压、电流互感器），以及连接性电器（如高压电缆等），其特点是均处在机车外电源的高压电路中。

(2)牵引电动机

牵引电动机是机车进行机械能和电能相互转换的重要部件。它安装在机车转向架上，通过传动装置与轮对相连。机车在牵引状态时，牵引电动机将电能转换成机械能，驱动机车运行。当机车在电气制动状态时，牵引电动机将列车的机械能转化为电能，产生列车制动力。21世纪之前，我国机车牵引电动机主要采用直流电机。随着电力电子技术的发展，异步电机在控制系统的支撑下具有了与直流电机媲美的调速特性，异步电机还有比直流电机体积小、功率大、效率高、恒功范围宽、维护量小等优点，因此世界各国都在推广异步牵引电动机的运用。20世纪后期，西门子、庞巴迪、三棱重工等国际大公司已广泛采用异步电机作为铁路机车的牵引动力，进入 21 世纪，我国采用引进国际大公司异步传动技术的方式，开始大力推广异步牵引电动机的运用。

(3)异步电机运行

异步电机的主要运行原理：定子接通三相交流电后，在气隙中产生旋转磁场，该磁场切割转子导条后在转子导条中产生感应电流，带电的转子导条处于气隙旋转磁场中将产生电动力，使转子朝定子旋转磁场的同一方向旋转。改变定子频率即可改变电机转速，随着定子频率的增加，电机转速相应增加，如果电压不增加，将导致电机磁场减弱，电机转矩将降低，电机磁场降到很低时，电机不能输出足够的转矩，不能满足负载要求。另一方面，低频启动时，如果电压很高，将导致电机过分饱和。因此异步电机变频时，电压也应在一定范围内保持一定比例的变化，这种调速方式称之为变频变压调速。

(4)异步电机牵引/电制动

异步电机牵引与再生制动原理：在 $0<S<1$ 的范围内，电磁转矩与转子转向相同，它拖动转子旋转，电机从逆变器吸收电能转换为机械能，克服机车阻力驱动机车运行，处于电动机运行状态。$S=1$ 为启动运行状态。在 $S<0$ 的范围内，转子转向与定子旋转磁场一致，转子转速 $n$ 大于电机同步转速 $n_1$，电磁转矩与转子转向相反，它阻碍转子旋转，电机将机车机械能转换为电能传送给逆变器。对机车产生制动转矩，电机处于发电机运行状态，称之为再生电气制动，简称电制动。

## 二、机车辅助电气设备/电路与控制系统

HXD1C 型电力机车辅助电气设备由集成在主变压器内的牵引（辅变）绕组供电。两台辅助逆变器分别从两台辅助变流器的中间直流环节获得供电，通过辅助变压器和一组滤波电容器滤波后向 2 套三相支路供电。单相交流支路由一台变压器从三相恒频恒压支路取电。直流负载支路由蓄电池经充电后供电（或蓄电池单独供电，但供电时间受限）。除卫生间、微波炉、冰箱等生活设施全车只有一套外，HXD1C 型电力机车具有完全相同的两套辅助电气系统。在第四章第三节叙述了该型机车辅助系统及相应电气设备，即机车冷却系统，机车冷却循环系统与辅助电气设备及其他设施。

1. 机车辅助电气设备

HXD1C 型电力机车装备有两台结构一样、功能完全相同冷却塔，在机械间内对称安置，

用来冷却主变流器和主变压器中相应的冷却剂(水、油)。该型机车的两个冷却循环系统就是冷却塔的两个具有独立的冷却回路。即主变流器水冷却液回路,主变压器油冷却液回路。

HXD1C 型电力机车的 2 台辅助变流器单独由主变压器中的辅变绕组供电,在正常状况下,这个辅助变流器一个工作在变频变压模式,一个工作在恒频恒压模式。辅助变流器供电采用冗余设计,两台辅助变流器的输出接触器之后设置了一个故障转换用接触器,当一台辅助变流器出现故障时,系统重新配置,故障辅助变流器后面的输出接触器断开,故障转换用接触器闭合,另一个辅助变流器将承担所有负载。此时所有辅助设备都以恒频恒压方式工作,负载投入不受限制。

2. 机车电气线路

电气线路是将各种电气设备连接起来,构成一个有机的整体,以实现一定的功能。HXD1C 型电力机车的电气线路按其作用分为主电路、辅助电路和控制系统电路三大部分。

(1)主电路

主电路是将产生机车牵引力和制动力的各种电气设备连成一个电气系统,以实现功率传输的主体电路,或称动力电路。它包括受电弓、主断路器、主变压器、主变流器(包括四象限整流器、中间直流电压回路和脉宽调制逆变器)及三相牵引电动机。

(2)辅助电路

辅助电路是机车上为主电路电气设备服务的各种辅助电气设备和辅助电源连成一体的电气系统。辅助电路包括辅助变流器、各种电动机(冷却风机、压缩机、油泵、水泵的电动机)、蓄电池充电器、空调及加热装置等。

(3)控制系统电路

控制系统就其功能而言是主令系统,司机通过控制系统发出指令来间接控制机车主电路及辅助电路,以完成各种工况的操作。HXD1C 型机车的控制系统是通过采用国外铁路自动化电子控制系统(在此基础上有所改进)和制动控制单元(CCBⅡ)连接在一起,整个系统集成了机车重要的开环/闭环控制及故障诊断功能。该类控制系统通过电磁、电空、或机械传动等方式互相联系,配合动作,以实现机车的运行。在第五章第四节介绍了该型机车电气线路位置标示,部分主要主电路、辅助电路、控制电路及相应间的控制关系。

3. 机车电子控制系统

HXD1C 型电力机车控制系统不仅是单纯的电路控制,还接受有线电路、网络通信联络与计算机管理下的控制,并以计算机显示屏为警示装置的综合性控制系统。它的每项控制(主电路、辅助电路、控制电路及其他辅助性和生活性设施)不仅有电路控制,也是在机车计算机系统管理下的网络综合控制。在第六章第四节介绍了机车计算机网络控制系统;机车主要控制功能、机车系统安全及连锁与列车分布式动力控制系统;机车计算机网络控制系统,中央控制系统,牵引控制单元,计算机显示器,远程监控及无线重联系统,电空制动控制单元,定速控制等。它们控制的机车系统不同,其功能作用也不尽相同。即有 TCN 通信网络,机车中央控制管理系统 CCU 与牵引/制动(电制)控制系统 TCU,计算机显示器监视系统。机车远程监视与诊断系统 CMD 和机车无线重联系统 MTC 或 LOCOTROL 列车分布式动力控制系统(对该型电力机车此类无线控制技术装置仅为简单介绍),电空制动控制单元 CCBⅡ,机车自动操作定速控制装置等均属机车电子控制系统。HXD1C 型机车计算机网络控制功能主要由 CCU、TCU

等智能控制系统完成。CCU 以及机车智能控制系统通过列车网络交换过程数据、消息数据和监督数据来实现对机车的控制、故障诊断以及机车状态评估。计算机网络控制系统可以实现高压回路控制、牵引/电制动控制、机车速度控制、故障诊断保护。

机车系统安全及连锁是为了保证机车运用中的安全。当机车需要检查检修作业或机车运行需要对机车车顶进行故障处理时，系统安全及连锁起到了相应的保护作用。它们对机车保护功能各有不同，当机车运行中发生相应主要部件运用故障时，而产生牵引封锁；当机车运行中作为一种警惕装置提醒司机正确操作，避免因精力不集中所造成的操作过失；当机车停留时，为避免机车溜逸而采取的一种制动措施；当机车运用中发生车顶电气部件故障时，为确保在机车无电的情况下进行检查检修所采取的一种人身安全保护措施。同时，远距离无线控制技术装置或 LOCOTROL 列车分布式动力控制系统在该型电力机车绝大多数未装配运用，但作为远期机车运用(如万吨及以上组合列车开行)会相应得到装备。因此也对此项机车运用操作技术在独立章节作为了解知识有所介绍。

### 三、机车 CCBⅡ制动机与运用操作

HXD1C 型电力机车装配 CCBⅡ电—空制动机，在第七章内仅对 CCBⅡ制动机系统与控制关系，和机车运用中的正确操作与结构缺陷及操作不当引起的运用故障进行了相应介绍。

1. CCBⅡ电—空制动机

HXD1C 型电力机车使用的 CCBⅡ空气制动系统是一个基于网络的电—空制动系统，它由 4 个部分组成，即由自动制动、单独制动、后备制动与停车制动。该制动机利用现场可替换单元设计形成一种分布式结构，每个可替换的单元模块包含自动诊断功能。制动机具备多项冗余功能，具有识别、重新组合和发生故障时备份关键部件的功能。CCBⅡ电—空制动机设计利用网络技术互联每个可替换单元，这些单元互相实时通信，实现各种制动功能的控制。

HXD1C 型电力机车有一个完整的压缩空气供应系统，由两台主压缩机、空气干燥器、压力控制器、总风缸、止回阀、安全阀和主空气管路等组成。空气供应系统产生的压缩空气供给空气制动系统和辅助气动设备使用。空气供应系统安装有一个低压保护装置，当总风缸压力低于 500(600)kPa 时，低压保护装置经制动显示屏发送一个信号给司机操纵台计算机显示屏告知司机。与此同时，也发送一个信号切断牵引电源并投入常用制动。

2. 基本设置与检查/运用操作

CCBⅡ型电—空制动机基本设置与检查/运用操作，包括 CCBⅡ制动系统在机车运用前的设置，机车出段前进行制动机五步闸试验，CCBⅡ型电—空制动机的具体操作设置，以及制动系统运用中的注意事项。在实际运用中，因机车制动系统设计制造理念与现场运用存在一定差距。特别是对于内燃机车司乘人员转轨于电力机车运用是有较大区别的。加之现场对运用人员在制动系统培训不到位，与运用人员学习、运用操作及故障判断处理方面存在诸多误区。因此，时有发生人为操作不当导致制动系统故障或对制动故障判断处置失当，发生机车运用故障，造成机车运行途停机、堵塞正线的事件屡屡发生，严重影响了机车的正常运用。

3. HXD1C 型电力机车运用操作

HXD1C 型电力机车运用操作一般按四个步骤进行。一是在日常检查满足该型机车整备条件后，并在机车重要部件检查符合运用条件和机车牵引要求状况下才能对其进行运用操作。即机车出段前的条件必须是满砂、满水以及轮轨润滑装置加润滑脂，称之为机车准备阶段。二

是在符合机车运用相关运用规定要求的情况下，司乘人员才可对机车进行日常检查操作，机车日常检查操作应针对保护装置、控制电源、控制装置、解锁钥匙以及机车制动系统等重点设备进行，称之为检查阶段。三是经上述检查在符合机车牵引要求后，再进行相应的机车重点部件检查作业试验操作项目。它包括机车高压整备试验与空气制动试验和低压柜开关检查，通过此类检查与相应试验使机车的控制系统能符合机车运用条件的要求，力求将机车运用隐形故障消除在机车出段之前，以保证机车运用中的良好性能。HXD1C 型电力机车启动是在机车出段前检查作业完毕后，并具备机车启动的条件下才能进行的操作，它与机车的运用性能要求极为相关，统称为检查试验操作阶段。四是机车牵引操作是在机车启动运转正常后，机车出段挂头及线路牵引列车运行的操作，称之为机车运用线路操作(纵)阶段。同时机车运用操作又属一项技术要求相当强而复杂的操作技能，在第八章第四节详尽介绍了 HXD1C 型电力机车整备/启动，机车重点检查部件要求，机车启动与牵引操作与列车分布式动力操作。

### 四、机车运用故障处置与典型故障个例分析

HXD1C 型电力机车运用故障有多方面的因素，主要分为两大类，即设备部件结构缺陷引起的机车运用故障，与操作过程中呈现的故障和人为操作失当引起的机车运用故障。前者故障表现主要呈现在部件的运用暂时性与永久性失效而不能恢复；后者故障表现主要呈现在对机车操作失效(计算机控制系统“死机”)，一般通过对计算机控制系统的复位(或网络复位与大复位)故障均能得到恢复。机车运用中的故障处理只能属权宜之策，对此类机车运用操作人员的职责是应维持机车运行到目的地站，或尽可能维持机车运行到前方站停车处置，避免机车运行中途停事故的发生，并详尽提供机车信息，这是机车运用故障处理的宗旨。

机车运用故障的处理是以运用者对运用机车部件性能熟知为基础，并尊重机车运用性能与客观的机车运用规律，避免盲从与盲目，按机车部件运用的规定与要求操作好机车。即使在机车运用中发生相应的机车运用故障时，也能按机车运用与计算机程序设计要求循序去处理好，机车运用中应预防第一，处理次之。在各种复杂的机车运用条件下，电力机车经过一段时间的运行后，不可避免地会出现一些损失，即各种零部件会发生不同程度的自然磨损、变性，电气装置还会发生断线、接地及绝缘老化与电子元件运用老化，从而造成各种机车运用故障，应尽可能迅速排除故障，维持机车运行，避免机车运用故障发生。在第九章分层次介绍了该型机车几类运用故障及在非正常情况应急操作和处理方法，由于故障往往不是由单个因素造成的，机车运用故障原因并不一定是唯一的，处理办法也可能有多种。在第九章分四节主要介绍了该型机车运用中常见故障，机车计算机系统故障诊断处理，空气制动系统应急故障处理与机车运用应急故障处置。

任何先进的运用工具均有结构缺陷与运用性操作失当行为存在，没有发生或未被发现仅是未暴露而已，众多的机车运用经验告诉运用者，因此而带来的设备及部件运用故障是存在的。作为机车运用铁路运输的主要移动设备，其设备部件发生故障的突发性也相对特殊，因此要求运用者对该类设备部件有较高的认识，有较高的操作技能，并具有较高水准的判断机车运用故障的能力及应急处理的方法，避免机车运用中途停堵线和打乱行车秩序的事件发生。

HXD1C 型电力机车主变流器 TCU 属该型机车动力控制输入/输出装置，它在机车运用中的故障主要发生在输入控制装置，即电源输入接口装置与接触器；电源变换装置，即四象限整流器装置；辅助支撑装置，即模块支撑电容与中间电容及辅助接触器；逆流变换驱动装置，即脉

宽调制逆变器;以及在上述电气/电子设备内的通信装置与相应接口的故障。在该类故障中有设备结构缺陷,有机车运用外部环境不利因素,也有司乘人员操作失当与机车电气设备发生故障后处理失误等机车操作技术问题,在第十章内均有介绍。一般而言,顶级先进设备也有其缺陷存在,只不过其隐藏在电气设备内未使用到其极限未暴露而已,未发生不等于问题不存在。发生该类故障表象均为主断路器断开,主回路接地等,在计算机屏显上均有提示,但在机车运行中均得靠司乘人员正确判断与处置。该类故障主要分为电气设备硬件故障与非器质软件故障,其中前者属硬件设备损坏,机车运行中一般是无恢复条件的,只能更换器件或将相应故障设备切除;后者属软件故障,在此可能是电子设备结构缺陷,可能是受电气设备工作的环境与环温(电磁温升与环境温度)影响,可能是工作负荷超载,也可能是司机操作不当等类因素影响,本可通过计算机、网络与大复位的处置方法得到相应解决,但由于司乘人员处置不当,将本可解决的故障未能妥善处置,甚至将故障扩大,多数情况下属盲目操作。

### 五、HXD1C 型电力机车运用相关名词与规定

对新的一项设备或运用新一种机车类型,投入运用均存在于一个认知了解过程,在铁路运输业中尤其如此。在此过程中除对相应的新设备(部件)熟悉运用条件外,更应对其认识清楚,熟练掌握。因此应对新设备的运用与其部件和运用条件熟知,而掌握运用好此类知识必要条件,即熟知设备名称与设备安全运用条件,同时也得有相关规章规定与操作制度要求作保证。否则,避免不了机车运用中发生的盲目操作,给机车运用带来的诸多负面影响,而影响机车运用效率的发挥。因此在第十一章介绍了 HXD1C 型电力机车作为一种新型电力机车投入运用需要了解的相应的相关名词,与一定的安全运用条件,并应有相应的规章制度为限制保障。所以对此类因素的认识与机车投入运用同等重要,第十一章分三节列述了 HXD1C 型电力机车运用操作相关名词、该型电力机车安全运用条件与相关的规章制度规定要求。

HXD1C 型电力机车因属微机系统控制,具体指令的实施传达为网络通信,机车运用操作自动化程度较高。因此在机车运用操作中变得较为便利与简捷,这样在机车运用实际操作中存在与发生的问题较少,主要为机车操作认识问题,往往是因对机车操作设备与具体操作程序(步骤)认识不清带来机车运用操作的盲目操作。为避免机车操作的盲目性,为此编写了与机车运用操作有关的主要词汇,即机车电气设备,机车电子控制设备,HXD1C 型电力机车制动系统,机车操作等方面的名词词汇,供该类型机车运用者在机车运用操作中掌握。

机车运用安全有方方面面,主要体现在作业中的环境安全与作业中的操作安全。前者主要指作业者在操作中对人身的伤害安全环境;后者主要指作业中操作时设备对人身伤害或设备损坏对人身带来的危害。在电力机车运用中,不仅要尊重机车运用性能操作好机车,也应遵守机车运用的安全运用守则运用好机车,更应遵守机车运用管理部门与业务相关部门制定的运用管理规章制度及相关的规定,管理运用好机车。机车运用相关规定是承继相关规章制度的沿续,也是对相关规章制度的延伸。中国铁路总公司(原铁道部)规章制度有规程,其业务部门与铁路局有规则(包括路局行规),站/段有细则,这些均属机车运用人员应知应会,其中有些重点必须是熟知与掌握的,否则稍有疏忽,将可能酿成行车中的事故。因此机车运用中的相关规定是对规章制度补充的重要环节,在本章内也列叙了总公司、作者所在铁路局与机务段的电力机车运用相关规定,重申电力机车运用中对执行规章制度的重要性,是电力机车运用中避免行车事故发生的保障线。

# 第二章　HXD1C 型电力机车构架与性能

HXD1C 型电力机车构架是指该型机车主要构成部件的总成;机车性能是指机车牵引特性与制动特性及其相应部件的主要技术参数。本章分三节,主要介绍了 HXD1C 型电力机车运用的主要特点,机车总成与机车运用性能。该型机车是在 HXD1 型与 HXD1B 型电力机车的基础上设计的,HXD1C 型电力机车与上述两款电力机车的构架与运用性能有储多的相似之处。如外电源输入的结构方式,机车电气设备性能与设备布置的对称性基本相同,因此带来的机车运用性能的基本相同。

## 第一节　HXD1C 型电力机车运用

2004 年,国家通过了《中长期铁路网规划》,并对研究通过的铁路机车车辆装备现代化实施方案明确指出,“加快我国铁路运输装备现代化,要按照引进先进技术、联合设计生产、打造中国品牌的总体要求”。根据上述方针,国家发改委与原铁道部于 2004 年 7 月联合下达了《大功率交流传动电力机车技术引进与国产化实施方案》,正式开始了新型交流传动电力机车的采购过程。2004 年 12 月,南车株洲电力机车有限公司和德国西门子交通集团获得了 180 台 HXD1 型双节八轴 9 600 kW 大功率交流传动电力机车的订单。2007 年 8 月,南车株洲电力机车公司和西门子公司再次合作,获得了 500 台 HXD1B 型单节六轴 9 600 kW 交流传动货运电力机车的订单。

### 一、HXD1C 型电力机车诞生

南车株洲电力机车公司通过上述 HXD1、HXD1B 型电力机车的技术引进,掌握了大功率交流传动机车的系统集成技术和车体、转向架、轮轴驱动、电机、变压器等九大关键技术及相关配套技术,形成了一套适应中国铁路运输需要的技术体系,同时搭建了具有国际先进水平的制造和产品技术平台,为自主研制的 HXD1C 型六轴 7 200 kW 交流传动货运电力机车奠定了基础。

2008 年 10 月,铁道部正式向南车株洲电力机车公司下达了六轴 7 200 kW 交流传动货运电力机车的研制任务,新机车被定型为 HXD1C 型,其中“HX”是“和谐”的汉语拼音首字母缩写、“D”代表电力机车、“1”代表株洲电力机车公司的生产厂商代号,通称为“和谐”1C 型电力机车。HXD1C 型电力机车是在 HXD1、HXD1B 型电力机车设计制造技术平台的基础上,为满足中国铁路重载货运需要而研发的大功率交流传动干线货运用六轴电力机车,牵引系统采用交—直—交流电传动、水冷 IGBT 变流器、牵引逆变器、变频异步牵引电动机、分布式网络控制系统,单轴功率 1 200 kW,额定总功率为 7 200 kW,能够在线路坡度不超过 12‰的平原地区单机牵引 5 000～5 500 t 货物列车,最高运行速度为 120 km/h。HXD1C 型电力机车采用了我国自主研制的国产牵引变流系统,其中牵引变流器、辅助变流器及网络控制系统均由株洲南车时代电气股份有限公司、南车株洲电力机车研究所开发研制,机车国产化率超过 90%。

2009 年 4 月 30 日,首台 HXD1C 型电力机车在南车株机公司落车;同年 6 月 12 日正式下线，机车从设计到竣工用了不到 6 个月。2009 年 6 月 22 日，中国铁道部与中国南车集团在四川成都签订了 400 台 HXD1C 型大功率交流传动电力机车的购销合同。其中 280 台机车由南车株洲电力机车有限公司生产，其余 120 台由南车资阳机车有限公司分包生产，车号由 6001 起排序。根据原铁道部与四川省政府于 2008 年 7 月 2 日签署的《加快推进四川省灾后铁路恢复重建部省会谈纪要》，确定支持资阳机车有限公司生产和谐型大功率交流传动电力机车，至 2009 年 4 月底，HXD1C 型电力机车技术图纸完成转移到资阳机车公司；同年 5 月底，六轴电力机车项目生产平台基础建设基本完工，同年 6 月底投入使用。

前两台 HXD1C 型机车(0001、0002)出厂后被送往中国铁道科学研究院北京环形铁道试验基地，于 2009 年 6 月 26 日开始进行型式试验和综合性能试验。2009 年 9 月，两台机车在成都铁路局管内成渝铁路进行了动力学性能试验，机车在成渝线上 $R$300 多小曲线半径的复杂线路条件下，完成通过 23 t、25 t 轴重状态下的试验，总试验运行里程达 7 000 km。2009 年 9 月 27 日，首台由南车资阳机车公司生产的 HXD1C 型机车(6001)竣工下线。

**二、HXD1C 型电力机车实地运用**

首批 2 台 HXD1C 机车于 2009 年 9 月 30 日正式交付成都铁路局重庆机务段(图 2-1)，至同年年底重庆机务段已接收 60 台机车。按照原铁道部安排，重庆机务段的 HXD1C 型机车主要用于担当襄渝线的货运牵引任务，以应对襄渝铁路二线开通后运量增长的需要，而替换下来的 $SS_3$ 型电力机车调拨到成都机务段并投入达成铁路使用。西安铁路局安康机务段和武汉铁路局襄樊北机务段(2011 年 6 月改称襄阳机务段)也分别于 2009 年 10 月和 11 月起，开始共同支配运用重庆机务段的 HXD1C 型电力机车。

图 2-1　停于重庆南机务段的 HXD1C 型电力机车

2009 年 10 月 31 日，襄渝铁路二线全线通车。襄渝铁路为山区铁路，部分路段曲线半径小、线路坡度大，麻柳至巴山之间更有长达 23 km 的持续大坡道，最大坡度达到 13‰，为此原铁道部决定在襄渝线使用 HXD1C 型电力机车双机重联的牵引方式。2009 年 11 月 7 日至 8 日，原铁道部运输局组织成都铁路局、西安铁路局、武汉铁路局，在襄渝线进行跨局长交路货物列车牵引试验(图 2-2)。

测试 HXD1C 型电力机车的牵引性能、制动性能和动应力，并将试验列车各区间运行时分与现行标尺比较，以验证 HXD1C 型机车在襄渝线牵引 4 500 t 货物列车的可行性。2011 年 12

图 2-2　牵引试验中的 HXD$_{1C}$ 型电力机车

月 15 日，襄渝铁路襄阳北至达州间成功进行货物列车提吨牵引试验，列车重量由以往的 3 500 t 提高到 4 500 t。同月底，襄渝铁路襄阳北至达州、重庆西间正式开行 4 500 t 货物列车，初期每日开行 20 对，由襄阳机务段支配重庆机务段的 HXD$_{1C}$ 型电力机车双机牵引，乘务交路实施跨局轮乘，武汉、西安、成都三个铁路局的司机在安康东、达州站换乘，分别值乘襄樊北至安康东、安康东至达州、达州至重庆西区段。

2010 年 7 月 28 日，南车株洲电力机车有限公司与成都铁路局在北京正式签署了 590 台 HXD$_{1C}$ 型电力机车的购销合同，其中 170 台机车由南车资阳机车公司分包生产。2012 年 8 月，南车株洲电力机车有限公司与兰州铁路局签订了 50 台 HXD$_{1C}$ 型电力机车的购销合同。另外，根据运输生产和优化机车配置的需要，按照 2012 年 10 月 8 日在北京召开的机车调配协调会议协商结果，将郑州铁路局 HXD$_{1C}$ 型机车 0462～0495、0518～0525、6179～6238 号计 102 台，调拨乌鲁木齐铁路局担当兰新线乌鲁木齐西—哈密间货运任务。截至 2012 年 10 月，HXD$_{1C}$ 型电力机车已配属到重庆、株洲、鹰潭、兰西、洛阳、西宁、襄阳、向塘、嘉峪关、乌鲁木齐(哈密)等机务段，共计 1 041 台。随着 2013 年 7 月 1 日哈密机务段建段，2013 年底哈密机务段先期配拨由株洲电力机车厂生产的 HXD$_{1C}$ 型电力机车 40 台(其中高原配置机车 25 台，本书内简称高配机车)已到位，全部投入兰新线运输中(图 2-3)。

图 2-3　哈密机务段配置的 HXD$_{1C}$ 型电力机车整备中

为适应青藏铁路的高原环境，南车株洲电力机车公司为青藏铁路公司开发了 $HXD_{1C}$ 高原型电力机车，车号由 3001 起排序。相对于平原运用的 $HXD_{1C}$ 型机车，高原型机车加强了电气绝缘性能、散热性能、耐低温性能和材料抗腐蚀性能等环节。首两台高原型机车（3001、3002）于 2012 年初下线，2012 年 2 月送往北京环形铁道进行型式试验；同年 3 月 23 日，高原型机车在青藏铁路西宁至格尔木区段完成了环境适应性试验，通过了温升试验、辅助电源试验、自动过分相等试验项目。完成试验后，两台机车配属西宁机务段，开始投入 10 万 km 运用考核。

### 三、$HXD_{1C}$ 型电力机车构架

$HXD_{1C}$ 型电力机车是六轴大功率干线货运用电力机车，车体采用整体承载结构及模块化设计，两端各设有一个司机室，司机可在任何一端司机室对机车进行控制；车内设备采用两侧屏柜化斜对称布置，并设中间贯通走廊。每台机车车顶设有两台由株洲九方电器设备有限公司制造的 TSG15B 型单臂式受电弓，其他车顶外置设备包括真空断路器、接地开关、避雷器、高压连接器等高压设备（后期出厂的高原配置机车，更改设置在机车机械间新增设的网侧柜内）。牵引变压器采用卧式悬挂结构，与蓄电池、总风缸一同吊装于车底中部。机车采用车体独立通风方式，从侧墙上部进风百叶窗吸入冷风，向发热部件冷却后从车底排出，并维持机械间呈微正压，改善机车防尘效果及防寒性能。机车轴式为 $C_0$-$C_0$，持续功率为 7 200 kW；机车标准轴重为 23 t，并可以通过增加压铁提高到 25 t。空气制动系统采用克诺尔公司的 CCBⅡ微机控制电空制动系统或法维莱公司（Faiveley）的“Eurotrol”微机控制电空制动机。

$HXD_{1C}$ 型电力机车是交—直—交流电传动的单相工频交流电力机车，机车主电路由牵引变压器（也称主变压器）、牵引变流器（也称主变流器）、牵引电动机三大部分构成。接触网导线上的 25 kV 工频单相交流电电流，经受电弓、主断路器进入机车后再输入主变压器，交流电经过主变压器次边的 6 个牵引绕组降压后，为 2 组牵引变流器供电。单相交流电经过四象限脉冲整流器整流为直流电，然后向电压为 1 800 V 的中间直流回路供电，再由逆变器转换成频率和电压可变的三相交流电输出，每组逆变器向一台异步牵引电动机供电，实现机车的轴控驱动，使牵引电动机产生转矩，将电能转变为机械能，经过齿轮的传递驱动轮对。

机车主变压器型号为 TBQ 35-8900/25，为一体化多绕组（全去耦）变压器，变压器采用下悬式安装、强迫导向油循环风冷却。每台机车设有两台由株洲南车时代电气股份有限公司研制的 TGA9 型牵引变流器，是在 $HXD_1$、$HXD_{1B}$ 型电力机车牵引变流器的基础上改进而成，其核心部件如变流器模块的主体结构完全相同，单台设计功率为 3 600 kW。每台牵引变流器由三重四象限整流器、一个中间直流回路和三个 PWM 逆变器三者组成，每台牵引变流器向一个转向架上的三台牵引电动机供电，而每个牵引电动机由各自的逆变器供电，四象限整流器和 PWM 逆变器均由相同的水冷 IGBT 变流模块组成。牵引电动机采用由株洲南车电机股份有限公司研制的 JD160A 型鼠笼式三相异步牵引电动机，额定功率为 1 225 kW，冷却方式为强迫通风，采用直接转矩控制（DTC）。

$HXD_1$、$HXD_{1B}$ 型机车的辅助变流器均采用由中间直流环节供电的主辅一体化集成结构，但 $HXD_{1C}$ 型机车并没有采用这种结构。每台 $HXD_{1C}$ 型机车上配有 2 台株洲南车时代电气股份有限公司开发的 TGF54 型辅助变流器，为机车辅助设备供应三相交流电源，由主变压器的辅助绕组供电。正常情况下其中一个为恒频恒压变流器（CVCF），为牵引电动机通风机和

油水冷却塔风机供电；另一个为变频变压变流器(VVVF)，向水泵、油泵、蓄电池充电机等设备供电。

HXD1C 型电力机车装载了株洲南车时代电气股份有限公司开发的“列车分布式网络通信和控制系统”(Distribute Train Electric Control System，DTECS)，该系统基于列车通信网络(TCN)国际标准协议，当中包括了不同功能模块，例如，车辆控制单元(VCM)、网关模块(GWM)、事件记录模块(ERM)、智能显示装置(IDD)等，不同模块通过两级网络控制系统进行数据通信，由绞线列车总线(WTB)和多功能车辆总线(MVB)两级网络构成，机车内所有电子控制装置、显示器等都通过 MVB 相连，WTB 容许进行多机(最多三台机车)重联控制及显示功能。

**四、HXD1C 型电力机车主要运用特点**

机车走行部为两台完全相同的三轴转向架，转向架构架采用钢板焊成箱形结构的目字形构架，轮对轴箱采用单拉杆定位。一系悬挂采用螺旋弹簧配垂向油压减振器；二系悬挂为高挠螺旋圆弹簧及橡胶垫，配垂向、横向油压减振器。牵引力或制动力通过中间低位推挽式双斜拉杆牵引装置传递。驱动系统结构与 HXD1 型机车相同，牵引电动机采用滚动轴承抱轴式半悬挂、单边刚性斜齿传动。基础制动装置为轮盘制动；停放制动装置为单元制动器，能保证机车在 30‰的坡道上实现停放制动。此外，并设有轮缘润滑装置和砂箱加热烘干装置。

HXD1C 型交流电力机车就其电气传动方式而言，属于交—直—交传动的范围，它有接触网供给高压交流电，在机车上降压、整流通过中间直流环节变成直流电，然后再通过牵引逆变器、辅助逆变器将直流电变换成三相交流电，用来驱动交流牵引电机及其他辅助三相交流电机。

机车由电气部分、机械部分和空气管路系统三大部分组成一个有机整体，互相配合，又各自发挥独特作用，共同保证机车性能的正常发挥。

机车电气部分的主要功用是将来自接触网的电能变为牵引列车所需要的机械能，实现能量转换，同时还实现机车的控制。

机车机械部分主要用来安设司机室和各种电气、机械设备，承担机车重量，产生并传递牵引力及制动力，实现机车在线路上的行驶。

电力机车的空气管路系统作用是产生压缩空气供机车上的各种风动器械使用，并实现机车及列车的空气制动。

HXD1C 型交流电力机车由单节 6 轴机车组成，机车采用国际标准电流制，即单相工频制，电压为 25 kV，并能适应我国铁路接触网较宽的电压范围的特点，其机车上配备有相同的主电路、辅助电路和控制电路系统，机车两端司机室均可单独操作运行。

机车主电路是通过车顶高压连接器在网侧相连，它使得机车在运用中仅需使用一个受电弓便可实现整台机车的供电。

机车具有完整的电传动系统，该系统由一台拥有 1 个原边绕组、6 个牵引绕组和 2 个 2 次谐振电抗器的主变压器，通过六个四象限整流器(4QC)向两个独立的中间直流电压环节充电。每台转向架上的 3 台三相异步电动机作为一组负载，由连接在中间直流环节中的一个脉宽调制逆变器供电。因此两路中间直流环节相互独立，所以整台机车牵引力有相当量的冗余，从而提高了机车的可利用率。中间直流环节还连接有谐波吸收电路、过压保护电路和接地检测电路。四象限整流器和脉宽调制逆变器采用水冷 IGBT 模块冷却。

机车采用再生制动。在机车处于再生制动工况时，机车其牵引电机处于发电机状态，并将电机产生能量反馈回电网，达到节能的效果。

HXD1C 型机车的辅助回路电源（PWM 辅助逆变器）集成在牵引变压器中，同牵引回路共用电牵引（辅变）绕组、辅变四象限整流器、辅变中间直流电压环节以及其他装置，使整车的部件数量得以减少，从而降低整个系统的故障率。为了节能使用了两台辅助逆变器，每台逆变器通过 1 台变压器和滤波电容对输出电压进行调压和滤波后，提供近似正弦波的三相交流电源。正常情况下，其中一个逆变器输出为变频变压方式（80～440 V，10～60 Hz），根据实际需要给有变速要求的牵引风机电机和冷却塔风机电机供电；另一台逆变器恒频恒压输出 3 相 AC 440 V，60 Hz 给剩余的辅助设备，如水泵、变压器油泵、空调及主压缩机、蓄电池充电机、加热器等车载三相和单相 230 V，60 Hz 负载供电。三相交流辅助供电采用了冗余设计，一旦一个辅助逆变器出现故障，另一个将承担所有负载。此时所有辅助设备都以恒频恒压方式工作。负载的重组将自动进行，并通过显示器通知司机。

机车的电子控制系统结构，是基于德国西门子铁路自动化系统电子控制和 TCN 列车通信网络技术的成熟产品。机车内由 MVB 总线把所有的电子控制系统、动力控制设备和制动控制单元（CCBⅡ）连接在一起。制动系统的显示屏和制动控制单元由其内部的总线连接。整个系统集成了机车重要的开环/闭环控制及故障诊断功能，结构清晰，部件成熟可靠。

机车车体为全钢框架结构，主要由底架、司机室、左右侧墙、司机室隔墙、车体后端墙、车体顶盖、顶盖连接横梁、车内焊接件、牵引缓冲装置及车体附属部件组成，车体内机械室设有中央直通式走廊，两端司机室之间设有过渡通道，构成同一台机车的两司机室之间的通道。车体所用材料考虑保证机车能在－40 ℃低温环境工作。

机车有两台 $C_0$-$C_0$ 动力转向架。转向架主要由构架、轮对、驱动装置、一/二系悬挂装置、低位牵引杆装置（转向架与车体连接装置）、轮盘基础制动装置和转向架辅件等部分组成。转向架完全满足可互换和模块化的要求。转向架构架由两根侧梁、一根牵引梁和两根端梁组成。每一端梁上装有两套单元式制动夹钳。轮对由整体车轮和锻造车轴组成，每个车轮上安装有两个盘形制动的制动盘。电机悬挂采用抱轴方式。齿轮箱采用铝合金材料，一、二系悬挂均采用钢制卷簧，机车实现 23 t 与 25 t 轴重转换时须对一、二系悬挂作简单的调整。

机车设备布置采用模块化的结构，以便有效地缩短维修、组装时间，使系统和部件能独立的在机车外进行预组装和预试验。机械间内设备沿车内中间走廊两侧平行布置，采用导轨安装方式固定，机车除生活设施和通信信号设备外，其余设备和布置采用对称布置均相同。机械间内布管和布线采用预布式中央管排和中央线槽方式，中央管排和线槽安装在中央走道下，美观且便于生产和维护。驱动系统的动力线则安装在走道两边的设备安装架内，使动力电缆与控制及信号线有机的分离，以保证电系统的可靠性。

主变压器采用卧式悬挂，并与机车蓄电池柜一起吊装在机车两转向架之间的底架下。车顶高压电器集中安装在靠后端的一块活动顶盖和后端墙上固定顶盖上（后期出厂的机车此类高压电气设备均安装在机械间网侧柜内）。通信用的天线设备分别安装在司机室顶和其他几块活动顶盖上。司机室的设备布置符合规范化司机室的要求、同时适应于单司机操纵。两端司机室采用相同布置。

机车冷却通风系统为独立式通风系统，机车运行时机械间保持微正压工况，整车的通风可分为 4 个部分：牵引电机通风系统；变压器、变流器冷却用油水冷却塔通风系统；辅助变压器柜及车内通风系统；司机室空调通风系统。4 个通风系统相互独立，互不影响。

机车装有两台螺杆式压缩机、一台双塔干燥器、两个 500 L 的主风缸，这些设备构成机车主风源系统。压缩机生产的高压风经干燥器干燥净化后送入主风缸。

机车安装了一套克诺尔 CCBⅡ型制动机。该系统的制动控制单元 BCU 安装在制动柜中，BCU 通过 MVB 总线与 CCU 实现制动信号的交换。

机车装备的空气制动系统有 4 个部分。

(1)自动制动(即非直接制动)是通过电子制动阀 EBV 的自动制动手柄来实施控制的。它通过控制列车管(BP)的充、排风来对实现对整个列车缓解、制动的控制。在自动制动时，机车自身也将使用电制动。

(2)单独制动由司机进行操作，仅用来控制机车制动缸制动和缓解。

(3)后备制动(即纯空气制动)在主制动系统失效后，通过纯空气的司机制动阀控制列车管的排风，对整列车施加制动。制动由司机制动阀在位置上的时间决定。

(4)停车制动。当机车静止且在非操控状态时，停车制动可确保机车不会溜动。停车制动通过弹簧蓄能实现制动的，它通过位于每个司机室后墙上的两个按钮控制，一个用于施加停放制动，另外一个用于缓解停放制动。两个按钮都将读入控制系统，以实现在重联机车或同一列车中间部位机车的停车制动的制动与缓解。当蓄电池主开关断开时，机车停车制动将自动处于制动状态。为增加整列车的制动力，自动制动和机车电制动可以结合起来操作，实现空电混合制动。

## 思　考　题

1. HXD1C 型电力机车采用什么样的构架方式?
2. HXD1C 型电力机车主变流器主要由哪三部分组成?
3. HXD1C 型电力机车空气制动系统由哪四部分组成?

## 第二节　HXD1C 型电力机车总体总成

HXD1C 型为六轴交流电力机车，轴式为 $C_0$-$C_0$，属于交—直—交电传动的范畴，采用前后双端司机室顺向操纵，它由接触网供给高压交流电，属外动力电源，由机车车顶受电弓导入，在机车上经主变压器降压，再经机车主变流器整流并通过中间直流环节转变成直流电，然后再通过牵引逆变器、辅助逆变器将直流电变换成三相交流电，用来驱动交流牵引电动机及其他辅助三相交流电机，完成机车的牵引任务。机车内机械间纵向采用三个间隔，即机车前端Ⅰ端司机室、机械间与Ⅱ端司机室。其中Ⅰ、Ⅱ端司机室布置基本相同，机械间设备采用靠边对称布置，中间是走廊。机车外形纵向从左向右为Ⅰ端司机室外墙、机械间外墙与Ⅱ端司机室外墙横向从上到下为机车车顶、车体与走行部(图 2-4)。

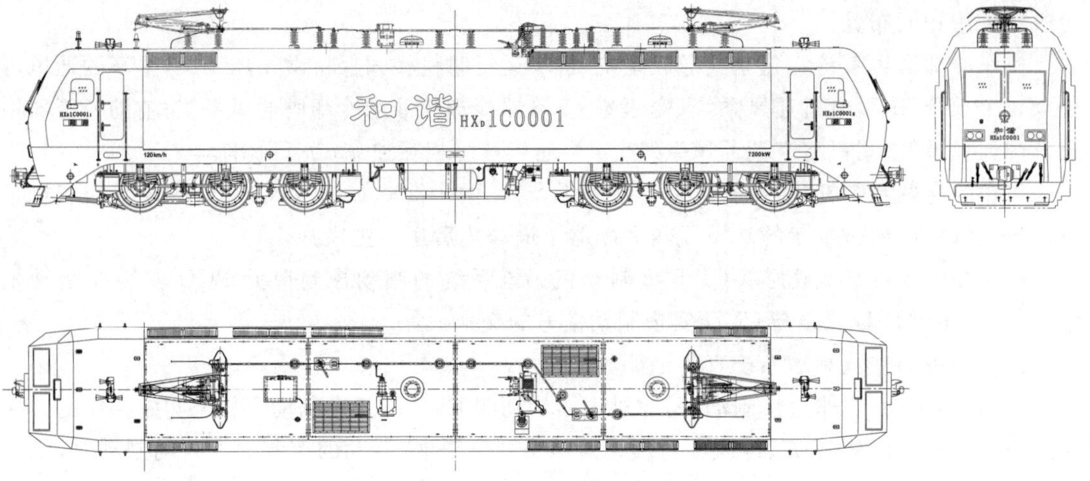


图 2-4　HXD1C 型机车外形

## 一、机车总体布置

机车由电气部分、机械部分和空气管路系统三大部分组成一个有机整体，互相配合，又各自发挥独特作用，共同保证机车性能的正常发挥。这三大部分设备主要装置在机械间，机械部件和电子部件、屏柜分别布置在机械间的左侧和右侧(图 2-5)。在紧急情况下，中央走廊是一条畅通无阻的逃生通道。电缆和空气管路大部分以单独的导管布置在中央走廊之下，这样易于从上方进行检查与检修。车顶由 4 块顶盖组成。每台机车装备有两个完全相同的受电弓，受电弓安装在车顶上。若两个受电弓中一个出现故障，机车可以升另一个受电弓继续执行牵引任务。车顶上布置有第三方设备的无线通信天线。司机室能隔离噪声、高温和低温，具有现

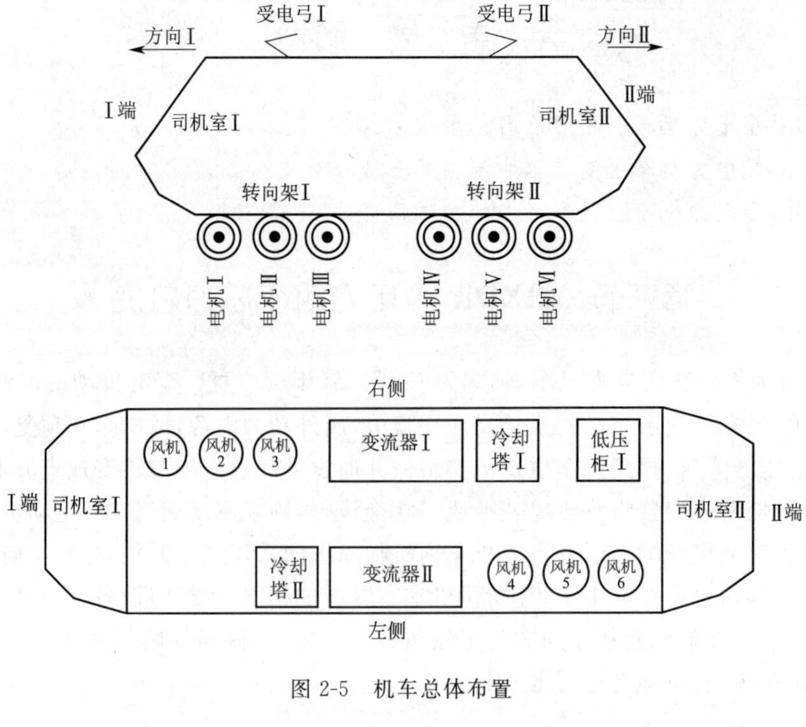


图 2-5　机车总体布置

代化的人体工程学设计。

1. 机车三大部分

机车三大部分是指机车电气设备、机车车体与机车空气管路系统。

(1)电气设备

机车电气设备的主要功用是将来自接触网的电能变为牵引列车所需要的机械能，实现能量转换，同时还实现机车的控制。

(2)车体

机车车体部分主要用来安设司机室和各种电气、机械设备，承担机车重量，产生并传递牵引力及制动力，实现机车在线路上的行驶。同时车体底部两转向架之间的部位安装着机车主变压器。

(3)空气管路系统

电力机车的空气管路系统作用是产生压缩空气供机车上的各种风动器械使用，并实现机车及列车的空气制动。

2. 机车设备布置

(1)车顶

机车车顶由 4 块顶盖组成。机车司机室顶端的网侧电路由一台受电弓、一台带高压接地装置的主断路器、一台避雷器、一台高压电压传感器、一台高压电流传感器及一台高压隔离开关等组成。机车的主电路通过车顶连接器在网侧相连，这使得同台机车仅使用一架受电弓便可实现整台机车的供电。通信用的天线设备分别安装在司机室顶和其他几块活动顶盖上。

(2)司机室

司机操纵台的设计符合人体工程学原理，布置为左手边控制，由司机侧和副司机侧组成(图 2-6)。在操纵台前设有两把高度和前、后都可调节的座椅。在司机室司机侧后墙柜和副司机侧后墙柜上固定有另外两把可折叠的座椅供添乘用，在机车前部装有前窗玻璃清洗系统的水箱。

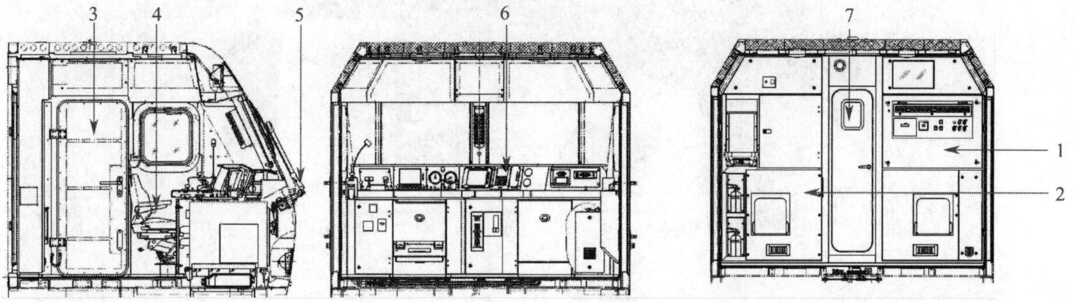


图 2-6　司机室

1—后墙柜/司机侧；2—后墙柜/副司机侧；3—入口门；4—座椅；5—前窗玻璃清洗系统；6—司机操纵台；7—机械间门

(3)机械间

机车机械间在车体的中间，相对两端为Ⅰ、Ⅱ端司机室，机车机械间装置有电气/机械类设备。主要有供牵引电动机用通风机，空气压缩机机组及干燥器，低压电器柜，卫生间，主变流器柜，冷却塔(为主变压器与主变流器冷却)，辅助变压器柜，辅助压缩机柜，机车制动柜。机车三项装置设备控制柜，辅助变流器柜，蓄电池柜及控制电源柜，网侧电源控制柜，6A 系统控制柜，相应生活设施冷藏箱及微波炉安装架等。它们在机械间基本上属对称性装置(图 2-7)。

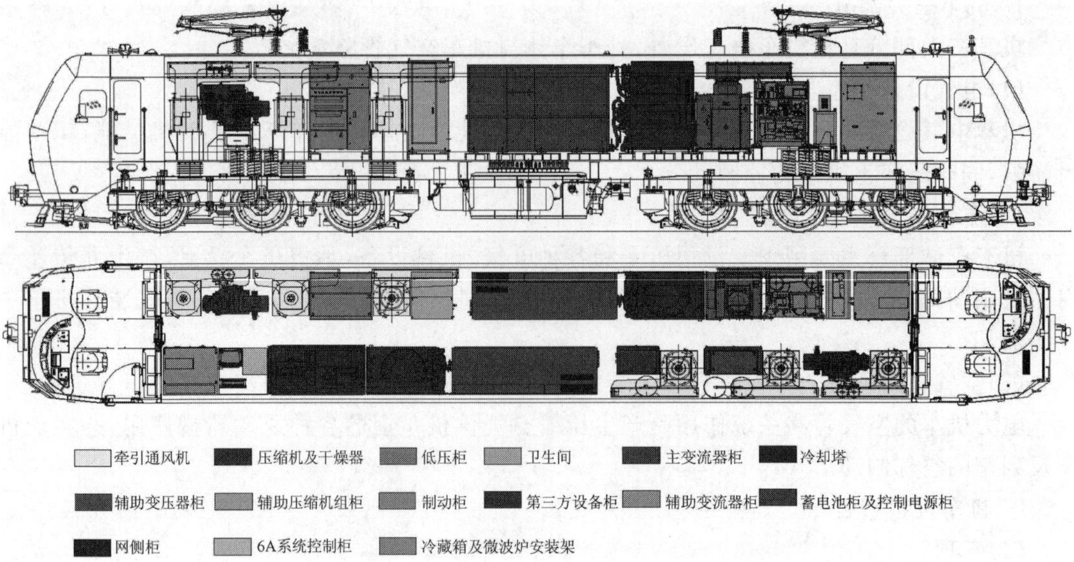


图 2-7　机械间电气/机械设备位置

## 二、司机室设置

1. 司机操纵台

司机操纵台位于司机前面，在几个面板上装有各种各样的控制部件(图 2-8)。司机操纵台面下整体脚踏包括的脚动控制设备有无人警惕安全装置、撒砂装置和风笛(图 2-8)。

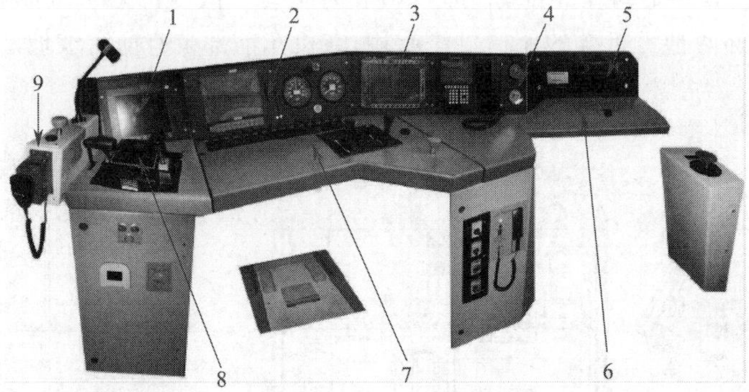


图 2-8　司机操纵台

1—分散式动力显示屏/制动屏显；2—运行监控器显示屏；
3—人/机接口面板(机车操作显示屏)；4—压力表；
5—打印机和音箱；6—副司机操纵台；7—司机操纵台；
8—电子制动阀；9—列车无线电通信装置

2. 司机操纵台局部设备

司机操纵台局部布置分局部 1～6，即制动仪表盘(局部 1，图 2-9)；司机显示屏与通信及通信显示设备(局部 2，图 2-10)；制动系统总风与列车管压力表(局部 3，图 2-11)；机车警惕按钮与无线通信装置(局部 4，图 2-12)；机车司机操纵台各类扳键控制开关(局部 5，图 2-13)；机车司机操纵台司机控制器及相关按钮(局部6,图2-14)。

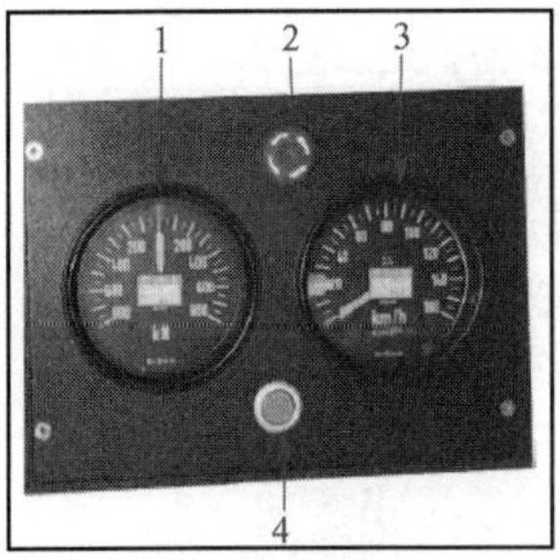


图2-9　司机操纵台局部1

1—牵引/制动力表;2—紧急制动按钮;3—速度表(0～160 km/h);4—紧急停车复位按钮

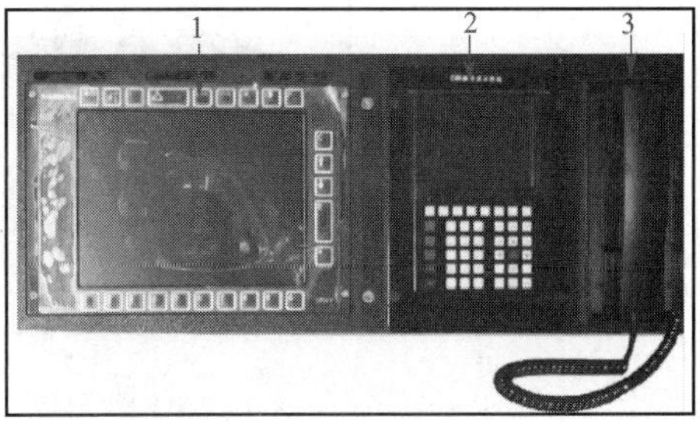


图2-10　司机操纵台局部2

1—司机显示屏(带有键盘,能够进行数据输入);2—机车综合通信设备主控制盒,450 MHz/GSM-R机车综合通信系统显示屏;3—450 M Hz/GSM-R机车综合通信系统送受话器

图2-11　司机操纵台局部3

1—总风缸和列车管压力表(双针压力表,量程:0～1 200 kPa);
2—转向架1和2制动缸压力表(双针压力表量程:0～1 200 kPa)

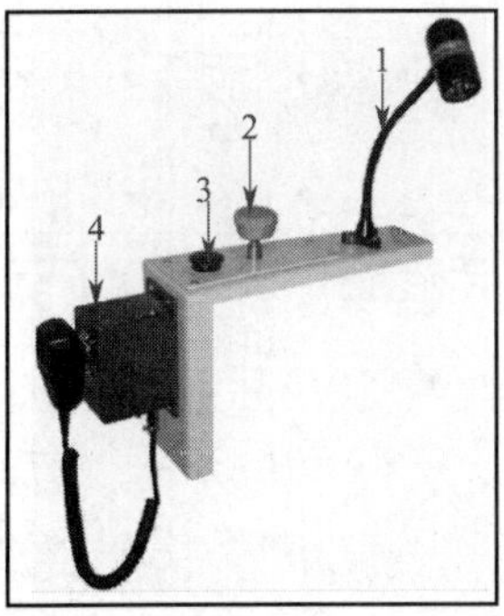


图2-12　司机操纵台局部4

1—记点灯;2—无人警惕安全装置;3—高音喇叭;4—400 MHz/400 kHz列车无线电通信装置

图2-13　司机操纵台局部5

1—主断路器(HVB)控制开关;2—受电弓控制开关;3—主压缩机控制开关;4—前窗玻璃加热开关;5—司机侧头灯开关;6—头灯正常减光开关;7—司机室灯开关;8—仪表灯开关;9—辅照灯开关(本务机车);10—前面记点灯开关(本务机车);11—后边辅照灯开关;12—后边记点灯开关;13—联机车头灯开关;14—重联机车辅照灯开关;15—重联机车记点灯开关

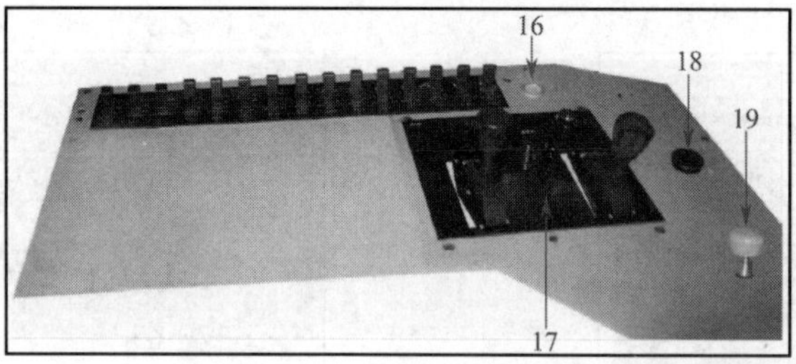


图 2-14　司机操纵台局部 6

16—手动过分相按钮开关；17—主司机控制器；

18—高音喇叭按钮开关；19—自动警惕控制按钮开关(无人警惕安全装置)

3. 司机室侧后墙设备布置

(1)司机侧后墙面布置

司机室后侧墙主要布置有中间为通往机械间的门与两侧为柜面，两侧壁柜柜深约为 210 mm。即司机侧后墙分为上下两层柜面式布置，上层左右为内嵌式柜与工具柜，中间柜面为凹面体装置着机车紧急制动阀。下层左侧为凹面墙体内镶嵌着添乘折叠椅，下层右侧为上下两层凹槽内镶嵌式储放着两枝灭火器(图 2-15)。

图 2-15　司机室后墙柜

1—司机侧后墙柜；2—紧急制动阀；3—司机室中间门；

4—添乘折叠椅；5—灭火器；6—副司机侧后墙柜；7—多功能折叠座椅

(2)副司机侧后墙面布置

司机室后侧墙、副司机侧后墙也分为上下两层柜面式布置。上层左右对称为内嵌式电气设备柜，上层左侧为电气线路接线端子排；上层右侧内分上下两部分，上层为自动过分相信号处理器，下层为电气设备相应开关组。下层为凹面墙体内镶嵌着预留 80 mm 的开折叠床空间（或多功能添乘折叠椅(图 2-15 中)。

### 三、机械间设备/车体与转向架

1. 机械间设备

$\mathrm{HXD_{1C}}$ 型电力机车机械间设备基本为对称布置，即牵引与辅助设备分别由两套相同装置组成，分别对称布置在机械间的两端，机械间的中部是对称的主变流器，对称布置的左右冷却塔，对称布置左右三台牵引电动机的冷却风机(图 2-16)。

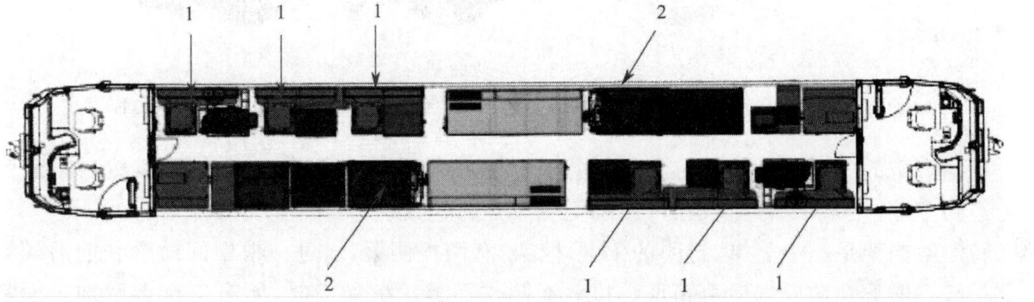


图 2-16　机车机械间电气/机械设备布置

1—牵引电动机冷却通风机；2—冷却塔通风机

2. 车体

机车车体采用整体全钢焊接结构，包括底架、侧墙、司机室、后端墙等。车体顶部装有 4 个可拆卸的顶盖。车体侧墙上部结构设有带过滤器的通风风道。

车钩及缓冲器安装在底架的两端。

车体侧梁每侧设有 4 个检修作业用的吊车销孔。

机车车体侧构架底部设有 4 个架车支承座和供检修用的 4 个支承点，在车体支承座架起距轨面高度不超过 2 500 mm 的条件下，转向架和主变压器可从车体下推出(图 2-17)。

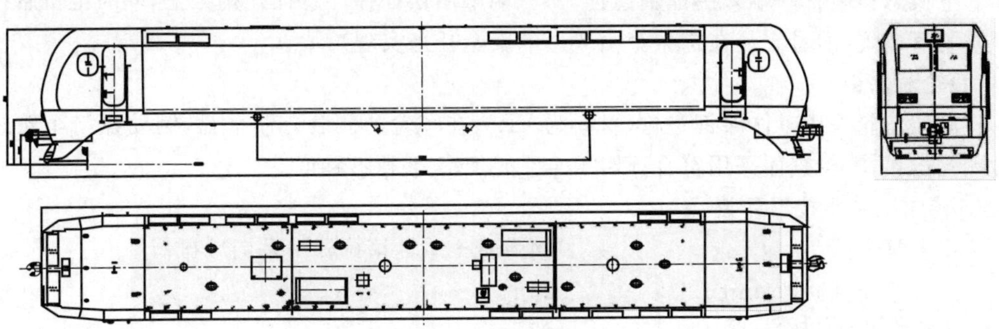

图 2-17　机车车体

3. 转向架

(1)转向架的构成及功用

转向架主要由构架、轮对、驱动单元、一系悬挂和二系悬挂、一系减振器和二系减振器、牵引装置(转向架和车体的连接装置)、制动装置和转向架附属装置等组成(图 2-18)。

图 2-18 转向架

1——一系减振器；2——一系悬挂；3—转向架构架；4—二系减振器；5—二系悬挂；6—轴箱拉杆

机车产生的牵引力和制动力经过轴箱拉杆 6 从轴箱传递到转向架构架 3，然后再经牵引杆传递到车体，用来牵引列车运行，或降低列车运行速度。

转向架构架是一个简单、封闭的 H 形框架，有两根侧梁，通过一根中间横梁和前后端梁连接在一起。横梁和前后端梁由箱形焊接截面制作而成。机加工时，所有连接点及加工面都有固定的公差。因此，转向架具有可互换性，其组合部件或模块也容易更换。

轮对通过水平排列的、有着金属橡胶球轴承的单侧车轮轴箱拉杆导向，金属橡胶球轴承同时传递牵引力到构架。在任何情形下，构架都作用于两个轮对轴箱的一系弹簧上。

(2)悬挂装置

①机车转向架悬挂系统是保证机车安全运行的关键部件，它是由一二系弹簧、减振器及轴箱定位组成(图 2-18)。

HXD1C 型机车转向架悬挂结构有两个特点：一是二系采用高扰弹簧，二是轴箱采用单侧轴箱拉杆定位，轴箱拉杆两端采用球形橡胶关节。

通过调整一、二系弹簧调整垫可实现机车 23 t、25 t 轴重的变换。

②电机悬挂装置一端采用抱轴悬挂，另一端采用摆杆弹性悬挂在构架上，同时电机悬挂加装了防脱落装置(通过安装在构架牵引梁上的安全托来实现)。

(3)轮对轴箱

转向架车轮采用整体碾钢车轮，材料为 ER8；在车轮两侧装有制动盘，制动盘与车轮之间通过螺栓连接；车轮踏面采用符合 TB/T 449 的 JM3 磨耗型踏面。

4. 转向架主要技术参数

| | |
|---|---|
| 一系悬挂方式 | 钢弹簧＋单轴箱拉杆＋垂向减振器 |
| 一系垂直止挡间隙(mm) | $25^{+2}_{-1}$ |
| 一系横向止挡间隙(mm) | 12 |
| 一系弹簧工作高度(mm) | 189±2 |
| 二系悬挂方式 | 钢弹簧＋垂向减振器＋水平减振器 |
| 二系弹簧工作高度(mm) | 497±2 |
| 基础制动方式 | 轮盘制动单元(带蓄能) |
| 限界 | 符合 GB 146.1—1983-1B |

5. 传动装置

HXD1C型机车转向架的传动装置采用抱轴驱动，主要由电机、抱轴箱、传动齿轮箱等组成；传动轴承采用滚动抱轴承。

电力机车牵引齿轮传递功率大(电机功率可达 1 225 kW)，齿轮线速度高(最大可达 26 m/s)。因此齿轮为高速重载传动，并能抵御瞬时 5～6 倍的冲击载荷。齿轮箱采用了独特的密封结构，车轮侧的迷宫密封与箱体作成一体，电机侧的迷宫密封采用球墨铸件，其结构即保证齿轮箱的密封，又保证齿轮润滑由不进入抱轴箱。

6. 转向架(走行部)车载监测装置

转向架(走行部)车载监测装置是结合机车车载安全防护系统(6A 系统)的要求，研制的集成于 6A 系统的机车走行部故障检测子系统，实现对机车走行部轮对轴承、电机轴承、抱轴承、轮对踏面和传动齿轮在线安全监测，保障走行部安全(在后文第十一章第二节内对此有详尽叙述)。

## 四、牵引装置转向架及辅属装置

因为 HXD1C 型机车为重载货运电力机车，因此牵引装置是该机车转向架关键部件之一。牵引装置的强度和刚度必须考虑 5 倍转向架质量惯性力的冲击载荷；同时为了减少轴重转移，牵引点距离轨面的距离尽可能低；为了保证转向架与车体的相对运动，牵引装置采用了橡胶关节和销套结构；为了有效传递牵引制动力，牵引装置纵向刚度要尽量大，HXD1C 型牵引装置纵向刚度达到 50 MN/m。

1. 牵引装置结构

HXD1C 型机车转向架牵引装置由牵引杆(一)、牵引杆(二)、连杆、销套及橡胶关节组成(图 2-19)。

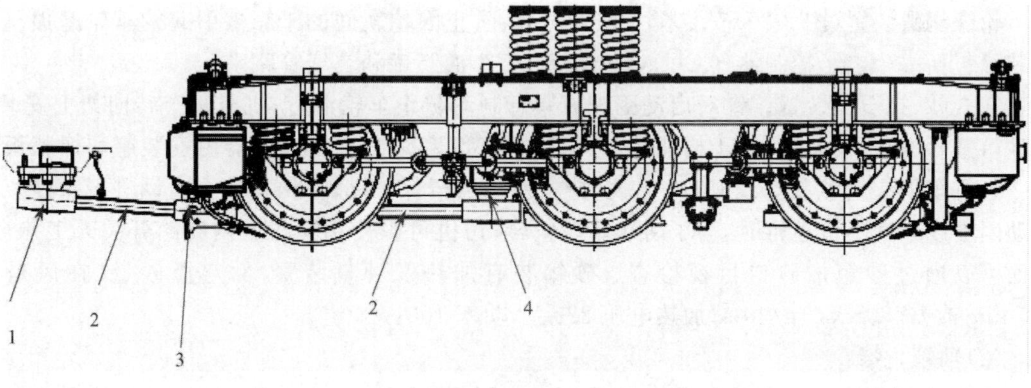


图 2-19　牵引装置结构

1—牵引杆(一)；2—连杆；3—牵引杆(二)；4—橡胶关节

2. 牵引装置连接机构

牵引杆(一)和牵引杆(二)为焊接结构，连杆为铸造结构，牵引杆(一)和牵引杆(二)之间的连接采用销套结构(其中的牵引销采用的是不锈钢材料，滑套、滑环采用的是复合材料)。连杆与牵引杆之间采用橡胶关节连接，牵引杆与构架和车体之间采用橡胶关节连接。

3. 构架

转向架构架为 H 形构架，由侧梁、牵引梁、前端梁和后端梁组成，除个别安装座以外，结构基本上是对称的。该构架焊接后，构架变形小，残余应力分布均匀，因此机加工后不需要退火；构架采用等刚度设计，构架的各个零部件的应力水平比较低，且应力变化趋势平稳；安装座结构简单。

4. 转向架附属装置

(1)轮缘润滑及撒砂扫石器装置

转向架上装有 2 套轮缘润滑装置，位于转向架的 1、4 位，该润滑装置采用脂润滑，其额定工作气压 700 kPa，最大工作气压 1 000 kPa，额定工作电压 DC 110 V(波动范围：88～121 V)。

①轮缘润滑装置(图 2-20)。每台机车装备了一套轮缘润滑系统。

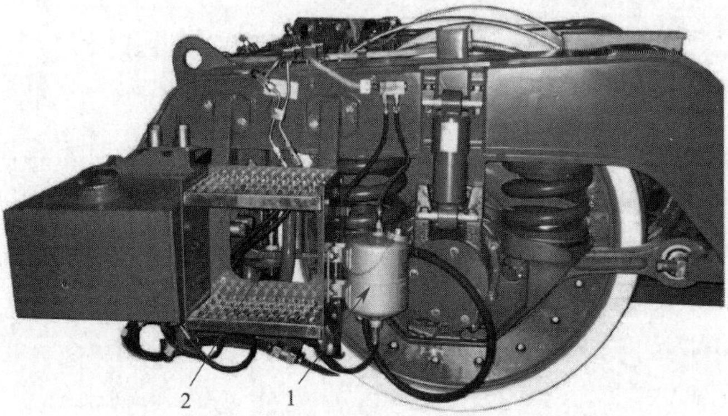


图 2-20　轮缘润滑装置

1—油脂罐；2—喷嘴

轮缘润滑装置(图 2-20)安装在 1 位轮对上，防止因轮轨间的干摩擦引起的车轮磨损。润滑装置包括一个电子控制器(CCU)，4 个喷头、4 个油脂罐和空气管路系。

②撒砂、扫石器装置。针对启动困难或紧急制动防止车轮滑行，机车每个转向架上安装 4 套砂箱撒砂、扫石器装置，位于构架端部，每砂箱容积为 0.1 $m^3$。扫石器由安装座和橡胶板组成。当机车采取紧急制动或 CCU 出现防空转、防滑行保护动作时，机车会自动进行撒砂。在启动困难或天气不良运行时，为了防止车轮空转，司机可以使用司机室内脚踏开关人工撒砂。砂面可以通过砂箱加砂口目视检查。砂箱装有加热及计量装置，额定撒砂量(在风量为 4.5 kPa 时)(750±50)g/30 s；加热电压 220 V，功率 100 W。

(2)轴箱止挡

HXD1C 型机车转向架设置有一系垂向、一系横向止挡，它们均为刚性止挡，其中垂向为 25～28 mm，横向为 10 mm。HXD1C 型机车转向架设置有有二系垂向、二系横向止挡。垂向止挡为刚性，横向止挡，垂向间隙为 30 mm，横向为 35 mm(不考虑弹性量)。

(3)整体起吊装置

HXD1C 型机车整体起吊装置是作为机车自带的部件之一，它采用钢丝绳结构将车体与转向架连接(图 2-21)，钢丝绳连接结构不影响机车运行时车体与转向架之间的相对运动。在整体起吊时，车体将构架升起，同时通过一系垂向减振器将轮对提升起(图 2-22)。

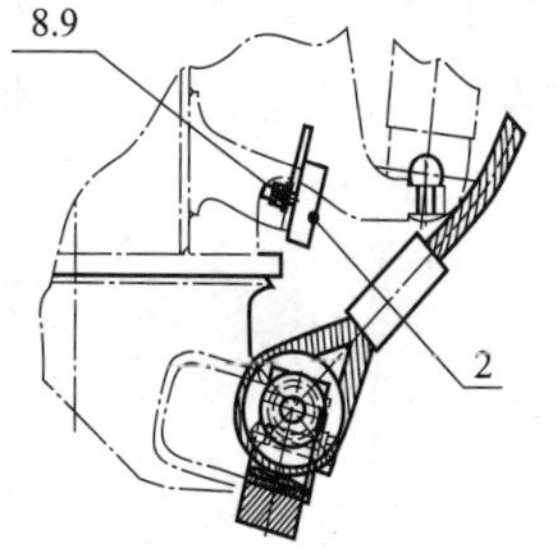


图 2-21　整体起吊构架连接

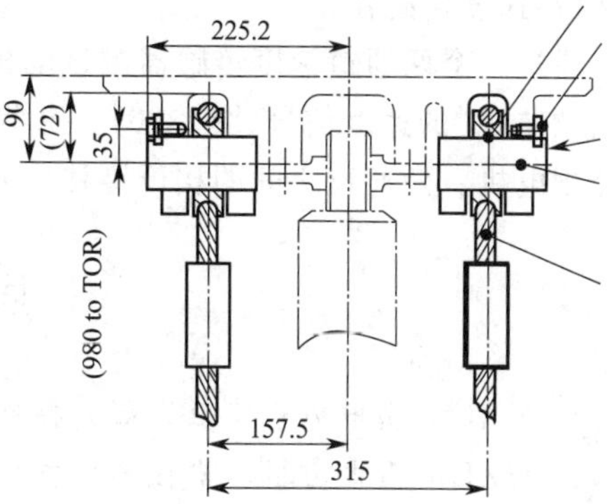


图 2-22　整体起吊车体连接

(4)传感器布置

为了检测机车运行状态及机车工作电流的回流，在机车轴箱端盖上安装了各种传感器(图 2-23)。

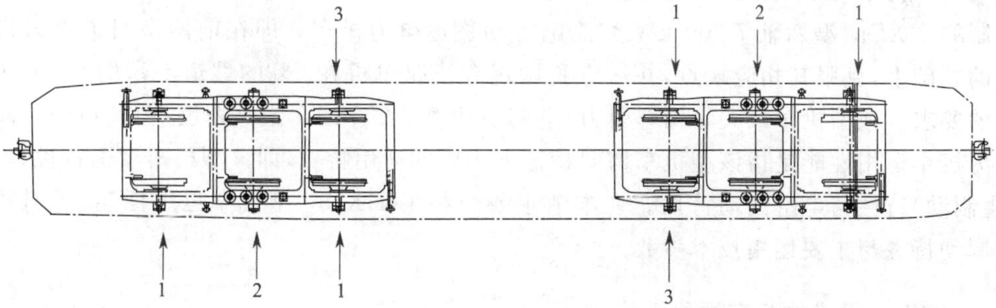


图 2-23　传感器布置

1—车轮防滑行传感器；2—接地刷；3—速度传感器

(5)车轮防滑行传感器

每节机车配备有一个气动防滑行保护装置(图 2-24)。该装置能防止因空气制动力过大，致使车轮抱死，避免造成车轮滑行。

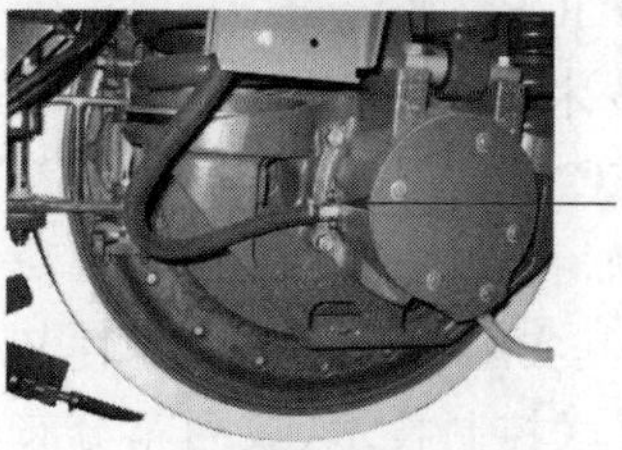

图 2-24　车轮防滑行传感器

图 2-25　接地碳刷

图 2-26　速度传感器

(6)接地碳刷

接地刷是一个用于工作电流回流的轴向运行的滑行触头以及机车的接地装置(图 2-25)。接地刷被电气绝缘以保护滚动轴承，它闭合至旋转轮对轴的电气回路。

(7)速度传感器

通过一个两通道速度传感器测量电机的转速及测定电机的旋转方向，速度传感器提供两个相位差 90°的速度信号(图 2-26)。这些信号用来测量电机转速和检测电机旋转的方向，用以控制电机。两通道之间的相位漂移用来检测电机的旋转方向。

## 思 考 题

1. HXD1C 型电力机车三大部分指什么？其功能如何？
2. HXD1C 型电力机车机械间设备如何布置？
3. 简述 HXD1C 型电力机车转向架构成及功用。

# 第三节 HXD1C 型电力机车性能

HXD1C 型电力机车在 HXD1、HXD1B 型电力机车的技术引进的基础上，掌握了大功率交流传动机车的系统集成及相关配套技术，形成了一套适应中国铁路运输需要的技术体系，为自主研制的 HXD1C 型六轴 7 200 kW 交流电传动货运电力机车。即在前两型引进电力机车的优点的基础上，克服其相应缺点，并适应我国现有线路单机在 6‰的坡道上牵引 5 000 t 货物列车的要求。该型机车最大轮周牵引力/电制动功率 7 200 kW，最高速度 120 km/h。HXD1C 型电力机车运用性能是指该型机车构架特征下构成的运用特点，即该型机车牵引特性、电制动(再生制动)特性与电空制动特性。在本节主要介绍了 HXD1C 型机车运用性能，牵引特性与再生制动特性与主要运用技术参数。

## 一、HXD1C 型电力机车运用性能

HXD1C 型机车运用性能是根据机车构架构成的系统所发挥的机车综合性运用功能，来体现机车牵引特性、电制动特性与制动特性集成技术在系统控制下的综合体现。

1. 机车构架

HXD1C 型电力机车集系统化、模块化、高可靠性设计理念，成功运用先进的交流传动技术、微机控制技术、故障诊断技术、TCN 网络技术、电空制动技术、无线重联技术于一体。其机车主要集成技术：一是机车交流电传动技术——先进的水冷 IGBT 变流器，矢量控制技术，大功率三相异步电动机逆变驱动技术。二是计算机控制技术——DTECS 网络控制系统，先进的故障诊断和记录功能。三是 TCN 网络技术——符合 IEC 61375 标准的 TCN 网络系统，满足多台机车重联编组要求(既可有线重联，又可无线重联操纵)。四是电空制动技术——CCBⅡ制动机，以电子模块控制替代传统的气动阀控制，其实施制动量的可靠性与准确率提高，并保持有气动阀的功能。五是，无线远距离监视与重联控制技术(或列车分布式动力控制系统 LOCOTROL)，对开行万吨以上重载列车分列牵引重联(非有线重联)取得可靠基础。

2. 机车运用特点

HXD1C 型电力机车能满足牵引重载货物列车的运输要求，即可单机牵引 5 000/6 000 t，也可多方式多机重联牵引万吨及以上的货物列车。单轴轮周功率为 1 200 kW(1 225 kW)，机

车总功率为7 200 kW。机车采用整体承载结构，并经中央贯通梁主要传递牵引力构件，采用低位牵引杆，构架强度高，结构合理可靠，基础制动采用轮盘制动，机车采用CCBⅡ电空制动系统。机车备有远程无线重联控制系统(或列车分布式控制LOCOTROL)冗余设计，以满足20 000 t及以上重载组合列车牵引运输要求。机车机械间和司机室为微正压环境，为预防线路污染严重的环境状况，改善司机室空气质量大有益处。机车电气设备安装屏柜防护等级设计成IP54级，部分关键设备如司机操作指令用扳键开关触头采用IP67封装，能有效消除各类灰尘对电气部件功能的影响，减少机车故障发生机率。为适应机车长交路运用要求，机车设置相应的生活设施微波炉、冰箱与卫生间，对提高和改善司乘人员操作环境与舒适度增益较大。

3. 机车电气/机械设备布置

$HXD_{1C}$型电力机车车顶设置有高压电气设备，如受电弓、真空断路器、接地开关、高压连接器、高压隔离开关、高压互感器、原边电压互感器、避雷器及高压电缆等设施和设备(该型高配机车此类电气设备安装位置有所变动)。在两端司机室设置有操作装置系统与机车运行监视、监控、监测装置。机械间设置有机车通风系统与主/辅变流器、冷却塔、主/辅空气压缩机与各类电气、电子控制柜(箱)与相应生活设施。机车走行部由两台相同转向构架成，每台转向架分别装置着三台1 225 kW的交流牵引电动机，机车牵引装置连接着车体与转向架并经车体底梁，构成机车牵引系统。在机车走行部还装置有其他类附属装置，即基础制动装置，撒砂装置、润滑装置、机车走行测试装置及温度监测装置等。

## 二、机车牵引变流器

机车牵引变流器TCU，也称机车主变流器TCU，又称机车变流装置，一般称主变流器(简称TCU)。主变流器用于交流与直流和交流之间电能的变换，并对各种牵引电机起控制和调节作用。从而控制机车的运行。

每台机车装有两台主变流器TCU1/2，每组主变流器主要由四象限整流单元、中间直流电路和三组牵引逆变器PWM逆变单元及相应真空接触器等主电路部分与无接点控制单元等控制电路构成。牵引逆变器(PWM)为牵引电动机提供三相交流的变压变频(VVVF)电源。根据车辆的速度，通过适量控制，精确快速地控制牵引电机的转矩和转速。

1. 主变流器特点

(1)四象限整流单元和逆变单元合用(IGBT)元件，对牵引和制动实行连续控制。可靠性高，噪声低，省电力。

(2)可靠的保护电路与保护装置。

(3)高性能的电气元件承受短时冲击。

(4)模块化设计便于故障检出和故障排除。

(5)布线科学。降低电磁干扰，保证电磁兼容要求。

2. 主变流器主要部件和单元体

功率模块是构成变流器的核心部件，是由上下桥臂的两组IGBT元件和反并联二极管构成，还包括冷却元件的水冷散热片和控制IGBT栅极电压的驱动电路。

四象限整流单元是由U相、V相两个功率模块构成，逆变器单元由U相、V相、W相三个功率模块构成，即功率模块数量是由相单元决定的。

由于四象限整流单元和逆变单元的电流值要求不同，因此四象限整流单元是由两个IGBT元件并联后组成功率模块，逆变单元则是由单个IGBT元件构成功率模块，因此四象限整流单元和逆变单元的功率模块不能互换。但采用的IGBT元件相同，额定值均相同，因此模块内的元件是可以互换的。

3. 中间直流电路

中间直流电路是四象限整流单元和电机侧逆变单元之间的中间环节。在三相交流传动系统中，中间直流电路起着很重要的作用。

(1)中间直流电路主要作用

①在网侧整流器和电机侧逆变器之间实现瞬时功率平衡。

②储能电容向牵引电动机提供基波无功功率和高次谐波的通路。

③主变流器换流能力直接受中间电路电压的影响，逆变器的调制电压质量也取决于其平衡程度，因此对它要求较高。

(2)中间直流电路的组成

中间直流电路由中间电压支撑电容、瞬时过电压限制电路和主接地保护电路组成。

①中间支撑电容中滤波电容减小中间直流电压的脉动，使其更加平稳。接地电容除了具备滤波电容功用外，还能提供主回路接地故障检测的中性点。

②瞬时过电压限制电路由IGBT和限流电阻组成。当电压传感器检测到中间电路过电压时，使IGBT导通，通过限流电阻构成放电回路，以降低电压，保护电路元件。

③主接地保护电路由跨接在中间回路的两个串联电容和一个接地信号传感器组。每套机组分别含三套接地保护电路，可以分别对三个交—直—交电路进行检测和保护，接地检测信号送TCMS。当出现一点接地时，可以通过接地故障转换开关，实施对接地保护的隔离。

4. 逆变单元(逆变器)

逆变电路是由U、V、W三相逆变单元构成的。将PWM整流单元输出的直流电转换为交流电来驱动牵引电机。通过改变逆变电路的输出电压和输出频率来控制牵引电机的转矩和转速。

机车的牵引电动机M1～M3分别由主变流器TCU1的3个PWM逆变器单独供电，M4～M6分别由主变流器TCU2的3个PWM逆变器单独供电，实现牵引电动机的独立控制。由于机车六根动轴的轮径差、轴重转移及空转等可能引起负载分配不均匀，可以通过主变流器的控制进行适当的补偿，以实现最大限度地发挥机车牵引力(主变流器的主要技术参数及构架与工作原理见第三章第二节相关内容)。

### 三、主变流器控制技术

1. 四象限整流器

四象限整流器于20世纪70年代初提出，因采用脉宽调制的方法，可使整流器的功率系数接近于1.0，极大地减少谐波电流分量，并可消除特定的谐波电流。此外它能很方便地工作在整流和逆变的四个象限，不仅可以工作在整流状态也可以工作在逆变状态。即不仅用于牵引也可以用于再生制动，把列车的动能和位能变为电能反馈到电网中去，且动态响应速度比较快，系统稳定性比较好。

(1)四象限整流电路工作原理及其控制

四象限整流器是一个交—直流电力转换系统,它采用 IGBT 将交流电转换成直流电,其特点如下。

①与二极管桥式整流电路相比,采用了可控元件 IGBT 元件与二极管反向并联。

②直流侧输出电压幅值大于交流侧输入电压幅值。

③在交流电路中即使有感性负载,功率系数也能控制到 1.0。

④即使交流电电源电压或直流负载发生变化时,直流输出电压也能被控制在恒定状态。

⑤采用 PWM 控制技术。

(2)四象限整流器和二极管整流器基本电路比较

采用四象限整流器和二极管整流器将交流转换成直流的基本电路的比较。采用四象限整流器的时候,其电路功能在 IGBT 的控制门电路启动之前,由于所有的 IGBT 被关闭,与二极管的电路功能是一样的。

在二极管整流电路中,二极管只有在施加正向电压时,才会导通。如果没有电抗元件,负载为纯电阻,整流电压、电流波形(图 2-27)。在交流电源电压作用下,每个二极管导通的情况(图 2-27),即在电源电压正半周期内,流过负载的电流为 $i_1$。在电源电压负半周期内,流过负载的电流为 $i_2$。这里,施加在负载上的电压 $U_D$是全波整流的直流电压。这是交流—直流转换的基本原则。一般来说,由于电路中有电感元件(如牵引变压器和电机)和电容元件(如滤波电容器),交流电源的功率因数不可能达到 1.0。此外,用整流器获得的直流电压 $U_0$ 不可能大于电源电压(图 2-27)。

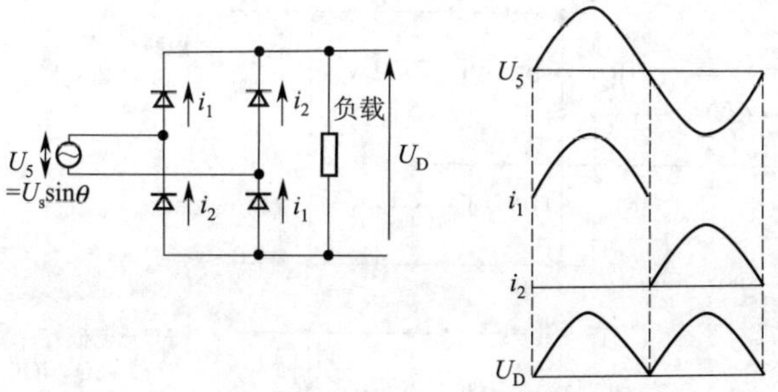


图 2-27　整流器工作状态

2. 四象限整流器基本原理及其控制

四象限整流器可以将交流转换成直流外,整流器的功率因数可控制到 1.0 的近似值,而且直流输出电压可以高于交流输入电压有效值。四象限整流器电路工作状态说明如下。

(1)功率系数控制

为了使整流器的功率系数控制在 1.0,必须采用可控制的办法,让网侧电压接近于正弦波,并且使电网电压 $U$ 和电流 $I_S$同相。为控制 $I_S$与 $U_S$同相,串接在输入电路中电感 $L_S$的电压 $U_{LS}$是一个很重要的参数,$I_S$的相位角滞后 $U_{LS}$90°,$U_{LS}$的幅值取决于 $I_S$与 $L_S$。必须控制整流器输入端电压 $U_C$。与电源电压 $U_S$之间的相位,才能使 $I_S$与 $U_S$同相。图 2-28 所示矢量图表明了四象限整流器这些参数间的关系。

(2)升压斩波器

由于电感 $L_s$ 的存在,且采用了 PWM 调制技术,因此四象限整流器实质上是一个升压斩

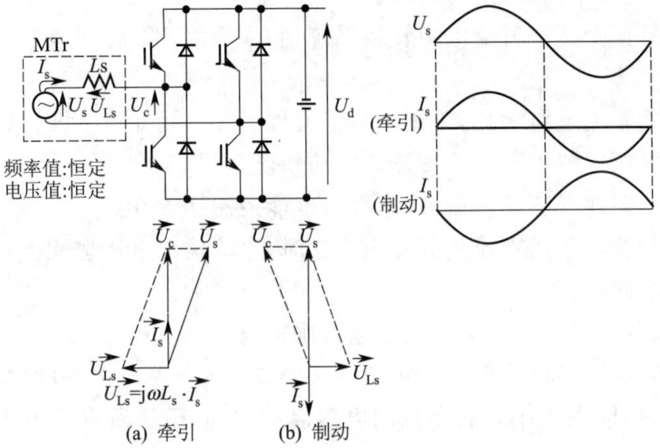


图 2-28　四象限整流器矢量图

波器。

现以该斩波器的工作状态为例,来说明 PWM 整流器的直流输出电压比交流电压振幅高的原因(图 2-29)。当 IGBT QV(负半周为 QX)在交流电源电压正半个周期内导通时,交流电源经由牵引变压器的内部感抗 $L_S$ 形成短路,并且在 $L_S$ 累积磁能。当 IGBT 关断时,蓄积在 $L_S$ 内的磁能释放,流入直流电路的滤波电容 FC 中,直流电压 $U_d$ 升高。IGBT 重复以上这些操作,就可实现直流电压高于交流电压的幅值。

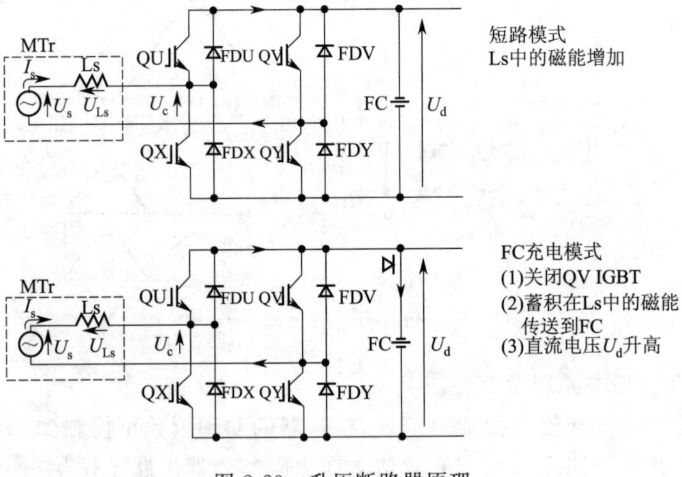


图 2-29　升压断路器原理

(3)PWM 整流器的导通和关断过程

控制 PWM 整流器 IGBT 的导通和关断过程,可使交流电流 $I_S$和输入电压 $U_S$同相,并且保持直流电压恒定。PWM 整流器的工作由 4 个周期组成,即只增加交流输入电流的周期;当交流输入电流在增加和降低时受到控制的周期;在输入电压为负向而整流器工作与Ⅰ相同的周期;在输入电压为负向而整流器工作与Ⅱ相同的周期。

以上每个周期可分成 1-4 和 1′-4′微时间模式,且在这些模式中交流电路工作遵循相应的控制路线。

## 四、机车牵引特性和再生制动特性

1. 机车牵引特性

机车的牵引特性是机车牵引力 $F$ 与机车速度 $v$ 之间的关系，即 $F=f(v)$。

(1)牵引电机转矩与转速

HXD$_{1C}$ 型电力机车牵引特性实指该型机车牵引力与速度间的关系，即牵引电动机力矩与转速间的关系。牵引电动机是机车进行机械能和电能相互转换的重要部件，它安装在机车转向架上，通过传动装置与轮对相连，机车在牵引状态时，牵引电动机将电能转换成机械能，驱动机车运行。当机车在电气制动状态时，牵引电动机将列车的机械能转化为电能，产生列车的制动力。机车牵引特性实为牵引电动机的工作特性，即牵引电机转速与其负荷之间的关系。

(2)异步牵引电机调速

HXD$_{1C}$ 型电力机车采用异步牵引电动机作为机车牵引力。异步电机的主要运行原理：定子通上三相交流电后，在气隙中产生旋转的磁场，该磁场切割转子导条后在转子导条中产生感应电流，带电的转子导条处于气隙旋转磁场中将产生电动力，使转子朝定子旋转磁场的同一方向旋转。由于转子导条中的电流是因转子导条切割由定子绕组产生的气隙磁场才感应产生的，所以转子的转速只能低于气隙旋转磁场的转速永远不可能与其同步，否则转子导条与气隙磁场同步旋转，转子导条不再切割磁场产生感应电流和产生电动力，转子也不可能旋转，所以称按这种原理运行的电机为异步电动机。现在机车用异步牵引电机调速普遍采用变频变压调速技术，即改变电动机定子频率即可改变电机转速，随着定子频率的增加，电机转速相应增加，将导致电机磁场减弱，电机转矩将降低，电机磁场降到很低时，电机不能输出足够的转矩，不能满足负载要求。另一方面低频启动时，如果电压很高，将导致电机过分饱和。因此异步电机变频时，电压也应在一定范围内保持一定比例的变化，这种调速方式称之为变频变压调速。异步牵引电机变频调速主要采用恒转矩变频调速（恒磁通变频调速的一个区段，磁通和电流不变），恒磁通变频调速、恒功率变频调速等调速方式。因此异步牵引电机转矩属硬特性。

(3)牵引电机转矩特性

JD160 型异步牵引电机牵引特性（图 2-30）。具有如下变速特点。

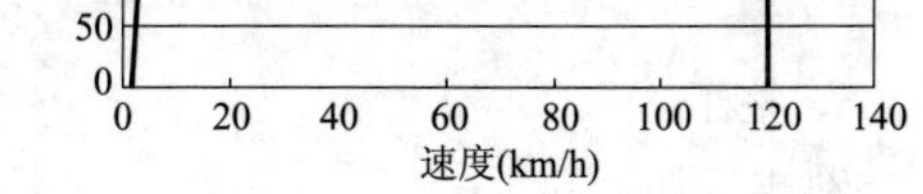


图 2-30　电机转矩特性

①启动点，电机转矩 9 717 N·m，转速 0，恒转速矩启动到 132 r/min。

②恒转矩转折点：电机的转矩 9 717 N·m，转速 132 r/min。

③恒功起始点：电机的转矩 6 800 N·m，转速 1 719.1 r/min，电机功率 1 225 kW。

④恒功率结束点（全磨耗）：电机的转矩 3 386 N·m，转速 3 452 r/min，电机功率 1 225 (1 200)kW。

2. 机车再生制动

机车的再生制动，也称机车电制动。机车再生制动特性是指机车轮周上的制动力 $B$ 与机车速度 $v$ 之间的关系 $B=f(v)$，HXD$_{1C}$ 型机车动力制动特性曲线（图 2-31）。

(1)机车再生制动

HXD1C 型机车采用再生制动方式。机车处于再生制动工况时,牵引电机作为发电机运行,把机车及列车的机械能变成电能,并反馈到接触网中去,牵引电机发电时产生的电磁制动转矩通过传动齿轮,传递到动轮轮周,再经机车轮、轨间的相互作用变成抑制机车与列车前进的制动力,从而实现动力制动功能。

(2)异步电机再生制动原理

异步电机牵引与再生制动原理:在 $1>S>0$ 的范围内电磁转矩与转子转向相同拖动转子旋转,电机从逆变器吸收电能转换为机械能,克服机车阻力驱动机车运行,处于电动机运行状态。$S=1$ 为启动运行状态;在 $S<0$ 的范围内,转子转向与定子旋转磁场一致,转子转速 $n$ 大于电机同步转速 $n_1$,电磁转矩与转子转向相反,它阻碍转子旋转,电机将机车机械能转换为电能传递送给逆变器,对机车产生制动转矩,电机处于发电机运行状态,称之为再生制动。

(3)电机制动特性

JD160 型异步牵引电机的制动特性(图 2-32)。

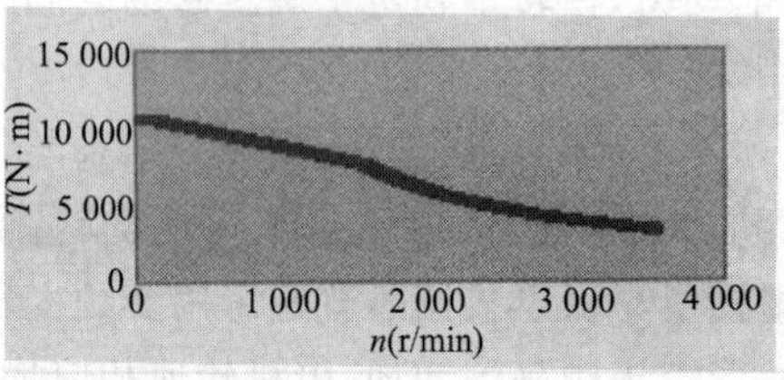


图 2-31 动力制动特性曲线

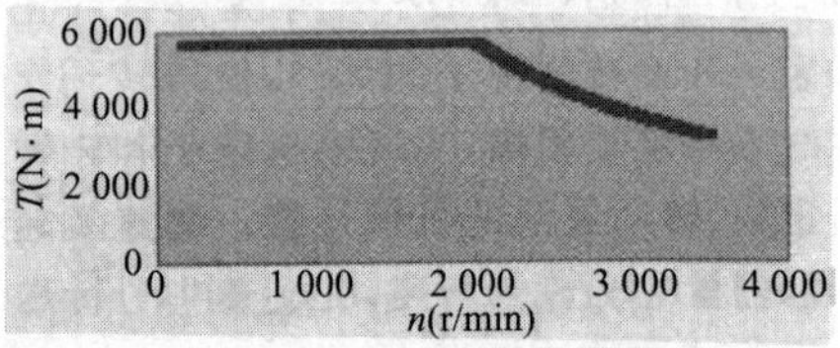


图 2-32 电机制动特性

①电制动起始点亦即最高制动速度点、制动恒功起始点(全磨耗):电机的制动转矩 3 254.5 N·m,转速为 3 452 r/min,电机制动功率 1 176.4 kW。

②电制动恒功结束点、恒转矩的起始点:电机的制动转矩 5 660 N·m,转速为 1 985 r/min,电机制动功率 1 176.4 kW,进入恒转矩制动区。

③电制动恒转矩的结束点:电机的制动转矩 5 660 N·m,转速为 132 r/min。132 r/min 至 0 r/min 时机车逐步施加空气制动,电机制动转矩成比例下降至 0。

## 五、HXD1C 型机车运用技术参数

1. 整车

| | |
|---|---|
| 轴式 | $C_0$-$C_0$ |
| 轨距(mm) | 1 435 |
| 最大速度(km/h) | 120 |
| 起动牵引力(kN) | 570 |
| 轮周牵引持续功率(kW) | 7 200 |
| 额定速度(km/h) | 65 |
| 最大电制动力(kN) | 400 |
| 轮周再生制动功率(kW) | 7 200 |
| 机车长度(车钩中心线)(mm) | 22 670 |
| 车体最大宽度(mm) | 3 100 |

| | |
|---|---|
| 最大高度(降弓时)(mm) | 4 763 |
| 重联牵引 | 三台机车可通过重联线或者无线实现重联牵引 |
| 机车全轴距(mm) | 162 600 |
| 通过最小曲线半径(km/h) | 5 ($R$125 m) |
| 车轮直径(mm) | 1 250 (新轮) |
| | 1 150 (半磨耗) |
| 接触网电压(kV) | 2 550 Hz |
| 机车整备质量(t) | $150^{+1\%}_{-3\%}$ |
| 2. 转向架 | |
| 轴重(t) | 23/25(加配重) |
| 转向架总重(kg) | 约 30 000 |
| 牵引电机悬挂方式 | 抱轴悬挂 |
| 轴距(mm) | 2 250+2 000 |
| 轨距(mm) | 1 435 |
| 轮对内侧距(mm) | $1\ 353^{+0.5}_{-1}$ |
| 牵引方式 | 中间斜拉杆推挽式 |
| 牵引点距轨面高度(mm) | 240 |
| 最大启动牵引力 kN(每轴) | 95 |
| 传动方式 | 交流电机、滚动抱轴承 |
| 齿轮传动比 | 106/17 |
| 车轮滚动圆直径新/全磨耗(mm) | 1 250/1 150 |
| 3. 机车制动机 | |
| 制动机类型 | CCBⅡ |
| 制动控制 | 电制动 |
| | 非直接、自动制动 |
| | 单独电空制动 |
| | 空气备用系统 |
| | 弹簧蓄能停车制动 |
| 4. 机车输入供电系统 | |
| 供电系统 | AC 25 kV,50 Hz |
| 电气驱动系统 | IGBT 为基础的水冷变流器 |
| | 6 个电源侧 4 象限整流器 4QC |
| | 2 个电压型直流支撑回路 |
| | 6 个脉宽调节(PWM)逆变器,供 6 台三相异步牵引电动机 |
| 5. 驱动 | 抱轴式悬挂驱动 |
| 6. 控制设备 | DTECS 中央控制单元 |
| | 牵引控制单元 |
| | 每个司机室彩色显示器 |
| | 中央诊断,记录装置 |

电气防空转/防滑行保护
自动过分相
可实现重联机车牵引

7. 运行监控系统

LKJ 2000 列车运行监控记录装置

8. 列车通信设备

机车综合通信设备 CIR
JT-C 型机车信号车载系统设备
TMIS 车号识别设备
TAX2 型机车安全信息综合监控设备
司机室之间的机车重联电话等

9. 车顶安装设备

机车安装有 2 台受电弓,2 个车顶高压隔离开关,1 个高压互感器,1 个主断路器(包括 1 个接地开关)2 个避雷器,2 个车顶穿墙套管(包含在高压电缆中)及天线等

注:后期出厂的该类型机车对该类电气设备安装有所改变,见有关章节叙述。

## 思 考 题

1. 主变流器的功用是什么?
2. 简述四象限整流单元的构成。
3. 简述逆变器的构成。

# 第三章　机车主电路电气设备与性能

$HXD_{1C}$ 型电力机车主电路电气设备主要由外来电源授受电器，降压变换装置—主变压器，交—直—交流变换装置—主变流器与逆变驱动器及牵引电动机和相应辅助控制保护装置所组成。本章主要分 4 节介绍了主变压器与主变流器构架及作用，外来电源授受电气设备与相应的保护装置，交流牵引电动机的构架与作用。

## 第一节　主 变 压 器

$HXD_{1C}$ 型电力机车接受外来（接触网）电源经主变压器降压，再经主变流器变换控制，转换成机车的动力源，驱动机车牵引列车运行。本节主要介绍了该型电力机车用主变压器的构架与附属部件及工作原理和运用操作安全与检查。TBQ 41-9080/25 型牵引变压器用于南车株洲电力机车有限公司生产的 7 200 kW 六轴货运高原电力机车，用来把接触网上取得的 25 kV 高压电变换为各种类型低压电，以满足机车上牵引电动机和各种辅助电气设备的工作需要。变压器采用卧式安装，吊挂在车体下。主变压器为心式变压器。采用 A 级绝缘和普通矿物油。该主变压器在材料和结构上考虑了－50～＋45 ℃的工作环境。变压器油箱内设置了一个主变压器和 2 个谐振滤波电抗器实现了一体化安装，具有体积小、重量轻的特点。变压器油箱采用钢焊接结构。冷却介质为 45 号变压器油，采用双循环油路进行冷却。主变压器的设计运用寿命约为 30 年。达到使用寿命的前提条件是不超过额定功率和最大允许温度，以及遵循规定的维护和使用条件。

### 一、主变压器构架

$HXD_{1C}$ 型电力机车采用的牵引变压器，也称主变压器（简称变压器）。其内除主变压器外，还装有两台 100 Hz 滤波电抗器。它们装在一个油箱内，共用一个冷却系统。主变压器是单相变压器，卧式结构，采取车体下悬挂安装方式（图 3-1）。

图 3-1　变压器物理图

1. 技术参数

(1)主变压器技术参数

| | |
|---|---|
| 型号 | TBQ 41-9080/25 |
| 额定功率 | |
| 高压(kV·A) | 9 080 |
| 牵引(kV·A) | 6×1 383 |
| 辅助(kV·A) | 2×360 |
| 额定电压 | |
| 高压(V) | 25 000 |
| 牵引(V) | 6×970 |
| 辅助 1(V) | 3×563 |
| 辅助 2 (V) | 220 |
| 额定频率(Hz) | 50 |
| 外形尺寸(mm) | 3 040×1 950×1 320 |
| 变压器总重(kg) | 11 720 |
| 变压器油重(kg) | 2 550 |
| 冷却方式 | ODAF(强迫导向油循环风冷) |
| 冷却介质 | 矿物油(45 号变压器油) |
| 网压范围(kV) | 17.5～30 |
| 恒功范围(kV) | 22.5 ～29 |

(2)谐振滤波电抗器主要数据

| | |
|---|---|
| 数量 | 2 |
| 额定电流(A) | 1 620 |
| 额定电感(mH) | 0.27 |
| 额定频率(Hz) | 100 |
| 功率 | 持续制 |
| 冷却介质 | 矿物油(45 号变压器油) |
| 冷却方式 | OFAF(强迫油循环风冷) |

2. 结构

主变压器(图 3-2)吊挂在机车中部地板下变压器安装梁上,冷却设备(冷却塔,安装在机车机械间内,它们之间用油管连接起来。储油柜安装在冷却塔内,它与变压器通过快速接头用软管连通。除 A 端子安装在油箱端部外,其余套管都在箱盖上。

(1)结构特点

①采用卧式结构,主变压器与 2 个滤波电抗器共油箱。

②采用同心式线圈结构、铁芯整体包扎,从而在相同的容量下,变压器的重量和体积更小。

③采用强迫油循环冷却方式,提高变压器的可靠性和使用寿命。

(2)铁芯

变压器铁芯的布置和设计适用于机车单元及其牵引变流器的特殊要求。

铁芯为单相型,由两个支撑绕组的两根芯柱和两个铁轭组成。铁芯采用冷轧取向硅钢

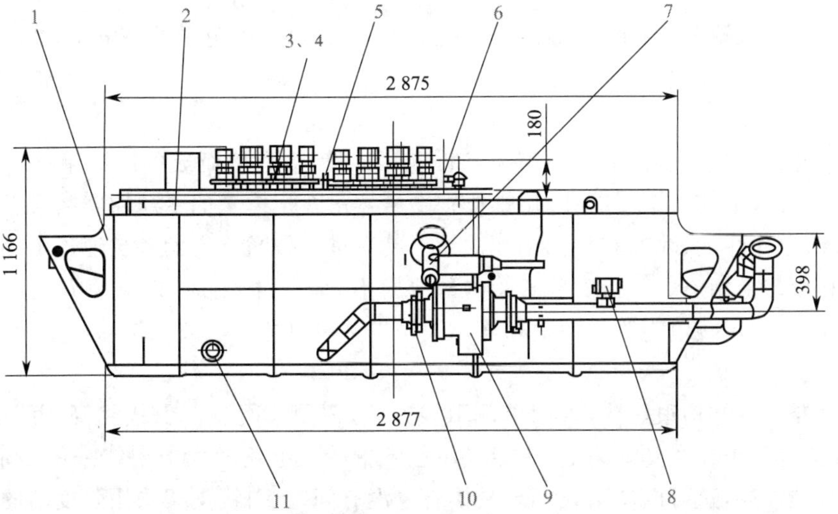


图 3-2 HXD1C 型电力机车主变压器简图

1—油箱;2—箱盖;3—R3/2000 低压套管Ⅰ;4—R3/2000 低压套管Ⅱ;5—快速接头;
6—温度传感器 PT100;7—高压 A 端子;8—油流继电器;9—油泵;10—蝶阀;11—放油阀

片,表面进行绝缘涂层处理。为了尽量减小铁芯损耗并降低噪声,选用优质硅钢片,对叠片采取了精确冲孔和叠压。铁芯由冷轧硅钢片叠积而成,芯柱采用多级近似为圆形的截面。铁芯组装采用拉螺杆结构,分别用直径 30 mm 和 20 mm 的高强度合金钢把两端的夹件连接起来,将铁芯、绕组、绝缘件、引线等构成牢固的整体。当器身卧放时,可以分别承受纵向 $5g$、横向 $3g$ 的冲击力。上、下夹件由钢板焊接而成,夹件上还有吊孔,以方便铁芯起吊、放倒等用。

变压器两柱芯柱采用整体包扎。在铁芯两旁设置钢夹板。芯柱和钢板用玻璃纤维带绑扎,然后在干燥炉中进行硬化处理。两根铁芯柱用铁轭连接。铁轭用不锈钢螺栓连接到夹件上。螺杆夹紧结构和夹件有绝缘材料隔开。变压器器身部分与油箱之间的紧固牢固,从而能承受机车运行横向及纵向加速冲击。

(3)线圈

变压器设计为两个芯柱,多绕组芯式结构。变压器低压牵引绕组位于芯柱内侧,采用层式线圈结构设计。高压绕组位于位于牵引绕组外侧,设计为饼式绕组。变压器低压辅助绕组位于芯柱外侧,采用连续线圈结构设计。所有绕组结构紧凑、机械强度高。牵引、辅助绕组线圈由换位导线制成,高压绕组采用扁铜线制成。基本材料为高等级电解铜。绝缘材料采用绝缘等级高的绝缘纸。

主变压器有两种线圈即高压线圈,牵引线圈。所有线圈导线均采用耐热纸绝缘,线圈的结构为层式。牵引线圈为层式线圈,采用换位导线,牵引线圈由两根换位导线并绕。高压线圈为饼式线圈,单根绕制。

对线圈进行预干燥处理,防止绝缘材料在超过储存期变形。即使在短路时,施加在轴向方向的收缩力也不会使绕组松弛。绕组块压紧后,通过特殊真空工艺进行干燥,防止回潮并同时增加了机械强度。

(4)接地

对铁芯、夹件、箱盖、油箱、谐振滤波电抗器采取了接地，避免局部高电位，减少局部放电和损耗产生。

(5)油箱

变压器装在充满变压器油的油箱中，油箱壁是用钢板焊接而成的。油箱壁上焊有4个安装座，每个安装座上有4个安装孔，用螺栓把变压器吊在车体上的变压器安装梁上。油箱侧壁装有放油阀，以作注油、滤油和放油用。油箱上装有进、出油管，它们各自通过出油柔性管和回油柔性管和冷却柜相连。箱盖安装套管的部位用不导磁钢板制成，以避免涡流发热。油箱设有接地螺栓，箱盖用接地连线与油箱相连。油箱内共装有两台滤波电抗器和一台主变压器。

(6)引线

主变压器引线结构很紧凑，采用单侧引线方式，占用空间少。引线除高压线圈A端子的引线外，其他都集中在瓷套管附近，一律采用包纸铜棒。电流较大的引线采用多根并联，因为铜棒本身有绝缘层，这可以使引线甚至紧挨着也没有问题，引线支架采用强度高的层压木板。

3. 变压器组成部件

(1)1个高压套管

(2)1个高压绕组接地低压套管

(3)10个低压绕组套管

(4)2个谐振滤波电抗器

(5)4个谐振滤波电抗器套管

(6)45号变压器油

(7)6个AOR80蝶阀

(8)2个电阻温度计

(9)2个油流继电器

(10)1个软管连接到冷却塔的快速接头

(11)2个注油阀

(12)1个压力释放阀

(13)2个油泵

4. 主要组件简介

(1)储油柜

储油柜装在冷却塔内，用快速接头与油箱相连。储油柜的功能有两个，第一，减小变压器油与空气接触的面积，减缓变压器油的老化过程；第二，当油箱中变压器油受热膨胀时，多余的变压器油进入储油柜中，并储存在储油柜里。当油箱中的变压器油变冷收缩时，原来油箱中的油不能充满油箱，这时储油柜里的油就通过连管进入油箱，并把油箱填满，使油箱在任何时候都充满变压器油。因此储油柜的容量在高温(+40 ℃)并在主变压器持续运行时，油不溢出储油柜；在低温(−30 ℃)且变压器处于不工作时，储油柜中应有油。

(2)油表

油表在储油柜上，油表旁边有刻度+40 ℃、+20 ℃、−30 ℃，这些刻度是指主变压器未工作，在环境温度分别为+40 ℃、+20 ℃、−30 ℃时，储油柜里的油具有油位，根据油位指示调整变压器油量。

(3)吸湿器

硅胶呼吸器安装在冷却塔的储油柜上，用金属管与储油柜上部空间连接起来。用来去除空气中的大部分湿气。当变压器的温度升高时，储油柜油面上升，柜内油位上部空间的部分空气通过呼吸器硅胶排往大气。当储油柜内的油位下降时，柜内油位上部的空气不足，需要从大气中吸进空气，以免形成负压，此时空气通过硅胶干燥剂吸入并吸收掉其中的湿气。吸湿气的硅胶，在干燥状态下呈蓝色，吸湿后变为红色。

(4)Pt100 温度传感器

Pt100 温度传感器装在箱盖上，共两个，它是用来测量变压器油箱中上层油温，并将温度转化为电信号送到机车控制系统，通过司机室显示屏，可显示油温值，以监视变压器工作情况。Pt100 的铂电阻工作原理是：铂电阻丝的电阻值随温度的变化而变化，不同的温度对应不同的电阻值，IEC751 标准要求的白金测量电阻(Pt100)的基本值为 100 Ohm 对应 0 ℃，138.5 Ohm 对应 100 ℃，0～100 ℃温度范围内的电阻增加平均值为 0.385 Ohm/℃。

(5)冷却系统

冷却系统结构(图 3-3)。

热油由油箱左部(主变压器侧)被抽出，油流经油泵加压后，进入冷却塔。热油在冷却塔中与冷空气进行热交换后，油温将降低，从冷却塔出来的冷油沿油道进入主变压器下部，先冷却主变压器的铁芯、线圈，然后经过滤波电抗器，最后油流回到油箱的出油口，如此循环。

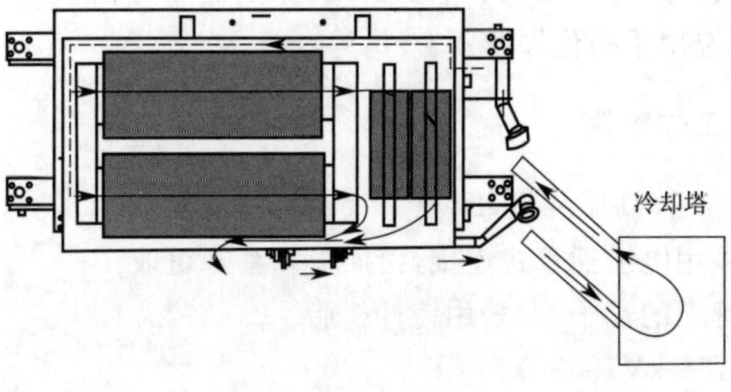


图 3-3　冷却系统结构

(6)高压套管

主变压器 A 端子采用的是导电杆和环氧树脂板浇注的结构。

高压 A 端子主要技术参数。

| | |
|---|---|
| 最高工作电压 | 36 kV |
| 局放 | 5 pC/36 kV |
| 雷电冲击电压(全波 1.2/50 μs) | 170 kV |
| 雷电冲击电压(50 Hz，1 min) | 70 kV |
| 额定电流 | 630 A |
| 额定短时电流(1 s) | 28 kA |
| 额定峰值耐受电流 | 70 kA |
| 工作温度 | 105 ℃ |
| 质量 | 5 kg |

(7)低压套管

主变压器有三种共 11 个低压套管。它们的结构完全相同(图 3-4)。

(8)变压器油

主变压器油箱内充满变压器油,变压器油既是绝缘介质,又是冷却介质。根据使用环境要求,选用的变压器油具有较低的凝固点。变压器油不能受潮,不能混用,否则绝缘性能就大为降低,因此器身在进箱前须经真空干燥处理,运行中变压器油的耐压值不应低于 30 kV。

5. 滤波电抗器

滤波电抗器的作用是机车主电路的中间电路部分通过滤波电抗器与电容器的串联谐振使谐波过滤掉,工作频率 50 Hz,每台主变压器装有两台滤波电抗器。

(1)主要技术参数(见上述技术参数)

(2) 结构

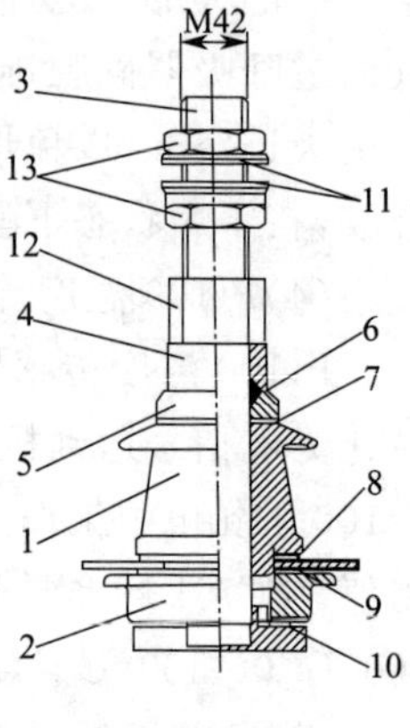


图 3-4 低压套管

1—上瓷套;2—下瓷套;
3—导电杆;4、5、11—垫圈;
6、7、8、9、10—密封垫;
12、13—六角螺母

滤波电抗器主要由线圈、上下磁轭、引线等三大部件组成。采用层式线圈,分左右两柱,两柱并联。线圈总匝数 78 匝,导线为换位导线,分四层绕制。滤波电抗器采用空心电抗器结构,铁芯为上、下磁轭。磁轭截面形状为矩形,用硅钢片叠压成形。上、下磁轭分别用夹件焊接成一整体,线圈位于磁轭之间,有两个拉螺杆将上、下磁轭拉紧。

谐振电抗器的主要特点是采用空心电抗器结构,具有很好的线性电感特性。为降低损耗和提高机械强度,线圈选用了换位导线。

## 二、主变压器主要工作部件

1. 原边绕组出线端子(高压绕组,HV)

变压器高压连接采用电缆插接式连接,由插头和套管组成。

套管(电路图、标牌上的端子 U)采用铸件树脂。

型号:MDG. 3307,36 kV,630 A。

高压绕组接地端子(电路图上端子 E)采用瓷套管。

型号:R3/630 A:630 A,$U_m$=3.6 kV。

2. 次边绕组出线端子(低压绕组 LV1,LV2,LV3,LV4,LV7,LV8)

低压牵引绕组端子(电路图上端子 1.1,1.2,2,1,2.2,3.1,3.2,4.1,4.2,5.1,5.2,6.1,6.2)采用瓷套管。

类型:R3/2 000 A:2 000 A,$U_m$=3.6 kV

低压供电绕组端子(电路图上端子 a7,x7,a8,x8,a9,x9)采用瓷套管。

类型: R3/630 A:630 A,$U_m$=3.6 kV

3. 谐振滤波电抗器出线端子

两个谐振滤波电抗器的端子(电路图上端子 L5.1,L5.2,L6.1,L6.2)采用瓷套管。

型号:R3/2 000 A:2 000 A,$U_m$=3.6 kV

4. 压力释放阀

压力释放阀的型号是 YSF5-70/50KJ。压力释放阀的作用是当变压器油箱内部因某种故障而使压力急剧增大、其压力达到标定值时，压力释放阀能迅速开启释放，从而防止变压器油箱破裂或爆炸。从压力释放阀排除的气体和油流排到车下，当恢复正常时，阀口关闭。压力释放阀动作时信号杆将弹起且不复位。

压力释放阀性能参数如下：

开启压力：70 kPa；

关闭压力：37.5 kPa。

压力释放阀以每秒 10 kPa 增压时，其打开时间小于 2 ms。

5. 电阻温度计

电阻温度计是用来测量变压器油箱内油温的。电阻温度计具有电接点，与机车计算机检测系统连接。计算机根据电阻温度计检测到的变压器油温来判断变压器的工作是否正常。

6. 油流继电器

YJ-80AD 型油流继电器的作用是检测油循环是否正常。油流作用于油流继电器的叶片上，从而使油流继电器的微动开关动作，显示油循环正常。在变压器投入运行时，如果油流停止或油流反向，油流继电器的微动开关不会动作，此时，机车上的计算机检测系统则判断变压器油泵异常。

## 三、运用操作安全与检查

1. 运用操作安全

高电压及带电区域爬电距离必须足够。如不保持足够距离，闪络可能导致电击，烧伤甚至死亡事故。磁场能对如心脏起博器和助听器类的救生器具产生负面影响甚至使其失去作用。如不保持足够距离，可能出现生命危险。变压器内充满易燃液体(矿物油)，一旦设备发生故障，液体可能燃烧或导致爆炸。如果在接近或进入设备之前未进行断电并接地，矿物油漏出，燃烧或爆裂的碎片可导致损伤或生命危险。

设备内存在危险电压，能够导致严重人身伤害。在维护前设备时必须一直保持断电和接地状态。维护只能由有资质人员进行。将不适当的部件用于设备维修或非资质人员参与或无视守则规定将可能导致严重人身伤害或设备损坏的危险状况。必须遵循所有的安全指导，如不遵守安全指导，可能导致严重人身伤害或财产损坏。

2. 日常检查

(1)变压器投入运用前检查

①套管外部应清洁，无裂纹和破损，无放电痕迹及其他异常现象。

②压力释放阀处的蝶阀应处于开启位置，压力释放阀应正常，且无渗漏现象。

③油箱、冷却器和管路连接处的蝶阀应处于开启位置。

④油箱和车体之间接地应良好。

⑤变压器外表面应清洁、漆膜完好，各铭牌、字母牌应清洁、字迹清楚。

⑥变压器油箱和储油柜上的组件及连接处应无渗漏现象。

⑦变压器与车体连接处的安装螺栓应无松动现象。

⑧变压器油样化验合格。

(2)变压器投入运行时的操作

①运转油泵和通风机，并检查是否运转正常，有无异音。

②接通负载，变压器正式投入运行。

③听变压器运行的声音中是否夹有杂音。

(3)变压器运行检查

①变压器声音正常，无异常声响发生。

②油泵和通风机应运转正常。

③变压器各密封件和焊缝无渗漏现象。

④油箱壁表面温度应正常。

⑤通过机车上的计算机检测油温应正常、油泵运转应正常。

⑥引线接头和电缆应无发热现象。

(4)变压器运行停止后的检查

①变压器与车体连接处的安装螺栓应无松动现象。

②套管外部应清洁，无裂纹和破损，无放电痕迹及其他异常现象。

③油箱和车体之间接地应良好。

④变压器外表面应清洁、漆膜完好，各铭牌、字母牌应清洁、字迹清楚。

⑤变压器油箱密封件、组件和焊缝有无渗漏现象。

⑥变压器油样化验合格。

⑦检察压力释放阀是否动作，有无渗漏现象。如果压力释放阀动作，应观察变压器油箱的外壁是否明显变形，且应测量变压器的绝缘电阻、直流电阻、电压比和对变压器油做油样简化试验，以便进一步确认变压器有无故障。如果变压器无故障或将故障修复后，应将压力释放阀的信号杆复位。

3. 维护

(1)冷却系统注油

变压器注满油后，由制造商交付给用户。安装冷却系统(冷却塔、管道、呼吸器)后，必须对整个冷却系统加满矿物油，这部分油在交付变压器时随变压器运输。在注油过程中，系统中不得出现真空或者不允许的超压(最大允许超压为 0.3 bar)。

注：冷却系统注油后，所有的部件空气必须排空。

(2)排气

确保所有的蝶阀打开，以便排出冷却回路中的空气。如果有空气，应对管道进行排气，打开管道上的放油螺栓，直到仅纯油从放油孔流出来为止。然后用螺栓关闭排气孔。排空冷却器时，打开排气螺栓，直到排气孔流出纯矿物油为止，然后用螺栓关闭排气孔。排空油泵时，打开油泵顶部的联管放气塞，直到排气孔流出纯矿物油为止，然后用螺栓关闭排气孔。启动油泵半小时。间断一小时。再次排空所有的部件的气体。启动油泵两小时。注入矿物油时，小气泡将进入变压器中。因此变压器需要静放 48 h。再次排空所有部件的气体。

(3)注油后检查

冷却器注满油、冷却系统完全排空气体后，检查副油箱的矿物油位是否与变压器油箱的矿物油温度和观察玻璃管的温度标记符合。

4. 故障处理

故障分析与处理见表 3-1。

**表 3-1　故障分析与处理**

| 序号 | 故障现象/信息 | 直接原因 | 处理方法/测量/测试 | 备注 |
| --- | --- | --- | --- | --- |
| 1 | 温度计无指示或指示错误，机械故障等 | 电阻温度计故障 | 更换有故障电阻温度计 | |
| 2 | 油泵不规则运行、运行噪声、轴承故障、绕组故障、阻塞、漏油等 | 油泵故障 | 更换有故障油泵 | |
| 3 | 压力释放阀无信号或信号错误，机械故障、不动作 | 压力释放阀故障 | 更换压力释放阀 | |
| 4 | 油流继电器无信号或信号错误，机械故障、不动作 | 油流继电器故障 | 更换油流继电器 | |
| 5 | 变压器烧损 | 短路、过压等 | 更换有故障变压器 | |

## 思　考　题

1. 简述 HXD1C 型电力机车主变压器构架的组成。
2. 主变压器组件吸湿器的功用有哪些？
3. 主变压器投入运行时的操作步骤是什么？

## 第二节　主 变 流 器

HXD1C 型电力机车装置着 2 种牵引变流器(也称主变流器)，即 TGA9/TGA9B 型主变流器，后者是在前者的基础上为适应高原牵引运输要求而改进的变型新产品。每台机车配置两台主变流器。每台主变流器作为一台完整的组装设备，所有内部元器件安装于一个柜体内(图 3-5

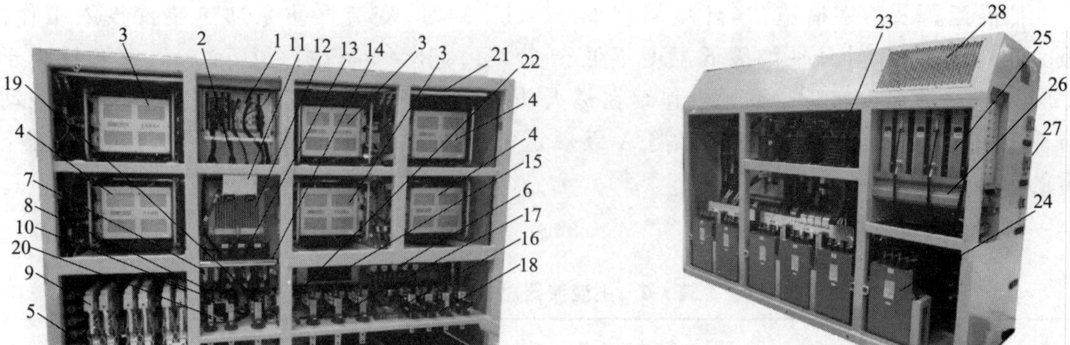


(a) 正面　　(b) 背面

图 3-5　TGA9B 型主变流器柜结构

1—TCU 控制单元；2—中间直流电压传感器、同步控制器、原边电流检测板；3—四象限变流器；4—逆变变流器；5—充电电阻；6—中间电路支撑电阻、接地电阻；7—充电接触器；8—短接接触器控制中继；9—短接接触器；10—加热器接触器；11—LED 显示器；12—热交换器；13—隔离闸刀；14—进水口水管；15—加热器；16—CTJ；17—主电路(四象限)输入端子；18—主电路(逆变)输出端子；19—电抗器输入端子；20—库用电源输入端子；21—出水口水管；22—冷却风机输入电源隔离变压器；23—电感器；24—二次谐振电容；25—斩波电阻；26—斩波风机；27—控制系统对外接口；28—斩波电阻冷却风道口正、背面)。每台变流器为一个转向架的三台牵引电机供电。为了获得所期望的电动机转矩和转速,变流器根据要求来调节电动机接线端的电流和电压波形,完成电源(主回路)和牵引电动机之间的能量传输,实现对机车牵引、再生制动等持续控制。

## 一、主变流器构架

主变流器输入端与主变压器的次边牵引绕组相连,并通过接触器分/合。通过四象限整流器将单相交流电压转变为稳定的中间直流电压。中间直流回路设有支撑电容、谐振电容、接地检测模块、固定放电电阻和斩波电阻等。中间电压经过逆变器转换成 VVVF(变压变频)三相电源供给异步牵引电机。

TGA9B 型主变流器安装在机车机械间内。传动控制单元(TCU)位于主变流器柜内部,该设备不包含操作或指令部件,原则上操作和指令部件必须靠近驾驶员布置,因此,操作和指令部件设置在司机室内。

1. 主要特点

主变流器采用模块化结构,四象限整流器和逆变器采用相同的变流模块,模块采用 IGBT 作为开关器件,直流环节电压为 DC 1 800 V,主电路采用三重四象限整流器+VVVF 逆变器模式,每重四象限整流器和一个逆变器组成一组供电单元,为一台牵引电机供电,控制方式为轴控,采用水冷散热。高压电气连接端子位于功率模块两侧,低压连接采用连接器实现,易于更换。功率模块上安装有快速防漏接头,可以快捷简便更换而不需排放冷却回路中的冷却液。

2. 使用环境条件

环境温度:−40~+40 ℃。

低温运行及防寒措施:当环境温度低于−15 ℃时,变流器防寒加热装置投入工作。最大相对湿度(该月月平均最低温度不低于 25 ℃):95%;海拔:≤2 500 m,在海拔高于 1 400 m、环境温度接近+40 ℃、连续在最大功率状态下运行时可能出现功率限制;振动与冲击:应能承受 IEC61373 中 1 类 A 级规定的振动和冲击;安装位置:能防风、沙、雨、雪的车厢内。

3. 技术参数(表 3-2)

**表 3-2 主变流器总体技术参数**

| 名 称 | 参 数 |
| --- | --- |
| 额定输入电压 | AC 970 V |
| 额定输入电流 | 3×1 390 A |
| 额定输入频率 | 50 Hz |
| 中间电压 | DC 1 800 V |
| 额定输出电压 | 3AC 1 375 V |
| 额定输出电流 | 3×598 A |
| 最大输出电压 | 3AC 1 404 V |
| 最大输出电流 | 3×814 A |

续上表

| 名　　称 | 参　　数 |
|---|---|
| 主变流机组的效率 | ≥97.5%（额定工况，四象限整流器：98.5%，逆变器：99%） |
| 控制电源 | DC 77～137.5 V |
| 控制电压功率要求 | 1 kW |
| 主逆变器风机辅助电源电压 | 3AC 440 V/60 Hz |
| 主逆变器风机辅助电源功率 | 0.6 kW(3 个风扇) |
| 主变流器机组冷却方式 | 强迫水循环冷却 |
| 添加剂主要成份 | 44% /56%(水/添加剂 Antifrogen N)(与 $HXD_{1B}$ 相同) |
| 冷却液进口温度 | ≤+55 ℃ |
| 主变流器内的冷却液容量 | 30 L |
| 冷却液散热功率 | 80 kW |
| 50 ℃时流速(额定) | >224 L/min |
| 冷却液对环境压力的最大压力 | 3 bar |
| 每个变流器尺寸 | 3 100 mm×1 060 mm×2 000 mm(长×宽×高) |
| 质量 | 约 2 500 kg |

4. 主变流器柜内结构

变流器为模块化结构，通过图 3-6(a)、(b)、(c)、(d)可以看到变流器柜内部最重要电气部件的布置结构。图 3-6 内模块/电气设备代号见表 3-3～表 3-6。

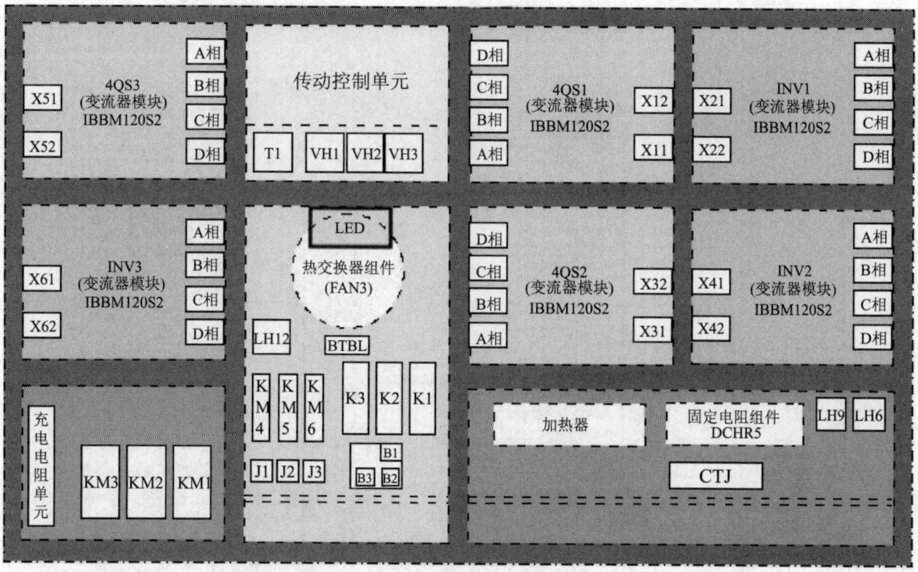


(a) 主变流器内部结构图

图　3-6

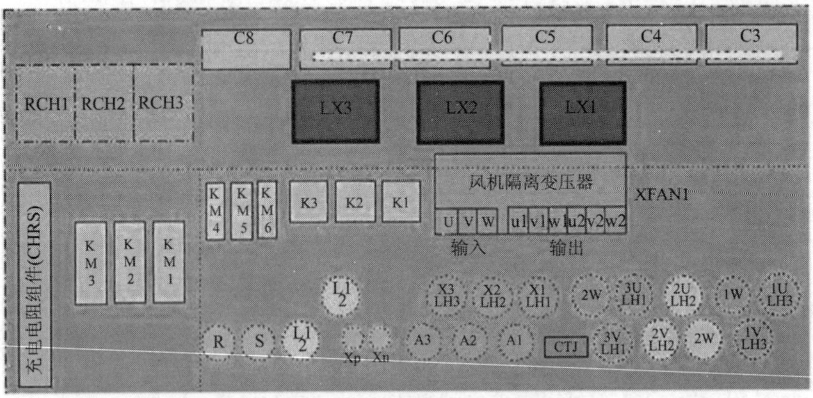


(b) 俯视图

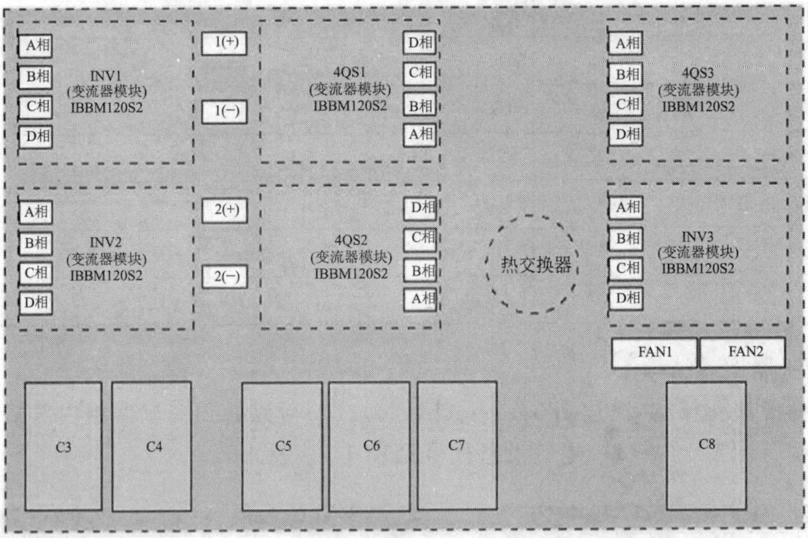


(c) 后视图

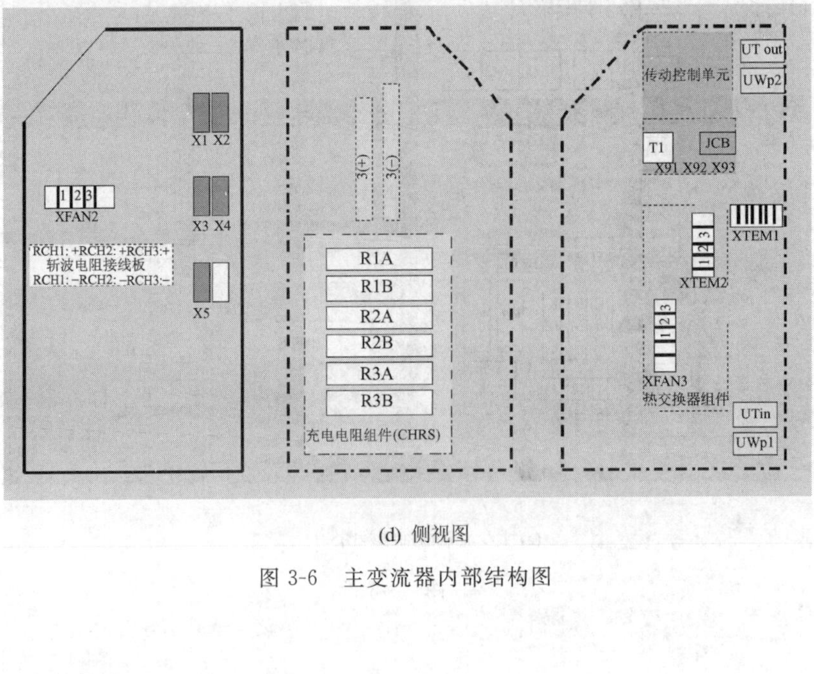


(d) 侧视图

图 3-6　主变流器内部结构图

**表 3-3　主变流器模块/电气部件代号**

| 电路代号 | 说　　明 |
|---|---|
| 4QC1、4QC2、4QC3 | 四象限变流器模块 |
| INV1、INV2、INV3 | VVVF 逆变器模块 |
| TCU | 传动控制单元 |
| FAN3 | 水气热交换器组件 |
| KM1、KM2、KM3 | 短接接触器 |
| J1、J2、J3 | 中间继电器 |
| KM4、KM5、KM6 | 充电接触器 |
| UTBL | 内部空气温度传感器 |
| B1、B2、B3 | J1、J2、J3 的滤波降压板 |
| XC1、XC2 | 调节电容器接线端子 |
| DCHRS | 固定放电电阻组件 |
| K1、K2、K3 | 隔离闸刀开关 |
| T1 | 同步变压器 |
| VH1、VH2、VH3 | 电压传感器 |
| LH6、LH9、LH12 | 斩波电流传感器 |
| LED | 中间直流电压检测显示器(指示灯显示) |

**表 3-4　主变流器内部件代号**

| 电路代号 | 说　　明 |
|---|---|
| C3、C4、C5、C6、C7、C8 | 二次谐振电容器 |
| RCH1、RCH2、RCH3 | 过压斩波电阻 |
| R、S | 库用电源接口 |
| L1:1、L1:2 | 电抗器接口 |
| Xp、Xn | 电容短接放电端子 |
| X1、A1;X2、A2;X3、A3 | 三路单相主电源输入 |
| LH1、LH2、LH3 | 输入电流传感器 |
| 1U、1V、1W;2U、2V、2W;3U、3V、3W | 三相输出端子 |
| LH4、LH5;LH7、LH8;LH10、LH11 | 电流传感器 |
| LX1、LX2、LX3 | 中间回路电抗器 |

**表 3-5　主变流器内部件代号**

| 电路代号 | 说　　明 |
|---|---|
| FAN1、FAN2 | 斩波风扇 |

**表 3-6　主变流器内总部件代号**

| 电路代号 | 说　　明 |
|---|---|
| JCB | 电流检测板 |
| UTin、UTout | 冷却水温度传感器 |
| UWp1、UWp2 | 冷却水回路压力传感器 |
| XTM1、XTM2 | 接线端子 |
| X91、X92、X93 | 电源滤波器组件对外接头 |

变流器包含 6 个变流器模块(3 个整流模块和 3 个逆变模块)、传动控制单元(TCU)、接触器、充放电电阻、过压斩波电阻、电压电流传感器、冷却风机、热交换器等部件,其中变流器模块等主要部件位于柜体前部,打开柜门可以方便地对其进行检修,变流器后部主要用于放置不需维护或很少维护的部件,如二次谐振电容器等,变流器左侧开有边门,用于检修斩波电阻。

注意:0281 和 6121 号以后机车,新增加的 LED 显示作为监视中间直流电压,便于维护过程中,检修人员确定中间直流电压 1 800 V 是否在安全电压以下。LED 中有四个指示灯 S1～S4,当中间直流电压高于 48 V 时,S1～S4 指示灯亮;当中间直流电压低于 46 V 时,S1～S4 指示灯灭。S1～S4 指示在主电路中为并联使用,则当其中某一指示灯点亮时,应视为中间直流存有高压,此时危险,不应打开柜门进行检修。

主变流器水冷系统示意图如图 3-7 所示。主变流器模块采用水冷散热,冷却液由纯水和乙二醇按一定比例混合而成,通过柜体右下方的阀门输入,对主变流器模块进行冷却,由柜体右上方的阀门排出;主变流器安装有一个水-气热交换器,与冷却风机集成在一起,用于主变流器柜体内部的空气循环与降温,防止出现局部过热点;主变流器模块、热交换器与水冷管路全部采用快速接头连接,方便快捷插拔,不需要排放冷却系统中的冷却液;此外在斩波电阻底部安装有两个小风机,从主变流器柜体左下方吸风,通过柜体顶部排出,对斩波电阻进行冷却。

图 3-7　水冷系统水流示意图

主变流器安装有门安全连锁装置,只有当机车已降弓、跳主断后,才能打开主变流器柜门(注:TCU 所在的柜门不受安全连锁装置控制),以保证操作人员的人身安全。

## 二、主变流器部件功能

1. 主电路原理

一台 7 200 kW 六轴货运电力机车配置两台主变流器(Ⅰ架和Ⅱ架),每台主变流器向一个转向架的三台牵引电机供电,如无特殊说明,本书内叙述所指的主变流器只针对其中一架主变流器,变流器主电路采用二电平四象限 PWM 整流器＋VVVF 逆变器模式,包括三重四象限 PWM 整流器和三个 VVVF 逆变器,每重四象限 PWM 整流器和一个逆变器组成一组供电单元,为一台牵引电机供电,三个主电路单元的直流回路通过隔离开关(K1、K2、K3)并在一起,正常工作时隔离开关闭合,三个单元共用中间直流回路和二次谐振回路。每个主电路单元有独立的充电短接回路和固定放电回路,主变流器电路(图 3-8)。

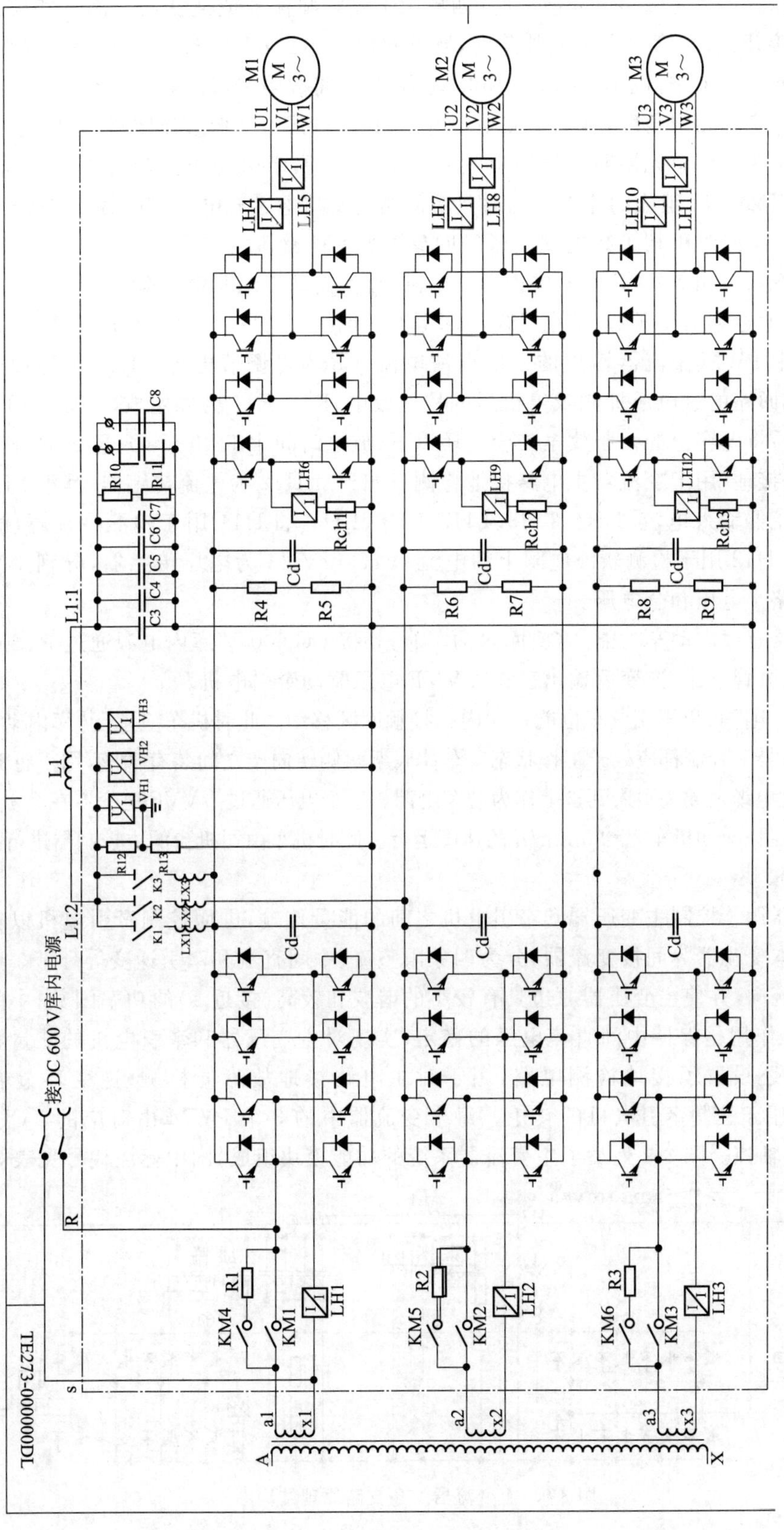


图 3-8　TGA9B型主变流器主电路原理图

当其中任意一个主电路单元故障时(四象限 PWM 整流器或逆变器),断开相应的隔离开关和充电短接开关(如第一个单元故障时,断开接触器 K1、KM1、KM4),将该故障单元切除,其余两个单元正常工作,机车只损失 1/6 的动力,从而将故障造成的影响降至最低。三重四象限互相错开一定的相位角度,有利于减小对电网的谐波污染,降低直流回路的纹波。

以第一个主电路单元说明变流器主电路的工作原理,牵引变压器牵引绕组 a1-x1 输入电压首先经由 KM4、R1 组成的充电回路对直流回路的支撑电容充电,充电完成后闭合短接接触器 KM1,牵引工况时单相工频电网电压经四象限 PWM 整流器整流为 1 800 V 直流电压,再经逆变器逆变为三相 VVVF 电压供给牵引电机;再生制动工况时牵引电机发出的三相电压经整流、逆变后通过牵引变压器、受电弓反馈回电网。电抗器 L1、C3～C8 组成二次谐振回路,用于滤除四象限 PWM 整流器输出的二次谐波电流,C8 为可调节电容。RCH1 为过压斩波电阻,用于直流回路的过电压抑制及停机后的快速放电,R4～R11 为固定放电电阻,用于快速放电回路故障后将电容上的电压放至安全电压以下(放电时间小于 10 min);R12、R13 为直流分压电阻,中点接地,用于变流器主电路接地检测;LH1～LH12 为电流传感器,其中 LH1～LH3 用于检测变流器输入电流,LH4、LH5、LH7、LH8、LH10、LH11 用于检测变流器输出电流,LH6、LH9、LH12 用于检测斩波电阻上的电流;VH1～VH3 为电压传感器,分别用于检测变流器直流回路半电压和全电压。

变流器具有库内动车功能,需要库内动车时,外接 DC 600 V 库内电源通过 R、S 端子输入变流器,经二极管整流、逆变后输出三相 VVVF 电压驱动牵引电机。

库用动车电路可以不用调车也能在库内无接触网区移动。此时机车应置于“库内动车”模式,机车的所有仪器和控制都应处于工作状态。车体底架两侧转向架之间装有插座,用于将 DC 600 V 库内电源通过电缆及插头引入到车上作为动车电源。这个电压通过 VVVF 逆变器在牵引电机上所产生的力矩,足以驱动机车以约 5 km/h 的速度运行。此时机车由司机台的主控制器进行操纵。

2. 功能模块

主变流器用于控制主变压器和牵引电机之间的能量传输,进而控制牵引电机以获得所期望的转矩。本变流器为间接变流器,分为四象限整流、中间直流和牵引逆变等环节。整流环节控制能量的流向,并使主变压器原边具有较小的谐波和较高(接近 1)的功率因数;中间回路为储能环节,其作用是保持中间直流电压的稳定,实现对主变压器和牵引电机的能量解耦。另外,中间回路还设置了接地检测电路,用于对主电路接地故障的检测;逆变环节输出三相 PWM 电压,用于控制牵引电机的转矩。每个变流器中的 3 个 PWM 由对应的 TCU 单独控制,从而实现轴控。图 3-9 列举了主变流器系统的功能模块组成,图中标注代号见表 3-7。

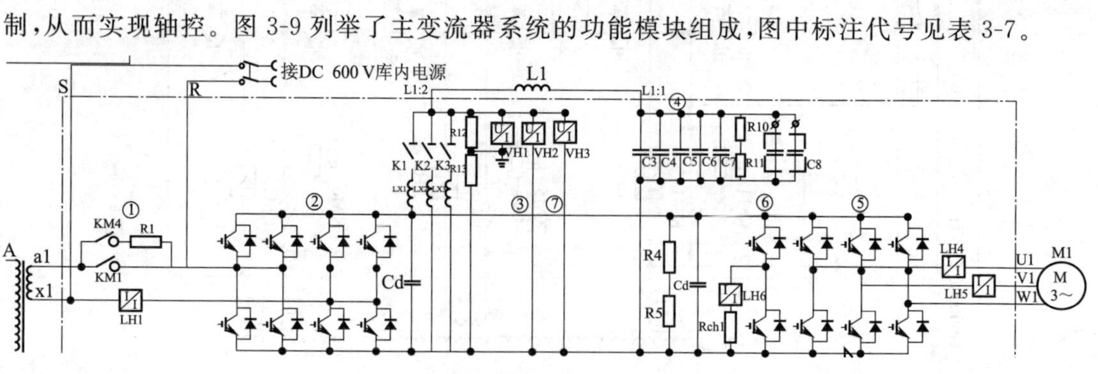


图 3-9　主变流器一条支路原理结构图

表 3-7　主变流器一条支路内部件上代号

| 序号 | 说　　明 |
|---|---|
| 1 | 短接接触器，以及充电接触器、充电电阻组成的预充电电路 |
| 2 | 四象限 PWM 整流器 |
| 3 | 含支撑电容器等的直流支撑回路，接地检测单元 |
| 4 | 含谐振电容器等谐振电路，谐振电抗器外设 |
| 5 | PWM 脉宽调制逆变器 |
| 6 | 含过压斩波电阻等的保护模块单元 |
| 7 | 牵引(传动)控制单元(TCU)及电压、电流、水压力、温度等传感器等组成的控制和监视单元 |
| 8 | 含冷却风机、热交换器等部件的热交换器组件 |

3. 传动控制单元(TCU)

传动控制单元(TCU)，采用"异步电动机直接转矩控制"软件和"交流传动模块化设计"硬件。它是在消化吸收 $HXD_1$ 型电力机车技术基础上加以修改和完善的。每台主变流器内都有一个专门的 TCU(传动控制单元)。主变流器柜外面有 CCU(中央控制单元，其功能和操作方式请参考网络系统部分说明书)。TCU 用于监视和控制、调节主变流器。

TCU 通过机车 MVB 网络接收司机指令，将司机指令转化为机车的运行工况。通过 MVB 总线，TCU 将电传动系统与计算机网络控制系统联系起来，形成控制与通信系统。其在主变流器系统中的地位如图 3-10 所示。TCU 的主要功能是完成对机车的牵引/制动特性控制、逻辑控制、故障保护，实现对四象限整流器和牵引逆变器及交流异步牵引电机的实时控制、黏着利用控制，以满足车辆动力性能、故障运行、救援能力及实现预期的运行速度等。

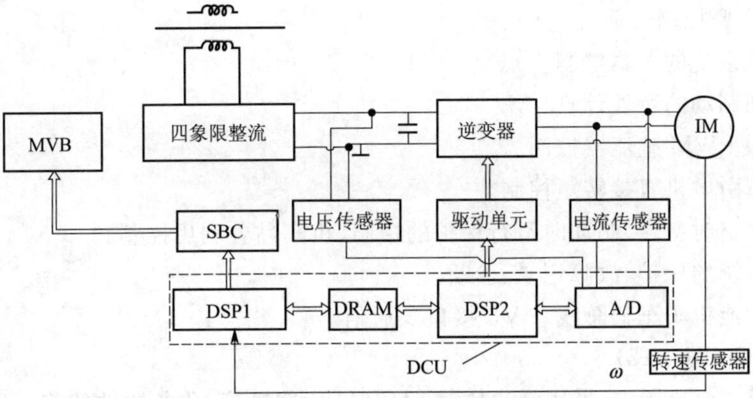

图 3-10　变流器系统原理图

TCU 具有机车级控制和变流器级控制的功能。机车级的控制功能是根据司机指令完成对机车牵引/制动特性控制和逻辑控制，实现对主电路中接触器的通断控制和主变流器的启/停控制，计算列车所需的牵引/电制动力等。传动控制单元的车辆级控制功能框图如图 3-11 所示。

TCU 除用于控制四象限整流、中间直流和牵引逆变三个环节协调工作，还监测牵引电机、主变压器等的相关状态量用于机车的控制和保护，并和机车的 CCU 进行通信等。根据司机指令完成对主变流器及交流异步牵引电机的实时控制、黏着利用控制，同时具备完整的故障保护功能、模块级的故障自诊断功能和一定程度的故障自复位功能。

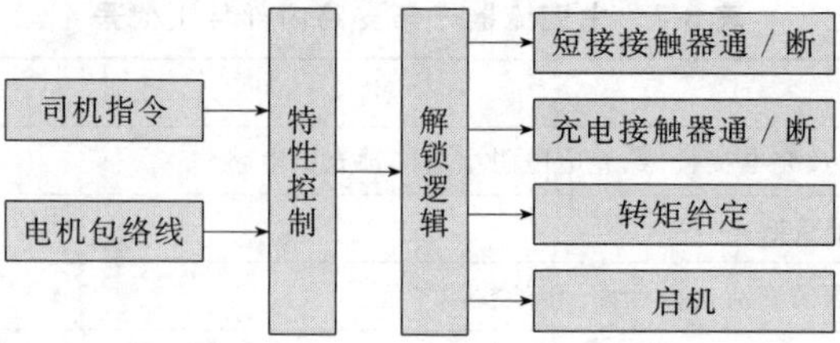


图 3-11 传动控制单元的车辆级控制功能框图

4. TCU 主要保护功能

(1)电网过压、欠压保护。

(2)中间直流过压、欠压保护。

(3)原边过流、接地保护。

(4)IGBT 元件故障保护。

(5)主回路接地保护。

(6)四象限整流器输入过流保护。

(7)逆变器、斩波器输出过流保护。

(8)电机三相不平衡、缺相保护。

(9)变流器模块过热保护。

(10)变流器水温过高保护。

(11)变流器冷却水压过高、过低保护。

(12)接触器卡分、卡合保护。

注:保护项目及设置值详见第九章。

5. TCU 主要控制功能

(1)电传动系统的逻辑控制。

(2)牵引和制动的特性计算。

(3)四象限 PWM 整流器控制。

(4)异步牵引电机直接转矩控制。

(5)机车牵引时空转、制动时滑行保护的控制、机车黏着利用控制。

(6)变流系统的保护、故障记录、诊断。

(7)与多功能机车车辆总线 MVB 接口及通信。

6. 控制接口(图 3-12)

TCU 置于主变流器中,采用无边插的 84R-6U 标准机箱,从各插件的前面板输入/输出信号。机箱插件及布置如图 3-13 所示。

7. 输入电路/短接接触器和预充电电路

输入电路如图 3-14 所示。在变压器每个次边绕组和四象限变流器单相输入之间,都使用了一个短接接触器和一套由充电接触器和充电电阻组成的预充电电路。

预充电电路主要功能是系统上电时,完成对中间直流电容的预充电。避免上电时强大的冲击电流损坏功率模块。预充电单元以并联方式连接到短接接触器。

以一路为例,预充电单元由充电接触器 KM4 和充电电阻 R1 组成。当主变流器投入运行时,首先通过预充电单元对直流支撑电容进行充电,然后闭合短接接触器 KM1。这样就减小

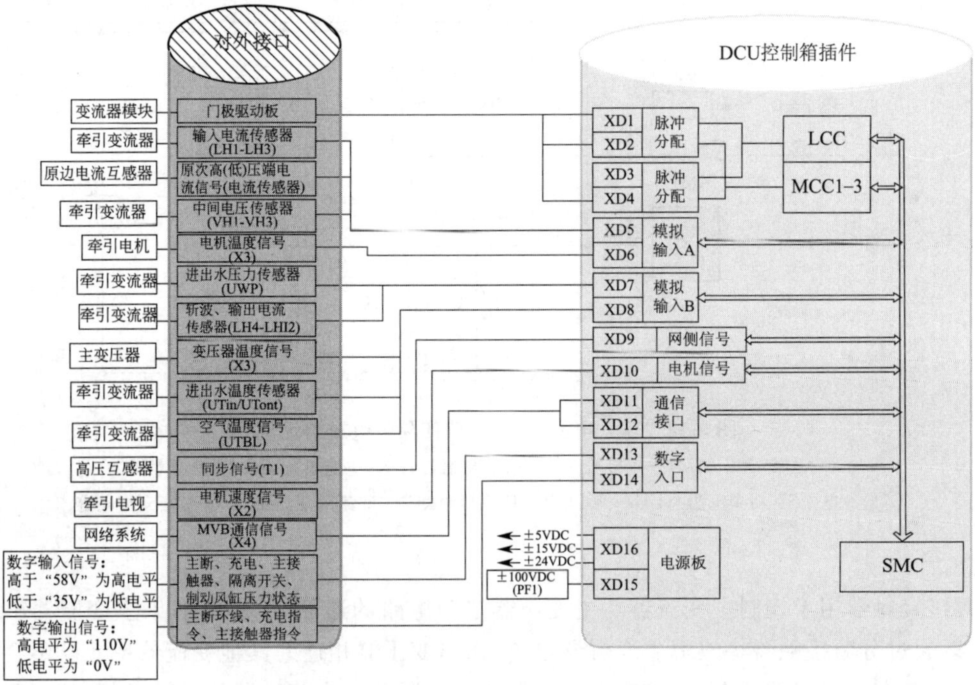


图 3-12　控制接口

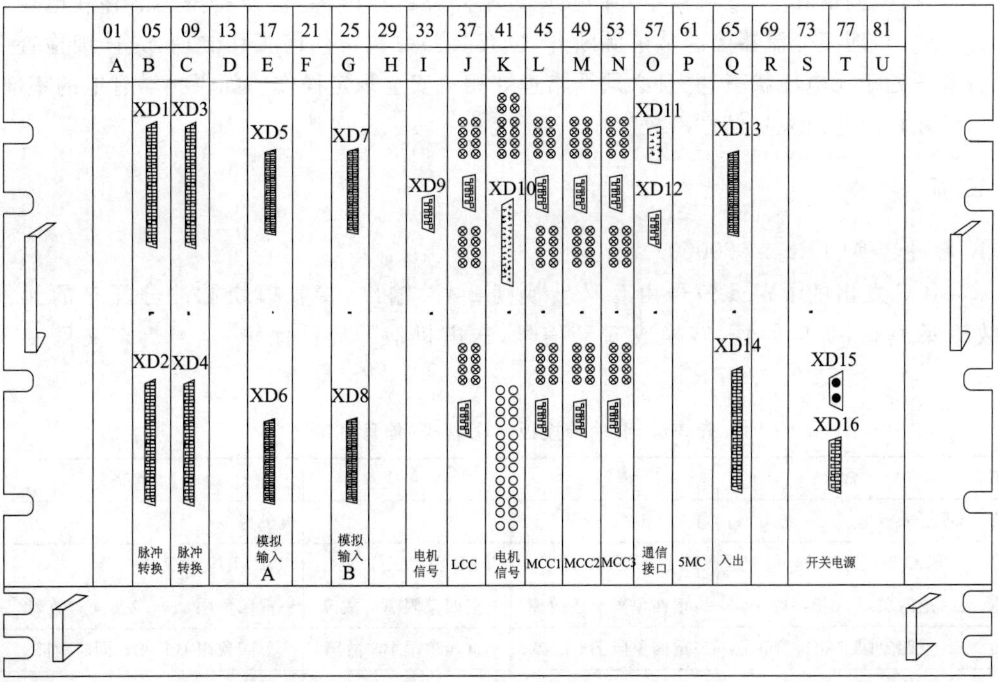


图 3-13　机箱插件及布置

了大的电流冲击，否则，如果输入电压突然加载到未充电的支撑电容组上，将会导致瞬间峰值电流过大。当直流支撑电压达到大于理论最终电压值的85%后，短接接触器才可以切换至闭

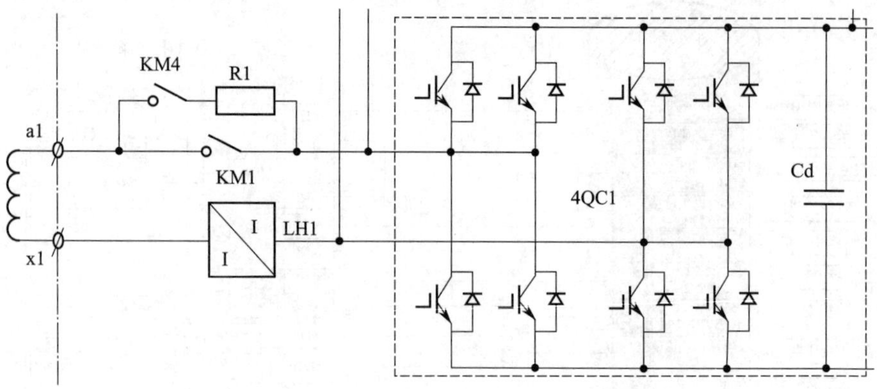


图 3-14 输入电路(以第一路四象限整流器为例)

a1、x1—主变绕组;KM1—短接接触器(交流接触器);KM4—充电接触器(交流接触器);
R1—充电电阻(功率电阻);LH1—输入电流传感器;4QC1—四象限变流器;Cd—直流支撑电容

合状态。

短接接触器用于控制主变流器与主变压器之间电路的通断。例如,如果主变流器出现故障,可以通过分断接触器将故障主变流器隔离,而与变压器相连的其他变流器单元就不会受到影响。只有在无电流的状态下,该输入断路器才可以断开。当接触器处于闭合状态时,不得将其断开。

注意:在某些情况下,变流器单元即使通过断路器已经隔离,但设备中仍然存在电压。正因为这一原因,即使变流器已经从电源断开,也有必要在执行任何工作之前,先仔细检查变流器是否真正处于无电压状态,并且必须严格遵守相关安全规定操作。如果接触有电的零部件,可能发生死亡或严重人身伤亡事故!

## 三、插　　件

1. 脉冲转换(TE277-070000)

将 MCC 发出的 PWM 信号由 5 V 转换到 24 V 输出,接收模块脉冲分配来的元件状态、故障保护的 24 V 信号,转换成 5 V 信号,送电机信号插件保护,信号灯定义见表 3-8、表 3-9。

**表 3-8　脉冲转换板**(5 号板位)**信号灯定义**

| 灯 | 常灭 | 慢闪 | 快闪 | 常亮 |
|---|---|---|---|---|
| 1A | 板子未得电 | | | 板子得电 |
| 1B | CPLD 不正常工作 | CPLD 不正常工作 | CPLD 正常工作 | CPLD 不正常工作 |
| 2A | 一重四象限 A 相桥臂正常 | 一重四象限 A+故障 | 一重四象限 A−故障 | 一重四象限 A+、A−同时故障 |
| 2B | 一重四象限 B 相桥臂正常 | 一重四象限 B+故障 | 一重四象限 B−故障 | 一重四象限 B+、B−同时故障 |
| 3A | 二重四象限 A 相桥臂正常 | 二重四象限 A+故障 | 二重四象限 A−故障 | 二重四象限 A+、A−同时故障 |
| 3B | 二重四象限 B 相桥臂正常 | 二重四象限 B+故障 | 二重四象限 B−故障 | 二重四象限 B+、B−同时故障 |
| 4A | 三重四象限 A 相桥臂正常 | 三重四象限 A+故障 | 三重四象限 A−故障 | 三重四象限 A+、A−同时故障 |
| 4B | 三重四象限 B 相桥臂正常 | 三重四象限 B+故障 | 三重四象限 B−故障 | 三重四象限 B+、B−同时故障 |

续上表

| 灯 | 常灭 | 慢闪 | 快闪 | 常亮 |
|---|---|---|---|---|
| 5A | 一重逆变器 A 相桥臂正常 | 一重逆变器 A+故障 | 一重逆变器 A－故障 | 一重逆变器 A+、A－同时故障 |
| 5B | 一重逆变器 B 相桥臂正常 | 一重逆变器 B+故障 | 一重逆变器 B－故障 | 一重逆变器 B+、B－同时故障 |
| 6A | 一重逆变器 C 相桥臂正常 | 一重逆变器 C+故障 | 一重逆变器 C－故障 | 一重逆变器 C+、C－同时故障 |
| 6B | | | 一重 CHOP 管正常 | 一重 CHOP 管故障 |

**表 3-9　脉冲转换板**(9 号板位)**信号灯定义**

| 灯 | 常灭 | 慢闪 | 快闪 | 常亮 |
|---|---|---|---|---|
| 1A | 板子未得电 | | | 板子得电 |
| 1B | CPLD 不正常工作 | CPLD 不正常工作 | CPLD 正常工作 | CPLD 不正常工作 |
| 2A | 二重逆变器 A 相桥臂正常 | 二重逆变器 A+故障 | 二重逆变器 A－故障 | 二重逆变器 A+、A－同时故障 |
| 2B | 二重逆变器 B 相桥臂正常 | 二重逆变器 B+故障 | 二重逆变器 B－故障 | 二重逆变器 B+、B－同时故障 |
| 3A | 二重逆变器 C 相桥臂正常 | 二重逆变器 C+故障 | 二重逆变器 C－故障 | 二重逆变器 C+、C－同时故障 |
| 3B | 二重 CHOP 管正常 | 二重 CHOP 管故障 | | |
| 5A | 三重逆变器 A 相桥臂正常 | 三重逆变器 A+故障 | 三重逆变器 A－故障 | 三重逆变器 A+、A－同时故障 |
| 5B | 三重逆变器 B 相桥臂正常 | 三重逆变器 B+故障 | 三重逆变器 B－故障 | 三重逆变器 B+、B－同时故障 |
| 6A | 三重逆变器 C 相桥臂正常 | 三重逆变器 C+故障 | 三重逆变器 C－故障 | 三重逆变器 C+、C－同时故障 |
| 6B | | | 三重 CHOP 管正常 | 三重 CHOP 管故障 |

2. 模拟输入 A(TE277-060000)、模拟输入 B(TE277-080000)

每块插件有 18 路模拟量处理通道。每个通道可采样的信号形式为电流、电压或输出恒流源提供给电阻(温度传感器如 PT100),然后采样电阻两端的电压差。模拟输入/输出 A 采样的信号有中间直流电压、主回路接地检测电压(半电压)、变压器原边电流、4QC 输入电流、电机温度(表 3-10)。模拟输入/输出 B 采样的信号有逆变器输出电流、斩波支路电流、水温、水压、柜体温度(表 3-11)。

**表 3-10　模拟输入 A 面板测试孔测量信号定义**(指示灯黄灯亮时)

| 位置 | A 列 | B 列 |
|---|---|---|
| | 含义 | 含义 |
| 01 | 1 轴中间电压(2 000 V/9 V) | 2 轴中间电压(2 000 V/9 V) |
| 02 | 3 轴中间电压(2 000 V/9 V) | 1 轴半中间电压(2 000 V/9 V) |
| 03 | 2 轴半中间电压(2 000 V/9 V) | 3 轴半中间电压(2 000 V/9 V) |
| 04 | 原边电流(600 A/6.25 V) | 回流电流(600 A/6.25 V) |
| 38 | 预留 | 1 轴四象限输入电流(2 000 A/7.883 V) |
| 39 | 2 轴四象限输入电流(2 000 A/7.883 V) | 3 轴四象限输入电流(2 000 A/7.883 V) |
| 40 | 电机温度 1 | 电机温度 2 |
| 41 | 电机温度 3 | 预留 |

表 3-11　模拟输入 B 面板测试孔测量信号定义

| 位置 | A列 | B列 |
| --- | --- | --- |
| | 含义 | 含义 |
| 01 | 1 轴 U 相电机电流(1 000 A/6.6 V) | 1 轴 V 相电机电流(1 000 A/6.6 V) |
| 02 | 2 轴 U 相电机电流(1 000 A/6.6 V) | 2 轴 V 相电机电流(1 000 A/6.6 V) |
| 03 | 3 轴 U 相电机电流(1 000 A/6.6 V) | 3 轴 V 相电机电流(1 000 A/6.6 V) |
| 04 | 1 轴斩波电流(1 000 A/6.6 V) | 2 轴斩波电流(1 000 A/6.6 V) |
| 38 | 3 轴斩波电流(1 000 A/6.6 V) | 变流器冷却水压 1(1×200 Ω) |
| 39 | 变流器冷却水压 2(1×200 Ω) | 预留 |
| 40 | 变流器冷却水温度 1(R×5/510×4.3) | 变流器冷却水温度 2(R×5/510×4.3) |
| 41 | 变流器柜体温度(R×5/510×4.3) | 预留 |

3. 网侧信号(TE277-050000)

网侧信号是网侧控制的外围板，其主要功能是对电网电压信号进行滤波、整流、放大等处理，以形成网压瞬时值、有效值、网压同步信号；对三重四象限输入电流信号进行滤波、整流、放大等处理，以形成电流瞬时值、有效值、电流同步信号、过流信号；对中间直流电压进行低通滤波、放大等处理，以形成直流电压值、过压信号；对主电路接地电压信号进行低通滤波、放大等处理，并与中间直流电压进行合成，以形成主电路接地保护信号；对原边电流、反馈电流进行滤波、放大等处理，以形成原边电流值、反馈电流值；采样四象限变流器元件的工作状态和故障信息；通过 AMS 总线把所有的故障信息传递给 SMC 进行处理(表 3-12、表 3-13)。

表 3-12　网侧信号板信号灯定义

| 灯 | 常灭 | 慢闪 | 快闪 | 常亮 |
| --- | --- | --- | --- | --- |
| 1A | | | 复位或故障复位 | 跳主断 |
| 1B | | 原边接地保护 | 复位 | |
| 2A | | 原边过流 | 电源故障 | 电源故障，原边过流 |
| 2B | | 一重直流过压 | 一重直流接地 | 一重直流过压，一重直流接地 |
| 3A | | 二重直流过压 | 二重直流接地 | 二重直流过压，二重直流接地 |
| 3B | | 三重直流过压 | 三重直流接地 | 三重直流过压，三重直流接地 |
| 4A | | 一重交流过流 | 一重模块故障 | 一重交流过流，一重模块故障 |
| 4B | | 二重交流过流 | 二重模块故障 | 二重交流过流，二重模块故障 |
| 5A | | 三重交流过流 | 三重模块故障 | 三重交流过流，三重模块故障 |
| 5B | 一重脉冲释放 | | | 一重脉冲封锁 |
| 6A | 二重脉冲释放 | | | 二重脉冲封锁 |
| 6B | 三重脉冲释放 | | | 三重脉冲封锁 |

**表 3-13　网侧信号板面板测试孔测量信号定义**

| 位置 | A列 | B列 |
|---|---|---|
| | 含义 | 含义 |
| 26 | 同步电压瞬时值 | 方波同步信号(与背板送出的相差 180°) |
| 27 | 二重交流电流瞬时值 | 一重交流电流瞬时值 |
| 28 | 三重交流电流瞬时值 | 原边电流瞬时值 |
| 29 | 一重中间电压瞬时值 | 二重中间电压瞬时值 |
| 30 | 一重直流电流瞬时值 | 三重中间电压瞬时值 |
| 31 | 三重直流电流瞬时值 | 二重直流电流瞬时值 |

4. 网侧控制(LCC)板(TE277-020000)

硬件与电机控制插件相同,DSP C6711 完成三重四象限脉冲流整器的实控时制,DSP F2812 完成同步信号的锁相环处理。网侧控制板信号灯定义(表 3-14、表 3-15)

**表 3-14　面板指示灯 12AB-15AB**

| 含　义 | 12A | 12B | 13A | 13B | 14A | 14B | 15A | 15B |
|---|---|---|---|---|---|---|---|---|
| 与 SMC 握手不成功 | 常亮 | | 常亮 | | | 常亮 | | 常亮 |
| C6711 与 F2812 握手不成功 | 闪动 | | 闪动 | | | 闪动 | | 闪动 |
| 无同步信号待机时 | 快闪 | | | | | | | |
| 串口正常工作时 | | | | | 快闪 | | | |
| 同步信号正常时 | 快闪 | 常亮 | 快闪 | 常亮 | | | | |

**表 3-15　面板指示灯 26AB-29AB**

| 含　义 | 26A | 26B | 27A | 27B | 28A | 28B | 29A | 29B |
|---|---|---|---|---|---|---|---|---|
| 无同步信号、无启动信号待机 | 慢闪 | | | | | | | |
| C6711 与 F2812 握手不成功 | | | 闪动 | | | | | 闪动 |
| 同步信号正常,无 SMC 生命信号 | 快闪 | | | | | | | |
| SMC 生命信号正常,无同步信号 | 慢闪 | 慢闪 | | | | | | |
| SMC 生命信号正常,且同步信号正常 | 快闪 | 快闪 | | | | | | |
| 收到第一重启动信号 | | | 快闪 | | | | | |
| 第一重四象限正常运行 | | | | 快闪 | | | | |
| 收到第二重启动信号 | | | | | 快闪 | | | |
| 第二重四象限正常运行 | | | | | | 快闪 | | |
| 收到第三重启动信号 | | | | | | | 快闪 | |
| 第三重四象限正常运行 | | | | | | | | 快闪 |

5. 电机信号板(TE277-040000)

电机侧控制的外围板,其主要功能是速度信号进行滤波处理、二选一;具有三重牵引逆变器输出过流保护、中间直流电压过压保护、斩波过流保护、接地保护;并采集三个牵引逆变器机组的所有 IGBT 元件故障信息。通过 AMS 总线把所有的故障信息传递给 SMC 插件进行处理;SMC 操作电机信号插件产生故障复位信号,可以对电机信号、网侧信号、脉冲转换进行复位。电机信号板信号灯定义(表 3-16、表 3-17)。

**表 3-16　电机信号板信号灯定义**

| 灯 | 慢闪 | 快闪 | 常　亮 |
|---|---|---|---|
| 1A | | | 跳主断故障 |
| 1B | | | MCC1 脉冲允许 |
| 2A | | 模块 1 故障 | |
| 2B | | | MCC2 脉冲允许 |
| 3A | 电源故障 | 模块 2 故障 | 电源故障、模块 2 故障同时存在 |
| 3B | | | MCC3 脉冲允许 |
| 4A | 板不在位 | 模块 3 故障 | 板不在位、模块 3 故障同时存在 |
| 4B | 斩波 1 过流 | 逆变 1 过流 | 斩波 1 过流、逆变 1 过流同时存在 |
| 5A | | | 复位 |
| 5B | 斩波 2 过流 | 逆变 2 过流 | 斩波 2 过流、逆变 3 过流同时存在 |
| 6A | | 程序正常运行 | |
| 6B | 斩波 3 过流 | 逆变 3 过流 | 斩波 3 过流、逆变 3 过流同时存在 |

**表 3-17　电机信号面板测试孔测量信号**

| 位置 | A 列 | B 列 |
|---|---|---|
| | 含义 | 含义 |
| 29 | VV1A | VV1B |
| 30 | VV2A | VV2B |
| 31 | VV3A | VV3B |
| 32 | VV4A | VV4B |
| 33 | Uu1 | Uv1 |
| 34 | Ichop1 | Ichop2 |
| 35 | Ichop3 | 试验手柄(Mref) |
| 36 | Ia1 | Ib1 |
| 37 | Ia2 | Ib2 |
| 38 | Ia3 | Ib3 |
| 39 | Ud3 | Iv |
| 40 | Iu | Id |
| 41 | Ud1 | Ud2 |

6. 电机控制板(MCC)(TE277-010000)

MCC 采用直接转矩控制,对电机电流等采用瞬时值控制,实时性要求高。控制插件上采用的器件处理速度和精度较高,CPU 由两片浮点 32 位 DSP TMS320C6711 和一片定点 32 位 DSP TMS320F2812 组成。DSP TMS320F2812 通过一片双口 RAM 连接 AMS 总线,完成速度处理、斩波控制,并用其自带的 A/D 采集外部传感器信号。浮点 DSP TMS320C6711 通过双口 RAM 连接 DSP TMS320F2812,通过高速 A/D 采集控制所需的直流电压、逆变电流等信号,产生逆变控制 PWM 信号。电机控制板信号灯定义(表 3-18、表 3-19)。

**表 3-18　面板指示灯 12AB-15AB**

| 位置 | 含　义 | 12A | 12B | 13A | 13B | 14A | 14B | 15A | 15B |
|---|---|---|---|---|---|---|---|---|---|
| 上电握手过程中 | F2812 与 C6711-1 握手中 | 常亮 | | | | | | | |
| | F2812 与 C6711-2 握手中 | 常亮 | 常亮 | 常亮 | 常亮 | | | | |
| | MCC 与 SMC 握手中 | | 常亮 | | | | | | |
| 握手完成后 | 通道 1 速度脉冲＞5 Hz | 亮 | | | | | | | |
| | 通道 2 速度脉冲＞5 Hz | | 亮 | | | | | | |
| | 通道 3 速度脉冲＞5 Hz | | | 亮 | | | | | |
| | 通道 4 速度脉冲＞5 Hz | | | | 亮 | | | | |
| | 斩波开通 | | | | | | | 亮 | |
| | F2812 正常运行中 | | | | | | | | 快闪 |

**表 3-19　面板指示灯 26AB-29AB**

| 含义 | 26A | 26B | 27A | 27B | 28A | 28B | 29A | 29B |
|---|---|---|---|---|---|---|---|---|
| 等待 SMC 生命信号 | 常亮 | 常亮 | 常亮 | 常亮 | | 慢闪 | | |
| 等待 SMC 启动命令 | 快闪 | 快闪 | 快闪 | 快闪 | | | | |
| 启动低速段牵引 | 快闪 | | 快闪 | | 快闪 | | 快闪 | |
| 启动高速段牵引 | | 快闪 | | 快闪 | | 快闪 | | 快闪 |
| 启动方波段牵引 | 快闪 | 快闪 | 快闪 | 快闪 | 快闪 | 快闪 | 快闪 | 快闪 |
| 启动低速段制动 | | | 快闪 | | 快闪 | | 快闪 | |
| 启动高速段制动 | | | | 快闪 | | 快闪 | | 快闪 |
| 启动方波段制动 | | | 快闪 | 快闪 | 快闪 | 快闪 | 快闪 | 快闪 |

7. 通信接口(ZS826-700-000)

为 TCU 提供 MVB 通信接口，对内通过双口 RAM 连接 AMS 总线，对外连接车辆总线。

8. SMC 板(TE277-030000)

完成管理 AMS 总线，车辆逻辑单元的控制；牵引/制动特性控制；故障的传递及记录等功能。SMC 板信号灯定义见表 3-20。

**表 3-20　SMC 板信号灯定义**

| 灯 | 常灭 | 慢闪 | 快闪 | 常亮 |
|---|---|---|---|---|
| 1A | | | CPLD 工作正常 | |
| 1B | | | | |
| 2A | | SMC 禁主断 | SMC 允许合主断 | |
| 2B | 网络生命信号中断 | | 网络生命信号正常 | |
| 3A | 向后有效 | | 方向信号零位 | 向前有效 |
| 3B | 制动有效 | | 牵引/制动零位 | 牵引有效 |
| 4A | | | 操作系统启动正常 | |
| 4B | | | SMC 识别到 USB 设备插入 | |

9. 数字入出板(TE213-090000)

20 路 110 V 数字量输入,12 路数字量输出。数字量输入环节主要通过光电隔离和转换将外部 110 V 的指令信号,如系统工作命令,系统复位指令及接触器闭合反馈信号转换成系统管理单元能够识别的高,低电平信号。

数字量输出环节主要将系统的高,低电平信号经过隔离转换成 110 V 信号向外提供系统的状态。如将主控插件发出的用于控制接触器闭合或断开的高低电平信号转化为接于接触器线圈的 110 V 信号。数字入出板信号灯定义见表 3-21。

**表 3-21　数字入出板信号灯定义**

| 对应灯指示 | 电气含义 | 信号灯含义 |
|---|---|---|
| 2A | 短接控制命令 3 轴(KM3) | 亮:表示输出为 1;灭:表示输出为 0 |
| 2B | 短接控制命令 2 轴(KM2) | 亮:表示输出为 1;灭:表示输出为 0 |
| 3A | 短接控制命令 1 轴(KM1) | 亮:表示输出为 1;灭:表示输出为 0 |
| 3B | 充电命令 3 轴(KM6) | 亮:表示输出为 1;灭:表示输出为 0 |
| 4A | 充电命令 2 轴(KM5) | 亮:表示输出为 1;灭:表示输出为 0 |
| 4B | 充电命令 1 轴(KM4) | 亮:表示输出为 1;灭:表示输出为 0 |
| 5A(红灯) | 主断控制命令 | 亮:表示输出为 0;灭:表示输出为 1 |

10. 开关电源(TE283-000000)

主要为机箱提供+5 V、+15 V、−15 V、+24 V、−24 V,为机箱内各插件、风扇层、电流、电压传感器、速度传感器等提供电源。

## 四、象限变流器模块

四象限变流器和逆变器采用相同的变流器模块,可以完全互换,物理图如图 3-15 所示。变流器模块(以下简称模块)集成了 8 个 3 300 V/1 200 A 的 IGBT 元件、水冷散热器、温度传感器、门控单元、门控电源、脉冲分配单元、支撑电容器、低感母排等部件。

图 3-15　变流器模块

模块上 IGBT 元件之间及与支撑电容的连接使用低电感母排(Busbar),减少了线路上的杂散电感,省去了吸收电路,使电路更为简洁可靠。脉冲分配单元与门控单元间的信号传输通过光纤实现，解决了高压隔离问题，提高了模块的抗干扰性能。

1. 四象限脉冲整流器参数

| | |
|---|---|
| 输入电压(V) | AC 970(AC 679～1 203) |
| 频率(Hz) | 50 |
| 额定输入电流(A) | 1 390 |
| 最大输入电流(A) | 1 544 |
| 开关频率(Hz) | 450 |
| 外形尺寸(mm) | 670×407×470（长×宽×高） |
| IGBT 元件参数(kV/A) | 3.3/1 200 |
| 质量(kg) | 95 |

2. 四象限变流器功能

四象限整流器在牵引工况下进行交—直变换，将来自主变压器的单相交流输入电压转换为直流电压，为中间直流电路提供电能；在再生制动工况时，通过中间直流电路进行直—交变换，将电能回馈给电网。

四象限整流器(4QC)这一术语表示的是在牵引工况以及制动工况下，电压 UST 和电流 IN 间的相位角是完全可调节的。通过对电压和电流间的相位角的控制，能够在全部四个象限内工作。从而实现能量的双向流动，制动时将电动机回馈产生的能量反送到电网，达到彻底的节能效果。

采用 IGBT 功率模块的四象限变流器，由高运算处理能力的 DSP 产生 PWM 脉冲进行控制。当电机工作在电动状态的时候，整流控制单元的 DSP 产生高频的 PWM 脉冲控制整流侧 IGBT 的开通和关断。IGBT 的开通和关断与输入电抗器共同作用产生了与输入电压相位一致的正弦电流波形，这样就消除了二极管整流桥产生的谐波。使功率因数高达 99%，消除了对电网的谐波污染。此时能量从电网经由整流回路和逆变回路流向电机，变流器工作在第一、第三象限。输入电压和输入电流的波形(图 3-16)。

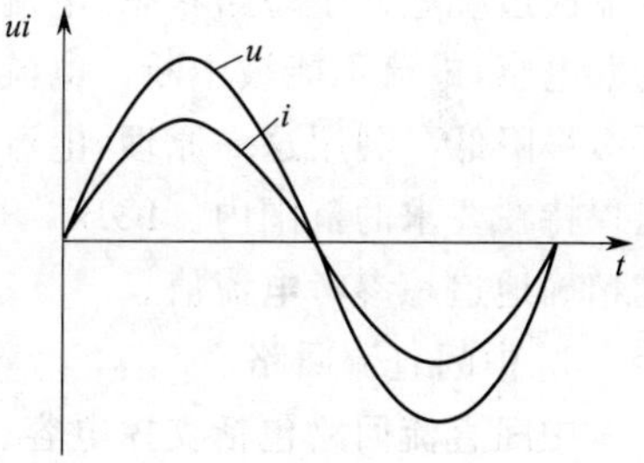

图 3-16　输入电压和输入电流波形

当电动机工作在发电状态的时候，电机产生的能量通过逆变侧的二极管回馈到直流母线，当直流母线电压超过一定的值，整流侧能量回馈控制部分启动，将直流逆变成交流，通过控制逆变电压相位和幅值将能量回馈到电网，达到节能的效果。此时能量由电机通过逆变侧、整流侧流向电网。变流器工作在二、四象限。输入电抗器的主要功能是电流滤波。回馈电流和电网电压波形与图 3-16 完全相同。

在一台主变流器中，有三台四象限整流器组成三重四象限变流电路。一个四象限整流器由两个相位模块(半桥)组成(图 3-17)。

LN 做为输入电抗器，在主变绕组制作中已考虑了其电感量，电动状态下起储能作用，形成正弦电流波形。回馈状态下，起滤波作用，滤掉电流波形的高频成分。

变流器模块由 IGBT 功率元件、驱动板、检测板、脉冲分配板等保护监测单元组成。IGBT 是电子开关元件，其开通和关断的频率相对较高。下面举例说明整流器从无电流的状态开始的工作过程(图 3-18)，如果在正半波时，S2 或 S3 两个 IGBT 开关中的一个处于开通状态，变

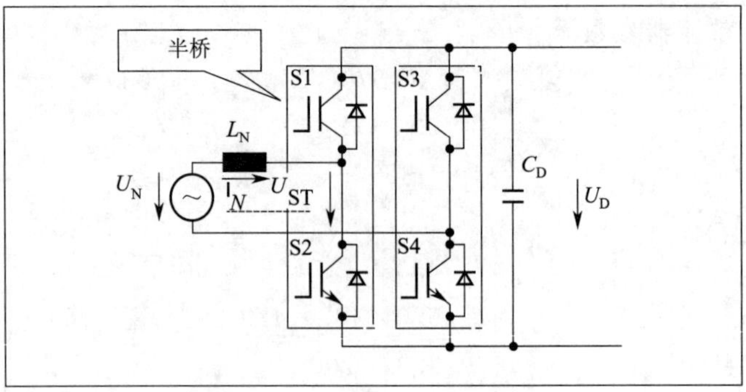


图 3-17　四象限整流器原理图

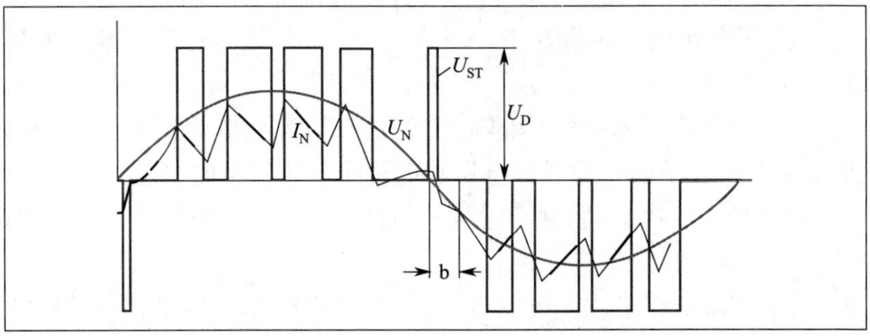


图 3-18　四象限整流器的电流/电压波形

压器次边绕组处于短路状态，电流开始上升。此时，如果原来开通的 IGBT 关断，由于变压器的漏电感，电流不能被中断。电流通过 IGBT 开关 S1 或 S4 的续流二极管流入直流支撑回路并缓慢降低。利用这一原理，电流就可以围绕一个参考值上下波动且 $\cos\phi$ 和直流支撑电压值能保持在要求的范围内。IGBT 开关频率决定每个周期的脉冲数量，脉冲频率越高，电流值能越精确地追踪参考电流值。

3. 中间直流回路

中间直流回路包括支撑电容、固定放电电阻、接地故障检测电路及斩波电路。

(1) 直流支撑电容

直流支撑电容组由 6×4.3 mF 电容器组成，分布装配在 6 个变流器模块内(图 3-19 中 CD 电容)，每个变流器支撑电容共计为 25.8 mF。作为能量存储单元，其作用是对直流支撑回路的电压进行滤波和缓冲。因为在短时间内能量的输入和能量的输出不对等，因而必须在中间直流支撑回路设置支撑电容。

(2)固定放电电阻

每组主电路单元单独配置固定放电电阻，并连接在直流支撑回路中，与谐振吸收电容并联。固定放电电阻选 20 kΩ，由两个 10 kΩ 的电阻串联。变流器停机后，如果斩波快速放电回路有故障不能泄放中间直流电能，则固定放电电阻可 10 min 内将中间直流电能(支撑电容电压)放至安全电压以下。组件共有 10 个相同的 10 kΩ 电阻，各单元固定放电电阻对应图纸中 R4～R11。

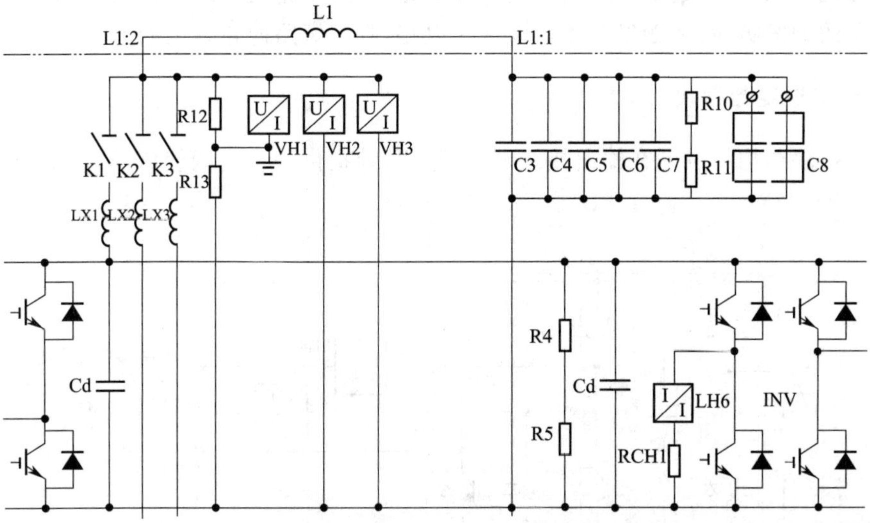


图 3-19 中间直流回路(以公共部分和第一路电路为例)

Cd—直流支撑电容;K1、K2、K3—隔离开关;LX1、LX2、LX3—电抗器;
R4、R5、R10、R11—固定放电电阻;R12、R13—中点接地保护电阻;
VH1、VH2、VH3—电压传感器;C3~C8—谐振电容;L1—外部谐振电感;
LH6—电流传感器;RCH1—斩波电阻;INV—逆变器

(3)接地故障检测电路

接地故障检测电路由跨接在中间直流电路的两个串联分压电阻 R12、R13 和中点电压检测的 VH1 电压传感器组成(R12、R13 还起固定放电电阻的作用)。R12、R13 串联中点接地,中点检测信号送 TCU 内的检测电路(滤波电容器、准电位绝缘的运算放大器和一个比较电路)判断主电路是否接地。在正常工况下,传感器测得的电压值等于直流支撑电压的 1/2,即 DC 900 V。当电压出现变动,超过|(全电压/2)-半电压|≥720 V 时,接地检测电路动作,主断路器(HVB)断开。

图 3-19 中电压传感器 VH2、VH3 用于检测中间直流电压,VH1 用于检测中间直流半电压。

(4)二次谐振电路

图 3-19 中由 6 个谐振电容器 C3~C8 并联组成谐振电容,和外部谐振吸收电抗器 L1(在主变压器内)组成串联谐振电路,通过调整谐振电路的谐振频率到两倍基频,可过滤直流支撑回路中的两倍基频输入电压的波纹分量,实现储存电能、减少二次谐波通过直流支撑回路电容器的作用。为了保证谐振频率的精确,谐振电容器分为固定的基础电容器和电容值可以调节的电容器。该可调接的电容器(C8)必须由用户定期调整(每 10 年),以避免频率的漂移。

并联的 6 个电容器均连接到直流支撑回路的正、负母排上。电容值共计为 $C_n$=9.936 mF。

(5)过压斩波(直流放电)保护电路

RCH1 为过压斩波电阻,由逆变模块内的一个 IGBT 功率元件控制电阻的投切。另一个 IGBT 仅利用其反向二极管部分参与保护,其 IGBT 部分未用。斩波保护电路用于中间直流过压、短路保护及停机后的快速放电,当中间直流电压过高时,开通斩波电路,将能量通过电阻以热能的方式消耗,抑制过电压。当出现贯穿短路时,主断路器分断网侧电路,TCU 封锁四象限和逆变器的触发脉冲,并触发直流放电保护电路,吸收短路回路释放的能量。

## 五、VVVF 逆变器模块

逆变器模块结构特点是在输出接线端 U、V、W 处提供一个变频变压(VVVF)的三相交流电源(图 3-20)。

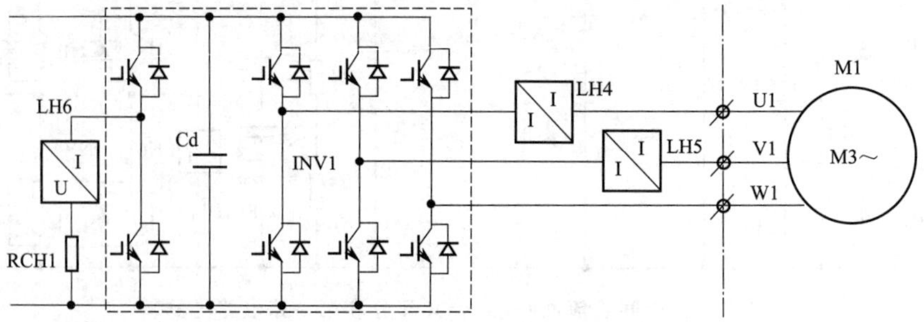


图 3-20　逆变器电路

LH6—斩流电流传感器;RCH1—斩波电阻;Cd—中间直流支撑电容;
INV1—逆变器模块;LH4、LH5—逆变输出电流传感器;M1—1 位电机

1. VVVF 逆变器参数

| | |
|---|---|
| 标称输入电压(V) | DC 1 800 |
| 标称输出电压(V) | 3AC 0～1 404 |
| 输出电压频率(Hz) | 0～130 |
| 额定输出电流 | 598 |
| 最大输出电流(A) | 814 |
| 开关频率(Hz) | ≤500 |
| 控制方式 | 直接转矩控制 |
| 外形尺寸(mm) | 670×407×470 (长×宽×高) |
| IGBT 元件参数(kV/A) | 3.3/1 200 |
| 质量(kg) | 95 |

2. 逆变器功能

在原理上,可以将 IGBT 视为开通和关断非常迅速的开关元件。有了这种模块,可以想象为将 3 个输出接线端 U、V、W 与直流支撑电压电路 CD 的"＋"或"－"端任意相连,其开通或者关断的模式必须保证逆变器输出为三相正弦交流电。

在图 3-21 中,画出了两输出端子之间的电压。两输出端子之间输出电压最大振幅取决于直流支撑电压 $U_d$。

可以通过改变 IGBT 逆变器的占空因数来调节输出电流的有效值。输出电压的波形重复的频率和脉冲逆变器的输出频率一样(图 3-22)。

在制动工况时,电机轴力矩的方向与旋转的实际方向正好相反,电压和电流之间产生了很大的相角。通过设定基波电压,脉冲逆变器能加强这一电压和电流之间的相位角(图 3-23)。

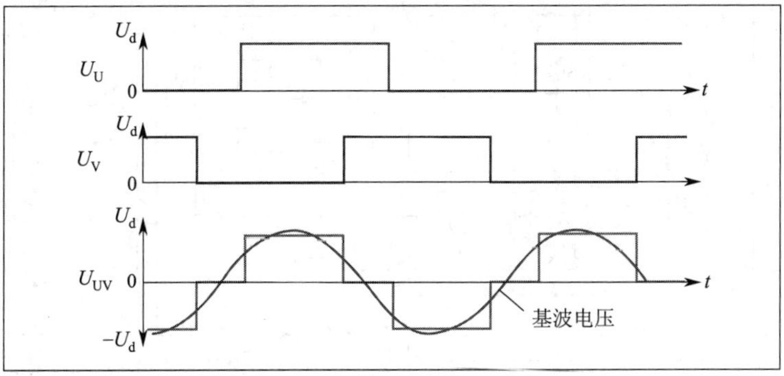


图 3-21 方波状态下逆变器的脉宽调制示意图

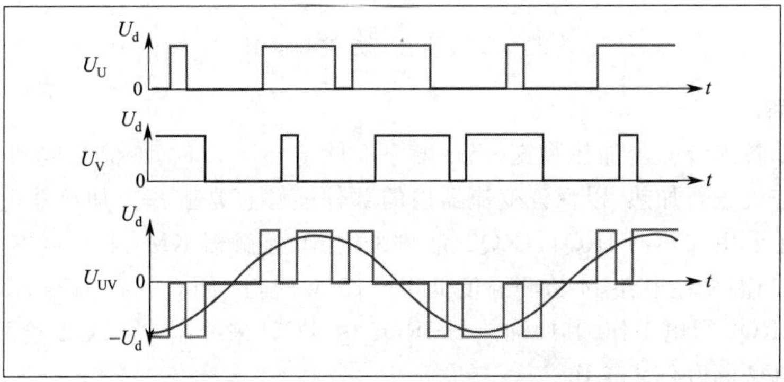


图 3-22 斩波状态下逆变器脉宽调制示意图

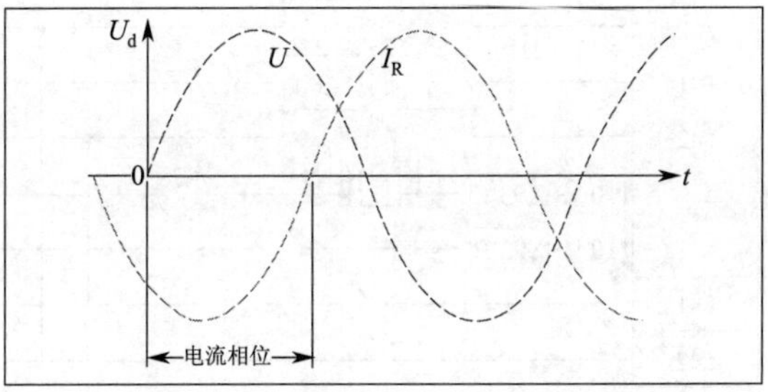


图 3-23 制动工况下电压和电流的相位

3. PWM 控制原理

PWM 逆变电路采用直接转矩控制方式，控制框图如图 3-24 所示。

直接转矩控制选择固定于定子绕组的坐标系，并以空间矢量的概念建立逆变器输出的电压与定子磁链定向控制、电磁转矩控制的方式。逆变器输出的电压空间矢量对定子磁链、电磁转矩的作用结果与电动机的状态有关。反之，在已知电动机某时刻状态的条件下，根据电动机定子磁链定向的基本要求，总能选择合适的电压空间矢量去控制定子磁链的幅值、相位和电磁转矩的大小。基于这种简单的物理概念，针对高电压、大功率器件开关频率有限等因素，选择定子磁链以六边形轨迹运动，实现转矩进行 band-band 控制即转矩自控制和磁链自控制。

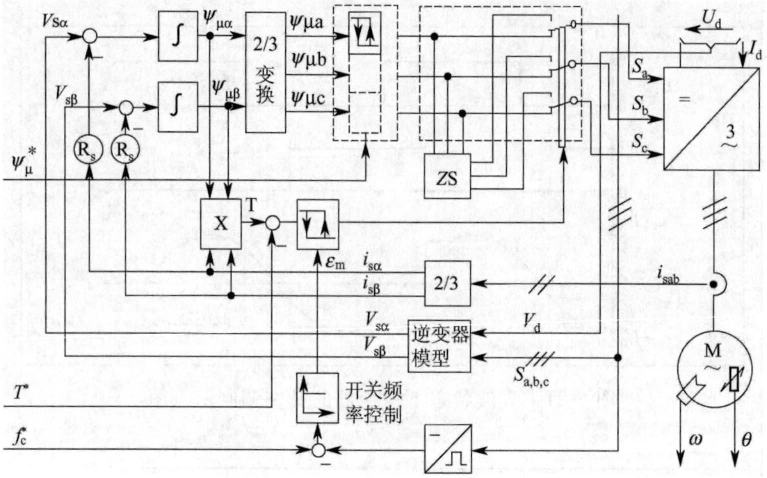

图 3-24　直接转矩控制框图

4. 加热装置

变流器内部各加装一套加热装置，当环境温度低于－15 ℃时，变流器内部加热装置工作，对变流器内部空气进行加热，以保证变流器内的部件能够正常工作。加热器电路图如图 3-25 所示。加热器主要由加热器 JRQ1、JRQ2、散热风机 M、接触器 KM7 和温度继电器 J4 组成。

工作原理：当温度继电器 J4 检测温度低于－15 ℃时，J4 闭合→接触器 KM7 得电闭合→加热器 JRQ1、JRQ2 得电工作；其中加热器 JRQ2 由 TCU 来控制，当 TCU 检测到空气温度高于 20 ℃时，JRQ2 断开停止工作。

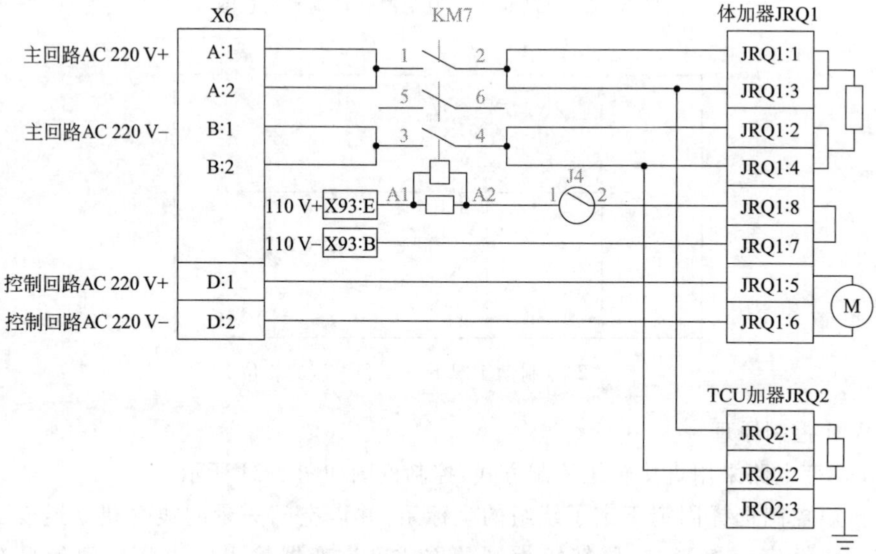


图 3-25　加热器电路图

## 思　考　题

1. HXD1C 型电力机车主变流器的功用是什么？

2. $HXD_{1C}$ 型电力机车主变流器的主要组成部分有哪些？

3. $HXD_{1C}$ 型电力机车主变流器输入(AC)/输出(DC)电压各为多少？

# 第三节 $HXD_{1C}$ 型电力机车外电源授受电气设备

$HXD_{1C}$ 型大功率交流传动电力机车外来电源授受电气设备均属高压电器，主要有受电弓、真空断路器、接地开关、高压隔离开关、高压电压互感器、原边电流互感器、避雷器和高压电缆总成等。该类电气设备有属专项授受性电器(如受电弓)，有属专项控制电器(如高压隔离开关)，有属保护性电器(如接地开关、避雷器)，有属控制兼保护性电器(如真空断路器)，有属测量电器(如电压、电流互感器)，还有属连接性电器(如高压电缆等)，其特点均处在机车外电源的高压电路中。它们在电路中的位置如图 3-26 所示。本节主要介绍该类电气设备的结构、用途、作用及相应的技术参数。

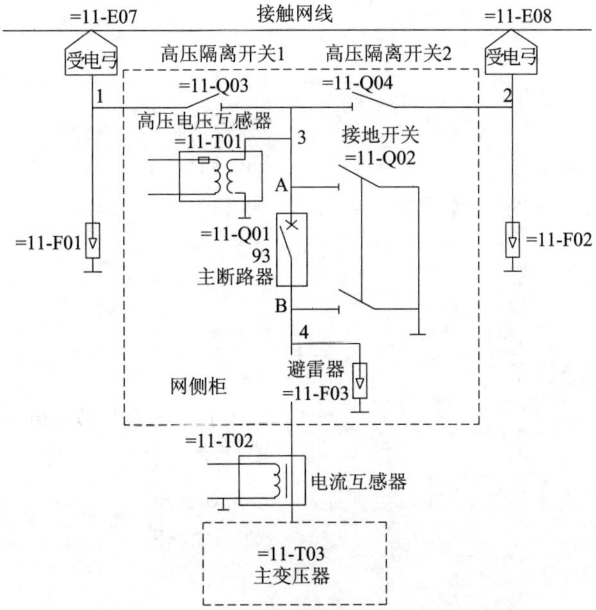


图 3-26 $HXD_{1C}$ 型电力机车高压电器电路

注：此为改进后高原配置 $HXD_{1C}$ 型电力机车网侧电器电路图。

## 一、受 电 弓

$HXD_{1C}$ 型机车每台配属两架受电弓，并通过支持绝缘子安装于电力机车车顶。受电弓弓头升起后与接触网导线接触，从接触网上集取电流，并将电流通过车顶母线传送到车内供机车使用。该型受电弓是一种采用气囊驱动方式升弓的单臂式受电弓，主要应用于干线电力机车，该型受电弓配备阻尼器和 ADD 自动降弓装置。

1. 受电弓主要技术参数

| | |
|---|---|
| 型号 | TSG15F |
| 额定工作电压 | AC 30 kV |

| | |
|---|---|
| 电压波动范围 | AC 19～31 kV |
| 额定工作电流 | 1 000 A |
| 额定运行速度 | 200 km/h |
| 折叠高度（包括支持绝缘子） | $695^{+8}_{-10}$ mm |
| 最小工作高度(从落弓位滑板面起) | 220 mm |
| 最大工作高度(从落弓位滑板面起) | 2 250 mm |
| 最大升弓高度(从落弓位滑板面起) | ≥2 400 mm |
| 受电弓集电头(弓头)长度 | (1 950±10)mm |
| 受电弓集电头(弓头)宽度 | (330±3)mm |
| 受电弓集电头(弓头)高度 | (285±10)mm |
| 滑板长度 | (1 250±1)mm |
| 受电弓集电头轮廓形状 | 符合 UIC 608.4a 的要求 |
| 静态接触压力 | (70±10)N |
| 环境工作温度 | －40～＋70 ℃ |
| 最小工作压力 | 400 kPa |
| 最大工作压力 | 1 000 kPa |
| 额定工作压力(供风) | 550 kPa |
| 静态接触压力为 70 N 时气囊压力 | 约 380～400 kPa |
| 降弓位置保持力 | ≥150 N |
| 升弓时间 | 6～10 s |
| 降弓时间 | ≤6 s |
| 总重(不包括支持绝缘子) | ≤110 kg |
| 安装尺寸 | 1 100×(800±1)mm |
| 电气区域 | ≤(301±10)mm |
| 电气间隙 | ≥350 mm |
| 气路接口尺寸 | G1/4 英寸 |

2. 结构组成

受电弓结构主要由底架部分、铰链机构、弓头部分、升弓装置和气路组装几大部分构成，其物理图如图 3-27 所示。

图 3-27　受电弓物理图

(1)底架部分

刚性底架由型材(钢材)组焊而成，是整个受电弓的基座部分，并通过支持绝缘子固定于机车车顶。底架上安装有气囊升弓装置、一套铰链机构和受电弓阻尼器。气囊升弓装置和阻尼器一端安装在底架上，另一端均安装在铰链机构中的下臂杆上。

(2)铰链机构

铰链机构是实现受电弓弓头升降运动的机构，由下臂杆、上框架、下导杆、平衡杆等构成，它们之间通过各种铰链座铰接。上框架由变径铝合金管和板材焊接而成，下臂杆和平衡杆由钢管材组焊而成，下导杆为铝合金材料。连接各主要构件的铰链座都装有滚动轴承，并采用金属软导流线进行短接，以防止电流对轴承的损耗。平衡杆可以保证弓头滑板面在受电弓整个工作高度范围内始终保持水平状态。

(3)弓头部分

弓头组装包括弓头和弓头悬挂。弓头是直接与接触导线接触、受流的部件,其上安装有碳滑板。弓头悬挂采用橡胶弹簧元件结构。橡胶弹簧元件的一端与上框架中的转轴相连接,另一端与弓头上的滑板托架相连接,这种结构使滑板在机车运行方向上移动灵活,而且能够有效吸收各方向上的冲击,达到保护滑板与接触导线的目的。

滑板中有气腔并通有压缩空气,是自动降弓装置的一部分。若滑板出现磨损到极限或断裂时,自动降弓装置启动工作保护,受电弓迅速自动地降下。更换滑板后,自动降弓装置重新启动。

(4)升弓装置和气路组装

升弓装置通过钢丝绳组装、升弓气囊等传递实现对受电弓升降运动的控制。升弓装置一端安装在底架上,另一端通过钢丝绳与螺栓固定在下臂杆调整板上。

气路组装是提供压缩气体的管路系统,其一端与升弓装置的气囊连接,为受电弓提供工作气压,另一端通过绝缘软管连接到车内的供风设备,实现受电弓的升、降弓控制。

3. 受电弓工作原理

受电弓采用气囊驱动方式升弓,受电弓的气路原理和升弓装置如图 3-28、图 3-29 所示。

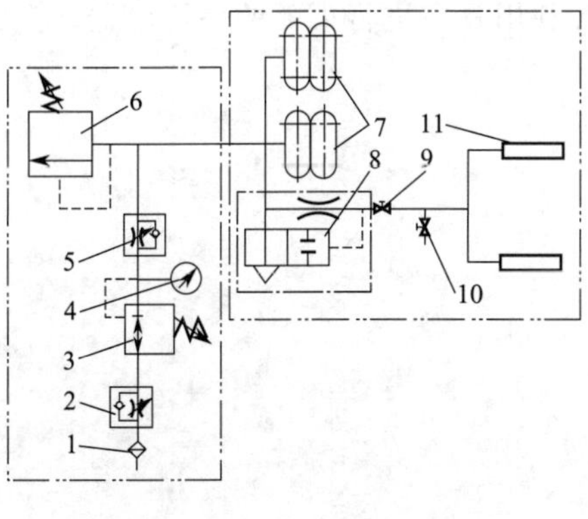


图 3-28　升弓气路原理图

1—空气过滤器;2—单向调速阀(升);3—调压阀;4—气压表;5—单向调速阀(降弓);6—稳压阀;7—气囊;8—快排阀;9—截止阀;10—试验阀;11—碳滑板

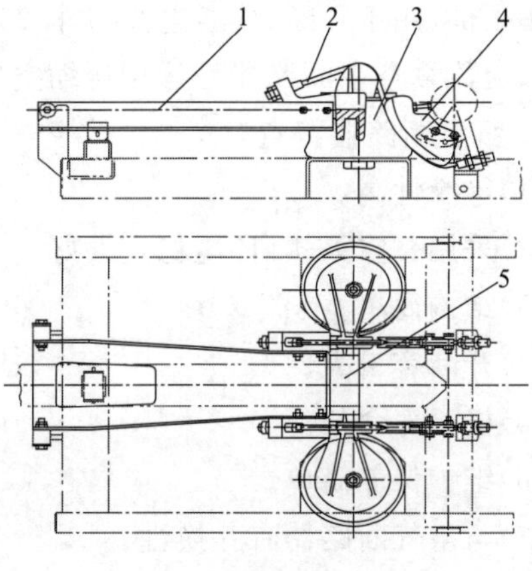


图 3-29　升弓装置图

1—连接板;2—钢丝绳;3—升弓气囊;4—调整板;5—蝴蝶座

受电弓升弓时,电磁阀得电,气路打开,压缩空气通过空气过滤器、单向调速阀(升弓)、调压阀、气压表、单向调速阀(降弓)、稳压阀,进入气囊,构成升弓气路。同时压缩空气经稳压阀后通过快排阀向具有气腔的受电弓碳滑板供气,构成自动降弓保护气路。电力机车的接地电位与接触网线间的电位差为 5 kV,自动降弓装置的压缩空气输入端与管路间通过绝缘软管连接,通过该绝缘软管的空气须保证其绝缘性能。

当受电弓正常降弓时,启动在压缩空气输入端前端的电控排气阀并进行排气,受电弓靠自重降弓。当受电弓滑板破裂、磨耗到限或管路泄漏时,控制管路的气压下降,换向阀打开,气囊及管路中的压缩空气经过换向阀的排气口排放到大气中。同时空气压力继电器动作,发出机车空气管路压力下降信号，主断路器紧急切断，从而防止受电弓在带电负载情况下从接触网线脱离。

如图 3-29 中所示，气囊升弓装置主要包括连接板、钢丝绳组装、升弓气囊、调整板和蝴蝶座。升弓气囊下端安装于底架上，上端与蝴蝶座连接。蝴蝶座与连接板和钢丝绳组装连接。钢丝绳组装通过调整板连接下臂杆。调整板固定在下臂杆上。升弓气囊充以压缩空气时，逐渐膨胀并抬升蝴蝶座，此时连接板相对底架转动，同时抬升力通过钢丝绳组装经过调整板传递到下臂杆，下臂杆相对底架旋转，通过铰链机构实现弓头的上升，从而实现整个受电弓的升弓运动，反之则靠自重降弓。升弓气囊采用特殊橡胶材料制作，在－40～70 ℃的环境温度下可长期有效的工作，使用寿命长。

4. 维护

使用前，应检查所有的紧固件状态是否良好；软编织导线是否完整，有断股严重的应及时更换；支持绝缘子不允许有裂缝，并应保持其干净清洁；弓头滑板应保持平整，连接圆滑，对已磨耗到限的滑板应及时更换。

## 二、主断路器

HXD1C 型机车装有交流真空主断路器，或称主断路器，机车运用中简称主断。安装在电力机车顶部，用于开断、接通电力机车 25 kV 主电路，同时用于电力机车的过载、短路和接地保护。交流真空主断路器是运用压缩空气进行操作并利用真空进行灭弧的高压电器。

1. 真空断路器特点

(1)绝缘性高。

(2)采用真空灭弧，环境稳定性好。

(3)结构简单。

(4)开断容量大。

(5)机械寿命长。

(6)维护保养简单。

(7)与空气断路器有互换性。

2. 主要技术参数

| | |
|---|---|
| 标称电压(kV) | 25 |
| 额定电压(kV) | 30 |
| 额定电流(A) | 1 000 |
| 额定频率(Hz) | 50～60 |
| 热电流 (A) | 1 000 |
| 额定短路接通能力(kA) | 40 |
| 短路分断电流能力(kA) | 40 |
| 短路分断容量(MV・A) | 600 |
| 短时耐受电流能力 (kA/s) | 25 |
| 额定工作气压(kPa) | 450～1 000 |
| 每次合闸耗气量($dm^3$) | 2.5 |

| | |
|---|---|
| 绝缘子爬电距离(mm) | 垂直绝缘≥1 020<br>水平绝缘≥1 067 |
| 绝缘间隙(mm) | ≥300 |
| 固有分闸时间(ms) | 25～60 |
| 合闸时间(ms) | 20～60 |
| 合闸功率(W) | 200 |
| 保持功率(W) | 50 |
| 额定控制电压(V) | DC 110 |
| 工作温度(℃) | －40～＋70 |
| 机械寿命(次) | 250 000 |
| 防护等级 | EN 60 529 |
| 火灾保护 | DIN 5510 |
| 质量(kg) | 约 1 148 |

3. 结构

主断路器结构如图 3-30 所示,分为高压、中间绝缘和控制三个部分。

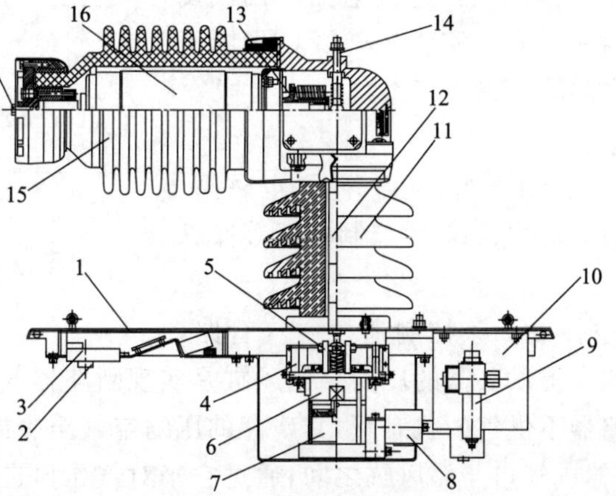


图 3-30　主断路器结构

1—底板;2—插座连接器;3—110 V 控制单元;4—辅助触头;5—肘节机构;6—保持线圈;7—风缸;8—电磁阀;9—调压阀;10—储风缸;11—垂直绝缘子;12—绝缘操纵杆;13—传动头组装;14—高压连接端(HV1);15—水平绝缘子;16—空开关管组装;17—高压连接端(HV2)

(1)高压部分

高压部分包括水平绝缘子、真空开关管组装和传动轴头组装等。由图 3-22 可以看出真空开关管组装安装于水平绝缘子内部,构成机车顶上的高压电路,确保开断交流电弧真空开关管通过密封和大气隔离,包括动触头、静触头和瓷质外罩等(图 3-31),真空开关管的结构(图 3-32)。真空开关管的真空度是其最重要的参数之一,与真空开关管的开断能力成一定关系(图 3-33)。真空开关管的分、合闸即体现了整个主断路器的分合闸情况,具体表现为对动触头的操作,通过来自气动部分产生的机械动力推动连杆机构的操纵杆来完成,以保证它的轴向运动。

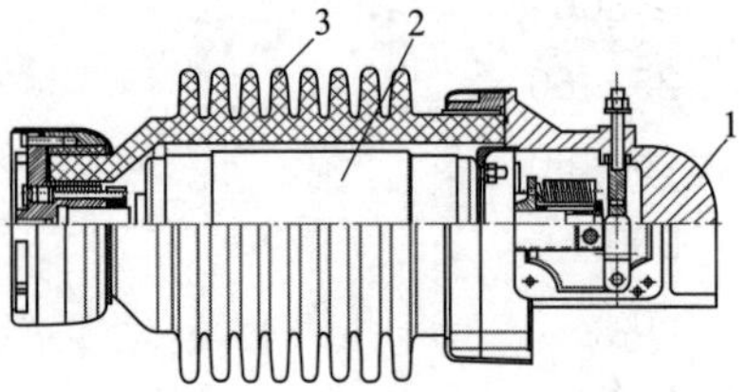


图 3-31　真空管组装

1—轴头组装；2—真空开关组装；

3—水平绝缘子

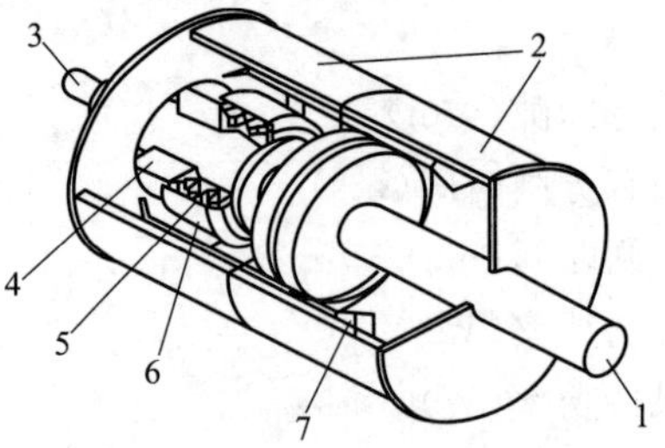


图 3-32　真空开关结构

1—静触头；2—瓷质外罩；3—动触头；4—导套；

5—金属波纹管；6—纹管罩；7—金属罩

(2)中间绝缘部分

中间绝缘部分包括垂直绝缘子和底板以及安装于车顶和断路器之间的 O 形密封圈。垂直绝缘子安装在底板上用以满足 30 kV 电压的绝缘要求，同时绝缘操纵杆通过垂直绝缘子的轴向空腔，连接电控的机械装置和真空开关管的动触头。底板安装与车顶 O 形圈用以保证断路器和车顶之间的密封。

(3)控制部分

控制部分包括储风缸、调压阀、压力开关、电磁阀、压力气缸、保持线圈、肘节机构、110 V 控制单元等操纵控制部件。

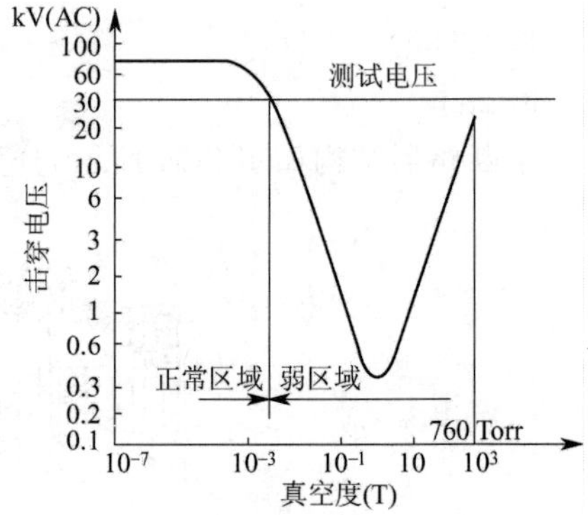


图 3-33　真空开关管真空度和开断电压关系曲线

主断路器采用电空控制。该控制通过空气管路，在动触头快速合闸过程中提供必需的压力。储风缸是实现断路器气动控制的气压源，其要求能够满足在机车对断路器不供气的状态下，其残存的压缩空气至少能够使断路器完成一次动作；调压阀安装在断路器进气口与储风缸之间，通过它来对气压值进行预设整定，用以保证进入储风缸内的气压能充分满足断路器的正常动作，同时，调压阀上安装有一空气过滤阀，以保证进入储风缸气体的清洁与干燥；压力开关安装于储风缸上与调压阀相对一侧，其与储风缸内气体相连，并通过低压控制线路将信息反馈给 110 V 控制单元，以使断路器拒绝进行操作；电磁阀控制储风缸内的气流通断，气缸把空气压力转化为机械作用力；保持线圈安装与气缸上部，通过对气缸活塞的吸合，实现对断路器合闸状态的保持；肘节机构用以实现真空断路器分闸时的快速脱扣，保证断路器快速的分断；110 V 控制单元安装在真空断路器底板下部，通过其对断路器的动作进行整体控制。

4. 动作原理

主断路器操作包括分闸与合闸操作(图 3-34)。

(1)合闸操作

只有满足如下条件，断路器才能闭合。

①主断路器必须是断开的。

②必须有充足的气压。

③保持线圈必须处于得电状态。

具体合闸过程如图 3-35 所示。

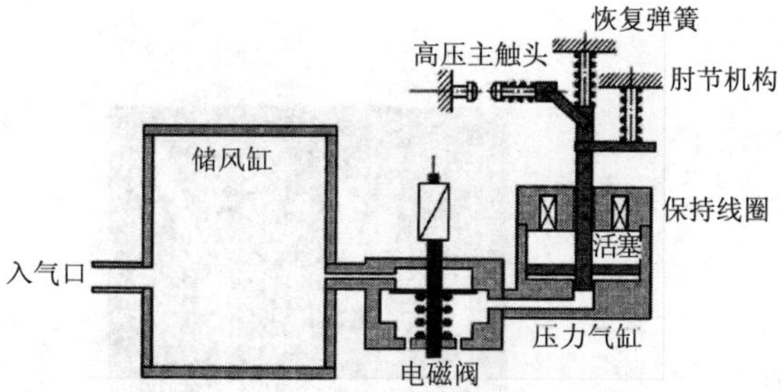


图 3-34　主断路器动作

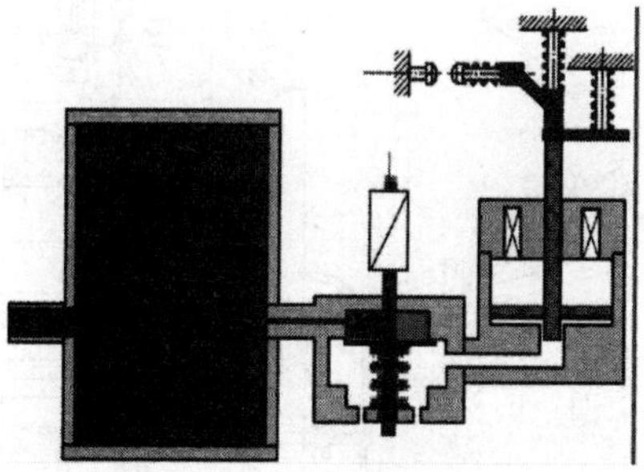

图 3-35　主断路器合闸

①按“开/关”键。

②电磁阀得电，气路打开。

③压缩空气由储风缸通过电磁阀流入压力气缸，推动活塞向上运动。

④主动触头随着活塞的移动而运动。

⑤恢复弹簧压缩。

⑥主触头闭合。

⑦触头压力弹簧压缩。

⑧活塞到达行程未端。

⑨保持线圈在保持位置得电。

⑩电磁阀失电。

⑪压力气缸内的空气排出。

(2)分闸操作

在任何情况下，只要控制电源失电，断路器就会断开。具体分闸过程如下。

①保持线圈失电。

②活塞在弹簧力作用下(恢复弹簧、肘节机构等)移动。

③主触头打开，真空开关管灭弧。

④行程结束，活塞缓冲。

5. 维护

为了保证主断路器良好的工作状态，必须加强日常的检查与维护，同时，由于主断路器属于车顶高压电器设备，高压能造成电弧燃烧和人身安全事故，必须注意对其使用与维护的安全性。

## 三、接地开关

接地开关的主要功能是把牵引机车上的主断路器两侧的电路接地，与断路器配套使用，其接地开关示意图如图 3-36 所示，接地开关物理图如图 3-37 所示。接地开关保证了牵引机车的安全操作，当工作人员进行机车检查或维护时，应消除缺陷或进行修理，同时保证工作人员的人身安全。

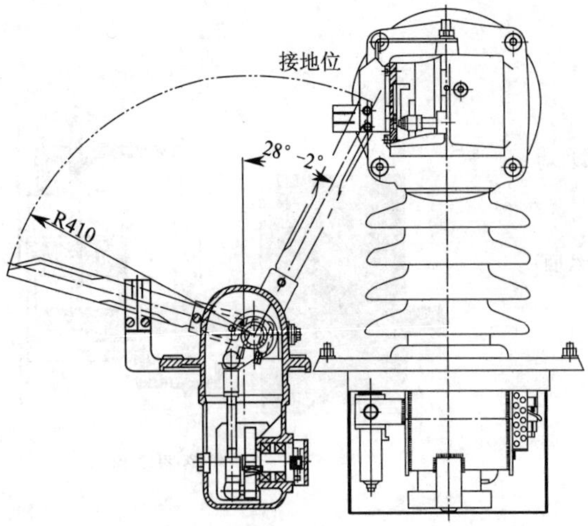


图 3-36　接地开关示意图

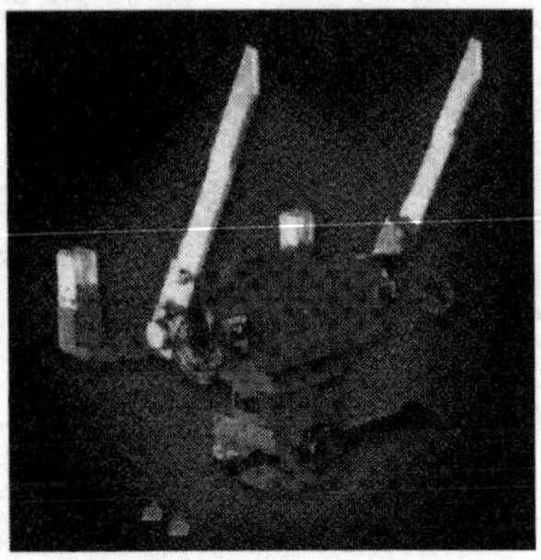

图 3-37　接地开关物理图

1. 主要技术参数

| | |
|---|---|
| 型号 | BTE25.04K |
| 标称电压(kV) | 25 |
| 额定电压(kV) | 30 |
| 额定电流(A) | 400 |
| 峰值耐受电流(kA) | 40 |
| 短时耐受电流(kA) | 16 |
| 闸刀转换角度 | 52° |
| 机械寿命(次) | 20 000 |
| 质量(kg) | 22 |

2. 结构

接地开关的结构,主要分车外部分和车内部分。车外部分主要包括上罩、闸刀、触头弹簧片以及在上罩内的轴等传动机构。车内部分主要包括下罩、操纵杆组装、锁组装以及在下罩内的传动机构。

3. 工作原理

闸刀通过支架安装在轴上,而轴、曲柄组装连接杆组装以及操纵杆组装则组成一个传动机构,转动操纵杆,使整个传动机构进行传动,轴带动闸刀旋转一定的角度。根据设计,在操纵杆从一端旋转 180°到另一端时,闸刀也相应从“运行位”旋转 102°到“接地位”或者从“接地位”旋转 102°到“运行位”。而控制是否能够转动是锁组装。锁组装共有 3 个锁,其中一个供蓝色钥匙使用,第二个供黄色钥匙使用。仅在蓝色锁被蓝色钥匙打开后,操纵杆才能从“操作”位置旋转到“接地”位置。一旦旋转到“接地”位置,联锁机构就被带有黄色钥匙的锁锁在此位置,然后可把钥匙从锁中拔下来。

4. 操作及维护

(1)操作

接地开关有 3 个锁,其中的两个用于黄色钥匙,一个用于蓝色钥匙。

①接地：旋转用于受电弓锁闭开关的蓝色钥匙到“受电弓降下”位置，拔出钥匙，并插入接地开关蓝色锁内。旋转接地开关蓝色钥匙，拉出操纵杆并把它转到“接地”位置。才有可能旋转黄色钥匙，并把它们拉出来，然后打开主变流器的锁。

②运行：旋转黄色钥匙(在已使用位置)，拔出“黄色”钥匙，并插入接地开关的锁内。旋转黄色钥匙。拉出接地开关操纵杆，并旋转到“操作”位置。旋转接地开关蓝色钥匙，并拔出蓝色钥匙，插入受电弓开关锁内，并旋转到“受电弓上升”位置。

(2)维护

小修应直接在机车上进行，每 3 个月一次。中修应直接在机车上进行，每年一次。每 3 年进行一次大修。

根据牵引机车的运行小时数，按规定应对接地开关的闸刀和触头弹簧片进行彻底的清理，并涂少许润滑脂。这些操作应在悬挂电力可以断开，并且整个系统可以接地的机务段内进行。

**四、高压隔离开关**

高压隔离开关属于车顶保护电器。它的主要作用是优化配置 25 kV 电路内高压设备的运行工况，并当车顶设备发生故障时，能将故障部分隔离，维持机车运行。因此，它的存在可大大减少因车顶设备故障而造成的机破事故，保证机车的安全运行。高压隔离开关根据驱动方式可以分为手动和气动，$HXD_{1C}$ 型机车使用的是气动高压隔离开关，其物理图如图 3-38 所示。

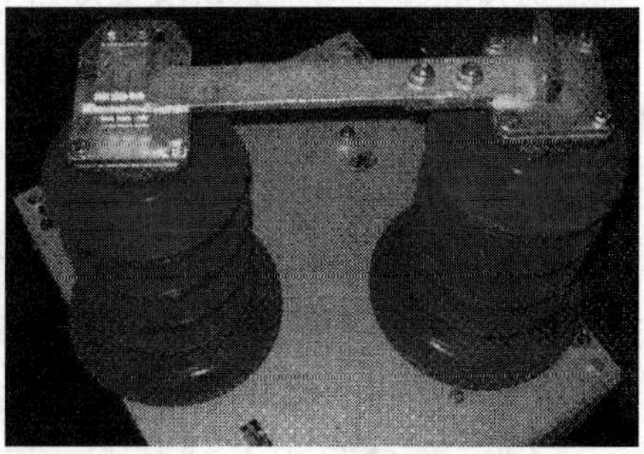

图 3-38　高压开关物理图

1. 主要技术参数

| | |
|---|---|
| 型号 | BT25.07C |
| 额定电压(kV) | 30 |
| 额定电流(A) | 700 |
| 峰值耐受电流(kA) | 20 |
| 额定工作气压(kPa) | 400～600 |
| 最小动作气压(kPa) | 350 |
| 直流额定控制电压(V) | DC 77～110 |
| 机械寿命(次) | 20 000 |
| 切断闸刀旋转角 | 60° |
| 温度(℃) | －40～＋70 |
| 质量(kg) | 50 |

2. 结构

高压隔离开关通过法兰安装在车顶上的一个 10 mm 厚的铝底板上(后期出厂机车有所改变)，它装有一个接触闸刀，其一端固定在可转动的绝缘子上，可转动的绝缘子连接到通过底板延伸到车内的转轴上。簧片通过固定绝缘子安装在底板上。在底板下边，传动气缸操纵杆机构安装在转轴上，因此保证了接触闸刀的转动。转轴末端上的两个凸轮是用来控制安装在左右支撑板上的两个辅助触头开关的。底板装有用来安装压力气缸旋转的支架，还有一个用来安装电磁阀的托架。在底板的更下一些，安装一块控制单元板2，用于电磁阀和连接凸轮开关电源的导入。同时，底板上边还装有一个M8的螺钉用于连接到机车的接地系统。

(1)分闸

当高压隔离开关处于合闸状态时，电磁阀得到分闸信号，得电动作，打开气路，压缩空气经电磁阀进入压力气缸，推动操纵杆，使转轴旋转60°，隔离开关分断。转轴转动的同时，固定在主轴上的凸轮驱动低压联锁改变为分闸状态，并将信号传到司机室。

(2)合闸

当高压隔离开关处于分闸状态时，电磁阀得到分闸信号，得电动作，打开气路，压缩空气经电磁阀进入压力气缸，推动操纵杆，使转轴旋转60°，隔离开关闭合。转轴转动的同时，固定在主轴上的凸轮驱动低压联锁改变为合闸状态，并将信号传到司机室。高压隔离开关不带灭弧装置，不具有开断电流的能力，因此，它的所有动作都必须在主断路器处于分断状态时进行(图3-39)。

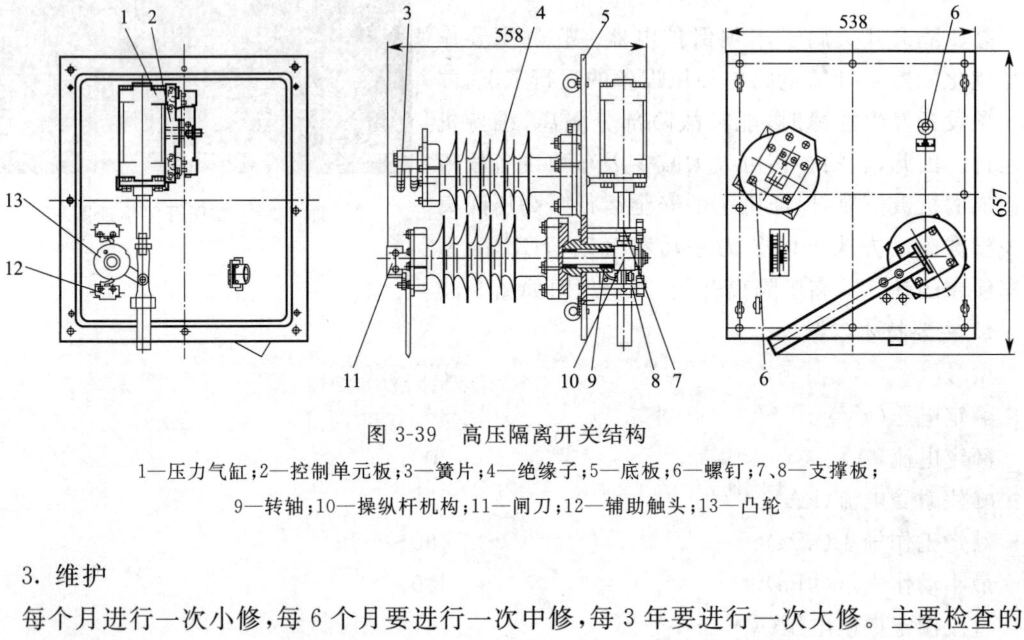


图3-39　高压隔离开关结构

1—压力气缸；2—控制单元板；3—簧片；4—绝缘子；5—底板；6—螺钉；7、8—支撑板；9—转轴；10—操纵杆机构；11—闸刀；12—辅助触头；13—凸轮

3. 维护

每个月进行一次小修，每6个月要进行一次中修，每3年要进行一次大修。主要检查的部件为接触闸刀和簧片，并检查所有部件能否正常动作。

## 五、车顶高压电气测量绝缘设备

1. 高压电压互感器

高压电压互感器安装在机车车顶(后期出厂机车有所改变)，为干式结构，主要用于测量接触网电压，该测量电压值用于过压保护，同时也用于机车能耗测量。高压电压互感器仅适合于垂直立式安装，其安装法兰由防水的铝合金组成，安装时应先加装密封垫后再用M12的双头螺栓与车体紧固连接。其实物图如图3-40所示。

(1)工作原理

电压互感器的工作原理和变压器相同，图3-41为电压互感器原理接线图，电压互感器的特点是容量很小，类似一台小容量变压器；二次侧负荷比较恒定，所接测量仪表和继电器的电压线圈阻抗很大。因此，在正常运行时，电压互感器接近于空载状态。电压互感器的一、二次线圈额定电压之比，称为电压互感器的额定电压比。

图 3-40　高压互感器实物图

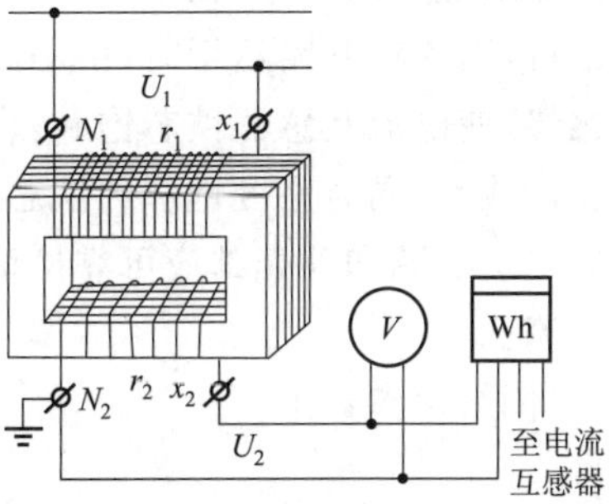


图 3-41　高压互感器简图

(2)主要技术参数

| | |
|---|---|
| 型号 | GSEFB 25 F |
| 频率(Hz) | 50 |
| 额定绝缘水平(kV) | 40.5/85/185 |
| 额定电压比(V) | 25 000/150/150 |
| 二次组合 | 1 级/1 级 |
| 二次额定负荷及准确级 | 30 V·A 1 级/30 V·A 1 级($\cos\phi=0.8$) |
| 二次热极限输出电流(A) | 1 |
| 额定电压因数 | 1.5(30 s) |
| 绝缘等级 | E 级 |

(3)结构

高压电压互感器的一次绕组、二次绕组和铁芯用树脂浇注成一体，其中一次侧接线端的 A 端位于电压互感器的顶部，是一个镀镍和镀锌的黄铜螺栓(M20)，接地端 N 端位于电压互感器的底部，通过螺栓连接到法兰而接地；二次侧接线端位于电压互感器底部，A 端和 N 端均是一个 M6 的螺栓(最大紧固力矩为 5 N·m)，且其设有熔断器保护。

(4)维护

检查时应检查电气连接，检查法兰和机车之间的密封状态。

注：高压互感器在后期出厂的机车改装为油润式。

2. 原边(高压)电流互感器

图 3-42　原边电流互感器实物图

原边(高压)电流互感器安装在机车机械室侧墙上，以套接方式连接到连接车顶高压套管和主变压器的高压电缆上，主要用来测量主变压器高压输入端的电流，该测量电流值用于过流保护和短路保护，同时也用于机车能耗测量，其物理图如图 3-42 所示。

(1)工作原理

电流互感器的工作原理和变压器相似，是利用电磁感应原理工作的，但它具有与变压器不同的特点。第一，一次侧电流是主电路电流，与互感器的二次侧负载无关；第二，电流互感器的二次侧负载阻抗必须很小(在正常工作时接近短路状态)；第三，电流互感器的二次侧线圈不允许开路运行，因为在开路运行时，由一次侧电流产生的磁势得不到二次磁势的抵消，而全部成为励磁磁势，使电流互感器铁芯饱和，在二次侧端子上出现较高的过压，对所接仪表和工作人员构成安全威胁，同时高度饱和的铁芯也会因为铁损扩大、发热加剧而损坏其绝缘，因此电流互感器的二次线圈和外壳都应可靠接地。电流互感器一、二次额定电流之比，称为电流互感器的额定电流比。

(2)主要技术参数

| | |
|---|---|
| 型号 | LMZ3-0.72 |
| 频率(Hz) | 50 |
| 额定电流比(A) | 600/1/1 |
| 二次组合 | 1 级/0.5 级 |
| 二次额定负荷及准确级 | 20 V·A 1 级 FS5/5 V·A0.5 级 FS10($\cos\phi=0.8$) |
| 绝缘等级 | E 级 |
| 二次出线方式 | 带接线盒 |
| 二次对地工频耐压(kV) | 3 |
| 外形尺寸(mm) | 150×145×215 |
| 质量(kg) | 6.3 |

(3)结构

电流互感器为直穿式互感器，其底板上有 4 个 $\phi$10 的孔用于安装固定，连接车顶高压套管和主变压器的高压电缆穿过其中心，作为一次侧线圈(即匝数为 1)；而二次侧线圈含有两个线圈，一个线圈用于机车过流保护和短路保护，另一个线圈用于机车耗能的测量(当没有此要求时应短接该绕组)。

3. 避雷器

避雷器安装于车顶(后期出厂机车有所改变)，主要用于保护机车主变压器免受大气过电压及操作过电压侵害。避雷器外套采用憎水性硅橡胶制成，使其体积小、重量轻，并具有优良的耐污性、防爆性。

(1)技术参数

| | |
|---|---|
| 系统额定电压 (rms)/(kV) | 27.5 |
| 避雷器额定电压(rms)/(kV) | 42 |
| 避雷器持续运行电压(rms)/(kV) | 31.5 |
| 额定频率(Hz) | 50 |
| 标称放电电流(kA) | 5 |
| 陡波冲击电流下残压(kV) | <118 |
| 雷电冲击电流下残压(kV) | <105 |
| 操作冲击电流下残压(kV) | <89 |
| 通流容量 2 ms 方波 | 18times/次(400 A 时) |

| | |
|---|---|
| 通流容量 4/10 大电流 | 2 times/次(65 kA 时) |
| 局部放电量(在 1.05 $U_c$ 下) | <10 pC |
| 爬电比距(cm/kV) | >2.5 |

工作参数(适用于户内外)：

| | |
|---|---|
| 环境温度(℃) | −40～+40 |
| 电源频率(Hz) | 48～62 |
| 最大风速(m/s) | <35 |
| 地震烈度 | 8 度以下地区 |

(2)结构

避雷器由上盖、避雷器元件、硅橡胶外套及底部安装法兰构成。上盖上方有两个 M10 的螺栓，作为避雷器的高压接线端，底板安装法兰上有均布的 4 个 $\phi$13 孔，以便于用 Ml2 的螺栓与车顶安装座连接(紧固力矩为 30 N·m)。

避雷器元件内装有非线性电阻片(氧化锌阀片)，其具有优良的伏安特性，实现对过电压的限制。当系统出现过电压时，氧化锌电阻片呈现低电阻状态，吸收一定的过电压能量，过电压被限制在允许值以下，从而对电器设备提供可靠的保护。而在避雷器额定电压和系统正常工作电压下，氧化锌电阻片呈现为高电阻状态，使避雷器仅流过很小的泄漏电流，起到与系统绝缘的作用。

(3)维护

避雷器在安装投运前及每运行 1～2 年后，须进行认真检查和测试。记录内容包括时间、温度、相对湿度、气压、安装地点、额定电压和性能数据等。

## 六、高压电缆总成

高压电缆总成包括 1 个车顶高压套管口根长度为 9 m 的高压电缆和 2 个 T 形头，用来将车顶受电弓上的高压电流引到车底的主变压器上，其中高压电缆与车顶高压套管和主变压器之间的连接均通过 T 形头来实现，拆装十分方便、简单。因为高压电缆在机械间的走向非常灵活，这就给车顶设备的整体布局和主变压器的设计提供了极大的方便。

1. 车顶高压套管

车顶高压套管主要为安装在车顶外部的电气部件(如受电弓、主断路器等)和车内部件(如互感器)之间提供导电连接。

(1)结构

高压套管壳体由脂环族树脂制成，具有很好的抗污染层和良好的物理特性。导电体由电解铜(E-Cu)制成，设计额定电流为 630 A，并确保防止安装在车顶密封套内产生局部放电。内部导体通过圆柱体部分延伸到连接器(T 形头)，这样伸出到车辆内部的高压套管就可以安全触摸。

(2)技术参数

| | |
|---|---|
| 工作电压(kV) | 25 |
| 交流电耐受电压(kV) | 91,1 min |
| 冲击耐受电压(kV) | 户内 179～243 |
| 局部放电 | 37.5 kV,<5 pC |

| | |
|---|---|
| 运行温度范围(℃) | −40～+80 |
| 终端 | 热缩型 |
| 典型穿透距离(mm) | 530 |
| 典型爬电距离(mm) | 1 600 |
| 典型直径(mm) | 90～140 |
| 电缆 | 乙丙橡胶绝缘,Class 5 柔性导体 |

2. 高压电缆

高压电缆材料满足低烟、无卤、阻燃的特性,且具有良好的机械和电气性能,在安装时不需要采取其他保护措施(图 3-43)。

(1)结构

电缆由导体、内半导体保护层、绝缘层、外半导体保护层、同心接地保护导体和护套组成,其中导体采用镀锡铜丝绞合而成(符合 IEC60228 第 5 类标准),内、外半导体保护层材料为黑色橡胶化合物,绝缘层材料为 EPR 化合物,套层采用红色无卤交联 EVA 材料(图 3-44)。

图 3-43　高压电缆物理图

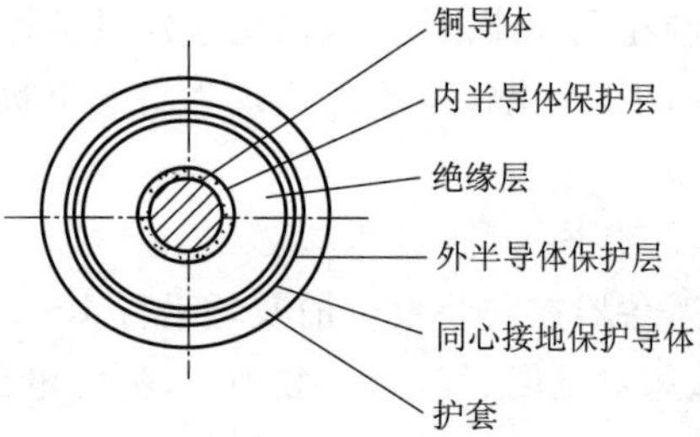


图 3-44　高压电缆结构图

(2)技术参数

| | |
|---|---|
| 导体标称截面积 | 95 $mm^2$ |
| 接地导体标称截面积 | 16 $mm^2$ |
| 导体外径 | 13.1 mm |
| 内半导体保护层厚度 | 0.8 mm |
| 绝缘层厚度 | 9.0 mm |
| 外半导体保护层厚度 | 0.7 mm |
| 护套厚度 | 3.5 mm |
| 成品外径 | 41.5～43.7 mm |
| 质量 | 2 870 kg/km |
| 额定电压 $U_0/U$ | 26/45 kV |
| 弯曲半径(固定安装) | ≥262 mm |
| 耐压试验 | 65 kV,5 min |
| 导体最大允许操作温度 | 90 ℃ |
| 导体最大允许短路温度 | 200 ℃,5 s |
| 90 ℃时的直流电阻 | ≤0.27 Ω/km |

| | |
|---|---|
| 20 ℃时的直流电阻 | ≤0.21 Ω/km |
| 短路耐受电流能力 | 11.59 kA,1 s |
| 载流量 | 457 A(环境温度为 30 ℃时) |

3. T 形头

图 3-45　T 形头外形物理图

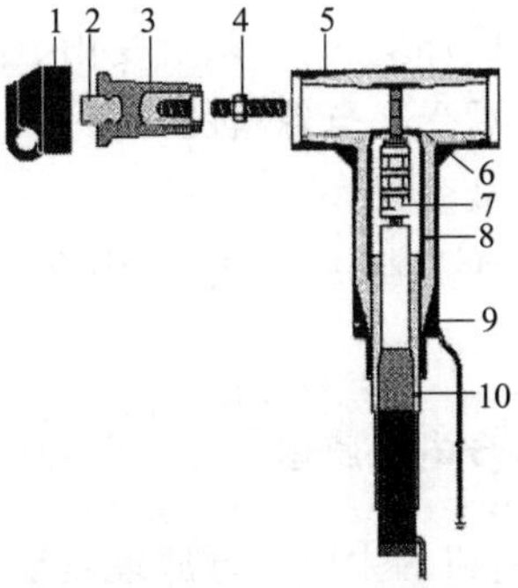


图 3-46　T 形头结构

1—保护罩;2—电容测试点;3—螺栓连接组合;4—与齿型垫片的螺栓连接;5—接触安全的导电 EPDM 屏蔽层;6—EPDM 插头绝缘层;7—压线接头;8—电极;9—接地接头;10—磁场控制插入件

T 形头(图 3-45)垂向端通过其自带的专用压线接头与高压电缆连接,另外两个横向端口中一个用来连接车顶高压套管和主变压器上的 A 端子,剩下的一个端口用保护罩保护好,从而将高压电缆总成中的各部件连成一体。T 形头结构组成如图 3-46 所示。

技术参数

| | |
|---|---|
| 额定电压 $U_0/U$ | 18/30 kV |
| 最大工作电压 $U_{max}$ | 36 kV |
| 额定电流 | 630 A |

## 思　考　题

1. HXD1C 型电力机车网侧运用哪些高压电气设备?
2. 主断路器闭合的条件是什么?
3. 简述原边(高压)电流互感器的工作原理。

## 第四节　交流牵引电动机

牵引电动机是机车进行电能与机械能相互转换的重要部件。它安装在机车转向架上通过传动装置与轮对相连。机车在牵引状态时,牵引电动机将电能转换成机械能,驱动机车运行。当机车在电气制动状态时,牵引电动机将列车的机械能转化为电能,产生列车的制动。21 世纪之前,我国机车牵引电动机主要采用直流电机。随着电力电子技术的发展,异步电机在控制系统的支撑下具有了与直流电机媲美的调速特性,异步电机还有比直流电机体积小、功率大、效率高、恒功范围宽、维护量小等优点，因此世界各国都在推广异步牵引电动机的运用。20 世纪后期，西门子、庞巴迪、三棱重工等国际大公司已广泛采用异步电机作为铁路机车的牵引动力，进入 21 世纪，我国采用引进国际大公司异步传动技术的方式，开始大力推广异步牵引电动机的运用。异步牵引电动机安装在车体下的转向架上，其工作条件十分恶劣，主要表现在以下方面。

(1)使用环境恶劣，须承受雨、雪、风、砂等的侵袭。

(2)要承受来自轮轨的冲击力。

(3)负载变化大。

(4)由逆变器供电，电流中含有大量的谐波成分，使得电机发热更厉害，对温升的要求苛刻。

## 一、异步电机原理

异步电机的主要运行原理是定子通上三相交流电后，在气隙中产生旋转的磁场，该磁场切割转子导条后在转子导条中产生感应电流，带电的转子导条处于气隙旋转磁场中将产生电动力，使转子朝定子旋转磁场的同一方向旋转。由于转子导条中的电流是因转子导条切割由定子绕组产生的气隙磁场才感应产生的。所以转子的转速只能低于气隙旋转磁场的转速，永远不可能与其同步，否则转子导条与气隙磁场同步旋转，转子导条不再切割磁场产生感应电流和产生电动力了，转子也不可能旋转了，所以称按这种原理运行的电机为异步电动机。现在机车用异步牵引电动机调速普遍采因变频变压调速技术。

改变定子频率即可改变电机转速。随着定子频率的增加，电机转速相应增加，如果电压不增加，将导致电机磁场减弱，电机转矩将降低，电机磁场降到很低时，电机不能输出足够的转矩，不能满足负载要求；另一方面，低频启动时，如果电压很高，将导致电机过分饱和。因此异步电机变频时，电压也应在一定范围内保持一定比例的变化，这种调速方式称之为变频变压调速。异步牵引电动机变频调速主要采用了恒转矩变频调速(恒磁通变频调速的一个区段，磁通和电流不变)、恒磁通变频调速、恒功率变频调速等调速方式。

异步电机牵引与再生制动原理：在 $1>S>0$ 的范围内，电磁转矩与转子转向相同，它拖动转子旋转，电机从逆变器吸收电能转换为机械能，克服机车阻力驱动机车运行，处于电动机运行状态。$S=1$ 为启动运行状态。在 $S<0$ 的范围内，转子转向与定子旋转磁场一致，转子转速 $n$ 大于电机同步转速 $n_1$，电磁转矩与转子转向相反，它阻碍转子旋转，电机将机车机械能转换为电能传送给逆变器。对机车产生制动转矩，电机处于发电机运行状态，称之为再生制动。

## 二、技术参数和特性

HXD1C 型电力机车采用的异步牵引电动机有两种型号，进口电机的型号为 1TB2624-0TD02，国产化电机的型号为 JD160。两种电机性能一致，本文以国产化 JD160 型异步牵引电动机为例进行介绍。如无特殊说明，与轮径有关的技术参数是基于新轮考虑的。

1. 主要技术参数

| | |
|---|---|
| 型号 | JD160 A |
| 供电方式 | 逆变器供电 |
| 逆变器型式 | VVVF 电压型 |

| | |
|---|---|
| 控制方式 | 矢量控制 |
| 工作制 | SI |
| 持续功率 | 1 225 kW |
| 额定电压 | 1 375 V |
| 额定电流 | 598 A |
| 额定频率 | 58.1 Hz |
| 额定转速 | 1 720 r/min |
| 额定转矩 | 6 802 N·m |
| 最大转速(全磨耗) | 3 452 r/min |
| 启动转矩 | ≥9 717 N·m |
| 冷却方式 | 强迫通风空气冷却 |
| 冷却风量 | 1.35 $m^3/s$ |
| 风压 | 3 000 Pa |
| 绝缘等级 | 200 级 |
| 极数 | 4 极 |
| 悬桂方式 | 抱轴式 |
| 质量 | 2 580 kg |

JD160 型异步牵引电动机等效电路如图 3-47 所示，其中 $U_1$ 为电机的线电压，额定等效电路。

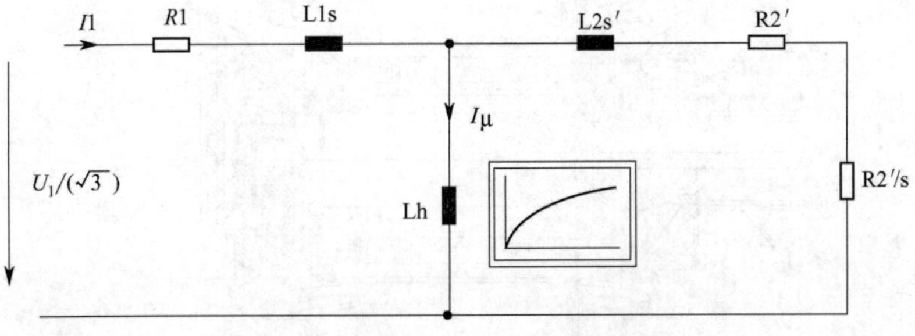


图 3-47　牵引电动机等效电路

2. 牵引特性

JD160 型异步牵引电动机用于 HXD1C 型电力机车时的牵引特性如图 3-48 所示。

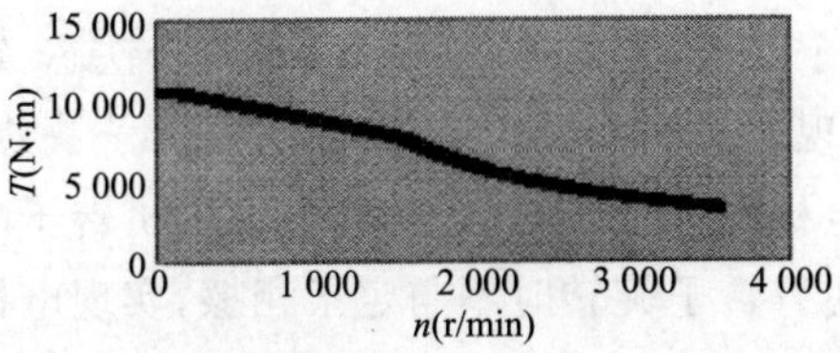


图 3-48　电机牵引特性

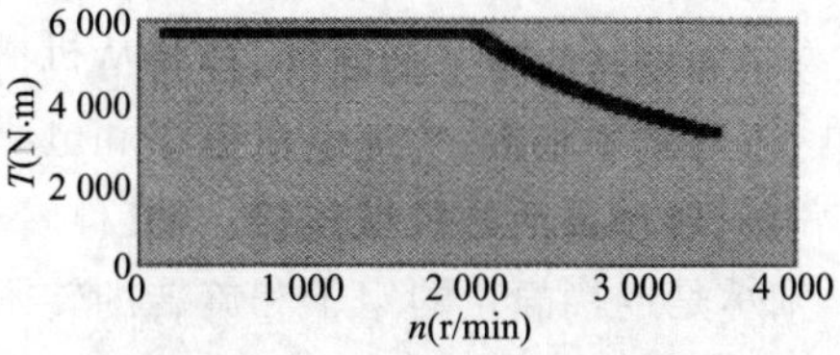


图 3-49　电机制动特性

(1)启动点：电机转矩 9 717 N·m，转速 0，恒转矩启动至 132 r/min。

(2)恒转矩转折点：电机转矩 9 717 N·m，转速 132 r/min。

(3)恒功起始点：电机转矩 6 800 N·m，转速 1 719.1 r/min，电机功率 1 224 kW。

(4)恒功结束点(全磨耗)：电机转矩 3 386 N·m，转速 3 452 r/min，电机功率 1 224 kW。

3. 制动特性

JD160 型异步牵引电动机用于 HXD1C 型电力机车时的制动特性如图 3-49 所示。

(1)电制动起始点亦即最高制动速度点、制动恒功起始点(全磨耗)：电机的制动转矩 3 254.5 N·m，转速为 3 452 r/min，电机制动功率为 1 176.4 kW。

(2)电制动恒功结束点、恒转矩的起始点：电机制动转矩 5 660 N·m，转速为 1 985 r/min，电机制动功率为 1 176.4 kW，进入恒转矩制动区。

(3)电制动恒转矩结束点：电机制动转矩 5 660 N·m，转速为 132 r/min，132 r/min 至 0 r/min 时，机车逐步施加空气制动，电机制动转矩成比例下降至 0。电机制动功率为 1 176.4 kW，进入恒转矩制动区。

## 三、异步电动机结构

JD160 型异步牵引电动机(图 3-50)主要由定子、转子、端盖、轴承、测速装置和主动齿轮等部分组成。

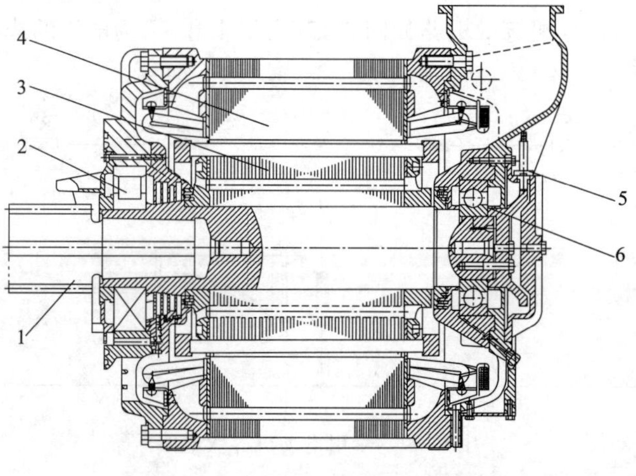


图 3-50　JD160 型异步牵引电动机

1—主动齿轮；2—传动端轴承装配；3—转子；4—定子；5—测速装置；6—非传动端轴承装配

定子的作用是产生旋转磁场并从机械上支撑整个电机，它的主要零部件有定子铁芯、定子绕组等。转子是用来产生感应电势和电磁转矩以实现能量转换的主要部件，它由转子铁芯、导条、端环和转轴等组成。端盖用于支撑转子和实现电机内部与外部的隔离，方便电机转子的安装。轴承是连接静止的定子和旋转的转子的部件，使得转子旋转时不与定子相擦，实现电机定子和转子稳定的、转动灵活的机械连接。测速装置用于测量电机转子转速，将转速信号传送给控制系统，是实现异步牵引电动机转速调节的重要环节。

1. 定子

定子由定子铁芯、定子绕组等零部件组成，其结构如图 3-51 所示。

(1)定子铁芯

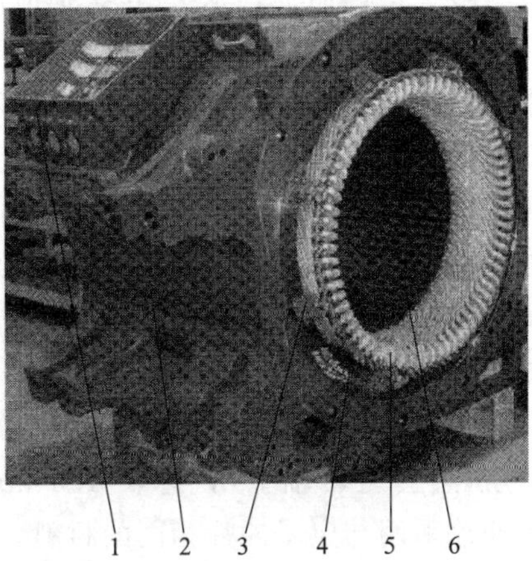


图 3-51　定子结构

1—接线盒;2—定子铁芯;3—支撑架;4—端箍;5—定子绕组;6—槽楔

定子铁芯采用焊接结构,即用 4 块筋板将带有轴向通风孔的定子冲片、定子端板和两端的压圈在施压状态下焊接成一个整体,铁芯长度 400 mm。该结构定子铁芯具有体积小、散热冷却效果好、结构强度高等特点。

定子压圈和筋板等主结构部件采用优质铸钢件,结构强度高,耐振动冲击性能好。定子压圈和筋板的机械性能。

| | |
|---|---|
| 抗拉强度 | 500～650 MPa |
| 屈服强度 | ≥300 MPa |
| 延伸率 | ≥24% |
| 冲击功 | ≥50 J |

定子冲片采用 0.5 mm 无取向冷轧硅钢片 470 冲制而成,定子冲片外径 $\phi$780 mm,内径 $\phi$450 mm,在冲片上冲有 60 个 $\phi$25 mm 的轴向通风孔,有 72 个槽嵌放定子线圈。硅钢片绝缘性能强,导磁性能好,铁磁损耗小。其主要技术指标如下。

| | |
|---|---|
| 抗拉强度硬 | ≥410 MPa |
| 屈服强度 | ≥280 MPa |
| 延伸率 | ≥34% |
| 硬度 | 140～160 HB |
| 50 Hz、1.5 T 时 | 最大铁损不超过 3.6 W/kg |
| $B_{5\,000}$ | ≥1.7 T |

(2)定子绕组

定子绕组由 72 个线圈组成,每线圈匝数为 6 匝,并联路数 4 路,每极每相 6 个线圈跨距 15 槽。定子线圈采用耐电晕薄膜导线,线规 2.42×3.48 mm 可以承受 6 kV/μs 以上的匝间冲击电压,主绝缘采用交叉叠包的玻璃布补强有机硅云母带和聚酰亚胺薄膜,嵌装后用槽楔固定,线圈端部使用成型的端箍绑扎到支撑架,形成整体,最后真空压力浸有机硅漆,绝缘等级 200 级,具有良好的电气性能以及防潮、防霉、耐振、寿命长、可靠性高等特点。

定子线圈采用的导体高度较小、宽度大,有效减小集肤效应导致的电阻增大、铜耗增加,为了降低导体刚度利于绕组成型尺寸的稳定性和便于嵌装,在宽度方向采用两根并绕的方式,槽楔采用环氧树脂层压板。

(3)接线盒

接线盒位于定子铁芯斜上方,电机的内部引出线和外部电缆线在接线盒内通过接线柱相连固定。接线盒由接线盒主体、接线柱、盖板等组成。接线盒主体为铸造成型的钢件,运行中尺寸稳定性好,不易变形;接线柱使用云母、胶和补强材料压制而成,具有良好的电气和机械性能。

2. 转子

转子主要由导条、端环、压圈、铁芯和转轴等部件组成(图 3-52)。

转子采用铜条鼠笼结构，特别适用于逆变器供电工况，为获得更大的额定功率和减少损耗，转子铁芯进行了优化设计，采用宽而浅的导条，克服集肤效应，减小损耗，增大最大转矩，以获得宽的恒功运行区，转子槽形设计合理，槽漏抗大，谐波漏抗也大，总漏抗大，有效地抑制了谐波电流，降低了谐波损耗。

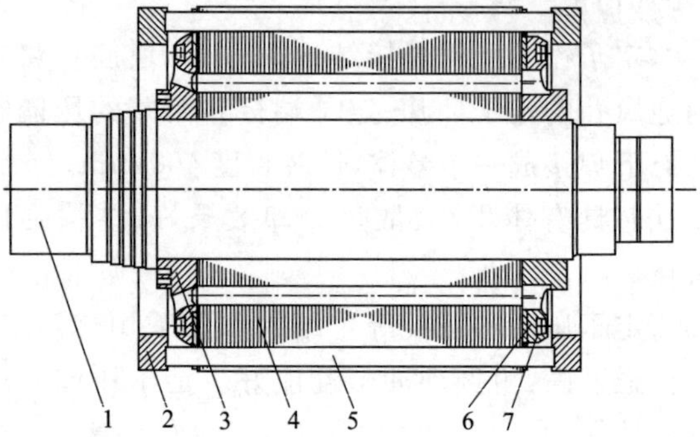

图 3-52　转子结构

1—转轴；2—端环；3—D 端压圈；4—铁芯；5—导条；6—端板；7—N 端压圈

转子铁芯由转子冲片和两端压圈预叠压后，热套至转轴上，铁芯长 400 mm。转子冲片采用与定子冲片相同的材料。

由于本电动机转速高且启动较频繁，因此转轴必须满足强度、刚度以及疲劳等方面的需求。在转轴强度上本电动机必须能传递不小于 9 717 N·m 的最大转矩，另外，在变流器短路(换流失败)时，在轴上会产生一个 44 000 N·m 的短路冲击转矩，转轴必须能承受这种力，为此转轴须采用高强度合金钢，同时为防止定/转子相擦以及电机振动，转轴的刚度应满足要求。转轴采用锻造的优质合金钢材料，具有高的机械强度、抗疲劳性能和耐冲击性能。

轴机械性能：

| | |
|---|---|
| 抗拉强度 | 900～1 100 MPa |
| 屈服强度 | ≥700 MPa |
| 延伸率 | ≥12% |
| 面收缩率 | ≥50% |
| 冲击功 | ≥45 J |

为了降低转子发热，导条采用低电阻率的无氧铜；为使鼠笼结构具有高可靠性，端环采用高强度的铬锆铜，导条端部弯型后和端环采用高频钎焊一次成形焊成一体，焊接工艺具有良好的一致性，焊接可靠性高。为防止转子导条在转子冲片槽中振动而产生断条转子导条插入转子冲片槽中后采取冲紧和端部弯形工艺，为保证冲紧效果，转子导条与转子槽装配间隙设计值很小。

3. 轴承及润滑结构

轴承是电机的一个重要部件，它关系到电机能否安全运行。电机两端均采用绝缘轴承，以防止电腐蚀损伤轴承。电腐蚀电流在电机中有两种通路。第一种通路是转轴—非传动端轴承—定子—传动端轴承；第二种是定子中的电流通过两端轴承后经转轴和齿轮流向机车接地处。对于第一种情况，电机采用一端绝缘轴承即可隔断腐蚀电流的通路，而防止轴承电腐蚀。由于非传动端轴承较小，制成绝缘轴承的成本相对较低，所以一般非传动端轴承采用绝缘轴承。一端轴承绝缘的结构仅适应于开关频率较低的 GTO 变流供电的电机和小功率电机，对于由开关频率较高的采用 IGBT 等元件变流器供电大功率电机，还存在第二种通路而且腐蚀电流更大，电机必须两端都采用绝缘轴承。

传动端采用的轴承，轴承润滑方式为循环油润滑，由于主动齿轮安装在电机转轴的内锥孔中，主动齿轮安装后，转轴直径扩大，将减小轴承径向游隙，要求轴承自由状态径向游隙比较大，游隙值为 0.340～370 mm，装配后游隙值为 0.188～0.300 mm；非传动端采用游隙 0.132～0.160 mm，装配后游隙值为 0.071～0.145 mm，传动端轴承计算寿命 318 万 km，非传动端轴承计算寿命 229 万 km。

轴承安装在端盖的轴承室中，两端分别用内油封和 D 端轴承盖压紧，防止轴承外圈轴向移位和旋转。轴承挡圈过盈安装在转轴上，防止轴承内圈轴向移位。密封圈安装于内油封的安装槽中，避免润滑油从端盖和内油封结合面渗漏。如图 3-53 所示。

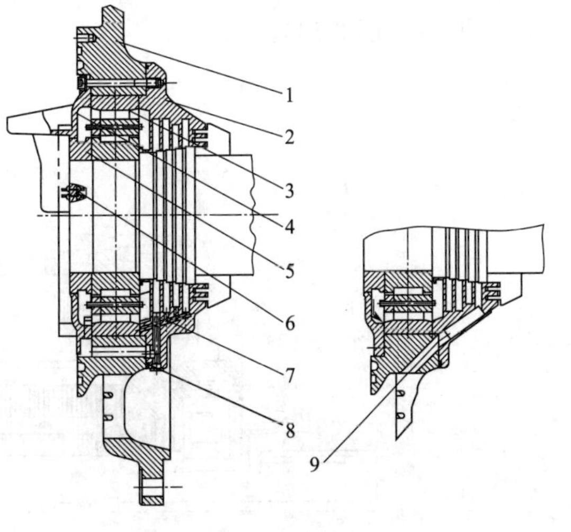


图 3-53　电机传动端结构图

1—端盖；2—内油封；3—轴承；4—D 端轴承盖；5—轴承挡圈；6—油绳；7—回油通道；8—密封圈；9—气压平衡通道

传动端轴承采用循环油润滑，齿轮箱中的油通过齿轮箱的油道进入 D 端轴承盖的进油室，从 D 端轴承盖上部的进油孔进入轴承室和轴承，润滑轴承后，从回油通道流回齿轮箱，其结构如图 3-53 所示。在进油室的上部和下部各设有一个进油孔，上部进油孔是主进油通道，下部进油口用油绳基本堵住，作为紧急润滑进油通道。为防止润滑油进入电机定子内部，内轴承盖除采用无接触式迷宫结构密封外，迷宫腔数量多，长度长，并设有回油孔，为防止电机内部冷却风的负压作用，还设置了气压平衡通道，密封效果好。

非传动端轴承采用无接触式迷宫密封结构，设有油杯，方便补充润滑脂。非传动端内侧密封迷宫间隙值大，数量多，既可保证安全运行，又可保证密封效果；外侧密封迷宫间隙值很大，而且数量少，长时间运行后，废润滑脂将易于排到外轴承盖内，缓解轴承发热。轴承室体积大，可存储备用润滑脂多，延长重新润滑周期。

4. 测速装置

为了检测电机的转速，在非传动端安装了测速装置，测速装置由测速齿盘和产生信号的速度传感器组成。测速齿盘采用球墨铸铁，设有 118 个矩形齿。采用了高品质速度传感器。传感器为双通道，两个通道信号相位差 90°，控制系统通过两路信号的相位差识别电机的正、反转向，电机每转一圈。传感器发出 118 个脉冲信号。转速信号用于控制系统对电机进行控制。

5. 温度监测装置

在定子铁芯齿部安装有温度传感器 PT100，用于检测电机的温度，PT100 信号传送给控制系统，以及防上电机过热。

6. 主动齿轮

主动齿轮压装在电机转轴传动端的内锥孔中。使用液压工具将主功齿轮压入转轴，直径方向膨胀压强 1 400～1 500 Pa，最大不能超过 1 900 Pa，轴向压力 30 t。主动齿轮有 17 个斜齿，模数 9，压力角 20°，螺旋角 4°。

机械性能：

| | |
|---|---|
| 屈服强度 | ≥780 MPa |
| 延伸率 | 7%～8% |
| 冲击功 | ≥41 J |
| 表面硬度 | 740 HV |

7. 通风系统

JD160 异步牵引电动机采用强迫通风冷却，冷却空气从非传动端盖上部进风口进入电机，然后分成三路(图 3-54)。

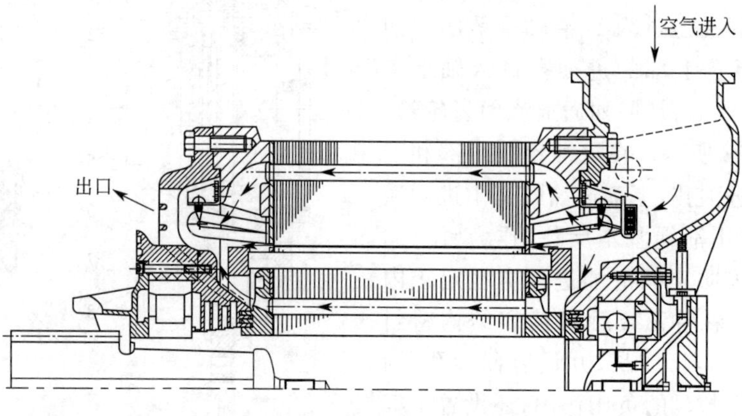


图 3-54　电机通风系统

一路经过定子铁芯和转子铁芯之间的间隙，到传动端；一端经过非传动端线圈端部缝隙进入定子铁芯通风道，通过传动端线圈部缝隙，汇入传动端，另一路经转子铁芯通风道汇入传动端。最后三路汇总后由传动端端盖的出风口排出。风路设计比较合理，定子和转子温升平衡，两端轴承温升较低。冷却风量为 1.35 $m^3/s$，电机进风口静压为 3 000 Pa。

## 四、异步电动机运用与维护

为了在电机发生严重损害前，检查和排除隐性故障，应进行定期的、仔细的维护保养工作。操作过程中牵引电动机旋转部分和电机暴露部分带危险电压。未经授权时打开盖板、不适当地对电机处理错误操作或不恰当地维护都可能会导致严重伤害或材料损坏。

1. 维护操作要求

因此在对电机进行维护前，应确认以下事项。

(1)有资质的人员才能对牵引电动机进行操作，没有资质的人员严禁操作或靠近电机。

(2)操作人员在现场操作或维护时，必须在关于装配和维护说明书以及所有其他的与任务相关的产品文件的指导下进行工作。

(3)操作人员必须始终按照维护说明书中规定的方法进行操作。

(4)操作前必须对电机实施放电处理。

2. 维护周期

表 3-22 中列出基本的维护周期，最终的维护周期应根据对机车初期运行的维护保养经验面定。

表 3-22　电机周期维护要求

| 维护间隔 | 维护工作 |
| --- | --- |
| 第一次运行里程达 15 000 km | 首次更换齿轮箱油，为了除掉污物和齿轮磨耗的铁质<br>检查电机传动端端盖下部磁性排油螺栓上是否有吸附有金属颗粒，并清理干净 |
| 10 万 km | 视觉检查<br>连接至电机接线盒的母线无破损、短路接地现象<br>电机温度速度传感器连接良好，护套无破损，绝缘状态良好<br>排风口无杂物堵塞<br>排水孔清洁、畅通<br>齿轮箱油位是否正常 |
| 20 万 km 或每年 | 电机轴承(N 端)补充润滑脂(每 12 万 km)<br>更换齿轮箱油(之前应抽样检查整台机车 3 个驱动系统内的油) |
| 80 万 km 或 4 年 | 清洁牵引电动机<br>更换牵引电动机上的轴承的 O 形密封圈<br>检查绕组<br>测量绝缘电阻<br>测量线圈直流电阻 |

3. 电机主要部件维护

(1)绝缘系统维护

牵引电动机绝缘系统，在热负荷、电负荷和机械振动的作用下，在空气中的潮湿和污秽的浸蚀之下，绝缘水平会逐渐下降甚至老化至丧失绝缘性能。因此，需要对牵引电动机的绝缘系统进行检测。

①绝缘电阻的测定。冷态下，用 1 000 V 兆欧表测量绕组对机座的绝缘电阻值不低于 10 MΩ。

②耐压试验。用比运行电压高得多的工频试验电压加于电机各绕组，以直接检查其对地绝缘水平。新制造的牵引电动机定子绕组对地耐压试验为工频 6 200 V(1 min)，使用过且没有经过解体的电机为 4 096 V(5 s)，使用过且经过检修解体的电机为 3 040 V(1 min)。

③匝间绝缘检查。电机绕组匝间绝缘的检查，目前一般采用脉冲耐压试验。匝间耐压 8 800 V(3 s)。

(2)轴承

轴承是电机中比较关键的部件，轴承故障会影响电机正常运转，甚至转子固死，造成机破。轴承故障一般表现为轴承烧损，引起轴承烧损的原因有外圈滚道面磨损、内圈滚道面磨损、滚珠滚道面磨损、保持架变形断裂、润滑脂皂化、电蚀等。

保持架变形断裂可能是润滑不良、承受了过大的冲击所致，应该检查轴承的润滑情况、齿轮啮合状况和电机与转向架的装配情况。

润滑脂皂化，轴承转动时不能有效地形成油膜，滚珠与内圈、外圈、保持架干磨，导致轴承过热发黑，运行时间长时轴承会烧损。

电蚀是指轴承在旋转时有电流通过其内外圈和滚珠的接触面，导致润滑油膜起火燃烧，使其表面局部产生熔融，形成凹凸状，电蚀严重的在表面会呈现洗衣板状或梨皮状。电蚀产生的原因是内圈与外圈之间存在电位差，轴电流流过其间，解决的方法是采用绝缘轴承。

(3)轴承维护

为防止轴承发生故障，在尽量选用优质轴承的同时，正确地安装与维护也是很重要的。对此，应注意下列几点。

①在装配轴承前，要用汽油彻底清洗，仔细检查轴承内外圈、滚柱、保持架等有无缺陷，然后测量其游隙。

②轴承室内润滑脂不能太多或太少，否则会引起轴承发热。一般润滑脂应占轴承室容积的 1/3～1/2，对新装轴承填充润滑脂 1.1 kg。

③传动端轴承用齿轮箱润滑油为循环润滑，应定期检验和更换齿轮箱油。

④新装轴承在运转前，要用手转动转子数圈，然后在低速下空载运转约 15 min，以便润滑脂分布均匀。

⑤在运行或例行检查时，应密切注意轴承状况，如发现有异常声音或振动、轴承室异常发热时，应立即停止运转。如发现轴承室漏油，应采取对策并及时补充润滑油脂。

⑥润滑脂补充方法。在正常运行时，至少应保证每 12 万 km 对非传动端轴承补充润滑脂量约 240 g。可根据具体运行情况制定补充润滑脂的周期和补充量；在电机解体检修和每运行 80 万 km 时应全部更换新润滑脂；对于长期(半年以上)保管后的备用电机以及发生不可预测的自然灾害，作为应急措施而认为需要补充润滑脂时，非传动端轴承补充约 240 g。

(4)润滑油的维护

新驱动系统，首次运行 1.5 万 km 时应更换齿轮箱润滑油，避免新齿轮磨合的铁渣损害电机轴承，以后每运行 20 万 km 就更换一次齿轮箱润滑油。

4. 转子维护

检查轴、铁芯以及转子鼠笼有无机械损伤，检查所有鼠笼焊接接头，特别检查其是否变色，因为变色意味着存在超热负荷。

5. 磁性排油螺栓

在电机传动端端盖下部安装了磁性排油螺栓(图 3-55)。该螺栓的作用是吸附过滤传动端润滑油路中的铁质残渣，减少润滑油的铁质残渣，以免造成轴承的异常损害。

6. 接线柱

电机接线盒中的接线柱用于支撑固定和连接机车电缆线及电机内部引出线，其绝缘性能直接影响电机和逆变器的安全运行，对接线柱的维护非常重要。接线柱的安装如图 3-56 所示。接线柱的主要材料成分是云母，为了保证电机和逆变器的安全运行，日常维护中应经常检测其绝缘电阻，用 1 000 V 兆欧表测量其绝缘电阻不低于 50 MΩ。

图 3-55　磁性排油螺栓

图 3-56　电机接线盒

7. 电机内部清洁

电机是一个非密封体，空气中的灰尘等微粒可能从传动端端盖出风口和随冷却空气从非传动端端盖进风口进入电机，吸附在绕组、风道表面，影响电机绝缘性能和电机散热。电机每运行 80 万 km 应进行一次内部清洁工作。

(1)绕组清洁。可以使用酒精和其他中性清洁剂对绕组表面进行清洁。

(2)冷却风道清洁。可用压缩空气将脏物从定子和转子冷却风道吹出。

8. 维护

(1)应经常清理磁性排油螺栓，首次运行 1.5 万 km 和每运行 10 万 km 应清理。

(2)电机 N 端轴承必须每运行 12 万 km 按元宝补充润滑脂。

(3)齿轮箱油必须每 20 万 km 就更换一次。

(4)橡胶部件的预期寿命为 5 年，不仅与运行距离有关，还与存放时间有关。

(5)电机轴承经过拆卸后，即使没有达到运行里程，也应更换轴承。

(6)主动齿轮重新安装时，须用环规和塞规分别检查主动齿轮、转轴内孔结合面积在 85% 以上，压入时应严格控制压入量为 4.4～4.6 mm。

(7)非随车至机务段的电机运行前应拆下 N 端轴承盖中部的运输保护螺栓，并安装 M16X30 短螺栓在原位置以防止异物进入。

(8)接线盒内连接螺栓紧固力矩 45～55 N·m，严禁超值而造成损坏。

## 思　考　题

1. 异步牵引电动机采用何种技术调速？

2. 什么是变频变压调速？

3. 磁性排油螺栓的功用有哪些？

# 第四章　机车辅助系统及电气设备

为保证机车发挥正常功能并提供舒适的司乘环境，HXD1C 型电力机车配备了相应的辅助机组和辅助设施，构成了辅助电气系统。按每个辅助机组/辅助设施的使用要求，辅助电气系统分成下面 4 个负载组。

(1)三相变频变压支路，负载包括 3 个牵引通风机组和 1 个冷却塔通风机组(共 2 套)。

(2)三相恒频恒压支路，负载有压缩机、水泵、油泵、空调、蓄电池充电、辅助变压器等。

(3)单/三相交流支路，负载包括电炉、前窗玻璃加热器、屏柜加热器等。

(4)直流负载支路，负载包括照明灯、辅助压缩机、冰箱、电脑电源等。

HXD1C 型电力机车辅助电气系统将机车单相 AC 563 V 电压经脉冲整流及三相逆变后转换为 3 相 AC 630 V 电压，经过外接变压器输出 AC 440 V 电压，为机车压缩机等辅助设备提供电源。直流负载支路由蓄电池充电机供电。除卫生间、微波炉、冰箱等生活设施全车只有一套外，HXD1C 型电力机车具有完全相同的 2 套辅助电气系统。本章分三节介绍了该型机车辅助系统及相应电气设备，即机车冷却系统、机车冷却循环系统与辅助电气设备及其他设施。

## 第一节　机车冷却通风系统

HXD1C 型电力机车冷却通风系统为一个非常重要系统，它的主要作用是对机车上需要进行冷却的电气设备进行强迫冷却，使其工作温度不超过允许值，从而保证机车运用中的可靠工作。该系统为独立式通风系统，机车运行时机械间保持微正压工况，整车的通风可分为 4 个相互独立，互不影响的部分。整台机车主要有 4 条通风支路，即牵引电动机通风支路，冷却塔通风支路，辅助变流器柜及车内通风支路，司机室的空调通风支路。本节主要介绍该型机车 4 条通风支路及相应机械电气设备。

### 一、牵引电动机通风系统

牵引电动机通风系统是为 HXD1C 型电力机车 6 台牵引电动机提供冷却空气的装置。该型机车有 6 条完全相同的牵引电动机通风支路，每台牵引电动机有专门的通风机进行强迫通风冷却，冷风由侧墙上部斜面进风口吸入。经过风道后进入牵引电动机，然后排向大气。进风口装有空气进口过滤器，能分离灰尘、雨、雪，以防止灰尘等进入牵引电动机内。其通风支路冷却空气的通路：环境大气→空气进口侧墙过滤器→风道→牵引通风机→风道支架→软风道→牵引电动机→车底大气。牵引电动机通风支路通路如图 4-1 所示。

1. 牵引通风机

该牵引通风机为轴向离心式风机，主要由风机叶轮、三相交流异步电动机、主风筒、进风道、接头等零部件组成(图 4-2)。

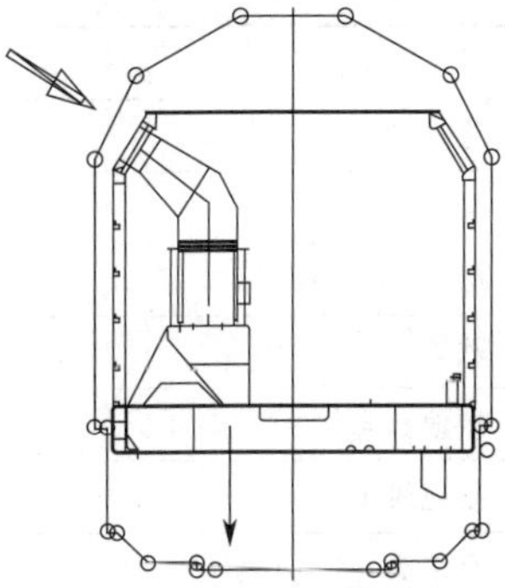

图 4-1　牵引电动机通风支路

图 4-2　牵引通风机实物图

(1)牵引通风机作用

整台机车有 6 台牵引通风机(图 4-3),每台牵引通风机作用是从车顶侧吸入冷却空气,冷却相应的牵引电动机。

牵引通风机为轴向离心式风机,主要由风机叶轮、三相交流异步电动机、主风筒、进风道、接头等零部件组成(图 4-4)。机车顶部的冷空气经进管道引入到风机进口。冷空气经轴向进入叶轮,经过叶轮的加速后径向吹出。气流在主风筒的阻碍下改变方向变成再轴向流出,进入风机出风管道。冷空气经风机和风道进入牵引电动机,将牵引电动机运转时产生的热量带至机车外。牵引通风机形成足够的压力升高,克服空气入口阻力、牵引通风机自身阻力,风道阻力和牵引电动机的阻力,并使空气流量达到散热的要求。

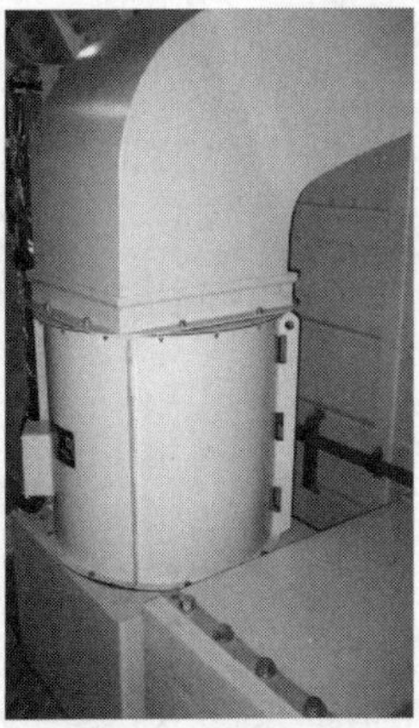

图 4-3　牵引通风机实物图

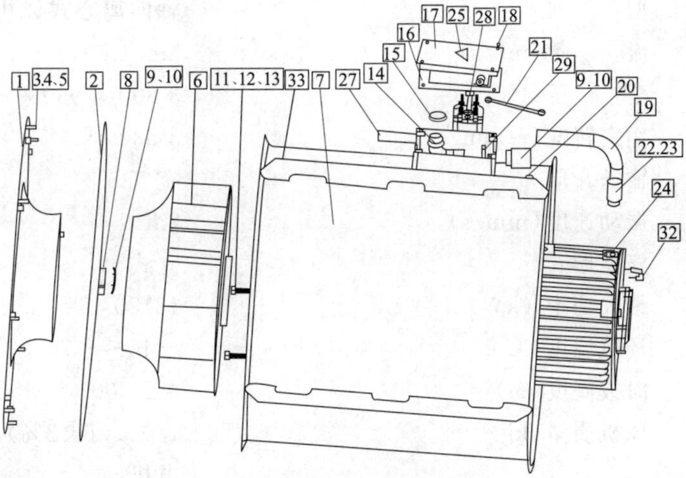


图 4-4　牵引通风机构成

(风机构成部件见表 4-1 内)

风机有足够的可靠性和寿命,满足牵引电动机冷却要求,不致于因风机停止工作造成牵引电动机过热损坏。

(2)牵引通风机构成

牵引通风机为组合体,整个设备紧密地组装在一密闭的筒形圆筒内,其结构紧凑,具体零部件见表 4-1。

表 4-1　牵引通风机部件

| 序号 | 部　　件 | 序号 | 部　　件 |
|---|---|---|---|
| 1 | 进风道 | 16 | 绝缘垫 |
| 2 | 密封垫 | 17 | 接线盒盖 |
| 3 | 平垫圈 6 | 18 | 螺栓 M6×16 |
| 4 | 弹簧垫圈 6 | 19 | 软管 |
| 5 | 六角螺母 | 20 | 接地标志 |
| 6 | 叶轮 | 21 | 接地线 1 |
| 7 | 主风筒 | 22 | 直接头 |
| 8 | 圆螺母 | 23 | 密封垫圈 |
| 9 | 圆螺母用止动垫圈 36 | 24 | JD260 电机 |
| 10 | 大垫圈 | 25 | 高压标志 |
| 11 | 螺栓 M10×45 | 26 | 铭牌 |
| 12 | 平垫圈 10 | 27 | 六角锁紧螺母 |
| 13 | 弹簧垫圈 10 | 28 | 接地线 2 |
| 14 | 90°曲线接头 | 29 | 起吊标志 |
| 15 | 六角锁紧螺母 | | |

(3)牵引通风机技术参数

| | |
|---|---|
| 风机型号 | THTF4.5/5.5＊ |
| 型　　式 | 轴向离心式风机 |
| 流　　量($m^3/s$) | 1.4/1.6＊ |
| 全　　压(Pa) | 3 800/4 950＊ |
| 额定转速(r/min) | 3 530 |
| 输送介质 | 空气 |
| 振动速度(mm/s) | 2.8 |
| 安装形式 | 立式 |
| 最大功率 (kW) | 13/20.45＊ |
| 环境温度(℃) | －40～＋70 |
| 海拔高度(m) | ≤2 500 |
| 风机质量(kg) | 180×(1±2％)/260×(1±2％)＊ |
| | 电机 |
| 型号 | JD180M-04/JD260/JD180M-G4＊ |
| 输出功率(kW) | 18 |
| 极数 | 2 |
| 额定电压(V) | AC 80～440(波动范围＋10％～－10％) |
| 额定电流(A) | 21/ 24＊ |
| 额定频率(Hz) | 60 |
| 冷却方式 | 强迫冷却 |

| | |
|---|---|
| 绝缘等级 | H |
| 防护等级 | IP55 |
| 工作方式 | 连续 |
| 振动速度(mm/s) | 4.5 |

注：* 为高原配置 HXD1C 型电力机车改进参数。

通风机采用后弯式离心叶轮，将排出的气流通过轴向导叶整流后由轴向出口输出，其主要特点有结构简单，无蜗壳，极大地减少了风机所占用的空间；气流方向与叶轮轴线相同，可像轴流风机一样的安装；它吸收了离心式和轴流式风机的优点，性能曲线平坦，风压比轴流风机高；其噪声比轴流风机低，可满足低噪声环境要求。

2. 牵引通风机电机

牵引电动机通风驱动电机由辅助变流器提供变频、变压电源，机车控制系统根据牵引电动机的温度，自动调节其运行电压和频率，来改变风机的转速，以使风量适合于牵引电动机当时的冷却需要。使风机形成可调的转速，提供可变的空气流量，满足牵引电动机在不同工作状况下的冷却要求。风机有足够的可靠性和寿命，满足牵引电动机冷却要求，不致于因风机停止工作造成牵引电动机过热损坏(图 4-5)。

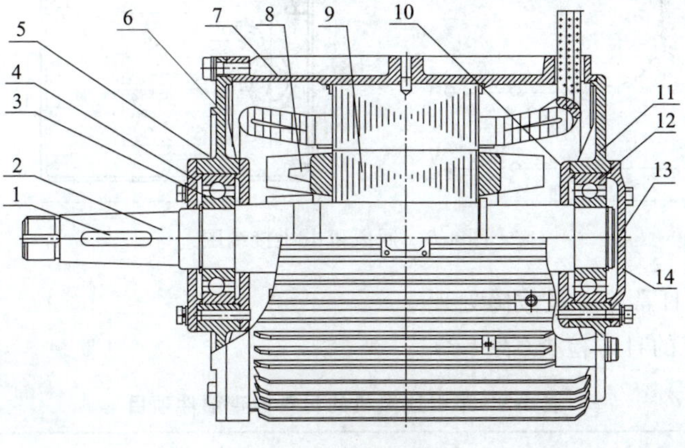


图 4-5　牵引通风机电机

(电机部件标注见表 4-2)

表 4-2　牵引通风机电机部件

| 序号 | 部　　件 | 序号 | 部　　件 |
|---|---|---|---|
| 1 | 键 | 8 | 平衡柱 |
| 2 | 轴 | 9 | 铸铝转子 |
| 3 | 前轴承 | 10 | 后轴承内盖 |
| 4 | 前轴承外盖 | 11 | 后端盖 |
| 5 | 前轴承内盖 | 12 | 后轴承 |
| 6 | 前端盖 | 13 | 后轴承外盖 |
| 7 | 电机机座 | 14 | 轴承挡圈 |

通风机的驱动电机为异步交流三相电动机，具有良好的防水、防尘效果，轴承安装在前后端盖内，前后用轴承盖封死，与转轴连接处采用曲路环结构，可防止灰尘和水进入轴承室。轴承采用自润滑轴承，在机车运行过程中，防止灰尘进入。电机机座、端盖、油盖均采用高强度铝合金铸造成形，可有效减小电机重量，同时保证强度符合使用要求。

驱动电机通过螺栓安装在风机风筒中，通过止口定位保证驱动轴与风筒内径的同心；叶轮压装在装有平键的电机轴伸上，叶轮与轴采用合理的配合保证传递功率和安装方便；进风筒安装在通风机风筒上，进风筒为双曲线型，使气体流动损失减少，进风筒与叶轮连接处间隙较小，减少风机的压力损失。

牵引通风机电机使用 80～440 V 三相交流电源，其可以在 10 Hz<60 Hz 任意频率下无限制启动；在频率为 60 Hz 时，每小时连续启动次数不超过 10 次，最小间隔时间不小于 2 min。

3. 电机接线方式

电机采用三相星形接线如图 4-6 所示。电机接线盒内有较牢靠接线柱将电机内、外导线牢牢的紧固在接线柱上，避免其运转中松动引起电蚀性烧损与电机的损坏。

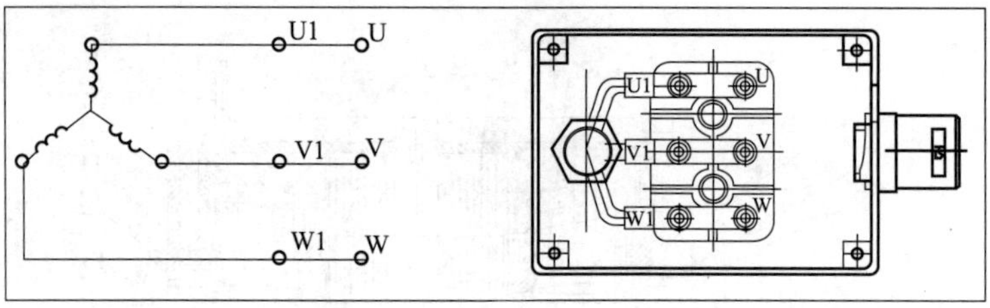


图 4-6 通风机电机接线图

4. 牵引通风机日常检查及故障处理

(1)牵引通风机的日常检查(表 4-3)

**表 4-3 牵引通风机的日常检查部件项目**

| 序号 | 部件 | 检查项目 |
|---|---|---|
| 1 | 风机法兰面 | 检查上下法兰面是否漏风漏水，如有，紧固螺栓或更换密封垫 |
| 2 | 风机安装 | 检查风机的所有安装螺栓，如有松动，应拧紧 |
| 3 | 接线盒 | 检查接线盒，接线板与引接线应无松动、盒内有无积尘。如有松动，应拧紧，清除积尘 |
| 4 | 绝缘检查 | 用 500 V 兆欧表测量电机绝缘电阻是否符合要求 |
| 5 | 接线板组装 | 接线板组装应无油污、破损、放电痕迹，零件齐备；清洗接线板组装，补齐零件 |
| 6 | 叶轮 | 检查叶轮是否存在变形及开裂，叶轮进行动平衡检查 |
| 7 | 进风道，主风筒 | 检查是否存在变形及开裂，清扫各部，如变形则矫正或更换 |
| 8 | 软管及接头 | 检查软管及接头是否有损坏，密封件是否完好。清洗软管及接头，如有损坏则进行更换 |
| 9 | 密封垫、绝缘垫 | 检查是否有损坏，如损坏则更换 |
| 10 | 电机定子 | 清扫机座，检查是否存在变形及开裂 |
| 11 | 电机转子 | 清洗电机转子，检查是否存在变形及开裂 |
| 12 | 电机端盖 | 清洗电机端盖，检查是否存在变形及开裂 |

续上表

| 序号 | 部件 | 检查项目 |
| --- | --- | --- |
| 13 | 电机轴承盖 | 清洗电机轴承盖，检查是否存在变形及开裂 |
| 14 | 电机轴承 | 更换轴承 |
| 15 | 密封垫、绝缘垫 | 更换密封垫，更换绝缘垫 |
| 16 | 止动垫圈 | 更换圆螺母用止动垫圈 |
| 17 | 电机 | 更换线圈和引出线 |

(2)牵引通风机故障处理(表 4-4)

**表 4-4　牵引通风机故障处理**

| 序号 | 故障 | 故障原因 | 处理方法 |
| --- | --- | --- | --- |
| 1 | 不能启动，外接线不良 | 检查外接线接线鼻紧固螺母是否紧固接线鼻与接线板接触是否良好 | 紧固螺母，调整接线鼻 |
| 2 | 不能启动，内接线不良 | 检查电机引线与接线板接触是否良好；检查螺母是否紧固 | 调整电机引线，紧固螺母 |
| 3 | 不能启动，叶轮卡死 | 用手拨动叶轮检查是否无法转动 | 拆下进风道，清除阻碍物 |
| 4 | 不能启动，电机故障 | 检查电机是否无法正常运转 | 更换电机或维修好电机 |
| 5 | 异常声音，风机叶轮与进风道摩擦声 | 检查叶轮与进风道是否接触；检查进风道是否变形；检查叶轮是否变形 | 拆掉进风道进行检查，更换变形部件 |
| 6 | 异常声音，轴承异音 | 拆下电机，检查轴承是否损坏 | 更换电机轴承 |
| 7 | 异常振动，整机振动大 | 检查风机安装螺栓是否紧固 | 紧固风机安装螺栓 |
| 8 | 电机振动大 | 检查电机轴承是否损坏 | 更换电机轴承 |
| 9 | 风机上法兰面漏风漏水 | 检查密封垫是否完好，安装螺栓是否紧固 | 更换密封垫，紧固风机安装螺栓 |
| 10 | 风机下法兰面漏风漏水 | 检查密封垫是否完好，安装螺栓是否紧固 | 更换密封垫，紧固风机安装螺栓 |
| 11 | 检查接线盒内漏风漏水 | 检查接头是否完好，螺母是否紧固 | 更换接头，紧固螺母 |
| 12 | 风机流量减小，电机功率明显降低 | 检查进，出风口是否有障碍物 | 清除障碍物 |
| 13 | 风机整体带电 | 检查接地线是否连接好 | 连接好接地线 |
| 14 | 电机漏电 | 检查电机引出线是否完好，电机绝缘是否合格 | 更换电机引出线，修理好电机 |
| 15 | 接线盒漏电 | 风机电源线是否完好，线盒内是否有异物 | 维修好电源线或更换，清除盒内异物 |

## 二、冷却塔通风支路

1. 冷却塔通风通路

冷却塔通风支路冷却空气的走向：环境空气→车顶进口处的进风栅格→主冷风机→板翅式复合散热器→车底大气。冷却塔冷却系统示意图如图 4-7 所示。冷却塔通过管路分别与主变流器和变压器连接。复合散热器由两个隔开的流体支路组成。在 $HXD_{1C}$ 型机车上采用板翅式复合散热器中进行空气和需冷却液体的热量交换，在主变流器回路中，采用了水冷技术，在主变压器回路中，采用了油冷技术，主变流柜和变压器共用一个复合式散热器，简化了变压器冷却系统和主变流器冷却系统。

冷却塔通风机驱动电机由辅助变流器提供变频、变压电源。机车控制系统根据变压器支路的油温和主变流器支路的水温，自动调节其运行电压和频率，来改变风机的转速，以使风量适合于变压器和主变流器当时的冷却需要。主变流器支路中，使用水和防冻剂的混合物作为传热介质；主变压器支路中，使用矿物油为传热介质。水泵和油泵的运行转速是固定的。

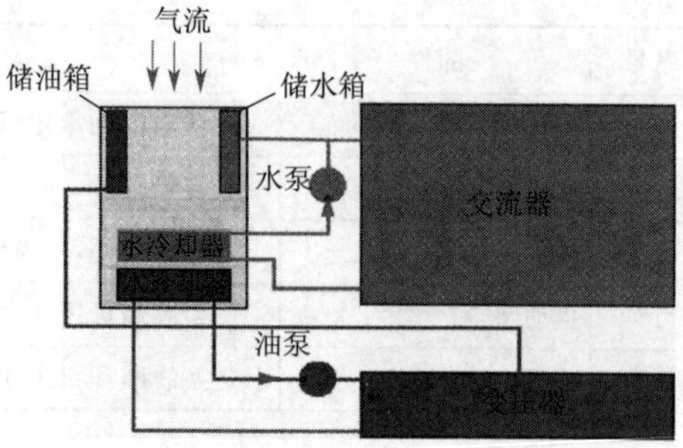

图 4-7　冷却塔冷却系统示意图

复合散热器是本支路的专用热交换设备，主变流器的冷却水进入散热器上层，主变压器油进入散热器下层，主变流器和主变压器的热量，在复合散热器中与空气进行交换，使水、油冷却到要求的温度。被冷却后的水和油分别进入主变流器和主变压器，对主变压器和主变压器进行降温。

2. 冷却塔通风系统

冷却塔通过各自的回路分别与主变流器和主变压器连接，在主变流冷却回路中，使用水和防冻剂的混合物作为传热介质。在主变压器冷却回路中，传热介质为矿物油。整体的散热器由两个隔开的流体回路组成，一个空气隔离区贯穿整个散热器，这样就可防止泄漏时两种冷却剂的混合。主变压器的热量通过油循环回路进入冷却塔散热器下层，主变流器的热量通过水循环回路进入冷却塔散热器上层。在冷却风机的作用下，冷却空气通过车顶进口处的进风栅格进入，从冷却系统的顶部流向底部，外界空气进入冷却塔后，先吸收水回路的热量，再吸收油回路的热量，然后排向车底大气，从而达到冷却主变流器和主变压器的目的。

3. 主冷风机主要技术参数

| | |
|---|---|
| 风机型号 | CAF868/560 |
| 静压(Pa) | >1 540 |
| 流量($m^3/s$) | 10.5 |
| 最大功率(kW) | 28/34 * |
| 风机型式 | 轴流式风机 |
| 额定转速(r/min) | 1 760 |
| 频率(Hz) | 60 |
| 绝缘等级 | F |
| 防护等级 | IP 55 |
| 海拔高度(m) | 2 500(40 ℃)/4 000(25 ℃) * |

注：* 为高原配置 HXD1C 型电力机车改进参数。

## 三、辅助变流器柜及车内通风系统

辅助变流器柜内的风机将室外空气从侧墙上部进风口处的百页窗经风道吸入，进入辅助变流器柜后，先冷却辅助变压器。随后进入旋风除尘器过滤，绝大部分清洁空气从通风口送入机械室，用于冷却机械室，小部分空气带着灰尘经过地板处的排灰口排到车外。送入车内的空气，吸收车内设备的热量后，大部分从侧墙斜面上的排风过滤器处排出到车外大气，少部分在空气压缩机开启时被吸入到空气制动系统内和通过压缩机的散热器排风直接排向车底。

1. 辅助变流器柜及车内通风支路

辅助变流器柜和车内通风支路冷却空气的走向：环境空气→空气进口侧墙过滤器→风道→辅助变流器柜风机→ 辅助变压器→

- →旋风除尘器过滤→机械间→车内设备→空气出口侧墙过滤器→车外大气。
- →车底大气
- →空气制动系统(间歇工作)。

辅助变流器柜通风支路如图 4-8 所示。由于辅助变流器柜风机的作用，车内保持正压，本通风支路给机车提供一个车内的空气循环，以保证车内温度、压力、风速等参数满足设计值要求，给机车内的设备提供一个适当的运行气候环境。送入机械室的空气，略大于从排风口排出的空气：送入空气量与排风口和制动系统所消耗的空气量之和的风量之差，通过机械室不严密处渗出，机械室的正压等于排风的阻力。辅助变压器风机以恒定频率工作，因此其风量是恒定的，有利于保证车内空气正压。

2. 辅助变压器风机主要技术参数

| | |
|---|---|
| 风机型号 | TLTF3.9/4.0 * |
| 静压(Pa) | 700/1 830 * |
| 流量($m^3/s$) | 1.5/2.4 * |
| 风机型式 | 离心式风机 |
| 最大功率(kW) | 3/8.5 * |
| 额定频率(Hz) | 60 |
| 绝缘等级 | H |
| 防护等级 | IP55 |
| 质量(kg) | 125 |

注：* 为高原配置 HXD1C 型电力机车改进参数。

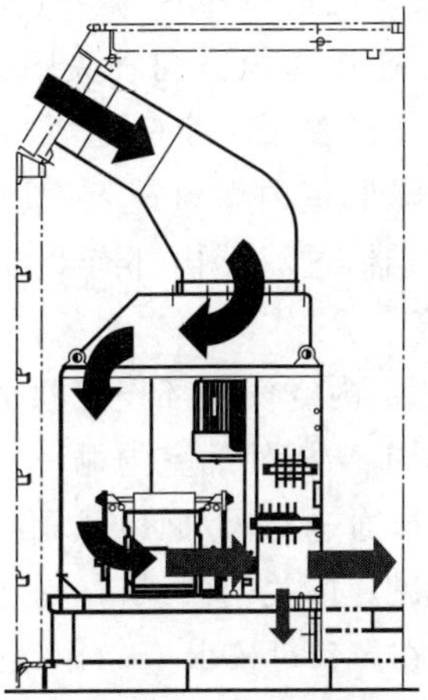

图 4-8　辅助变流柜通风支路示意图

## 四、司机室空调通风支路

司机室空调机组位于司机操纵台中部的台面下，空调通风支路有两个独立的空气支路：空气处理系统和压缩冷凝系统，即通常所说的室内空气循环和室外空气循环，司机室空调通风支路示意图如图 4-9 所示。

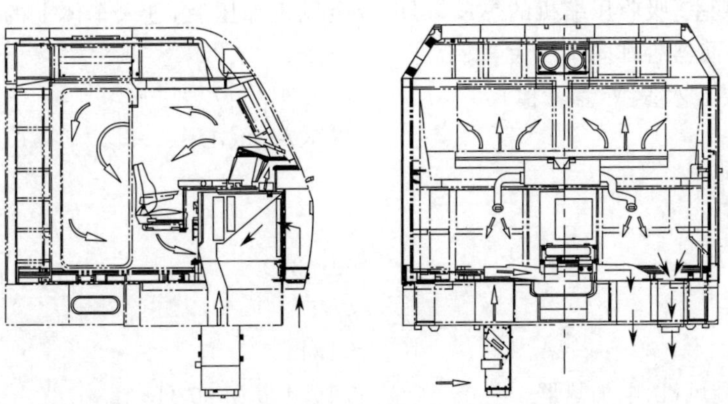

图 4-9　司机室空调通风支路示意图

1. 室内空气循环

在司机室空调系统设计中，为合理组织室内空气流动，在空调系统的送风风道中，设置有一个空气分配箱，大部分空气从操纵台上部前窗玻璃后面的条缝送入司机室，少部分空气被分流，通过金属软风道和空气喷嘴后，分别送到正、副司机的脚踏位置。且该喷嘴可以调节司机室的空调作为一个小型的紧凑装置被安装在操纵台的下方。空调系统具有通风、制冷、制暖等功能，被空调器处理过的空气大部分从操纵台上部送入司机室，少部分空气被分配，通过金属软风道和空气喷嘴后，分别送到正、副司机的脚踏位置，且该喷嘴可以调节送风方向，这样就提高了司机室的舒适性。为保证司机室内空气的质量，在司机室地板上设有两个风口：新风进口和废气排出口。由于新风风机的作用，送入司机室的新风使司机室保持一定的正压，以防止外界空气从司机室的不严密处渗入，而破坏司机室的洁净度，同时正压使废气从该排风口排出，完成司机室与外界的空气交换，以保证司机室的卫生要求。

通过送风方向和关闭方式来提高司机室的舒适性。回风口布置在司机室的操纵台柜内，并设置了 1 个旁通风口和 2 个送风支管，该送风方式有助于均衡室内速度场及温度场分布，降低室内微风速，并具有良好的气流组织。在空调系统的新风入口，设置有组合式空气过滤器，过滤器内部有 2 级过滤装置：旋风过滤器和纸过滤器，使进入司机室的空气洁净度较高。

室内空气循环设有两个进风口：一个是经过空调底板上为新风进风的新风进口；另一个是空调前端板处的室内循环空气进口，室内循环空气和新风比例由回风风阀控制。在送风量变化时，通过新风/回风风阀的联动，改变风阀的开度，来保证新风量始终满足设计值。而且在通风状态时，关闭回风口，送入司机室的是全新风。同时，在司机室地板上，设有一个废气排风口，在风口处安装有一个纸过滤器，纸过滤器的作用是防止空气倒流时将室外粉尘带入司机室内。由于新风风机的作用，送入司机室的新风使司机室保持一定的微正压，以防止外界空气从司机室的不严密处渗入，而破坏司机室的洁净度，同时正压使废气从该排风口排出，完成司机室与外界的空气交换。另外，在司机室左、右后墙柜内，分别安装有司机室后墙暖风机，暖风机从侧面进风，正面出风。

2. 室外空气循环

室外空气循环的空气从司机室前端的进风口进入，首先经过空调冷凝器，吸收冷凝器的热量，然后进入冷凝室，吸收压缩机的热量，再由冷凝风机加压后，进入车体上的排风风道，最后经排风口处的过滤器后排向车底大气。

3. 空调主要技术参数(参考值)

| | |
|---|---|
| 型号 | TTK7-6.0GD |
| 制冷量(kW) | 6 |
| 制热量(kW) | 6 |
| 新风量($m^3/h$) | 60～300 |
| 噪声(dB) | ≤75 |
| 制冷剂 | R134a |
| 压缩机、冷凝风机、电加热器电源 | 3AC 440 V 60 Hz |
| 控制回路、通风机 | DC 110 V |

# 思　考　题

1. 辅助电气系统分成哪四个负载组？
2. 牵引电动机的通风支路是什么？
3. 主变压器与主变流器用什么冷却液体循环冷却？

## 第二节　机车冷却循环系统

HXD1C 型电力机车装备有 2 台结构一样功能完全相同冷却塔，位于机械间内对称安置，用来冷却主变流器和主变压器中相应的冷却剂(水、油)。该型机车的 2 套冷却循环系统就是冷却塔的两个具有独立的冷却回路。即主变流器水冷却液回路，主变压器油冷却液回路(图 4-10)。本节主要介绍冷却塔循环系统及相应的附属部件。

### 一、冷却塔循环系统总成

1. 冷却塔

两个冷却回路的冷却液在冷却塔中进行各自独立的风冷，本章第一节内已有叙述(其风冷系统如图 4-7 所示)。水冷却回路包含一个冷却水泵和一个膨胀箱，冷却水泵用于提供冷却水，膨胀箱用于自动通风及平衡冷却水因热量而引起的膨胀。可以在膨胀箱上的液位显示处通过膨胀箱中的漂浮开关检查冷却液液位。

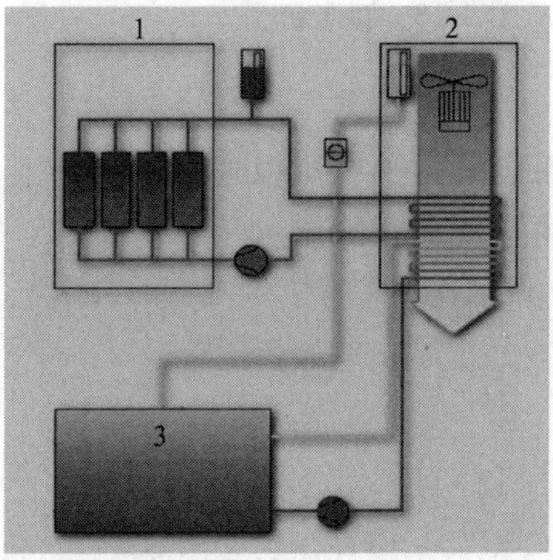


图 4-10　冷却循环示意图

1—主变流器；2—冷却塔；3—主变压器

图 4-11　冷却塔

1—膨胀箱(水)；2—冷却泵(水)；3—继电器；4—复合散热器；5—膨胀箱(油)；6—液面指示器；7、8—主冷风机

冷却塔有两个分开的冷却回路，一个用于机车主变流器(冷却剂回路)冷却，另一个用于变压器回路(油路)冷却。两个回路的冷却介质流经彼此隔离的散热器通道，并被风机吹入的空气强制冷却。提供冷却液的冷却水泵和用于自动排泄及因热量导致的膨胀变化的膨胀箱被整合到冷却回路中。主变流器冷却回路中包含一个水泵，一个可以调节因热量引起的冷却液体积变化的膨胀水箱，冷却液液位可以通过玻璃管显示，通过浮控开关监控。变压器回路中包含一个调节冷却液体积变化的副油箱，一个继电器。油位可以通过副油箱上的油位显示器读到，

还有一个除湿器用于干燥流入副油箱的空气(图 4-11)。

2. 冷却散热器

冷却散热器(图 4-12)的两个冷却液回路在散热器内是彼此分开的,并被车顶流入的空气强制冷却。

3. 膨胀箱

膨胀箱用于调节冷却回路中因温度变化而发生的冷却液体积变化。工作过程中冷却液通过膨胀箱进行排泄,同时冷却回路中的空气也经过膨胀箱进行排泄。冷却回路的液位可以通过膨胀箱上的显示器显示或通过浮控开关的信号明确。如果冷却液位太低,冷却液可以直接加入到膨胀箱(图 4-13)中。

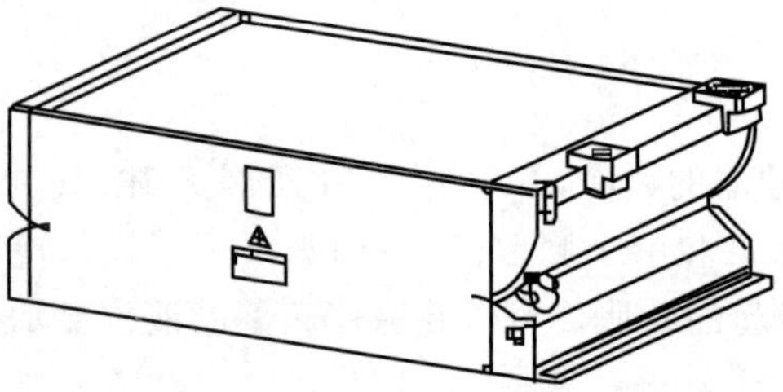

图 4-12　冷却散热器

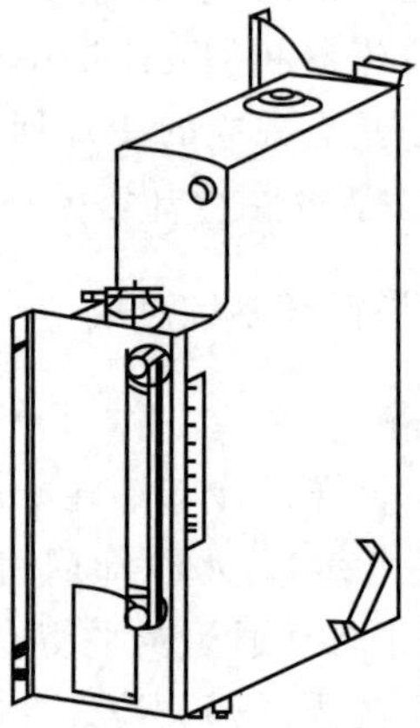

图 4-13　膨胀箱

4. 副油箱(图 4-14)

副油箱是为了适应变压器油因温度变化产生的体积变化而设置。油位可以通过副油箱上的液位显示器明确。附加一个除湿器用于对流入到副油箱中的空气进行除湿。

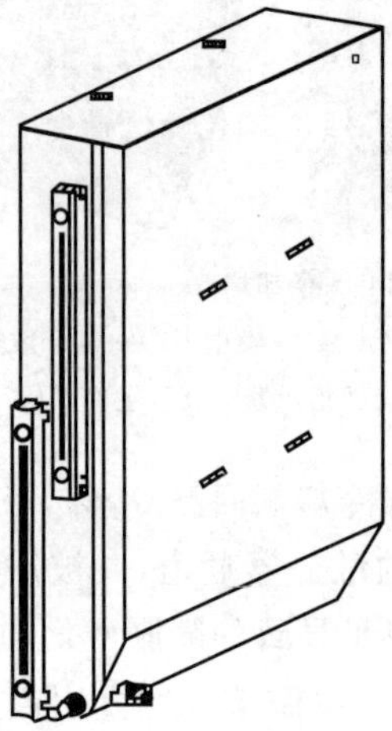

图 4-14　副油箱

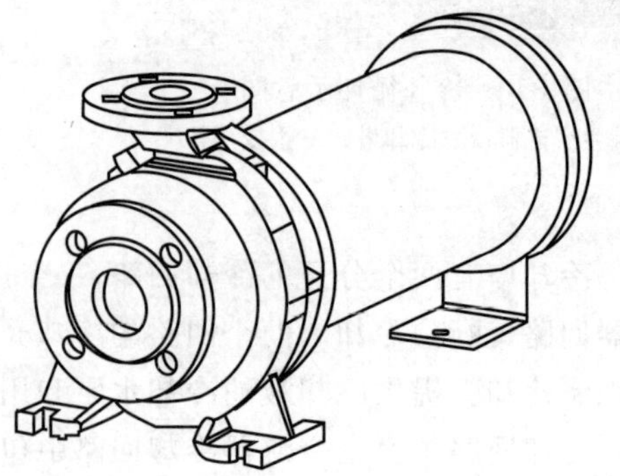

图 4-15　冷却水泵

5. 冷却水泵(图 4-15)

主变流器的冷却循环系统采用是水冷却，冷却水泵的作用是保证冷却水的循环，提高散热效率。冷却水泵用于把散热器出口处的水抽入到主变流器中，以形成冷却系统的水路循环。水泵为水平、单程、非密封蜗形套离心泵，后出口设计，带有全封闭式灌装电机。

(1)技术参数

| | |
|---|---|
| 型号 | F40-3215A4-0305S1-AV |
| 流量($m^3/h$) | 17.2 |
| 扬程(m) | 30 |
| 额定功率(kW) | 5.5 |
| 额定电压(V) | 440 |
| 额定电流(A) | 10.2 |
| 转向指示 | 顺时针(电机旋转方向) |
| 频率(Hz) | 60 |
| 绝缘等级 | H |
| 法兰标准 | HG20592　1.6 MPa |

(2)使用和维护

启动泵之前，确保吸入管路的关断元件是全开的，而排出管路的关断元件是微开的。只有在泵达到全速旋转后，才能进一步打开排出管路的关断元件，并按工况点调节。必须打开密封液加入口，按数据清单调节密封液压力。如果停机(若长时间停机，关闭吸入管路的关闭元件)，液体由于浓缩、聚合、结晶、凝固等发生物理变化时，必须将液体从泵和电机中排空。

## 二、冷却塔架构及工作原理

冷却塔用于散发由 $HXD_{1C}$ 型电力机车主变流器与变压器所产生的热量。冷却塔如上文所述，有两个分开的冷却回路，一个用于机车主变流器(冷却剂回路)，另一个用于变压器回路(油路)。两个回路的冷却介质流经彼此隔离的散热器通道，并被风机吹入的空气强制冷却。

1. 冷却塔作用

冷却散热器的空气是通过机车顶部的开口被冷却风机吸入。然后向冷却塔流动，流经散热器后最终通过机车地板吹到轨道地基上。提供冷却液的冷却水泵和用于自动排泄及适应热量导致的膨胀变化的膨胀箱被整合到回路中。冷却剂液位可以通过膨胀箱上的液位显示器读到或通过膨胀箱内的浮控开关监控。主变流器冷却回路中包含一个水泵，一个可以调节因热量引起的冷却液体积变化的水膨胀箱，冷却液液位可以通过玻璃管显示，通过浮控开关监控。

变压器回路中包含一个调节冷却液体积变化的副油箱，一个继电器。油位可以通过副油箱上的油位显示器读取，还有一个除湿器用于干燥流入副油箱的空气，整台冷却塔结构如图 4-16 所示。

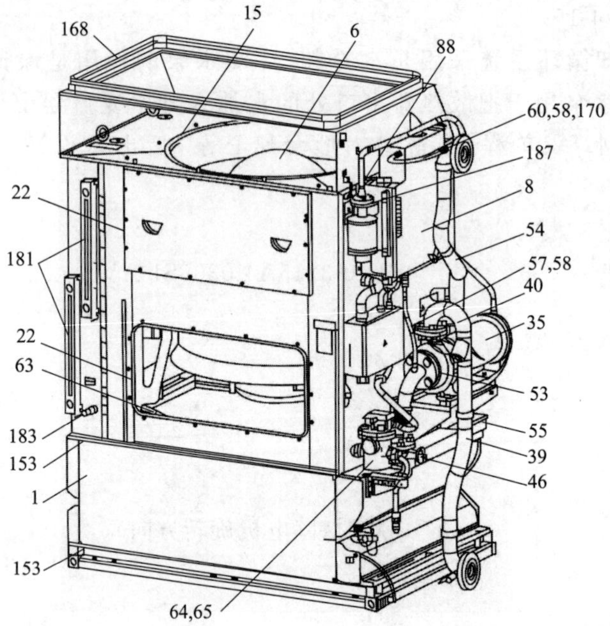


图 4-16　冷却塔结构

1—散热器；6—冷却塔风机；8—膨胀箱；15、22—密封条；35—水泵；39—管道；40、53、65、187—密封；46—蝶阀；54—波纹管；55—回转油密封；57—波纹管；58—快速接头；60、63—波纹管；64—继电器；88—溢出管；153—密封胶；168—密封框；170—快速接头；181—油位显示表；183—密封嘴

2. 冷却塔技术参数

| | |
|---|---|
| 质量(净重)(kg) | 1 155(A 塔) |
| | 1 253(B 塔) |
| 质量(注满介质)(kg) | 1 404(A 塔) |
| | 1 446(B 塔) |
| 冷却水 | 水/防冻剂 44%/56% |
| 冷却油 | 矿物油(45 号变压器油) |
| 冷却风机电源参数(V) | 440(60 Hz/28 kW) |
| 水泵(V) | 440(60 Hz/5.5 kW) |
| 水循环回路冷却量(kW) | 125 |
| 油循环回路冷却量(kW) | 168 |
| 冷却空气温度(℃) | ≤25 |
| 水流量($m^3$/h) | 17.2/22.2 * |
| 油流量($m^3$/h) | 40/60 * |

注：* 为高原配置 HXD1C 型电力机车改进参数。

3. 结构及工作原理

液压元件和电机紧固连接，并形成一个封闭的连接单元。叶轮和转子排列在同一根轴上，轴由产品润滑的滑动轴承支撑。转子腔通过外壳与定子腔密封。外壳由耐腐蚀材料制造，安放在定子和支撑套上，以平衡由转子腔内的压力所产生的力。

轴承由转子腔内输送的介质润滑。当泵启动后，介质通过孔进入子腔，通过轴上的孔排出。当泵运行时，在孔处的介质流动产生的局部流动，围绕转子流动，并进入转子轴端部的径向孔，从叶轮侧的轴端面排出。孔与叶轮侧的轴端径向孔压力不同，产生一个连续的局部流动，流经转子和外壳之间的环形间隙，来带走电机产生的热量。

从水压腔到定子腔的强烈的循环液体回到进口侧的压力，确保滑动轴承的充分润滑。根据泵的形式，泵到电源可通过接线盒或散线端子，来可靠连接到电机。根据技术要求，温度传感器可安装在电机内，来监控转子腔的温度(PT100)。标准泵的设计是配置 PTC 传感器来监控线圈温度。

4. 使用与维护

新安装或长期停用的冷却塔运转前的检查如下。

(1)检查所有紧固件是否紧固，检查电源连接线是否按要求连接好。

(2)安装以前，要去除用于运输的固定装置(例如，连接头的保护帽、干燥剂等)。

(3)拨动冷却风机的叶轮，一定要能自由转动，与外罩没有干涉。

(4)启动电源，观察风机旋转方向正确，风机叶轮、冷却水泵无异音。

在运用时，要注意观察风机和冷却水泵有无异音。风机电机的轴承为润滑轴承，运行过程中无需加油。在运用时，要注意观察冷却塔的液位和油位，在冷却塔的液位和油位过低时，按规定补充冷却液和冷却油。

在运用时，定期观察干燥剂的饱和度。如果超过一半的干燥剂变为无色，必须对干燥剂进行除湿或更换。在运用时，定期检查冷却液的浓度和腐蚀性，如果不满足规定要求，应增加防冻剂或更换冷却液。

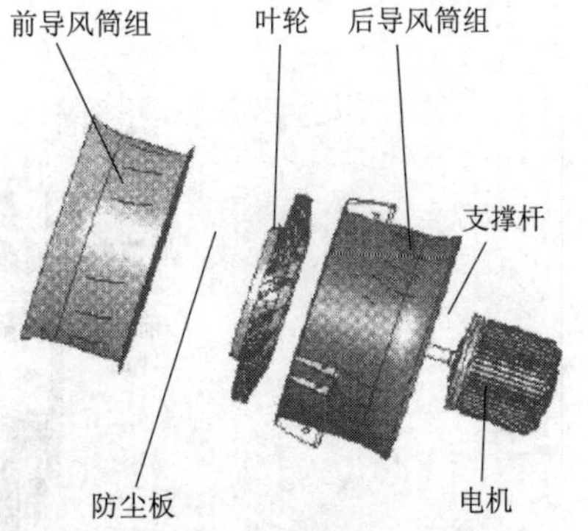

图 4-17　冷却塔风机结构

## 三、冷却塔风机结构

冷却塔风机安装在油水冷却塔中，为冷却塔散热器提供冷空气，以带走机车车主变流器和变压器产生的热量，使机车得以正常运行。冷却塔的风机属由它动力驱动的机械非自身动力装置设备，它由一台交流电动机驱动。其结构由上、中、下 3 部分组成，即上端为前导风筒组，中端由防尘板、叶轮和后导风筒组，下端为支撑杆与驱动交流电机(图 4-17)。

前导风筒组由整流锥、16 块前置导叶及风筒组成，后导风筒组由支撑筒、风筒及 2 块后置导叶及 4 个支撑脚等组成，叶轮由前轮毂、后轮毂、轮芯以及 17 块叶片组合而成叶轮在使用和维修过程中必须作为一个整体。

1. 技术参数(参考值)

| | |
|---|---|
| 最低温度 | －40 ℃ |
| 最高温度(储存) | ＋70 ℃ |
| 最高温度(运行) | ＋60 ℃ |
| 运行海拔 | 2 500 m |
| 静压升 | ＞1 540 Pa |
| 流量 | ＞12 $m^3/s$ |

| | |
|---|---|
| 轴功率 | 27 kW |
| 声功率 | 112 dB(A) |
| 叶轮直径 | 868 mm |
| 质量 | 300 kg |
| 电机参数 | 440 V |
| 电压 | |
| 压升比 | <10 V/μs |
| 频率 | 1～60 Hz(4 极) |
| 绝缘等级 | F |
| 防护等级 | IP 55 |
| 功率因数 | 0.87 |

2. 冷却塔风机电机

冷却塔风机电机为三相交流电动机，它由辅助逆变器供给电源，在变压变频的调控下使风机电机形成可调转速，因此对冷却塔提供可变的空气流量，以满足其冷却系统不同温度状况下的冷却要求。该风机电机主要由定子(电枢绕组、励磁绕组)与转子(铁芯)及相应的固定件组成(图 4-18)。

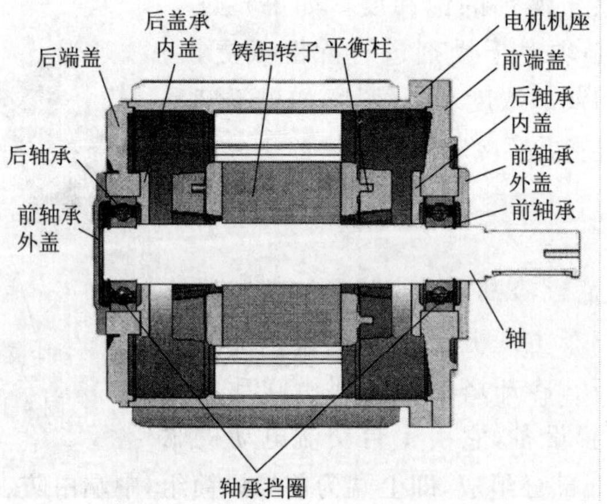


图 4-18　冷却塔风机电机结构

3. 使用和维护

新安装或长朝停用的冷却塔风机运转前的检查如下。

(1)使用干燥的压缩空气清除牵引通风机内部及外部的灰尘相污物。

(2)用 500 V 兆欧表检查电机的绝缘电阻，电阻不小于 10 MΩ。

(3)检查各紧固件是否紧固，电源连接线是否按要求连接好。

(4)检查引接线应无松动、破损现象。

(5)检查接地是否紧固。如果必要，拧紧接地螺栓。

(6)拆开接线盒，检查接线方法是否正确，应按 Y 接法接电源线，电流应该在(17+2)A 范围内。

(7)检查叶轮与风筒间隙应符合规定。

(8)接通电机电源，电流表指示 45 A。

(9)风机不得有异音和振动。

(10)风机电机的轴承为自润滑轴承，运行过程中无需加油。

在运用时，定期观察干燥剂的饱和度。如果超过一半的干燥剂变为无色，必须对干燥剂进行除湿或更换。在运用时，定期检查冷却液的浓度和腐蚀性，不满足规定要求时应增加防冻剂或更换冷却液。

## 四、相应检查与故障处理

1. 介质回路检查

机车在运用前应对冷却塔的液体定位及冷却循环回路进行检查，其主要检查部件项目见表 4-5。

**表 4-5 冷却介质回路检查**

<table>
<tr><th>序号</th><th>部 件</th><th>检 查</th></tr>
<tr><td rowspan="3">1</td><td rowspan="3">主变流器回路液位</td><td>目测液位</td></tr>
<tr><td>加注冷却液</td></tr>
<tr><td>目测并补好存在的泄漏点</td></tr>
<tr><td rowspan="3">2</td><td rowspan="3">检查油位</td><td>目测检查油位</td></tr>
<tr><td>通过连接头(A10)加注或排除冷却液</td></tr>
<tr><td>检查并修理油路的泄漏点</td></tr>
<tr><td rowspan="2">3</td><td rowspan="2">检查冷却塔的密封和灰尘</td><td>目测检查密封情况，特别是接头区域和螺纹接头处等，修补好存在的泄漏点</td></tr>
<tr><td>检查整个冷却塔受污染情况，特别是空气入口和出口、散热器、主冷风机等。灰尘会阻碍空气流动。清洗受污染的部件，保证空气畅通</td></tr>
</table>

2. 除湿器检查

机车在运用前应对冷却塔的除湿器进行检查，其主要检查部件项目与注意事项见表4-6。

**表 4-6 除湿器检查注意事项**

<table>
<tr><td rowspan="2">⚠</td><td>注意：建立在冷却介质体积变化的基础上，空气流入或流出油膨胀箱。当空气经过除湿器时，大部分的湿气将会被吸收。除湿器中的除湿剂吸收湿气有一定的能力范围一段时间过后将会失效</td></tr>
<tr><td>小心：空气中大气湿度决定了干燥剂失效的时间</td></tr>
<tr><td colspan="2">目测检查干燥剂的饱和度</td></tr>
<tr><td colspan="2">若干燥剂指示为橙色，表明干燥剂能够继续使用</td><td rowspan="2"></td></tr>
<tr><td colspan="2">如果超过一半的干燥剂变为无色，意味着干燥剂潮湿或饱和必须进行除湿或更换</td></tr>
<tr><td colspan="3">除湿或更换干燥剂</td></tr>
</table>

3. 故障处理

机车在运用中，若冷却塔发生运用故障可按表 4-7 列出的故障现象与故障原因进行查找，并根据对应相应处理措施进行处理。

表 4-7　冷却塔运用中的故障处理

| 序号 | 故障现象 | 故障原因 | 处理措施 |
| --- | --- | --- | --- |
| 1 | 水箱浮控开关“警告”触点打开 | 水路缺水 | 将回路利用带 RMI09 接头的设备加满水，检查有无泄漏 |
| 2 | 水箱浮控开关“关闭”触点打开 | 水路缺水 | 将回路加满水，检查有无泄漏 |
| 3 | 冷却回路温度过高 | 1. 空气流量不足<br>2. 冷却液流量不足 | 机车在运行中可根据情况适当降低机车功率继续运行，待返段修理 |
| 4 | 空气流量不足 | 1. 散热器空气侧堵塞<br>2. 风机故障 | 清洗散热器 |
| 5 | 冷却液流量不足 | 1. 蝶形阀未完全打开<br>2. 过滤器堵塞<br>3. 水泵故障 | 1. 检查蝶形阀<br>2. 清洗过滤器 |
| 6 | 检测信号不能正确传输到机车计算机 | 1. 继电器故障<br>2. 水箱浮控开关故障 | 1. 检测继电器电缆线<br>2. 检测浮控开关电缆线 |
| 7 | 变压器回路温度过高 | 油路缺油 | 利用带 RMI12 的专用设备对变压器回路进行补充 |

## 思　考　题

1. 冷却塔散热器是如何作用的？
2. 简述冷却塔的综合作用。

# 第三节　机车辅助电气设备及其他设施

HXD1C 型电力机车的 2 台辅助变流器(简称辅变)采用单独的辅变绕组供电方式，在正常状况下，这两台辅变一台工作在变频变压模式(VVVF)，一台工作在恒频恒压模式(CVCF)。辅变供电采用冗余设计，两台辅变的输出接触器之后设置了一个故障转换用接触器，当一台辅变出现故障时，系统重新配置，故障辅变后面的输出接触器断开，故障转换用接触器闭合，另一台辅变将承担所有负载。此时所有辅助设备都以恒频恒压方式工作，负载投入不受限制。每台辅助逆变器后接有一台辅助变压器和一组滤波电容器，受辅助电路供电的电气设备主要有 6 台牵引电动机通风机电机，冷却塔油/水冷却风机电机，变压器油泵电机，逆变器水泵电机，机械间风机电机，逆变器风机电机，两端司机室冷/暖设备驱动电机与电热器，2 台主压缩机驱动电机，蓄电池充电设备与相序继电器及动车插座，辅变主要为车载三相辅机及其他三相负载供电，3AC 440 V 负载分为变压变频(VVVF)和恒压恒频(CVCF)两部分，负载分配如图 4-19 所示。

HXD1C 型机车辅助电气系统遍及整台机车，本节主要介绍该类电气设备中的辅助变流器、辅助变压器、机车辅助动车设备、蓄电池充电机/蓄电池、第三方设备柜与低压电气设备及其他设施，其他辅助设备在本章的前两节或前三章内均有叙述。

### 一、辅助变流器

辅变成组件装置在机车辅助变流柜内。现装配于 HXD1C 型电力机车的辅助变流柜有两

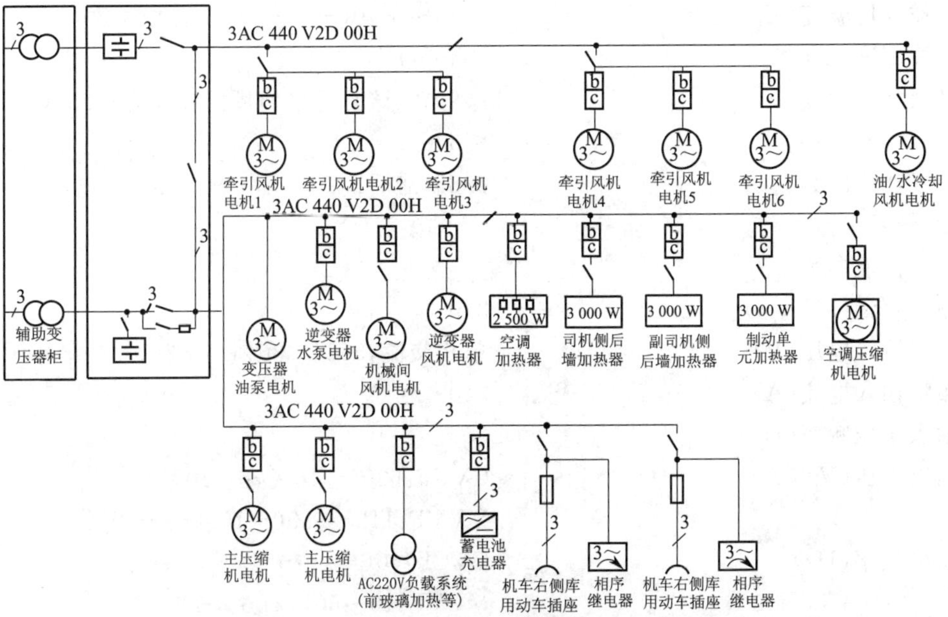


图 4-19　HXD1C 型电力机车辅助电气系统结构

种型号，外形物理结构基本相似（即 TGF54/TGF54B 型，如图 4-20、图 4-21 所示），主要功能是将机车单相 AC 563 V 电压经脉冲整流及三相逆变后转换为 3 相 AC 630 V 电压，经过外接变压器输出 AC 440 V 电压，为机车空气压缩机电机等类辅助电气设备提供电源。每台机车配置 2 台辅变，采用单独的主变压器辅变绕组（简称辅变绕组）分别给两台辅变供电的方式。正常工况下 2 台辅变均工作，其中辅变 1 为变压变频（VVVF）工作模式，辅变 2 为恒压恒频（CVCF）工作模式。当任意一台辅变出现故障时，另一台只能工作于恒压恒频方式。

图 4-20　TGF54B 型辅助变流器正面

图 4-21　TGF54B 型辅助变流器后面

(1)工作条件

| | |
|---|---|
| 工作环境温度(℃) | －25～＋40(－40～－25 需要预热) |
| 海拔高度(m) | ≤4 000 |
| 最大相对湿度 | ＜90％(该月月平均最低温度为＋25 ℃) |
| 负载(kV·A) | ≤340 |
| 负载功率因数 | 0.85(滞后) |

(2)技术参数

| | |
|---|---|
| 电气性能参数 | |
| 额定容量(kV·A) | 340 |
| 额定输入电压(V) | 单相交流,563(－30％～＋24％) |
| 额定输入电流(A) | 540 |
| 输入电压频率(Hz) | 50 |
| 输出电压(V) | CVCF:630(－10％～＋10％)<br>VVVF:112～630(－10％～＋10％) |
| 输出频率(Hz) | CVCF:60(－1～＋1)<br>VVVF:10～60(－1～＋1) |
| 额定输出电流(A) | 326 |
| 电压波形 | 脉宽调制波,带正弦波滤波器 |
| 电压谐波含量(THD) | ≤5％ |
| 控制电压 | 正常:DC 110 V<br>最小:DC 77 V　最大:DC 137.5 V |
| 状态和故障诊断 | 自动诊断并记录故障数据功能,并通过 MVB 总线与网络通信并在司机室显示屏上显示辅助电源系统的状态及故障情况 |

(3)VVVF 输出电压/频率与温度特性

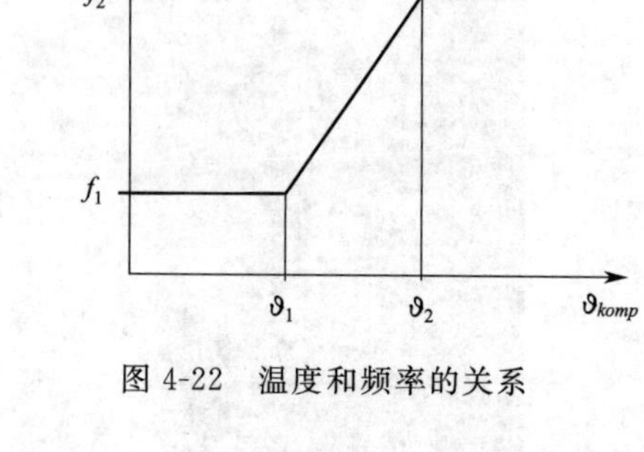


图 4-22　温度和频率的关系

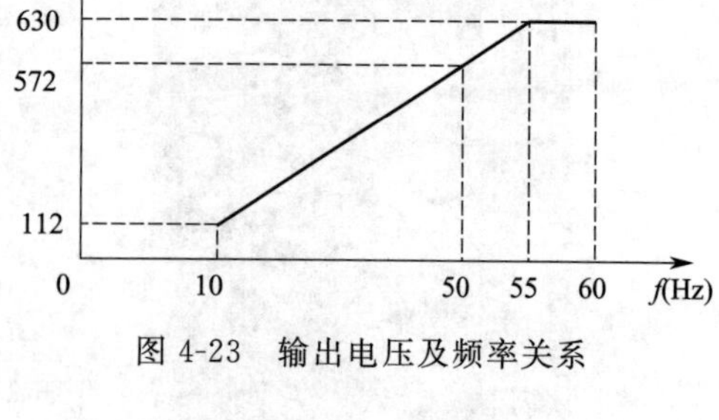


图 4-23　输出电压及频率关系

正常工作模式下辅助变流器 1 供电频率根据通风的要求在 10～60 Hz 可调。通风的要求由主变流器水循环温度、主变压器油循环温度和牵引电动机温度决定。每个负载根据其允许的上限和下限温度确定所需的频率设定值(图 4-22),选取各部件频率设定值中最大的值作为 VVVF 负载的频率设定值。若一个部件的温度无效,则认为这个部件处于最高温度,频率设定值设定到最大。频率的设定值在 CCU 产生并通过 MVB 传送到相应辅助变流器。VVVF 输出频率与电压的关系(图 4-23)。温度和转矩由 TCU 采样并确定设定值。

## 二、辅助变流器工作原理

1. 辅助变流器主要工作电路

辅助变流器几条主要工作电路即主电路的输入电路、整流电路、中间直流环节、逆变电路。

(1)主电路输入电路

主要包括熔断器 FU1、充电接触器 K2、主接触器 K1、充电电阻 R1,R2、输入电压传感器 SV1、电流传感器 SC1 等。来自主变压器的 AC 563 V 从动力线输入端子送入辅助变流器柜,作为辅助变流器的输入电压。输入电路具有以下作用,一是当辅助变流器输入端发生某种短路故障或者输入端过流而接触器故障时,FU1 快速熔断,保护主变压器不会损坏,以保障牵引系统在此时仍可正常运行。二是输入隔离,当主变流器不工作时,接触器断开,切断输入电压。二是限流充电,在主变流器工作前,对辅助变流器中间直流电容限流充电,避免对电容的冲击。通过输入电压传感器 SV1,实现对输入电压的监视。

(2)主电路整流电路

主要包括储能电感 L 和四象限变流器模块 UR1。模块 UR1 采用两电平单相桥式电压型变流电路,功率开关器件为 IGBT。其作用是电网电压在一个范围内波动时,使中间回路的直流电压保持恒定,确保电机侧逆变器的正常工作,同时在电网侧获得一个近似正弦波的电流,减少对周围环境的电磁干扰,在辅助电气设备负载工况下,使供电接触网或牵引变压器一次侧辅变绕组的功率因素可接近于 1。

(3)主电路中间直流环节

主要由大容量中间直流电容组装 C1、C2 和中间直流放电电路等构成。中间直流放电电路主要包括放电接触器(K3)放电电阻(R11)。中间直流放电电路逻辑动作如下。一是正常停机时,完成相应的正常停机动作后,延时 30 s 闭合放电接触器,对中间电压进行放电,当中间电压小于 36 V 后,断开 K3,停止放电。二是故障停机时,完成相应的故障保护动作后,立即闭合 K3,对中间电压进行放电,当中间电压小于 36 V 后,断开 K3,停止放电。

中间直流电容通过母排连接到整流器及逆变器模块上,其作用是保持恒定的直流电压,为电压型逆变器电路工作提供基本条件;同时电容上并联均压电阻 R5～R10,使每组电容上的电压基本相等。

(4)主电路逆变电路

主要由逆变器模块 UA1 及输出滤波电路组成,逆变模块采用两电平三相桥式电压型逆变电路,功率开关器件为 IGBT。其作用是将恒定的直流电压转换为三相交流电压,其波形为 PWM 波。

滤波电路主要包括输出滤波电感(FLT1)和输出滤波电容组装 C3,其作用是将 PWM 波三相交流电压滤成机车负载所需的三相正弦波形电压,以保证输出电压的谐波含量满足技术要求。

2. IGBT 门极驱动板(GDU)

IGBT 门极驱动板(GDU)分为整流器门极驱动板和逆变器门极驱动板,IGBT 整流器门极驱动板与 IGBT 逆变器门极驱动板原理相同,整流器门极驱动板是两相,逆变器门极驱动板是三相，整流器门极驱动板与逆变器门极驱动板相比，少了一路逆变相。

(1)逆变器 IGBT 门极驱动板(GDU)

IGBT 门逆变器极驱动板安装在 IGBT 逆变器模块内，分别为逆变器模块三个逆变相(R 相，S 相，T 相)共 6 只 IGBT 组件提供控制信号，具有脉冲分配、门极驱动控制及故障检测和保护功能。

IGBT 门极驱动板主要由电源电路、脉冲分配电路、门极驱动及保护电路三个功能块构成，6 路门极驱动电路原理相同。

(2)脉冲分配电路

脉冲分配电路将控制单元送过来的 R、S、T 逆变相控制信号根据其高低电平来分配该逆变相的上、下 IGBT 组件的开通和关断控制信号，具有保证同一逆变相的上管和下管组件控制信号的转换时间(死区时间)及 IGBT 组件最小导通时间等功能。脉冲分配电路由可编程逻辑控制器(CPLD)及其外围电路组成，通过 CPLD 程序完成相控制信号分配、死区时间控制、最小导通时间控制等功能。

①相控制信号分配。其功能为对每相控制信号的高低电平进行分配，同时给出两个互锁的控制信号 0 和 1(0 表示关断，1 表示开通)，分别控制该相上、下组件的开通和关断。

②死区时间控制。其功能为保证同一逆变相的上、下组件的控制信号进行转换时具有一个转换的时间间隔，该时间间隔称为死区时间。死区时间可以保证同一相的上、下组件不会同时导通而引起逆变器的桥臂贯通。

③最小导通时间控制。其功能为保证每个 IGBT 组件开通的时间大于规定值；当发出一个组件开通的信号后，此信号必须维持一定的时间以保证 IGBT 组件的可靠开通，称为最小导通时间。

(3)门极驱动控制及故障检测和保护电路

门极驱动控制及故障检测和保护电路将脉冲分配电路送过来的信号进行高低压隔离和功率放大，最终控制 IGBT 组件；同时具备故障检测和保护功能。该电路由驱动模块及其外围电路组成。

①门极驱动控制电路功能。将脉冲分配电路送来的控制信号经由信号隔离变压器进行高、低压隔离、信号传输和整形，控制驱动控制电路中场效应管的开通和关断，进行功率放大，进而控制 IGBT 组件的导通和关断；并在 IGBT 组件关断后在其 G、E 间施加负偏电压，保证组件可靠关断。

②故障检测和保护电路功能即对 IGBT 组件过流或短路进行检测和保护。当 IGBT 组件驱动信号为导通时，如果流经该组件的电流太大，则其饱和压降 Vce sat 将急剧上升，当 Vce sat 的值超过预先设定的参考值时，检测电路将送出故障信号给保护电路，由保护电路送出关断信号至驱动控制电路，关断相应的 IGBT 组件；同时保护电路将产生一个故障信号，该信号通过隔离变压器传输到低压侧的故障回馈电路，产生一个低电平信号作为故障回馈信号输出到控制系统，进行进一步保护。

### 三、控制单元 ACU

辅助变流器控制单元由数字入出板、电源板、模拟入出板、四象限控制板、逆变器控制板和 CPU 板及 MVB 板七个功能单元组成。应用计算机控制技术及先进的控制算法完成整流器控制和逆变器控制，通过 CPU 板完成整个系统的逻辑控制及故障记录功能，同时具有 RS232 接口，可以下载故障数据，控制单元如图 4-24 所示。

1. 控制单元主要参数

| | |
|---|---|
| 尺寸(mm) | 2 772×3 175×3 070(长×宽×高) |
| 质量(kg) | 10 |
| 冷却方式 | 内循环风冷 |
| 控制电源 | |
| 　额定电压(V) | DC 110(77～137.5) |
| 　控制方式 | 整流器采用瞬态电流控制方案<br>逆变器采用 SPWM 技术 |
| 信息显示 | LED 显示辅变运行参数和发生故障代码等 |

2. 保护类别

(1)输入过压、欠压保护。

(2)输入过流保护。

(3)中间直流电压过压、欠压保护。

(4)输出过压、欠压保护。

(5)变流模块、电抗器、输出变压器超温保护。

(6)三相输出不平衡保护。

(7)接触器故障保护。

(8)输出电流过流保护。

(9)输出短路保护。

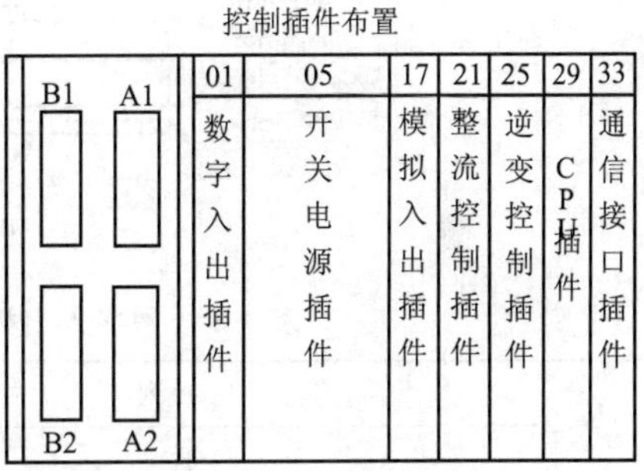


图 4-24　辅变控制单元

3. 控制单元基本功能

(1)变流控制功能

控制单元通过接收外部控制信号，对辅变内各个部件或器件的控制，实现正常启动、停机、故障保护，实现对输入网压的四象限整流、逆变，确保辅变输出稳定。

(2)故障存储功能

当辅变发生故障时，控制系统会将故障前后相关模拟量信息及状态数据连同故障类型代码、发生时间及发生故障辅变的机车编号信息一起存储到控制单元的 FLSAH 中，总共能记录 15 个故障，当记录的故障超过 15 个时，会自动覆盖最早发生的故障。利用辅助变流器附带的地面故障处理软件可以将故障数据下载到便携式计算机里，供维护人员分析。控制接口如图 4-25 所示。

4. 控制单元各电路板功能与相关信号

(1)数字入出板(DIO)

数字入出板共包含 10 路数字输入通道、10 路数字输出通道。数字量输入环节主要通过光电隔离和转换将外部 110 V 的指令信号，如系统工作命令，复位指令及接触器闭合反馈信号转换成系统管理单元能够识别的高、低电平信号。数字量输出环节主要将系统的高、低电平信号经过隔离转换成 110 V 信号向外提供系统的状态。如将主控插件发出的用于控制接触器闭合或断开的高低电平信号转化为接于接触器线圈的 110 V 信号。数字入出板指示灯及测试孔含义见表 4-8。

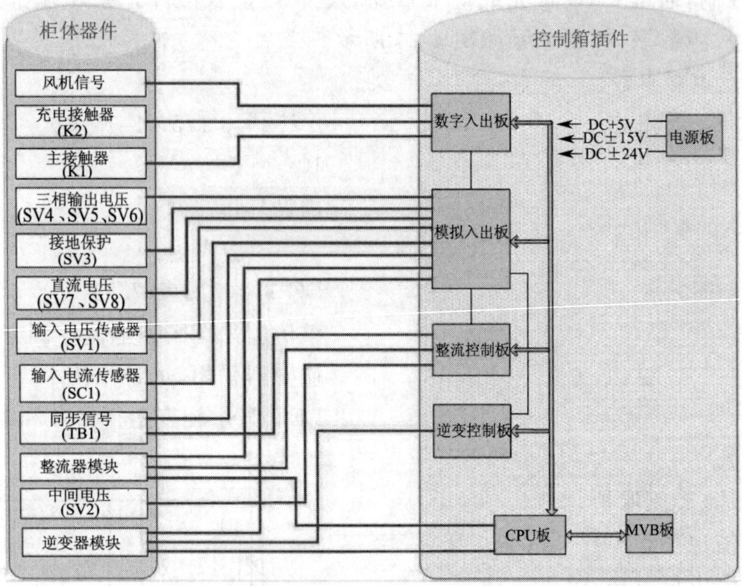


图 4-25　控制单元接口

**表 4-8　数字入出板指示灯及测试孔含义**(指示灯黄灯亮时)

| 位置 | A 列 | B 列 |
| --- | --- | --- |
| | 含义 | 含义 |
| 01 | 本路辅变为 CVCF | 控制系统已发出接触器 K3 闭合信号 |
| 02 | 逆变器风机自动开关已闭合 | |
| 03 | 接触器 K1 有反馈信号 | 控制系统已发出接触器 K1 闭合信号 |
| 04 | 接触器 K2 有反馈信号 | 控制系统已发出接触器 K2 闭合信号 |
| 05 | | 本路辅变正常 |
| 06 | 机车主断路器已闭合 | |
| 07 | 接触器 K3 有反馈信号 | |
| 08 | 另一台辅变已启动 | 本路辅变已启动 |

(2)开关电源板(POWER)

开关电源板是一种具有原/次边隔离的多重开关电源,采用 DC/DC 变换,其输入来自机车蓄电池,共输出有 5 路直流电源:DC +5 V、DC ±15 V、DC ±24 V,为辅助变流器控制单元提供控制电源,为 IGBT 变流模块提供电源,为辅助变流器柜内各种电路板、传感器提供电源,其主要技术参数如下。

额定输入电压(V)　　DC 110(77～137.5)

DC +5 V 电源　　稳定精度+5 V$^{+2\%}_{-2\%}$

输出电流额定值 2.5 A

脉动量(P-P)50 mV

DC +15 V 电源　　稳定精度+15 V$^{+1.5\%}_{-1.5\%}$

输出电流额定值 3 A

| | |
|---|---|
| | 脉动量(P-P)50 mV |
| DC −15 V 电源 | 稳定精度−15 V$^{+1.5\%}_{-1.5\%}$ |
| | 输出电流额定值 1.5 A |
| | 脉动量(P-P) 50 mV |
| DC ±24 V 电源 | 稳定精度±24 V$^{+10\%}_{-5\%}$ |
| | 输出电流额定值 0.5 A |
| | 脉动量(P-P) 200 mV |
| 监视电路保护参数 | |
| $+U_e$ 欠压 | 58 V×(1±3%) |
| $+U_e$ 过压 | 140×(1±2%)V |
| 辅助 $U_h$ 欠压 | 9×(1±3%)V |
| +5 V 欠压 | 4.7×(1±2%)V |
| +5 V 过压 | 5.3×(1±2%)V |
| ±15 V 欠压 | 13.5×(1±2%)V |
| ±15 V 过压 | 16.5×(1±2%)V |
| ±24 V 欠压 | 21.6×(1±4% )V |
| ±24 V 过压 | 27.2×(1±4%)V |
| 效率>50%负载时 | 80% |

为了减少原/次边的耦合干扰，电源电路中 110 V 回路与电子回路(输出回路)采用了电位隔离结构，即 110 V 回路的 0 V 线与电子回路的 0 V 线分开独立接地。为了抑制电磁辐射干扰及电路板上功率器件的散热需要，在电路板的组件面加装屏蔽和散热的金属板。开关电源板对其输入、输出电压进行监视，只要某路电源出现过压或者欠压，PSU 启动自身的封锁电路，PSU 停止工作。为防止输入短路，将 PSU 的 PCB 板上的 110 V 电源输入线中一段缩窄，用作输入过流熔断保险。

(3)模拟入出板(AIO)

AIO 板主要是将传感器、互感器送来的模拟信号经过特定的比例变换后，变比成控制系统能采用的低电压信号，供 4QS 板，WR 板及 CPU 板 AD 通道使用，参与保护和控制。主要有输入电压和电流信号，直流回路电压信号，辅变输出电压电流信号和温度信号等，并且在 AIO 面板上提供插孔来检测经过处理的模拟信号。AIO 板具有复位功能，接受辅变外部复位控制信号和控制系统内部复位控制信号，产生可供选择的高或低电平复位信号，对整个控制单元或者辅变外部系统进行复位。AIO 板具数字信号面板输入有功能，通过面板上的三个数字开关 S1、S2、S3 选择来选择高低电平输入，供控制单元使用。

①S1 开关，试验启动开关。当 MVB 网络未接入辅变时，S1 打在实验位(朝向向上)，作为辅助变流器的启动信号使用，当 MVB 网络正常时 S1 应打在正常位(朝向向下)。

②S2 开关，预留开关(辅助变流器运行时打在“正常“位置，朝向向下)。

③S3 开关，预留开关(辅助变流器运行时打在“正常“位置，朝向向下)。

(4)四象限板(4QS)

四象限控制板采用 DSP 芯片 F2812 及 C6711，主要功能是实现辅助变流器网侧四象限变流器的瞬时电流控制。它可以控制整流器输出侧直流电压恒定为 1 000 V，且同时实现输入电流正弦化、功率因子近似为 1 的优良性能，对电网电压信号进行滤波、整流、放大等处理，以形成网压瞬时值、有效值、网压同步信号；对四象限输入电流信号进行滤波、整流、放大等处理，以形成电流瞬时值、有效值、电流同步信号、过流信号；对中间直流电压进行低通滤波、放大等处理以形成直流电压值、过压信号；当四象限整流器部分出现 IGBT 组件故障时进行组件故障保护。具体可见表 4-9～表 4-11 中指示灯含义，其中 F2812 指示灯含义见表 4-9，C6711 指示灯含义见表 4-10，其他指示灯含义见表 4-11。

**表 4-9　F2812 指示灯含义**（共 8 个）

| 状态 | 含　义 | 1A | 1B | 2A | 2B | 3A | 3B | 4A | 4B |
|---|---|---|---|---|---|---|---|---|---|
| 正常状态 | 正常运行时（无同步信号无启动信号） | 闪动 | | | | | | | |
| | 有同步信号（正常范围）无启动信号时 | 闪动 | 常亮 | 闪动 | 常亮 | | | | |
| | 有同步信号有启动信号时 | 闪动 | 常亮 | 闪动 | 常亮 | | | 常亮 | |
| | 1A、2A 闪动；1B、2B 常亮；4A 常亮 | | | | | | | | |
| 故障状态 | 程序进入故障中断 | 闪动 | | 闪动 | | 闪动 | | | |
| | 程序运行错误 | 常亮 | | 常亮 | | | 常亮 | | 常亮 |
| | 与 C6711 握手失败 | 闪动 | | 闪动 | | | 闪动 | | 闪动 |

**表 4-10　C6711 指示灯含义**（共 8 个）

| 状态 | 含　义 | 10A | 10B | 11A | 11B | 12A | 12B | 13A | 13B |
|---|---|---|---|---|---|---|---|---|---|
| 正常状态 | 正常运行时（无同步信号无启动信号） | 常亮 | | | | 闪动 | 闪动 | 闪动 | 闪动 |
| | 有同步信号（正常范围）无启动信号时 | 常亮 | | | | | 闪动 | 常亮 | 闪动 |
| | 有同步信号有启动信号时 | 常亮 | 闪动 | 常亮 | 闪动 | 常亮 | 闪动 | 常亮 | 闪动 |
| | 1A、2A 闪动；1B、2B 常亮；4A 常亮 | | | | | | | | |
| 故障状态 | 与 F2812 握手失败 | | | 闪动 | | | | | 闪动 |
| | 直流过压保护 | | | | | 闪动 | 闪动 | | |
| | 次边电流过流保护 | 闪动 | 闪动 | | | | | | |
| | 生命信号保护 | 闪动 | | 闪动 | | | | | |
| | 进入故障中断 | | | 闪动 | 闪动 | | | | |

**表 4-11　其他指示灯含义**（红灯亮时）

| 位置 | A 列 | B 列 |
|---|---|---|
| | 含义 | 含义 |
| 26 | 网侧电流峰值过流 | 中间电压过压 |
| 27 | 同步信号正常 | 整流器模块故障 |
| 28 | 逆变器模块故障 | 模块报网侧电流峰值过流 |
| 29 | 脉冲正常 | |

（5）逆变器控制板（WR）

逆变器控制板采用 DSP 芯片 VC33，主要功能是应用 SVPWM 脉宽调制技术向逆变器模块提供 DC/AC 变换调制脉冲，并通过输出端电压传感器采样实现对输出电压的闭环控制，使输出电压优越稳定。同时完成逆变器模块故障，输出过流，输出三相不平衡保护功能等保护功能。具体可见表4-12中指示灯含义。

**表4-12　逆变器控制板(WR)指示灯含义**

| 位置 | A列 | B列 |
|---|---|---|
| | 含义 | 含义 |
| 26 | 红灯：逆变器故障(表示正在往CPU板送逆变器故障) | 红灯：逆变器直流过压 |
| 27 | 红灯：逆变器模块过载 | 红灯：逆变器模块故障 |
| 28 | 红灯：逆变器输出三相不平衡 | 黄灯：灯亮表示逆变器门极释放，逆变器开始工作 |
| 29 | 黄灯：闪动表示程序运行指示灯 | |
| 30 | 绿灯：逆变器R相脉冲指示灯，慢闪，逆变器启动后慢慢变快 | 绿灯：逆变器S相脉冲指示灯，慢闪，逆变器启动后慢慢变快 |
| 31 | 逆变器T相脉冲指示灯，慢闪，逆变器启动后慢慢变快 | |

当出现逆变器部分的故障时(直流过压、模块过载、模块故障、输出三相不平衡)26A灯亮，故障消失2S后26A灭。

26B、27A、27B、28A出现相应的故障时，灯亮，故障消失后灯保持不变直到逆变器板复位或者重新给控制电源。

26A灭，26B、27A、27B、28A中的任意一个亮则表示系统之前出现过相应的故障。如26A灭，26B亮则表示出现过过压故障，目前已经恢复。

(6)CPU板(CPU)

CPU板采用DSP芯片F2812，主要功能为实现辅助变流器系统运行的逻辑动作控制功能、系统故障诊断、保护及记录功能，通过LED可以显示系统输入、输出电压、电流等模拟量和故障诊断代码，具有RS-232接口，可以通过配套的故障分析软件下载故障信息。具体可见表4-13中指示灯含义。

**表4-13　CPU板指示灯含义**

| 位置 | A列 | B列 |
|---|---|---|
| | 含义 | 含义 |
| 1 | 红灯：控制系统正处于复位状态 | |
| 2 | 红灯：逆变器部分出现故障 | 红灯：整流器部分出现故障 |
| 3 | 红灯：主回路部分出现故障 | 红灯：网压不在正常范围内 |
| 4 | 黄灯：控制系统发出整流器工作信号 | 黄灯：控制系统发出逆变器工作信号 |
| 5 | 黄灯：有网压 | 黄灯：周期性闪动表示CPU板工作正常 |
| 6 | | 绿灯：辅助变流器控制系统与MVB网络通信正常 |

5. 负载

辅助变流器主要为车载三相辅机及其他三相负载供电，3 AC 440 V负载分为变压变频(VVVF)和恒压恒频(CVCF)两部分，负载如图4-19所示，各辅机功率见表4-14，各辅变负载情况见表4-15。

当有一台辅助变流器故障时，由另一台辅助变流器为整个辅助系统提供CVCF电源，此时辅助系统工作在冗余模式。冗余模式时应能满足两台主压缩机投入的要求。

**表 4-14 各辅机功率表**

| 负载 | 轴功率 | 输入功率 | 所需容量 |
|---|---|---|---|
| 牵引风机 1 | 13.00 kW | 13.00 kW | 14.77 kV·A |
| 牵引风机 2 | 13.00 kW | 13.00 kW | 14.77 kV·A |
| 牵引风机 3 | 13.00 kW | 13.00 kW | 14.77 kV·A |
| 牵引风机 4 | 13.00 kW | 13.00 kW | 14.77 kV·A |
| 牵引风机 5 | 13.00 kW | 13.00 kW | 14.77 kV·A |
| 牵引风机 6 | 13.00 kW | 13.00 kW | 14.77 kV·A |
| 主冷却风机 1 | 28.00 kW | 31.46 kW | 35.75 kV·A |
| 主冷却风机 2 | 28.00 kW | 31.46 kW | 35.75 kV·A |
| 压缩机 1 | 24.00 kW | 26.97 kW | 31.73 kV·A |
| 压缩机 2 | 24.00 kW | 26.97 kW | 31.73 kV·A |
| 油泵 1 | 4.50 kW | 5.06 kW | 5.95 kV·A |
| 油泵 2 | 4.50 kW | 5.06 kW | 5.95 kV·A |
| 水泵 1 | 4.70 kW | 5.28 kW | 6.21 kV·A |
| 水泵 2 | 4.70 kW | 5.28 kW | 6.21 kV·A |
| 变流柜风机 1 | 0.50 kW | 0.56 kW | 0.66 kV·A |
| 变流柜风机 2 | 0.50 kW | 0.56 kW | 0.66 kV·A |
| 空调制冷 1 | 4.00 kW | 4.49 kW | |
| 空调制冷 2 | 4.00 kW | 4.49 kW | |
| 空调制热 1 | 6.20 kW | 6.20 kW | 6.20 kV·A |
| 空调制热 2 | 6.20 kW | 6.20 kW | 6.20 kV·A |
| 卫生间加热 | 4.00 kW | 4.00 kW | 4.00 kV·A |

**表 4-15 各辅变负载情况表**

| 工况 | 辅助变流 1 负载 | 辅变 2 负载 | 冗余模式负载 |
|---|---|---|---|
| 不起压缩机 | 160.1 kV·A | 42.0 kV·A | 202.2 kV·A |
| 起一台压缩机 | 160.1 kV·A | 73.8 kV·A | 233.9 kV·A |
| 起两台压缩机 | 160.1 kV·A | 105.5 kV·A | 265.6 kV·A |

注:以上统计的辅机容量不包括辅助变流器风机。在进行辅助系统试验时,将对各辅助负载的实际容量进行测量。若实测总容量超过辅助变流器的额定输出容量,允许辅助变流器在冗余模式下降低供电的频率,但辅助变流器输出电流不得低于额定值的 95%。

230 V,60 Hz 单/三相交流支路负载有电炉(插座)、微波炉、前窗玻璃加热器、低压柜加热器和信号柜加热器、低压柜风机电机、8 个撒砂加热器、空调润滑油加热器、两个后墙加热器风扇等。

直流负载支路负载有 8 个机械间照明灯、2 套司机室顶棚灯、辅助压缩机、冰箱、230 V/50 Hz,电脑电源、头灯和辅照灯/标志灯用 24 V 电源等。

库内电源输入采用熔断器保护,所有三相负载都采用 3VU 系列自动开关进行过流和缺相保护，单相负载采用 5SX 系列自动开关进行过流保护。

同时在三相变频变压支路、440 V 60 Hz，三相恒频恒压支路和 230 V 60 Hz 单/三相交流支路各使用了一个接地检测装置完成辅助电气系统的接地保护(图 4-26)。采用“直流叠加法”原理测量被测电路对地绝缘电阻，通过电阻值大小来判断电路是否接地，测量原理及连接方式分别如图 4-27、图 4-28 所示。

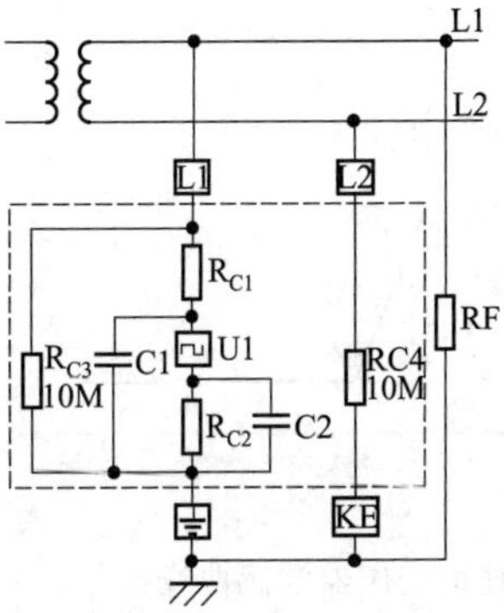


图 4-26　接地检测

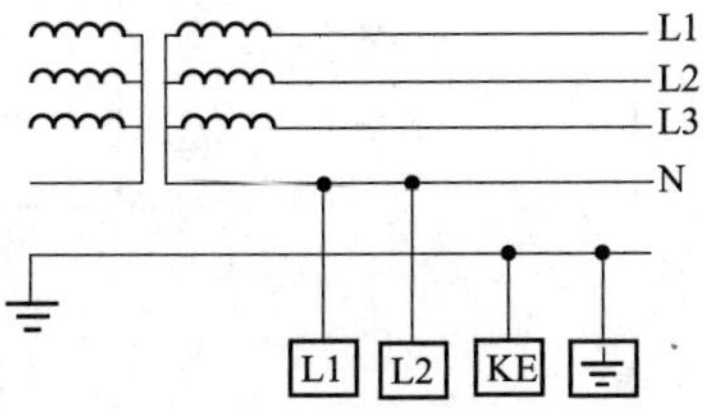


图 4-27　三相交流中线电路接线

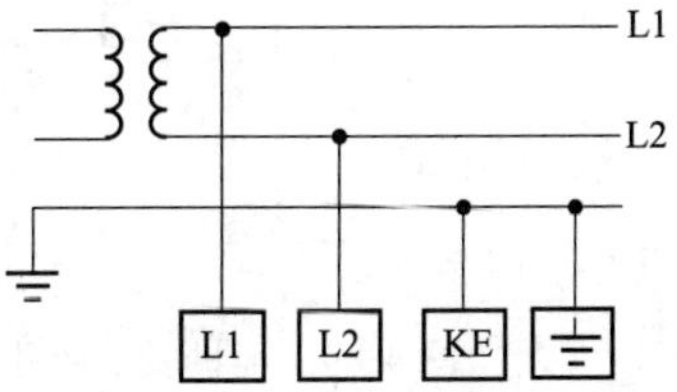


图 4-28　单相交流电路接线方式

**四、辅助变压器**

为改善辅助系统电源品质，HXD$_{1C}$ 型机车辅助电气系统在辅助逆变器后设置了用于消除谐波的辅助变压器，它具有高、低压电路隔离、变压和滤波电抗器的多重功能，装在辅助变压器柜内，采用强迫通风方式冷却。辅助变压器柜体上部装有 1 台离心风机，柜体内部装有 2 台辅助变压器。电气部件安装在柜体内部、防护等级 IP54 的端子盒中，包括接地电容 2 只，接触器 3 只，三相交流断路器 2 只。

(1)辅助变压器技术参数

| | |
|---|---|
| 额定容量(kV·A) | 340 |
| 额定输出电压(V) | 440 |
| 额定输出电流(A) | 446.1 |
| 额定频率(Hz) | 60 |
| 变比 | 630/482 |
| | 电气部件 |
| 接地电容 | PMB2124100JAP |
| 温度传感器 | PT100(辅助变压器自带) |
| 接触器 | 3RT1076-2NF36、3RT1066-2NF36 |
| 三相交流断路器 | 3RV1021-1EA15 |
| | 风机 |
| 额定风量($m^3/s$) | 1.5 |
| 额定全压(Pa) | 700 |
| 额定功率(kW) | 3 |
| A 声功率级噪声(dB) | 103 |

外形尺寸(mm)　　1 200×1 085×1 550(长×宽×高)
质量(kg)　　2 126
冷却方式　　强迫风冷
防护等级　　IP55(防水喷)

(2)辅助变压器引出线(图 4-29)

(3)辅助变压器漏感曲线(图 4-30)

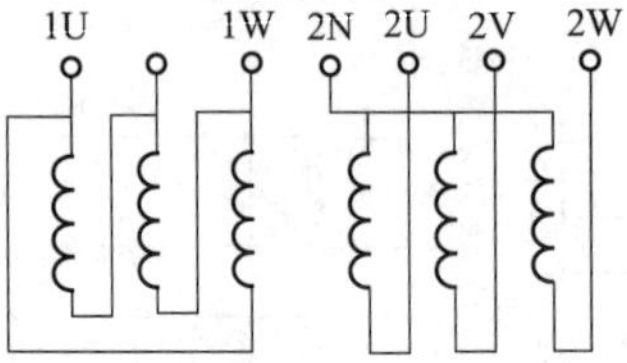

图 4-29　辅助变压器引线接线

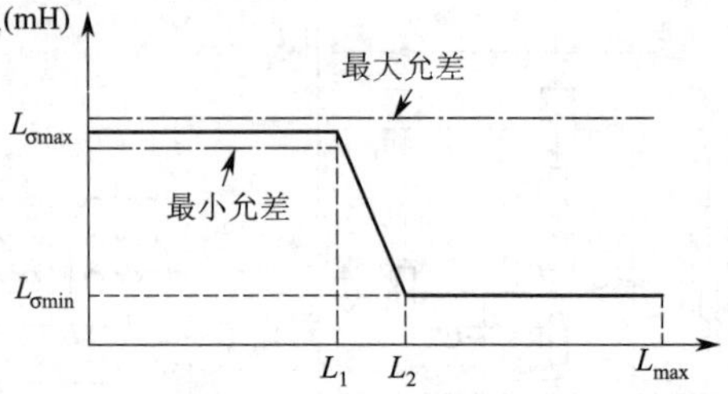

图 4-30　辅助变压器漏感曲线

## 五、机车辅助动车设备

在库内供电和库内动车时恒频恒压支路的滤波电容器不投入,即它的投入接触器是断开的。库内三相 380 V 电源通过机车两侧的库用插座引入,经过熔断器和输入接触器连接在恒频恒压支路上。为保证库内电源引入机车时相序正确,在每个输入接触器前设置了一个相序继电器,只有当输入的相序正确后输入接触器才能闭合。库内动车时辅助变压器的输出接触器断开,通过与输出接触器并联的限流电阻将库内电源经辅助变压器、辅助逆变器引入到主变流器中的中间直流回路,将中间直流回路充电至大约 500 V。然后通过 PWM 逆变器给牵引电动机供电,足以驱动机车以约 5 km/h 的速度运行。此时机车由司机台的主控制器进行操纵。

机车走行部两侧车体上配备有 DC 600V 插座(图 4-31),给牵引逆变器提供 DC 600 V 电源,用于库内动车运行模式。

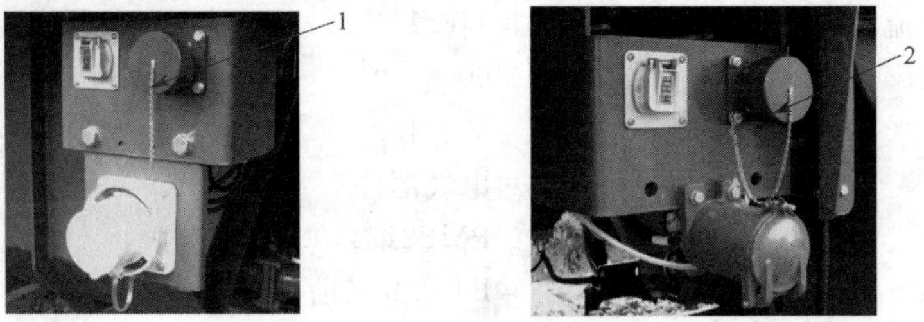

图 4-31　库用插座

1—库用动车插座 DC 600 V;2—库用三相 DC 380 V 插座

## 六、控制电源柜与蓄电池

控制电源柜有多种类型,在此仅以 DZT110V-100A 型电源柜为例叙述。该型控制电源柜主要用于大功率交流传动六轴 7 200 kW 高海拔货运电力机车,主要有两个功能,一个是为机车内部电器提供控制电压，即充电机功能，AC/DC 模块将 AC 220 V 电源转变为 DC 110 V 电源，为机车提供 110 V 电源，并为蓄电池组充电，同时电源柜上的 DC/DC 模块将机车上的 DC 110 V 电源变为 DC 24 V 电源，为应急灯、仪表等设备提供电源；电源柜的另外一个功能是针对 110 V 输出和 24 V 输出进行一定的低压配电(图 4-32)。

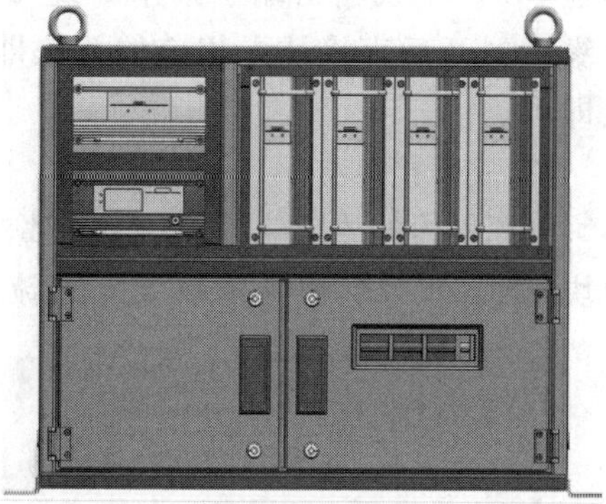

图 4-32 DZT110 V-100 A 型电源柜

电源柜由 4 个 110 V 充电模块、1 个 24 V 模块和 1 个监控单元组成，统一安装在机箱的上半部分。每个充电模块为 DC 110 V、22.5 A，即电源柜的总容量为 DC 110 V、90 A。110 V 充电模块采用高频开关稳压方式，将 AC 220 V 输入电压变换成隔离的 DC 110 V 输出电压以满足蓄电池充电、设备使用等要求。4 个相对独立的 110 V 充电模块并联输出，并保证了输出的均流，使得该电源柜完全不同于传统的集中式电源柜：第一，模块式组合电源柜大大延长了平均故障间隔时间，部分模块的损坏不会导致整个充电机瘫痪，提高了充电系统的可靠性；第二，模块式组合电源柜可缩短平均修复时间，维修方便，只需更换故障模块。DC/DC 模块将输入的 DC 110 V 电流以同样经过高频开关稳压方式输出 DC 24 V，内部有两个相对独立的转换系统，这两个系统同样是并联输出，单个模块的功率为 300 W，可满足机车上 24 V 负载的使用，两个转换系统互为热备份，提高了工作的可靠性。此外监控单元将主要负责对 110 V 模块、24 V 模块进行管理，提供状态显示、故障记录、故障查询、充电管理等功能。

电源柜的下方主要是低压配电部分，提供库内充电转换、DC 110 V 输出电压配电、DC 24 V 输出电压配电等功能。包括安装在柜门上的对外输出断路器、安装在柜内电器装配组件。在电源柜的下方的输出端子安装板上有专供外部大线接线所用的接线端子、过压保护器以及输入 AC 220 V 控制开关等。

1. 技术参数

| | |
|---|---|
| 额定输入电压 | AC(154～275)V(50 Hz) |
| 快速充电电压 | DC (112.8±1.13)V |
| 浮充电压 | DC (110±1.10)V |
| 直流 24 V | DC (24±0.48)V |
| DC 110 V 最大持续输出电流 | 90 A |
| DC 24 V 最大持续输出电流 | 2×12.5 A |
| 蓄电池最大充电电流 | DC 25.5 A |
| 防护等级 | IP20 |
| 质量 | 180 kg |

2. 技术结构简介

电源柜的外形尺寸为 1 128 mm×580 mm×800 mm($W\times D\times H$)，左右各有两个接地螺栓的安装孔；安装底架有四个 27 mm×22 mm 的腰形安装孔，安装尺寸为 1 075 mm×450 mm($W\times D$)；顶部有四个 M16 吊环，用于吊装电源柜。柜内安装有：AC/DC 模块、输出端子安装板组装、滤波器、刀开关安装板组装、监控模块、DC 110 V 安装板组装、DC 24 V 安装板组装、防尘套组装、DC/DC 模块等类电气电子设备。

(1)对外电气接口

电源柜的对外引线端子全部安装在输出端子安装板上,大线输出端子 WFF35,接线螺柱 M6。小线输出端子采用 2 线/2 针基础接线端子,型号为 769-171,内部引线可以将绝缘皮剥开后直接插入相应的孔位即可,外部线压接好配套的插拔式插头后插入对应孔位即可。

(2)故障接口

电源柜内的故障信号通过无源触头将各种故障信息发送到外部,电源柜共设置了 AC/DC 模块故障、DC/DC 模块故障、输出过流故障、控制电压低于 88 V 故障、控制电压低于 77 V 共 5 个状态信号报警。

(3)AC/DC 模块

①输入电压:AC 154～275 V(50 Hz 单相)。

②蓄电池快速充电时最高输出电压:(112.8 ±1.13)V。

③蓄电池恒压充电时输出电压:(110±1.08)V。

④输出电流:(22.5±0.45)A。

⑤额定输出功率:2.5 kW。

⑥模块输出电流不均衡度:不大于 5%。

⑦效率:不小于 90%。

⑧纹波电压:不大于 1%。

⑨绝缘强度

输入—输出:AC 2 500 V

输入—外壳:AC 2 500 V

输出—外壳:AC 2 500 V

⑩冷却方式:每个模块均为强迫风冷。

⑪模块的保护功能:

模块具有输入过、欠压保护,输出短路保护功能,过温保护功能等保护温度值可设定。

(4)DC/DC 模块

①输入电压:DC (77～137.5)V。

②输出电压:DC (24±0.48)V。

③输出电流:2×12.5 A。

④额定输出功率:2×300 W。

⑤效率:不小于 82%。

⑥纹波电压:不大于 2%。

⑦绝缘强度:

输入—输出:AC 2 500 V;

输入—外壳:AC 2 500 V;

输出—外壳:AC 1 250 V。

⑧冷却方式:强迫风冷。两个独立的 12.5 A 模块并联运行实现冗余备份,并联运行的模块自动均分负载电流,单个模块的损坏自动隔离,不会导致故障扩大化。

⑨模块具有下列保护功能：输出短路保护功能、过温保护功能、当模块的主散热片的温度大于 90 ℃时，模块停止输出，温度正常后，模块恢复恢复正常工作。保护温度值可设定。

(5)监控模块

①工作电压：DC (66～137.5)V。

②输入模拟量：交流电压，110 V 直流母线电压，AC/DC 模块的总输出电流，蓄电池充放电电流，AC/DC 模块的输出电流，模块温度。

③输出模拟量：DC 110 V 调压信号。

④无源触头故障输出：AC/DC 模块故障节点(1 个及 1 个以上 AC/DC 模块故障)，DC/DC 模块故障，输出总电流过流，蓄电池电压 88 V 欠压，蓄电池电压 77 V 欠压。

⑤蓄电池均充、浮充状态设置、控制、显示。

⑥AC/DC 模块状态显示。

⑦故障报警设置、显示。

⑧输入电压超上限[(285±5)V)]、下限[(144±5)V)]，输出电压超上限、下限，输出电流超上限(90 A)，蓄电池电流超上限、下限，温度超上限、下限，AC/DC 模块故障，DC/DC 模块故障，输出电流过流。

⑨监控模块的工作方式为得电工作，即只要蓄电池输出开关闭合，蓄电池电压满足要求，监控模块将一直工作。

⑩绝缘强度：110 V 端口对地时 AC 2 500 V；其他端口对地时 AC 1 250 V。

⑪监控单元实现输出特性的控制：使蓄电池电压放电到 96～108 V，控制电源柜输出的蓄电池充电电流为 40 A，再向控制电源柜输入 AC 220 V，此时控制电源柜应限流(25.5±0.5)A 给蓄电池充电，或处于浮充 110 V 状态[图 4-33(a)]。使蓄电池电压放电到低于 96 V，控制电源柜输出的蓄电池充电电流为 30 A，再向控制电源柜输入 AC 220 V，此时控制电源柜应工作在 112.8 V 的充电状态；如将蓄电池的充电电流增至大于 34 A，控制电源柜将限制 34 A 给蓄电池充电；当充电电流小于(25.5±0.5)A 时，控制电源柜就转为 110 V 浮充电状态[图 4-33(b)]。

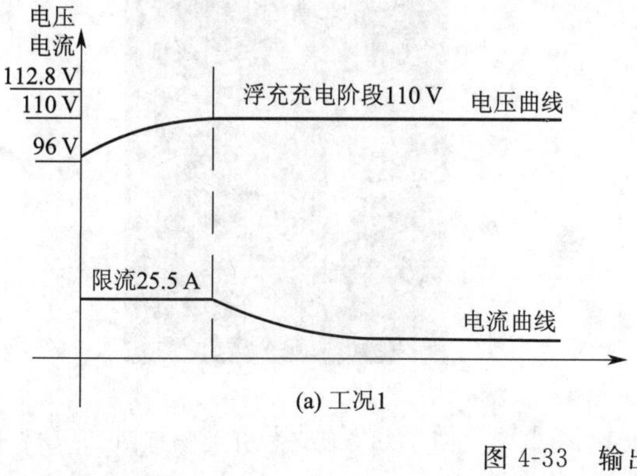

(a) 工况1

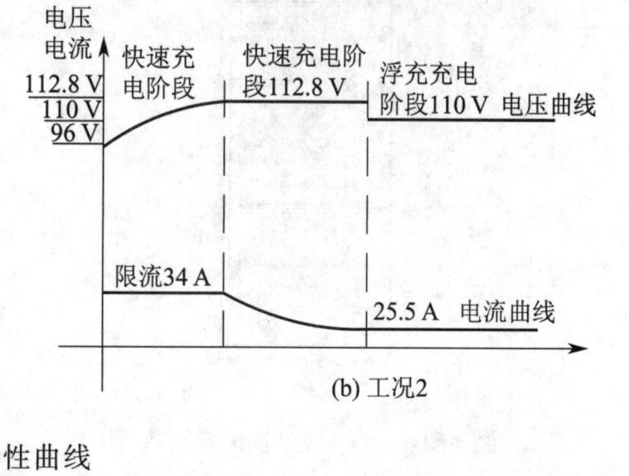

(b) 工况2

图 4-33　输出特性曲线

3. 蓄电池

蓄电池柜(含蓄电池)作为机车上备用控制电源和启动电源，它与电源柜并联运行，起着十分重要的作用。

(1)特点

①当机车启动时由蓄电池柜提供升弓、低压试验和照明用的低压电源。

②当运行中 110 V 开关电源部分因故障切除时，由蓄电池柜提供维持机车故障运行的控制电源。

③与 110 V 开关电源并联运行时起滤波和稳定控制电源的作用。

(2)技术参数

单体额定电压:2 V。

10 小时率容量(终止电压 1.8 V/单体):170 A·h。

5 小时率容量(终止电压 1.75 V/单体):140 A·h。

1 小时率容量(终止电压 1.7 V/单格):102 A·h。

(3)技术结构

蓄电池柜结构分为两层，每层摆放五组蓄电池组。第一摆放 23 节蓄电池，第二层摆放 25 节蓄电池，两层共摆放 48 节蓄电池。两个门关上是门，打开是工装，更方便在车上对蓄电池进行维护，同时通风散热效果也更好。

蓄电池柜中的 48 节单体蓄电池正一负、正一负串联相接组成机车控制电路所需的 96 V 直流电源系统，其额定安时量仍为单体安时量即 170 Ah。当蓄电池柜不能输出电流时，此时应为蓄电池柜整个连接电路中某处断路，其判断方法为测量蓄电池组总电压，总电压为零时，电路断路。

## 七、第三方设备柜与低压电气设备及其他设施

1. 第三方设备柜

HXD1C 型电力机车的辅助通信控制设备均装置第三方设备柜内(图 4-34)，主要包括 GPS-2000 控制盒、本/补切换装置、TSC1 主机、机车信号主机、调车接线盒、TAL93 接线盒、CIR 主机、数模转换盒、事故状态记录仪、鸣笛记录接口装置、总线扩展盒、AX 箱与监控主机。

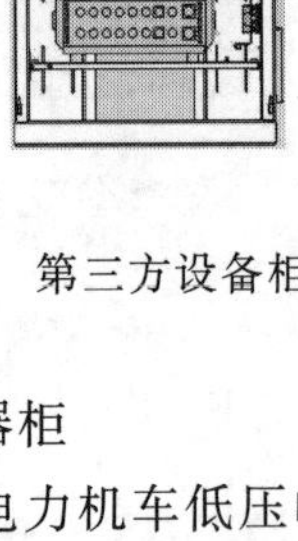

图 4-34 第三方设备柜物理图

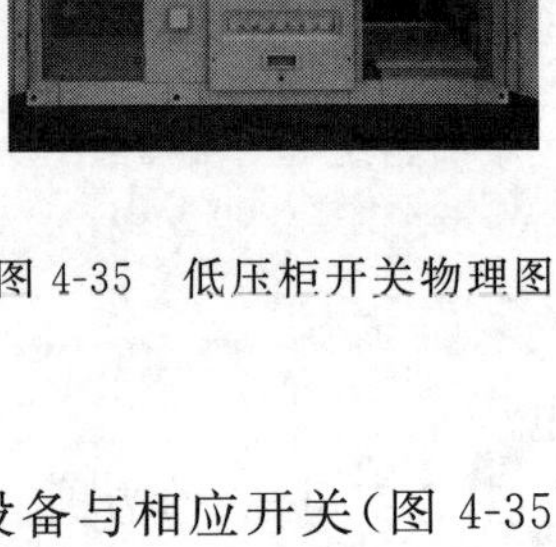

图 4-35 低压柜开关物理图

2. 低压电器柜

HXD1C 型电力机车低压电器柜主要装置机车用辅助设备与相应开关(图 4-35)。主要为电器控制开关，该类开关即有手动转换开关，也有自动脱扣开关，对相应电路进行自动保护或

人为切除，以保护电气设备或维持相应被控制的电气设备正常运转。

3. 空调机组(图 4-36)

空调机组对司机室具有冷却、通风、加热的功能。空调机组可以根据需要提供冷气和暖气。此外，机组还可以在通风状态下运行。在任何运行模式下，提供空气都经过了空气过滤器过滤，司机可以在中央控制台上调节供风容量。

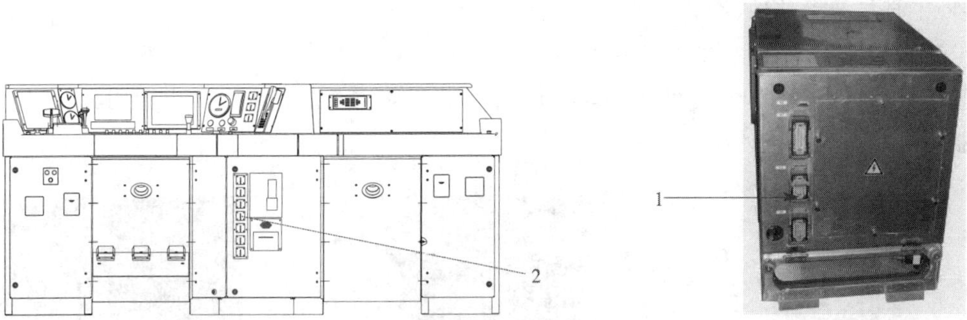


图 4-36　空调机组位置及开关物理图

1—空调机组；2—操作面板

4. 前窗玻璃加热器

前窗挡风玻璃配备有一个电加热器。加热器可以去除前窗挡风玻璃上的冰。加热区域在 220 V 时具有 7 W/dm$^2$ 的加热能力。司机可以在司机操纵台上操作前窗玻璃加热器。

显示器作为机车的人—机接口，它显示机车的运行状态、故障信息以及为司机和维修人员提供指导(图 4-37、图 4-38)。

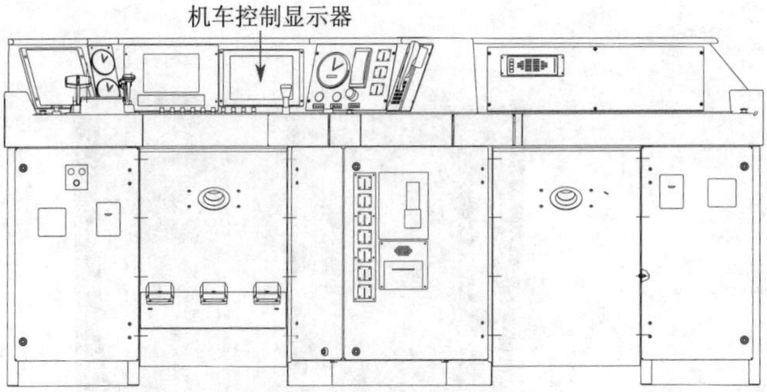


图 4-37　机车控制显示器的位置

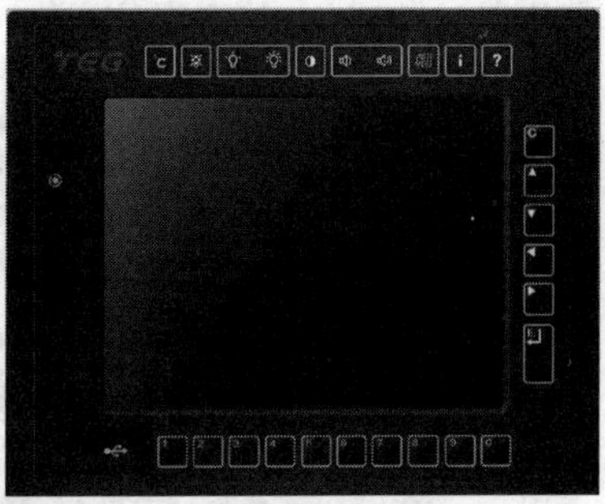

图 4-38　机车控制显示器

5. 接地棒(图 4-39)

为防止运行途中机车车顶发生电气设备故障需要处置时，避免发生人身伤害，该型机车上配置有 1 套接地棒(属组合式对接)，在接触网断电后，在上机车车顶处置故障前，可事先用短接线(电缆线)短路接触网与铁轨间，对作业人员进行保护。此接地棒的作用是将接地电缆线经此接地棒举挂在接触网上或规定的接触网端，而起到对接触网的短路保护作用。机车运用中接地棒日常安置在机械间内Ⅰ端司机室后墙与 1 位风机之间(图 4-39)，具体使用操作方法见第十一章第二节。

6. 复轨器(图 4-40)

按有关规定要求机车备有 1 套复轨器(左、右)安装在机械间风源柜中(图 4-40)。在机车运行中若发生机车或车辆脱线事故可进行自救或他救。

7. 机车司乘人员生活用具

(1)工具柜及微波炉(图 4-41)

①工具柜:工具柜装有供司机使用的基本工具。

②微波炉:位于机车机械间内工具柜上,作为长交路乘务的司乘人员生活用具。只有在主断路器闭合状态时才能使用(图 4-41)。

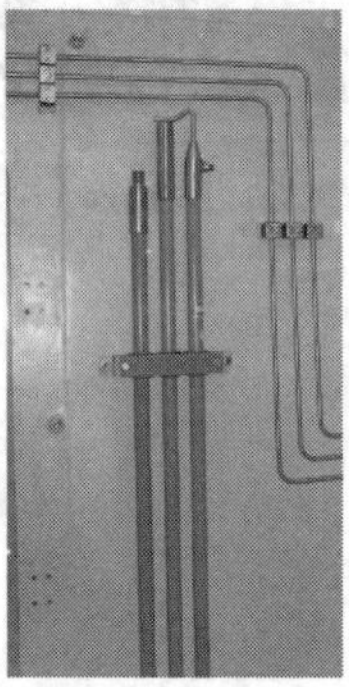

图 4-39　接地棒

图 4-40　复轨器(左、右)

图 4-41　工具柜和微波炉

(2)冷藏箱

位于机械间内压车贴上,同样是作为长交路乘务的司乘人员生活用具。只有在主断路器闭合状态时才能使用(图 4-42、图 4-43)。

图 4-42　闭合的冰箱

图 4-43　打开的冰箱

(3)卫生间

卫生间采用整体式非直排卫生间,主要配备有厕所、冲洗台、水箱、镜子、加热器、污水箱等(图 4-44、图 4-45),同样是作为长交路乘务的司乘人员生活用具。为了避免因雾水引起的损坏,污水箱被加热。

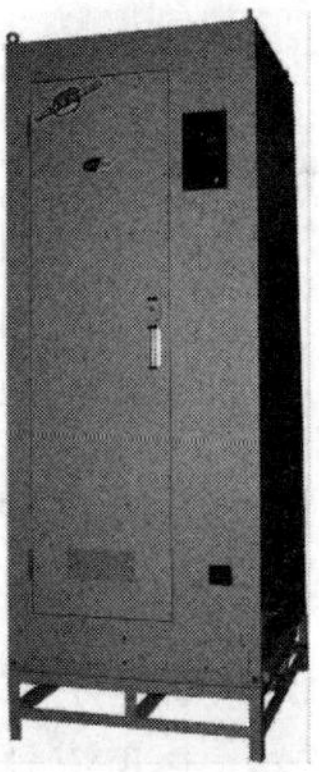

图 4-44　卫生间整体外形

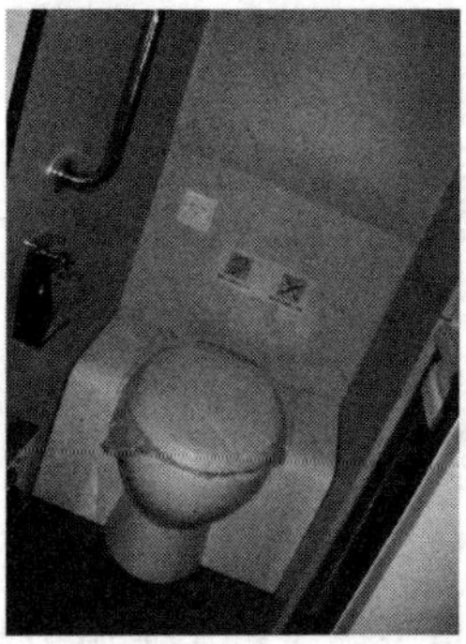

图 4-45　卫生间内设施

# 思　考　题

1. 受辅助电路供电电气设备有哪些?
2. 两台辅助变流器柜的作用是什么?

# 第五章　HXD1C 型电力机车电气线路及控制

机车电气线路是将所属各种电气设备在电气方面连接起来，构成一个有机的整体，以实现一定的功能。HXD1C 型电力机车的电气线路按其作用分为主电路、辅助电路和控制系统电路三大部分。

主电路是将产生机车牵引力和制动力的各种电气设备连成一个电气系统，以实现功率传输的主体电路，或称动力电路。它包括受电弓、主断路器、主变压器、主变流器(包括四象限整流器、中间直流电压回路和脉宽调制逆变器)及三相牵引电动机。

辅助电路是机车上为主电路电器服务的各种辅助电气设备和辅助电源连成的一个电气系统。包括辅助变流器、各种类辅助电机(冷却风机、压缩机、油泵、水泵的电动机)、蓄电池充电器、空调及加热装置等。

控制系统就其功能而言是主令系统，司机通过控制系统发出指令来间接控制机车主电路及辅助电路，以完成各种工况的操作。为了安全目的，HXD1C 型机车的控制系统是通过采用国外铁路自动化电子控制系统和 TCN 列车通信网络技术，通过车辆总线 MVB 连接在一起，即机车两端司机室之间由车辆总线 WVB 把整台车的系统、远距离无线重联控制系统(或列车分布式动力控制系统 LOCOTROL)和制动控制单元(CCBⅡ)连接在一起，整个系统集成了机车重要的开环/闭环控制及故障诊断功能。三个系统通过电磁、电空或机械传动等方式互相联系，配合动作，以实现机车的运行。本章分四节介绍了该型机车电气线路位置标示，部分主要主电路、辅助电路、控制电路及相应间的控制关系。

## 第一节　HXD1C 型电力机车电路原理图标示

HXD1C 型电力机车电气原理图是按区域与块划分(与内燃机车原理图标示有所区别)，在此图中电路(代码)、电气件、线路等是同时标示的。确定电气设备所在位置是根据电气部件代号、图纸区域、线号来查找其所在图中的位置。因此若在该型机车的原理图中寻找电气设备(部件)所在，即查找部件代号或线号，顺此查出电气设备的所在(包括控制联锁与主、辅触头)。那么，就有位置号、电气部件代码号、图纸区域号与线号的区别。另外，在区域中又有功能区别之分，在位置中又有电气(线号)在机车不同部位的区别，这是本节介绍的主要内容，以便更好地理解执行好该型电力机车电路原理图的要求，读懂此电气电路原理图，便于更好地掌握该型机车的运用。

### 一、电气线路标示(位置号)

位置号是指定该型电力机车电气设备所连线路、电气部件代码、图纸区域和线号在图纸中的位置点，并带有限定的功能描述和指明图纸中分类编号的控制继电器触点与数字量输入/输出信号(图 5-1)。

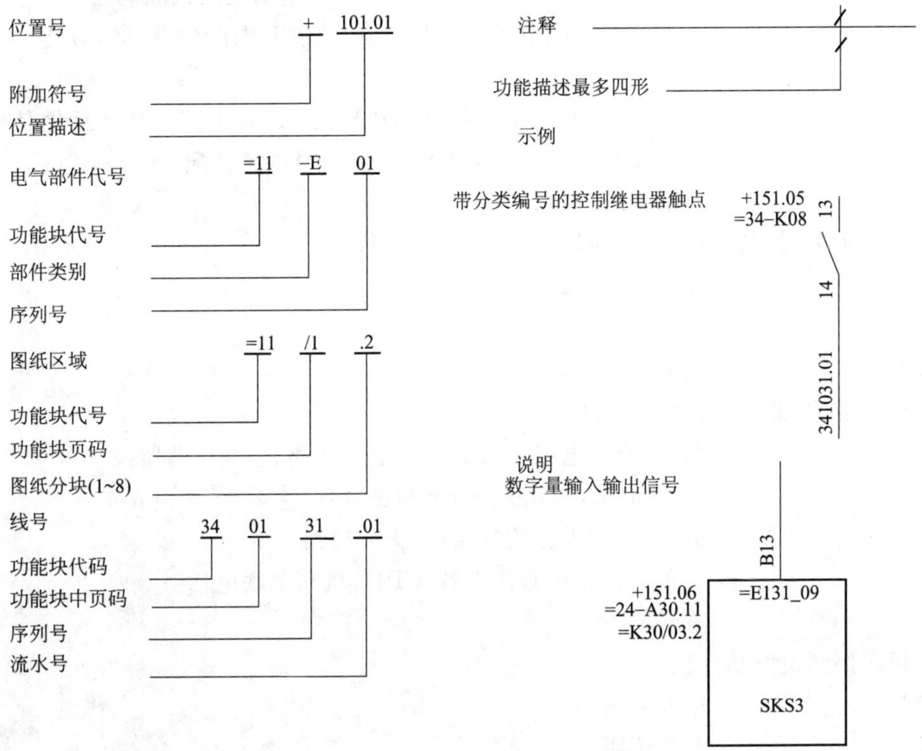


图 5-1　HXD1C 型电力机车电气原理图标示

## 二、功能区定义

功能区是在该型电力机车电路原理图内以代码的形式表明电气设备所在机车的区域，以便于指导查找相应电气设备的方便，它以等号与两位阿拉伯数字组（如＝00，或＝98）；另电气设备接口在阿拉伯数字前加英文字母“K”（如＝K10），或等号后为英文字母（如＝ZD）。

功能区内的代码主要分 10 项内容，即读图说明，主电路，机车控制电路，机车辅助（控制）电路，机车监测/监控电路，机车照明电路，机车生活用电电路，机车连接线与备用电路，机车电气接口电路，信息电路。它们分别按功能块的代码阿拉伯数字排序。

(1)功能模块说明

| 代码 | 定义 |
|---|---|
| ＝00 | 封面　读图说明 |
| ＝01 | 功能区定义 |
| ＝02 | 位置说明 |
| ＝03 | 更改记录 |

(2)机车主回路功能模块

| 代码 | 定义 |
|---|---|
| ＝11 | 主电路 |
| ＝12 | 接地方案 |

(3)机车控制及相关电路功能模块

| 代码 | 定义 |
|---|---|
| ＝21 | 辅助压缩机、受电弓、主断路器控制 |

| | |
|---|---|
| =22 | 主司控器信号输入CIO、网关1/2、牵引电动机隔离选择 |
| =23 | 主变流器控制电源、牵引电动机速度和温度检测、MVB连接TCU |
| =24 | CIO电源、SKS3电源、MVB连接SKS3/CIO、MCB反馈信号,CIO DC 24 V电源分配,SKS3反馈信号电源分配 |
| =28 | 制动系统 |

(4)机车辅助(控制)电路功能模块

| | |
|---|---|
| =31 | 辅助电路电源 |
| =32 | 控制电源柜,车内行灯插座 |
| =34 | 辅助负载电路 |

(5)机车监测/监控电路功能模块

| | |
|---|---|
| =41 | 网压、原边电流、DC 110 V电压检测、主变压器监控 |
| =42 | HMI电源,力矩表,USB诊断插座 |
| =43 | 机车信号系统,监控系统,无人警惕 |
| =45 | 机车综合无线通信设备(CIR),机车重联电话 |
| =46 | 重联电缆 |

(6)机车照明电路功能模块

| | |
|---|---|
| =51 | 车外照明 |
| =52 | 车内照明 |

(7)司机室冷暖除霜电路功能模块

| | |
|---|---|
| =62 | 空调系统,后墙暖风机 |
| =63 | 前窗除霜装置 |

(8)机车防滑与生活用电及其他电路功能模块

| | |
|---|---|
| =72 | 撒砂 |
| =73 | 轮缘润滑 |
| =74 | 低音喇叭、高音喇叭 |
| =77 | 卫生间、电热水壶、微波炉、预留制动防寒 |

(9)机车连接与备用电路功能模块

| | |
|---|---|
| =91 | 连接器 |
| =92 | 端子 |
| =95 | 备用 |
| =98 | 机车控制网络拓扑 |

(10)机车电气接口电路功能模块

| | |
|---|---|
| =K10 | 电气接口,DXM11,DIM12,AXM13 |
| =K20 | 电气接口,DXM11,DIM12,AXM13 |
| =K30 | 电气接口,DXM31～36,DIM37 |
| =Z | 电气接口,VCM1,VCM2,GWM,ERM |
| =ZD | 自带线信息 |
| =ZL | 电气设备清单 |

### 三、位置定义

位置定义在该型机车的电路原理图中有两种含义，一是指电气设备所在机车内所设区域位置（如＋100，指司机顶盖部，如图 5-2 所示）；二是指电气设备所在区域内的位置（如＋101.01，指受电弓 1 在机车顶盖上）。该型电力机车的位置定义将根据机车部位划分定义区，即有了机车部件区域与电气设备所在此定义区内的位置，如机车司机室区域、机车机械间区域与电气设备定义区，机车走行部区域与电气设备定义区（图 5-2～图 5-8）。具体机车部件区域与电气设备位置划分如下。

(1)车顶位置定义

车顶位置定义是指装设在机车车顶上的有关电气设备所在位置（图 5-2）。包括两端司机室车顶、机车机械间车顶所装设的电气设备，与受电弓及附属装置、高压隔离开关、电压互感器与主断路器等，这等机车电气设备均属超高压电气设备。

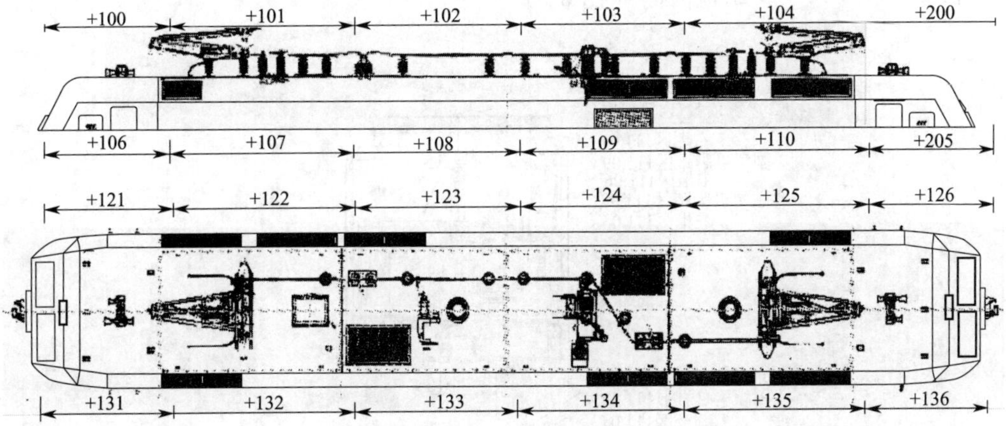


图 5-2 车顶部件位置定义

| 位置 | 定义 |
|---|---|
| ＋100 | 司机室顶盖 1 |
| ＋101 | 顶盖 1 |
| ＋101.01 | 受电弓 1 |
| ＋102 | 顶盖 2 |
| ＋102.01 | 高压隔离开关 1 |
| ＋102.02 | 电压互感器 |
| ＋103 | 顶盖 3 |
| ＋103.01 | 主断路器 |
| ＋103.02 | 避雷器 |
| ＋103.03 | 高压穿墙套管 |
| ＋103.04 | 高压隔离开关 2 |
| ＋104 | 顶盖 3 |
| ＋104.01 | 受电弓 |
| ＋106 | 司机室 1，车顶内侧 |

+106.01　　司机室1,司机室灯

+106.02　　司机室1,扬声器,副司机侧

+107　　车顶内侧1

+108　　车顶内侧2

+109　　车顶内侧3

+109.01　　主断(HVB)连接器

(2)司机室位置定义

司机室位置定义是指装设在两端司机室内的电气设备所在位置(即机车Ⅰ、Ⅱ司机室),这类电气设备均属机车控制类电气设备,包括正、副操纵台及所属电气控制柜,前后墙、左右内侧墙上(内)的电气设备,该类设备均属中/低压机车用交/直流电源与电气设备。

①Ⅰ司机室

位置　　定义

+110　　车顶内侧4(图5-3)

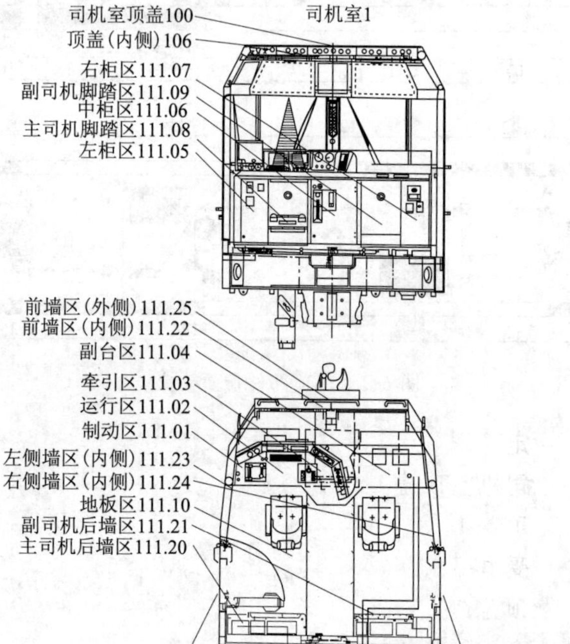


图5-3　司机室Ⅰ部位部件位置定义

+111　　司机室1

+111.01　　司机室1制动区

+111.02　　司机室1运行区

+111.03　　司机室1牵引区

+111.04　　司机室1副台区

+111.05　　司机室1左柜区

| | |
|---|---|
| +111.06 | 司机室 1 中柜区 |
| +111.07 | 司机室 1 右柜区 |
| +111.08 | 司机室 1 主司机脚踏区 |
| +111.09 | 司机室 1 副司机脚踏区 |
| +111.10 | 司机室 1 地板 |
| +111.21 | 司机室 1 后墙,副司机侧 |
| +111.22 | 司机室 1 前墙,内侧 |
| +111.23 | 司机室 1 司机室左内侧墙 |
| +111.24 | 司机室 1 司机室右内侧墙 |
| +111.25 | 司机室 1 前方 |

②Ⅱ司机室

| 位置 | 定义 |
|---|---|
| +200 | 司机室顶盖 2(图 5-4) |

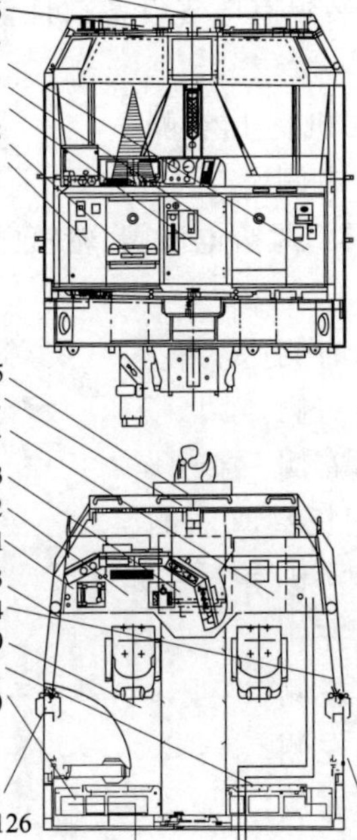


图 5-4　司机室Ⅱ部位部件位置定义

| | |
|---|---|
| +206 | 司机室 2,车顶内侧 |
| +206.01 | 司机室 2,司机室灯 |
| +206.03 | 司机室 2,扬声器,副司机侧 |
| +211 | 司机室 2 |
| +211.01 | 司机室 2 制动区 |
| +211.02 | 司机室 2 运行区 |
| +211.03 | 司机室 2 牵引区 |

| | |
|---|---|
| +211.04 | 司机室 2 副台区 |
| +211.05 | 司机室 2 左柜区 |
| +211.06 | 司机室 2 中柜区 |
| +211.07 | 司机室 2 右柜区 |
| +211.08 | 司机室 2 主司机脚踏区 |
| +211.09 | 司机室 2 副司机脚踏区 |
| +211.10 | 司机室 2 地板 |
| +211.21 | 司机室 2 后墙，副司机侧 |
| +211.22 | 司机室 2 前墙，内侧 |
| +211.23 | 司机室 2 司机室左内侧墙 |
| +211.24 | 司机室 2 司机室右内侧墙 |
| +211.25 | 司机室 2 前方 |

(3)车体侧墙位置定义(图 5-2)

机车车体侧墙位置是指该型机车两端司机室，机械间左右的侧墙壁。主要为方向性指引，在此类侧墙的附近或侧墙墙壁均装置有电气设备部件，便于指导性查找，避免出差错，或快捷查找出故障(需检修)部件所在。

| | |
|---|---|
| +121 | 侧墙，司机室 1，右侧 |
| +122 | 侧墙 1，右侧 |
| +122.01 | 主干燥器、风笛电磁阀、轮喷电磁阀安装板 1 |
| +122.02 | |
| +123 | 侧墙 2，右侧 |
| +124 | 侧墙 3，右侧 |
| +125 | 侧墙 4，右侧 |
| +126 | 侧墙，司机室，2 右侧 |
| +131 | 侧墙 3，司机室 1，左侧 |
| +132 | 侧墙 1，左侧 |
| +133 | 侧墙 2，左侧 |
| +134 | 侧墙 3，左侧 |
| +135 | 侧墙 4，左侧 |
| +135.01 | 主干燥器、风笛电磁阀、轮喷电磁阀安装板 2 |
| +135.02 | |
| +136 | 侧墙，司机室 2，左侧 |

(4)机械间电气设备位置定义

机车机械间电气设备位置是指该型机车主、辅电气设备的具体安装位置，即六台牵引电动机冷却用风机，两台主压缩机，两套主变流器，两台冷却塔，两套辅助变流器及其附属电气设备与卫生间等，主要为该型机车辅助运转/运行机构的安装位置(图 5-5)。

| | |
|---|---|
| +140 | 牵引电动机风机 1 |
| +141 | 主压缩机 1 |
| +142 | 牵引电动机风机 2 |

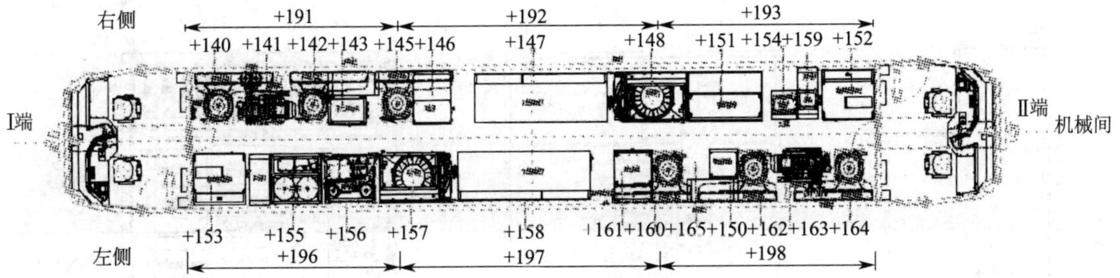


图 5-5　机械间电气设备位置定义

| | |
|---|---|
| +143 | 第三方设备柜 |
| +145 | 牵引电动机风机 3 |
| +146 | 卫生间 |
| +147 | 主变流器 1 |
| +148 | 冷却塔 1 |

(5)机车电气控制柜位置定义

机车电气控制柜位置定义是指机车控制电气柜所在位置。电气柜为该型电力机车的控制类电气设备与电气接触器开关类部件的装置柜，是执行机车司机发出控制指令的一种执行机构，以完成司机操作指令所下达的任务，使机车主、辅设备按程序设计要求正常运行，使机车牵引—制动工况、方向转换工况与辅助工况按要求正常运转。

| | |
|---|---|
| +150 | 电源柜(图 5-5) |
| +150.01 | 电源柜电器面板 1 |
| +150.02 | 电源柜电器面板 2 |
| +150.03 | 电源柜电器面板 3 |
| +150.04 | 电源柜电器面板 4 |
| +150.05 | 电源柜电器面板 5 |

①HXD1C 型电力机车电气柜

| | |
|---|---|
| +151 | 电气柜(图 5-5) |
| +151.01 | 电气柜设备安装板 1 公司 TPCB MCB(图 5-6) |
| +151.02 | 电气柜左柜端子 1=92-X151.01/X151.02 |
| +151.03 | 电气柜设备安装板 2 AC contactor/=92-X151.03 |
| +151.04 | 电气柜右柜端子 1=92-X151.04 |
| +151.05 | 电气柜设备安装板 3=92-X151.05/X151.06/ |
| +151.06 | 电气柜设备安装板 4(左柜模块) |
| +151.07 | 电气柜设备安装板 5(右柜模块) |
| +151.08 | 电气柜库用开关布置 |
| +151.09 | 电气柜连接器安装板 |
| +151.A1 | 电气柜转换开关安装板 |
| +151.A2 | 电气柜电度表安装板 |
| +151.A3 | 电气柜机床插销安装板 |

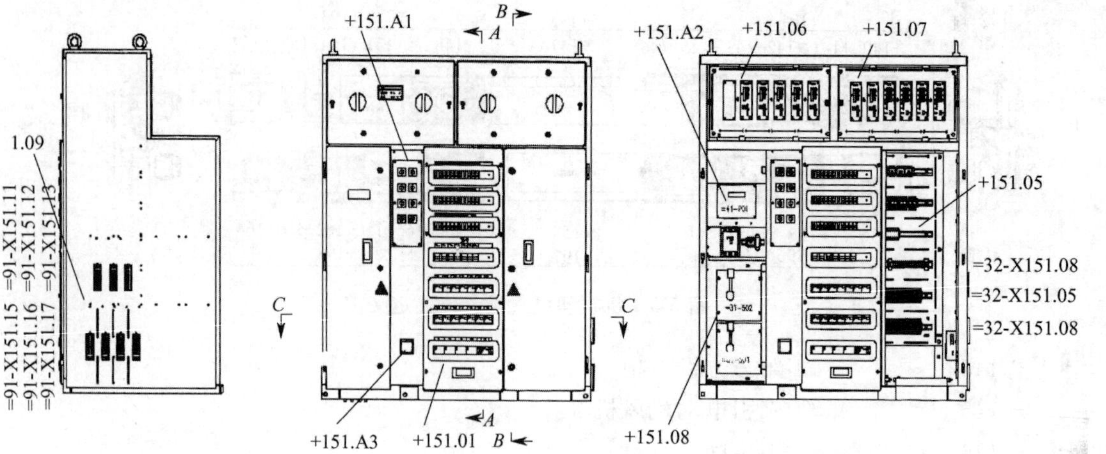


图 5-6　电气柜部件位置定义Ⅰ

+151. A4　　　　　　电气柜自动过分相安装板(图 5-7)

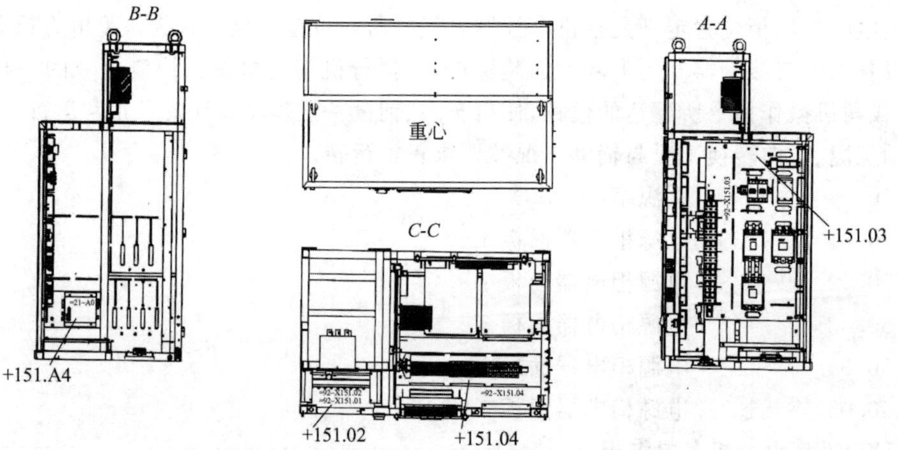


图 5-7　电气柜部件位置定义Ⅱ

②机械间部件位置定义(图 5-5)

+152　　　　　　辅助变流器 2

+153　　　　　　辅助变流器 1

+154　　　　　　工具柜微小波炉

+155　　　　　　风源

+156　　　　　　制动柜

+157　　　　　　冷却塔 2

+158　　　　　　逆变器 2

+159　　　　　　冰箱

+160　　　　　　牵引电动机风机 4

+161　　　　　　蓄电池柜

+162　　　　　　牵引电动机风机 2

| | |
|---|---|
| +163 | 主压缩机 2 |
| +164 | 牵引电动机风机 6 |
| +165 | 预留空间 |

(6)走行部部件位置定义(图 5-8)

机车走行部部件位置,主要指机车的动力装置所在位置,即六台牵引电动机,主变流器,两只总风缸,两台转向架,六只轮对,车体底架,包括附属电气设备(如传感器)等类机械/电气设备部件的安装位置。

| | |
|---|---|
| +180 | 底架区域,轮对 1 前方 |
| +180.01 | 轮对 1 前方,左侧 |
| +180.02 | 轮对 1 前方,右侧 |

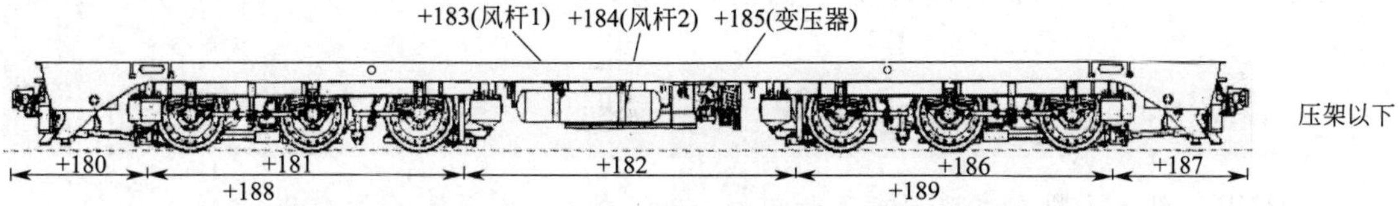


图 5-8 机车走行部部件位置定义

| | |
|---|---|
| +181 | 底架区域,转向架 1 上方 |
| +181.01 | 转向架 1 上方,左侧 |
| +181.02 | 转向架 1 上方,右侧 |
| +182 | 底架区域,转向架 1/2 上方 |
| +182.01 | 转向架 1/2 之间,左侧 |
| +182.02 | 转向架 1/2 之间,右侧 |
| +183 | 风缸 |
| +184 | 风缸 |
| +185 | 主变压器 |
| +185.01 | 主变压器上方 |
| +186 | 底架区域,转向架 2 上方 |
| +186.01 | 转向架 2 上方,左侧 |
| +186.02 | 转向架 2 上方,右侧 |
| +187 | 底架区域,轮对 6 后方 |
| +187.01 | 轮对 6 后方,左侧 |
| +187.02 | 轮对 6 后方,右侧 |
| +188 | 转向架 1 |
| +188.01 | 轮对 1,左侧 |
| +188.02 | 轮对 1,右侧 |
| +188.03 | 轮对 2,左侧 |
| +188.04 | 轮对 2,右侧 |
| +188.05 | 轮对 3,左侧 |
| +188.06 | 轮对 3,右侧 |

| | |
|---|---|
| ＋188.07 | 牵引电动机 1/传感器 |
| ＋188.08 | 牵引电动机 2/传感器 |
| ＋188.09 | 牵引电动机 3/传感器 |
| ＋188.10 | 分相区/传感器左侧 |
| ＋188.11 | 分相区/传感器右侧 |
| ＋191 | 机械间地板,转向架 1 上方,右侧 |
| ＋192 | 机械间地板,转向架 1/2 之间,右侧 |
| ＋193 | 机械间地板,转向架 2 上方,右侧 |
| ＋196 | 机械间地板,转向架 1 上方,左侧 |
| ＋197 | 机械间地板,转向架 1/2 之间,左侧 |
| ＋198 | 机械间地板,转向架 2 上方,左侧 |

## 思 考 题

1. HXD1C 型电力机车电路原理图如何划分?
2. 电路原理图的功能区定义是什么?
3. 电路原理图电气设备的位置定义是什么?

## 第二节　机车主电路

HXD1C 型电力机车主电路是连接外电源与机车电气设备和输出线路的主流线路。主要由受电弓、电路保护装置(主断路器)、主变压器、主变流器、逆变器、牵引电动机等电气设备与有关电路和相应有关电路内的电气设备(包括控制、保护电气设备)所组成(图 5-9)。

HXD1C 型电力机车主电路具有主传动方式、牵引电动机供电方式、电传动方式、动力制动方式等四方面的特点,即主传动方式采用交—直—交流电传动方式,使用三相交流牵引电动机作为机车的动力驱动装置。牵引电动机供电方式采用一台转向架三台牵引电动机并联,由一台主变流器(TCU1/2)供电,即所谓"转向架独立供电方式"。全车两台三轴转向架,具有两台独立的主变流器,此方式有三个优点,一是具有较大的灵活性,当一台主变流器故障时,只需切除一台转向架三台电机,机车仍保持 1/2 的牵引力;二是同台机车前后两个转向架可进行电气式轴重补偿,即对前转向架(其轴重相对较轻)给以较小的电流,以充分利用黏着;三是实现以转向架为中心的电气系统单元化。电传动方式,机车有一套完整的电传动系统,该系统由一台拥有 1 台主变压器的原边绕组、6 个牵引绕组和二次谐振电抗器的供电系统组成,通过 6 个四象限整流器(4QC)向 2 套独立的中间直流电压环节充电。每台转向架上的 3 台三相异步电动机作为一组负载,由连接在中间直流环节中的一个脉宽调制逆变器供电。因此两路中间直流环节相互独立,所以整台机车牵引力有 75%的冗余,从而提高了机车的可利用率。中间直流环节还连接有谐波吸收电路、过压保护电路和接地检测电路。动力制动方式:机车采用再生制动。在机车处于再生制动工况时,机车其牵引电机处于发电机状态,并将电机产生能量反馈回电网,达到节能的效果。本节主要介绍了主电路中的网侧电路、主变压器电路、主变流器电路、脉宽调制逆变器供电电路及相应的辅助保护测量电路。

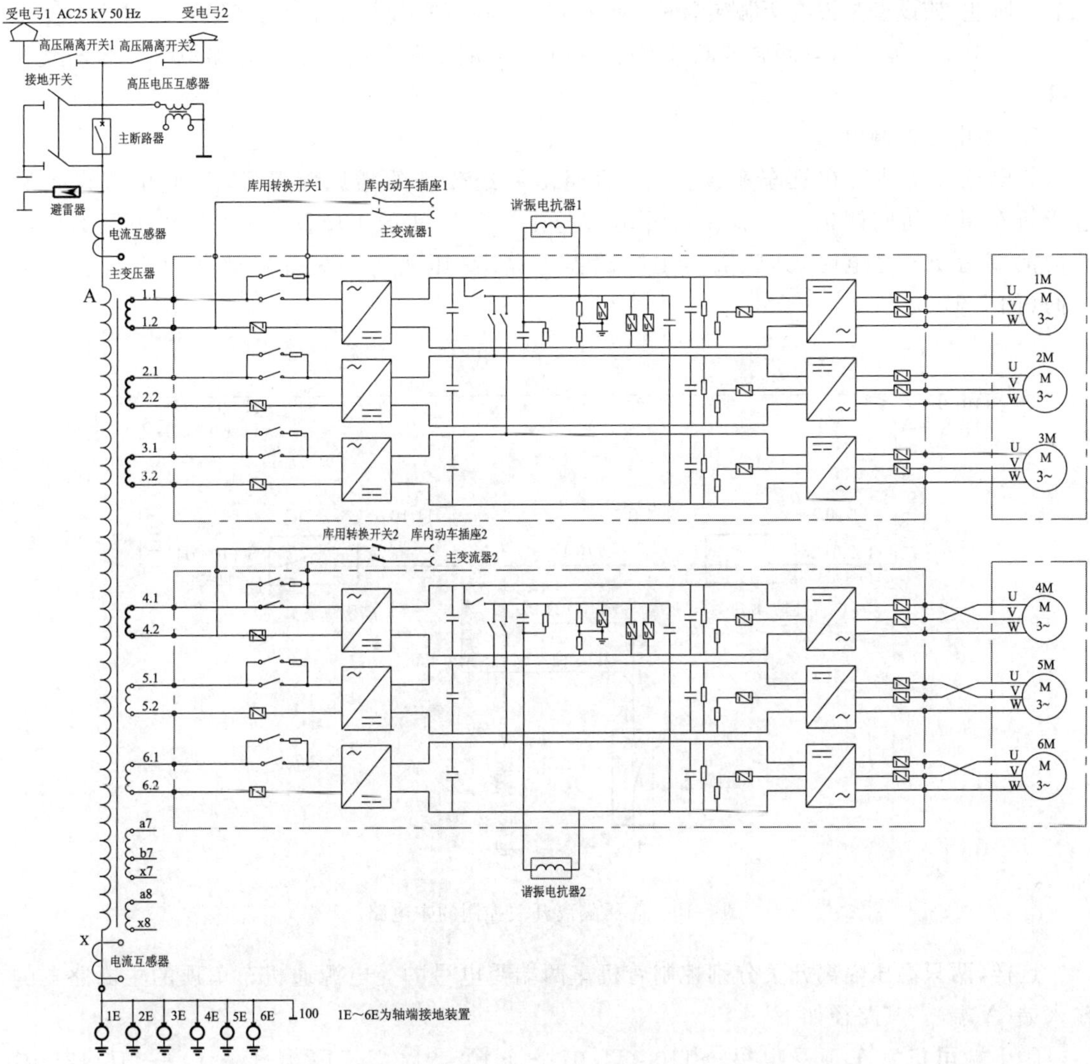


图 5-9　机车主电路原理图

## 一、网侧电路(25 kV)

网侧电路的路径是:从接触网来的 25 kV 单相工频交流电,经受电弓、主断路器、网侧电流互感器、主变压器原边绕组、车体固定接地点、然后通过接地刷、动轴,最后通过车轮到钢轨,再回到变电所,如图 5-9 所示。

1. 高压隔离开关电路

高压隔离开关在该型电力机车上共装置有两套,即与受电弓配套使用,当车顶某一端受电弓或相应的该段主电路与附属设备发生故障时,可通过此装置人为将其切除,机车即可维持运行。该装置是控制主电路电气设备(在前第三章第三节内对设备的结构有所介绍),该电气设备在机车网侧高压主电路内,其设备分为主电路控制电路与设备被控制电路。该设备其主触头控制着高压主电路,其设备驱动部分为控制电路,属人为控制气动电气设备,即由压力空气在电磁阀的控制下使合口(闸)与断开(闸)。以达到控制网侧主电路接通与断开,如第三章第三节内所述,该设备是没有灭弧装置的,应在受电弓降下断开与接触网的接触,同时主断路器断开的情况下才能进行其闭合或断开操作,避免主电路带负载的状况下烧损电气设备与装置自身。

(1)主电路控制电路

该电气设备装置在机车车顶盖上(后期出厂经改进的高原配置机车,此电气设备装置于机车机械间网侧柜内),控制着受电弓与主变压器间的主电路,在此装置控制的主电路的前端为受电弓电路,其后端为主断路器电路,高压隔离开关处在此两电气设备电路中间(图 5-10)。

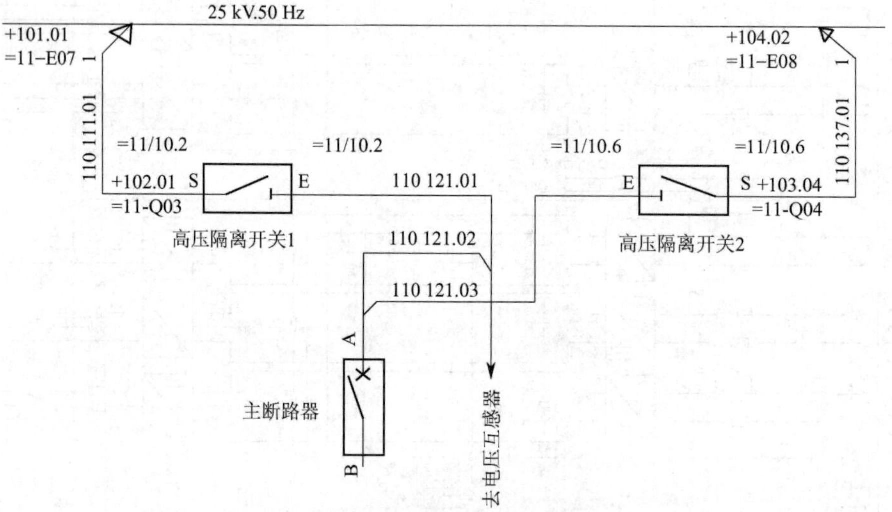


图 5-10　高压隔离开关控制的主电路

这样,两只高压隔离开关分别控制着机车两端受电弓的受电源通机车车顶的主断路器的输入端(A 端)。其路径如下。

①Ⅰ端司机室车顶受电弓→110 111.01→+102.01(高压隔离开关 1)→110 121.01(110 121.02)→主断路器输入端(A 端);

②Ⅱ端司机室车顶受电弓→110 137.01→+103.04(高压隔离开关 2)→110 121.03→主断路器输入端(A 端)。

(2)电磁阀线圈控制电路

该电气设备是在电磁阀的控制空气压力气路下,驱使其设备机械气动部分作用(使主电路闭合或断开)。其电磁阀电路受 DC 110 V 控制,其控制电路信号来自机车计算机系统。其控制电路如图 5-11 所示。

2. 主断路器电路

主断路器属自动(保护)开关,自身带有真空灭弧装置,属电器压力空气气动机械控制(其作用原理在前第三章第三节介绍)。在该型电力机车上共装置有一套,即装置在机车车顶(后期出厂经改进的高原配置机车,此电气设备装置于机车机械间网侧柜内)高压隔离开关之后与主变压器之间(图 5-12)。

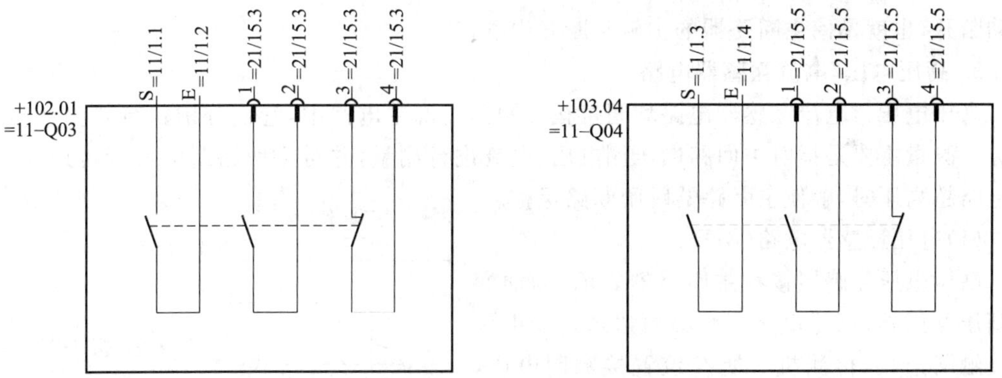


图 5-11　高压隔离开关电器控制电路

当机车过分相或机车主电路和相应的辅助电路发生故障主断路器均会发生自动保护性断开(也称主断跳闸)。当机车过分相后或故障被处置妥当后,主断路器可自动恢复或人为恢复接通主电路继续给机车供电。该电气设备与上述高压隔离开关控制主电路相同,同在机车网侧高压主电路内,其设备分为主电路控制电路与设备被控制电路,设备驱动部分为控制电路,属人为和自动控制两种方式的气动机械电气设备,即由压力空气在电磁阀的控制下合口(闸)与断开(闸)。以达到控制网侧主电路接通与断开,该电气设备主触头设在真空的灭弧罩筒内,因此在机车运用中经常带电自动断开或闭合主电路。该电气设备装置其控制电路主要分控制主电路与被控制的 DC 110 V 电磁阀线圈控制电路。主断路器因受控制的电器有较大范围,因此被控制的电路也较多,如主变流器内、辅助变流器内、逆变器内,牵引电动机以及相关的通信电路发生故障,主断路器均会发生受保护性自动断开(跳闸)。除计算机控制外,还有 12 条控制电路(图 5-13),

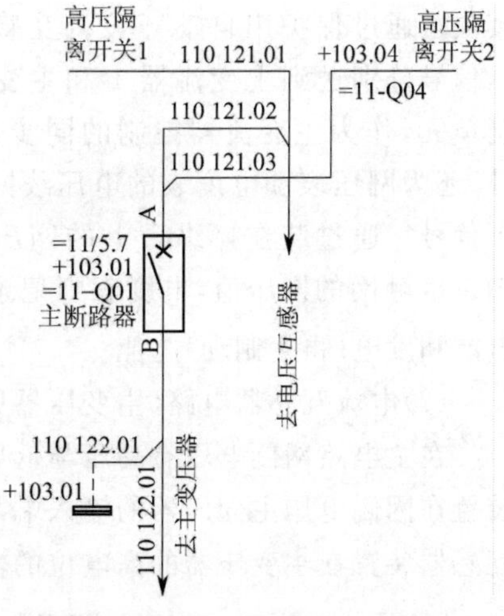


图 5-12　主断路器控制方电路

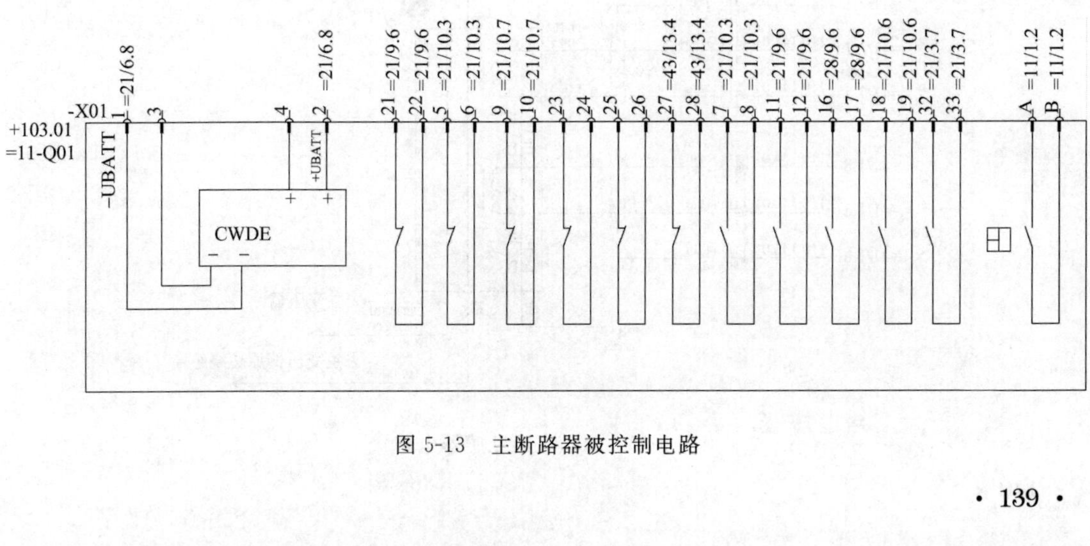


图 5-13　主断路器被控制电路

这类电路一旦发生故障，均会触使主断路器内控制压缩空气的气路电磁阀释放，而使主断路器自动断开，也就是使主断路器的主触头断开主电路。

3. 高压电压/电流互感器电路

高压电压与电流互感器电路均间接接在网侧电源主电路中，它们分别执行着测量与保护任务。测量主要是指对主回路网压侧电压、电流进行测量，并对主回路漏电进行接地保护，或主电路超高压时，触使主断路器跳闸断路保护。

(1)电压互感器电路(网压)

高压电压互感器接在主断路器之前，为油润式高压互感器，高压电压互感器原边通过受电弓与接触网连接，检测机车所在位置接触网电压，只要升起受电弓，即可判断接触网是否有电(图 5-14)。互感器的电压变比为 25 000 V/150 V，其次边通过保护用自动开关将互感器输出的电压信号分别送到主变流器 1 和主变流器 2 的控制单元，作为主变流器控制的同步信号使用；另外，还为网压表和电度表的电压线圈提供原边网压信号。通过装在操纵台上的网压表司机就能知道接触网的网压值，电度表则记录机车的使用电能和发电(再生制动)电能。

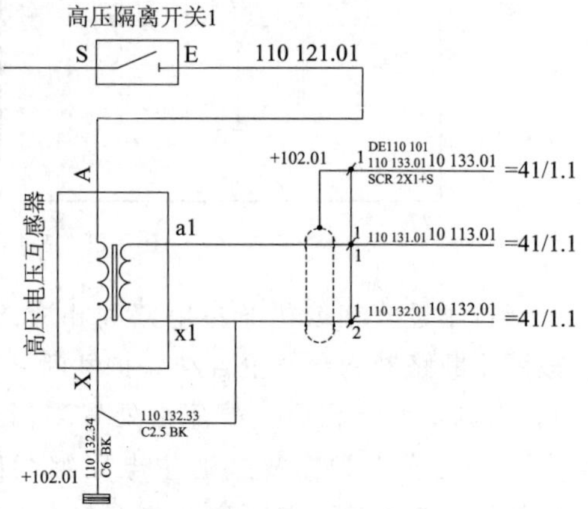


图 5-14　高压电压互感器电路

(2)电流互感器电路(主变压器原边电流)

在主电路网侧电压有高压与低压两种电流互感器，它们均属间接性隔离测量电气设备，即装置在网侧电压主变压器的输入端与输出端的主电路外围，是原边电流的测量装置，高压电流互感器装置在主变压器的高电位的输入端(图 5-15)，其次边绕组为原边的过流保护提供电流

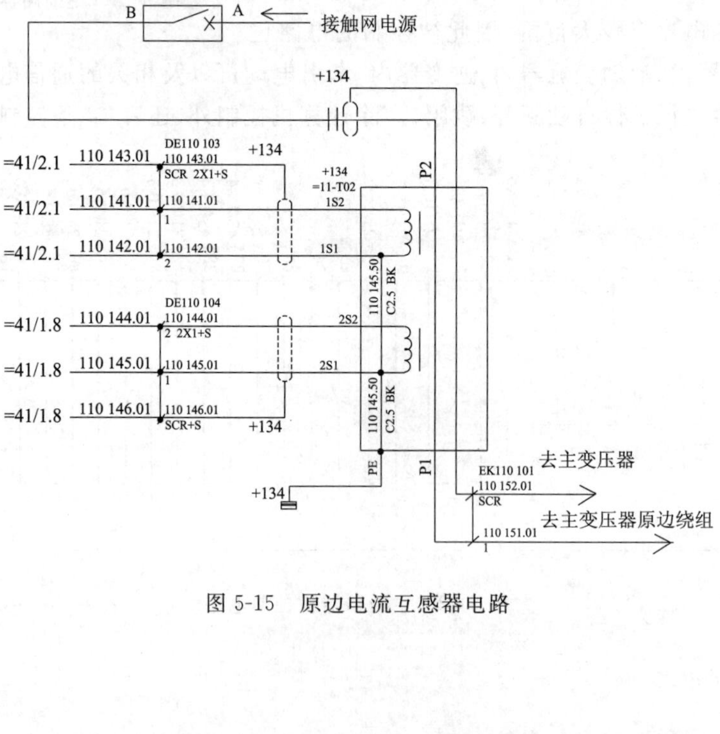


图 5-15　原边电流互感器电路

信号;低压电流互感器装置在主变压器的输出端,其次边绕组为电度表提供原边电流信号,同时也为机车计算机控制系统提供原边电流信号(图 5-16)。接地电刷保证了网侧电流向钢轨回流的同时,保护了机车轮对轴承不受电蚀,以及可靠接地。

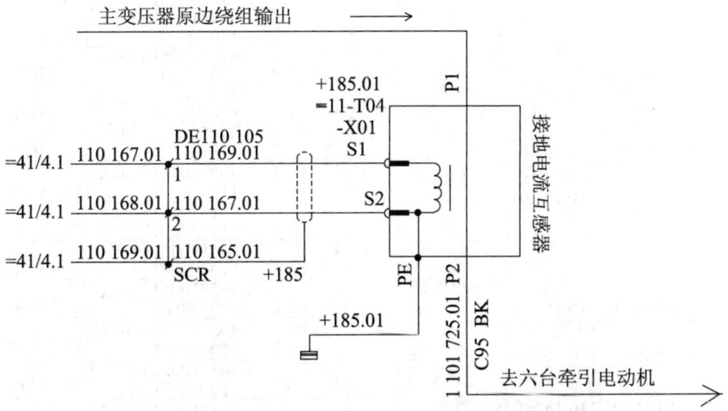


图 5-16　接地电流互感器电路

(3)原边电流互感器电路

①主电路:接触网电源→主断路器→原边电流互感器 P2→原边电流互感器 P1→主变压器原边绕组输入端。

② 次边绕组电路→过流保护提供信号；→电度表提供电流信号

(4)接地电流互感器电路

接地电流互感器装置在主变压器的输出端的低电压位,其电路如下。

①主电路:接触网电源→主变压器原边绕组输出端→去六台牵引电动机的接地点。

②次边绕组电路:低压电流互感器次边绕组→接地/过流继电器线圈电路。

## 二、主变压器电路

HXD1C 型电力机车有一套完整的电传动系统,该系统由一台拥有 1 个原边绕组、6 个牵引绕组和 2 个 2 次谐振电抗器的主变压器,通过变流器最终为牵引电动机提供所需的三相交流电。在主变压器内分为三类电路,即主变压器原边绕组电路,次边绕组主电路,次边绕组辅助电路。它们的路径如图 5-17 所示。

(1)主变压器主电路

接触网电源→主断路器→主变压器原边绕组→经 6 台牵引电动机机接地。

(2)次边绕组主电路

①第一牵引绕组(1.1/1.2)→110 181.01(=11/2.1→=11/1.8)/110 182.01(=11/2.1→=11/1.8)→A1(=11/6.1)/X1(11/6.1)→主变流器 1(TCU1)。

②第二牵引绕组(2.1/2.2)→110 183.01(=11/2.1→=11/1.8)/110 184.01(=11/2.1→=11/1.8)→A2(=11/6.1)/X2(11/6.1)→主变流器 1(TCU1)。

③第三牵引绕组(3.1/3.2)→110 185.01(=11/2.1→=11/1.8)/110 186.01(=11/2.1→=

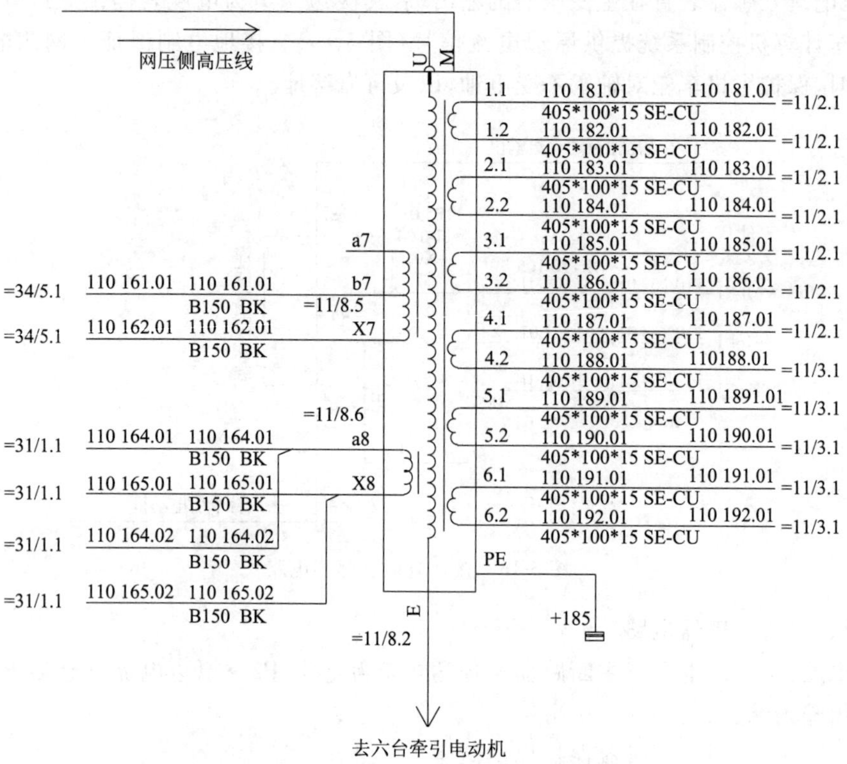


图 5-17　主变压器电路图

11/1.8)→A3(=11/6.1)/X3(11/6.1)→主变流器 1(TCU1)。

④第四牵引绕组(4.1/4.2)→110 187.01(=11/3.1→=11/1.8)/110 188.01(=11/3.1→=11/1.8)→A1(=11/7.1)/X1(11/7.1)→主变流器 2(TCU2)。

⑤第五牵引绕组(5.1/5.2)→110 189.01(=11/3.1→=11/1.8)/110 190.01(=11/3.1→=11/1.8)→A2(=11/7.1)/X2(11/7.1)→主变流器 2(TCU2)。

⑥第六牵引绕组(6.1/6.2)→110 191.01(=11/3.1→=11/1.8)/110 192.01(=11/3.1→=11/1.8)→A3(=11/7.1)/X3(11/7.1)→主变流器 2(TCU2)。

(3)次边绕组辅助电路

①辅助线圈 1:a7/b7/X7(=11/8.5)→110 161.01/0162.01(=34/5.1)→辅助负载电路。

②辅助线圈 2a:a8/X8(=11/8.6)→110 164.01/0165.01(=31/1.1)→辅助电源电路。

③辅助线圈 2b:a8/X8(=11/8.6)→110 164.02/0165.02(=31/1.1)→辅助电源电路。

## 三、主变流器电路

HXD1C 型机车变流器有 6 个四象限整流器(4QC)向两个独立的中间直流电压环节充电，由连接在中间直流环节中的一个脉宽调制逆变器，将直流电逆变成三相交流电，向每个转向架上的 3 台三相异步电动机作为一组负载供电。因此两路中间直流环节相互独立，整台机车牵引力有相应的冗余，从而提高了机车的可利用率(中间直流环节还连接有谐波吸收电路、过压保护电路和接地检测电路)。

在该型交流电力机车上，来自接触网的单相交流电在牵引变压器中变换成所需大小的合适交流电压，经整流器整流后供给中间回路，从单相交流接触网来的功率是以脉动形式提供给中间回路的。但从传动特性来说，希望得到尽可能恒定的功率，从而得到尽可能恒定的转矩。所以，中间回路首先是一个能量存储和变换的装置，但它又是一个滤波器，在平衡功率波动方面起着决定性的作用。在电工技术领域中，存在两种具有储能特性的电子元件：电容器和电抗器。基于所选择的不同的储能元件，交流传动相应地分为两种基本系统：电压型系统和电流型系统。相应的，把有关的交—直—交变流器称为电压型变流器和电流型变流器。

HXD1C 型电力机车采用的是电压型变流器。在电压型变流器中，电容器用作中间回路的储能器，它接受向中间回路供给的顺时电流与从中间回路取用的顺时电流之差，并使电压保持恒定(图 5-18)。两主变流器的外在电路接线基本相同，差异在主变流器 1(TCU1)与主变流器 2(TCU2)输出端的接线有所区别，因六台牵引电动机在机车两转向架为对置排列，因此其主变流器 2(TCU2)的输出三相线路的 U1、V1 端子与主变流器 1(TCU1)的相同输出接线端子相反，以适应机车转向架牵引电动机顺向运行(图 5-19)。

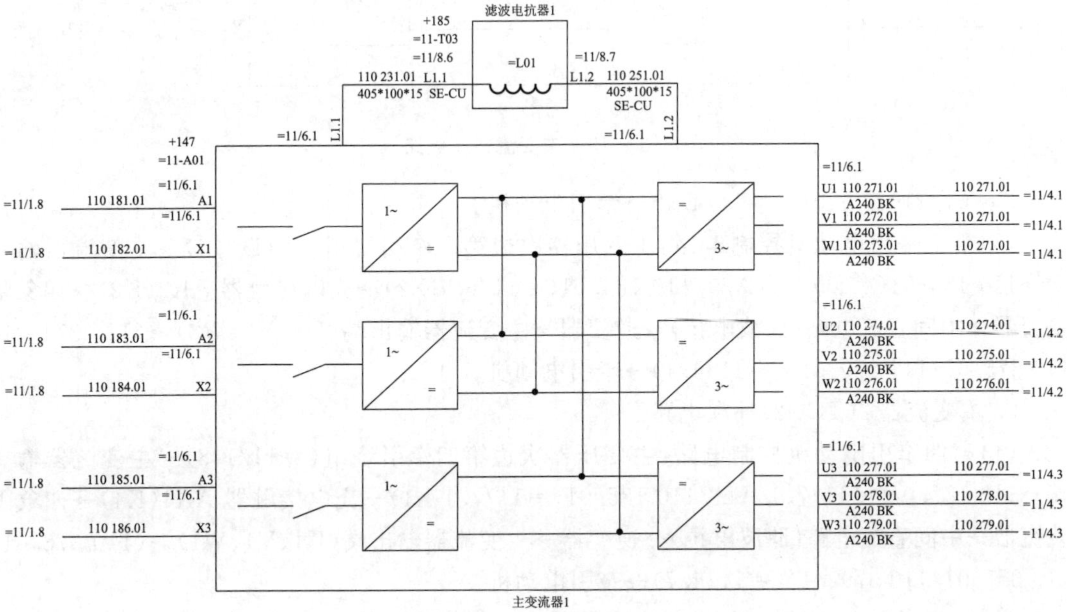


图 5-18 主变流器 1 电路

在机车主电路中每台主变流器分别控制三台牵引电动机供电电源电路，它们互为独立的交—直—交流整流—逆变控制系统。其电路路径如下。

1. 主变流器 1(TCU1)外在电路

(1)第一牵引电动机控制电路：主变压器次边第一牵引绕组(=11/1.8)→主变流器输入端→110 181.01(=11/6.1-A1)/110 182.01(=11/6.1-X1)→充电接触器 AK1(K1)→四象限整流器→中间直流电路(滤波电抗)→逆变器→主变流器输出端(U1、V1、W1)→(110 271.01/110 272.01/110 273.01)(=11/4.1)→牵引电动机。

(2)第二牵引电动机控制电路：主变压器次边第二牵引绕组(=11/1.8)→主变流器输入端→110 183.01(=11/6.1/A2)/110 184.01(=11/6.1-X2)→充电接触器 AK2(K2)→四象限整流器→中间直流电路(滤波电抗)→逆变器→主变流器输出端(U2、V2、W2)→(110 274.01/

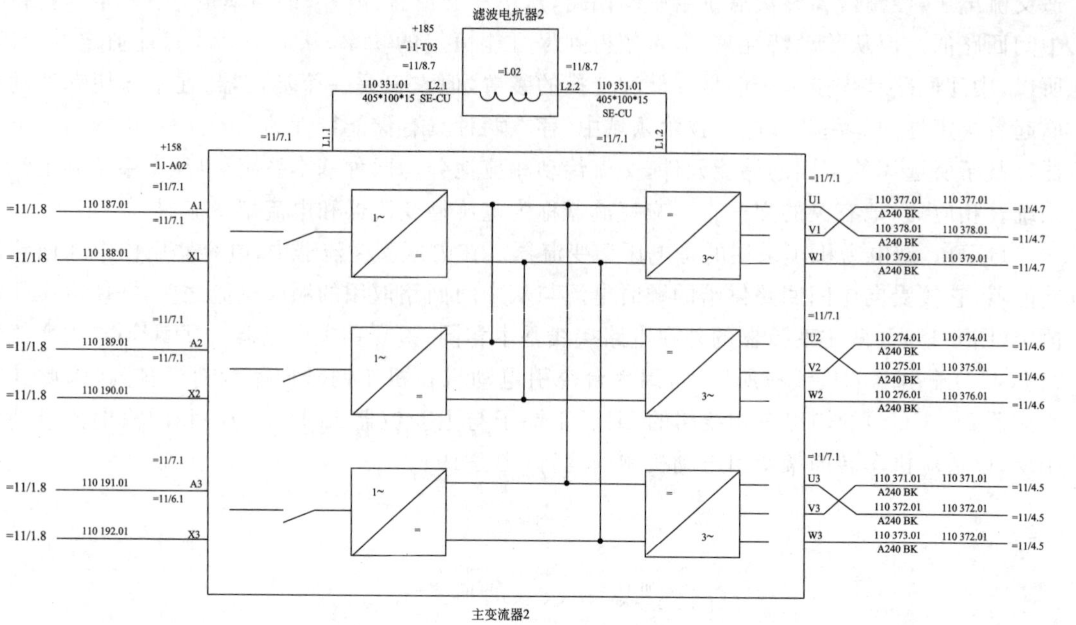

图 5-19　主变流器 2 电路

110 275.01/110 276.01)(＝11/4.1)→牵引电动机。

(3)第三牵引电动机控制电路:主变压器次边第三牵引绕组(＝11/1.8)→主变流器输入端→110 183.01(＝11/6.1/A2)/110 184.01(＝11/6.1-X2)→充电接触器 AK2(K2)→四象限整流器→中间直流电路(滤波电抗)→逆变器→主变流器输出端(U2、V2、W2)→(110 274.01/110 275.01/110 276.01)(＝11/4.1)→牵引电动机。

2. 主变流器 2(TCU2)外在电路

(1)第四牵引电动机控制电路:主变压器次边第四牵引绕组(＝11/1.8)→主变流器输入端→110 187.01(＝11/7.1-A1)/110 188.01(＝11/7.1-X1)→充电接触器 AK4(K4)→四象限整流器→中间直流电路(滤波电抗)→逆变器→主变流器输出端(U1、V1、W1)→(110 378.01/110 377.01/110 379.01)(＝11/4.7)→牵引电动机。

(2)第五牵引电动机控制电路:主变压器次边第五牵引绕组(＝11/1.8)→主变流器输入端→110 189.01(＝11/7.1/A2)/110 190.01(＝11/7.1-X2)→充电接触器 AK5(K5)→四象限整流器→中间直流电路(滤波电抗)→逆变器→主变流器输出端(U2、V2、W2)→(110 375.01/110 374.01/110 376.01)(＝11/4.6)→牵引电动机。

(3)第六牵引电动机控制电路:主变压器次边第六牵引绕组(＝11/1.8)→主变流器输入端→110 191.01(＝11/7.1/A3)/110 192.01(＝11/7.1-X3)→充电接触器 AK6(K6)→四象限整流器→中间直流电路(滤波电抗)→逆变器→主变流器输出端(U2、V2、W2)→(110 371.01/110 372.01/110 373.01)(＝11/4.5)→牵引电动机。

3. 整流—逆变电路

作为逆变器的电源,在其输入端提供一个实际上恒定不变的电压。由于这个电源具有较低的内阻抗,所以逆变器的端电压不随负载变化,这种逆变器称为电压源逆变器。采用电压型变流器供电的异步牵引电动机系统。逆变器向牵引电动机输出频率和幅值可变的三相电压,通过适当地选择脉宽调制技术，能够进一步改善输出电压波形。在电动机漏抗的影响下，使电动机绕组中的电流尽可能接近于正弦形，并从而减小转矩的脉动程度。此外，采用四象限脉冲整流器，通过中间回路储能设备(二次谐波吸收电路、支撑电容器)解耦，解决对接触网的反作用。

机车采用再生制动。在机车处于再生制动工况时，机车将电机产生能量反馈回电网。再生制动电路是主变流器的逆向流向。

4. 牵引电动机供电电路

机车牵引电动机被控于主变流器 1、2(TCU1、2)受逆变器供给变压变流的三相交流电，达至牵引电动机转速可控、可调，可反馈。因牵引电动机在机车两转向架上为对置排列，为达到牵引电动机与机车运行一致，机车转向架 2 上的牵引电动机三相输入线的 U 相与 V 相线反置，其他基本相同(图 5-20)。

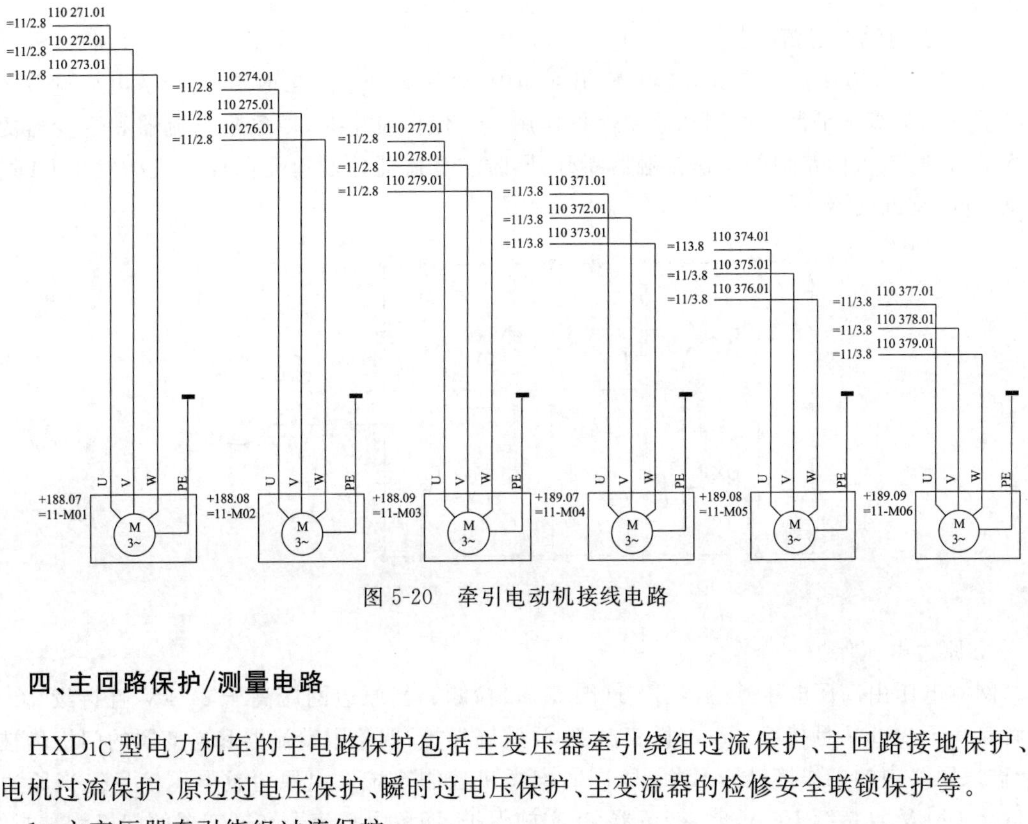


图 5-20 牵引电动机接线电路

## 四、主回路保护/测量电路

HXD1C 型电力机车的主电路保护包括主变压器牵引绕组过流保护、主回路接地保护、牵引电机过流保护、原边过电压保护、瞬时过电压保护、主变流器的检修安全联锁保护等。

1. 主变压器牵引绕组过流保护

在每组主变流器的输入回路中，设有 1 个输入电流互感器，起控制和监视主变流器充电电流及牵引绕组短路电流的作用。保护发生时，四象限整流器和逆变器的门极均被封锁，输入回路中的工作接触器 K 断开，同时向计算机控制系统发出跳主断信号，通过复位开关可进行恢复。若这种故障在 3 min 内连续发生两次，故障将被锁定，必须切断变流器 CI 的控制电流，才能恢复正常工作。

2. 主回路接地保护

图 5-21 所示，主回路工作正常时，由于只有 1 点接地。接地保护电路中流过的电流为零，

接地信号检测传感器无信号输出。

当电路中出现接地故障时，接地电路形成回路，接地检测回路中有电流流过，传感器输出电流信号，使保护装置动作，其动作保护值为10 A。保护发生时，四象限整流器和逆变器的门极均被封锁，输入回路中的工作接触器断开，同时向计算机控制系统发出跳主断信号，此时司机可将故障支路的变流器切除，机车仍将保留有 5/6 的牵引动力，继续维持机车运行。若确认只有一点接地，也可将控制电器柜上对应的接地闸刀开关打至“中立位”，维持机车继续运行，回段后再做处理。

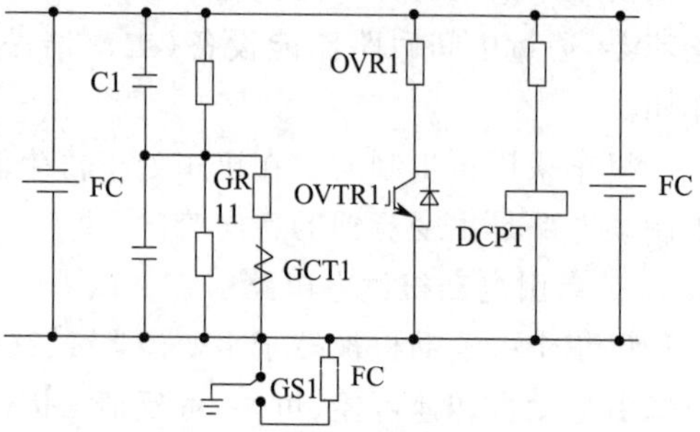


图 5-21　主回路接地保护

3. 牵引电动机过流保护

图 5-22 所示，在每组主变流器的输出回路中，设有输出电流互感器，对牵引电机过载及牵引电机三相电流不平衡起控制和监视保护作用。当保护发生时，四象限整流器和逆变器的门极均被封锁，输入回路中的工作接触器断开，同时主变流器控制单元向计算机柜发出 CI 过流信息，开断主断路器。

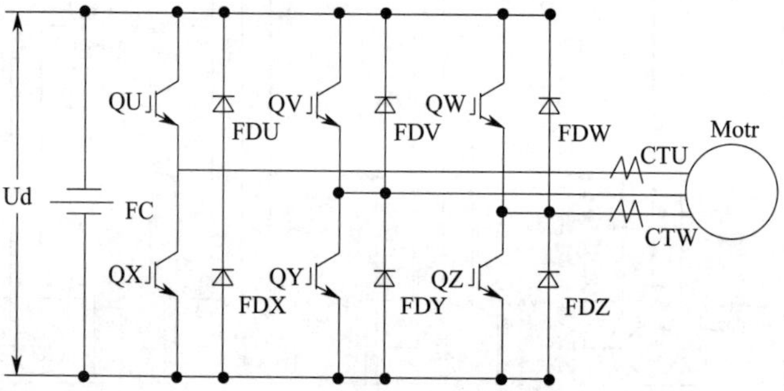


图 5-22　牵引电动机过流保护

4. 原边电压保护

网侧电压由高压电压互感器 TV1(图 5-14)检测。当原边网压高于 32 kV 且持续 10 ms 或者是高于 35 kV 且持续 1 ms 时，变流器 CI 实施保护，四象限整流器和逆变器的门极均被封锁，输入回路中的工作接触器 K 断开，同时向微机控制系统发出原边过电压信息。当原边网压低于 16 kV 且持续 10 ms 时，变流器 CI 实施保护，四象限整流器和逆变器的门极均被封锁，输入回路中的工作接触器断开，同时向微机控制系统发出原边欠压信息。

5. 瞬时过电压和欠电压保护

在机车出现空转、滑行或者受电弓离线造成的网压中断等情况时，主变流器的中间回路上可能出现瞬时过电压，为了防止这种过电压对主变流器造成损坏，在中间直流回路设有瞬时过电压限制电路，它由 TGBT 和限流电阻组成，过电压的检测由主变流器中间直流回路电压传感器承担。这是一种多次重复方式的保护，当过电压存在时，该 IGBT 将导通，直流回路的能量经由限流电阻放电和释放，从而消除过电压。

当中间回路电压大于等于 3 200 V 时，瞬时过电压保护环节动作，四象限整流器和逆变器的门极均被封锁，输入回路中的工作接触器 K 断开。

此外，当中间回路电压小于等于 2 000 V 时，中间回路低电压保护环节动作，四象限整流器和逆变器的门极均被封锁，输入回路中的工作接触器 K 断开(库内动车除外)。

6. 主变流器检修安全连锁保护

在检查或操作主变流器之前，须断开主断路器，降下受电弓，然后闭合主变流器的试验开关，通过司机台上的计算机显示屏确认设备内的电容器已放电完毕(小于 36 V)或观察故障显示灯中的“预备”灯灭后，才能进行检查操作，否则中间回路的支撑电容上有很高的电压，会危及人身安全。

## 思 考 题

1. 何谓主电路?
2. 何谓网侧电压?
3. 主回路接地保护电路如何作用?

## 第三节 辅助电气系统控制电路

HXD1C 型电力机车的辅助电气系统控制电路是由辅助变流器、各辅助机组及辅助加热设备等电气设备与相应电路组成(图 5-23)。辅助变流器是为通风机和压缩机等辅助机组提供 3 相交流电源的电源装置，根据负载特性不同，系统具有可变电压、可变频率经 VVVF 控制或固定电压、固定频率的 CVCF 控制两种功能。其中辅助回路电源(PWM 辅助逆变器)集成在主变流器中，同牵引回路共用牵引绕组、四象限整流器、中间直流电压环节以及其他装置，使整车的部件数量得以减少，从而降低整个系统的故障率。为了节能使用了两套辅助逆变器，每套逆变器通过 1 台变压器和滤波电容对输出电压进行调压和滤波后，提供近似正弦波的三相交流电源。正常情况下，其中一套逆变器输出为变频变压方式(80～440 V，10～60 Hz)，根据实际需要给有变速要求的牵引风机电机和冷却塔风机电机供电；另一个逆变器恒频恒压输出三相 AC 440 V/60 Hz 给剩余的辅助设备，如水泵、变压器油泵、空调及主压缩机、蓄电池充电机、加热器等车载三相和单相 230 V/60 Hz 负载供电。辅助电路主要由辅助变流器、辅助变压器及负载等组成(图 5-23)。三相交流辅助供电采用了冗余设计，一旦一个辅助逆变器出现故障，另一个将承担所有负载。此时所有辅助设备都以恒频恒压方式工作。负载的重组将自动进行，并通过显示器提示司机。本节主要介绍该型电力机车辅助电气系统的辅助电路及控制，其内容有辅助变流器电路、蓄电池充电机电源电路、风机电机控制电路、主压缩机电机及其他电机控制电路等。

### 一、辅助变流器电路

机车上安装了 2 台辅助变流器为机车的辅助电路供电(图 5-24)，一个用于需要恒压恒频的部件，另一个用于其他有着变频要求的辅助设备，如风机。两个辅助变流器中都设置了滤波单元，以提高辅助变流器输出的电源品质。一台辅助变流器根据变频变压的要求给变速牵引

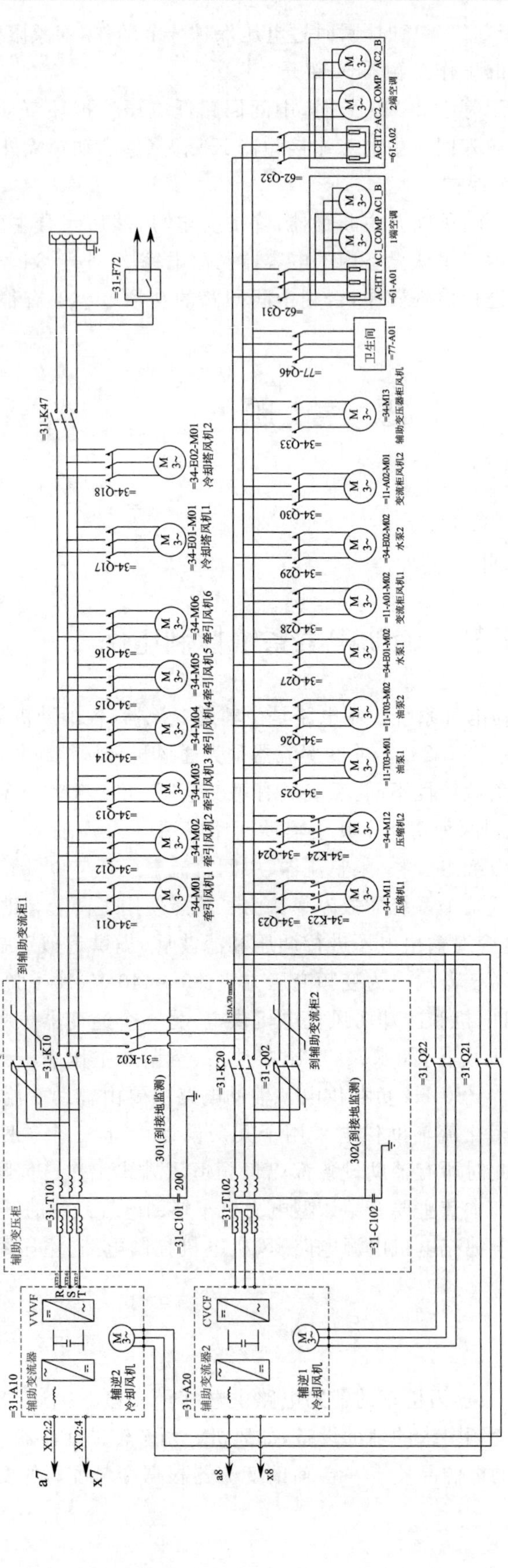
=31-A10
辅助变流器
VVVF
辅逆2
冷却风机
=31-A20
辅助变流器2
CVCF
辅逆1
冷却风机
XT2:2
XT2:4
a7
x7
a8
x8
辅助变压柜
=31-T101
=31-C101
200
301(到接地监测)
=31-T102
=31-C102
302(到接地监测)
=31-Q01
=31-K10
=31-K02
=31-K20
=31-Q02
=31-Q22
=31-Q21
到辅助变流柜1
到辅助变流柜2
=31-K47
=31-F72
=34-Q11
=34-Q12
=34-Q13
=34-Q14
=34-Q15
=34-Q16
=34-Q17
=34-Q18
=34-M01 牵引风机1
=34-M02 牵引风机2
=34-M03 牵引风机3
=34-M04 牵引风机4
=34-M05 牵引风机5
=34-M06 牵引风机6
=34-E01-M01 冷却塔风机1
=34-E02-M01 冷却塔风机2
=34-Q23
=34-K23
=34-Q24
=34-K24
=34-Q25
=34-Q26
=34-Q27
=34-Q28
=34-Q29
=34-Q30
=34-Q33
=77-Q46
=62-Q31
=62-Q32
=34-M11 压缩机1
=34-M12 压缩机2
=11-T03-M01 油泵1
=11-T03-M02 油泵2
=34-E01-M02 水泵1
=11-A01-M02 变流柜风机1
=34-E02-M02 水泵2
=11-A02-M01 变流柜风机2
=34-M13 辅助变压器柜风机
卫生间
=77-A01
ACHT1 AC1_COMP AC1_B
1端空调
=61-A01
ACHT2 AC2_COMP AC2_B
2端空调
=61-A02

图 5-23 辅助供电电路

电动机风机和冷却塔电机供电，另一台辅助变流器具有恒频，给所有其他三相辅机供电，如冷却泵、空调机组、主压缩机等。

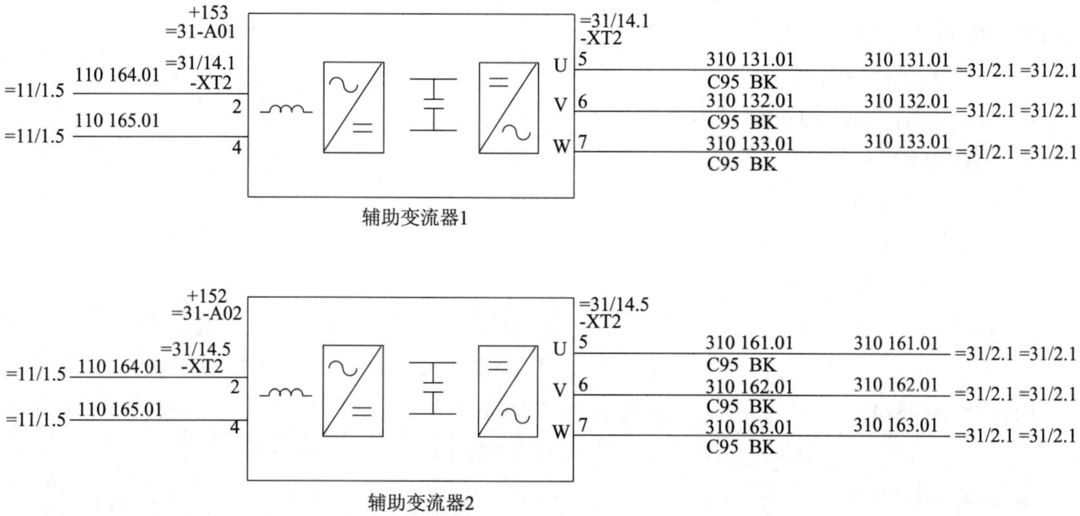


图 5-24　辅助变流器 1、2

1. 辅助变流器组成

辅助变流器通过由 IGBT 构成的整流器单元把从主变压器辅助绕组提供的单相交流电转换为恒定电压的直流电，而后通过由 IGBT 构成的逆变器单元把直流电转换为三相交流电。无论是整流器单元还是逆变器单元均采用 PWM 调制方式进行控制(图 5-25)。其工作原理与主变流器的原理基本相同，不再叙述。

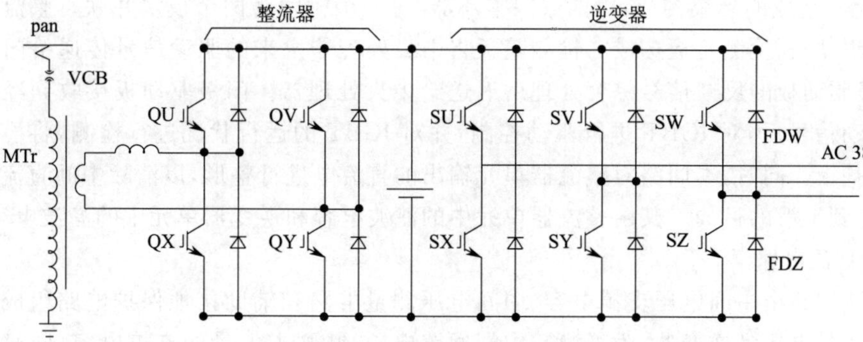


图 5-25　辅助变流器原理简图

辅助变流器主要由预充电电路，四象限整流器电路，中间直流电路，逆变器电路，供电电路及辅助变流器电源控制电路组成。

2. 预充电电路

四象限整流器的输出端接有直流回路支撑电容，由于电容器上的电压不能突变。如果没有限流电阻，那么在接触器 K 闭合瞬间，主变压器辅助绕组、整流器中的续流二极管和中间电容形成回路，造成很大的电流冲击。预充电电路的目的在于减小这种电流冲击。

预充电电路由充电接触器、工作接触器和限流电阻组成。当中间直流回路电压为零时，先闭合充电接触器，主变压器的辅助绕组通过充电电阻向四象限整流器供电，给中间直流回路支撑电容充电。当中间直流电压建立后，闭合工作接触器，断开充电接触器，在切除充电电阻的同时，继续向中间直流回路支撑电容充电，直至中间直流回路电压达到额定值。至此，辅助变流器预充电过程完成。

3. 四象限整流器电路

四象限整流器电路的主要技术参数：

| | |
|---|---|
| 额定容量(kV·A) | 340 |
| 额定输入电压(V) | 563 |
| 额定输入电流(A) | 540 |
| 额定输入电压频率(Hz) | 50 |
| 输出电压 | CVCF 630 V(−10%～+10%) |
| | VVVF 112～630 V(−10%～+10%) |
| 输出频率(Hz) | CVCF 60(−1～+1) |
| | VVVF 10～60(−1～+1) |
| 额定输出电流(A) | 326 |
| 电压波形 | 脉宽调制波，带正弦波滤波器 |

四象限整流电路是一个脉宽调制变流器，它将升压斩波与整流电路结合起来，使输入电流近似正弦波并与网压同相。其结构属于升压整流方式，输入电压低于输出电压，其输入侧功率系数较高，接近于1，同时限制了谐波电流分量。因此与相控整流器比较，四象限整流器的功率系数高，谐波电流含量也小得多。采用 IGBT 作为其功率器件后，调制频率提高，当其输入端或输出端发生变化时，控制系统能很快做出响应，快速调节使输出保持稳定。

本单元的功能主要是将 563 V 交流电转换成恒定的 630 V 直流电。变流器的元件由 IGBT 和整流器组成的模块构成，对四象限整流器，每一个桥臂为两个模块并联。整流器单元由模块门极驱动板、检测基板构成。检测基板将中央处理器发来的驱动信号传递给门极驱动板，并将门极驱动板的反馈信号综合处理后返送给中央处理器。门极驱动板接收到经由检测基板来的驱动信号后，对 IGBT 进行驱动控制，并对 IGBT 的运行状况进行检测，将检测信号发送到检测基板。同时，本回路对整流器单元输出的直流电进行整形，以消除中间直流回路的波动电压，达到平滑的目的。其由整流器单元中的滤波电容和逆变器单元中的滤波电容构成。

4. 中间直流电路

中间直流回路由中间电压支撑电容、中间电压测量电路和辅助接地保护电路组成。辅助变流器采用的是电压型逆变器，为了稳定中间回路电压，并联了大量的支撑电容，同时还对辅助逆变器产生的高次谐波进行滤波。

每个辅助变流器的接地保护系统都是由跨接在中间回路的 2 个串联电容和 1 个接地信号检测传感器组成。辅助回路正常工作时，由于只有 1 点接地，接地保护电路中流过的电流为零，接地信号检测传感器无信号输出。当辅助电路某一点接地时则形成回路，接地检测回路有故障电流流过，传感器输出电流信号，使保护装置动作。保护发生时，相控整流器和逆变器的门极均被封锁，同时向计算机控制系统发出跳主断的信号。可以通过接地故障转换开关，实施对接地保护的隔离。

(1)输入检测电压检测回路

本回路主要是通过装在 CI 内的同步变压器对架线电压进行监控并采样，并将检测信号发送给中央控制单元。其主要由交流电压检测器、低通滤波器构成。

(2)输入电流检测回路

本回路是对辅助变流器输入电流进行检测，并将检测信号发送给中央控制单元。其主要由交流电流检测器构成。

(3)直流电压检测回路

本回路对中间直流回路的 630 V 直流电压进行检测，并将检测结果输入到中央控制单元。其由直流电压检测器构成，对整流器单元的输出电压进行检测；同时对逆变器单元的输入电压进行检测。

5. 逆变器电路

HXD1C 型电力机车辅助变流器的逆变器任务是将直流电压转换成三相交流电压向负载电机供电，其输出方式既可以选择变压变频（VVVF）方式，也可以选择恒压恒频（CVCF）方式，以满足不同负载的需要。辅助变流器正常工作时，将所有泵类负载如压缩机、油泵、空调机组由一组辅助变流器供电，采用 CVCF 方式；而所有风机类负载如牵引风机、冷却塔通风机等，由另一组辅助变流器供电，采用 VVVF 方式；当任何一组辅助变流器出现故障时，通过计算机控制监视系统的信息传递和故障切换，可以实现由另一组辅助变流器以 CVCF 方式对全部辅助机组供电，完成了机车辅助变流系统的冗余控制，提高了机车辅助变流系统的可靠性。

逆变器主要技术参数（参考值）

| | |
|---|---|
| CVCF 变流器输出容量 | 231 kV·A |
| 输出电压 | AC 380 V(三相) |
| 输出频率 | 50 Hz |
| 元件类型 | IGBT (1 700 V、1 200 A) |
| VVVF 变流器输出容量 | 230 kV·A |
| 输出电压 | AC 2～380 V |
| 输出频率 | 2～50 Hz |
| 元件类型 | IGBT (1 700 V、1 200 A) |

6. 供电电路

HXD1C 型电力机车辅助变流系统的供电电路是由主变压器辅助绕组、辅助变流器、滤波电感和滤波电容、接触器、自动开关、辅助电动机等组成。辅助变流器 ACU1、2 分别由主变压器的两个辅助绕组供电，两个辅助绕组的电压均为 380 V。

每个辅助变流器的输出侧都加有滤波电感和滤波电容组成的正弦波滤波器，这样将传统逆变器输出的正弦脉宽调制波变换为正弦波给各辅助电动机供电，从而大大降低了对电机绕组匝间绝缘的要求，提高了电机的使用寿命。机车上的各辅助电动机均通过各自的自动开关与正弦波滤波器连接，除 2 台空气压缩机外，均不设电磁接触器，使辅助电动机电路简单、可靠。

辅助变流器 ACU1 的输出首先经过正弦波滤波器，再经过接触器给牵引风机电动机 MA11、MA12、MA13、MA14、MA15、MA16 和复合冷却风机电动机 MA17、MA18 供电。由于以上负载属于风机类负载，辅助变流器可工作在变频变压状态。

辅助变流器 ACU2 的输出首先经过正弦波滤波器，再经过接触器给空气压缩机 MA19、MA20、主变压器油泵 MA21、MA22、司机室空调 EV11、EV12、2 台主变流器水泵 WP、2 台辅助变流器通风机 APBM 以及其他辅助设备(加热器、厕所等)供电。由于以上负载属于泵类负载，辅助变流器工作在恒频恒压状态。同时辅助变流器 ACU1、2 的中间直流不向 UC(DC 110 V 电源装置)供电。

7. 辅助变流器电源控制电路

辅助变流器电源电路即该装置的外在控制电路，因 HXD1C 型电力机车装有 2 台辅助变流器，其控制电路基本一致(图 5-26)，不同的是，正常情况下Ⅰ端辅助变流器装置设定为 VVVF 工作方式，当主断路器闭合、换向手柄离开零位后 UA11 开始工作；Ⅱ端辅助变流器装置设定为 CVCF 工作方式，只要主断路器闭合，UA12 就开始投入工作。下面以Ⅱ端辅助变流器装置 UA12 的控制进行说明。

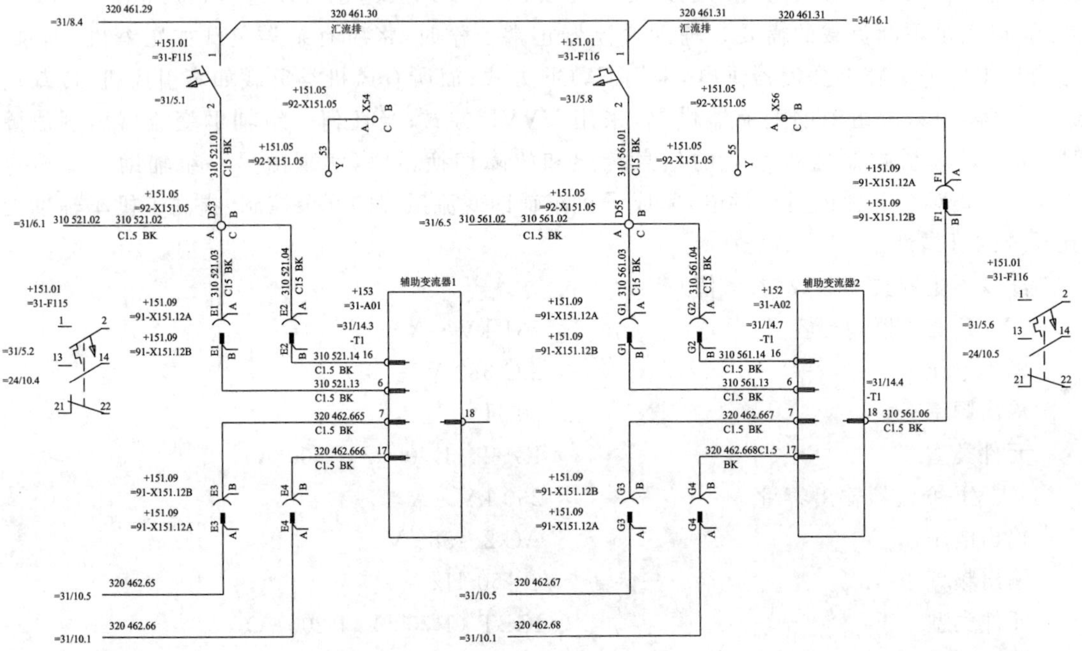


图 5-26　辅助变流器 1/2 电源电路

(1)机车主断路器闭合后，由 TCMS 发出指令，闭合辅助变流器 UA12 输出电磁接触器 KM12，并将信息传递给辅助变流器控制域，由辅助变流器控制单元发出指令，控制辅助变流器 UA12 启动。

(2)当机车某一辅助变流器发生故障，故障的辅助变流器能及时发信息给 TCMS，通过 TCMS 的控制，自动完成输出电磁接触器的动作转换；若辅助变流器 UA12 发生故障，则电磁接触器 KM11 断开，电磁接触器 KM20 闭合。故障的辅助变流器将信息传递给另一组辅助变流器，使其工作在 CVCF 方式，同时，故障的辅助变流器被隔离，此时所有辅助电动机全部由另一套辅助变流器供电，不受其他指令的控制，牵引电动机和冷却塔通风机将正常满功率工作。

(3)为了便于辅助变流器的隔离，在计算机屏内设置了辅助变流器开放隔离开关，通过触摸开关进行隔离。正常情况下，这些开关均闭合。当由于某种原因，需要进行隔离操作时，计算机显示屏进行相应辅助变流器的隔离。

(4)为确保辅助变流器正常工作，将电磁接触器 KM11/KM12/KM20 的信号引入辅助变流器控制单元。

(5)辅助变流器控制单元与 TCMS 的接口信号除 1 套通信线外，还设有辅助变流器隔离，功率预备和故障等信号。

## 二、蓄电池充电电源电路

蓄电池充电机(器)电源也称 DC 110 V 电源装置，其中有两组完全相同的电源模块，应用 IGBT 元件，通常情况只有一组处于工作状态，当其故障时，另外一组会启动继续供电。DC 110 V 电源装置在自动模式下其启/停控制受控于机车控制系统 TCMS。该装置电气电路可能划分为四大部分，依次为电源输入电路，充电机滤波电路、充电输出电流检测电路与蓄电池充电转换开关控制电路组成。

DC 110 V 电源装置自身具有输入过压、欠压、过流，输出过压、欠压、过流等保护，因为这些参数对装置本身是独特的，不同于其他设备，但对于接地保护，该装置就没有设立单独的电路，而是把这一功能交给机车系统来实施，装置的高压部分连接到机车辅助逆变器中，那么高压电路的接地保护就由 APU 来处理，处理电路连接到机车的控制系统中，就由机车的控制接地保护来完成。

1. 充电滤波器电路

充电机的输入电源来自机车辅助逆变器的中间直流回路，采用双电源、双路供电方式(图 5-27)。

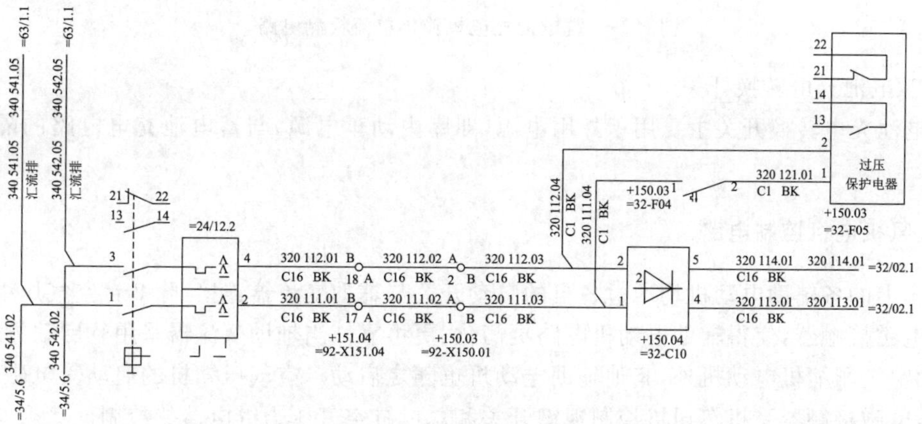


图 5-27　充电机滤波器与过压保护电路

在该电路的原理图中，中间电容和滤波电感一起构成滤波回路，其作用是防止电源单元在工作时所产生的几千赫兹的脉动电流倒流回 APC。并在其控制电路中接有过压保护电器。充电装置的工作过程，当 APU 开始工作后，其中间直流回路的电压逐渐上升，达到 630 V 时。控制回路检测到输入电压达到 630 V，并维持 10 s 后，首先闭合操纵台开关接通 CTT 接触器，预充电投入工作，中间电容 FC 两端电压上升。延迟 3 s 后预充电完成，触发晶闸管 CHS，使装置进入工作状态。然后输出 IGBT 门极信号，得到 110 V 直流电源。当 APC 停止工作后，输入电压下降，当中间电容电压低于 62 V 时，装置也停止工作，停止时序与工作时序相反。

2. 充电输出电流检测

充电输出电流检测用来监测中间电容的端电压与电流(图 5-28)，用于装置的控制和监视。充电机(器)的主要控制目标是输出电压，其控制规则严格遵守特性曲线的要求，控制好其输出电压。输出电压控制系统是个双闭环控制系统，电压控制环起主要作用，电流控制环起辅助作用。

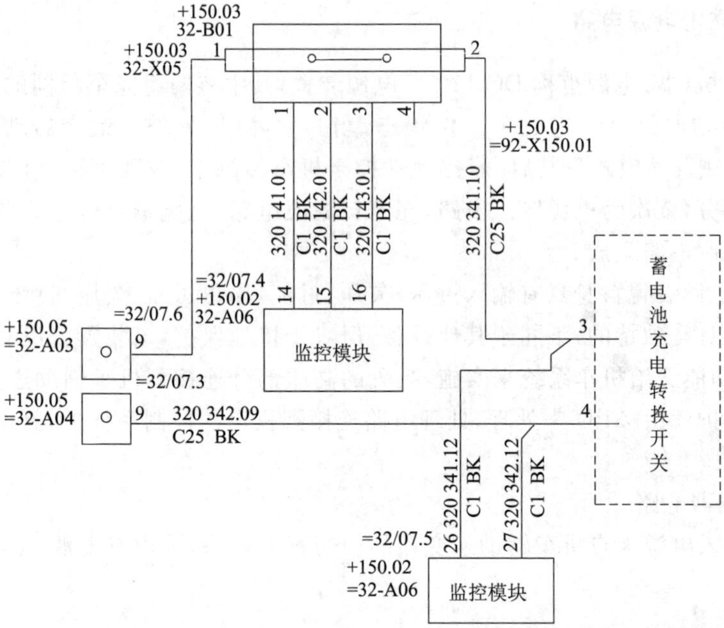


图 5-28　蓄电池充电机输出电流检测电路

3. 蓄电池充电转换开关

蓄电池充电转换开关主要用于外用电源(即库内动车电源)与蓄电池充电电路的隔离(图 5-29)。

### 三、风机电机控制电路

机车上的各辅助电动机均通过各自的自动开关与辅助变流器连接，除 2 台空气压缩机外，均不设电磁接触器，使得辅助电动机电路更简化、更可靠。当辅助变流器采用软启动方式进行启动，除空气压缩机电动机外，其他辅助电动机也随之启动。空气压缩机的启动受电磁接触器的控制，电磁接触器受机车司机控制扳键开关和总风缸空气压力继电器的控制。

1. 牵引电动机风机电机电路

牵引电动机通风机电机在该型电力机车共装置有六台，即每台牵引电动机具有一台独立的通风系统，每台转向架有三台通风机供风。其通风机电机电源由辅助逆变器供给可调控的电源来驱使电机的变速，以适应牵引电动机的工作需要。

(1)转向架 1 牵引风机电机电路

该电路由辅助变流器供电，每台转向架采用并联方式同时向同台转向架的三台通风机电机供电(图 5-30)，在电路中仅有转换开关作用控制供电电路的控制装置。当该电机发生故障

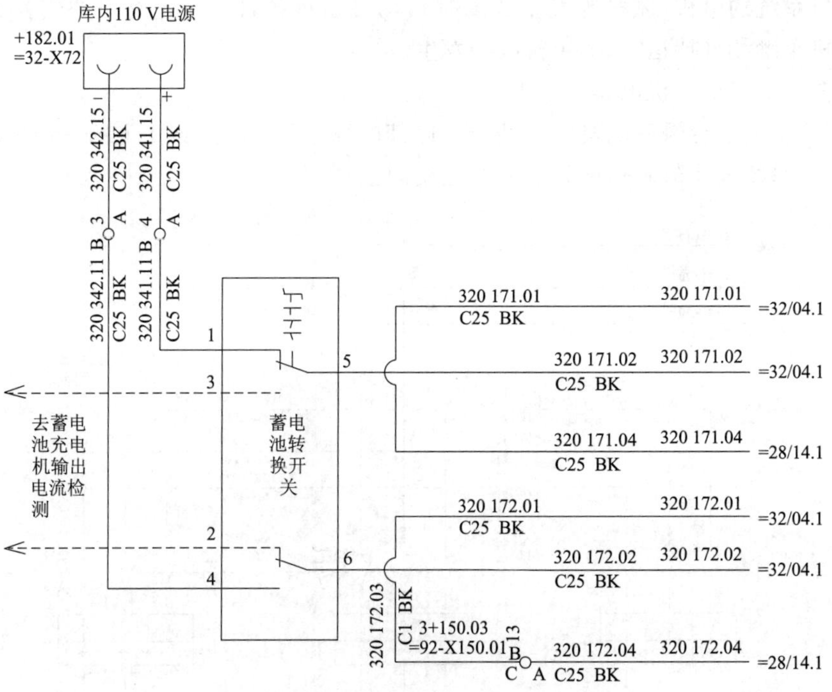


图 5-29　蓄电池转换开关控制电路

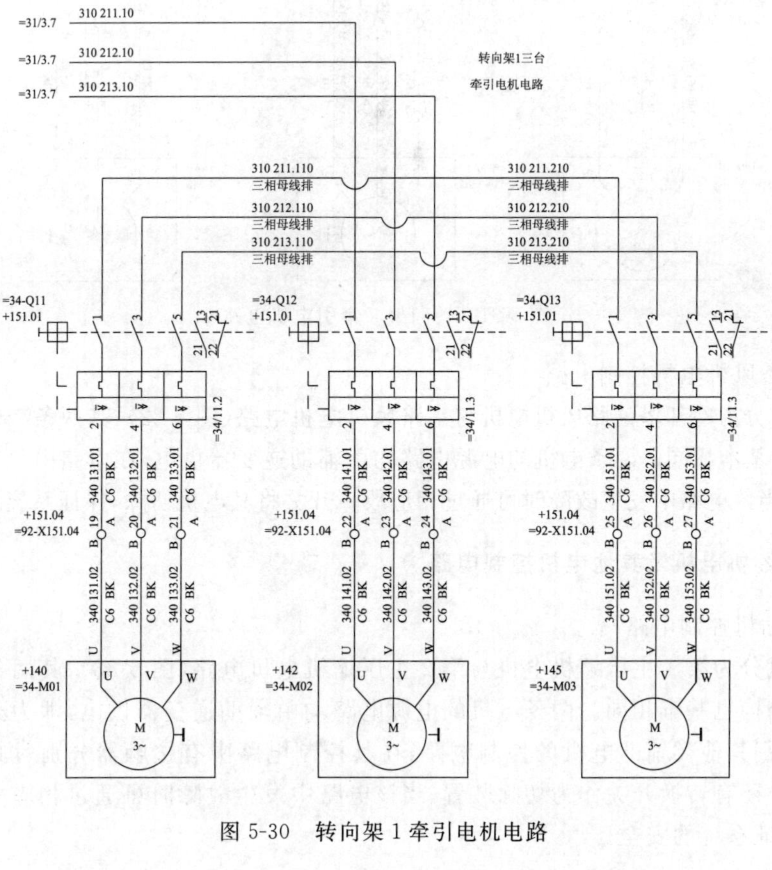


图 5-30　转向架 1 牵引电机电路

(或该被供风系统的电机、风机等发生故障时),均可通过各自电机电路中的转换开关将其切除,以便于机车继续维持运行,避免机故的发生。

(2)转向架 2 风机电机电路

转向架 2 上的三台风机电机电路(图 5-31)其电源电路与转向架 1 上的三台风机电机电路基本相同。其系统发生故障后的处理方式也相同。

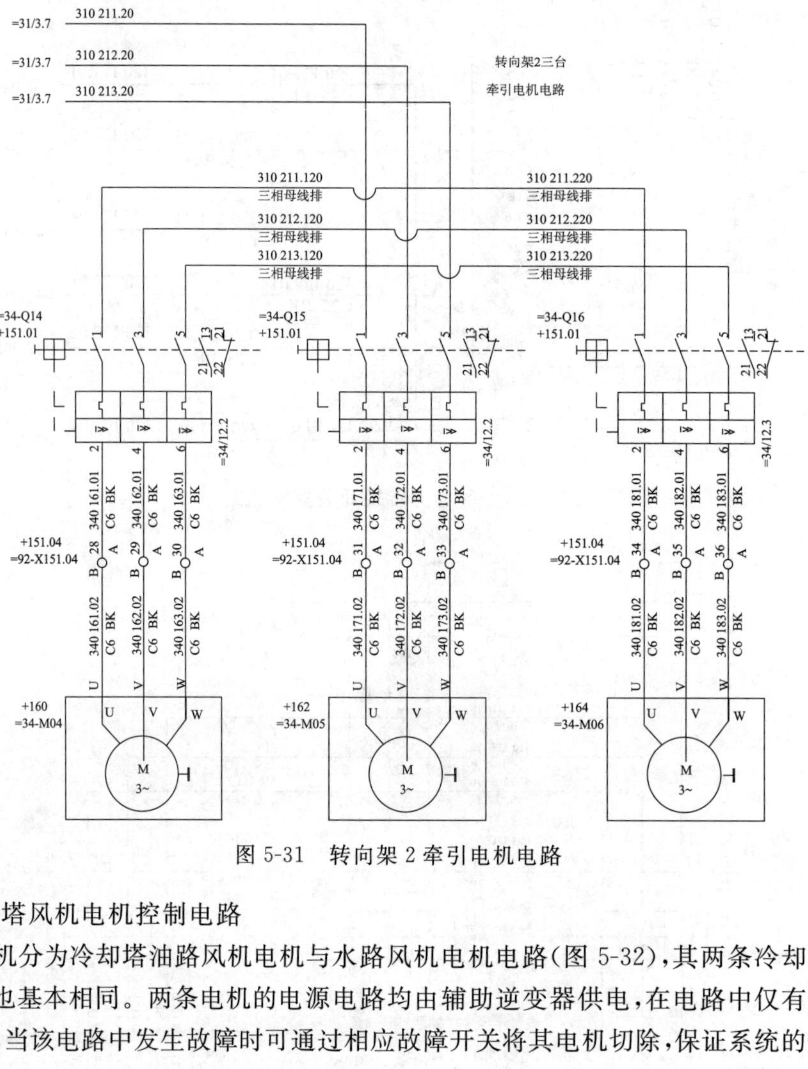


图 5-31 转向架 2 牵引电机电路

2. 冷却塔风机电机控制电路

该类电机分为冷却塔油路风机电机与水路风机电机电路(图 5-32),其两条冷却风机电机电源电路结构也基本相同。两条电机的电源电路均由辅助逆变器供电,在电路中仅有转换开关作为切除装置,当该电路中发生故障时可通过相应故障开关将其电机切除,保证系统的安全。

## 四、主压缩机电机及其他电机控制电路

1. 主压缩机控制电路

该类电机分为第 1 主压缩机电机与第 2 主压缩机电机电路(图 5-33),其两条主压缩机电机电源电路结构也基本相同。两条电机的电源电路均由辅助逆变器供电,即为独立的供电电路,同时有区别其他类辅助电机的控制电路,在其控制电路中有接触器分别对其进行相应控制。在电路中还有转换开关作为切除装置,当该电路中发生故障时可通过相应故障开关将其电机切除,保证系统的安全。

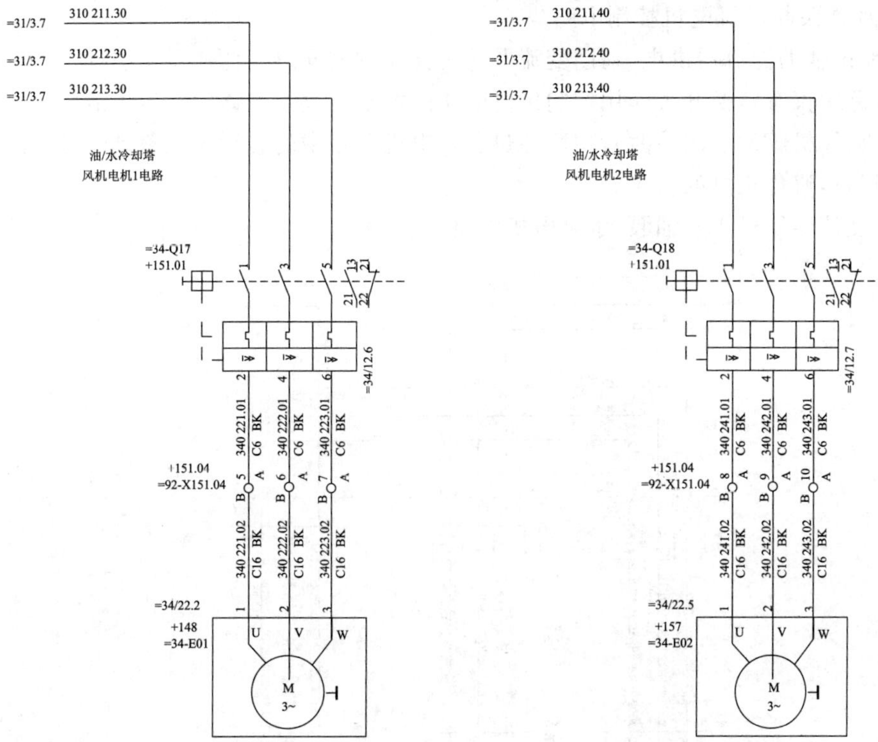


(a) 油/水冷却塔风机电机1电路　　(b) 油/水冷却塔风机电机2电路

图 5-32　油/水冷却塔风机电机 1/2 电路

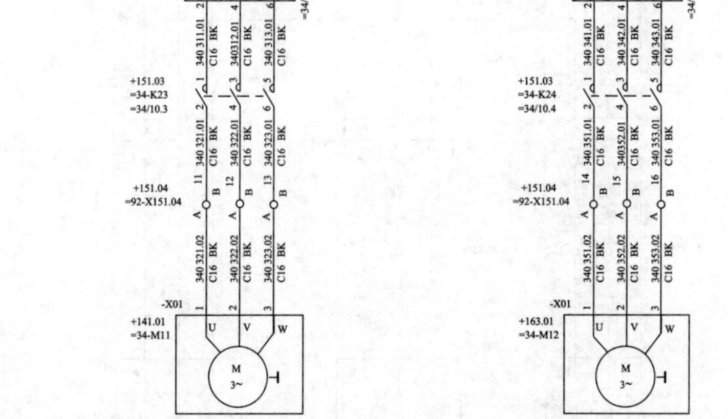


(a) 主压缩机电机1电路　　(b) 主压机电机2电路

图 5-33　主压缩机电机 1/2 电路

2. 其他油泵与风机电机控制电路

该电路由辅助变流器供电，辅助变流器采用并联方式同时向此通风机与油/水泵三台电机供电，在电路中仅有转换开关作用控制供电电路的控制装置。当该电机发生故障(或该被供风系统的电机、风机等发生故障时)，均可通过各自电机电路中的转换开关将其切除，以便于机车继续维持运行，避免机故的发生。

(1)主变流器风机 1 及油泵/水泵电机电路(图 5-34)

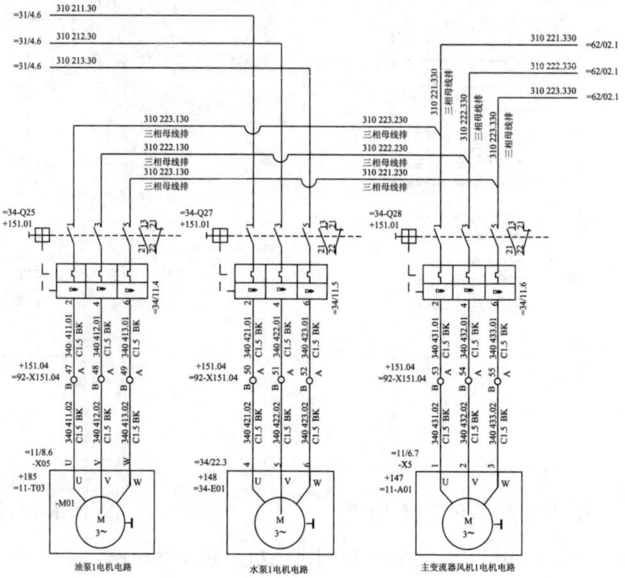


图 5-34 主变流器风机 1 及油泵/水泵电机电路

(2)主变流器风机 2 及油泵/水泵电机电路(图 5-35)

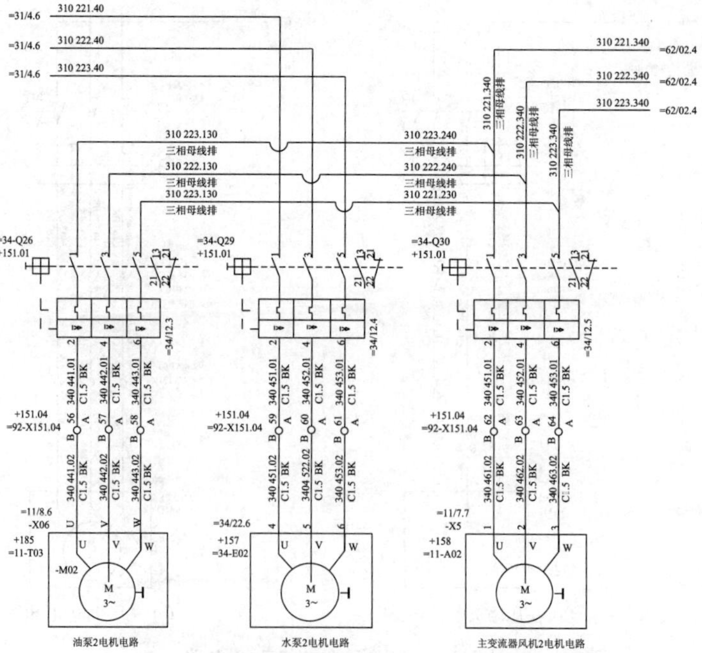


图 5-35 主变流器风机 2 及油泵/水泵电机电路

## 五、辅助加热装置与相应电气保护电路

HXD1C 型电力机车为了适应寒冷冬季工作环境的需要，在司机室装设有防寒防霜装置，并对相应辅助电路装设有过电压、欠电压、过电流保护装置。

1. 辅助加热电路

机车辅助加热装置主要有电热玻璃、膝炉、侧墙暖风机、脚炉、后墙暖风机、司机室多功能饮水机及低温预热回路等，它们均由 ACU2 通过隔离变压器进行供电。在膝炉、侧墙暖风机、脚炉、后墙暖风机支路上设置了功能转换开关，进行投入和切除转换，并设置了空气自动开关进行过流保护。

在电热玻璃支路上设置了功能转换开关，进行投入和切除转换，并设置了空气自动开关进行过流保护。在司机室多功能热水器支路上设置了空气自动开关进行过流保护。另外，还设置了 2 个司机室电源插座，给司机室提供 220 V 交流电源，方便司机的需要。

机车辅助加热回路中，还设有低温预热回路，由 DC 110 V 供电，预热完毕后，机车转由 AC 110 V 供电。当机车需要低温预热时，首先闭合自动开关相应开关，使控制接触器闭合。将采用 DC 110 V 低温预热方式，对辅助变流器、110 V 电源充电模块、TO-MS 微机系统等进行加热。预热一定时间后，计算机开始工作，然后升弓合主断，辅助变流器正常工作后，继电器 KE11 和接触器 KM21 闭合，接触器 KM22 断开，转由 AC 110 V 进行低温预热，对主变流器、辅助变流器、110 V 电源充电模块、总风压力开关、重联插座等进行加热。通过闭合自动开关 QA73 可以对撒砂装置进行加热。

2. 辅助电路的过流、过载、过压和欠压保护

辅助变流器主要由两部分组成，即将单相交流变换成直流的整流器和将直流变换成三相交流的逆变器。整流器和逆变器，拥有各自的控制单元，并进行独立的故障检测。保护动作大致分以下几类。

(1)将装置的故障影响减少到最小限度的保护，该保护通过熔断或切断主断 VCB 将辅助变流器从主电路中切断。

(2)防止异常电压和过电流的保护。

(3)内部故障的保护，即防止 IGBT 元件烧损和装置内短路，或检测器异常和控制关联机器异常等故障扩大的保护。

(4)其他保护。

3. 辅助系统主电路接地保护

在辅助变流器 ACU1/2 内部，分别设有 1 套接地保护装置，进行辅助系统主电路的接地保护。当对应辅助回路发生接地故障且确认只有一点接地时，可以将控制电器柜内对应的接地故障转换开关置“中立位”，继续维持机车运行，也可将故障的辅助变流器切除，机车维持一组辅助变流器供电。

4. 辅助变流器的过流和过载保护

在每一组辅助变流器的输入回路中，设有输入电流互感器，起控制和监视辅助变流器充电电流及辅助绕组短路电流的作用。保护发生时，四象限整流器的门极均被封锁，工作接触器 K、AK 均断开，同时向计算机控制系统发出跳主断的信号，该故障消除后 10 s 内自动复位，如果此故障在 2 min 内连续发生两次，该辅助变流器将被锁死，必须切断辅助变流器的控制电

源，才可解锁。

在每一组辅助变流器的输出回路中，设有输出电流互感器 CTU 和 CTW，对辅助电动机回路过载及辅助电动机三相不平衡起控制和监视保护作用，辅助电动机回路过载保护的动作值为 850 A。保护发生时，逆变器的门极均被封锁，同时向计算机控制系统发出跳主断的信号。该故障消除后 10 s 内自动复位，如果此故障在 2 min 内连续发生 6 次，该辅助变流器将被锁死，必须切断辅助变流器的控制电源，才可解锁。

5. 辅助变流器中间直流回路电压保护

辅助变流器中间直流回路设有两组电压监测环节，其中 DCPT4 是用于四象限整流器的控制，DCPT5 是用于逆变器的控制：当 DCPT5 监测到中间回路电压大于等于 700 V 或小于等于 570 V 时，中间回路电压保护环节动作，逆变器门极被封锁，逆变器停止输出；当 DCPT4 监测到中间回路电压大于等于 700 V 或小于等于 100 V 时，四象限整流器门极被封锁，四象限整流器停止输出。

6. 辅助变流器输入电压的保护

当辅助变流器的输入电压(即辅助绕组的输出电压)低于 112 V 时(即网压低于 17.5 kV 时)，低压保护环节动作，四象即整流器的门极被封锁，工作接触器 K、AK 断开，四象限整流器停止输出。当辅助变流器的输入电压高于 630 V 时(即网压高于 31.5 kV 时)过压保护环节动作，四象限整流的门极被封锁，工作接触接触器 K、AK 断开，四象限整流器停止输出。

7. 110 V 充电模块输入电源的短路过载保护

每组辅助变流器均可向 110 V 充电模块提供 DC 700 V 电源，输出电源回路通过熔断器 DF 进行短路过载保护，熔丝额定值为 215 A。当 DF 出现熔断后，辅助变流器将通知微机控制系统 TCMS，进行 110 V 充电模块输入电源的转换，由另一组的辅助变流器向 110 V 充电模块提供直流电流，同时计算机显示屏也进行相应故障显示和记录。

## 思 考 题

1. 简述辅助变流器部件组成。
2. 辅助变流器中预充电电路作用是什么？
3. 辅助逆变器采取哪两种供电方式？

## 第四节　机车控制系统与电气设备控制操作

HXD1C 型电力机车控制系统不仅属单纯的电路控制，应属有线电路、网络通信联络与计算机管理下的控制，并以计算机显示屏为警示装置的综合控制系统。它的每项控制(主电路、辅助电路、控制电路及其他辅助和生活设施)不仅有电路控制，也是在机车计算机系统管理下的网络综合控制。在本节介绍了机车预备控制电路，机车其他控制电路，电子控制系统，人—机界面显示器(机车显示屏)运用，并介绍了相应正确操作方法。就现代电力机车运用而言，其机车电路控制均是在计算机系统的管理下对有关电路的控制。对机车控制电路的识别对机车运用者而言已不重要，重要的是如何正确操作相应控制装置(按钮)，来达到正确操作控制机车电气设备使其正常运转。

## 一、机车电源与预备控制及相应电路

HXD1C 型电力机车控制系统电源采用的是高频电源模块 PSU 与蓄电池并联的 DC 110 V，为共同输出的工作方式，再通过自动开关分别送到各条支路，如计算机控制、机车控制、主变流器、辅助变流器、车内照明、车外照明等。

1. 电源装置

PSU 的输入电源来自辅助变流器 TCU1 或 TCU2 的中间直流回路，当 TCU1 和 TCU2 均工作正常时，由 TCU2 向 PSU 输入 DC 700 V 电源，当 TCU2 故障时，转由 TCU1 向 PSU 输入 DC 700 V 电源。DC 110 V 控制电源含两组电源模块，通常只有一组工作，故障发生时另外一组自动启动，每组电源模块的输入电压为 DC 700 V，输出电压为 DC 110×(1±2%)V，额定输出电流为 55 A，输出功率为 6 050 W(25 ℃)，采用自冷却方式。

PSU 电源装置上设有两个转换开关 SW1 和 SW2，其中 SW1 有两挡，“TCMS”和“手动控制”，SW2 也有两挡，“模块 1”和“模块 2”，其中“TCMS”挡表示由计算机自动控制。如果其中一组模块出现故障，可自动切换。“手动控制”表示人为设定，如果 SW2 置“模块 1”，表示模块 1 工作，如果 SW2 置“模块 2”，表示模块 2 工作，如果在手动状态下，电源出现故障，不能自动切换。

2. 预备控制电路

控制电路自动开关有：计算机 1 控制自动开关 QA41、计算机 2 控制自动开关 QA42、司机控制 1 自动开关 QA43、司机控制 2 自动开关 QA44、机车控制自动开关 QA45、主变流器自动开关 QA46、辅助变流器自动开关 QA47、车内照明自动开关 QA48、车外照明自动开关 QA49、前照灯自动开关 QA50、辅助设备自动开关 QA51、无线电台自动开关 QA52、自动信号自动开关 QA53、监控装置自动开关 QA54、电控制动自动开关 QA55、低温预热自动开关 QA56，110 V 电源控制自动开关 QA106、门控开关 QA102、自动过分相控制开关 QA71、空调机组控制开关 QA104、QA105、撒砂加热控制开关 QA73 等。

在控制电器柜上设置了控制电源电压表 PV71，在两端操纵台上也设置了控制电源电压表 PV41、PV42，用于随时监视控制电源的电压情况，并且通过计算机显示屏也可监视控制电源的电压情况。

在蓄电池充电器上安装有蓄电池检测仪，用于监测蓄电池的充放电流和电压，并能根据事先设定的参数进行数据存储或即时报警。

(1)预备电路

司机钥匙开关 SA49(SA50)：有两个位置，“合”、“分”，当置“合”位置时，机车Ⅰ端被设定为操纵端。电力机车是依赖外电源才能运转的，因此在机车受电弓升起需压缩空气为动力，机车受电弓升起是在辅助压缩机工作下获得风源后才能升起。电力机车首先运转工作的是辅助压缩机机组，其具体控制电路(图 5-36)。

(2)主司控器电路

主司机控制器 AC41(AC42)有两个手柄：方向手柄和调速手柄。方向手柄有“向前”、“向后”和“0”三个位置，具体控制电路如图 5-37 所示。调速手柄可以提供牵引级位 0～13 级，制动级位 0～12 级。两个手柄之间设有机械连锁：当调速手柄在“0”位时，方向手柄方可进行转换；方向手柄在“0”位时，调速手柄不能移动，只能在“0”位。

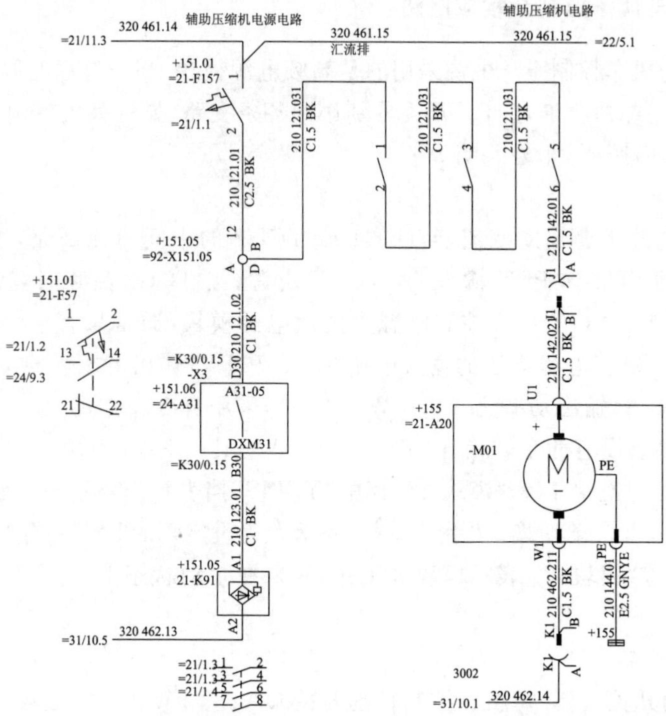


图 5-36　辅助压缩机电源与压缩机电机电路

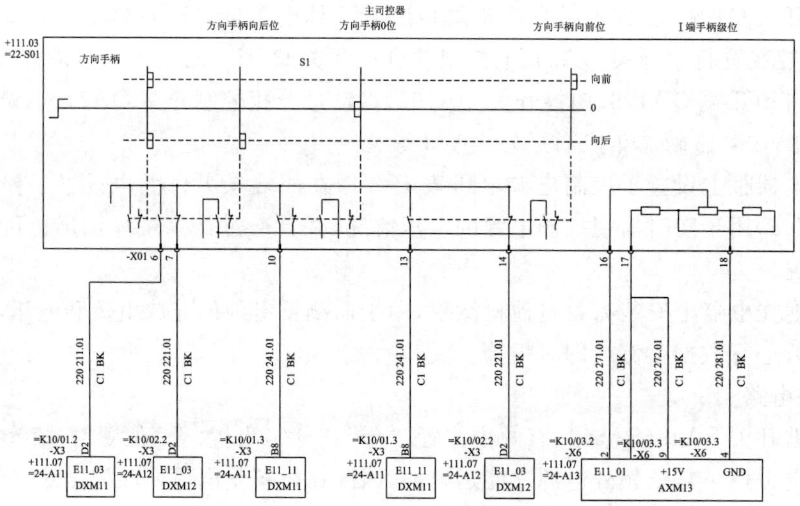


图 5-37　主司控器控制电路

(3)受电弓控制电路

受电弓扳键开关 SB41(SB42):有三个位置,分别为“前受电弓”、“后受电弓”、“0”位。当 SB41 置“前受电弓”或“后受电弓”位时,受电弓电空阀 YV41 或 YV42 线圈得电,在空气管路压力正常的前提下,受电弓 AP1 或受电弓 AP2 升起;当 SB41 置“0”位,受电弓 AP1 或受电弓 AP2 均降下(图 5-38)。

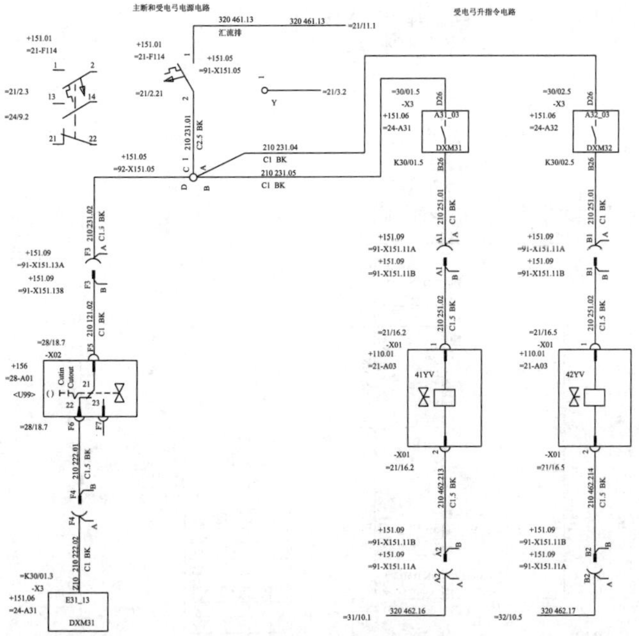


图 5-38　受电弓控制电路

(4)主断路器控制电路

主断路器扳键开关 SB43(SB44)有三个位置,分别为“主断分”、“主断合”、“0”位。该扳键开关为自复式,正常位置是“0”位。当开关置“主断合”位 1 次时,如果主断闭合的相关逻辑正常,主断路器 QF1 线圈得电,在空气管路压力正常的前提下,主断路器 QF1 闭合;当扳键开关置“主断分”位 1 次时,主断路器 QF1 线圈失电,主断路器 QF1 分断(图 5-39、图 5-40)。

(5)主空气压缩机控制电路

空气压缩机扳键开关 SB45(SB45)有三个位置,分别为“主压缩机”、“强泵”、“0”位。在辅助变流器工作的前提条件下,当开关置“主压缩机”位,并且总风缸空气压力继电器 KP51-1、KP51-2(KP51-1):风压低于 750 kPa 时闭合,风压高于 900 kPa 时断开;KP51-2:风压低于 825 kPa时闭合,风压高于 900 kPa 时断开。闭合时,空气压缩机接触器 KM13、KM14 依次得电闭合,空气压缩机 1、2 依次投入工作。当风压低于 825 kPa 时 KP51-2 闭合,但 KP51-1 打开,此时只有操纵端压缩机工作。当开关置“0”位,空气压缩机接触器 KM13 或 KM14 失电分断,空气压缩机停止工作。若总风缸空气压力继电器 KP51 发生故障,空气压力开关不能正常闭合时,可以将扳键开关置“强泵”位,强制空气压缩机接触器 KM13、KM14 得电闭合,空气压缩机 1、2 投入工作。

3. 机车逻辑控制和保护电路

机车逻辑控制和保护电路主要是将各辅助电动机自动开关、各风速继电器故障隔离开关、高压故障隔离开关、压缩机接触器状态、主断路器状态、辅助变流器库内试验开关、主变流器试验开关、各种接地保护、空气管路系统压力继电器等的状态指令送入 TCMS,用于机车的各种工作逻辑及保护逻辑控制,并通过 TCMS 与主变流器和辅助变流器之间的通信,将有关控制指令信息送到主变流器和辅助变流器,达到整车联控目的。

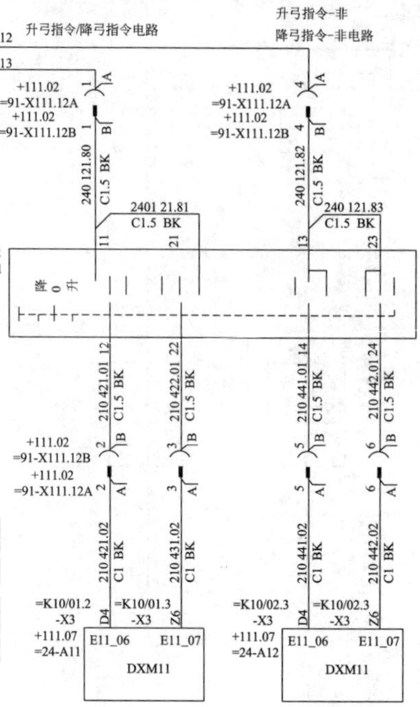


| | E11_06 | E11_07 |
|---|---|---|
| 升 | 0 | 1 |
| 0 | 0 | 0 |
| 降 | 1 | 0 |

| | E12_06 | E12_07 |
|---|---|---|
| 升 | 1 | 0 |
| 0 | 1 | 1 |
| 降 | 0 | 1 |

图 5-39 Ⅰ端司机室合主断指令电路

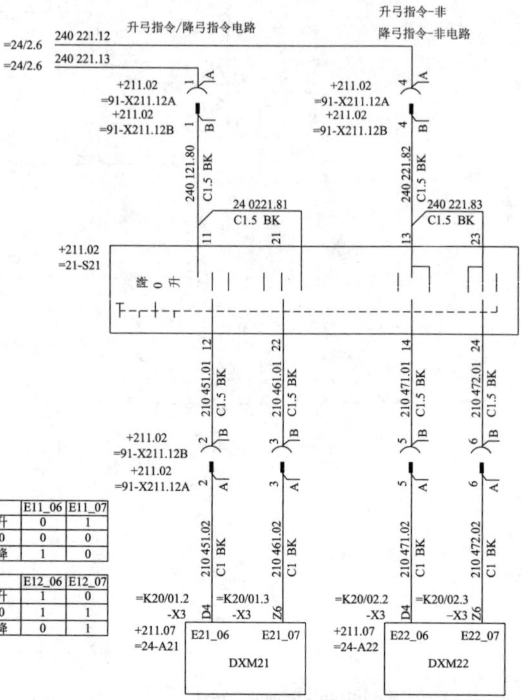


| | E11_06 | E11_07 |
|---|---|---|
| 升 | 0 | 1 |
| 0 | 0 | 0 |
| 降 | 1 | 0 |

| | E12_06 | E12_07 |
|---|---|---|
| 升 | 1 | 0 |
| 0 | 1 | 1 |
| 降 | 0 | 1 |

图 5-40 Ⅱ端司机室合主断指令电路

4. 主变流器控制电路

机车两套主变流器 TCU1/TCU2 的控制电路基本一致。不同的是，Ⅰ端主变流器 TCU1 的装置识别设定为 110 V，Ⅱ端主变流器 TCU2 的装置识别设定为 0 V，下面以Ⅰ端主变流器 TCU1 的控制进行说明。

(1)机车主变流器的控制主要是按照司机控制器给定指令，由 TCMS 通过通信线传递给主变流器控制单元，按照机车牵引制动特性曲线，完成对牵引电动机的控制。

(2)主变流器发生接地、次边过流、牵引电动机等类故障时，故障信号送 TCMS 进行故障显示和记录，并在司机室显示屏中给出提示指导司机进行有关故障隔离等操作。主变流器的故障可以通过按动“故障复位”按钮进行恢复。

(3)主变流器允许投入前必须具备的信号有：牵引风机风速继电器 KP41、KP42、KP43 和主变压器油流继电器 KP49 信号。当这些风速或流速继电器均正常闭合时，说明主变流器工作的外围条件具备，可以投入运行。

(4)对主变流器的控制还设置了主变流器隔离开关。该开关置于计算机显示屏内，是触摸开关。在正常情况下，这些开关均闭合。当由于某种原因，如牵引电动机发生故障、主变流器支路发生接地等，需要对某个主变流器支路或牵引电动机进行隔离时，可以通过计算机显示屏进行隔离相应变流器，使之停止工作。

(5)主变流器的控制用信号还有牵引电动机速度传感器 BV41、BV42、BV43 的信号。每个速度传感器同时送出 2 个速度信号至主变流器控制装置，用以实现主变流器对牵引电动机的矢量控制，有效地实施机车的防空转、防滑行保护，并对机车的轴重转移进行补偿。

(6)库内动车信号通过库用开关 Q53 或 Q54 送到主变流器控制单元,用于在库内动车时主变流器按照特定的控制程序工作。

(7)主变流器试验开关 SA75,用于在低压试验或机车出厂前时对主变流器的控制单元进行试验检查,确认其是否工作正常。

(8)为满足主变流器工作需要,在主变流器的控制单元内引入高压电压互感器 TV1 同步信号。

(9)主变流器控制单元与 TCMS 的接口信号除 2 套通信线外,还设有主变流器隔离、工作、功率预备和故障等信号。

5. 辅助变流器控制电路

机车两套辅助变流器装置 ACU1、ACU2 的控制电路基本一致,不同的是,正常情况下,Ⅰ端辅助变流器装置 ACU1 设定为 VVVF 工作方式,当主断路器闭合、换向手柄离开零位后,ACU1 开始工作;Ⅱ端辅助变流器装置 ACU2 设定为 CVCF 工作方式,只要主断路器闭合,ACU2 就开始投入工作。下面以Ⅰ端辅助变流器装置 ACU2 的控制进行说明。

(1)机车主断路器闭合后,由 TCMS 发出命令,闭合辅助变流器 ACU2 输出电磁接触器 KM12,并将信息传递给辅助变流器控制单元,由辅助变流器控制单元发出指令,控制辅助变流器 ACU2 启动。

(2)当机车某一辅助变流器发生故障,故障的辅助变流器能及时发信息给 TCMS,通过 TCMS 的控制,自动完成输出电磁接触器的动作转换;若辅助变流器 ACU1 发生故障,则电磁接触器 KM11 断开,电磁接触器 KM20 闭合;若辅助变流器 ACU2 发生故障,则电磁接触器 KM12 断开,电磁接触器 KM20 闭合。故障的辅助变流器将信息传递给另一组辅助变流器,使其工作在 CVCF 方式,同时,故障的辅助变流器被隔离,此时所有辅助电动机全部由另一套辅助变流器供电,不受其他指令的控制,牵引电动机通风机和冷却塔通风机将正常满功率工作。

(3)为便于辅助变流器的隔离,在计算机显示屏内设置了辅助变流器开放隔离开关,通过触摸开关进行隔离。正常情况下,这些开关均闭合。当由于某种原因,需要进行隔离操作时,可以通过计算机显示屏进行相应辅助变流器的隔离。

(4)为确保辅助变流器正常工作,将电磁接触器 KM11、KM12、KM20 的信号引入辅助变流器控制单元。

(5)辅助变流器控制单元与 TCMS 的接口信号除 1 套通信线外,还设有辅助变流器隔离、功率预备和故障等信号。

## 二、机车其他控制电路

1. 机车过分相/定速/警惕装置控制电路

在机车正常运行过程中,如快到分相区时,司机可以按动"过分相"按钮 SB67(SB68)1 次,机车进入半自动过分相状态。

首先,机车自动断开主断路器,辅助变流器、主变流器停止工作,机车通过高压电压互感器检测机车网压变化情况,当确认机车通过了分相区,接触网电压恢复至正常值并延迟一定时间后,自动闭合主断路器,启动辅助变流器、主变流器等,并使机车状态恢复到过分相区前的状态。

(1)机车过分相控制电路

机车装有全自动过分相检测装置(图 5-41)时。该装置 EV33 设有 4 个信号感应接收装置 T1、T2、T3 和 T4,用于进行分相区前后的信号检测。EV33 与计算机 TCMS 之间有以下开关量的传递:信号 497 表示 EV33 状态正常;信号 498 表示机车通过分相区前的预告信号或者是通过分相区后的恢复信号;信号 499 表示机车通过分相区前的强迫信号;信号 491 是 TCMS 送给 EV33 的机车 1 端向前运行指令;信号 492 是 TCMS 送给 EV33 的机车 E 端向前运行指令。当机车运行的线路区段在分相区前后装有地面感应器时,机车全自动过分相检测装置将起作用。该装置通过向计算机控制系统提供过分相区的信息:预告信号、恢复信号 499、强迫信号 498,保证机车每次通过分相区时,司机不需要做任何操纵,机车计算机控制系统即可自动跳主断,待通过分相区后,又能自动合主断,并保证机车恢复至通过分相区前的运行状态。

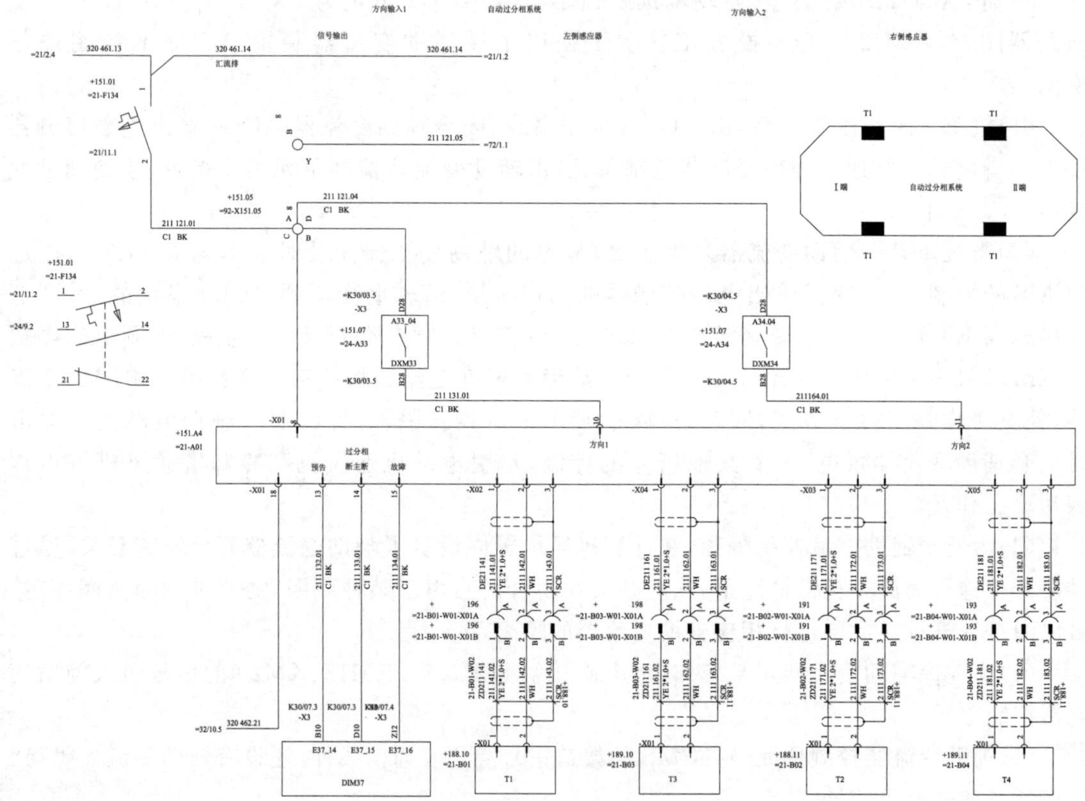


图 5-41　机车自动过分相系统

(2)机车定速控制

当机车速度大于等于 15 km/h,且机车未实施空气制动时,若按下“定速控制”按钮 SB69(SB70),当时的机车运行速度被确定为“目标速度”,机车进入“定速控制“状态”。

当机车实际速度大于“目标速度+2 km/h”时,TCMS 控制机车进入电气制动工况;当机车的实际速度降低到“目标速度+1 km/h”时,电气制动力降至 0。

当机车实际速度小于“目标速度-2 km/h“时,TCMS 自动控制机车进入牵引工况;当机车的实际速度升高到“目标速度-1 km/h”时,牵引力降至 0。

机车进入“定速控制”状态后，司机控制器调速手柄的级位变化超过 1 级以上时，机车“定速控制”状态自动解除。

(3)警惕装置控制

当机车速度大于等于 30 km/h，且机车未实施紧急制动时，机车警惕装置进入监视状态。此时每 1 min 内，司机应按警惕装置控制按钮 SB96(SB97)或踩警惕装置控制开关 SA101(SA102)1 次，使警惕装置重新进入监视状态，否则超过 1 min 未按，警惕装置进入报警状态，蜂鸣器响，再延迟 10 s，如果司机仍未按警惕装置控制按钮 SB96(SB97)或踩警惕装置控制开关 SA101(SA102)1 次，则警惕装置动作，发出紧急制动指令，使机车进入紧急制动状态。此装置的设立，是为了提醒司机集中精力开车，防止意外情况发生，确保行车安全。

2. 机车重联控制

机车的重联控制电路。机车的每一端分别设置了 2 个机车重联控制插座和一个哑插座。机车采用以太网，以网络重联的形式，实现本务机车 TCMS 与重联机车 TCMS 之间的信息传递，可实现 2～4 台机车的重联控制。另外，在重联控制插座中，还设有机车重联电话信号，实现机车重联电话重联。

原边电流互感器 TA2 的信号送至 TCMS，通过 TCMS 与计算机显示屏之间的信息传递，实现机车原边电流显示。机车速度传感器 BV47、BV48 的信号送至 TCMS，通过 TCMS 与计算机显示屏之间的信息传递，实现机车速度的显示。

3. 机车制动系统的控制电路

制动系统控制电路。机车制动系统采用的是 CCBⅡ型制动机。该制动系统是基于网络控制的电空制动系统。CCBⅡ型制动机与计算机显示屏一起来完成制动系统的诊断、自检、校准、故障记录等。CCBⅡ型制动机主要由 LCDM 制动显示屏、EBV 电子制动阀、集成处理模块 IPM、继电器接口模块 RIM 和电空控制单元 EPCU 等组成，其中集成处理模块 IPM、EBV 电子制动阀及电空控制单元 EPCU 之间采用 Lon-Work，网络技术实现信息传递，集成处理模块 IPM 与 LCDM 制动显示屏之间采用 422 总线方式进行信息传递。机车计算机控制系统 TCMS 与 CCBⅡ型制动机之间，采用开关量方式，实现信息传递。自动开关 QA55 是制动系统 110 V 电源的总保护开关。

(1)CCBⅡ制动机送入 TCMS 的信号

801 动力切除信号，即 CCBⅡ制动机要求 TCMS 控制主变流器禁止功率输出；803 撒砂指令信号，即 CCBⅡ制动机实施紧急制动时，要求 TCMS 根据机车运行方向，进行撒砂控制；805CCBⅡ制动机在补机运行时出现故障的信号，要求 TCMS 进行制动故障显示并传递给头车(本务机车)；811WSP 故障信号，即空气防滑行保护系统出现故障，送入 TCMS 进行故障显示和记录；812WSPActive 信号，表示空气防滑行保护系统动作，并通知 TCMS 进行状态记录；1804 紧急制动信号，即 CCBⅡ制动机实施紧急制动时送出的指令信号，通知 TCMS 控制主变流器禁止功率输出；821 弹簧储能制动停车(简称弹停)切除指令信号，送入 TCMS 进行状态记录和显示；822 撒砂功能切除指令信号，送入 TCMS 进行状态记录和显示；823 踏面清扫功能切除指令信号，送入 TCMS 进行状态记录和显示；824 升弓气路被切断的指令信号，送入 TCMS 进行状态记录和显示；825 制动缸压力被切除的指令信号，送入 TCMS 进行状态记录和显示。

(2)TCMS 送入 CCⅡ的信号

831 机车零速信号，通知 CCBⅡ制动机目前机车是在静态还是动态，只有在动态下 CCBⅡ

制动机才会发出撒砂指令；833 机车牵引指令，送入 WSP 防滑行保护系统；2804 紧急制动信号，是由警惕装置动作而发的紧急制动信号；495 和 496 是计算机 TCMS 根据司机钥匙开关指令，送给 LCDM 显示屏的电源指令信息，该指令通过中间继电器 KE15、KE16 转换，提供给对应 LCDM 显示屏电源，并向 RIM 继电器接口模块提供哪端司机室显示屏被激活的信息；832 动力制动互锁信号，该指令信息用来实现机车空气制动与动力制动之间的电空互锁。

以上信号都是 CCBⅡ制动机与 TCMS 之间的信息传递指令，用来实现整车计算机控制系统与空气制动系统之间的逻辑控制，并通过计算机显示屏进行制动系统的状态显示和信息记录。

制动系统还设置了 WSP 防滑行保护系统，防止机车进行空气制动时，出现滑行或车轮抱死的情况。为此机车专门设置了 6 个车轴速度传感器，向 WSP 防滑行保护系统提供车轴速度信息，并通过 WSP 发出的指令信息，控制与制动缸连通的双向阀 YV101H、YV101V～YV106H、YV106V，实现机车制动缸的减压、保压或维持正常。

4. 其他辅助设备的控制

机车刮雨器及风扇等电路。照明、弹簧停车等辅助设备电路。

当机车实施弹簧储能停车制动时，KP59 压力继电器断开，指令信息输入 TCMS，控制机车禁止功率输出。反之，该压力继电器闭合，说明机车未投入弹簧储能停车制动。操纵台上的弹停转换开关 SA99(5A100)，设有“弹停缓解”和“弹停制动”挡位，可以实现机车弹停动作或弹停缓解。

(1)Ⅰ端司机室刮雨器开关 SA61 实现对Ⅰ端司机室刮雨器 MD43 工作状态转换控制和Ⅰ端司机室刮雨器水泵 MD41 喷水洗涤控制；Ⅱ端司机室刮雨器控制开关 SA62 实现Ⅱ端司机室刮雨器 MD44 工作状态转换控制和Ⅱ端司机室刮雨器水泵 MD42 喷水洗涤控制。

(2)Ⅰ端司机室遮阳帘开关 SB75 实现对Ⅰ端司机室遮阳帘 MD45 的控制；Ⅱ端司机室遮阳帘控制开关 SB76 实现Ⅱ端司机室遮阳帘 MD46 的控制。

(3)Ⅰ端司机室电风扇开关 SA65 实现Ⅰ端司机室电风扇 MD47、MD49 的开关转换控制；Ⅱ端司机室电风扇开关 SA66 实现Ⅱ端司机室电风扇 MD48、MD50 的开关转换控制。

(4)Ⅰ端司机室电冰箱控制开关 SA69 实现Ⅰ端司机室电冰箱 MD51 的控制，Ⅱ端司机室电冰箱控制开关 SA70 实现Ⅱ端司机室电冰箱 MD52 的控制。

(5)控制电器柜内的辅助压缩机开关 SB95，可对辅助压缩机 MDS3 的运行进行控制。

(6)在机车Ⅰ端、Ⅱ端司机室外侧，设置了直流 110 V 电源插座 XSC1、XSC2，用于司机行车临时使用；在机械间内，设置了直流 110 V 电源车内应急灯插座 XL1 和 XL2，为司机提供应急灯电源。

(7)Ⅰ端司机室脚踏控制开关 SA8，可以实现Ⅰ端司机室顶的低音喇叭控制。Ⅱ端司机室脚踏控制开关 SA86，可以实现Ⅱ端司机室顶的低音喇叭控制。

(8)Ⅰ端司机室风笛按钮 SB81 和 SB85，可以实现Ⅰ端司机室顶的高音喇叭控制。Ⅱ端司机室风笛按钮 SB82 和 SB86，可以实现Ⅱ端司机室顶的高音喇叭控制。

## 三、机车电子控制系统

机车电子控制系统具有相同的控制级结构，HXD1C 型电力机车采用 DTECS 网络控制系统和 TCN 列车通信网络技术。机车各个控制系统间的通信由总线来完成。机车总线系统包括列车总线(WTB)和多功能车辆总线(MVB)。机车内由车辆总线 MVB 把所有的 DTECS 网络控制系统和制动控制单元(CCBⅡ)连接在一起(包括远距离无线重联装置或列车分布式动力控制 LOCOTROL)。制动系统的显示屏和制动控制单元由其内部的总线连接。整个系统集成了机车重要的开环/闭环控制及故障诊断功能,结构清晰,部件成熟可靠。

1. 中央控制单元(CCU)

中央控制单元(CCU)位于司机侧后墙柜中(图 5-42)。

中央控制单元(CCU)管理机车的控制系统。其控制与监控功能由 CCU 直接执行或是由 CCU 协同处理。

机车有两个中央控制单元 CCU,一个作为主控 CCU,用来完成机车的所有开环控制。另一个为从属 CCU(后备级)。二个 CCU 拥有相同的结构,当一个 CCU 失效,第二个也能维持机车运行。为了确保机车运行的可靠性,主控 CCU 与从属 CCU 要进行周期性的变换。从属 CCU 的故障后,对机车运行没有任何影响,该故障信息将发送到司机显示屏上。

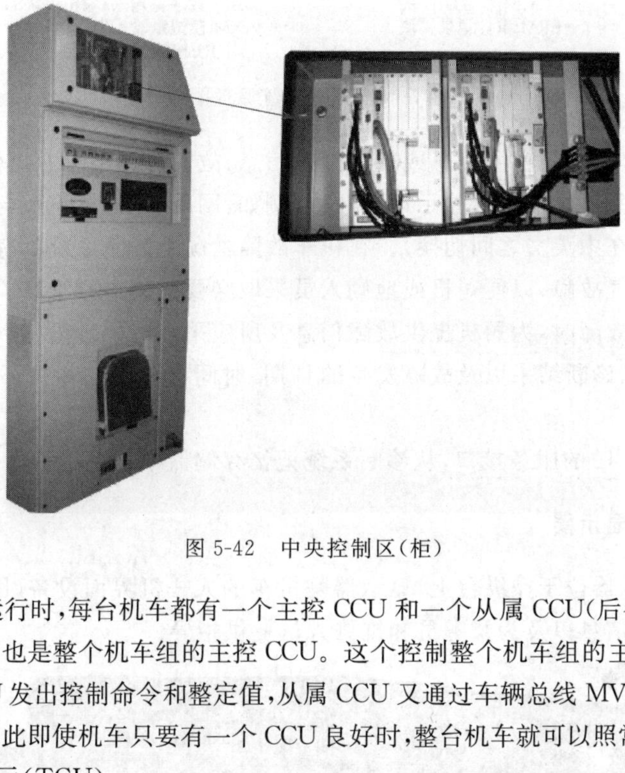

图 5-42　中央控制区(柜)

多台机车重联运行时,每台机车都有一个主控 CCU 和一个从属 CCU(后备级)。操纵机车(本务机车)的主控 CCU 也是整个机车组的主控 CCU。这个控制整个机车组的主控 CCU 通过列车总线 WTB 向从属 CCU 发出控制命令和整定值,从属 CCU 又通过车辆总线 MVB 传递命令和整定值到它们的子系统。因此即使机车只要有一个 CCU 良好时,整台机车就可以照常运行。

2. 牵引控制单元(TCU)

牵引控制单元(TCU)负责电力牵引设备的开环/闭环控制。同时集成了对 PWM 辅助逆变器的控制。每一个中间直流电路都有一个牵引控制单元 TCU,以及它所连接的相模块。TCU 有电子防滑/防空转功能。

3. 紧凑型输入/输出模块

紧凑型 I/O 输入输出系统减少了车辆配线的数量,从而提高了机车控制与诊断系统的性能。对于不直接与车辆总线 MVB 连接的设备和部件,它们发出的信号可以被离散地检测和控制。由于 I/O 终端采用模块化结构,设备地控制功能可以经济有效地执行。

4. 计算机显示器

列车司机的人机界面(MMI)由一个显示器组成(图 5-43)。该显示器是 DTECS 网络控制系统与机车故障诊断的人机界面。

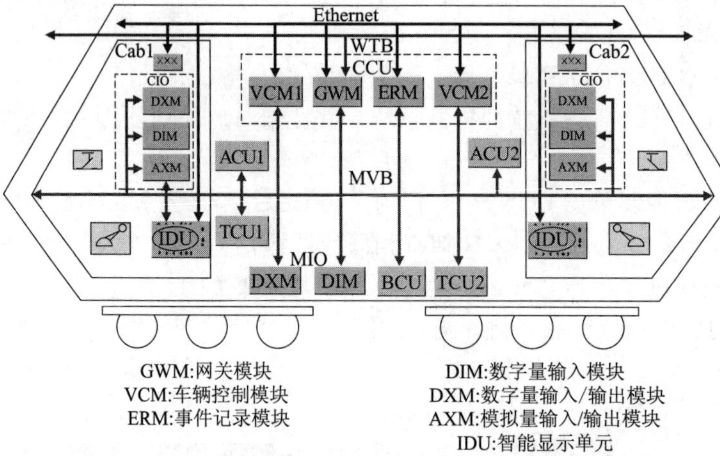


图 5-43　控制系统原理图

显示器为司机提供功能检测信息或机车故障信息、故障诊断结果并提供可能的解决措施。在正常情况下,司机室显示器用于显示运行数据,例如,网压、原边电流及与牵引力相关的数据(显示器的显示可以在中英文之间切换)。在机车故障情况下诊断系统具有如下功能。

(1)检测机车电气故障,以便司机或地勤人员采取必要措施进行维修。

(2)当机车发生故障时,为司机提供故障信息及所应采取的处理措施。

(3)将故障信息、诊断结果以及故障发生的日期、时间、千米数、相关环境参数以及运行数据及时进行储存。

(4)可以通过 CCU 的服务接口,从诊断系统记忆存储器中下载各种故障信息。

## 四、人—机界面显示器

人—机界面显示器位于操纵台上,显示器是机车的人—机界面设备(图 5-44)。它显示机车的运行状态、故障信息以及为乘务员和维修人员提供指导。

图 5-44　显示器的位置

1. 人—机界面显示器图象层次

人—机界面显示器分多层面，分别分为主菜单与子菜单，机车运用(或机车检查作业)中可根据查询的需要调用(图 5-45)。

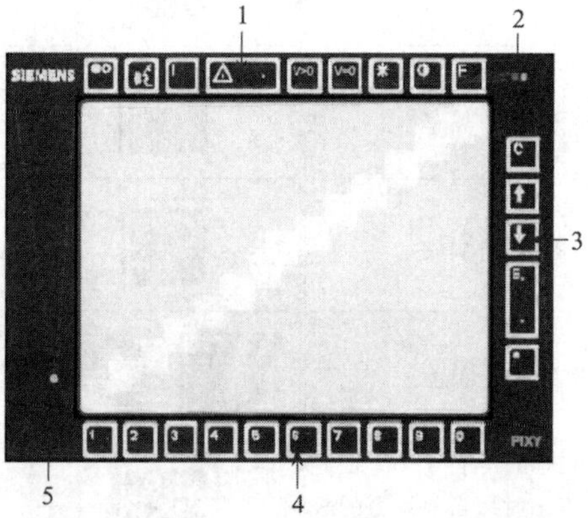


图 5-45　图像的主要层次

1—上部硬键；2—状态信息发光二极管；3—右边硬键；4—软键；5—灯检测传感器

2. 显示器按键的布置

两端司机室操纵台的计算机显示器(简称屏显)是机车主要工作信息窗口，机车运行参数与机车各类工作参数均可通过此屏显反映出来，便于司机对机车运行与工作状态的掌握。屏显上主要设置有硬键与软键盘，用于查询切换；与信号灯(发光二极管)和灯检测传感器，给出一定的信号量，以便于司机知晓(图 5-46)。

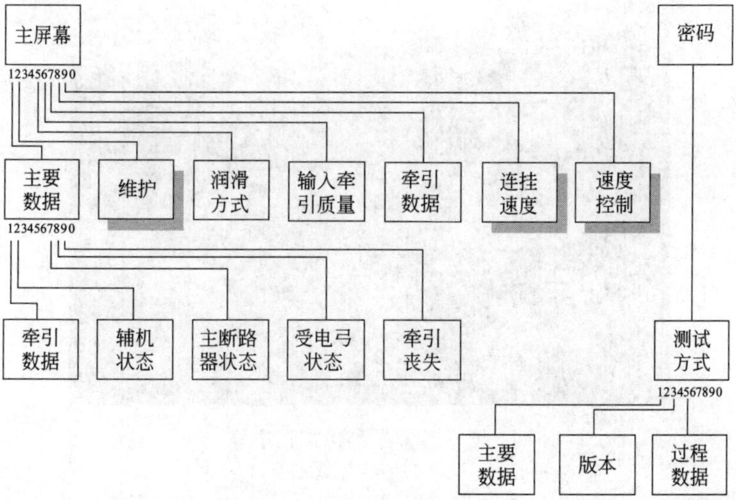


图 5-46　屏幕按键布置

通过位于屏幕区域周围的软键可以切换到不同的屏幕。其中有些键有固定的功能，但是其他键的功能取决于当前界面(表 5-1)。

3. 显示器启动/牵引模式

(1)显示器启动

表 5-1　屏幕操作指示说明

| 键 | 功能 | 键 | 功能 |
|---|---|---|---|
|  | 关显示器背景灯。其他键不能点亮背景 |  | 手动白昼和夜间亮度转换 |
|  | 改变显示屏输出语言 |  | 改变亮度 |
|  | 信息键—唤醒附加信息 |  | 除非显示器上该键另有定义，否则该键为上一层次图像返回键 |
|  | St-键—转换到事件总览 |  | 滚读键 |
| 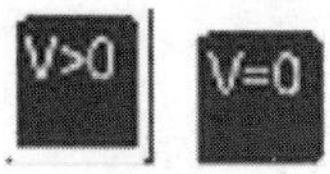 | $v>0$，表示速度大于 0 km/h 时（即机车运行状态时），当前发生的故障所应采取的补救措施。<br>$v=0$，表示速度等于 0 km/h 时（即机车处于停车状态时），当前发生的故障所应采取的补救措施 | 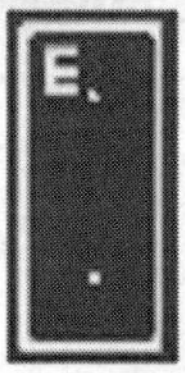 | 回车键<br>在某些页面上用于确认司机在该页面所做的设置 |
|  | 打开亮度对话框 |  | 数字键<br>功能取决于屏幕上当前显示的页面，其当前功能显示在显示器下部边缘 |

闭合电源钥匙，机车显示屏显示主窗口进入屏保屏幕（图 5-47）。

图 5-47　屏幕保护程序

（2）牵引模式

①单机牵引时自动进入“单机牵引模式主屏幕”（图 5-48）。

②双机重联时自动进入“双机牵引模式主屏幕”（图 5-49）。

4. 显示器的主屏幕布置及功能

（1）屏幕标题

屏幕标题：说明屏幕当前界面所显示的内容。

（2）日期和时间区域

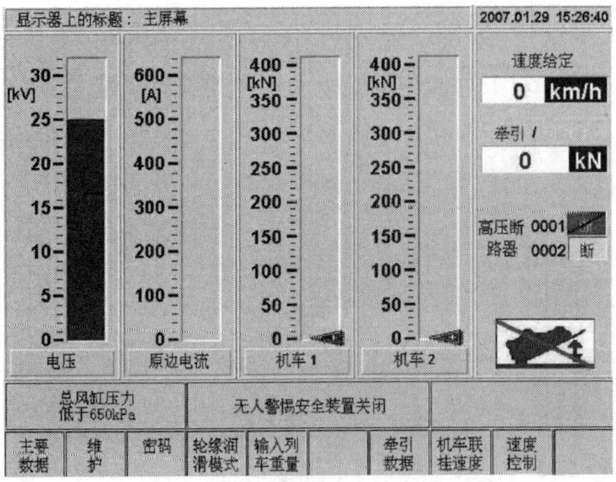


图 5-48　单机牵引模式主屏幕

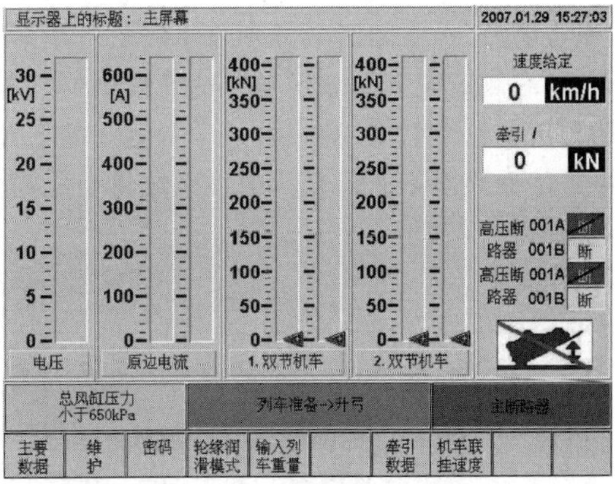


图 5-49　双机牵引模式主屏幕

在日期和时间区域中显示目前的日期和时间。

（3）软键

在主屏幕最下方共有 10 个软健，每个软键的功能取决于屏幕的标题（图 5-50）。每个软键上部有文字显示，用来说明该键的功能。

图 5-50　主屏幕上的软键功能说明及占用情况

5. 事件和状态栏

“事件和状态栏”分为三部分：左侧栏显示当前机车所发生的事件（或故障）；中间栏显示机车此时状态；右侧栏显示当前简略的故障原因，当有新的事件（或故障）发生时，都会出现一个简略的故障原因，同时该区域开始故障提示闪烁（图 5-51）。

图 5-51　事件和状态栏

当机车处于停车状态时（$v=0$），按动屏幕上方的硬健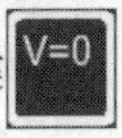

，即可进入“故障处理建议”界面，阅读故障处理方法，同时故障提示闪烁停止。

当机车处于运行状态时（$v>0$），按动屏幕上方的硬健

，即可进入“故障处理建议”界面，阅读故障处理方法，同时故障提示闪烁停止。

当机车有事件（或故障）发生时，如果按下“ST”硬键或通过软键转换到另外的界面，故障提示不会停止闪烁。

6. 主要信息显示区

在显示器的主要信息显示区分为三个区域：左侧区域分别显示的是“接触网电压”和“原边电流”；中间区域分别显示的是机车牵引力（双机牵引时分别显示的是两台机车的牵引力）；右侧区域上方显示是“速度设定值”和机车总牵引力或制动力（双机重联时显示的是两台机车总牵引力或制动力）。右侧区域下方显示是主断路器（HVB）状态，如果主断路器由于某种原因不能闭合，则该区域将变成红色（图 5-52）。

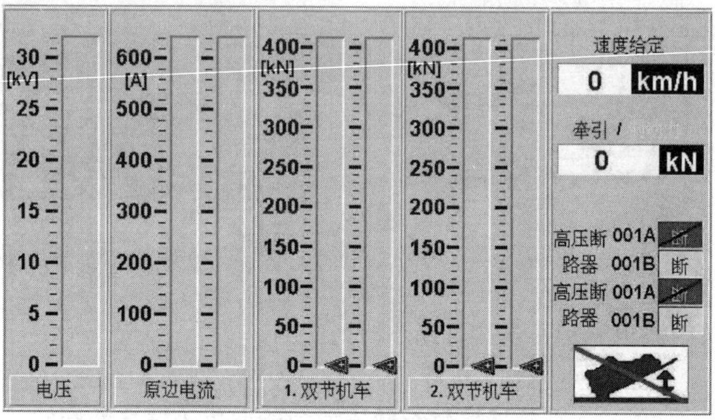


图 5-52 主要信息显示区

## 五、机车显示屏运用操作

进入“主要数据”界面程序如下。

在主屏幕处按下“主要数据”下面的软键，进入“主要数据”界面（图 5-53）。

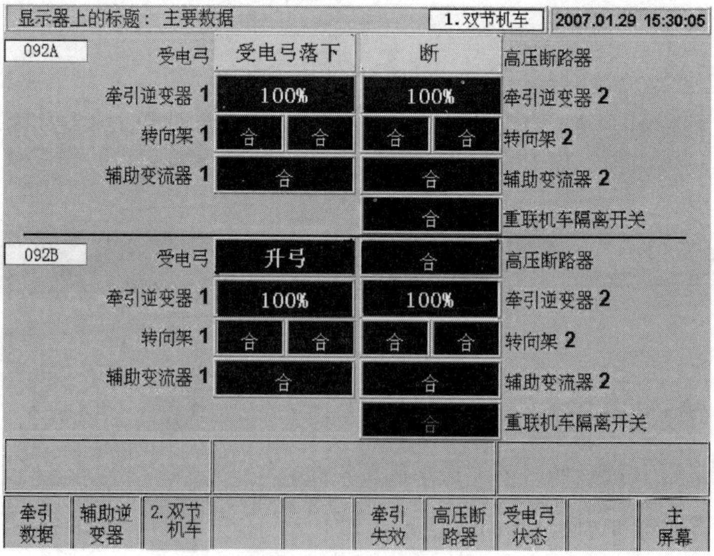


图 5-53 主要数据

“主要数据”界面用来显示每台机车的主电路中电器设备的重要状态信息，包括受电弓、主断路器、主变流器、辅助逆变器、重联机车隔离开关等设备的工作状态（表 5-2）。

**表 5-2 主要数据重要状态信息**

| 部　　件 | 可能的状态 |
|---|---|
| 受电弓 | 降弓，升弓，锁定 |
| 主断路器 | 断开，闭合，封锁，封锁解除 |
| 主变流器 1/2 | (0%，…，100%) |
| 转向架 1/2 | 运行，停止 |
| 辅助逆变器 | 工作，关闭 |
| 车顶隔离开关 | 断开，闭合，锁定，关闭 |

在“主要数据”界面下，分别可以进入“牵引数据、辅助逆变器、牵引失效、高压断路器、受电弓状态”等界面。

(1) 状态—牵引失效（图 5-54）

“状态—牵引失效”界面用来显示在牵引状态下可能导致“牵引失效”故障的各种原因（这些原因会突出显示）。

进入“状态—牵引失效”界面程序：

在“主要数据”界面下，按下“状态—牵引失效”下面的软键，进入“状态－牵引失效”界面。

在状态显示屏幕上显示事件分为两类。

①已激活事件（白底黑字），即可能造成机车当前牵引失效故障的原因。

②未激活事件（黑底灰字）。

使用旁边的↑或↓符号可滚动浏览牵引状态列表。

注意：如果有一个事件突出显示（白底黑字），则主断路器不能闭合，受电弓不能升起 。

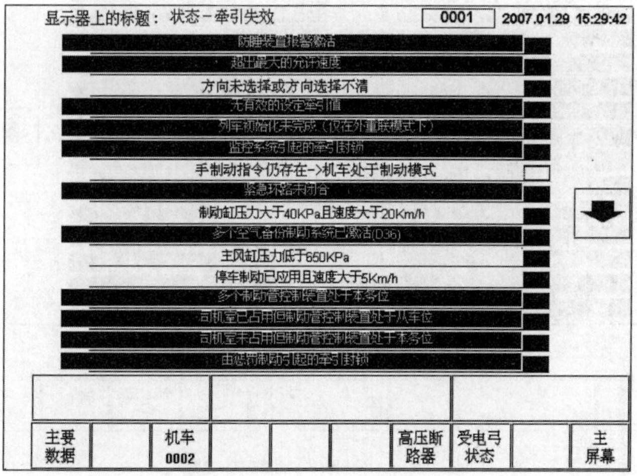


图 5-54 状态—牵引失效

(2) 辅助逆变器状态（图 5-55）

进入“辅助逆变器”界面程序。

在“主要数据”界面下，按下“辅助逆变器”下面的软键，进入“辅助逆变器”界面。

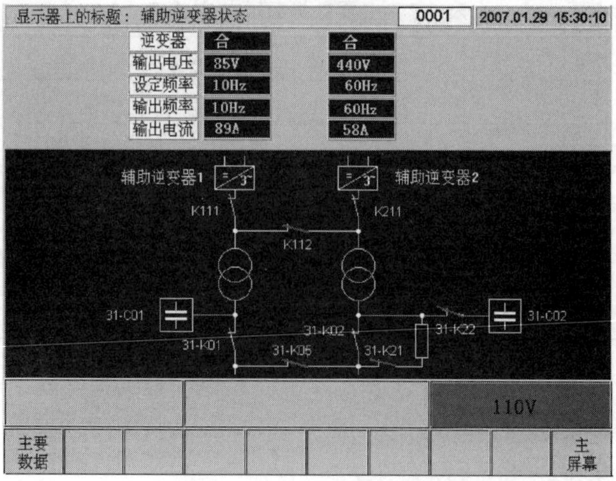


图 5-55　辅助逆变器状态

在“辅助逆变器”界面下，主要显示下列信息：辅助逆变器 1 和辅助逆变器 2，每个逆变器的输出电压、设定频率、输出频率、输出电流等，同时通过辅助逆变器工作电路图来显示每个逆变器的工作状态。

(3)主断路器封锁缓解(图 5-56)

进入“主断路器封锁缓解”界面程序。

①在主屏幕处按下“主要数据”下面的软键，进入“主要数据”界面。

②在“主要数据”界面下，按“高压断路器”下面的软键，进入“状态—高压断路器断开”界面。

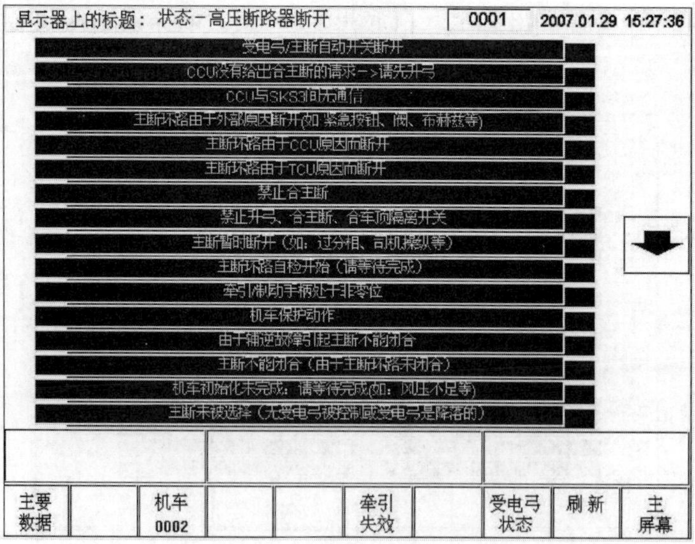


图 5-56　主断路器封锁缓解

“状态—高压断路器断开”界面用来显示造成主断路器不能闭合的各种原因。主断路器有下列几种可能的状态：断开、闭合、封锁、封锁缓解。

使用旁边的↑或↓符号可滚动浏览主断路器状态列表。

注意：如果有一条信息显示被激活(白底黑字)，则主断路器就不能闭合。

(4)受电弓状态(图 5-57)

“受电弓状态”界面主要显示升弓必须满足的所有条件。

注意:如果有一条信息突出显示(白底黑色文本),则主断路器就不能闭合。

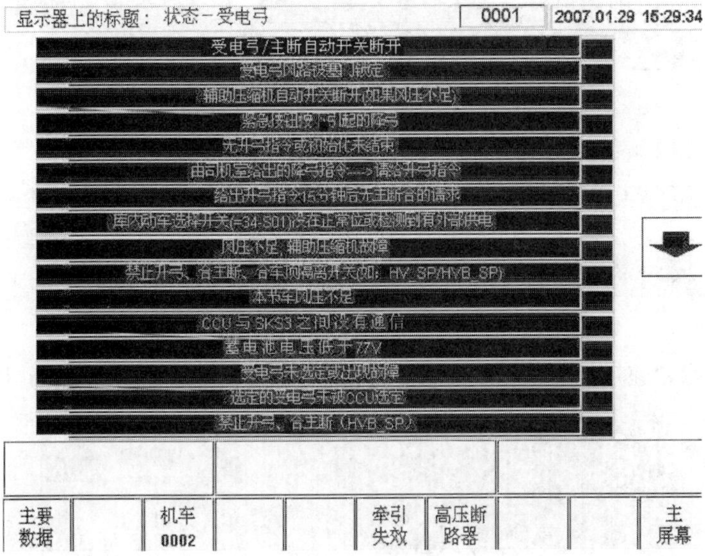


图 5-57 受电弓状态

进入“受电弓状态”界面程序。

①在主屏幕处按下“主要数据”下面的软键,进入“主要数据”界面。

②在“主要数据”界面下,按“受电弓状态”下面的软键,进入“状态—受电弓”界面。

使用旁边的↑或↓符号可滚动浏览受电弓状态列表。

(5)连挂速度(图 5-58)

按下“机车连挂速度”下面的软键,能够激活最大允许的连挂速度。

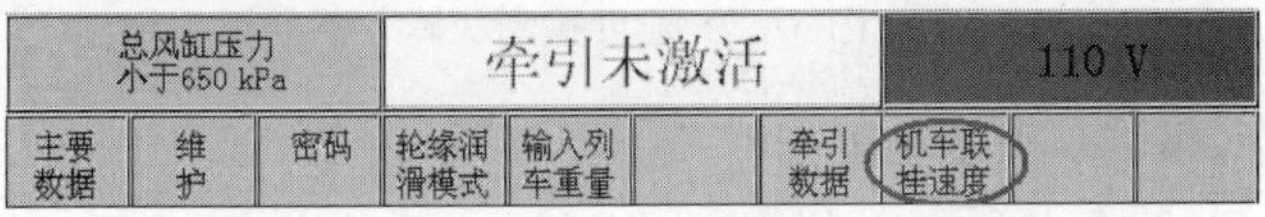


图 5-58 连挂速度

“机车连挂速度”区域的颜色变为黄色,已确定的连挂速度值被激活(图 5-59)。

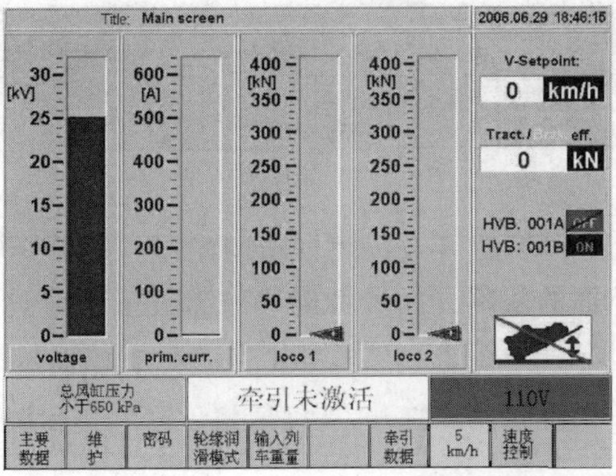


图 5-59 连挂速度被激活

(6)速度控制

按下“速度控制”下面的软键，能够激活速度设定功能(图 5-60)。

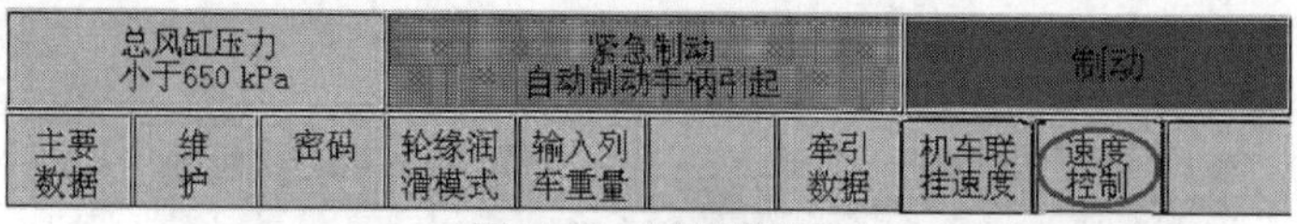


图 5-60　速度控制

“速度控制”区域颜色变为黄色，说明速度设定功能被激活(图 5-61)。

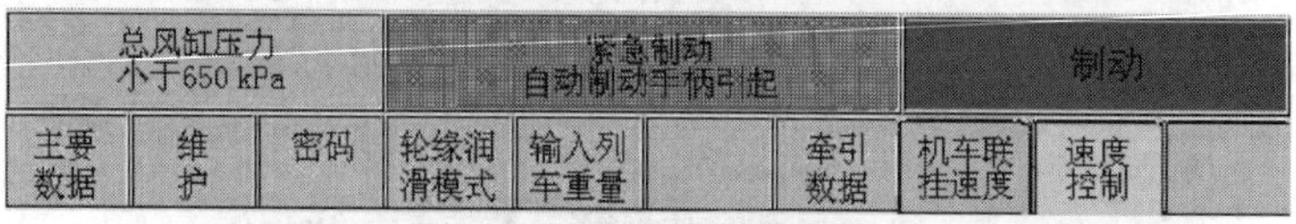


图 5-61　速度控制被激活

如果出现故障，“速度控制”区域颜色变为白色，速度设定功能不能激活(图 5-62)。

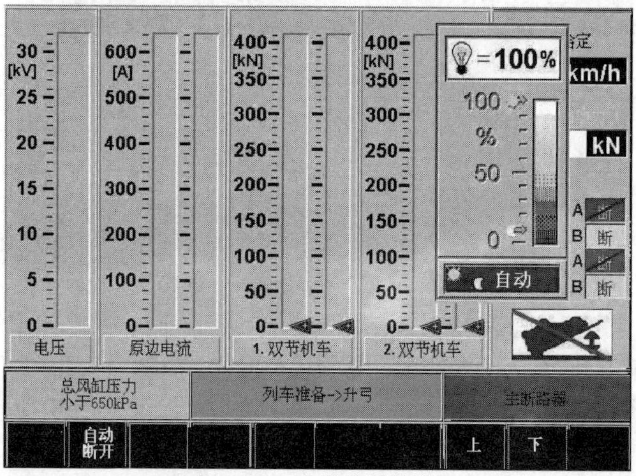


图 5-62　速度控制故障

要取消故障信息，须将牵引手柄置于 0 位。

(7)屏幕亮度控制(图 5-63)

按照明硬键，打开亮度对话框：可以单独调节屏幕亮度。

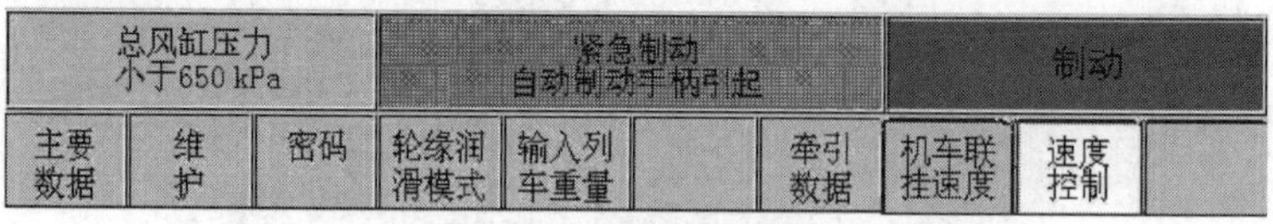


图 5-63　亮度对话框

使用该对话框调节背景照明，打开或关闭自动调光器。如果希望打开或关闭图像－电气开关：按下自动关闭区域下面的软键。如果希望增加当前亮度水平：按下“上”区域下面的软键。如果希望降低当前亮度水平：按下“下”区域下面的软键。如果希望在白天和夜间模式之间转换：按下硬键。如果夜间模式打开，亮度值将下降到实际调节值的一半。如果切换回白昼模式，亮度值将增加一倍。如果希望打开或关闭显示器背光：按下硬键。任何没有运

行本键功能的键都能激活背景照明。

(8)事件总览

“事件总览”界面主要显示下列信息：已经发生的各种事件(各种故障信息、故障代码、故障发生的时间)。事件列表有三种类型：所有事件、过去事件、当前事件。按下按键。所有事件列表都打开，该列表包含了所有已报告的事件。这些事件将根据接收时的时间显示来区别(图 5-64)。

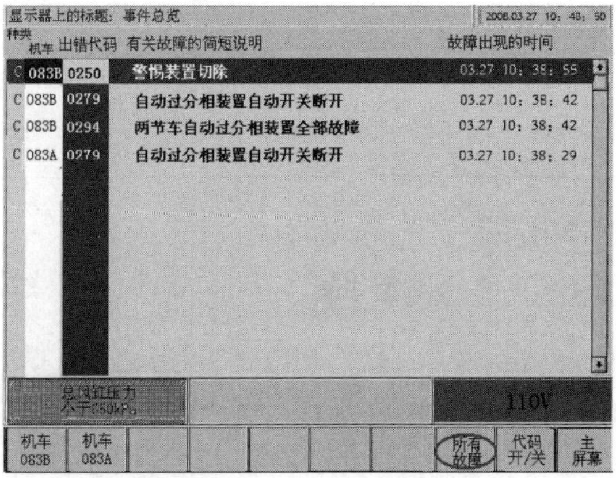


图 5-64 事件历史

事件列表有三种类型：所有事件，过去事件，当前事件。

①在列表间切换(图 5-65)：按下相关事件区域下面的软键 8。

所有已经查看过的补救处理措施的故障信息均用“＊”作了标识。

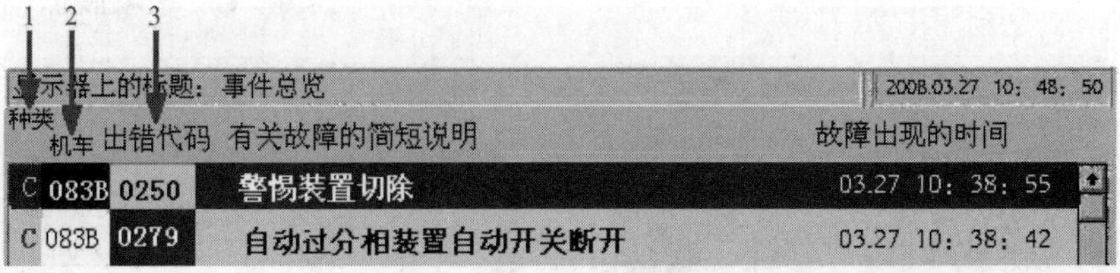


图 5-65 在列表之间切换

②显示事件的故障代码列：按下“代码开/关”区域下面的软键(图 5-66)。

③具有显示代码的事件历史图像的概况(图 5-67)。

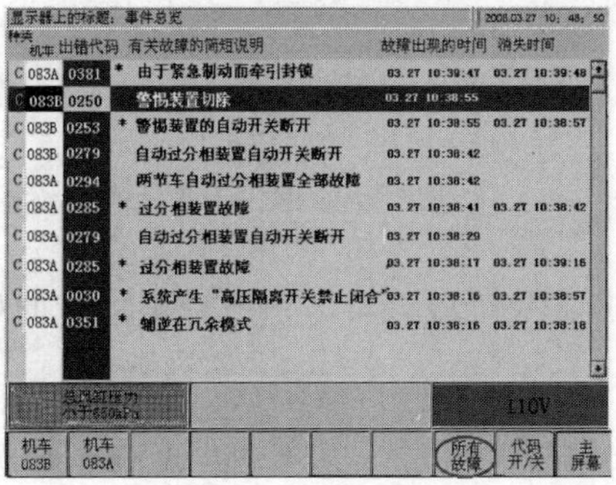


图 5-66 代码开/关

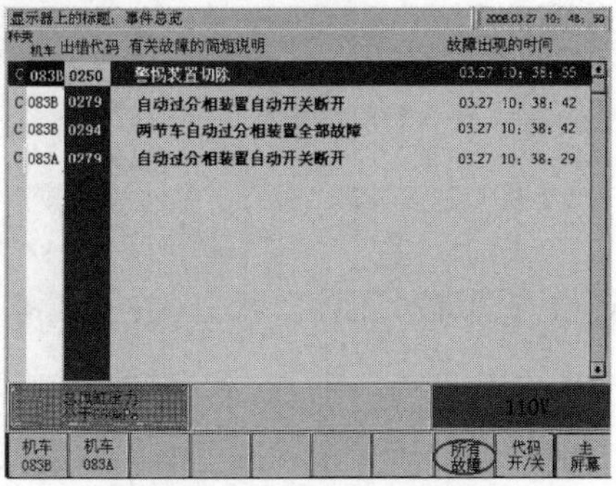


图 5-67 事件历史图像

④机车运用中发生故障主要有四种类型，即重要故障，故障，轻微故障，状态信息，并会有机车编号与数据库故障代码等项记录(表 5-3)。

表 5-3　机车故障事件说明

| 序号 | 项目 | 项目说明 |
| --- | --- | --- |
| 1 | 种类 | A：重要故障，机车不能继续在线路上运行 |
| | | B：故障，机车能在线路上运行，但有限制条件 |
| | | C：轻微故障，机车能在线路上运行，没有限制条件 |
| | | D：状态信息，机车能在线路上运行，没有限制条件 |
| 2 | 机车 | 发生故障的机车编号 |
| 3 | 出错代码 | 数据库故障代码 |

⑤如果想查看某个故障的详细信息，可以使用滚动键↑或↓选择故障，然后按下硬键，进行查看(图 5-68)。

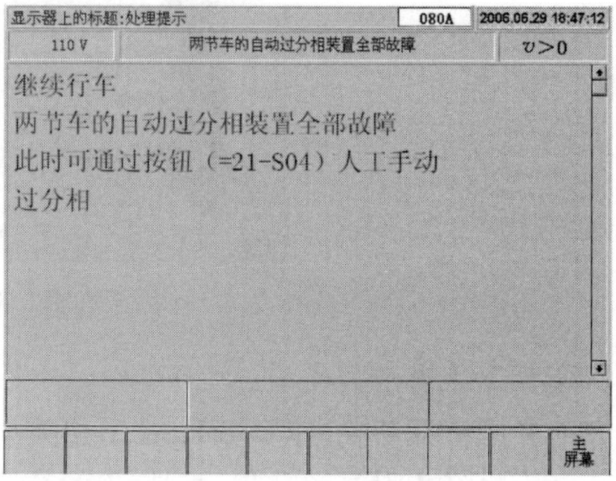


图 5-68　故障信息

⑥诊断屏幕。机车在运行中或停车状态下，均可以通过“事件历史”屏幕处的硬键，打开“处理建议”屏幕。用硬键↑或者↓选择事件。

如果机车在运行中，要按下硬键($v>0$)，就可以查看当前所发生的故障的处理方法(图 5-69 )。

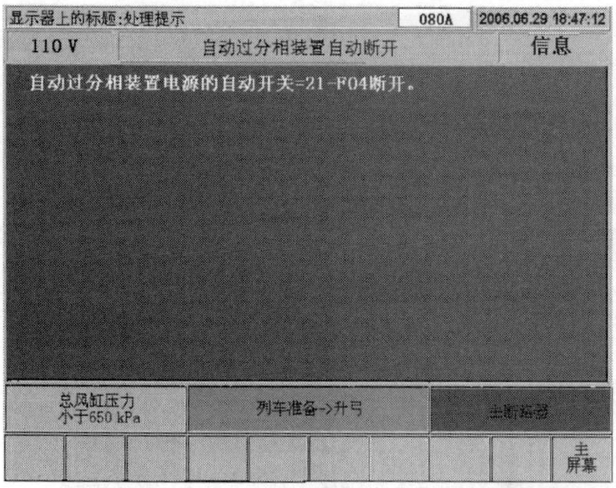


图 5-69　机车速度 $v>0$ 时一个事件的补救措施

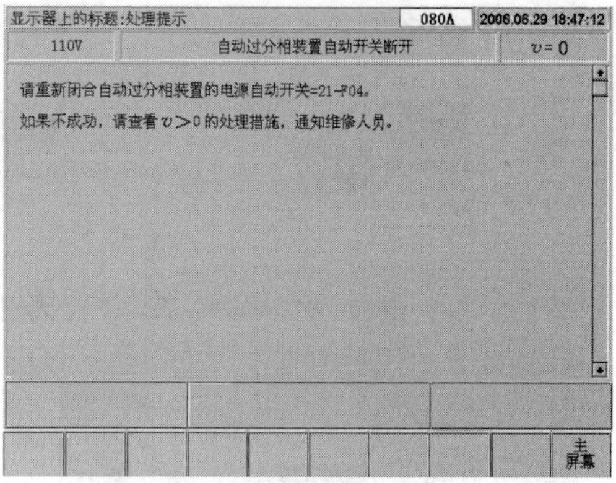


图 5-70　机车速度 $v=0$ 时一个事件的补救措施

⑦如果机车处于停车状态，按下硬键($v=0$)。就可以查看当前所发生故障的处理方法(图 5-70)。

对于一些处于停车状态下的能够采取补救措施文本较长时，文本的右边出现滚动条，可以使用滚读键浏览文本。

## 思 考 题

1. 机车电源是如何供给电气设备用电的？
2. 机车逻辑控制和保护电路是如何实施的？
3. 简述机车过分相控制电路的原理。

# 第六章　电子控制系统及机车安全运用

HXD1C 型电力机车电子控制系统包含机车计算机网络控制系统，中央控制系统，牵引控制单元，计算机显示器，远程监控及无线重联系统，电空制动控制单元，定速控制等。它们分别控制的机车系统不同，其功能作用也不尽相同，即有 TCN 通信网络，机车中央控制管理系统 CCU 与牵引/制动(电制)控制系统 TCU，计算机显示器监视系统 CMD，重联机车远距离无线控制系统 MTU(或列车分布式动力控制系统 LOCOTROL)，电空制动控制单元 CCBⅡ，机车自动操作定速控制装置等均属机车电子控制系统。HXD1C 型机车计算机网络控制功能主要由 CCU、TCU 等智能控制系统完成。CCU 以及机车智能控制系统通过列车网络交换过程数据、消息数据和监督数据来实现对机车的控制、故障诊断以及机车状态评估。计算机网络控制系统可以实现以下控制功能，高压回路控制、牵引/电制动控制、机车速度控制、故障诊断保护。系统安全及连锁是为了保证机车运用中的安全。安全保护作用的发挥主要是对机车进行牵引封锁、无人警惕装置、停车制动、高压安全连锁装置。它们对机车保护功能各有不同，当机车运行中发生相应主要部件运用故障时，而产生的牵引封锁；当机车运行中作为一种警惕装置提醒司机的正确操作，避免因精力不集中所造成的操作过失；当机车停留时，为避免机车溜逸而采取的一种制动措施；当机车运用中发生车顶电气部件故障时，为确保在机车无电的情况下进行检查检修所采取的一种人身安全保护措施。本章分 4 节分别介绍了该类电子设备的架构功能与安全运用与相应保护作用，而列车分布式动力控制系统(LOCOTROL)作为一种预备知识在本章中有所叙述。

## 第一节　机车计算机网络控制系统

HXD1C 型电力机车网络控制系统 DTECS，属生产单位自主研发的分布式列车电子控制系统，具有特点：分布式模块化设计，易于装卸和维修；采用符合 IEC61375 标准的 TCN 总线，易于扩展，适应不同形式的列车编组；通信采用双通道冗余机制，提高系统运行可靠性；智能人机界面显示，提升系统可用性；机械连接采用特殊设计，电气接触优良，抗电磁干扰性能高。每台机车由 MVB 总线连接全部微控部件，机车间通过 WTB 总线连接，机车上还装备了制动系统 CCBⅡ和有线重联装置，并为重联机车远距离无线控制系统 MTU(或列车分布式动力控制系统 LOCOTROL)留下冗余空间。

### 一、技术构架与工作原理

1. 技术构架

网络系统为分布式列车电子控制系统，各个功能模块分布安装在两个司机室及其机械间低压电器柜内，通过绞线式列车总线 WTB、多功能车辆总线 MVB 进行通信，并且车辆上的功能单元如 BCU、TCU 也是通过多功能车辆总线 MVB 与网络进行通信，其拓扑结构简图如图 6-1 所示。

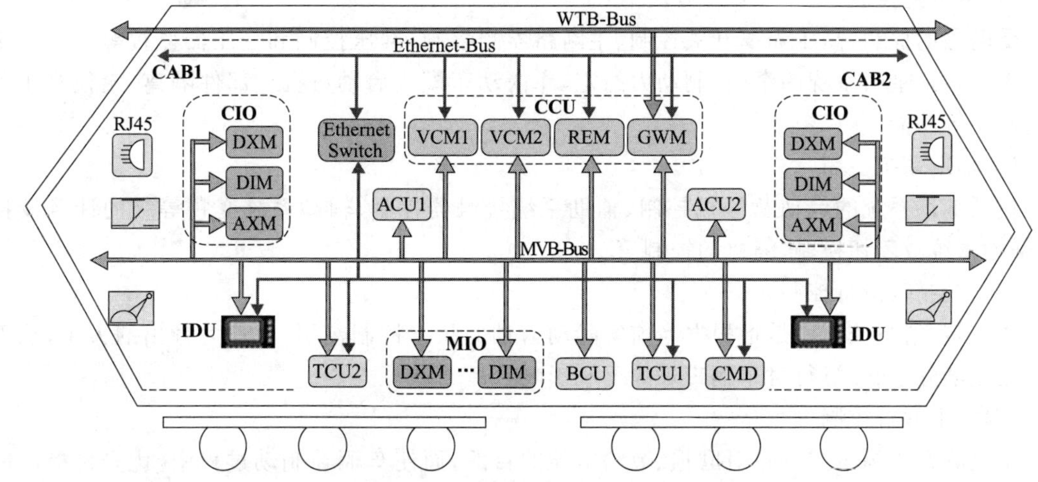


图 6-1　网络控制系统拓扑结构简图

GWM—网关模块；ERM—事件记录模块；VCM—车辆控制模块；DXM—数字量输入输出模块；DIM—数字量输入模块；AXM—模拟量输入输出模块；TPX21A—显示器；ESD—终端模块(公)；ESD—终端模块(母)

注：cab1 为Ⅰ端司机室，cab2 为Ⅱ端司机室，WTB bus 为列车总线，MVB bus 为车辆总线，Ethernet-Bus 为以太网线。

2. 工作原理

网络控制系统采用分布式控制技术，即分布采集及执行，中央集中控制与管理的模式。由 WTB/MVB 网关模块 GWM、车辆控制模块 VCM、事件记录模块 ERM、数字量输入/输出模块 DXM、数字量输入模块 DIM、模拟量输入/输出模块 AXM 和智能显示单元 IDU 等组成，通过 MVB 与传动控制单元 TCU、辅助控制单元 ACU、制动控制单元 BCU 等进行通信。控制功能如下。

(1)牵引/制动特性控制

牵引时手柄设定速度，制动时手柄设置制动力。根据牵引/制动特性曲线和牵引力的上升/下降斜率等进行牵引/制动力的给定控制。

牵引/制动力的上升/下降变化率根据机车当前工况的不同会有所区别，但是总的来说，正常情况下机车牵引/制动力的变化率不大于 75 kN/s，牵引封锁时，机车牵引/制动力的变化率不大于 150 kN/s。

将机车给定的牵引/制动力分配于所有可用的动力轴上，但各个动力轴分配的牵引/制动力不能超过其当前允许的上限值(由特性曲线、功率衰减系数等有关)。

(2)牵引/制动力分配控制

根据各动力轴的及各转向架的不同情况，修改特性控制计算的设定力矩。

(3)顺序控制

可以根据节点号确定机车的不同状态。节点号是所有系统处理器的参考号，可以据此对机车操作过程做出明确规定，顺序控制还可以执行各种保护功能，例如，只有当顺序控制达到相应的节点或状态后主断才可闭合。

机车逻辑控制包括操作端控制、方向选择、牵引运行逻辑解锁控制、停放制动控制、停车换端控制、撒砂控制等。

(4)主电路控制

受电弓的控制、高压隔离开关控制、主断路器的控制、网压控制和变压器监视等。牵引变流器控制包括牵引系统的牵引/制动力给定、库内动车模式启动/退出、部件隔离、轮径修正和速度修正等功能。

(5)辅助系统控制

包括辅助系统的启动及停机控制、辅助系统接触器控制、辅助系统变频等级的计算及控制、辅助系统故障切换、压缩机的控制等。

(6)防空转/滑行控制

防空转/滑行控制就是指根据当前实际动力轴的状态控制牵引/制动力输出的大小,从而减小甚至消除空转/滑行对车辆带来的不利影响。

(7)空电联合控制

空电联合指为了减少轮对磨损、节约电能的目的,而使车辆在制动过程中,优先选择电制动,空气制动补偿到满足列车制动要求的行为。

(8)重联运行控制

软件设置可进行三台机车的重联,通过 WTB 进行命令的传输及重联车状态信息的反馈(包括故障信息),保证前后三台机车协调一致地进行工作。

在本务机车上显示的重联机车的信息包括机车编号、原边电流、牵引/制动力、受电弓状态、主断状态、牵引系统状态、制动系统状态、故障信息等。

(9)分相区控制

机车过分相时能将牵引力快速而平稳下降到零,分主断,过分相后自动恢复分相前的牵引运行工况,降低司机操作的复杂度,同时防止由于司机操作失误而使机车带电过分相。

(10)辅助系统库用测试

在库用状态通过显示屏辅助系统测试页面进行辅助变流器、辅助电机的试验,包括辅助系统故障切换试验。

轴重转移补偿控制

机车牵引控制系统有动态轴重转移补偿功能。CCU 动态的计算机车当前各个动力轴的轴重分配情况,然后按照这个配比动态的分配机车牵引电机的扭矩。但每个牵引电机转移/接收的轴重转移量最大不能超过本身最大牵引/制动力的 3%。

(11)轮径手动修正功能

轮径修正功能的实现采用自动检测,手动修正并接受的方式。首先,每台机车出厂时需要设定一个默认的初始轮径(如 1 250 mm),当机车在运行过程中(实际速度大于 50 km/h)且处于惰行工况下,网络控制系统利用列车综合实际速度和单台电机的实际转速,实时计算当前条件下的对应轴的实际轮径值,如果实际轮径与设定轮径值的差大于 5 mm 则提示司控人员"实际轮径与设定轮径差过大,请下线后重新设定";如果同转向架内各轴实际轮径差大于 12 mm 则提示司控人员"×架 1 轴与 2 轴轮径差大于 12 mm";如果不同转向架内各轴实际轮径差大于 32 mm 则提示司控人员"1 架×轴与 2 架×轴轮径差大于 32 mm"。

(12)机车定速控制

过比较机车实际速度与设定速度,自动的施加牵引力或制动力,达到机车运行速度恒定,目标速度和实际速度的差值应不超过 2.5 km/h。

定速控制启动后，如果设定速度低于实际速度，将激活电制动开始发挥制动力；如果设定速度高于实际速度，将激活牵引开始发挥牵引力。

(13)牵引和制动工况下牵引电机电流最大值限制控制功能

在牵引和制动工况下，网络控制系统及牵引控制系统具有牵引电机电流最大值控制功能。

(14)无人警惕控制

当控制部件无动作或长期激活控制部件，此时警惕装置报警并通过开始惩罚制动或激活列车自动停止阀自动制动。

(15)冗余控制功能，保证在工作单元失效时能自动转换

控制系统采用两个控制模块 VCM，一个做主控，另一个热备并实时监视主控模块状态，一旦主控模块故障，备用模块将自动接管主权。WTB/MVB 总线通过本身两个通道进行冗余，当单路通道故障时，可自动完成线路通道的切换。重要的 I/O 采用冗余。

3. 监视功能

每台机车装有 2 个智能显示单元 IDU，分别位于 2 个司机室内，司机室显示信息尽量用计算机显示屏显示，对不同类别的信息用彩色予以分开。

(1)每个司机室的智能显示单元 IDU 至少需要显示如下信息。

①显示故障的功能，并提供故障处理建议。

②空转/滑行状态。

③接触网电压。

④机车运行工况。

(2)监视设备必须监视如下状态。

MVB 设备状态：MVB 的设备状态应在机车显示屏上按照实际情况显示，有清晰的信号名称，拓扑位置和状态量；机车运行数据：机车的重要数据在机车显示屏上按照实际情况实时显示出来。司机操作指令：在 MVB 上与机车运行控制有关的司机操作指令在机车显示屏上实时显示出来，对有效的操作过程和无效操作的因果关系都有清晰的显示。

4. 保护功能

(1)列车级保护

列车级保护是指引起全列车都进行保护的动作，主要包括快速制动、紧急制动、牵引封锁、电制动力封锁、离开停车制动位。

(2)车辆级保护

车辆级保护是指引起本节车进行保护的动作，主要包括蓄电池欠压保护，牵引封锁、电制动力封锁、变流器封锁、逆变器封锁、HVB 断开、PANTO 降下、功率限制、启动联锁。

(3)部件级保护

部件级保护是指引起各设备进行保护的动作，一般由各设备完成，主要包括电机组牵引封锁、电机组制动力封锁、电机组脉冲封锁、电机组功率限制。

5. 诊断功能

机车网络控制系统具有自诊断功能，自诊断信息可在司机显示器上进行显示。车载诊断系统 DDS 是机车网络控制系统的重要组成部分，CCU 收集并在故障数据库中存储列车的事件、故障和列车状态的相关信息。影响机车运行和功能的故障信息在司机台上通过智能显示单元 IDU 显示出来，并且可以上传到地面维修和服务系统中，供长期的储存和深入的地面

分析。

机车网络控制系统的诊断功能可以协助司机和检修人员进行工作。当故障发生时，协助司机采取适当的操作，并使维护人员更容易地查找并解决故障。

6. 存储信息

存储的故障信息至少包括下面数据。

(1)发生日期和时间以及结束日期和时间。

(2)故障代码、位置和名称。

(3)故障处理指南。

(4)新故障/故障消除状态(仅在运行模式有效)。

7. 故障等级

机车网络控制系统依照故障对机车运行和功能影响程度划分 3 个级别，并依照故障等级对机车采取相应动作。

(1)严重故障(等级 1)：影响执行机车运行的，并要列车操作人员立即注意或采取行动的故障定义为严重故障。此级别故障发生，智能显示单元故障信息栏闪烁。当操作人员按压确认键后，故障信息栏内容消失，当前故障在故障信息界面显示。司机必须根据智能显示单元故障信息界面显示故障处理提示进行相应处理，用于消除故障或隔离故障设备。

(2)中等故障(等级 2)：不影响执行运输服务运行的，要维护人员注意的故障被定义为中等故障。故障信息在故障界面显示，并显示故障处理提示用于排除故障。

(3)轻微故障(等级 3)：由列(机)车操作人员触发的故障被定义为轻微故障。故障不在操作人员的故障信息界面上显示，仅记录在故障日志中。

## 二、机车计算机控制系统主要部件及其功能

网络控制系统 DTECS 是专为轨道车辆的控制和通信而设计的一套车载计算机系统，主要完成轨道车辆的通信管理、功能控制、故障诊断、信息显示和事件记录等功能。系统采用模块化设计，划分为不同的功能模块，例如车辆控制模块 VCM、事件记录模块 ERM、WTB/MVB 网关模块 GWM、数字量输入/输出模块 DXM、数字量输入模块 DIM、模拟量输入/输出模块 AXM 等。

1. 使用环境条件与技术参数

| | |
|---|---|
| 海拔 | ≤4 000 m |
| 环境温度 | －25～＋40 ℃ |
| 最大相对湿度 | ≤95％ |
| 振动与冲击 | 符合 IEC 60571 标准 |
| 工作电压 | DC 110 V(允差为－30％～＋25％) |

网络控制系统 DTECS 采用模块化设计，特别适合轨道交通车辆的车载网络控制系统，并使得系统的构成十分灵活，不但减少了系统布线距离，而且十分容易扩展。在产品研发和型式试验时，参照了以下标准。

| | |
|---|---|
| EN 50121-3-2：2000 | 机车车辆电气设备电磁兼容性试验及其限值 |
| IEC 60571：1998 | 铁道机车车辆电子装置 |

IEC 61375:2007　　　　列车通信网络

UIC 556:1999　　　　列车总线上的信息传送

2. 多功能车辆总线 MVB

多功能车辆总线 MVB 是专为铁路机车(车辆)内设备互联而开发的高可靠和强实时的现场总线,其具特点:传输波特率为 1.5 MB/s,信号采用双向 L 型差分曼彻斯特编码;采用 8 位的循环冗余校验(CRC)方式;物理层支持三种传输介质,通过本身两个通道进行冗余,冗余切换过程将在尽量短的时间内进行;通过设置总线重复器,网络拓扑可为总线形、星形或混合形,每个总线段内互联的设备最多可达 32 个;数据链路层支持三种基本的数据传输模式,即过程数据、消息数据、监督数据。

3. 绞线式列车总线 WTB

绞线式列车总线 WTB 是专为铁路机车车辆重联而开发的高可靠和实时的现场总线,它特别适合需要动态编组的开式列车(也同样适合于固定编组的闭式列车),具有特点:数据传输波特率为 1 Mbit/s,信号采用双向 L 型差分曼彻斯特编码,数据帧格式为 HDLC;采用 16 位的循环冗余校验(CRC)方式;物理层采用变压器耦合的双绞屏蔽线,传输通道可配置为冗余或非冗余方式,不需中继器传输距离可达 860 m(22 节车辆或 32 个节点);网络拓扑为简单的总线型结构,方便车辆间布线;具有列车初运行功能,支持列车的动态编组;数据链路层支持两种基本的数据传输模式:过程数据、消息数据;WTB 通过本身两个通道进行冗余,冗余切换过程将在尽量短的时间内进行。

4. WTB/MVB 网关模块 GWM

每台机车装有 1 个 WTB/MVB 网关模块 GWM,位于机械间的微机柜内,网关模块 GWM 主要是提供列车总线 WTB 和车辆总线 MVB 的网关通道,与 DTECS 系统中的其他模块共同组成完整的机车网络控制系统。网关模块 GWM 是实现机车重联运行的核心模块,具备:列车级过程控制、执行诸如牵引/制动控制等一系列与机车重联运行有关的控制功能;列车总线管理:具有绞线式列车总线 WTB 的管理能力;列车级数据通信:与 TCMS 系统的车辆控制模块 VCM 进行与机车重联运行有关的数据交换。

5. 车辆控制模块 VCM

每台机车装有 2 个车辆控制模块 VCM 实现冗余,位于机械间的计算机柜内,车辆控制模块 VCM 主要是完成网络的逻辑控制和网络协议的转换功能,相当于机车网络系统的大脑,其与 DTECS 系统中的其他模块共同组成完整的机车网络控制系统,具备过程控制功能,执行诸如牵引/制动控制、空电联合控制、超速保护等一系列控制功能;通信管理:具有多功能车辆总线 MVB 的管理能力,并且能够进行主权转移以实现热备冗余;故障对策:VCM 单路故障时,可自动切换,切换时机车将保护性分主断,但自动切换过程时间不能超过约 20 s,切换完成后不能损失功能和动力;显示控制:与 IDU 显示有关的数据传输。

车辆控制模块 VCM 与 GWM、ERM 模块的结构相同,内部电源接口板、CPU 板参数相同。

6. 事件记录模块 ERM

每台机车装有 1 个事件记录模块 ERM,位于机械间的计算机柜内,事件记录模块 ERM 是完成故障诊断、数据记录与转储的核心模块,与 DTECS 系统中的其他模块共同组成完整的机车网络控制系统。具备功能:数据记录,司机操作数据、故障数据、事件数据的记录,将车辆控制模块 VCM 的故障数据具体化；数据转储：通过车载信息网（工业以太网）将记录的数据下载，供便携式维护工具分析。

事件记录模块 ERM 与 GWM、VCM 模块的结构相同，内部电源接口板、CPU 板参数相同。

7. 数字量输入/输出模块 DXM

每台机车装有 8 个数字量输入输出模块 DXM，分别安装于司机室和机械间的计算机柜中，数字量输入/输出模块 DXM 通过多功能车辆总线 MVB(ESD＋)与车辆控制模块 VCM 交换数据。模块可以实现开关数字量状态信号的采集处理和网络控制指令的输出，并通过 MVB 车辆总线与 MVB 设备互连。输入信号采集：将车辆间电气信号转换成控制信号，经由列车控制网络传送给车辆控制模块 VCM，完成各种控制功能；控制信号输出：将网络控制信号转换成电气信号，控制诸如指示灯、继电器等设备；设备地址输入：通过外部跳线配置设备地址，维护过程异常容易。

8. 数字量输入模块 DIM

每台机车装有 3 个数字量输入模块 DIM，分别安装于司机室和机械间的计算机柜中。模块对外部设备进行数字量输入的接口模块，通过 MVB 总线与车辆控制模块 VCM 连接使用。具备功能：控制信号输出，将网络控制信号转换成电气信号，控制指示灯、继电器等设备；设备地址输入，通过外部跳线配置设备地址，维护过程异常容易。

9. 模拟量输入/输出模块 AXM

每台机车装有 2 个模拟量输入输/出模块 AXM，分别安装于司机室和机械间的计算机柜中。AXM 实现模拟量信号的采集输入和控制输出，通过 MVB 总线与 VCM 通信。具备功能：输入信号采集，将车辆间电气信号转换成控制信号，经由列车控制网络传送给车辆控制模块 VCM，完成各种控制功能；控制信号输出，将网络控制信号转换成电气信号，控制诸如仪表等设备。

10. 网管型工业以太网交换机

每台机车车辆装有 1 个网管型工业以太网交换机，型号为 TN5516-MV-MV-T，采用 M12 圆形接头连接。

网管形工业以太网交换机安装于机械间低压柜内，机车内部通过以太网电缆直接与 VCM、GWM、ERM、IDU、TCU 及以太网调试座连接；机车外部通过以太网重联连接器与重联机以太网网络连接。

## 三、列车通信网络

TCN 列车通信网络（图 6-2）由列车总线 WTB 和车辆（机车）总线 MVB 组成，按照 IEC 标准进行设计。为了制订一个开放的通信系统，从而使得各类机车车辆能够相互连挂，车上的可编程电子设备能够互换。MVB 的传输介质可以是双绞线，也可以是光纤，最多可连接 256 个智能总线站。数据划分为过程数据、消息数据和监视数据，对过程数据的传输作了优化。WTB 的传输介质为双绞线，最多可连接 32 个节点，总线跨距 860 m，WTB 具有列车初运行和接触处防氧化功能。

TCN 网络与 ISO 通信模型结构类似，由 6 个部分组成：标准设备的结构，实时协议，多功能车辆总线 MVB，列车总线 WTB，网络管理，TCN 一致性测试。为了取得取最大程度的兼容性及对轨道车辆的试验一致性，规范定义 TCN 包括两级总线系统，即 MVB 和 WTB。

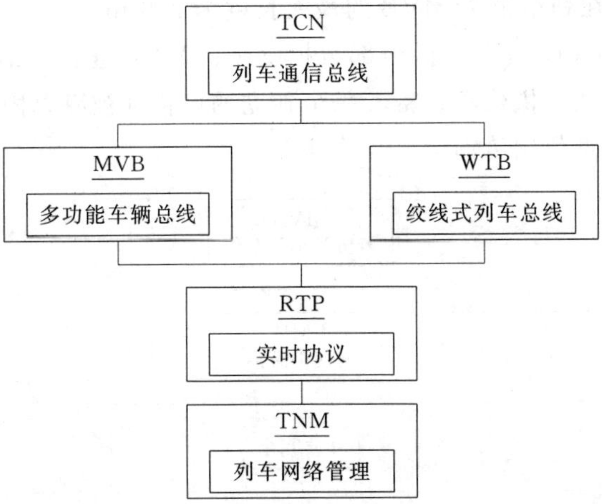


图 6-2　列车通信网络

1. 列车总线 WTB

若列车运行中发生故障，系统可以由一条总线无中断地转换到另一条总线，如果一个网关故障，系统允许短时故障运行（持续时间为一个转换过程）。

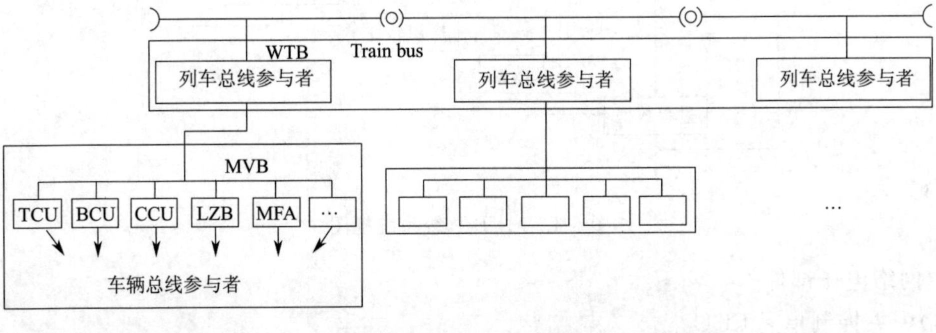


图 6-3　TCN 总线系统

列车总线（绞线式列车总线）连接列车中不同车辆上的电子设备（图 6-3）。为满足此功能，不同的车辆总线通过网关相互连接。列车总线在个别设备（列车总线节点）与总线停止通信或开始通信后，可以恢复同其他设备的通信。例如，车辆连挂或解编之后，总线以变化后占的参与者数目运行。总线参与者数目的最小值为 2，最大值为 32。总线系统物理层由铜质双绞线组成，数据传输速率 1 Mbit/s，总线长度可长达 860 m。为提高总线系统可靠性，总线系统采用全系统冗余设计技术。每个列车总线节点有 4 个接口，每单个总线节点有一个普通接口和冗余接口。每个接口连接上一节点以及下一节点，每根总线电缆从一个节点铺设至另一节点并在每个总线节点处形成闭环。在总线终端节点，通过网关上的继电器与匹配的终端电阻相连。

2. 车辆总线 MVB

MVB 是列车通信网络（TCN）负责车辆内部通信的部分（图 6-4）。过程数据在 MVB 总线上周期性传输，数据传输的重复速度可达 $2^n$ ms。为提高 MVB 可靠性及有效性，总线系统的物理介质采用冗余设计(部件之间的电缆接口及数据总线),总线系统符合国际标准——列车通信网络 IEC 61375。在列车组中 MVB 的最大长度为 200 m。

多功能车辆总线(MVB)负责车辆内部数据交换。MVB 连接车载计算机、可编程存储控制器、单个传感器、单个执行机构等设备。每个独立的设备都被赋以固定的地址,信号在 MVB 总线上以过程数据或消息数据传输。

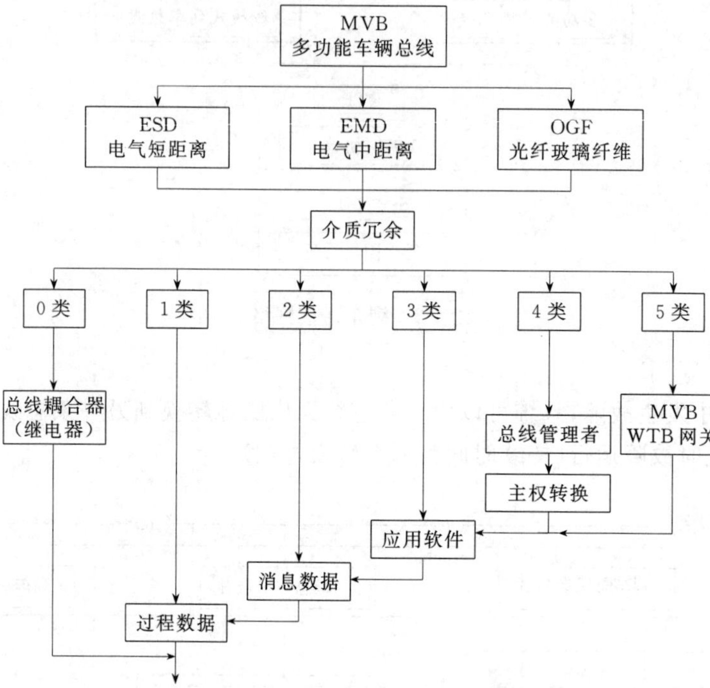


图 6-4　MVB 总线系统框图

3. 网络电子部件

(1)中央控制单元 CCU

中央控制单元 CCU 承担机车车辆控制管理功能,并直接完成或协作完成车辆的控制、监控功能。中央控制单元(CCU)为列车自动化系统微机控制设备。其系统有如下设备:网关,带 AMVB 模块的中央处理器,电源。

(2)制动控制单元 BCU

制动控制单元承担除电制动以外的制动设备控制和管理功能,电制动由 TCU 控制。

(3)牵引控制单元 TCU

牵引控制单元承担电气牵引设备控制和管理功能,牵引控制单元也包括辅助变流器的控制。

**四、列车网络组成**

1. WTB 初始化(TCN 初始化)

列车总线支持可变数量的列车组合。设计上支持多台机车。当列车总线的配置由于另外增加车辆而改变,一旦一端司机室的钥匙开关进行确认,整列重联机车就会立即进行自动初始化。

初始化过程中，确定的TCN地址就会分配给重联的每台机车，TCN地址标记每台机车在重联机车中的位置。TCN初始化结束时，总线主控分配网络拓扑给列车总线的各个节点。

列车总线拓扑允许列车总线的各个节点确认TCN地址的起始和终止节点，其自身节点的TCN地址，其对总线的参考方向，列车总线其他各个节点的TCN地址和类型。

2. 逻辑初始化(UIC初始化)

每一次新的WTB初始化都要进行逻辑初始化。与TCN初始化比较，逻辑初始化和配置的任务是编辑通信系统给应用程序(列车控制)执行下列任务。

(1)确定列车和机车序列、发布UIC地址。

(2)编辑、发布对配置的描述，其允许应用程序在逻辑层处理。

(3)TCN和一个新的被执行的UIC初始化之后，当WTB检测到多于一台牵引机车，所有的WTB参与者改变牵引机车的状态。

3. 冗余

(1)WTB列车总线冗余

每台机车有两路总线和两个网关，组成WTB总线冗余。如果一路WTB总线故障，数据交换可以不中断地在另外一路总线上继续进行；如果两路总线故障，数据传输中断。重联机车WTB重新初始化，这种情况下，重联机车的新部件不能接入网络拓扑。

(2)MVB列车总线冗余

MVB硬件及控制采用冗余技术。如果一路总线故障，数据交换在第二路总线上继续工作，司机显示屏会告知司机总线故障。

(3)中央控制单元CCU

每台机车有两套中央控制单元CCU(图6-5)，分别为主控CCU和从控CCU，互为热备份，主控CCU完成机车的所有控制功能，两套CCU的结构完全相同。CCU故障情况下，只要有一套CCU处于运行准备状态，则系统可以无任何限制的支持继续运行。一套CCU承担主控功能并且积极控制本务机车。另外一套CCU处于备用状态。备用CCU故障对机车运行无任何影响，仅仅是向司机发送故障信息。主控CCU故障引起全部管理级别的临时丢失。司机必须使用切换开关，选择需要的CCU。剩下的CCU成为主控CCU。

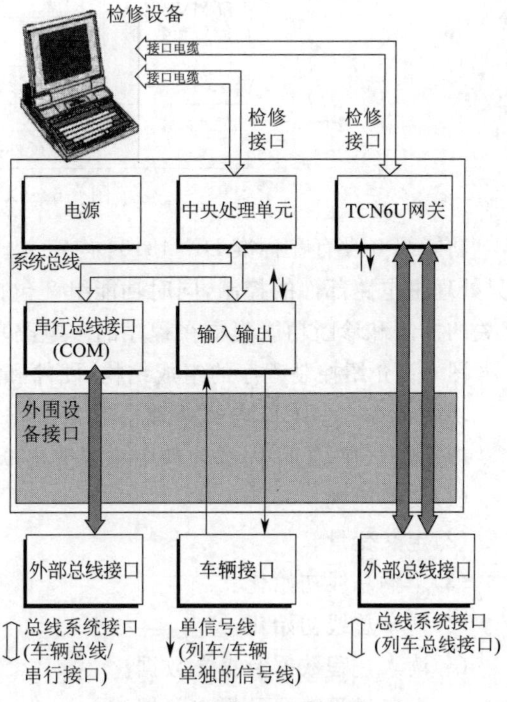


图6-5 CCU控制单元结构图

重联机车或多机重联机车运行时，每台机车均有一套主控CCU和一套从控CCU(备用级)。主控机车的主控CCU亦是整个重联机车组的主控CCU。从控机车的主控CCU是重联机车的从控CCU。重联机车的主控CCU通过WTB传输控制命令以及控制值到重联机车的从控CCU。重联机车的从控CCU通过

MVB 传输控制命令以及控制值到其子系统。

(4)网关 GW

每台机车配置两套网关。其中一套网关参与 WTB 通信。每个网关对应分配到一个 CCU。配置给从 CCU 的网关不参与重联机车的初始化,也不参加任何数据交换。该网关不为其他 WTB 参与者识别。主控 CCU/GW 失去主控功能后,主从转换自动启动。

(5)输入/输出单元 CIO

对司机室操作有关联作用的输入/输出存在两套 CIO。这些数据对主控 CCU 有效,如果出现冗余数据相互矛盾的情况,系统必须对数据的合理性作出选择。

**五、CCU 软件结构**

DTECS 网络控制系统功能块语言进行编程,它的基本单元是功能块、功能宏,它们通过逻辑排列,组成功能包,多个功能包构成用户程序。

1. 功能包

在结构上用户程序由不同功能包构成,编程人员定义各功能包对外的接口。根据标准 DIN43104"轨道车辆信号命名及说明",把 CCU 软件划分为不同的功能组,与电路原理图功能分类相似。

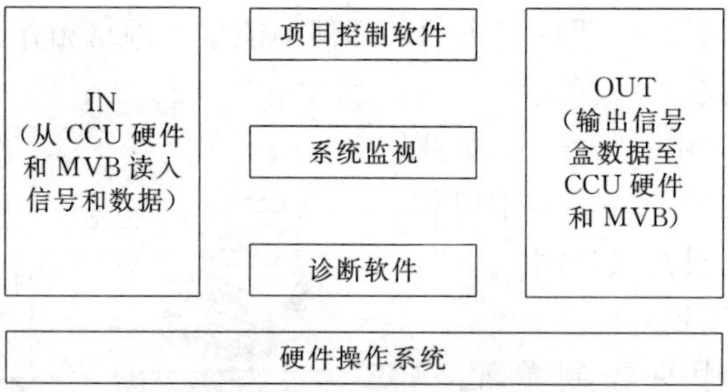


图 6-6 CCU 软件结构图

功能组 0 没有在标准 DIN43104 内定义,它仅仅用于 CCU 控制单元的内部功能。功能组 1 只处理主电路部件的控制,同时功能组 2 包括大量的控制功能,其中受电弓、主断路器、隔离开关的控制和诊断功能集中在程序的主电路功能包。

图 6-6 介绍控制程序的组成结构,硬件和操作系统对控制程序提供支持。

功能组 0——CCU 内部处理

功能组 0 在 CCU 内部处理中主要突出 9 项功能。

(1)设备监视。

(2)定义变量。

(3)车辆总线初始化。

(4)列车总线初始化。

(5)读入过程数据及报文数据。

(6)发出过程数据及报文数据。

(7)操作模式。

(8)诊断。

(9)维护。

2. 功能组 1——主电路

功能组 1 的功能主要对主电路部件实施控制功能(即对受电弓、主断路器、车顶隔离开关的控制)、保护功能(即对 HVB、受电弓、高压端、车顶隔离开关、库内动车进行保护)、主变压器模式(即根据输入电流、温度和油流,计算变压器参数)。

3. 功能组 2——牵引和制动控制

功能组 2 对牵引和制动控制主要突出在 8 方面。

(1)司机指令。

(2)V-REGULATION 的输入值。

(3)速度控制。

(4)V-REGULATION 的输出值。

(5)机车无线重联控制系统 MTV(或列车分布式动力系统 LOCOTROL)。

(6)选择设定值。

(7)牵引。

(8)制动。

4. 功能组 3——控制电源及辅助系统

功能组 3 对控制电源(辅助变流器)控制突出在允许开启,开机和停机时的频率控制、监视,辅助变流器的诊断功能,根据冗余重新供电,外部电源给辅助变流器供电,库内动车。

功能组 3 对牵引风机及其他辅助负载的控制功能突出在缓解,确定风机转速,电路监视(MPS、闭合接触器等),压缩机电路监视(TPCBS、闭合接触器等),水泵控制,主变压器油泵控制,其他负载控制,监视蓄电池充电机,监视 12 V 和 DC24 V/DC 电路,监视司机室空调,撒砂装置,轮缘润滑的作用。

5. 功能组 4——车辆监测及安全设备

功能组 4 对车辆监测及安全设备的监测用自动控制,即编辑发给显示器的指令,相应显示器的指令、时钟。同时对机车运行距离及速度进行检测。其功能:从 MVB 和 CCU 内部功能读入所需的数据;调节模拟量输入值;以符合 CDS 功能的要求;定义距离、速度和加速度的相关信息;持续监视、对比给定速度与 TCU 的参考速度;通过 monitor-PC 输入轮径和量程;编辑 CDS 的接口信号。

## 六、远程监控及无线重联系统

机车远程监视与诊断系统(China locomotive remote Monitoring and Diagnosissy tem,以下简称 CMD 系统)是基于车载网络平台及无线通信平台为基础的远程监视、诊断及检修维护系统平台(图 6-7),通过无线传输介质,实现地面基地对在线机车的远程监视、监测及故障分析处理,达到移动办公、远程办公的目的。

机车无线重联系统 MTU(简称 MTU 系统)能实现多机之间近距离的无线重联,用无线通信技术取代现有的机车重联线,同时预留多机之间的远程扩展功能,也便于实现无线重联机车的互联互通,满足更加快速可靠的重联要求(列车分布式动力控制系统 LOCOTROL 将在本章第四节叙述)。

Ⅰ、Ⅱ端司机室摄像头布置在Ⅰ、Ⅱ端副司机后方司机室天花板上靠角落的位置,线缆有视频通信电缆及供电电缆两根。Ⅰ、Ⅱ端前方线路摄像头布置在司机室操作台前方,线缆有视频通信电缆及供电电缆两根。Ⅰ、Ⅱ端机械间摄像头布置在机械间与司机室的门框的上方，Ⅰ、Ⅱ端各一个，线缆有视频通信电缆及供电电缆两根。3G 天线安装在 2 端司机室车顶。

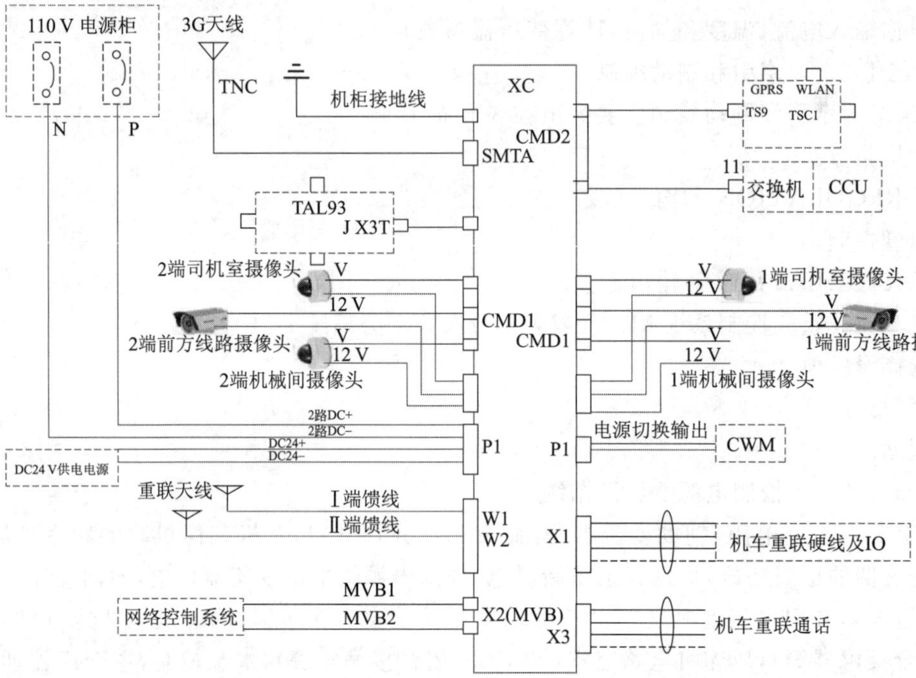


图 6-7　远程监控及无线重联系统原理接线图

无线重联天线位置位于机车Ⅰ、Ⅱ端顶部，从机车专用的天线馈线出线座引入机车内部。机柜内预留一个天线馈线接口。系统输出一路电源给 GWM 模块，原 GWM 的电源接入取消，以此输出的电源接入 GWM，来实现两种网关的电源切换。系统机车重联硬线在原有线路的基础上并联接入，包含原控制线路和重联电话信号。无线重联 I/O 线包括新增的无线重联控制线，以及预留的 I/O 线。

远程监控与诊断系统主机和无线重联系统主机安装在无线重联柜内（图 6-8）。

图 6-8　无线重联柜

## 思 考 题

1. 简述机车网络控制系统的组成。
2. 简述 TCU 的控制功能。
3. 简述车辆总线 MVB 的功能。

# 第二节　机车主要控制功能

HXD1C 型电力机车计算机网络控制功能主要由 CCU、TCU、SKS1A、SKS1B、SKS3、DISPLAY 等智能控制系统完成。CCU 以及机车智能控制子系统通过列车网络交换过程数据、消息数据和监督数据来实现对机车的控制、故障诊断以及机车状态评估。HXD1C 型机车计算机网络控制系统可以实现以下控制功能,高压回路控制、牵引/电制动控制、机车速度控制、故障诊断保护。

### 一、高压回路受电弓控制

HXD1C 型电力机车设计用于 AC 25kV/50 Hz 供电系统,适用于我国铁路电网参数。机车网侧高压设备主要包括受电弓、主断路器、高压隔离开关、变压器。高压回路控制的主要作用是优化 25 kV 电路内高压设备的运行工况,当部分高压设备发生故障时能将故障部分隔离,维持机车运行以提高机车运行的可靠性。

1. 受电弓升弓选择控制

HXD1C 型电力机车安装有 2 台受电弓。一般情况下,一台机车只升一台受电弓,特殊情况下一台机车可以升两台受电弓。当司机室操纵台占用时(电钥匙开关闭合),机车主控 CCU 完成整台机车受电弓的选择。受电弓的选择取决于两个条件:受电弓选择开关的位置;高压回路出现的故障。

机车控制系统默认重联机车的有效受电弓选择开关为离本务机车最近的受电弓选择开关。受电弓选择开关(+114EP=21-S13)的位置选择将要升起的受电弓,开关的操作只允许在机车速度为零时进行。控制系统只有在机车处于静止状态时才判断受电弓选择开关位置。在牵引时的($v>10$ km/h)扳动受电弓选择开关,将导致主断路器(简称主断)断开并降下受电弓。选择开关有自动、重联机车、本务机车三个位置,SKS1A、SKS1B 通过两个数字量输入端口读入开关位置。CCU 根据 MVB 传送的两个互补紧凑 I/O 的输入 SKS1A_El10_26、SKS1A_E110_27 以及 S1B_El20_26、SKS1B_E120_27 判断受电弓选择开关的状态。

改变操作司机室,控制系统将强制选择新的受电弓。若一个新的司机室占用(操纵台上的钥匙开关激活),CCU 自动断开主断路器并降下受电弓。在选择受电弓过程中控制系统封锁所有控制受电弓和主断路器的扳钮开关。

受电弓选择的最佳模式是由 CCU 自动选择模式(受电弓选择开关位置 00)。一般情况下机车非操作端的受电弓升起。在主断路器或受电弓故障时,CCU 可能自动选择另外一架受电弓。在高压隔离开关故障时,机车自动转到“升双弓”模式。由于高压隔离开关和受电弓工作需要压缩空气,因此辅助压缩机故障且升弓气压不足时 CCU 也选择“升双弓”模式。在“自动”位置且受电弓没有故障，非操作端的受电弓升起(机车的后端受电弓)。

受电弓选择开关处于“升双弓”位置时(受电弓选择开关位置 11)，机车的受电弓同时升起，车顶高压隔离开关断开。

受电弓选择开关处于“本务”位置时(受电弓选择位置 10)，机车后端受电弓将升起。若高压隔离开关故障，主断路器故障或 HV_SP 出现时，控制系统将选择机车前端的受电弓。

受电弓选择开关处于“重联机车”位时(受电弓选择开关位置 01)。非操作端机车的受电弓将升起。若高压隔离开关故障，主断路器故障或 HV_SP 出现时，控制系统将选择此受电弓。

2. 升弓

(1)辅助压缩机控制

辅助压缩机主要功能是在辅助空气回路气压过低时，为辅助空气回路提供压缩空气。在正常运用模式，辅助压缩机在机车启动过程中辅助空气回路气压＜ 480 kPa 时启动。若升弓的辅助气压＜ 480 kPa(由压力开关＝28-A02-BO1-U43. 02 检测)，SKS3_ E134_11 检测到低电平，网络控制系统向 CCU 提出启动辅助压缩机请求。CCU 通过 SKS3_E136_07 检测辅助压缩机过热保护反馈触点判断辅助压缩机是否存在故障。若辅助气压＜480 kPa 且辅助压缩机没有故障，控制系统通过列车或车辆总线命令 SKS3_ A13B_07 输出高电平驱动继电器＝21-K03 闭合，辅助压缩机得电启动。

若司机发出指令命令降下受电弓，控制系统通过列车或车辆总线命令关断 SKS3_ A13B_07 输出。继电器-2l-K03 断开，辅助压缩机关闭。

若受电弓已经升起且辅助气压变低，控制系统自动启动辅助压缩机以阻止受电弓降下，司机由显示屏上的状态显示通知此情况。若不能够提供足够辅助空气，在辅助压缩机的电机过热后降下受电弓。

(2)升弓操纵

向前推动操作司机室操作台上的“升/降弓”扳钮开关(＋111. 01＝21-s01)，机车司机通过紧凑型 I/O 的 SKS1A_E110_12、SKS1A_K110_13、SKS1B_E120_12、SKS1B_E120_13 端口向 CCU 发出升起受电弓的命令请求(图 6-9)，该型机车属两端操纵室，该项指令仅对操纵端有效(本处以第 1 端司机为例)。若 CCU 检测到受电弓已经升起，CCU 则认为该升弓请求命令无效。在升起受电弓之前，CCU 将确认所有升弓的条件是否都满足。

(3)降弓操纵

向后推操作司机室操作台上的“升/降弓”扳钮开关(＋111. 01＝21-s01)，机车司机通过紧凑型 I/O 的 SKS1A_E110_12、SKS1A_E110_13 以及 SKS1B_E120_12、SKS1B_E120_13 端口向 CCU 发出降下受电弓的命令请求→CCU 通过 WTB 总线、MVB 总线向 SKS3 发送降弓指令→SKS3_A13D_03 输出截止→升弓电磁阀失电→受电弓降下。当受电弓升弓条件不满足时(受电弓不可用)，控制系统也降下受电弓。

3. 受电弓故障、滑板监控及网压检测

(1)升弓故障

CCU 发出升弓命令后，若 15 s没有检测到压力反馈信号，CCU 则判断为升弓故障。故障由 CCU 存储(永久)，并且封锁故障受电弓，产生一个显示故障编码(故障代码 019)，故障封锁由维护人员复位。一台受电弓封锁时，另外一台受电弓可以工作。若司机想建立一个新的受电弓配置，需要一个新的升弓指令。机车受电弓工作在“自动”模式，可以通过新的升弓指令升起另外一台受电弓。

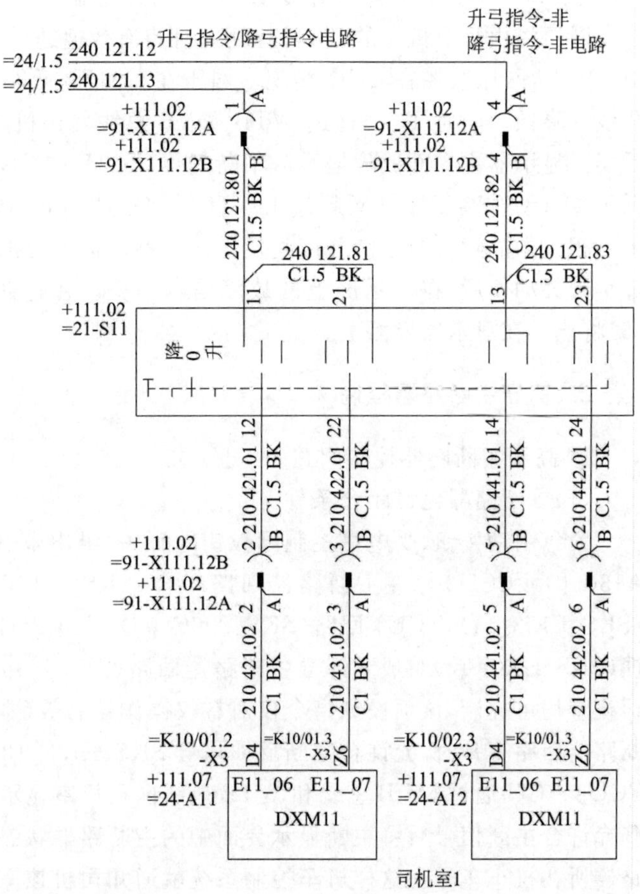


| | E11_06 | E11_07 |
|---|---|---|
| 升 | 0 | 1 |
| 0 | 0 | 0 |
| 降 | 1 | 0 |

| | E12_06 | E12_07 |
|---|---|---|
| 升 | 1 | 0 |
| 0 | 0 | 1 |
| 降 | 0 | 1 |

图 6-9　升/降指令电路

(2)降弓故障

CCU 发出降弓命令后 15s 压力连锁装置还检测到有压力反馈信号，CCU 则认为降弓故障。CCU 通过 MVB 和 WTB 总线传送故障代码到显示器，显示器显示故障代码 016。进一步的操作完全取决于司机(例如，控制车顶隔离开关选择另外一台受电弓)。故障由 CCU 存储且受电弓被封锁，故障受电弓只能由维修人员复位解锁。

(3)受电弓滑板监控

CCU 通过机械间内受电弓滑板监控装置的压力传感器监控滑板内部空气压力。受电弓滑板的监控在受电弓电磁阀得电 20 s 后开始。20 s 延时后，CCU 通过受电弓滑板压力传感器开始监控受电弓滑板内的反馈压力。若受电弓滑板破裂引起管路压力下降，主断路器立即断开且受电弓降下。故障的受电弓将封锁，CCU 通过显示屏显示通知司机受电弓故障封锁(故障代码 018)。故障封锁的受电弓只能由维护人员解锁。

(4)网压检测

在受电弓升起 10 s 后。TCU 开始检测网压。在检测到网压之前，CCU 闭合网压检测继电器(通过 WTB、MVB 控制输出 SKS3_A13D_04 驱动＋143EP02＝21-A10-K01_K02)。继电器连接网压传感器到相应的 TCU 模拟量输入通道。通过时间继电器,CCU 在升弓命令后 5 s,闭合继电器并且在降弓命令 5 s 后断开继电器。

网压将由每节机车的 TCU 检测并且将有效值通过 MVB 传送到 CCU。网压必须在 15～31 kV 内,网压监控在 CCU 实现。网压在高网压/低网压区间时,TCU 功率输出随网压的变化线性降低。同时 TCU 通过 WTB、MVB 总线发送机车处于网压异常区的信息到司机室显示器。显示器主界面故障提示区不断闪烁(TCU1/TCU2-红色),提醒司机注意操作。若网压低于 15 kV 或高于 31 kV 超过 1 s,TCU 将检测到低/高网压,CCU 立即发出断开主断路器命令。相应的故障诊断存储并产生发送显示器以提示司机网压低或过高。在占用端的主断路器扳键开关动作后,在显示屏上的故障信息消失。在这两种故障情况下,故障信息(故障代码 35)将显示在显示器界面上。

## 二、高压主断路器控制

### 1. 高压主断路器控制回路

(1)主断路器允许闭合条件

紧急制动按钮、受电弓控制阀板钥匙开关、继电器、CCU1 允许主断路器回路闭合(SKS_A13C_01)、CCU2 允许主断路器回路闭合(SKS_A13D_01)、TCU 前的主断路器回路反馈(SKS_E133_14),TCU1 回路(SKS_Al3C_06)、TCU2 回路(SKS_Al3D_06)、主断路器回路反馈(SKS_E133_13)组成允许合主断路器回路(图 6-10),该型机车仅装置一个主断路器,两端司机室均可控制,该项操纵指令仅对有权操作端有效(本处以第 1 端司机为例)。当允许合主断路器回路正常时,允许合主断反馈信号 SKS_E133_13 通过 MVB 总线和 WTB 总线传送到 CCU。CCU 通过 MVB 总线和 WTB 总线向司机室显示器传送允许合主断信号。显示器接收到允许合主断信号后将主断显示界面中的主断路器状态区域设置为白底黑字,同时显示主断路器所在机车车号。这样机车控制系统就通知司机该车已经做好合主断准备,只要司机发出合主断信号,机车就可以合主断路器。

主断路器由继电器 21-K01、2l-K02、2l-K04、21-K05、2l-K06、21-K07、2l-K08 控制。21-K04 和 21-K05 闭合是主断路器闭合的基本要求。

(2)主断路器断开条件

主断路器回路可以由以下硬件部件断开。

①紧急制动按钮(司机室)。

②受电弓截止阀的钥匙开关(封锁受电弓气路)。

③CCU 通过控制 KLIP-输出-A13C_01 或 A13D_01。

④两个 TCU(备注:当一个 TCU 断开,它可以有 CCU 接通)。

⑤CCU 由 KLIP 输出(SKS3A 13C_01 和 A13D_01)断开主断路器保持线圈并且由 KLIP 输出 A13C_00 和 A13D_00 阻止主断路器的控制。

通过激活紧急制动按钮,主断路器控制回路断开。紧急制动按钮由 SKS3 输入信号(E110_17/E120_17)监控。主断路器回路的动作由 SKS3 节点(E133_13 和 E133_14)检测监控。按下紧急制动按钮,控制系统发出断开主断路器的命令,机车收到命令后都断开主断路器,并由显示屏上的状态信息通知司机。在一般情况下(整台机车只有一台受电弓升起),任意一个紧急制动按钮都可通过硬件断开主断路器硬线控制回路。为保护机车主变压器，机车配备一个油流继电器（注：该继电器因寒冷冬季时发生障碍，现机车运用中已作短路切除处置，因此保护失控）。

| | E11_08 | E11_09 |
|---|---|---|
| 合 | 0 | 1 |
| 0 | 0 | 0 |
| 断 | 1 | 0 |

| | E12_08 | E12_09 |
|---|---|---|
| 合 | 1 | 0 |
| 0 | 1 | 1 |
| 断 | 0 | 1 |

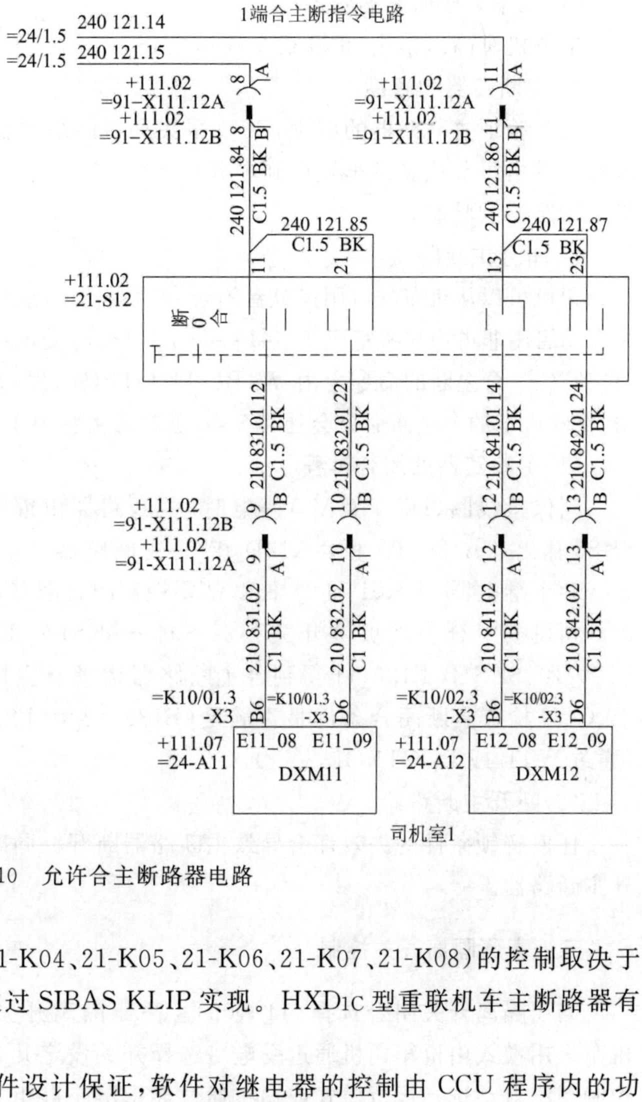


图 6-10　允许合主断路器电路

2. 主回路继电器的控制

主回路继电器（21-K01、21-K02、21-K04、21-K05、21-K06、21-K07、21-K08）的控制取决于机车的工作模式，继电器的控制最终通过 SIBAS KLIP 实现。$HXD_{1C}$ 型重联机车主断路器有四种工作配置模式。

主断路器的安全功能由硬件和软件设计保证，软件对继电器的控制由 CCU 程序内的功能块完成，取决于相关输入信号，由软件功能模块产生继电器控制输出信号。

软件功能块的输入信号包括：受电弓的选择；高压隔离开关的状态；HVB 的状态；机车高压回路。

(1)受电弓的选择

自动：受电弓选择开关处于“自动”位置，选择机车后端受电弓。若高压回路故障，CCU 自动选择一个最适合的受电弓配置。

本务机车：受电弓选择开关处于“本务机车”位置，在占用司机室端的受电弓升起。

重联机车：受电弓选择开关处于“重联机车”位置，在非占用司机室端的受电弓升起。

(2)高压隔离开关的状态

高压隔离开关无故障;高压隔离开关卡位;高压隔离开关不能闭合。

(3)HVB 的状态

本务机车 HVB 失效,重联机车 HVB 失效。

(4)机车高压回路的状态

本务机车高压禁止,重联机车高压禁止。

3. 主断路器的解锁

机车验证主断路器的解锁,CCU 采集通过网络控制系统采集 32 位的主断路器状态变量。状态变量由每节重联机车发送到本务机车(CCU),CCU 发送到显示器进行解码显示以通知司机主断路器的状态。

4. 闭合主断路器

司机可以从机车的占用操纵台闭合主断路器。当受电弓升起,主断路器闭合。控制系统通常自动启用非占用司机室机车(后端)的主断路器/受电弓工作。受电弓选择开关位置通常选择"自动"位。合主断的命令会由 WTB(LUCOTROL)发送到重联机车。因为变压器对电网的冲击,重联机车的合主断命令会延时 5 s。延时会由在 WTB 启动时给出的 UIC 地址触发。

(1)主断路器的闭合过程

当保持线圈(DC 110 V )得电时,主断路器由继电器(21-K01 和 21-K02)闭合。因此,SKS3 输出 # A13C_00 和 # A13D_00 是主断路器的直接控制输出。"主断路器断开"功能冗余。两个继电器 21-K01 和 21-K02 都要控制闭合断路器。

司机按下合主断扳键开关＝21-S03→SKS1A_El10_10、SKS1A_El10_11 的 SKS1B_E120_10、SKS1B_E120_11 得到合主断路器请求→主控 CCU 通过 MVB 总线得到合主断请求、CCU 检查主断闭合条件是否满足(E133_03＝"l")→若条件满足,CCU 发出合主断命令(通过 WTB 或 LOCTROL 发送)。

(2)断开主断路器

任何解锁条件的失效都会导致主断路器断开。同时,来自操纵台的命令和过分相都会断开主断路器。

## 三、高压隔离开关控制

高压隔离开关闭合选择(11-Q03)。高压隔离开关的控制取决于机车运用模式的选择。机车运用模式由机车司机通过受电弓选择开关设定几种模式的一种。若主回路的部件故障,控制系统自动选择运行模式或司机通过显示屏获得相关信息进行设定。继电器和高压隔离开关的控制由 CCU 软件内的配置功能块来实现。

1. 高压隔离开关的控制

高压隔离开关直接布置在主断路器前,在主断路器闭合之前闭合。高压隔离开关为无电操作器件,禁止高压隔离开关在带电情况下闭合。电空阀"S"和电空阀"E"控制高压隔离开关"闭合""断开":电空阀"S"使高压隔离开关工作在"闭合"位,电空阀"E"使高压隔离开关工作在"断开"位。

高压隔离开关工作风缸必须一直有用于转换其工作模式的压缩空气。因此,高压隔离开关的控制电空阀长期受控,禁止同时控制两个电空阀。不控制电空阀时,高压隔离开关保持最后的个模式。

网络控制系统采集(SKS3_E133_10、SKS3_E133_11)高压隔离开关辅助触点的状态,然后通过MVB、WTB总线送到CCU,最后由CCU判断高压隔离开关的状态。高压隔离开关控制电磁阀由机械间内的SKS3数字量输出控制。CCU通过MVB和SKS3输出A13E_01(高电平)闭合高压隔离开关,SKS3_A13E_01输出高电平断开高压隔离开关。闭合高压隔离开关的前提条件内置在机车上。

(1)禁止闭合高压隔离开关

以下条件使高压隔离开关不能闭合。

①机车控制模式激活(从接触器21-K06/07输入SKS3_E133_15)。

②机车CCU发出断开隔离开关请求。

③没有机车闭合高压开关隔离的请求。

④辅助空气回路空气压力不足,不能闭合高压隔离开关。

⑤机车两端司机室均选择机车同一受电弓。

⑥在机车上有禁止闭合的高电压(HV_SP)。

⑦机车接触器(21-K06/07)卡位。

⑧高压隔离开关闭合故障。

(2)断开高压隔离开关

高压隔离开关断开的基本条件:

①主断路器断开。

②没有闭合隔离开关的条件激活。

(3)高压隔离开关断开的三种情况

①选择新的受电弓配置。

②机车高压回路故障。

③机车所有受电弓降下。

## 四、牵引/电制动控制

### 1. 牵引控制

机车牵引力通过司机控制器给出。若这个牵引请求不被其他牵引封锁条件阻止,牵引命令由在占用端司机室内的司机控制器偏离中立位产生。若速度调节激活,需要使用速度设定手柄设定一个速度来产生牵引命令。若牵引命令有效,调节后的牵引力设定值被发送到牵引控制单元并且转换成牵引功率。若控制因为任何原因引起牵引的封锁,只能通过将司机控制器移回零位(强制零位)来取消牵引请求。

(1)钥匙开关

司机室通过集成在操纵台的(=22-S01-S01)来电解锁,钥匙开关电气触点读入紧凑型I/O(SKS1A_E110_02、SKS1B_El20_02),高电平表示司机室启用并且CCU允许接收来自该司机室的信号。

(2)操纵台的方向选择开关

机车通过司机室方向选择开关(=22-S01-S03)确定机车运行方向。方向选择开关有向前、向后、中立3个位置。当方向选择开关处于“中立”位时,手柄可以取出。每台机车只配备一个方向手柄以确保同一时间只有一个方向控制器可以使用。开关的信号通过SKS1A、

SKS1B 读入控制系统。方向控制电路说明 Compact I/O (SKS1A、SKS1B)输入含义(图 6-11),机车的方向选择由 DP 控制,在从计算机显示屏(LCDM)上输入后,选择的方向将通过 MVB 传送到 CCU。

①方向选择开关相关位置解释(表 6-1)。

**表 6-1　方向选择开关相关位置**

| 选　　择 | | 运　用　情　况 |
|---|---|---|
| 中立 | N | 在钥匙开关闭合后,标准运用类型 |
| 向后 | B | 只允许在速度＜ 4 km/h 时选择 |
| 向前 | F | 实际牵引方向和选择方向一致时选择有效 |

②方向选择开关的输入信号编码(表 6-2)。

**表 6-2　方向选择开关的输入信号编码**

| 位置 | E110_00/E120_00 | E110_01/E120_01 | 选择的方向 |
|---|---|---|---|
| 未定义 | 0 | 0 | 中立 |
| F | 0 | 1 | 向前 |
| N | 1 | 0 | 中立 |
| B | 1 | 1 | 向后 |

CCU 对方向选择信号进行可靠性检查(通过 SKS1A、SKS1B 的输入进行对比)。若检查结果不正常,控制系统将自动设置选择位置“中立”并且通过显示器信息通知司机方向选择故障,同时 CCU 将故障信息存入故障存储器。

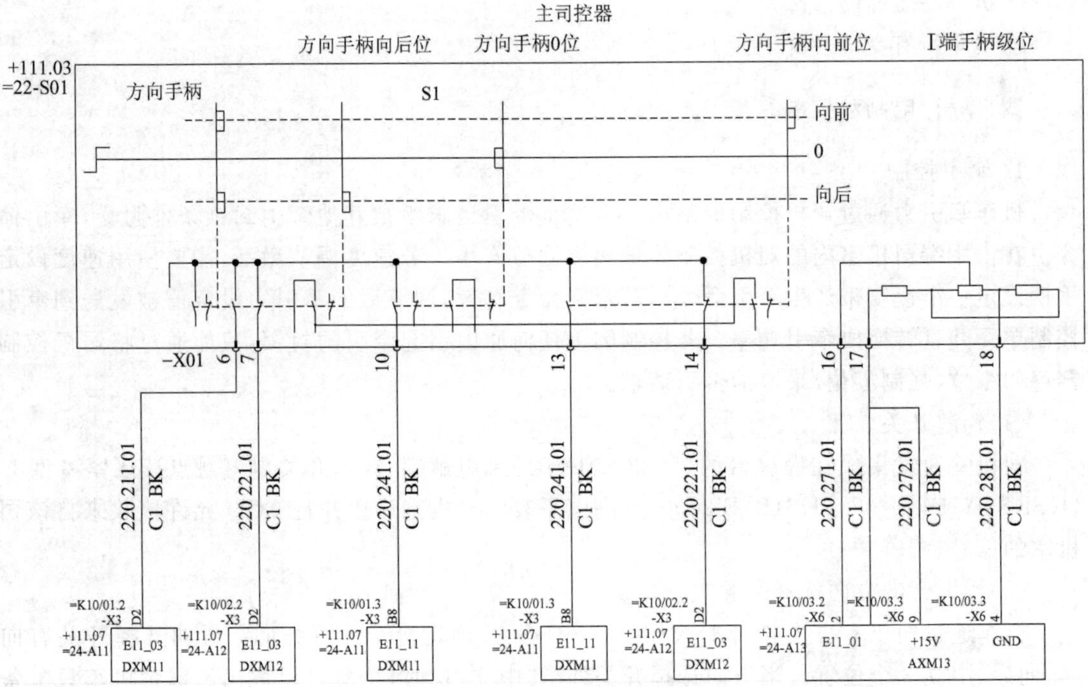


图 6-11　方向选择开关控制电路

2. 司机控制器

HXD1C 型机车司机控制器内置双通道格雷编码器，通过司机控制器可以设定牵引功率及电制动（再生制动）的制动功率。司机控制器在牵引区域，零位及制动区域发出数字信号根据手柄的位置由控制软件确定。

司机控制器变换器的可靠性由变换器的位置及其奇偶性检查保证。若变换器连接不正确，或 MVB 信号不能读入，或输入信号不能通过奇偶性检查，控制系统则判断一个通道错误。若两个通道的值不同，控制系统判断“两个变换器之间机械连接中断”故障发生。司机控制器通过方向开关机械联锁，若方向开关在零位司机控制器不能操作（前推或后拉）。

司机室占用时，由牵引/制动手柄发出的信号经过紧凑型 I/O 读入控制系统，并经过 MVB 传送到 CCU 进行判断处理。机车控制系统长期监控牵引/制动手柄的功能，若系统检测到牵引制动手柄发生故障，故障先存储到诊断存储器，同时通过 WTB、MVB 总线将故障代码传送到显示器以通知司机或检修人员司机控制器发生故障。

一般来说。若司机控制器处在“零”位。不能够产生牵引命令。在牵引区域闭合的“软件触点”用来在 CCU 内产生牵引命令。同样，在制动区域闭合的“软件触点”用来在 CCU 内产生制动命令。牵引/制动命令只在机车操纵端产生，远程或重联机车使用总线信号（WTB/LOCOTROL）来获得牵引/制动信息。

注意：对于从控模式的远程动力分散机车，来自司机室的控制命令无效（如司机控制器设定值，主断路器断开/闭合，受电弓升/降等。

控制系统将司机控制器牵引/制动区可以移动的范围标准化为范围－100％～0～100％。比例化的司机控制器移动范围连续的描述为目前速度下可能的牵引/制动功率，牵引/制动功率和当前速度的映射关系由相关计算得出。TCU 不断的发送当前数字值到 CCU。CCU 计算的牵引力设定值通过 MVB 总线发送到司机室显示器并显示在牵引界面上。模拟电信号通过 KLIP（A139_03、A139_13）模拟输出模块传送到机械间以驱动机械仪表。

3. 用于速度调节速度设定值

每个司机室安装有速度设定手柄，用它可以建立速度的设定值。速度设定手柄 $v_{max}$（增加设定值）被锁死，这个锁可以通过将手柄旋转 45°解锁。这个设定值也通过两个通道读入并检查可行性，速度设定值只有本务车占用司机室有效。

若由于牵引功率设置的太低而达不到设定速度，控制系统不会自动增加牵引功率。在这种情况下，司机需要使用司机控制器来增加牵引功率，若在减速时制动功率不足，机车司机需要使用空气制动。

4、电子牵引/制动控制回路

牵引力的设定值总是由本务机车产生。牵引力的设定值通过 MVB 总线、重联线、LOCITROL 控制系统（DP 机车）传送机车。设定值的选择取决于位置和它满足的条件。

所有设定值将作为百分数形式产生并由 CCU 选择，在 CCU 选择后即成为有效的牵引力设定值，有效的牵引力设定值对于每个类型的机车都可用。

## 五、制动控制

HXD1C 型机车装备有空气制动系统及电制动（ED-brake）系统。空气制动系统包括自动制动；独立制动；停车制动。

机车实施电制动时,机车牵引电机将作为发电机使用。电制动使机车的动能转换为电能并通过牵引逆变器反馈回电网。再生制动系统的优点是能量回馈以及最大限度的减少轮轨系统的磨损。基于再生制动的诸多优点,HXD1C 型机车设计再生制动在机车制动中起支配作用,并且调节重联机车的制动。机车制动力的设置取决于司机控制器位置或制动管压力(来自 BCU 的设定值——按比例设置)。多机重联时,主控发出的电制动请求发送到从控机车。

自动制动(间接制动)是机车网络控制系统通过电子制动阀(EBV)进行列车制动操作,通过暂时或长时间制动管(BP)排风来实现对整列车施加制动。制动力的设置取决于制动控制器(EBV)在制动位置上的停留时间。在自动制动时间,机车自身也将使用电制动系统进行再生制动。机车自动制动直到来自 BCU 的电制动设定值有效才停止。

机车独立制动施加时电制动力由 CCU 封锁。若 CCU 检测到制动缸压力高于 40 kPa。电制动力会马上切除直到制动缸压力低于 20 kPa。

空气后备制动制动管控制由司机手动激活,司机打开空气后备制动截止塞门,空气后备制动截止塞门状态继电器=43-K41 闭合,控制系统通过 SKS1A_110_20、SKS1B_120_20 采集状态继电器=43-K41 辅助触点的状态。这样 CCU 通过 MVB 总线便可判断空气后备制动截止阀的状态。若空气后备制动功能激活,电子模式制动管控制功能停止,司机通过移动空气后备制动手柄控制制动管从而实现空气制动功能。机车空气后备制动投入超过一套,CCU 执行牵引封锁。

独立制动是基于位置控制空气制动,独立制动仅由机车司机操作控制。当独立制动手柄放置到制动区(本务/切除模式 BCU),CCBⅡ系统直接对手柄位置做出反应来提升用于在本务和重联机车施加制动的制动缸均衡管压力(BCEP)。CCBⅡ系统将对制动缸均衡管压力做出反应来提高本地制动缸控制压力。

当自动制动手柄放置在运转区,单独制动手柄应放置在缓解位置使制动缸均衡管压力完全排除。因此机车状态为本务机车或重联机车均完全缓解,车辆状态仍然保持在制动状态。当压力传感器报告压力超过 0.4 kPa,控制系统认为独立制动已施加。独立制动控制将仅由 CCBⅡ控制子系统实现。

1. 制动动作

控制系统通过监控转向架隔离塞门、记录制动缸压力可以监测各转向架空气制动状态(施加/缓解)。控制系统通过列车总线(WTB)监控转向架 1 制动隔离塞门、转向架 2 制动隔离塞门的实际状态。若 WTB 组成系统内超过 50%的转向架隔离塞门关闭,将由 CCU 执行内部联锁。转向架隔离阀的实际状态将显示在司机室显示屏上。

2. 来自牵引/制动手柄的电制动设定值

占用端司机室的司机控制器的格雷编码器信号将制动区域 0～100%比例化。通过 SKS1A、SKS1B 紧凑型 I/O 读入控制系统,SKS1A、SKS1B 经过判断确认信号有效后通过 MVB 总线发送给 CCU、CCU 通过电空制动手柄的连续运动可以控制当前速度下可能的制动功率。

CCU 根据牵引/制动曲线图计算当前速度下的可用电制动力。牵引控制单元发送当前最大值到 CCU,CCU 使调整后的制动功率值显示在仪表和显示器上。

在操纵台上的指示仪显示整台车的牵引/制动功率,机车牵引时,所有的牵引/制动功率只能够从显示器上读出。电空制动手柄从零位移动 0%对应于电制动设定值为 0 kN;电空制动手柄从零位移动100%对应于电制动设定值为满制动(400 kN对于整台机车到75 km/h)。机车控制系统需要6 s时间来建立最大制动力400 kN。

3. 制动管压力决定的电制动设定值

自动制动和机车再生制动可以联合作用整列车的制动力。再生制动的级别对由制动管的压力降低决定。若再生制动激活,机车制动缸排风(电制动联锁),由制动管压力降低决定的电制动力设定值将从制动控制单元通过MVB传送到CCU,BCU计算电制动力设定值,制动管压力降低由计算决定并转换为来自CCBⅡ的电制动值(由MVB传送)。若控制系统可以建立再生制动,CCU封锁空气制动,紧接着机车开始再生制动。

任何一个牵引电机故障下,在联合制动期间可施加。

(1)制动操作:机车仅电制动。

(2)快速制动:相关转向架仅空气制动且其他转向架仅电制动。

当两个电动机故障,在联合制动期间可施加。

(1)一个转向架的3个电机全部故障

相关转向架仅空气制动且其他转向架仅电制动。

(2)每个转向架故障一个电机

整车空气制动;超过两个电机故障时,整车只有空气制动。

4. 主压缩机控制

主压缩机由在操纵台上的一个扳键开关+111.01=34-S02控制。扳键开关有3个位置。若主压缩机发生故障,将产生显示信息:错误!末找到引用源。

## 六、机车速度控制

HXD1C型机车速度控制功能由CCU完成,速度控制的任务是维持司机用速度手柄或显示器软键给出的设定速度值。HXD1型机车的最小可调节速度为5 km/h。HXD1C型机车速度控制功能不是设计用于自动驾驶,而是主要用于协助司机驾驶,降低司机劳动强度。该功能设计为在任何时间都可以闭合和断开速度控制。机车司机手动制动级别优先于速度调节的设定。

1. 设定速度

(1)本务机车设定速度的设置

本务机车的设定速度由司机操纵司控制器速度手柄给定。HXD1C机车的设定速度范围为5~120 km/h。设定速度的设定过程为:司机推动速度手柄→司控器格雷编码器将手柄位置转换为9位数字信号→紧凑型I/O输入输出设备SKS1A、SKS1B的D1、D2、D3、D4、D5、D6、D7、D8、D9读入9位数字信号→SKS1A、SKS1B通过MVR总线传输9位数字信号到主控CCU→主控CCU将此数据设定为列车设定速度。

(2)重联机车非本务机车的设定速度的设置

本务机车主控CCU设定完成列车设定速度后,就可以进行非本务机车设定速度的设置。具体步骤为:列车主控CCU通过WTB总线将已设定的列车设定速度传输到各个非本务机车的主控CCU。主控CCU接收该设定速度并将此设定速度设定为本务机车的设定速度。

2. 机车实际运行速度

列车实际速度值通过两个通道读入。速度设定认为第一个通道(来自本务机车TCU的实际速度)作为列车的实际运行速度并用它作为调节的基础。第二个通道(来自从控机车的实际速度)只是用于监控。监控两个速度的绝对值,及两个通道之间的差异若出现故障,速度调节引起诊断信息"实际速度信号通道 1/信号通道 2 错误"。

3. 实际值和设定值的比较

速度控制器监控机车速度的设定值和机车速度实际值之间的关系(实际/设定值比较),如图 6-12 所示。机车在实际运行过程中若出现以下两种情况。

①固定设定速度牵引期间,机车实际速度比设定速度大 7 km/h 以上。

②速度调节功能未能根据速度手柄给定的设定速度进行正确的速度调节。

在这两种情况下,速度调节在输出接口输出信息"速度调节响应"。若"速度调节响应"给出,司机必须通过手动制动降低速度。速度调节设计在"速度调节响应"给出后不启动制动。

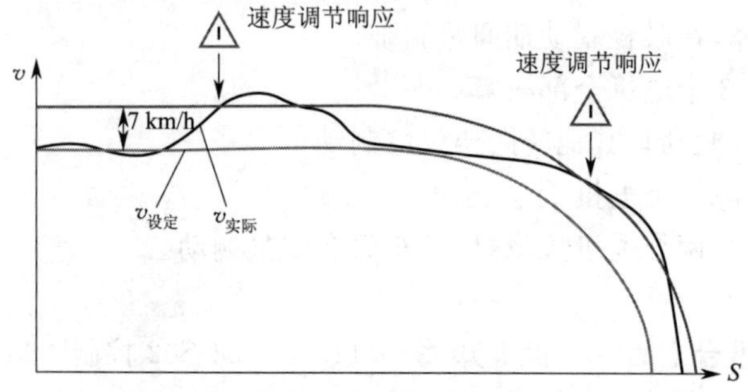


图 6-12　实际/设定值比较关系

速度调节产生用于机车达到并维持牵引和制动系统的设定值,速度调节不产生直接制动和间接制动的设定值,速度调节相关硬件读入机车速度设定值和实际值。通过机车总线部件之间通信,分配设定值到机车的每个 TCU。在有机车司机手动制动期间产生设定值等都不含在速度调节的功能范围内。为了激活速度调节,它必须由机车司机启动速度控制功能。

4. 速度调节功能的开始和终止

通过显示器主界面软键"速度控制",机车司机可以在任何时间启动和停止速度控制功能。

当司机按下速度控制软键,司机即向 CCU 提出速度控制启动请求。若主断路器闭合且车辆重量输入正确,CCU 启动速度控制功能同时向显示器发送速度控制功能已运用的指令,显示器接到 CCU 已启动速度控制功能的指令后将软键"速度控制"设置为黄色通知司机速度控制功能已启动。若这些条件不满足,CCU 不启动速度控制功能,显示器软键"速度控制"设置为灰色。

机车处于已启用速度控制功能的状态时,当司机按下速度控制软键时,司机即向 CCU 提出停止速度控制请求。CCU 停止速度控制功能后向显示器发送速度控制已停止的信号,显示器接到该信号后将显示器软键"速度控制"设置为灰色以通知司机速度控制已停止。

速度控制功能启动后,若设定速度点低于实际速度,速度调节将激活电制动开始制动。若设定值等于或高于实际速度。速度调节将给出将根据初始控制设定速度给出实际牵引力。

速度控制输入输出接口。HXD1C 型机车控制系统 AFB(自动牵引制动控制)的输入输出接口包含了通过 CCU 基本软件传送到速度调节的所有二进制信号。

速度调节的模拟量输入包含了通过 CCU 基本软件传送到速度调节的所有模拟量信号。

速度调节的二进制输出接口包含了通过CCU基本软件传送到速度调节的所有二进制信号。

速度调节输出接口的模拟信号包含了通过CCU基本软件传送到速度调节的所有模拟量信号。

机车控制的设定值设计和软件接口的服务时间等级为100 ms

5. 故障诊断即保护功能

HXD1C型电力机车通信网络与控制系统对机车重要功能部件进行故障诊断及保护。机车控制系统采集并判断评估机车子系统或MVB组成部件的信息，接收状态信息存储故障以及通过MVB管理传输。机车的KLIP(SKS1A、SKS1B、SKS3)输入输出系统采集含主断路器，接触器，主压缩机在内的所有未连接在MVB上的被控单元的所有数字信号和模拟信号。部件或MVB子系统的故障信息记录通过MVB接口在CCU之间传输，司机室显示器显示部件或子系统状态和故障信息。

机车辅助设备故障诊断及监控。CCU定期扫描来自MVB总线的由SKSIA、SKAIB、SKS3采集的机车辅助设备的状态数据，通过CCU故障诊断软件模块可以实现蓄电池充电机和蓄电池供电系统监控(即故障诊断)、重要接触器的监控、辅助负载自动开关的监控、自动开关的监控、通用自动开关的监控等功能。

(1)蓄电池充电机和蓄电池供电系统监控

蓄电池充电机和蓄电池供电系统监控即故障诊断。

(2)辅助电路重要接触器的监控

CCU定期扫描SKS1A、SKA1B、SKS3采集的数据，通过CCU控制软件可以识别接触器以下故障。

①闭合故障。在控制系统发出闭合命令一定时间后，CCU没有收到动作反馈信号，该故障禁止接触器的再次闭合直到下次试验取到的正确反馈信号。同时，故障记录到CCU故障存储单元。

②断开故障。在控制系统发出断开命令一定时间后，CCU没有收到动作反馈信号。

③短路故障。当闭合接触器，控制回路的自动开关触发，该故障禁止接触器的再次闭合直到自动开关再次闭合且接触器试验激活。同时，故障记录到CCU故障存储单元，这种故障的处理逻辑与闭合故障相似。

对于接触器的故障，控制系统得到一个故障诊断信息存储在CCU故障存储单元。CCU通过WTB总线和MVB总线将故障信息发送到机车司机室显示器上，故障显示内容为接触器的集合故障。

(3)辅助负载自动开关的监控

控制系统通过SKS3监控所有辅助负载的自动开关的状态。任何自动开关断开，相应的故障输入到诊断存储器并通过WTB、MVB总线传送到显示器上。

(4)自动开关的监控

自动开关的辅助触点将会读入SIBAS、KLIP，由CCU长期监控自动开关的状态。若自动开关断开，相应的故障输入到诊断存储器并通过WTB、MVB总线传送到显示器上。自动开关的相关功能由CCU封锁。SKS3的电源自动开关通过紧凑I/OSKS1A_E110_19、SKS1B_120_29端口检测。

(5)通用自动开关的监控

每个自动开关的辅助触点串联在故障采集回路。车顶隔离开关控制开关＝21-F03、主断控制的自动开关＝21-F05、司机室电钥匙电源开关＝22-F03、DC/AC 控制开关＝32-F12、行灯插座电源自动开关＝32-F21、低压柜风扇电源开关＝34-F03、空气辅助加热控制开关＝34-F04、显示器电源自动开关＝42-F01、司机室灯电源自动开关＝52-F01、机械间灯电源自动开关＝52-F02、仪表灯电源自动开关＝52-F03、低压柜加热控制开关＝53-F03、信号柜加热控制开关＝63-F11、话筒电源自动开关＝74-F0l、卫生间 1AC 电源开关＝77-F02、卫生间直流电源开关＝77-F03、微波炉电源自动开关＝77-F04、冰箱电源自动开关＝77-F05、卫生间 3AC 电源开关＝77-Q01 等 19 个自动开关的任何一个断开，集中故障信息显示在显示屏上并输入诊断存储器。

## 思 考 题

1. HXD1C 型电力机车如何对受电弓升弓选择控制？
2. 闭合高压隔离开关应注意哪些事项？
3、HXD1C 型电力机车如何设定速度？

## 第三节　机车系统安全及连锁

机车系统安全及连锁是为了保证机车运用中的安全。当机车需要检查检修作业或机车运用中需要对机车车顶进行故障处理时，系统安全及连锁起到了相应的保护作用。保护作用的发挥主要是对机车进行牵引封锁、无人警惕装置、停车制动、高压安全连锁。它们对机车保护功能各有不同，当机车运行中发生相应主要部件运用故障时，而产生的牵引封锁；当机车运行中作为一种警惕装置提醒司机的正确操作，避免因精力不集中所造成的操作失误；当机车停留时，为避免机车溜逸而采取的一种制动措施；当机车运用中发生车顶电气部件故障时，为确保在机车无电的情况下进行检查检修所采取的一种人身安全保护措施。本节主要对该类型电力机车的四种保护措施进行叙述。

### 一、牵引封锁

为确保机车运行安全以及机车设备安全，HXD1C 型机车牵引/制动系统设计牵引封锁保护功能。牵引封锁并不是对主逆变器的全部封锁，而只是牵引命令被封锁，制动命令只要电制动不被封锁就有效。

牵引封锁可以区分两种类型的封锁。

(1)全局封锁，由机车部件产生的可以引起全车的牵引封锁。

(2)本地封锁，产生在本务机车或多台机车中，只封锁出现牵引封锁的机车。

表 6-3 包括为牵引控制系统(TCU)引起牵引封锁(TB)的所有条件。

表 6-3 描述了机车全局封锁产生的原因。表 6-4 描述了机车产生封锁的条件。在任何情况下，解除需要满足引起封锁的原因消失、取消封锁的所有条件满足、机车司机通过移动司机控制器到“零位”(强制零位)确认牵引封锁等条件。

机车司机通过显示屏获得控制系统检测到的封锁信息。对双机重联机车组有以下不同的封锁位置(如图 6-13 牵引封锁位置),同时检测到的封锁原因也显示在显示屏上。

1. 本地牵引封锁和全局牵引封锁的产生和控制

(1)机车的本地封锁。

(2)重联机车 1 的本地封锁。

(3)重联机车 2 的本地封锁。

(4)重联机车 3 的本地封锁。

(5)机车的全局封锁。

(6)重联机车 1 的全局封锁。

(7)重联机车 2 的全局封锁。

(8)重联机车 3 的全局封锁。

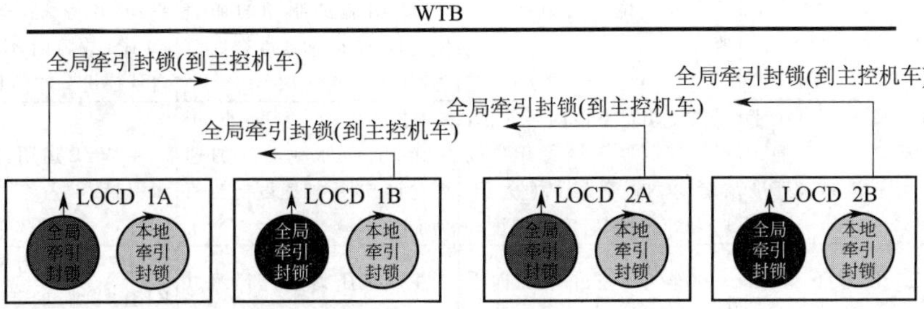


图 6-13　本地和全局牵引封锁的产生位置

2. 机车全局封锁的触发生条件(表 6-3)

**表 6-3　机车全局封锁触发条件**

| 序号 | 牵引封锁产生的原因 | 附加条件 | 牵引封锁取消 | 备注 |
|---|---|---|---|---|
| 1 | 由无人警惕装置产生的牵引封锁 | 无人警惕装置激活制动请求 | 通过正确的操作重新设置无人警惕装置 | |
| 2 | 目前的机车速度超过 123 km/h | | 当机车速度达到最高速度时允许牵引重设110 km/h | 在调试阶段可以通过使用监控功能“最大速度”到132 km/h |
| 3 | 没有选择方向或选择的方向不明确 | | 方向选择不明确 | |
| 4 | 在没有设置设定值的情况下出现目前的牵引力 | | | |
| 5 | 在 WTB 连接分配中,牵引保持封锁直到车辆总线配置完成 | 属本务机车 | 机车配置完成或无通信伙伴检测到 10 s 后 | 对相关 DP 机车无用 |
| 6 | 监控主机引起牵引封锁 | | 信号主机取消牵引封锁或操作车辆栏内的短接开关 | 如果牵引封锁请求不能取消,机车司机可以通过使用机械间内的短接开关来缓解牵引封锁 |
| 7 | 机车司机启动制动命令 | | 制动命令取消 | 空气制动命令和来自司机控制器或速度设定手柄的制动命令没有区别,在所有情况下都将产生制动命令 |
| 8 | CCBⅡ制动系统(BCU)产生牵引封锁 | | 来自 CCBⅡ制动系统(BCU)产生牵引封锁取消 | 当 MVB 连接正常且机车不是在备用模式,来自 CCBⅡ的 WVB 信号有效 |

续上表

| 序号 | 牵引封锁产生的原因 | 附加条件 | 牵引封锁取消 | 备注 |
|---|---|---|---|---|
| 9 | 停车制动施加 | | 停车制动缓解或停车制动在制动柜内锁死 | 经过 MVB//KLIP 报告 CCU,在 KLIP3 故障时不评估(只有来自从控机车的信息) |
| 10 | 所有转向架的(空气)制动锁死 | | 两台转向架未上闸 | 经过 MVB/KLIP 报告 CCU,在 KLIP3 故障时不评估(只有来自从控机车的信息) |
| 11 | 再现紧急制动 | | 紧急制动取消 | 紧急制动信号包括:CCBⅡ、LKJ2000、无人警惕装置、紧急制动阀 |
| 12 | 机车施加直接制动 $P>$ 40 kPa | 机车司机室占用(方向手柄离开 0 位),必须有实际速度 | 直接制动缓解($P>$ 20 kPa)注意:在速度小于 5 km/h,施加制动的加速度允许 60 s(加速度初始值为 0) | 到请求的牵引力大于 10 kN 马上开始计时,在 WJB 运用,只有本务机车牵引封锁,KLIP3 故障时不评估(只有来自从控机车的信息) |
| 13 | 有制动请求,在速度小于 5 km/h,施加制动的自 0 的加速度允许 60 s(加速度初始值为 0) | 机车司机室占用且静止,司机控制器手柄离开 0 位(请求的牵引力大于 10 kN),必须有实际速度 | 注意:在速度小于 5 km/h,施加制动的加速度允许 60 s(加速度初始值为 0) | 在 WTB 运用,只有本务机车牵引封锁 |
| 14 | 主风缸压力下降到 750 kPa | 机车司机室占用(方向手柄离开零位) | 主风缸压力上升到超过 750 kPa | 足够的压力来确保施加,KLIP3 故障时不评估(只有来自从控机车的信息) |

3. 机车施加本地封锁的触发生条件(表 6-4)

**表 6-4 机车本地封锁触发条件**

| 序号 | 牵引封锁原因 | 附加条件 | 牵引封锁取消 | 备注 |
|---|---|---|---|---|
| 1 | 主变压器温度 1 和 2 温度过高 | | 温度降到极限值以下 | |
| 2 | 牵引电动机 1～6 温度过高 | | 温度降到极限值以下 | |
| 3 | 两台转向架均断开连接 | | 至少一台转向回必须连接 | |
| 4 | 主断路器断开 | 机车必须准备牵引 | 主断路器闭合 | 若两个转向架均隔离且机车作为控制载体,这也不会引起牵引封锁 |
| 5 | 牵引力设定值勤出现后 20 s 无牵引力升高 | 机车必须准备牵引(至少一台转向架闭合) | 取消牵引力请求 | 对相关 DP 机车无用 |
| 6 | 无任何一个电机可用,所有牵引电机均锁死或一个 TCU 宣布主断路器奖在 5 s后断开(只有单台转向架控制载体) | 机车必须准备牵引(至少一台转向架闭合) | 至少一台牵引电机可用或主断路器闭合或没有 TCU 宣布主断路器将断开 | KLIP3 故障时不评估 |

## 二、无人警惕装置

HXD1C 型机车无人警惕系统用于监控机车司机的状态。CCU 软件根据时间控制原理完成无人警惕功能。当机车速度≥10 km/h 时,司机通过按无人警惕按钮、踩脚踏开关和操作司机控制器等动作向无人警惕装置提供操作司机状态的反馈信息。若机车司机不能正确的操作无人警惕装置,机车无人警惕系统开始实施惩罚/紧急制动之前将给出视觉和声音报警。制动的动作将通过断开制动回路产生。若无人警惕系统发生故障,故障代码将输入到故障诊断存储器。CCU 通过显示器向机车司机通知无人警惕系统发生故障。无人警惕装置在故障时通过故障转换开关(+114SP=43-S06)切除。

控制部件无动作以及长期激活控制部件两种情况都可能引起无人警惕装置报警。

1. 无人警惕报警装置反应程序

(1)给司机以视觉提示。

(2)附加的声音提示给机车司机。

(3)通过开始惩罚制动或激活列车自动停止阀自动制动。

无人警惕装置的控制部件包括:手动按钮(操纵台,43-S03、43-S04)、脚踏开关(操纵台,43-S05)、司机控制器(操纵台)、无人警惕装置故障开关(后墙柜,43-S06)、压力传感器(制动柜,S30.03)、截止阀(制动柜,S30.01)无人警惕装置继电器(后墙柜,43-A15)、蜂鸣器(后墙柜,43-H01)。

2. 无人警惕装置输入输出信号

无人警惕装置的输入信号来自司机室操纵台,并通过 SIBAS 控制系统(SKS-1A&SKS-1B&SKS3)采集读入机车网络控制系统。机车 CCU 判断 SIBAS 控制系统采集的机车状态和操作信息,根据机车状态和操作信息的通过 SKS-1A&SKS-1B 以及 CCBⅡ输出应对措施。

3. 无人警惕装置功能

机车在静止状态或速度<10 km/h 的时候无人警惕装置组件不需要操作。在牵引的(速度>10 km/h)阶段,无人警惕装置操作组件中的一个必须间隔时间 30 s 操作。无人警惕装置部件的操作中,脚踏开关的优先级别超过司机控制器内的手动按钮。因此,即使连续按下司机控制器内的手动按钮,脚踏操作也使计时器重置。实际运用可能存在没有操作部件被操作、一个操作部件被长时间按下两种不正常情况。

(1)若任何部件都没有操作,可能出现以下情况

①司机显示器主界面的无人警惕装置信息在 30 s 后激活(计时器 T1),在计时器运行期间(信息没有激活),若司机按下手动按钮时间超过 1 s,控制系统重置计时器。

②在 30 s + 2.5 s 之后(计时器 T1 + T2),蜂鸣器激活并以语音警告机车司机将施加惩罚制动。若司机按下其中一个手动按钮(无延时),控制系统重置计时器。

③在 30 s + 5 s 之后(计时器 T1 + T3)。控制系统封锁牵引输出,启动惩罚制动。

(2)若一个或几个操作组件持续的操作,可能出现以下情况

①司机显示器上的信息在 30 s 后激活(计时器 T1),在计时器运行时(信息没有激活),若司机按下手动按钮时间超过 1 s,司机可以重置计时器。若指示激活,计时器可以马上重设(无延时)。

②在 30 s + 2 s 之后(计时器 T1+ T2),蜂鸣器激活并以声音警告机车司机将施加惩罚制动。若司机按下其中一个手动按钮(无延时),计时器能够重设。

③在 30 s + 5 s 之后(计时器 T1 + T3),控制系统封锁牵引输出,启动惩罚制动。

(3)在惩罚制动发生后,无人警惕装置的干扰可以再次取消,若机车司机能够正确操作组件会出现以下情况。

①若是第一种情况后续引起的惩罚制动，操作部件之一必须再次操作。

②若是第二种情况后续引起的惩罚制动，操作部件之一必须松开且其后，必须再次操作一个操作部件；机车的牵引可以在收到司机控制器的零位之后再次激活。

4. 无人警惕系统功能的试验

(1)无人警惕系统的功能试验只能在机车静止时进行。

启动条件：一个无人警惕装置的按钮或脚踏必须长期按下。试验反应如下。

①30 s 之后信息指示。

②30 s ＋ 2.5 s 之后，蜂鸣指示。

③30 s＋5 s 之后，惩罚制动指示。

④无人警惕系统制动请求。

(2)无人警惕装置发出的制动请求将在计时器(T3)关闭之后触发

可能有两个不同的制动请求，它们两个相互独立且在以下条件使用。

①惩罚制动请求。若 CCBⅡ制动系统正常，惩罚制动回路继电器将断开发送惩罚制动请求到 CCBⅡ，MVB 反馈信息将确认惩罚制动请求。

②紧急制动请求。若 CCBⅡ制动系统失效(机车处于后备制动模式)，紧急制动回路继电器将断开，制动柜内的无人警惕装置 S30.03 开始紧急制动。

## 三、停车制动

停车制动由弹簧制动器实现(图 6-14)。停车制动由位于司机室后墙的两个按钮的操作实现；＋114EP＝28－S09 按钮施加停车制动，＋114EP＝28-S11 按钮缓解停车制动。两个按钮的状态通过 SKS3_E138_00，SKS3_E138_01 读入控制系统由 CCU 监控。

整车电源断开，停车制动通过延时继电器＝28-K05 自动施加。本务机车通过按钮＝28-S09 施加停车制动，按钮 28-S11 缓解停车制动。本务机车通过 WTB 总线和 MVB 总线控制输出 SKS3_A13F_02，SKS3_A140_02，SKS3_A13F_03，SKS3_A140_03 施加或缓解停车制动。

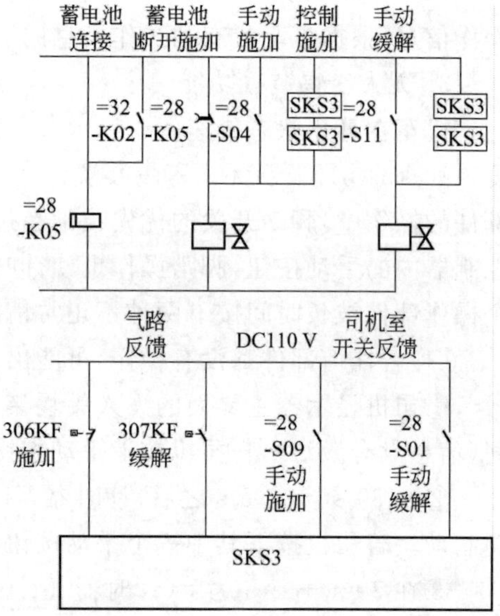


图 6-14　停车制动原理图

1. 停车制动——缓解

司机也可以手动/机械缓解停车制动。

(1)通过操作用于关闭的隔离阀，并同时给停车制动排风。对于进一步的操作，停车制动必须在弹簧制动装置(每个轮对独立)上机械缓解。弹簧制动装置只能在已排风的情况下操作。若制动缸再次有压力并排风，机械缓解装置就复位。

(2)通过手动操作电磁阀(在制动柜上的停车制动电磁阀)。该操作只有在有压力的情况下有效。

2. 停车制动——监控

机车制动的实际状态由 CCU 监控。SKS3_E l34_03，SKS3_E134_04 端口检测两个压力开关的状态并通过 MVB 总线送到 CCU。CCU 读入监控两个压力开关的状态并判断停车制动器是否缓解或施加。若停车制动没有缓解(CCBⅡ压力开关 B40.07 压力小于 480 kPa)，整列车的牵引联锁激活(同时适用于 WTB 从控机车和远程机车)。若停车制动隔离,牵引联锁将无效。

3. 停车制动的故障/状态将由 CCU 监控

(1)隔离阀 R40.06 闭合。

(2)停车制动未缓解(压力开关(B40.07)压力小于 480 kPa)。

(3)停车制动的实际状态不等同于停车制动的设定状态。

(4)若停车制动未缓解且机车速度 $v>5$ km/h(软管破裂保护)。

(5)停车制动系统的气动控制故障,可以通过隔离阀 B40.06 隔离。

**四、高压安全连锁装置**

为保证维修人员的安全,HXD1C机车设计高压安全连锁装置,如图 6-15 所示。高压安全连锁装置的设计原则是让维护人员在确保该机车没有高压电源的情况下且车顶设备及变压器原边已经可靠接地后才能登上车顶作业或打开变流柜高压安全杠杆作业。高压安全连锁装置主要由升弓截止阀、高压接地开关、变流柜安全杠杆、车顶门安全连锁、安全钥匙箱、车顶门安全钥匙(黄色)、变流柜安全杠杆钥匙(黄色)、升弓截止阀钥匙(蓝色)组成。

1. 升弓截止阀

升弓截止阀带机械连锁,有 ON 和 OFF 两个状态位置。升弓截止阀处于 OFF 状态位置时,升弓空气回路断开,受电弓处于落弓位置。升弓截止阀处于 ON 状态位置时,升弓空气回路通,受电弓升弓回路处于正常工作位置。

升弓截止阀带机械连锁只由蓝色安全钥匙解锁。蓝色安全钥匙解锁后,升弓截止阀才允许处于 ON 状态位置。也就是说升弓截止阀处于 ON 状态位置时,蓝色安全钥匙一定是在升弓截止阀解锁机构上且不能取出。只有当升弓截止阀处于 OFF 状态位置时(升弓空气回路断开),蓝色安全钥匙才可从解锁机构上取出。也就是说蓝色安全钥匙不在升弓截止阀带机械连锁上时,升弓截止阀不能打开,受电弓一定处于落弓位置。

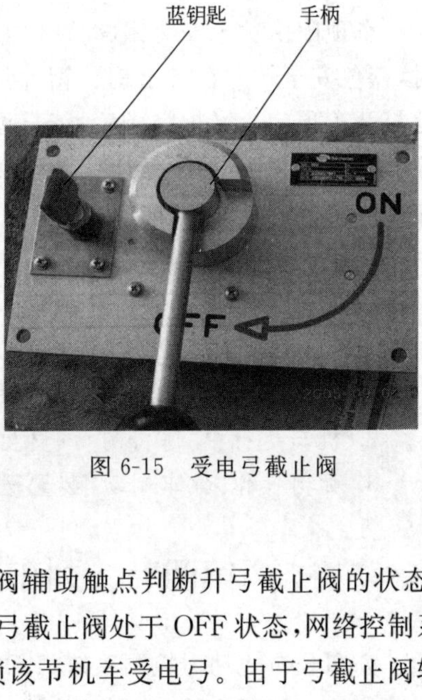

图 6-15　受电弓截止阀

机车网络控制系统通过 SKS3-F133_05 监控升弓截止阀辅助触点判断升弓截止阀的状态。在机车升弓过程和运行过程中,若 SKS3-E133_05 检测到升弓截止阀处于 OFF 状态,网络控制系统封锁升弓电磁阀驱动信号 SKS3-A13D_03,控制系统封锁该节机车受电弓。由于弓截止阀辅助触点串联在机车主断路器回路中,升弓截止阀处于 OFF 状态时,机车主断路器闭合回路断开。

2. 安全钥匙箱、高压接地开关

高压接地开关(=11Q02)有接地、断开两个状态位置。高压接地开关带机械连锁装置。机械连锁装置有两片黄色安全钥匙和一片蓝色安全钥匙解锁。只有三叶钥匙都在安全钥匙箱的时候,高压接地开关带机械连锁装置才能解锁(图 6-16)。这时,高压接地开关才能进行状态转换。这种设计可以确保只有在本车受电弓处于落弓位置,车顶门已关闭,变流柜门已关闭三个条件都满足的情况下,高压接地开关才能进行状态转换。高压接地开关(=11Q02)的连锁机构连锁蓝色安全钥匙。当高压接地开关(=11Q02)处于接地状态位置时,蓝色安全钥匙不能取出,黄色安全钥匙可以取出。这种设计可以确保只有在机车受电弓处于落弓位置时,机车主断断开才能打开车顶门、变流柜安全杠杆。

3. 变流柜安全杠杆

变流柜安全杠杆由黄色安全钥匙打开,变流柜安全杠杆取出后才可打开变流柜柜门。当升弓截止阀带处于 OFF 状态位置时,蓝色安全钥匙在安全钥匙箱,高压接地开关接地处于断开状态位置时,才可从取出黄色安全钥匙打开变流柜柜门。维护完成后,若忘记关变流柜柜门而直接推高压接地开关,由于钥匙箱黄色安全钥匙不齐高压接地开关不动作。高压接地开关不动作,蓝色安全钥匙不能取出,升弓截止阀封锁在落弓位置。这样可以确保在发生误操作的情况下,误操作为无效操作。

图 6-16 高压接地开关

4. 车顶门安全连锁

车顶门由黄色安全钥匙打开(具体操作,后文有叙)。当升弓截止阀带处于 OFF 状态位置时,蓝色安全钥匙在安全钥匙箱,高压接地开关接地处于接地位置时,才可从取出黄色安全钥匙打开车顶门。维护完成后,若忘记关车顶门而直推高压接地开关,由于钥匙箱黄色安全钥匙连锁,高压接地开关不动作。高压接地开关不动作,蓝色安全钥匙不能取出,升弓截止阀封锁在落弓位置。这样确保在发生误操作的情况下,误操作为无效操作。

## 思 考 题

1. HXD1C 型机车有哪两种牵引封锁?
2. 机车运行中"惩罚制动"发生后如何处置?
3. 如何操作"停车制动"装置缓解?

## 第四节 列车分布动力控制系统 LOCOTROL

列车分布式动力控制系统(LOCOTROL)作用是利用无线数据传输技术,实现主控机车对从控机车的同步控制。主、从控机车之间同步控制,可以减小列车运行中产生的纵向冲动,缩短空气制动的排、充风时间,减少列车在长大下坡道上运行使用空气制动的次数,为组合列车的平稳运行打下良好基础。同步控制系统分为机车电气系统和空气制动系统两部分。使用 LOCOTROL 系统,一台主控机车通过无线传输的信号最多可以同步控制 4 台从控机车。本节主要介绍列车分布动力控制系统 LOCOTROL 构架,通信设备模式选择,设备中链接失败的原因及日志设置。

### 一、列车分布动力控制系统 LOCOTROL 构架

列车分布动力控制系统 LOCOTROL 由下列模块组成:集成 MVB 接口的处理器模块

(MIPM)、机车控制显示单元(LCDM)、通信处理模块(CPM)、继电器接口模块(RIM)、电源分布模块(PDM)、GSMR 无线电通信设备(OCU)、无线电数据传输设备(RDTE)、电子制动阀(EBV)、电空控制单元(EPCU)。LOCOTROL 系统控制原理如图 6-17 所示。

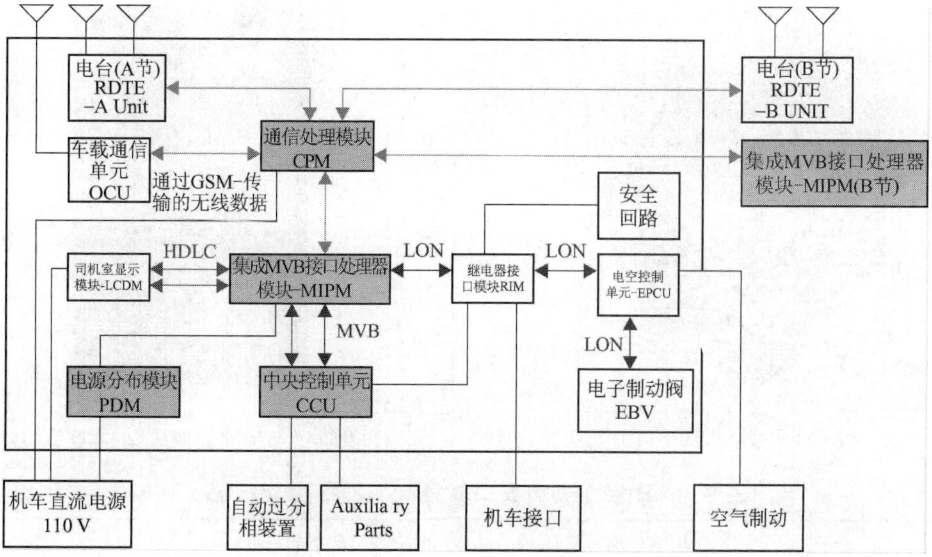


图 6-17 机车 LOCOTROL 系统框图

1. LOCOTROL 系统主要设备

无线数据传输设备 RDTE(图 6-18))是主、从控机车之间的通信通道。每台 RDTE 有 1 台收发器。主控机车上,RDTE 向从控机车发送指令,并把从控机车对指令的响应状态解码显示给主控司机。从控机车上,RDTE 接收来自主控机车的指令,控制从控机车同步动作,并将从控机车的状态信息反馈给主控机车。

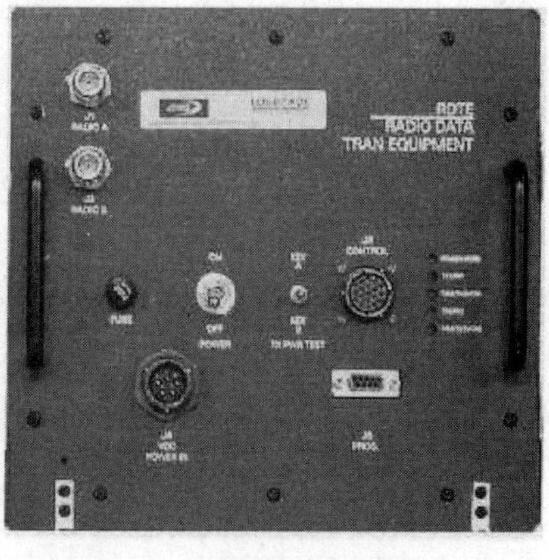


图 6-18 无线数据传输设备 RDTE

2. 集成 MVB 接口的处理器模块(MIPM)

集成 MVB 接口的处理器模块 MIPM 是 LOCOTROL 系统的核心(图 6-19),是列车分布动力控制系统和 CCBⅡ空气制动系统的公共中央处理器,它带有一个运行 DP 和 EAB 应用软件及这两个应用软件与 LOCOTROL 显示设备(LCDM)通信的主系统处理器。该模块包含了列车分布动力控制系统和空气制动系统的编程和维护记录功能。它的作用是通过司机室显示模块 (LCDM)模块管理所有的接口任务;通过 LON 网络向电空制动屏(EPCU)模块传送制动指令;通过继电器接口模块(RIM)与机车运行监控器等安全监控设备接口,在运行监控器发出停车指令时,全列车实施空气制动,以确保列车运行安全。在分布式动力操作中,MIPM 模块通过与机车中央控制单元(CCU)的 MVB 总线接口,将生成的机车电气控制指令发送给无线数据传输设备(RDTE),并对无线数据传输设备(RDTE)接收和发送的信息进行编码和解码。

在 MIPM 模块的前端有 9 个 LED 指示灯(图 6-20),提供系统状态的反馈信息。在正常的空气制动操作中，上端的 2 个绿灯必须亮，空气制动失效的红色灯不亮。MIPM 的前面板 LED 指示灯反映系统运行状态(表 6-5)。

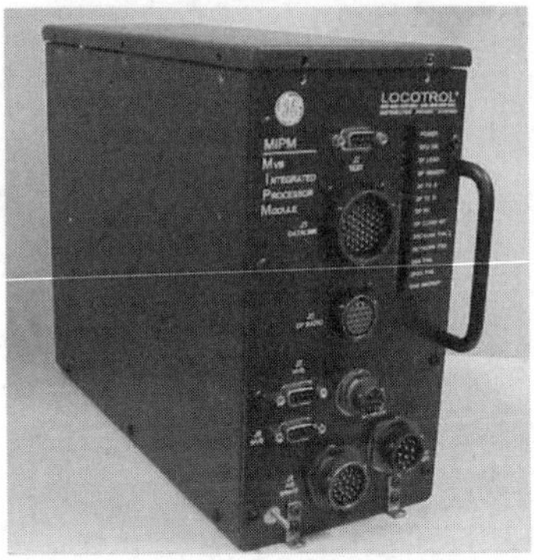


图 6-19　MIPM 集成 MVB 接口的处理器

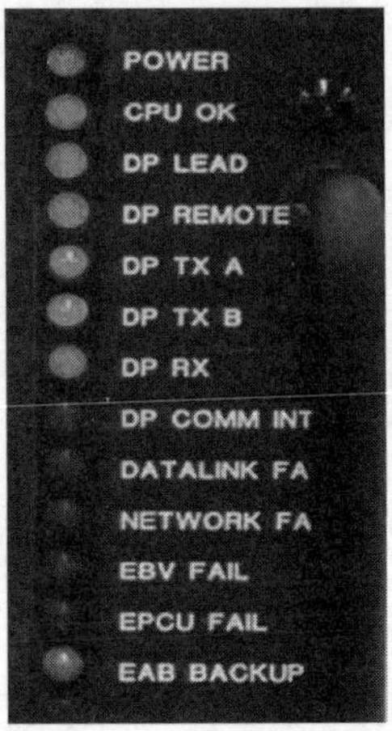


图 6-20　MIPM 的前面板 LED 指示灯

**表 6-5　MIPM 的前面板 LED 指示灯反映系统运行状态**

| 在 MIPM 的前面板有 13 个 LED 指示灯，反映系统运行状态 | |
|---|---|
| POWER | 此绿色灯亮表示 MIPM 上电 |
| CPU OK | 此绿灯表示 MIPM CPU 工作正常，自检通过 |
| DP LEAD | 绿灯表示机车处于 DP 主控模式 |
| DP REMOTE | 绿灯表示机车处于 DP 从控模式 |
| DP TX A | 黄灯表示机车正在通过 A 电台传送 DP 信息 |
| DP TX B | 黄灯表示机车正在通过 B 电台传送 DP 信息 |
| DP RX | 绿灯表示机车正在接收 DP 电台信息 |
| DP COMM INT | 红灯指示当前机车 DP 电台通信中断 |
| DATALINK FA | 未使用 |
| NETWORK FA | 红灯指示 LEB 或 CCBⅡ系统在 MIPM，EPCU 和 EBV 之间 LON 上出现内部通信故障 |
| EBV FAIL | 红灯指示 EBV 故障 |
| EPCU FAIL | 红灯指示 EPCU 故障 |
| EAB BACKUP | 黄灯指示 LEB/CCBⅡ系统备用模式有效 |

3. 继电器接口模块(RIM)

继电器接口模块(RIM)用来处理机车空气制动系统有关的各种输入和输出信号(图 6-21)。输入信号包括来自机车电气保护装置和运行监控装置的发出的惩罚及紧急制动指令。输出信号包括惩罚或紧急制动时的动力切除、电阻制动的制动缸压力解除以及紧急撒砂等信号，同时也包括 LOCOTROL 后备紧急阀的输出信号。RIM 连接一个 LON 接口，向 MIPM、空气制动 EPCU 和 EBV 发送或接收命令。RIM 模块内的继电器用于输出控制电路的信号。RIM 模块中还有一个电源联锁继电器，作为 DP 系统后备功能，使在一定条件下机车牵引失效时，DP 系统会控制机车的级位自动降为空载。

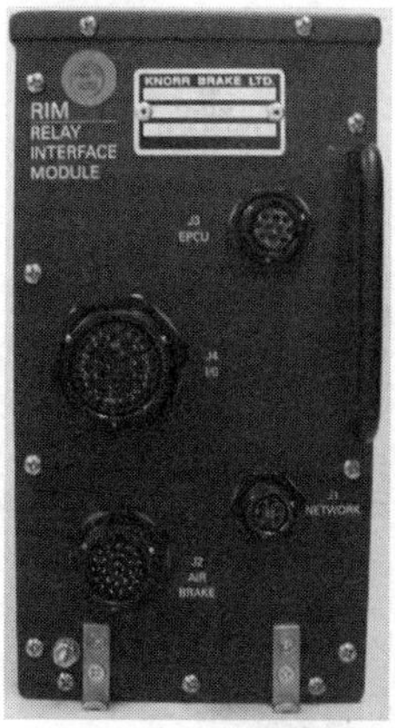


图 6-21　RIM 继电器接口

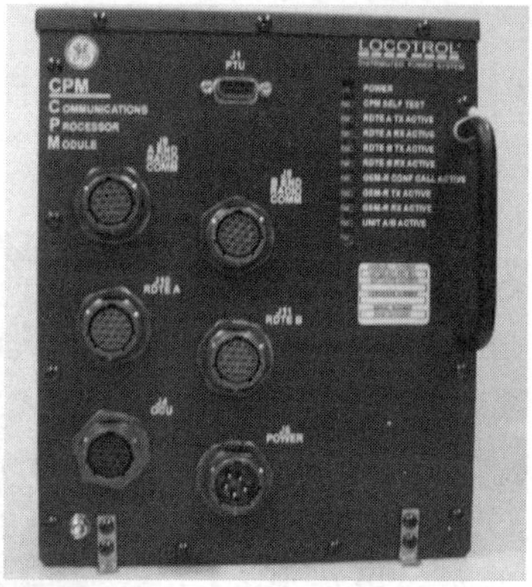


图 6-22　RIM 继电器接口

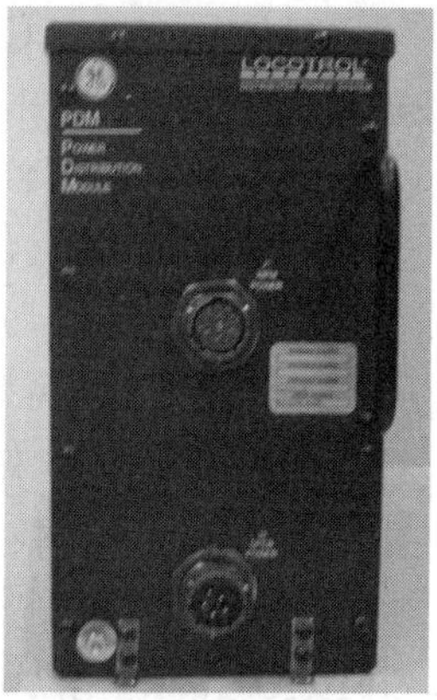


图 6-23　PDM 电源分布接口

4. 通信处理模块(CPM)

通信处理模块为每台机车上的 LOCOTROL 电子制动系统设备和通信媒体之间提供了车载接口(图 6-22)。通信处理模块(CPM)使得 $HXD_{1C}$ 型机车作为主控机车操纵，与其他从控机车建立 DP 链接。司机可以手动选择使用 GSMR 无线电通信设备(OCU)或无线电数据传输设备(RDTE)作为通信媒体，也可以利用通信处理模块(CPM)自动选择通信媒体 。

5. 电源分布模块和电路断路器(PDM)

电源分布模块(PDM)包括一个变压器，将机车的 110 V 直流电源变换成 MIPM 模块需要的 66 V 直流电源。为主控机车(头部)的两个操作控制端与分布式动力控制(DP)单元之间提供了接口(图 6-23)。

为了 CCBⅡ空气制动系统的正常工作，向 MIPM 模块供电的断路器(DPCB)和向 EPCU 模块供电的断路器(ABCB)必须处于闭合状态。

在 DP 模式下，CCBⅡ制动系统失电会引起紧急制动，并且 EPCU 会进入补机模式。补机模式工作无需任何设置。重新上电时，CCBⅡ会回到其失电前的状态，但是需要解除紧急制动才能返回到本务投入工作模式。

6. 车载通信单元(OCU)

OCU 是 GSM-R 网络的车载通信终端，为 LOCOTROL 系统提供各机车之间传递消息的透明无线传输通道(图 6-24)。车载通信单元主要包括 GSM-R 无线模块、控制模块、接口模块和电源模块。车载通信单元负责建立和维护与应用节点(AN)的电路连接、向 CPM 报告电路连接状态，以及在 CPM 和应用节点之间传递数据。

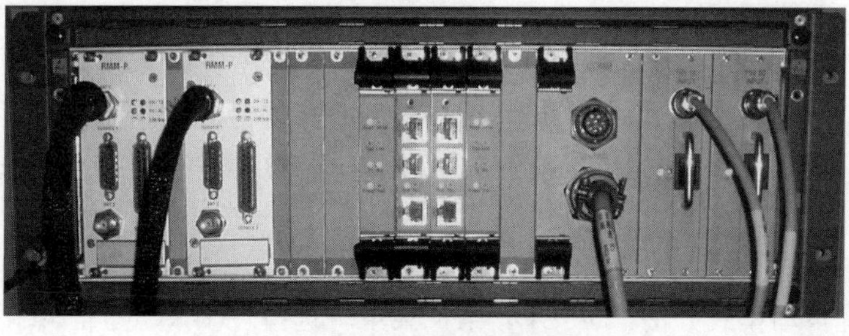

图 6-24　车载通信终端 OCU

7. 司机室显示屏(LCDM)

司机室显示屏(LCDM)是 CCBⅡ系统、分布式动力控制系统的公共显示和基本操作设备(图 6-25)。显示屏共有 8 个功能键,用于菜单和功能选择。

对于 CCBⅡ系统,显示屏(LCDM)用于选择空气制动模式、大闸投入/切除的设置、列车管补风、不补风功能的设置,均衡风缸定压的选择、查看空气制动诊断记录、系统状态和报警显示等。

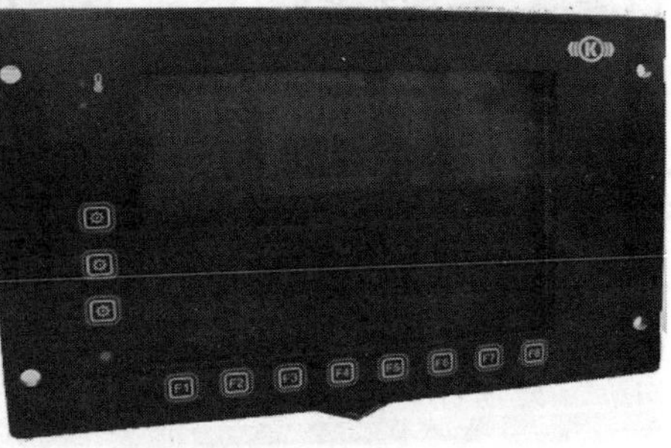

图 6-25　LCDM 显示屏

对于列车分布动力控制系统,显示屏(LCDM)的作用是:功能设置、主控机车与从控机车的无线链接、初始化的测试,给从控机车的发出操作指令、显示从控机车的状态、查看系统报警记录及其他事件记录。

屏幕实时显示均衡风缸、列车管、总风缸和制动缸内压力数据,以及列车管的充风流量和空气制动模式的当前状态。实时显示各种提示信息,报警及需要的司机采取的措施。

机车间 DP 系统若要建立链接,必须将主控机车和所有从控机车编组在同一列车内,全列车列车管贯通。否则会影响系统链接操作,当然也无法实现对从控机车的控制。

在主控机车和从控机车建立 DP 链接之前,必须保证机车处于停车状态,同时实施单独制动,使机车制动缸压力在 173 kPa 以上。

建立 DP 链接首先要在司机室显示屏(LCDM) 主菜单(图 6-26)下进行。

图 6-26　显示屏(LCDM) 主菜单

## 二、通信设备模式选择

在 HXD1C 型机车上安装了通信处理模块(CPM),为每台机车上的 LOCOTROL 电子制动系统设备和通信媒体之间提供了车载接口,在机车上装有 GSM-R 无线电设备(OCU)和 800 MHz 电台(RDTE)两种无线数据传输设备。LOCOTROL 系统共有三种通信模式:自动通信模式、800 MHz 电台通信模式及 GSM-R 网通信模式。

正常情况时,系统通信应使用自动模式,LOCOTROL 系统上电时或者 DP 断开链接后会默认自动通信模式。在设置为自动模式时,机车间建立主、从控关系时,首先自动使用 800 MHz 电台建立 DP 链接,链接成功后自动转为 G 网进行正常通行。因此,主控机车在进行主控设置时,若 DP 链接失败,可先人工设置为"G 网模式"重新进行链接,连接成功后再人工设置为"自动模式"。

1. 显示屏(LCDM)主界面

(1)人工设置自动模式方法: DP→DP 维护菜单→选择"AUTO 通信"。

(2)电台模式设置方法:DP→DP 维护菜单→选择"电台通信"。

(3)G 网模式设置方法:DP→DP 维护菜单→选择“GSMR 通信”。

系统在 DP 状态下在 LCDM 显示屏上有通信通道的显示。DP 通信显示包括模式＝自动、RDTE、GSMR 三种;路径＝RDTE、GSMR 两种(图 6-27)。

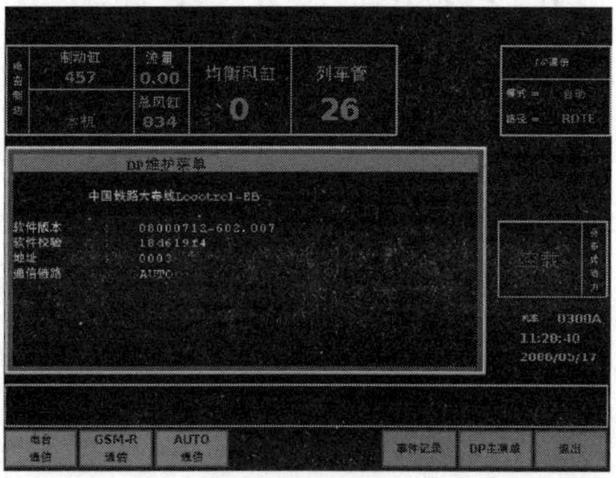


图 6-27 通信模式选择

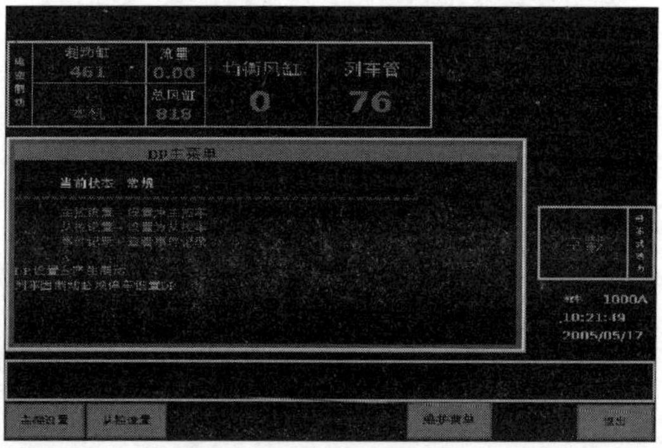


图 6-28 DP 主菜单-常规

2. 建立主、从控机车间 DP 链接

在建立主、从机车间 DP 关系时,必须遵守先设置从控链接,待全部从控机车都完成 DP 链接后,才能进行主控 DP 链接设置。

(1)从控 DP 链接的设置

准备工作(主、从控机车必须同时具备下列条件才能开始 DP 链接设置)。

①闭合本务机车 CPM 断路开关和 OCU 断路开关。

②闭合主、从控机车的空气制动/DP 断路开关(＝28-F04)、RDTE 断路开关(＝44-F01)及开放 EMVB 阀(S30)塞门。

③闭合操纵机车的 LCDM 断路开关(＝82-F05)。

④司机控制器调速手柄置“0”位,取出换向手柄。

⑤闭合电源钥匙开关、升弓、合主断,启动压缩机,进行制动机常规试验,确认制动系统正常。

⑥在显示屏(LCDM)主界面下(图 6-28),确认本台机车号正确无误,CCBⅡ制动机设置在“本机”位。

⑦自动制动手柄(大闸)置全制位、单独制动手柄(小闸)置全制动位,机车制动缸压力必须达到 280 kPa 以上。

(2)DP 从控链接的设置

①在显示屏(LCDM)主界面下,按“DP”键进入 DP 主菜单(图 6-28)。

②按 “从控设置”键,进入“从控设置”菜单(图 6-29)。

③按 F7“确定”键,产生惩罚制动;根据提示,小闸置运转位。

④输入“主控机车”号码:通过“左移”或“右移”键移动光标选择数位,通过“递增”、“递减”键选择数值。

⑤选择“方向”(从控机车只能在同方向操纵,因此要以列车运行方向为基准,正确选择“同向”或“反向”)。

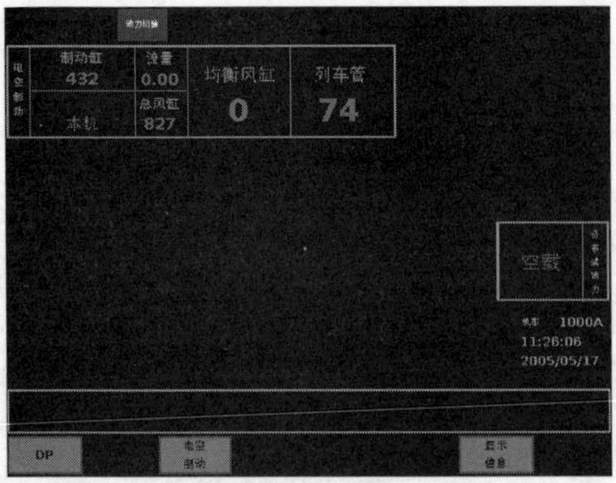


图 6-29　DP 从控设置

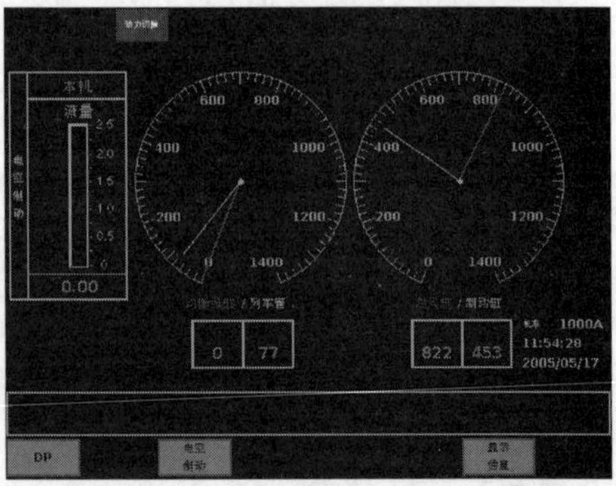


图 6-30　DP 从控设置—确定

⑥选择“重车、空车”。

⑦此时绿色“确定”键出现在菜单上(图 6-30)。

⑧在确认主控机车号、方向、空、重车均正确无误后，按“确定”键进入从控工作界面(图 6-31)。

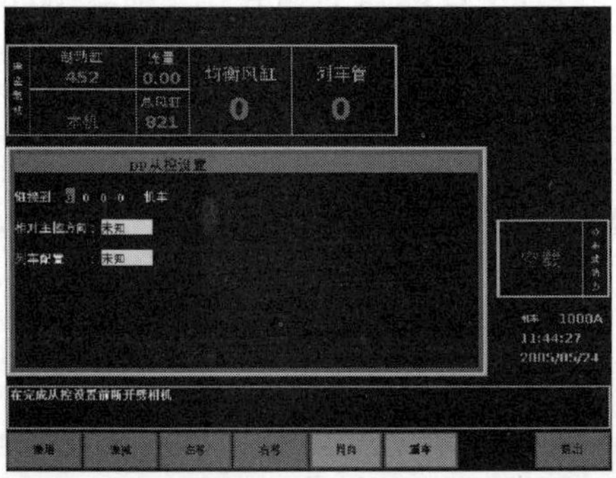


图 6-31　显示屏(LCDM)主菜单—从控

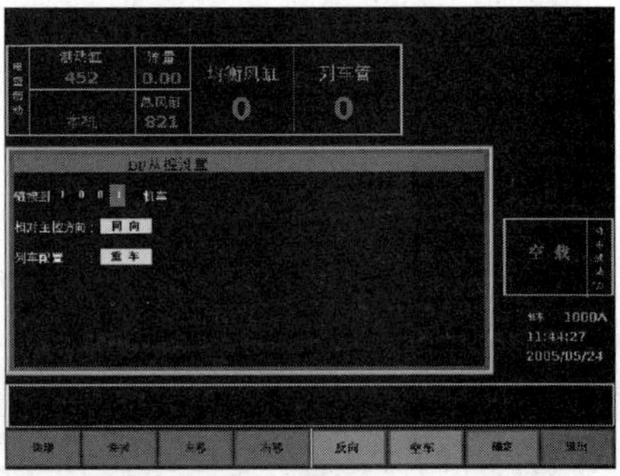


图 6-32　显示屏(LCDM) 主菜单

⑨此时产生惩罚制动，根据提示，小闸置运转位。

注意：①设置之前要首先排除制动系统的所有故障。

②必须首先设置从控机车，所有从控机车设置完成之后才能进行主控机车的设置。

3. 主控 DP 链接的设置

主、从控机车必须同时具备下列条件才能开始 DP 链接设置：

(1)闭合主控机车 CPM 断路开关和 OCU 断路开关。

(2)闭合主、从控机车的空气制动/DP 断路开关(＝28-F04)、RDTE 断路开关(＝44-F01)及开放 EMVB 阀(S30)塞门。

(3)闭合操纵节机车的 LCDM 断路开关(＝82-F05)。

(4)司机控制器调速手柄置“0”位，取出换向手柄。

(5)闭合电源钥匙开关、升弓、合主断，启动压缩机，进行制动机常规试验，确认制动系统正常。

(6)在显示屏(LCDM)主界面下(图 6-28)，确认本台机车号正确无误，CCBⅡ制动机设置在“本机”位。

(7)在显示屏(LCDM)主界面下确认本台机车号正确无误,CCBⅡ制动机设置在“本机”位(图 6-32)。

(8)自动制动手柄(大闸)置“抑制”位、单独制动手柄(小闸)置“全制动”位,机车制动缸压力必须达到 280 kPa 以上。

4. DP 主控链接设置

(1)在显示屏(LCDM)主界面下,按“DP”键进入 DP 主菜单(图 6-33)。

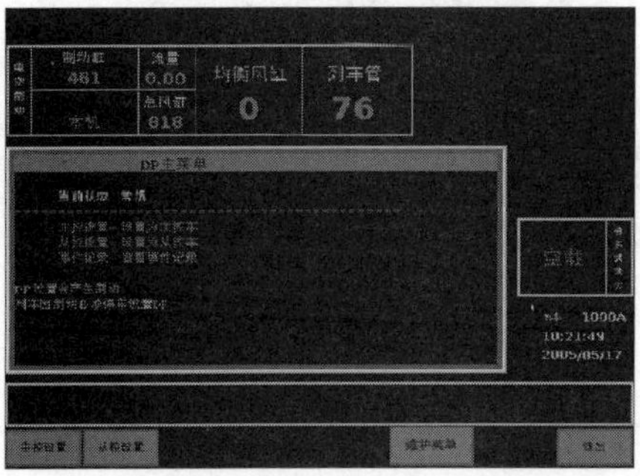


图 6-33　DP 主菜单—常规

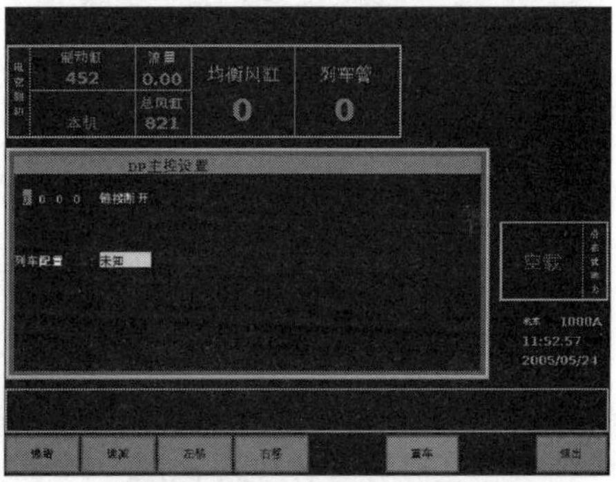


图 6-34　DP 主控设置

(2)在图 6-33 界面下,按 “主控设置”键,进入“主控设置”菜单界面(图 6-34);

(3)在图 6-34 界面下,输入“从控机车”号码:通过“左移”或“右移”键移动光标选择数位,通过“递增”或“递减”键选择数值。

(4)选择“重车/空车”后,绿色“链接”键会自动出现在屏幕上(图 6-35)。

(5)按“链接”键进行链接,第一个从控机车链接成功后,再输入第二个从控机车号,选择“重车/空车”后,再按“链接”键,进行链接, 直到所有的从控机车都链接成功。

(6)在所有的从控机车都链接成功后(图 6-36),按“确定”键,进入界面图 6-37(此时要产生正常的惩罚制动,应将主控机车大闸手柄放抑制位 120 s 以上,待对话框内出现“测试前对列车充风”字样后,再将大闸手柄移至“运转”位,对列车进行充风。充风完毕后,待对话框内出现 “准备好后进行列车管测试” 字样,绿色“BP 测试”键就会自动出现在屏幕上,此时方可进行“BP 测试”)。

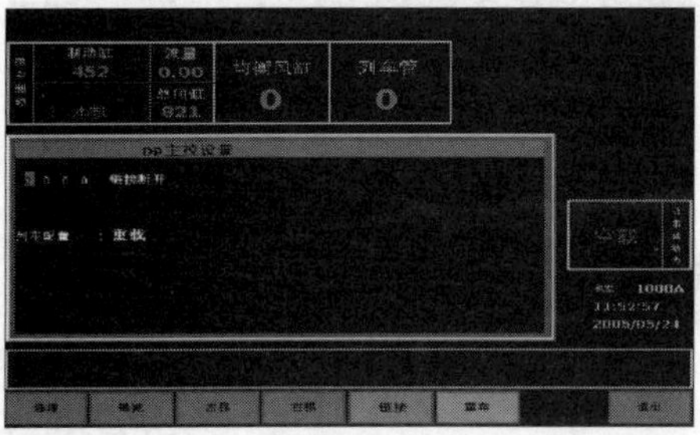


图 6-35　DP 主控设置链接

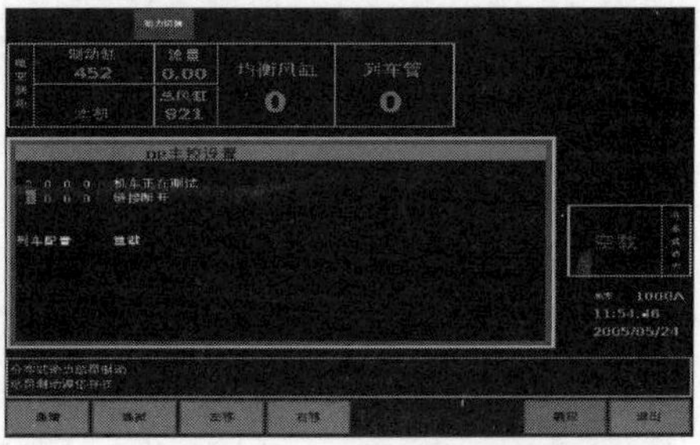


图 6-36　DP 主控设置链接

(7)在图 6-37 界面下,按“BP 测试”键,进入界面图 6-38。

(8)在图 6-38 界面下,按“执行”键(根据屏幕提示将大闸手柄推至“初制动”位,均衡风缸应有减压量 50 kPa,如果减压量大于 50 kPa,BP 测试将被取消。在 BP 测试中,不能再进行其他操作,否则 BP 测试会自动中止),列车管贯通试验结束后,进入界面图 6-39。

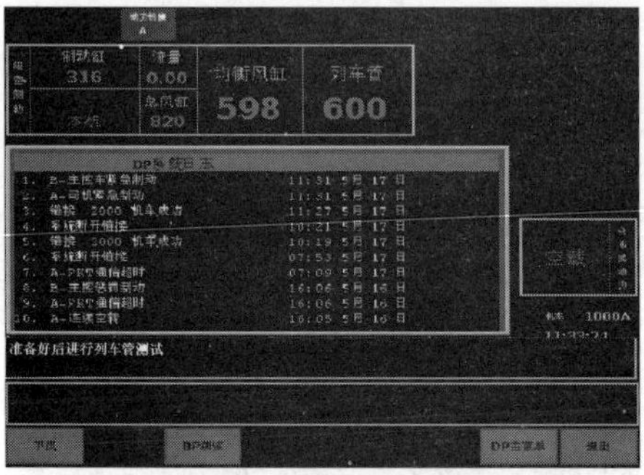


图 6-37　DP 主控设置 BP 测试预备

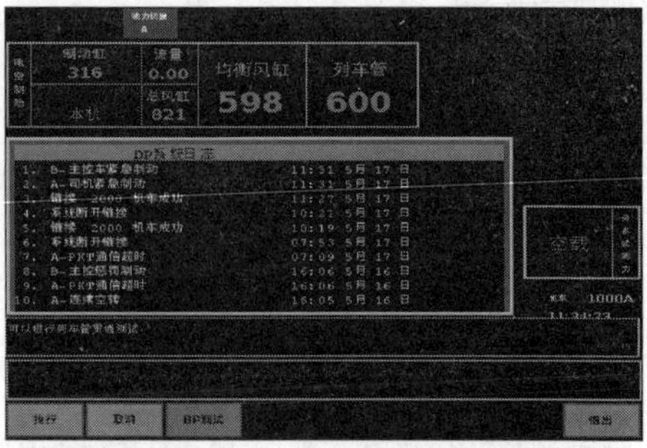


图 6-38　DP 主控设置 BP 测试执行

(9)在图 6-39 界面下,大闸置运转位、小闸置全制动位,按“漏泄测试”键,再按“执行”键,约 180 s 后(等待列车管压力稳定 60 s、自动制动阀自动切除 60 s、自动制动阀已切除计时中 60 s),根据提示将自动手柄置全制动位,屏幕显示列车管泄漏量×××kPa;计时结束,将自动制动手柄置运转位,按“退出”键返回进入主控界面,漏泄测试完成。

(10)在图 6-39 界面下,按“DP 主菜单”键,进入界面如图 6-40 所示。

(11)在图 6-40 界面下,按“模式”键,进入界面如图 6-41 所示。

(12)在图 6-41 界面下,按“运行”键,进入界面如图 6-42 所示。

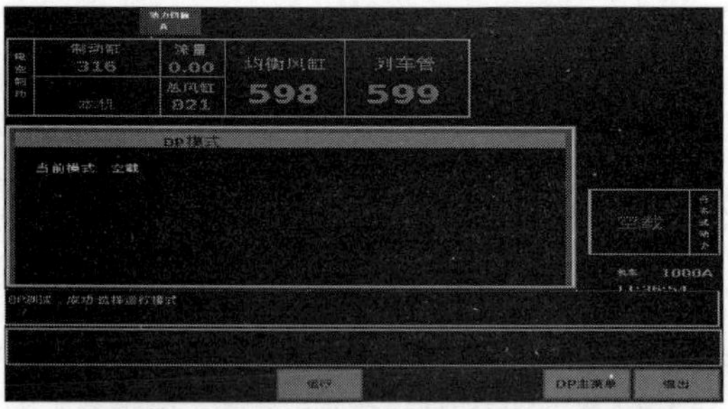


图 6-39　DP 主控设置—返回主菜单

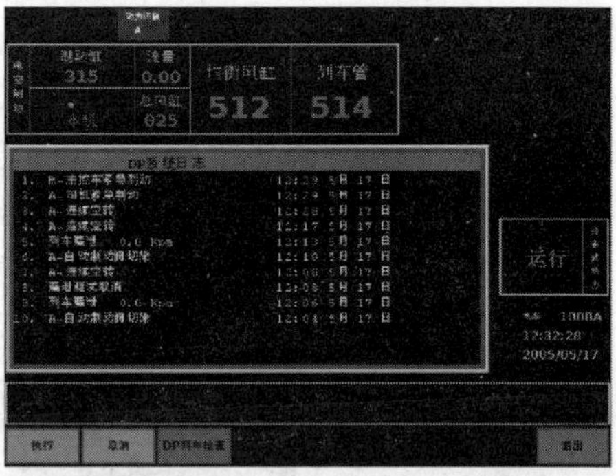


图 6-40　DP 主控设置—模式设置

(13)在图 6-42 界面下按“执行”键,确认 DP 状态框显示“运行”。

(14)按“退出”确认主从控机车状态正常(图 6-43)。

5. DP 列车检查:(大闸运转位、小闸全制动位)

按 Fl(DP)→按 F7“DP 主菜单”→按 F3“系统”→大闸减压 70 kPa 以上→按 F3“DP 列车检查”→按 Fl“执行”(DP 列车检查:正在切除从控制动阀、可以缓解自动制动)→大闸运转位(确认 A-DP 列车检查:成功)→按 F8“退出”。

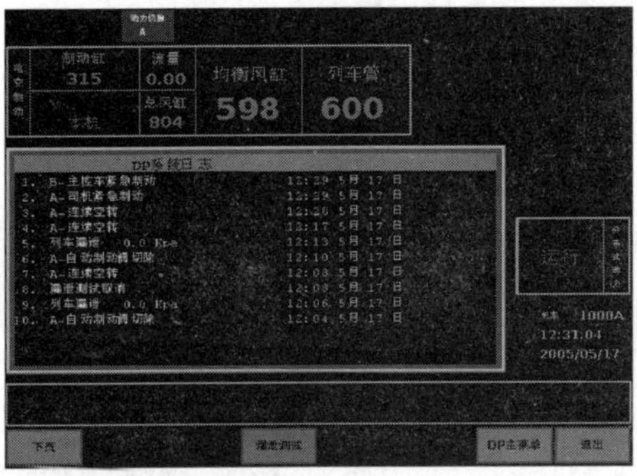

图 6-41　DP 主控设置—运行

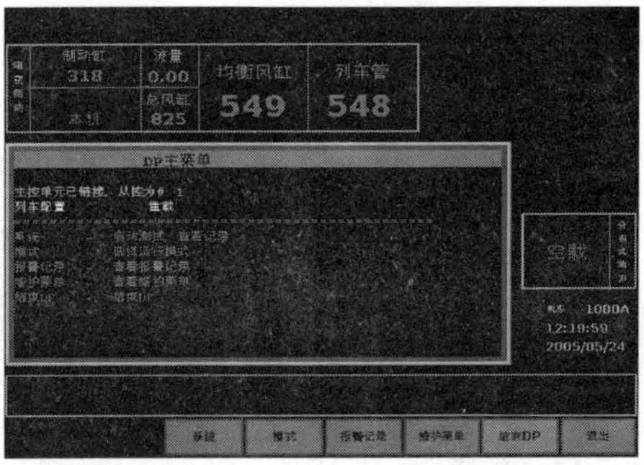

图 6-42　DP 主控设置—运行

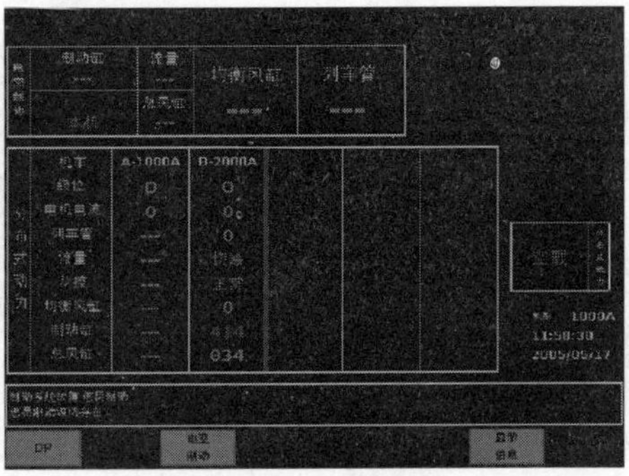

图 6-43　DP 主控

## 三、设置中链接失败的原因

1. 失败原因

(1)主控机车上输入的从控机车号不正确(或从控机车号与主控机车相同)。

(2)从控机车上输入的主控机车号不正确。

(3)主控、从控上机车号重复

(4)基于机车唯一地址码的 IPM 重复

在链接过程中,主控机车通过两个电台与从控机车通信。如果某一个电台故障,链接过程完成并显示一个链接电台故障。与之相反,如果两个电台都故障,链接过程失败,并显示链接失败。如果链接失败,尝试再次链接。如果不能成功链接到从控机车,则更换主控机车电台模块。如果不能成功链接到某一从控,则更换该从控电台模块。链接成功后会在 DP 系统日志上显示####链接成功("####"代表从控机车号)。

2. 注意事项

(1)在与主控链接成功后,所有的从控机车转换到从控正常模式,命令电空制动到主控切除模式。

(2)在按"链接"键后,如果再按"确认"键会引起惩罚制动,这个链接惩罚时间为 65 s。

(3)任何时候按"退出"键,显示屏都会转换到显示屏(LCDM)主菜单。

3. 结束主、从控机车间DP链接

在结束使用DP链接时，要先结束主控机车的DP，然后再结束从控机车的DP，与建立主、从控机车之间DP链接程序正好相反。

主控机车结束DP操作程序。

(1)条件：列车必须处于停车状态，单独制动手柄(小闸)均置“全制动”位，司控器手柄(换向、调速手柄)均置“0”位，断开主断路器。

(2)结束DP链接程序

①在图6-44界面下，按“DP”键，进入界面如图6-45所示。②在图6-45界面下，按“DP主菜单”键。此时，DP系统将实施惩罚制动。对话框显示信息：“DP惩罚制动－欲清除惩罚制动，将自动制动手柄(大闸)移到抑制位”，将自动制动手柄(大闸)移到抑制位后，此时信息提示：“DP惩罚制动—制动源仍存在”。③按“结束DP”。④按“执行”。

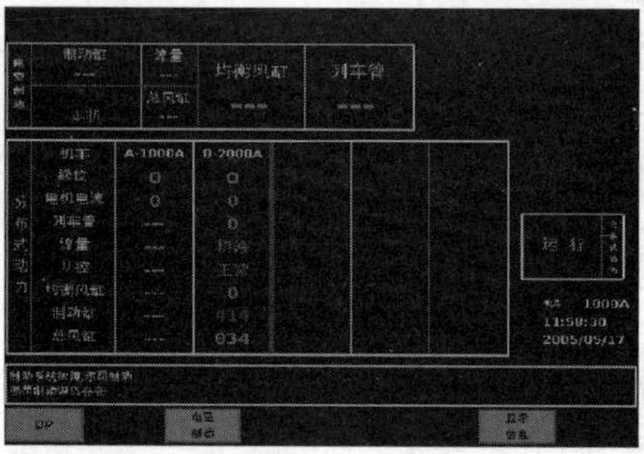

图6-44　DP主控制菜单

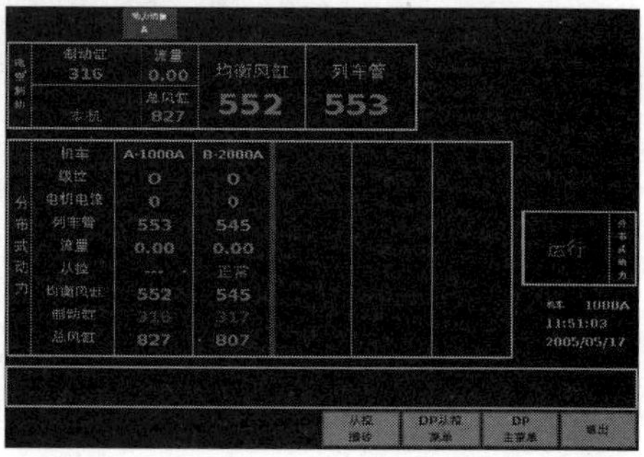


图6-45　DP组控制菜单

4. 从控机车结束DP操作程序

(1)从控机车结束DP链接条件

从控机车结束DP链接之前，关闭主控机车的DP系统。

(2)从控机车结束DP操作程序

列车必须处于停车状态，单独制动手柄(小闸)置“全制动”位，司控器手柄(换向、调速手柄)均置“0”位，断开主断路器。

①按“DP”。②按“DP主菜单”。③按“结束DP”键。④按“执行”键。

**四、日志显示**

在显示器上有三个DP记录窗口以DP主菜单的方式进行显示。这些窗口显示记录着操作信息、系统事件或报警信息。系统日志和报警记录窗口只能在系统链接时才能够访问。而事件记录则能在列车停车时的常规状态下访问。

1. DP系统日志简介

在“DP系统日志”中显示的数据，都是LOCOTROL系统在工作中，出现的各种事件的记录(图6-46)。这些数据包括LOCOTROL DP链接与断开链接，电台测试结果，列车检查结果，列车管漏泄测试结果，检测到的LOCOTROL DP系统失效及其他模块失效记录，所有紧急制动和惩罚制动记录。每个记录后面都有事件发生的时间，全部记录按时间顺序排列。

2. DP 事件记录

在“DP 事件记录”（图 6-47）中显示的数据是 X-IPM 存储器中存储的所有系统特定事件记录。这些数据包括电源接通/断开，链接与断开链接，无线电台测试结果，漏泄测试结果，列车检查测试结果，其他部件的系统故障，所有紧急制动和惩罚制动，定期的统计数据，以及时间调整。所有事件有时间标识，顶部有最近的日期。

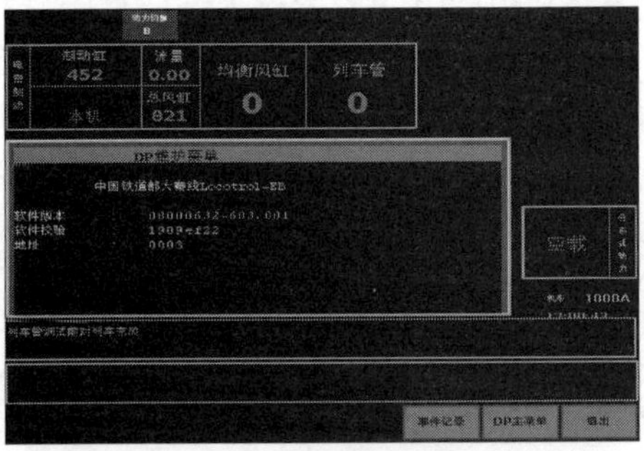

图 6-46　DP 系统日志

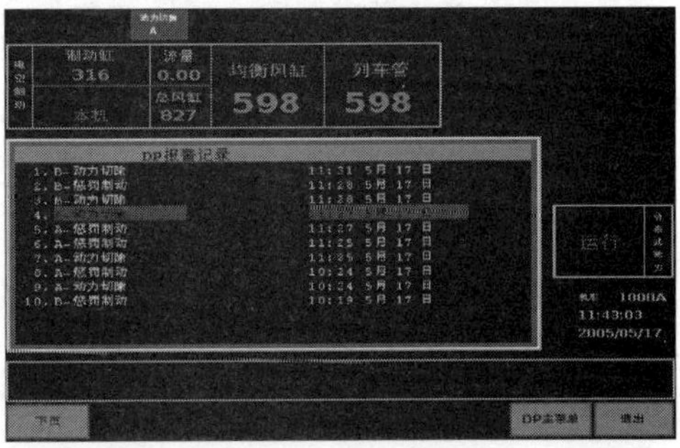

图 6-47　DP 事件记录

3. DP 维护菜单（图 6-48）

“DP 维护菜单”显示下列信息：软件编号、软件版本号、软件日期、序列号、当前方向选择、当前列车设置

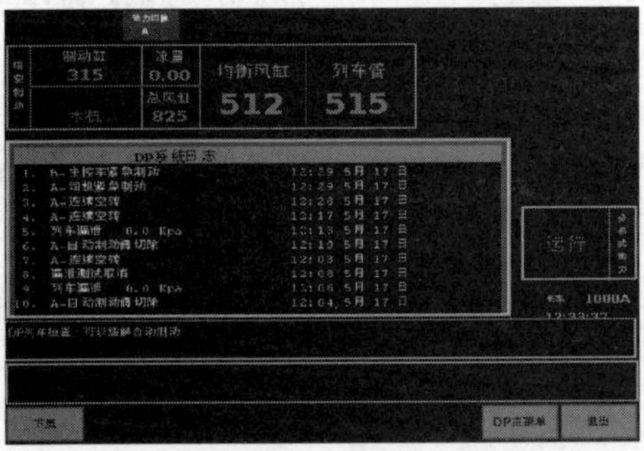

图 6-48　DP 维护菜单

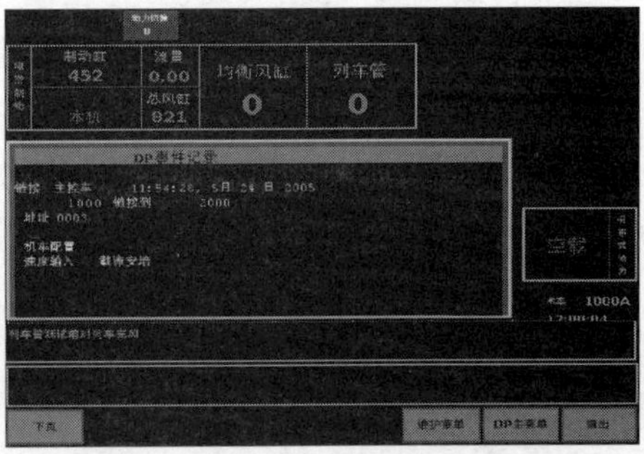

图 6-49　DP 报警记录

4. DP 报警记录

“DP 报警记录”是从 DP 主菜单中选择的。在主控机车或从控机车上检测到的所有报警事件及功能故障均显示在“DP 报警记录”（图 6-49）中。在主控机车上，显示主控机车和所有从控机车的报警。在从控机车上，仅显示本台机车的报警，报警信息后有发生的时间，并且在顶部显示新的消息，当前的报警状况突出显示。

## 思　考　题

1. 列车分布式动力控制系统的作用有哪些？
2. 列车分布式动力控制系统有几种通信模式？
3. 在列车分布式动力控制系统如何建立主/从控机车间 DP 链接？

# 第七章　CCBⅡ电空制动机

HXD1C 型电力机车装配 CCBⅡ电空制动机，在本章内仅对 CCBⅡ制动机系统的构架与控制关系，和机车运用中的正确操作与结构缺陷与操作不当引起的运用障碍进行了相应阐述。因有专项资料与教科书对 CCBⅡ制动机有详尽叙述，因此本章分 4 节对 CCBⅡ电空制动机的构架，CCBⅡ电空制动机控制关系，空气管路系统，CCBⅡ电空制动机设置与检查/运用操作进行介绍。

## 第一节　CCBⅡ电空制动机构架

HXD1C 型电力机车使用的 CCBⅡ空气制动系统是一个基于网络的电—空制动系统，它由 4 部分组成，即由自动制动、单独制动、后备制动与停车制动四项制动内容所组成。

(1)自动制动(即非直接制动)是通过电子制动阀 EBV 的自动制动手柄来实施控制的。它通过其电子控制系统间接控制列车管(BP)的充、排风来实现对整列车缓解、制动的控制。在自动制动时，机车自身也将使用电制动。

(2)单独制动由司机进行操作，仅用来控制机车制动缸制动和缓解。

(3)后备制动(即纯空气制动)在主制动系统失效后，通过纯空气的司机制动阀控制列车管的排风，对整列车施加制动。制动由司机制动阀在位置上的时间决定。

(4)停车制动。当机车静止且在非操控状态时，停车制动可确保机车不会溜逸。停车制动通过弹簧蓄能实现制动，它通过位于机车两端司机室后墙上的两个按钮控制：一个用于施加停放制动，另外一个用于缓解停放制动。两个按钮都将读入微机控制系统，以实现在重联机车或同一列车中间部位机车的停车制动时的制动与缓解。当蓄电池主开关断开时，机车停车制动将自动处于制动状态。为增加整列车的制动力，自动制动和机车电制动可以结合起来操作，实现空-电混合制动。

### 一、CCBⅡ电空制动机系统

1. CCBⅡ空气制动机组成

CCBⅡ空气制动机组成的 4 个主要部件，即电子制动阀、扩展集成处理模块、继电器接口模块、电-空控制单元组成。CCBⅡ空气制动机的构架体系全集成系统如图 7-1 所示。

CCBⅡ空气制动机设计使用了 Echelon Lon Works 网络技术来连接每个 LRU。这些 LRU 可以相互交换信息，从而有效地控制制动系统的功能。

在实际操作中，通过操纵司机室微机屏显 LCDM 菜单可以实现本机/补机、(大闸)投入/切除、(列车管)补风/不补风功能的设置，同时计算机屏显还具备多种诊断、自检、校正、故障和事件的记录等功能。

2. 电子制动阀 EBV

电子制动阀 EBV 上安装有自动制动手柄(自阀或称大闸)和单独制动手柄(单阀或称小闸)如图 7-2 所示。

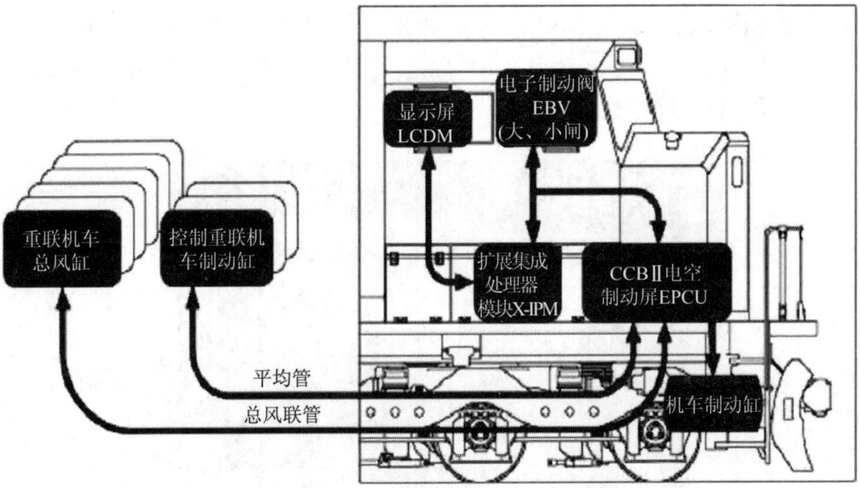


图 7-1　CCBⅡ空气制动机结构

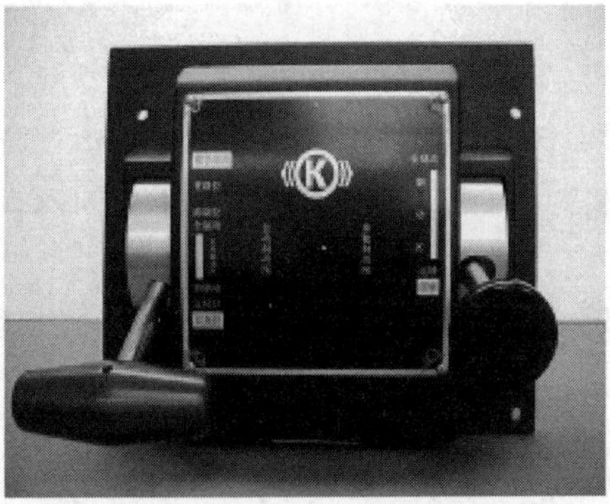

图 7-2　电子制动阀 EBV

电子制动阀 EBV 链接在 DP 的 LON 网络上，并与电空控制单元 EPCU 中的 5 个“智能”模块进行实时通信。

在电子制动阀 EBV 上，左侧是自动制动手柄(大闸)，右侧是单独制动手柄(小闸)，中间标牌上用汉语注明手柄的位置。

自动制动手柄(大闸)的挡位包括运转位、初制动位、全制动位、抑制位、重联位和紧急制动位(初制动位和全制动位之间是制动区)。

单独制动手柄(小闸)的挡位包括运转位和全制动位。在运转位和全制动位之间是制动区。当大闸在制动区或紧急位，小闸也处于制动区时，如果大闸给定的制动缸压力超过小闸给定的压力，右侧压单独制动手柄(小闸)，超过这部分压力将被缓解。

电子制动阀 EBV 中有一个凸轮驱动的空气阀，不管制动系统压力或机车电源状态如何，只要自动制动手柄(大闸)移到“紧急”位置，电子制动阀将使列车管紧急排风，整个列车产生紧急制动。

自动制动手柄(大闸)上的过充位、单独制动手柄(小闸)上的缓解位以及紧急制动都标为红色。

3. 电空控制动单元 EPCU

电空控制单元 EPCU 安装有各种电空阀，用来控制和检测机车的空气制动功能。这些电空阀按功能分组，封装在各个可换单元(LRU)内。其中 5 个 LRU 是智能化的，可通过网络与电子制动阀 EBV 和 IPM 进行通信(图 7-3)。

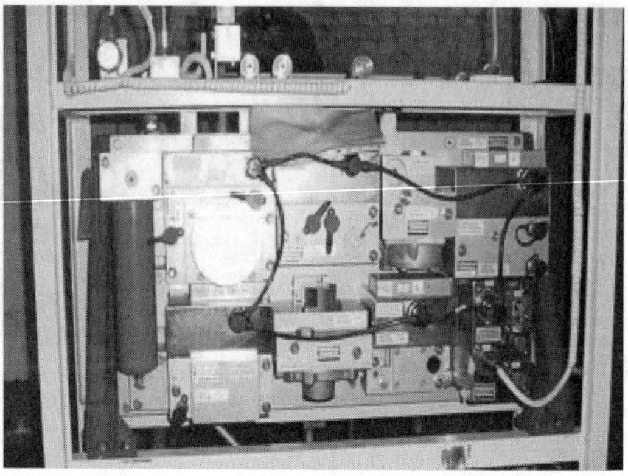

图 7-3　IPM 制动控制箱

(1)各模块的作用

①均衡风缸控制模块(ERCP)控制均衡风缸的压力(包括过充功能)。

②16 控制模块 16CP 控制制动缸压力，并作为均衡风缸 ER 后备模块，在均衡风缸控制模块 ERCP 故障时投入运用。

③列车管控制模块 BPCP(包含列车管中继阀)，用来控制均衡风缸(大闸)的投入/切除、列车管压力补风/不补风，以及启动紧急制动功能。

④20 控制模块 20CP 在重联模式下，控制补机的平均管压力。

⑤13 控制模块 13CP 控制机车单独缓解。

(2)电空控制单元 EPCU

①制动缸控制模块 BCCP(包含制动缸中继阀)。

②电源模块 PSJB 包括电空控制单元 EPCU 电源。

③DB 三通阀 DBTV 是空气制动系统的后备控制单元，在电子系统失效的情况下，控制空气制动。

另外，电空控制单元 EPCU 带有一个无动力装置 DER，在机车加挂时，无动力装置 DER 放在“无动力”位，可以通过列车管向无动力机车的总风缸充风。

电空控制单元 EPCU 带有过滤器，对进入总风缸和列车管控制模块 BPCP 的空气进行过滤，而进入列车管中继阀的空气用过滤网过滤。

位于电空控制单元上的 EMV 电空阀在运器等设备给出紧急制动信号时启动产生紧急制动。

## 二、CCBⅡ制动机运用设置

CCBⅡ制动机是一个气动和网络分布结合的电子技术的产品，具有较强的可靠性和故障诊断能力。

1. CCBⅡ制动机设置条件

(1)机车必须在停车、制动状态下设置。

(2)制动缸压力必须保持至少在 280 kPa 以上。

(3)如果空气制动信息框显示错误信息时,必须按信息提示执行,否则,将无法继续进行设置。

2. CCBⅡ制动机的设置模式

(1)“本机”模式。这种模式是操纵机车(或主控机车操纵)CCBⅡ制动机正常工作模式,此时自动和单独制动相互配合,控制全列车的制动、缓解,或单独控制机车制动、缓解。

(2)“补机”模式。这种模式切除了本务机车的自动和单独制动控制功能(自动紧急制动除外)。本务机车制动缸的压力变化受操纵端的控制,与操纵机车的制动缸压力一致。此时电子制动阀大、小闸手柄可以自由移动,除了紧急位以外,不起任何作用。此模式下,自动制动手柄(大闸)应该置于重联位置,单独制动手柄(小闸)置于运转位置。

(3)“单机”模式。这种模式只投入单独制动控制模式,单独控制机车的制动和缓解,此模式下自动制动手柄(大闸)失效,不能控制列车管的充、排风,因此,机车不能牵引列车运行,只能单机运行。

3. CCBⅡ制动机“投入/切除”功能

(1)投入——就是投入均衡风缸对列车管压力变化的控制,即均衡风缸投入工作。自动制动手柄(大闸)通过均衡风缸控制列车管压力变化,从而达到控制整列车的制动、缓解目的。因此,也可以理解为“大闸”投入工作。

(2)切除——就是切除均衡风缸对列车管压力变化的控制,即切除均衡风缸的作用。自动制动手柄(大闸)不能通过均衡风缸控制列车管压力变化,来控制整个列车的制动、缓解。因此,也可以理解为“大闸”被切除,失去对列车管的控制作用。

4. CCBⅡ制动机的设置步骤

要对 CCBⅡ制动机进行设置,首先要给 CCB—Ⅱ制动系统加电,然后在司机室显示屏(LCDM)主菜单下进行设置(图 7-4)。

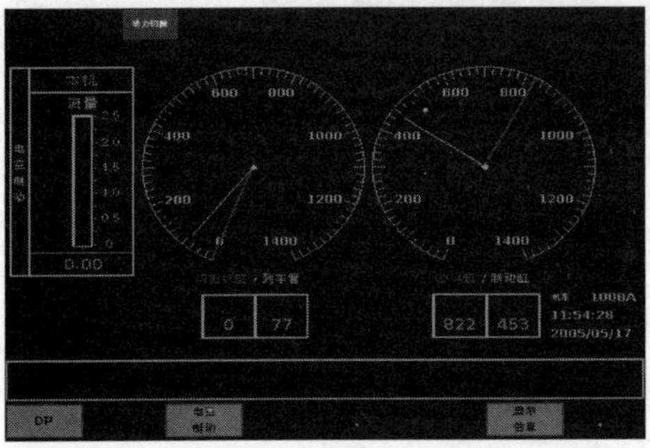

图 7-4　司机室显示屏(LCDM)主菜单

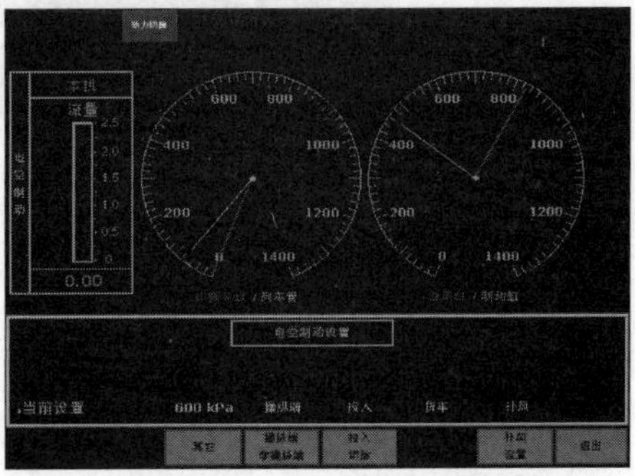

图 7-5　空气制动设置

(1)本机设置(本机位设置公式为:600 kPa/500 kPa+操纵端+投入+不补风/补风=本机位)

①设置前必须将大闸置“全制位”、小闸置“全制位”,在图 7-4 界面下,按“电-空制动”键,进入图 7-5 界面。

②在图 7-5 界面下,分别选择“操纵端”、“投入”,按“其他”键进入图 7-6 界面。

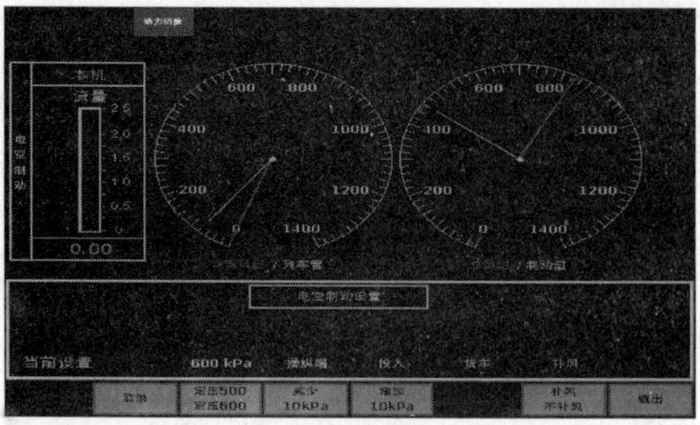

图 7-6　空气制动设置——其他

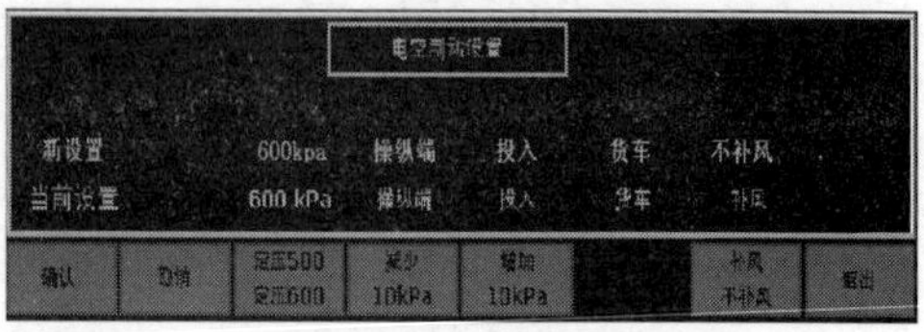


图 7-7　空气制动设置——确认

③在图 7-6 界面下，按“补风/不补风”键，选择列车管“补风或不补风”。在“本机”位时，列车管“补风”或“不补风”的选择取决于机车支配机务段具体规定。

④在图 7-6 界面下，可以修改均衡风缸定压的设定值。要调整均衡风缸设置压力，按“定压 500/定压 600”键，选择均衡风缸定压 500 kPa 或 600 kPa。每按一次“减少 10 kPa 或增加 10 kPa”键，可相应降低或增加均衡风缸定压 10 kPa(图 7-7)。

⑤在图 7-7 界面下确认新设置包含：“600 kPa＋操纵端＋投入＋不补风”四项内容后，按“确认”键(若按“取消”键，则取消本次设置)，界面回到默认的空气制动设置菜单，再按“执行”键(图 7-8)，则保存此次设置，并返回司机室显示屏 LCDM 主菜单。此时流量表上方出现“本机”字样，证明本机位设置成功。如按“退出”键，则不保留本次设置，直接返回到司机室显示屏(LCDM)主菜单。

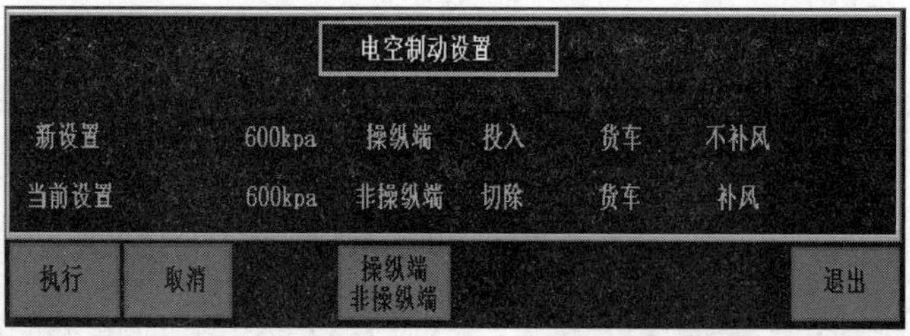


图 7-8　空气制动设置——当前/新设置

(2)补机设置

①设置前必须将大闸置“全制位”、小闸置“全制位”，在图 7-4 界面下，按“电-空制动”，进入图 7-5 界面。

②在图 7-5 界面下，选择“非操纵端”。

③在确认新设置包含：“非操纵端＋切除”两项内容后，按“确认”键，将回到默认的空气制动设置菜单，此时应将大闸置“重联”位，小闸置“运转”位。

④按“执行”键，保存此次设置，并返回司机室计算机屏显 LCDM 主菜单。

(3)单机设置

①设置前必须将大闸置“全制位”、小闸置“全制位”，在图 7-4 界面下，按“电—空制动”，进入图 7-5 界面。

②在图 7-5 界面下，选择“操纵端”。

③在图 7-5 界面下，择选“切除”。

④在确认新设置包含：“操纵端＋切除”两项内容后，按“确认”键，将回到默认的空气制动设置菜单。

⑤按“执行”键，保存次此设置，并返回司机室显示屏 LCDM 主菜单；此时流量表上方出现“单机”字样，证明单机位设置成功，此时大、小闸均应置“运转位”。

(4)改变设置

①在空气制动设置菜单下，按任意键，就会在“当前设置”上方显示一行“新设置”(图 7-9)，当选择了一个新的参数时，确认和取消键就会出现，选择“确认”键就会保存新的设置。

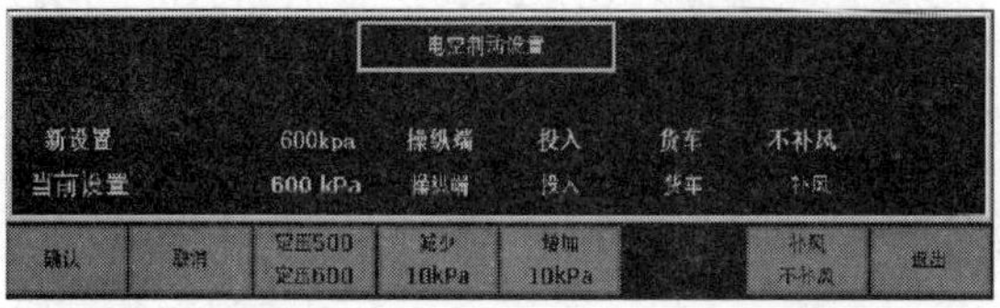


图 7-9　空气制动设置——确认

图 7-10　空气制动设置——当前/新设置

②当按了“执行”键后，新设置里面的参数将作为当前设置值，系统也会采用新的设置值(图 7-10)。

注：“当前设置”指当前已经存在的设置；“新设置”指新的未经确认的设置。

## 三、自动制动手柄(大闸)功用

1. 自动制动手柄(大闸)各位置作用

(1)运转位

此位置为机车正常运行所放的位置，列车管进行充风至均衡风缸定压值，此时整个列车制动处于缓解状态。

(2)初制动位

最小减压量。均衡风缸、列车管减压 50 kPa(制动缸压力见表 7-1 中)。

(3)常用制动区

在常用制动区内，手柄所处位置，对应列车管减压量的大小，列车管减压量随着手柄在这个区域的位置而变化。

(4)全制动位

此时均衡风缸、列车管达到最大减压量(均衡风缸、列车管压力降低和制动缸压力见表 7-1)。

**表 7-1　制动缸压力上升比值表**

| 均衡风缸设定压力值 | 自动制动 | 均衡风缸/列车管减压量(kPa) | 制动缸压力值(kPa) |
|---|---|---|---|
| 500 kPa | 初制动 | 50 | 70～100 |
| | 全制动 | 145 | 360±15 |
| | 惩罚制动 | 100 | 230±15 |
| | 紧急制动 | 0 | 450±15 |

续上表

| 均衡风缸设定压力值 | 自动制动 | 均衡风缸/列车管减压量(kPa) | 制动缸压力值(kPa) |
|---|---|---|---|
| 600 kPa | 初制动 | 50 | 70～100 |
| | 全制动 | 170 | 415～440 |
| | 惩罚制动 | 100 | 230±15 |
| | 紧急制动 | 0 | 450±15 |

(5)抑制位

产生惩罚制动后，自动制动手柄(大闸)必须先放于此位置来复位惩罚逻辑后，再将手柄拉回到运转位，列车缓解。

(6)重联

非操纵端机车在补机位时大闸应放的位置，大闸放在此位置时均衡风缸压力会以常用速度下降到0。

(7)紧急制动

列车管压力以紧急速度排风到0。此时列车制动缸压力大于全制动压力。

2. 单独制动手柄(小闸)

(1)手柄位置

①运转。此位置为机车正常运行所放的位置，机车制动状态取决于大闸所处的位置。

②制动区。在运转和全制动位之间，机车单独制动，机车制动缸压力随着手柄在这个区域的位置而变。

③全制动。机车最大单独制动。机车制动缸完全充风到300 kPa。制动缸压力应在4 s以内从0上升到280 kPa。

(2)机车单独缓解的控制

当自动制动手柄(大闸)与单独制动手柄(小闸)都处于制动区时，如果大闸给定的制动缸压力超过小闸给定的压力，右侧压单独制动手柄(小闸)，则可将超过这部分压力缓解。而单独制动手柄给定产生压力则保持不变，释放手柄已经缓解的这部分制动缸压力不会再恢复。

3. 惩罚制动

(1)上电产生的惩罚制动。这是一个不可抑制惩罚制动，EPCU和IPM加电时必然会产生惩罚制动。

(2)失电产生的惩罚制动。在本务机车上EPCU或IMP失电时，均衡风缸会以常用速度排风到0。这是一个不可抑制惩罚制动，但补机上EPCU失电时不会产生惩罚制动。

(3)空气制动系统故障产生的惩罚制动。当本务机车上空气制动系统出现故障时，均衡风缸会以常用速度排风到0。这是一个不可抑制惩罚制动，但补机上出现故障时不会产生惩罚制动。

4. 解除惩罚制动的条件

当满足下列所有条件时，惩罚制动才能被解除。

(1)引起惩罚制动的原因必须按提示消除(如失电惩罚后就要恢复供电)。

(2)手柄放到抑制位。

(3)在抑制位停留1 s以上(对于惩罚复位为1 s)

注意：必须满足上述所有条件，惩罚制动才能消除。

5. CCBⅡ制动机检查程序及操纵注意事项

CCBⅡ制动机使用以来，经过实践摸索和组织技术人员研讨，制定以下作业程序及有关注意事项，希望有关机车运用部门（单位）能根据本部门（单位）的具体情况认真执行，并将执行过程中发现的问题和建议及时反馈，以便进一步充实完善。

接班检查程序如下：

(1)检查确认691QA、692QA、694QA三个电源开关闭合（司机室背后Ⅰ号端子柜上方）。

(2)确认X-IPM模块最上方两个绿色指示灯亮，下方指示灯均不亮。

(3)确认RDTE模块红绿指示灯交替闪烁。

(4)确认制动电源开关ABCB(693QA)闭合（电空控制单元左上侧）。

(5)确认电空控制单元上5个模块绿色指示灯亮及“无动力装置”开关置“OUT”位；

(6)确认司机室显示屏LCDM显示正常。

(7)接班后必须确认机车显示屏是否出现上电惩罚制动，如出现，按提示将大闸放抑制位消除（凡重合蓄电池闸刀或电源开关均会产生上电惩罚制动）。

注：如果空气制动信息框显示故障信息，必须将相应的故障源消除后，方能进行设置。

6. CCBⅡ制动机换端时机及操作步骤

(1)换端操纵步骤

①机车必须处于制动停车状态。

②司控手柄回零，断电、降弓。

③大闸、小闸均置全制动位，确认制动缸压力达到380 kPa以上。

④进行“本机位”转“补机位”设置。

⑤司机、副司机二人确认设置无误后，换端不得超过5 min，防止溜逸。

⑥换端后，大、小闸均置全制动位，进行操纵端“本机位”设置。

⑦司机、副司机二人确认“本机位”设置无误后，升弓、合闸，动车前必须进行大、小闸制动试验。动车后，速度达到2 km/h必须试闸。

(2)CCBⅡ制动机换端七严禁

①严禁在走行中进行本—补机位及其他设置。

②严禁在设置为补机位的司机室进行牵引操纵。

③严禁在制动机完成设置前升弓、合闸。

④严禁大闸、小闸未在全制动位进行制动机设置。

⑤严禁本机位转补机位后，不立即换端导致机车漏风自然缓解。

⑥严禁换端后不进行大、小闸静态制动试验盲目动车。

⑦严禁换端中处理故障或做其他工作。

7. 运行CCBⅡ制动机使用注意事项

(1)始发站CCBⅡ制动机设置正确后，运行中严禁随意更改设置（作业需要及处理故障除外）。

(2)机械巡视时严禁随意扳动制动机各电源开关。

(3)随时注意显示屏提示，遇有故障时要及时按信息提示进行处理，必要时停车处理。

(4)遇无信息提示的制动机故障时，立即向信息办报告，按其指示处理。

(5)运行中产生惩罚制动必须停车,不得擅自缓解,停车后按显示屏信息提示,消除惩罚制动,再进行缓解。

(6)副司机发现制动机故障,要立即向司机报告,严禁擅自处理。

(7)遇制动机失电停车后,再次上电必须重新确认显示屏设置是否正确。

8. CCBⅡ制动机单机试验规则

(1)试验前的检查、准备

①确认各管路和电路的连接正确。

②确认各塞门及有关电开关处于正常工况。

③确认空压机工作正常。

④确认非操作端的 LCDM 设置为补机位,操作端的 LCDM 设置为本机位,且 EBV 的各手柄均按要求放置。

(2)方法及要求

①操作端 EBV 的各手柄均在运转位;LCDM 的显示如下

总风缸 MR 压力:750～900 kPa;均衡风缸 ER 压力:(600±7)kPa;列车管 BP 压力为:(ER±10)kPa;制动缸 BC 压力:0。

②紧急制动作用检查:大闸手柄在运转位停放不少于 90 s 后移至紧急制动位,列车管压力自定压降到 0 的时间为不大于 3 s;制动缸压力升至 400 kPa 的时间不大于 5 s;制动缸最高压力为(450±15)kPa;且自动撒砂、出现动力切除指示、有级位时断开主断路器。

③紧急制动后的单独缓解作用检查:完成项目②后,将小闸手柄移放缓解位,制动缸压力应能缓解到零;将小闸手柄移回运转位,制动缸压力回到(450±15)kPa。

④初制动减压和均衡风缸、列车管漏泄检查:大闸手柄在紧急制动位停放 60 s 后移放运转位,列车管压力由 0 升至 580 kPa 的时间不大于 11 s。停留 120 s 后大闸手柄移放初制动位,列车管减压 40～50 kPa 稳压后,用 LCDM 设置为单机位,观察各表压力状态;将大闸手柄移放全制动位,停留 60 s,观察各表压力状态;将大闸手柄移放运转位,停留 60 s,观察各表压力状态;均衡风缸漏泄不大于 5 kPa;列车管漏泄不大于 10 kPa。

⑤阶段制动作用及最大有效减压量检查:完成项④后 LCDM 设置为本机位,大闸手柄移放运转位,停留 120 s 后大闸手柄移放制动区、全制动位,施行阶段制动直到全制动。检查阶段制动作用是否稳定(保压 1 min 制动缸压力变化不大于 20 kPa)列车管减压量与制动缸压力比例应符合表 7-2。

**表 7-2　列车管减压制动缸上升比值**

| 列车管减压量(kPa) | 40～50 | 80 | 100 | 140 | 170 |
|---|---|---|---|---|---|
| 制动缸压力(kPa) | 90～130 | 190～220 | 240～270 | 340～380 | 400～435 |

全制动保压后,再移抑制位、重联位,观察各表压力。重联位时,均衡风缸压力以常用制动减压速度降低到 0 kPa(没有紧急放风发生),列车管压力减少到 55～85 kPa,制动缸压力保持在(450±15)kPa。

⑥过充作用检查:完成项⑤后大闸手柄移放过充位,列车管压力应比定压高 30～40 kPa,制动缸压力不缓解。回运转位后制动缸压力缓解到零,列车管过充压力在 180 s 内自动消除。

⑦常用全制动作用及制动缸漏泄检查:完成项⑥后大闸手柄移放运转位,停留 120 s 再移

放全制动位，均衡风缸减压 170 kPa 的时间在 6～8 s 内，制动缸压力升到 400～435 kPa 的时间在 7～9.5 s 内（关 114 塞门检查制动缸，每分钟不大于 10 kPa）。

⑧缓解性能检查：大闸手柄移放运转位，制动缸压力由 400～435 kPa 降至 40 kPa 的时间在 7 s 内，均衡风缸、列车管恢复定压。

⑨单独制动及缓解作用检查：小闸在制动区移动，检查阶段制动、缓解作用是否稳定。全制动时制动缸最高压力为（300±15）kPa，制动缸压力自 0 升至 280 kPa 的时间为不大于 4 s，制动缸压力由 300 kPa 降至 40 kPa 的时间为不大于 5 s。

⑩辅助性能检查：断钩时的紧急制动用开放 121 塞门模拟；ATP 惩罚制动用监控系统模拟；失电惩罚制动用断开 ABCB 断路器模拟；电制切流试验（制动缸压力大于 150 kPa 时）。

## 四、电—空制动柜

电—空制动柜是一个整体电-空制动部件集合，它的功能是将电信号制动要求转变成空气制动压力。制动控制单元（15）安装在电-空制动柜中，负责空气制动系统。为了和机车计算机控制系统 CCU 交换制动灵敏信号，制动控制单元与 CCU 的接口设计成一个 MVB 连接。

1. 电—空制动柜

电空制动柜由正、侧面分别装置有 CCBⅡ制动机系统硬件，如图 7-11(a)、(b)所示，即在制动柜正面装置有制动控制模块、辅助空气压机模块、继电器接口模块等各类模块；侧面柜装置有风缸等类设备。

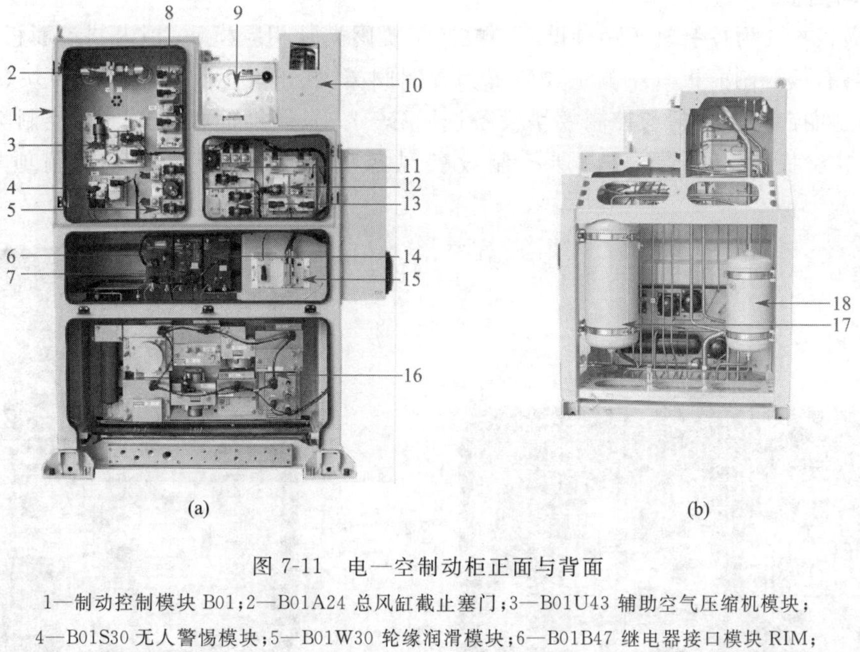


图 7-11　电—空制动柜正面与背面

1—制动控制模块 B01；2—B01A24 总风缸截止塞门；3—B01U43 辅助空气压缩机模块；4—B01S30 无人警惕模块；5—B01W30 轮缘润滑模块；6—B01B47 继电器接口模块 RIM；7—B46 MVB 集成处理器模块 M-IPM；8—B01P50 PSW 模块；9—B01U60 联锁钥匙箱；10—辅助压缩机站；11—B01F41 撒砂模块；12—B01B40 弹簧动作器模块；13—B01Z10 塞门模块；14—B01B48 电源分配模块 PDM；15—B01G01 防滑行保护控制 WSP；16—B01B20 电空控制单元 EPCU；17—B01U76 风缸；18—B01A13 风缸

2. 电—空制动柜侧面

该制动柜的安装着制动系统辅助风缸与其风缸的排污(水)阀。在此类制动设备或机车启动前应先行将此排污(水)阀打开(图 7-12),排净两风缸的凝聚水与污浊物,避免进入用风设备及管路,引起阻隔塞带来设备运行障碍。

图 7-12 电—空制动柜侧面

19—B01A14 球阀(处于关断位)(用于风缸 B01A13 的排风和排去任何停滞的凝结水。将手柄旋转 90°:打开);20—B01U88 球阀(处于关断位)(用于风缸 B01U76 的排风和排去任何停滞的凝结水。将手柄旋转 90°:打开)

3. 制动面板

制动面板主要为控制机车用辅助风源控制装置阀类及相应模块,柜内制动面板分为左侧控制面板与右侧控制面板。左侧主要装置为控制阀类、截止塞门与相应控制模块(图 7-13),具体装置板面控制阀、塞门与控制模块设备说明(表 7-3);制动面板右侧也为控制类阀、塞门与相应控制模块(图 7-14),只因所控制设备风源项有区别而已,具体控制项见板面说明表 7-4。

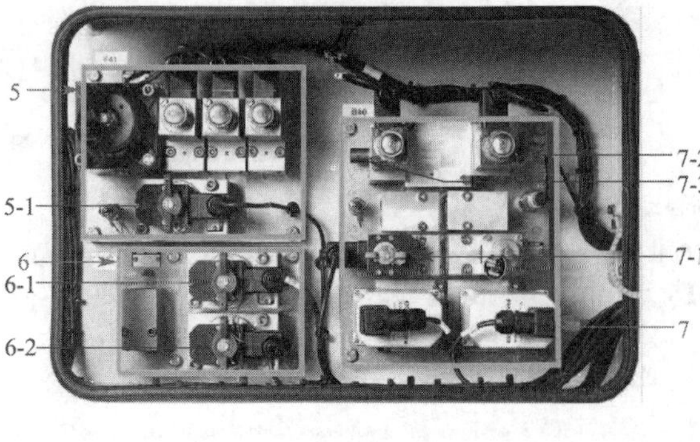


图 7-13 制动面板左侧

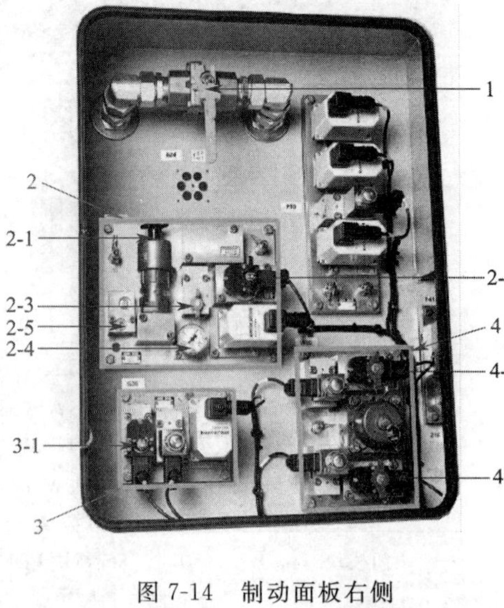


图 7-14 制动面板右侧

表 7-3　制动面板左侧

| 序号 | 编号 | 部件 | 功能/选择位置 |
| --- | --- | --- | --- |
| 1 | B01A24 | 排风球阀 | 关闭和排风制动控制模块 B01。水平位置:打开;垂直位置:关断 |
| 2 | B01U43 | 辅助压缩机模块 | 给受电弓和主断路器提供压缩空气 |
| 2-1 | B01U43.06 | 安全阀 NHS | 保护下游部件免受过压。压力为(9.0 +0.2)bar 时安全阀自动打开 |
| 2-2 | B01U43.13 | 截止塞门 | 用于关断到风缸 B01U76 的压缩空气或通过风缸 B01U76 的压缩空气。水平位置:打开;垂直位置:关断 |
| 2-3 | B01U43.14 | 截止塞门 | 用于关断到主开关的压缩空气出口和给下游压缩空气管道排风。水平位置:打开;垂直位置:关闭 |
| 2-4 | B01U43.05 | 压力表 | 显示双止回阀(B01U43.04)的输出压力 |
| 2-5 | B01U43.04 | 双止回阀 | 自动功能 |
| 3 | B01S30 | 无人警惕模块 SIFA | 给 BCU 相应的进风口排风,以引起紧急制动请求 |
| 3-1 | B01S30.01 | 二位三通换向阀 | 如果二位三通换向阀关闭,则供给无人警惕模块 SIFA B01S30 的压缩空气被关断,下游的压缩空气管路和部件被排风。水平位置:打开;垂直位置:关闭 |
| 4 | B01W20 | 轮缘润滑模块 | 控制轮缘润滑系统的压缩空气供应 |
| 4-1 | B01W20.02 | 截止塞门 | 用于关断至转向架 1 的轮缘润滑装置的压缩空气供应,并给下游的压缩空气管路排风。水平位置:打开;垂直位置:关闭 |
| 4-2 | B01W20.03 | 截止塞门 | 用于关断至转向架 2 的轮缘润滑装置的压缩空气供应,并给下游的压缩空气管路排风。水平位置:打开;垂直位置:关闭 |

表 7-4　制动动面板右侧

| 序号 | 编号 | 部件 | 功能/选择位置 |
| --- | --- | --- | --- |
| 5 | B01F41 | 撒砂模块 | 用于调节和控制撒砂装置 |
| 5-1 | B01F41.02 | 截止塞门 | 用于关断至撒砂模块的压缩空气供应,并给下游的压缩空气管路排风。水平位置:打开;垂直位置:关闭 |
| 6 | B01Z10 | 塞门模块 | 用于分配 C-压力给两台转向架的常用制动 |
| 6-1 | B01Z10.23 | 截止塞门 | 用于关断转向架 2 的制动压力 C2,并给下游的压缩空气管路排风。水平位置:打开;垂直位置:关闭 |
| 6-2 | B01Z10.22 | 截止塞门 | 用于关断转向架 1 的制动压力 C1,并给下游的压缩空气管路排风。水平位置:打开;垂直位置:关闭 |
| 7 | B01B40 | 弹簧蓄能制动 | 控制停车制动 |
| 7-1 | B01B40.06 | 二位三通换向阀 | 如果二位三通换向阀关闭,制动卡钳单元的弹簧动作风缸和指示器从空气系统中关闭并排风 |
| 7-2 | B40.03Ⅱ | 手控制按钮 | 手动缓解和投入停车制动 |
| 7-3 | B40.03Ⅰ | 手控制按钮 | 手动缓解和投入停车制动 |

4. 机车无动力回送调节装置

电空制动控制单元内装置有无动力回送调节装置等控制设备(图 7-15),图 7-15 中 8 指无动力回送装置调节阀。其作用允许在无动力(无动力)机车上从列车管给总风缸充风,保证有维持本机车制动风源,与其他机械气动空气制动控制装置作用原理相似,仅在控制方式上有所区别,在运用中不得错关/开(在第十章有关章节介绍有相关内容的案例)。

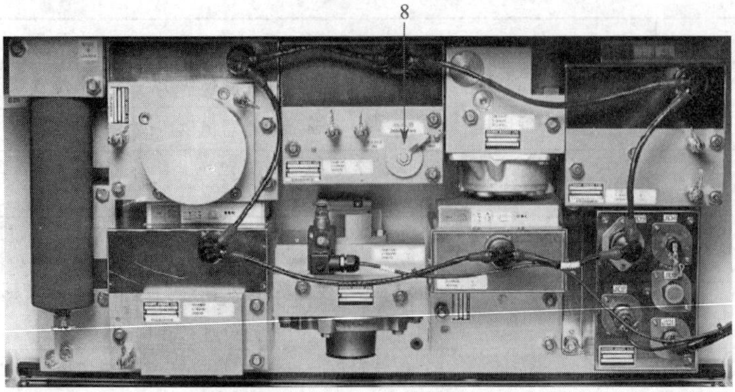


图 7-15　电空制动控制单元

# 思 考 题

1. CCBⅡ制动机有哪几种设置模式？
2. CCBⅡ手动制动阀手柄各位置的作用是什么？
3. 简述 CCBⅡ制动机换端操作步骤。

## 第二节　CCBⅡ电空制动机控制关系

HXD1C 型交流电力机车采用 CCBⅡ电—空制动机，该制动机是一种基于网络的电子设备(模块)控制空气实施制动的电-空制动机。该制动机利用现场可替换单元设计形成一种分布式结构，每个可替换的单元模块包含自诊断功能。制动机具备多项冗余功能，具有识别、重新组合和发生故障时备份关键部件的功能。CCBⅡ电—空制动机设计利用网络技术互联每个可替换单元，这些单元互相实时通信，实现各种制动功能的控制。本节分三方面主要介绍了 CCBⅡ电—空制动机的特点、组成与控制关系及主要部件及气路综合作用。

### 一、CCBⅡ电—空制动机的特点/组成与控制

1. 特点

CCBⅡ电—空制动机由电子制动阀 EBV、中央处理模块 IPM、制动显示屏 LCDM、中继接口模块 RIM 和电空控制单元 EPCU 五个基本的部件组成，其控制构架框如图 7-16 所示。

2. 组成

电子制动阀 EBV 是 CCBⅡ电—空制动机的人-机接口。电子制动阀 EBV 包含自动制动手柄(大闸手柄)和单独制动手柄(小闸手柄)，通过 LON 网络，实时与 EPCU 的 5 个智能模块进行通信。电子制动阀 EBV 还包含一个凸轮驱动排风阀，当电子制动阀 EBV 手柄推向紧急位时，排风阀能产生气动紧急制动。大闸手柄和小闸手柄是推拉式的，并且是非自复位式。自阀(大闸)实施制动有：运转位、初制动位、常用全制动位、抑制位、重联位、紧急制动位，在初制动位和常用全制动位之间是制动区。单阀(小闸)实施制动有：运转位、全制动位，在运转位和全制动位之间是制动区。小闸手柄在制动区时扳向一边可实现机车单缓功能。这样，可以使

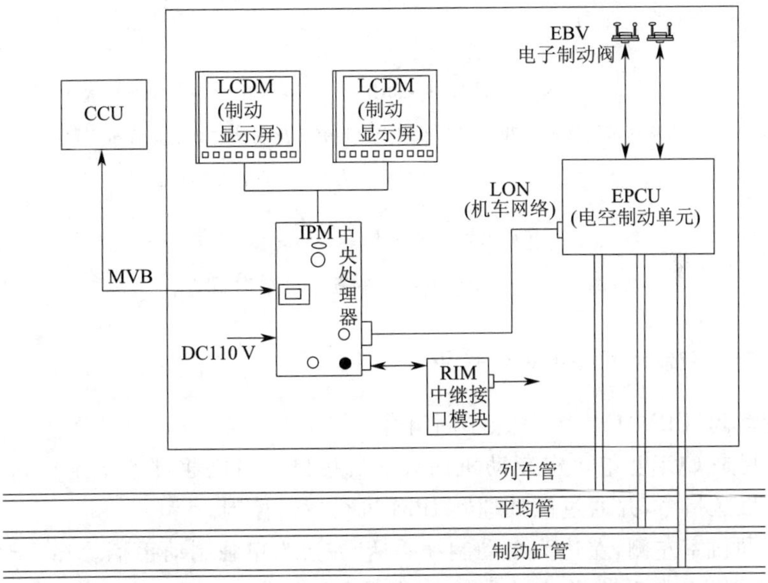


图 7-16　CCBⅡ电-空制动机控制构架框图

自动制动时的机车制动缸压力单独缓解，而单独制动时的机车制动缸压力仍保持。

CCBⅡ电—空制动机由 5 个主要部件组成，即 LCDM—制动显示屏(安装于司机室)；EPCU—电控控制单元(安装于空气制动柜)；X-IPM—微处理器(安装于空气制动柜)；EBV—电子制动阀(安装于司机室 )；RIM—继电器接口模块(安装于空气制动柜)。除此之外，还有 PSJB—电源箱(安装于空气制动柜)与 CJB—电缆箱(安装于空气制动柜)。

3. 控制关系

(1)主要部件控制关系(图 7-17)

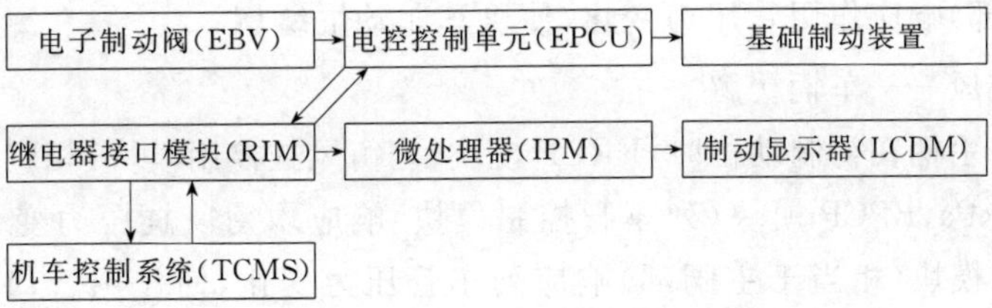


图 7-17　CCBⅡ电—空制动机控制关系

EBV 、EPCU、RIM、IPM 之间通过 LON 网线进行通信，IPM、LCDM 之间通过 RS-422 数据线进行通信，TCMS、RIM 通过开关模拟量进行通信。

(2)气路控制关系

①控制列车(图 7-18)。

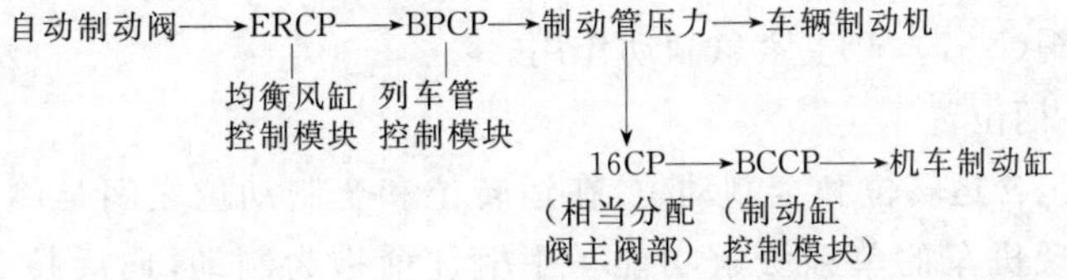


图 7-18　CCBⅡ电—空制动机控制列车关系

②单独控制机车(图 7-19)。

单独制动阀——→20CP——16 号管——→BCCP——→机车制动缸

(响应列车管减压量和小闸及单缓指令控制产生制动缸/平均管压力)

平均管压力——→重联机车制动缸

单阀侧压——→13CP——→DBTV——→单缓机车

图 7-19　CCBⅡ电—空制动机机车控制关系

## 二、CCBⅡ电—空制动机主要部件作用

1. 电子制动阀(EBV)(相当于大、小闸组合)

电子制动阀是 CCBⅡ电—空制动机的人—机接口。司机通过电子制动阀直接给电子控制单元 EPCU 发送指令,并通过微处理器 IPM 进行逻辑控制。

EBV 位于司机室左侧,左边为自动制动手柄,右边为单独制动手柄。在 EBV 内部有一个机械阀,用于大闸紧急制动时机械阀动作,产生紧急制动作用。自动制动手柄和单独制动手柄均采用推拉式操作方式,并具有自动保压特性(图 7-20)。

(1)自动制动手柄位置

图 7-20　电—空制动机物理图

自动制动手柄有运转位、初制动位、全制动位、抑制位、重联位和紧急位。在初制动位和全制动位之间是制动区。

运转位。ERCP 模块(均衡风缸控制模块)相应手柄位置,使均衡风缸充到定压;BPCP 模块(列车管控制模块)响应均衡风缸压力变化,使列车管与均衡风缸等压;16CP 模块(相当于主阀部)响应列车管压力变化,将作用管(16 号管)压力排放;BCCP 模块(相当于均衡部)响应作用管压力变化,使机车制动缸缓解;同时车辆副风缸充风——车辆缓解。

常用制动区。手柄在初制动位时,ERCP 模块(均衡风缸控制模块)相应手柄位置,使均衡风缸减压 40～60 kPa,BPCP 模块(列车管控制模块)响应均衡风缸压力变化,使列车管减压 40～60 kPa,16CP 模块(相当于主阀部)响应列车管压力变化,使作用管(16 号管)压力上升 70～110 kPa,BCCP 模块(相当于均衡部)响应作用管压力变化,使机车制动缸压力与作用管压力一致;同理,手柄放全制动位,均衡风缸压力降 170 kPa,制动缸压力上升至 420 kPa。

抑制位。机车产生常用惩罚制动后,必须将手柄置此位置,使制动机复位后,再移运转位,机车方可缓解。在抑制位,机车将产生常用全制动作用。

重联位。非操纵端或重联机车手柄位置;在此位置,均衡风缸按常用制动速率减压至零。

紧急位。自动制动阀上的机械阀动作,列车管压力排零,触发 EPCU 中的 BPCP 及机车管路中的紧急排风阀(N97),产生紧急制动作用。

(2)单独制动手柄位置

单独制动手柄包含运转位和全制动位,在运转位和全制动位之间是制动区域。通过测压单独制动手柄可实现机车的单独缓解功能。手柄往前推为制动,向后拉为缓解作用。20CP(相当于容积室)响应手柄不同位置,使制动缸产生 0～300 kPa 压力;当测压手柄时,13CP(相

当于单缓阀)工作,实现机车快速单缓至零。

HXD1C型机车司机室均装有一个电子制动阀,当操作司机室电钥匙电子制动阀上电,TCMS将检测到与LCDM相同信号时,激活操纵端的电子制动阀,操作者可进行控制,此时非操纵端电子制动阀未被激活,不能发出指令。同时未被激活的电子制动阀的自动制动手柄需用销子锁定在重联位。单独制动手柄应放运转位,以免误动作触发紧急制动。

2. 制动显示屏(LCDM)

制动显示屏是人—机对话窗口,位于操纵台左侧,它是CCBⅡ电—空制动机的主要显示和操作装置。由10.4英寸液晶屏显、8个功能键和左侧3个亮度调节键组成(图7-21)。由机车微机控制系统(TCMS)控制每一个司机室显示屏的得电与失电。

当一个屏显得电,其信号送到制动微处理系统(IPM),微处理器根据此信号激活对应的电子制动阀(EBV),使其具有控制机车、车辆制动系统的功能。另一个电子制动阀未被激活。如两个屏显同时得电,微处理器通过屏显显示制动系统故障,两个电子制动阀均未被激活。

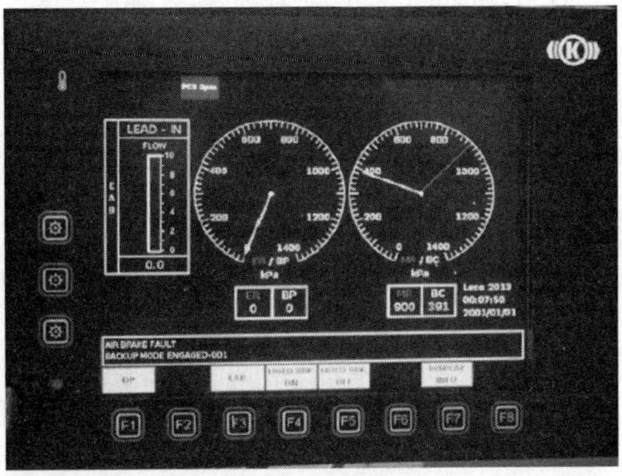

图7-21　制动显示屏

屏显15 min自检一次,自检合格绿灯亮,不合格则灭;在正常操作时,实时显示均衡风缸、列车管、总风缸和制动缸压力值,及制动管流量、制动机故障信息等并记录。

通过显示屏还可以对制动机进行如下操作:各模块自检、本/补机设定,均衡风缸压力设定,制动管投入/切除,客车/货车,补风/不补风,故障查询,风表值标定等功能的选择和应用。有2个插头,靠边的为110 V,中间的数据信号。

3. 微处理器

图7-22　CCBⅡ电—空制动机中央处理器(IPM)

微处理器是CCBⅡ电—空制动机的中央处理器,安装在机车制动控制柜(图7-22);它进行各制动功能的软件运算,并对各部分软件状态进行检测和维护;它处理与制动显示屏有关的接口任务,并通过LON网络传输制动命令给电控制动单元(EPCU)。微处理器也通过继电器接口模块(RIM)与机车控制系统(TCMS)和安全装备(ATP)进行通信。

其前端设有13个指示灯,用来提供制动系统状态的反馈信号。若制动系统处于正常工作状态,微处理器顶端两个绿色指示灯亮,而其他指示灯没有指示信息。

POMER—绿色,表示微处理器已得电;EVB FAIL—红色,表示CCBⅡ系统电子制动阀失效;CPU OK—绿色,表示微处理器工作状态良好。

其前端有7个接线口。即J1—数据传输装置,通过RS422数据线连接制动显示屏;J2—

测试接口，用于系统软件的更新、及维护软件的下载；J3—远程控制接口；J4—连接继电器接口模块（RIM）；J5—电源输入接口；J6—网络接口；连接电控控制单元（EPCU）；J7—远程控制接口。

4. 电—空控制单元（EPCU）

电—空控制单元由电磁阀和空气阀、压力传感器等组合的模块化可更换单元组成，来控制机车空气管路压力。它是制动系统的执行部件。安装于机车制动控制柜（图 7-15）。共有 8 个模块，其中 5 个是“智能的”可以通过软件进行自检，并通过 LON 网络和 EVB、IPM 进行通信。

（1）均衡风缸控制部分（ERCP）

响应 EBV 大闸手柄指令、微处理器（IPM）以及机车监控系统 ATP 的指令产生或控制均衡风缸控制压力。其功能类似于 DK 型制动机中的大闸、缓解电控阀、制动电控阀的组合；但又有不同；补机或失电时为零。

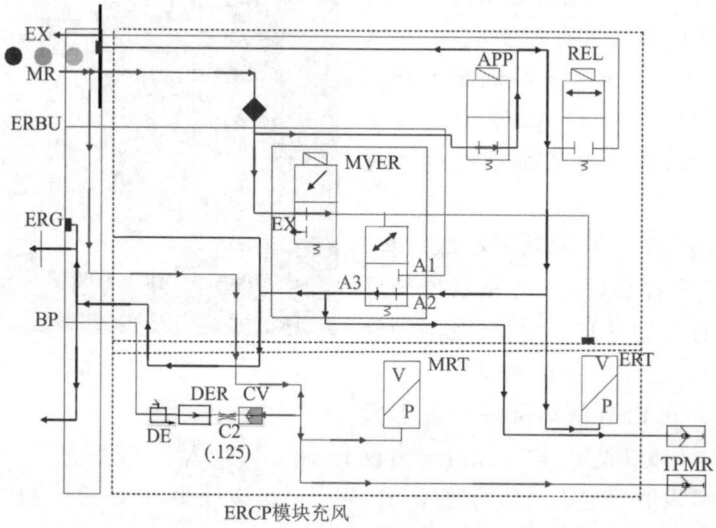


图 7-23　均衡风缸控制部分线路图

内部装有电磁阀、均衡风缸、总风压力传感器（下称压传）等，其电器线路控制（图 7-23）。其作用通过显示屏可读取，如总风压传故障，取 BPCP 列车管控制模块内的总风压传备份。如此模块故障，会有 16CP 模块 13CP 实现其功能，由软件自行进行切换；其控制关系（图 7-24）。

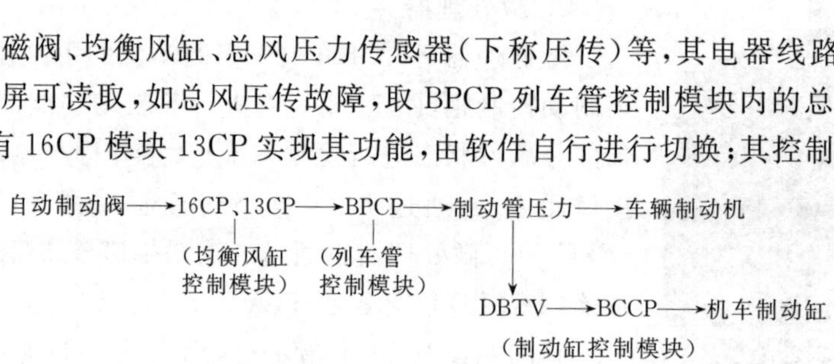


图 7-24　自动制动阀控制关系

无动力回送装置也集成在此模块，设有无动力塞门，投入和切除。

（2）列车管控制模块（BPCP）

BPCP 模块接收来自 ERCP 均衡模块中均衡风缸压力，有内部 BP 作用阀响应其变化并使制动管快速产生与均衡风缸等压的压力，从而完成列车的制动、缓解、保压；其作用相当于 DK-1型的中继阀，其电器控制线路（图 7-25）。

此外，此模块还可以监测列车管压力，接收自阀、IPM的指令。当列车管压力快速下降或来自自阀、IPM的紧急指令，BPCP模块会产生紧急制动。

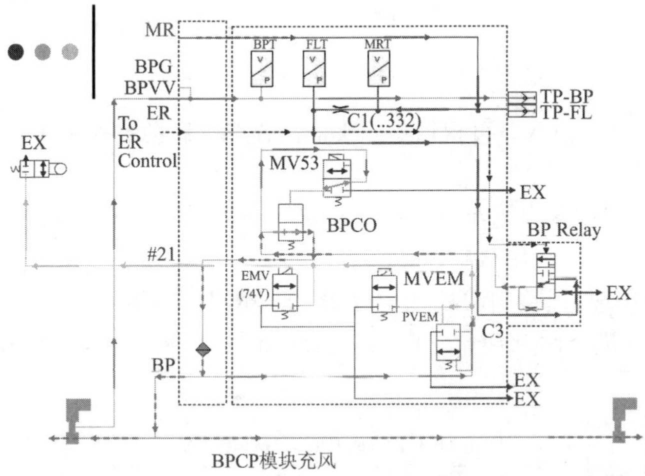


图7-25　列车管控制模块线路图

(3)16CP控制模块

此模块用来通过接收来自列车管减压量、平均管压力、单阀缓解指令及单阀制动控制指令产生制动缸的控制压力(在本务状态下)，其电器控制线路(图7-26)，即16号管压力。

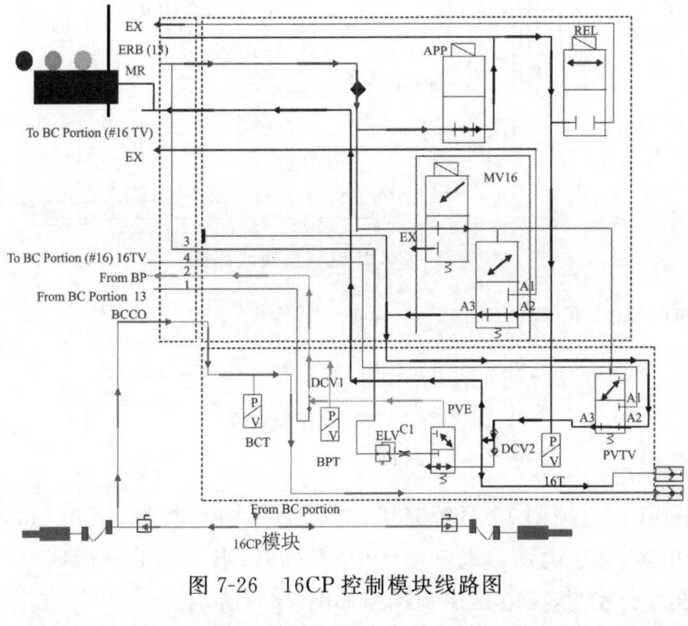


图7-26　16CP控制模块线路图

在重联状态时，除列车管压力降到140 kPa以下，并且总风联管压力开关动作以外，不受列车管减压量控制制动缸压力，重联机车制动缸由平均管控制。

机车制动缸缓解条件：接收到单缓指令或列车管压力增加14 kPa时；当电源故障时，16CP对制动缸控制压力进行释放，然后通过DBTV对制动缸压力进行控制。其控制关系如图7-27所示。

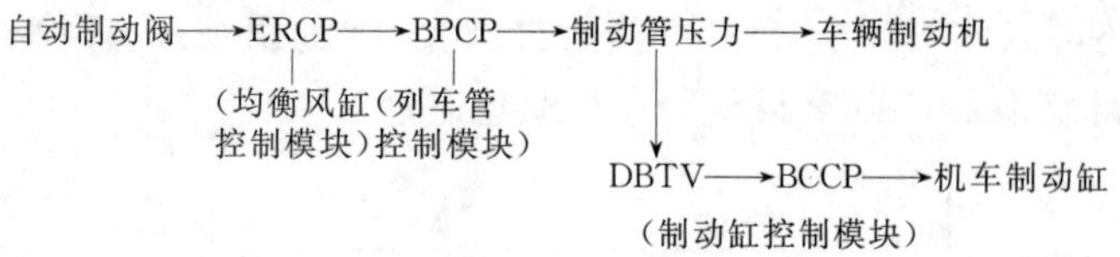


图 7-27　DBTV 对制动缸压力进行控制关系

在 20CP 故障情况下，16CP 可根据单阀手柄位置产生制动缸控制压力。

(4)20CP 控制模块

此模块用来通过接收来自列车管减压量、单阀缓解指令及单阀制动控制指令产生制动缸、平均管的控制压力（在本务／单机状态下）。

20CP 在电源故障时，保持制动缸、平均管压力，20CP 只在本务机车上有效；当 20CP 故障时，16CP 会根据本务机单阀制动命令产生制动缸压力，不再产生平均管压力，其电器控制线路（图 7-28）。

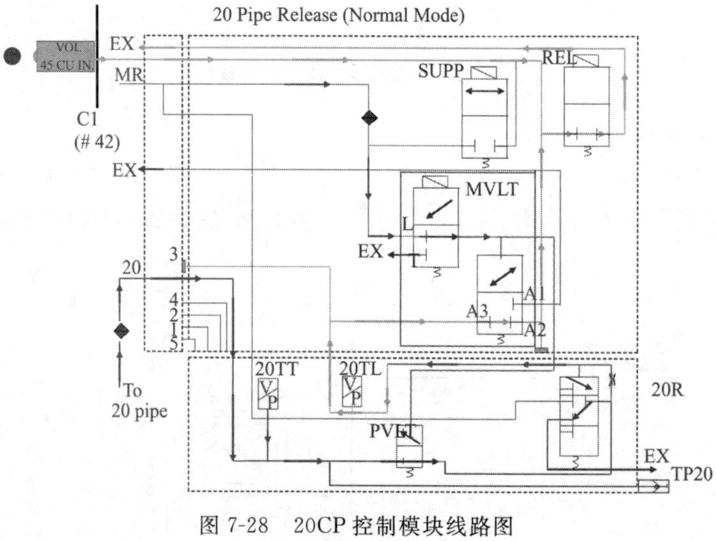


图 7-28　20CP 控制模块线路图

其控制关系如图 7-29 所示。

单独制动阀——→16CP——→BCCP——→机车制动缸

图 7-29　20CP 控制关系

(5)13CP 控制模块

当单阀手柄侧压时，它控制 13 号管充风，对 DBTV 进行控制，通过 16CP 排空 16 号管内的压力，实现机车单缓（该压力由自动制动产生）。同时，当 ERCP 故障时，13CP 和 16CP 共同实现对均衡风缸压力的控制，其电器控制线路如图 7-30 所示。

(6)BCCP 制动缸控制模块

BCCP 从 16CP 或平均管接收制动缸控制压力信号，对机车制动缸进行充风或排风的控制。在失电时，BCCP 使制动缸与平均管相通，这样补机同本机一样产生制动。

(7)DBTV 控制模块（纯机械三通阀）

在 16CP 故障的情况下，借助于 DBTV 来控制制动缸，其电器控制线路如图 7-31 所示。

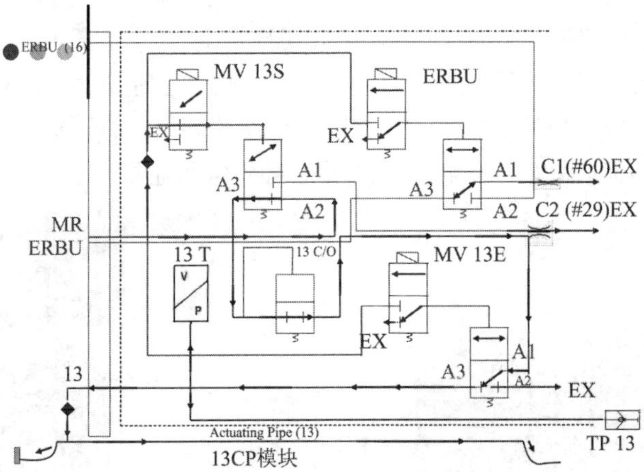


图 7-30　13CP 控制模块线路图

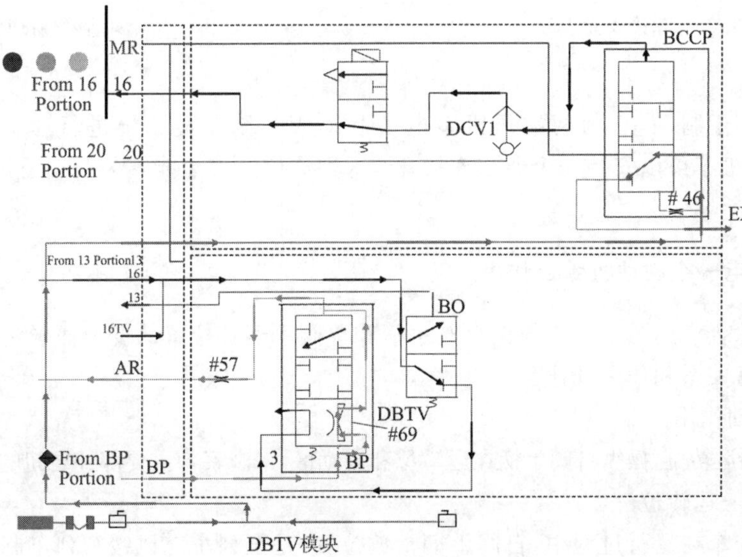


图 7-31　DBTV 控制模块线路图

5. 微处理器模块(IPM)

CCBⅡ电—空制动机的主机是集成微处理器模块(IPM)。IPM 根据应用也可以是 X-IPM (扩展线路接口功能) 或者 M-IPM (MVB 通信功能)。

(1)执行所有到机车司机室显示模块(LCDM)接口。

(2)通过高位数据连接控制(HDLC)与 LCDM 通信,通过网络与 EPCU、EBV 通信。

(3)在一些系统中 IPM 通过 MVB 数据连接与机车上系统通信。

(4)提供二进制输出,驱动机车接口电动机械继电器。

(5)在 IPM 前端有十三个 LED 可以反馈系统操作状态的指示器。空气制动操作正常时,顶部的两个绿色指示灯亮,空气制动操作故障的红色指示灯则不能亮。

6. 电源接线盒(PJB)

电源接线盒(PJB)是一个变流器,将 DC 110 V 直流电源降压转变成 DC 66 V 向 IPM 供电(图 7-32)。位于电—空控制单元 EPCU 上;PSJB 将 EPCU 上所有节点和 IPM 连接起来;内置电源,为 CCBⅡ电—空制动机供电即将 110 V 直流电转换为 24 V 直流电源后提供给 CCBⅡ系统,供电—空控制单元、电子制动阀等部件使用,其外部有多个接口,允许电—空控制单元、电子制动阀、微处理器和继电器接口模块相互通信和连接。

图 7-32　电源接线盒 PSJB

图 7-33　电缆箱物理图

7. 电缆箱

电缆箱安装于制动柜,为两端司机室电子制动阀和制动显示屏进行通信线转换(图 7-33)。双司机室机车可以安装一个通信连接盒 ,这种通信连接盒能够为两端司机室的 EBV 和 LCDM 分离通信线。

## 三、CCBⅡ电—空制动机综合作用

制动机的综合作用习惯上是根据自阀手柄和单阀手柄各位置的变换而确定制动机各主要部件之间的相互关系和作用规律。

1. 自动制动作用

即单阀手柄运转位,操纵自阀手柄在运转位和制动区,来观察各主要部件之间的相互关系。

(1)本机——运转位

该位置是列车在运行过程中,自阀手柄常放位置,是全列车充风缓解列车制动及正常运行所放位置。

ERCP 模块接收来自自阀手柄指令,给均衡风缸充风到定压 500 kPa(600 kPa),BPCP 模块响应均衡风缸压力变化,列车管被充到与均衡风缸等压,16CP / DBTV 模块相应列车管压力变化,将作用管(16 号管 / 16TV 管)压力排放,BCCP 模块相应于作用管压力变化,机车制动缸排风缓解;同时车辆副风缸被充风,车辆制动机缓解。

(2)本机——制动位

该位置是操纵列车常用制动,是列车调速或缓慢停车所放位置。包括初制位和全制位及制动区,自阀手柄在制动区的停留位置决定了列车管减压量,并能自动保压;机车在货车模式下,具有阶段制动,一次缓解(在客车模式下,具有阶段制动和阶段缓解)。

ERCP 模块接收来自自阀制动手柄指令,使均衡风缸减压到目标值,BPCP 模块响应均衡风缸压力变化,列车管也减到与均衡风缸等压,16CP / DBTV 模块相应列车管压力变化,给作用管(16 号管 / 16TV 管)充风,BCCP 模块相应作用管压力变化,机车制动缸充风制动;同时车辆副风缸给车辆制动缸充风，车辆制动机制动。

(3)紧急位

该位置是列车运行过程中需紧急停车所使用位置。

一旦自阀紧急位，列车管迅速减压到零，均衡风缸以常用制动速率减压到零，16CP 模块相应列车管压力变化，迅速给作用管(16 号)充到最大允许压力(450 kPa)，BCCP 模块相应作用管压力增加，给机车制动缸充风产生紧急制动，同时车辆副风缸给车辆制动缸充风，车辆制动机制动。

(4)自阀制动——机车单缓

列车实施制动后，需要降低机车制动力时，需操纵单阀手柄测压来实现。单阀手柄测压，13CP 模块响应该指令，给 13 号管充风，控制 DBTV 模块中的 16TV 作用管减压；同时 16CP 模块和 20CP 模块也响应此指令，允许 16 号作用管和 20 号平均管减压，BCCP 响应 16 号作用管压力变化，允许机车制动缸排风缓解，车辆保持制动。

2. 重联机车设置

(1)补机——运转位

重联机车自阀手柄用销子固定于重联位，补机受机车间制动软管、总风软管、平均软管压力控制，而发生作用的位置。其缓解作用与本机同步。

本机制动管充风，16 号作用管及 20 号平均管压力排空，制动作用缓解，补机受到列车管压力增高的变化，通过 DBTV 模块将 16TV 作用管压力排空，同时给补机副风缸充风；补机响应平均管压力变化，通过 BCCP 将制动缸压力排空，补机缓解。

(2)补机——制动位

此位置为本机在制动位时，补机受机车制动软管、总风软管、平均软管压力控制，而发生作用的位置。其制动作用与本机同步。

本机制动管减压，16 号作用管及 20 号平均管压力增加，补机接受到列车管压力减少的变化，通过 DBTV 模块停止制动管向辅助风缸充风，并将辅助风缸压力传到 16TV 作用管，补机响应平均管压力增高变化，通过 BCCP 给制动缸充风，补机制动。

3. 单独制动作用

操纵单阀手柄在运转位或制动区，观察本机及补机各主要部件的相互关系。用于单独操纵机车的制动、缓解。

(1)本机——运转位

该位置为单独缓解机车。20CP 模块响应单阀手柄位置指令，20CP 内的缓解电磁阀得电，将 20 号管压力排空；BCCP 模块响应 20 号管压力变化，机车制动缸排风缓解。

(2)本机——制动位

该位置为单独制动机车。20CP 模块响应单阀手柄位置指令，20CP 内的缓解电磁阀失电，总风给 20 号管充风；MVLT 得电允许总风通过，控制 PVLT 阀开通，20 号管压力进入 BCCP 模块；机车制动缸充风制动。

4. 空气备份

当机车制动系统 EPCU 中 ERCP 或 16CP 模块故障时，制动系统自动转换到空气(制动)模式，使其仍可继续工作。

(1)列车管充风——机车缓解

当列车管充风缓解时，DBTV 模块使作用管 16TV 压力排空，同时制动管给副风缸充风；16CP 模块中的预控电磁阀断电，从而使作用风缸及作用管 16 号同 16TV 连通，并随 16TV 排空；BCCP 模块响应作用管压力变化，排空制动缸压力，机车缓解。

(2)列车管排风——机车制动

当列车管排风制动时，DBTV 模块使副风缸给作用管 16TV 充风，同时制动管停止给副风缸充风；16CP 模块中的预控电磁阀断电，从而使作用风缸及作用管 16 号同 16TV 连通，并随 16TV 增压；BCCP 模块响应作用管压力变化，使制动缸充风，机车制动。

(3)无动力回送

开放 ERCP 模块中无动力回送塞门，使列车管与总风相通（总风 220 kPa）。

5. 系统主要部件的备份故障检测

(1)空气备用(16CP 失效)

空气备份模式是指采用纯机械三通阀（DBTV）来代替电子控制（16CP）产生制动缸管控制压力。其控制关系如图 7-34 所示。

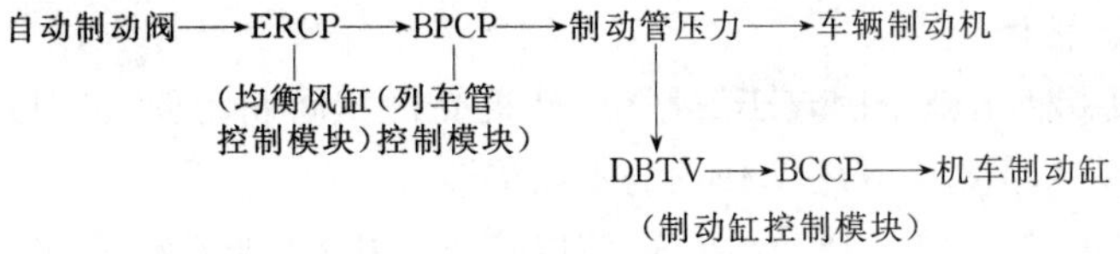


图 7-34　16CP 控制失效

(2)ER 备用(ERCP 失效)

若 ERCP 失效，它的功能由 16CP 模块和 13CP 实现其功能。由软件自行进行切换。其控制关系如图 7-35 所示。

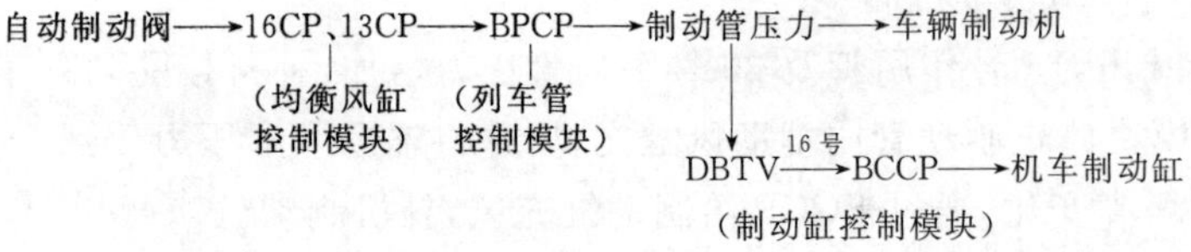


图 7-35　ERCP 控制失效

(3)单独制动备用(20CP 失效)

当 20CP 故障时，16CP 会根据单阀制动手柄命令产生制动缸压力，不再产生平均管压力。其控制关系如图 7-36 所示。

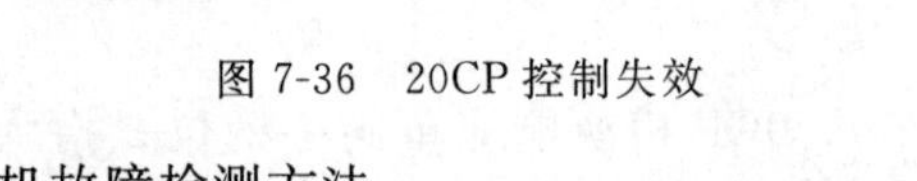


图 7-36　20CP 控制失效

(4)CCBⅡ电—空制动机故障检测方法

①开机时，微处理器对电子制动阀、电-空控制单元进行自检及各模块实时诊断，确认故障后，自动进入备用模块，如有故障，在显示屏显示。

②通过制动显示屏上的按键可以手动对电子制动阀、电-空控制单元的各模块进行循环或单独自检；如有故障，在显示屏显示。

③微处理器及电—空控制单元均有串口与外接 PC 机通信。

## 思 考 题

1. CCBⅡ电—空制动机的特点有哪些?
2. CCBⅡ电—空制动机主要部件控制关系有哪些?
3. 电子制动阀(EBV)的作用有哪些?

# 第三节 空气管路系统

HXD1C 型电力机车有一个完整的压缩空气供应系统，由两台主压缩机、空气干燥器、压力控制器、总风缸、止回阀、安全阀和主空气管路等组成。空气供应系统产生的压缩空气供给空气制动系统和辅助气动设备使用。空气供应系统安装有一个低压保护装置，当总风缸压力低于 600 kPa 时，低压保护装置经制动显示屏发送一个信号给司机操纵台微机显示屏告知司机。与此同时，也发送一个信号切断牵引电源并投入常用制动。

### 一、主风源系统

该型电力机车风源系统主要有总风缸、主压缩机、空气干燥器、微孔油过滤器、空气管路系统等组成。空气管路按功能分为，风源管路系统、辅助风源管路控制系统、防滑系统、制动机系统。

1. 风源系统

风源系统为机车提供洁净、干燥、稳定的压缩空气，风源管路系统的组成如图 7-37 所示。

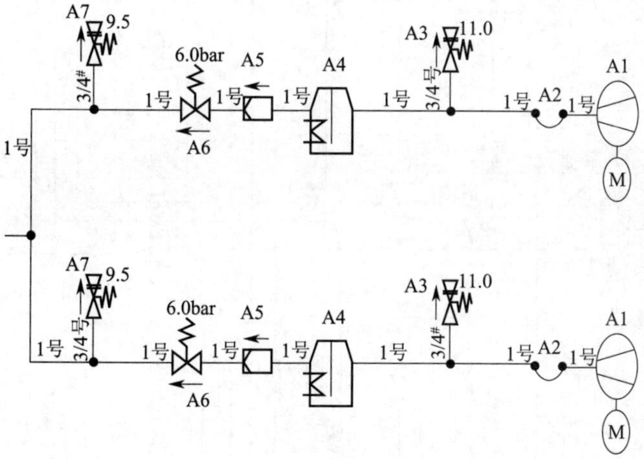


图 7-37 风源系统示意管路

A3、A7—安全阀(1 100 kPa、900 kPa);A4—干燥器;

A5—精过滤器;A6—压力维持阀(帮助干燥器内建立压力)

2. 辅助风源(管路)控制系统

包括升弓模块(U43)、踏面清扫模块(B50)、弹簧停车模块(B40)、撒砂模块(F41)、“死人”模块(Z10)，辅助风源控制系统安装柜及模块物理图如图 7-38、图 7-39 所示，辅助风源管路控制系统线路如图 7-40 所示。

图 7-38　辅助风源控制系统柜物理图

图 7-39　辅助风源控制系统模块物理图

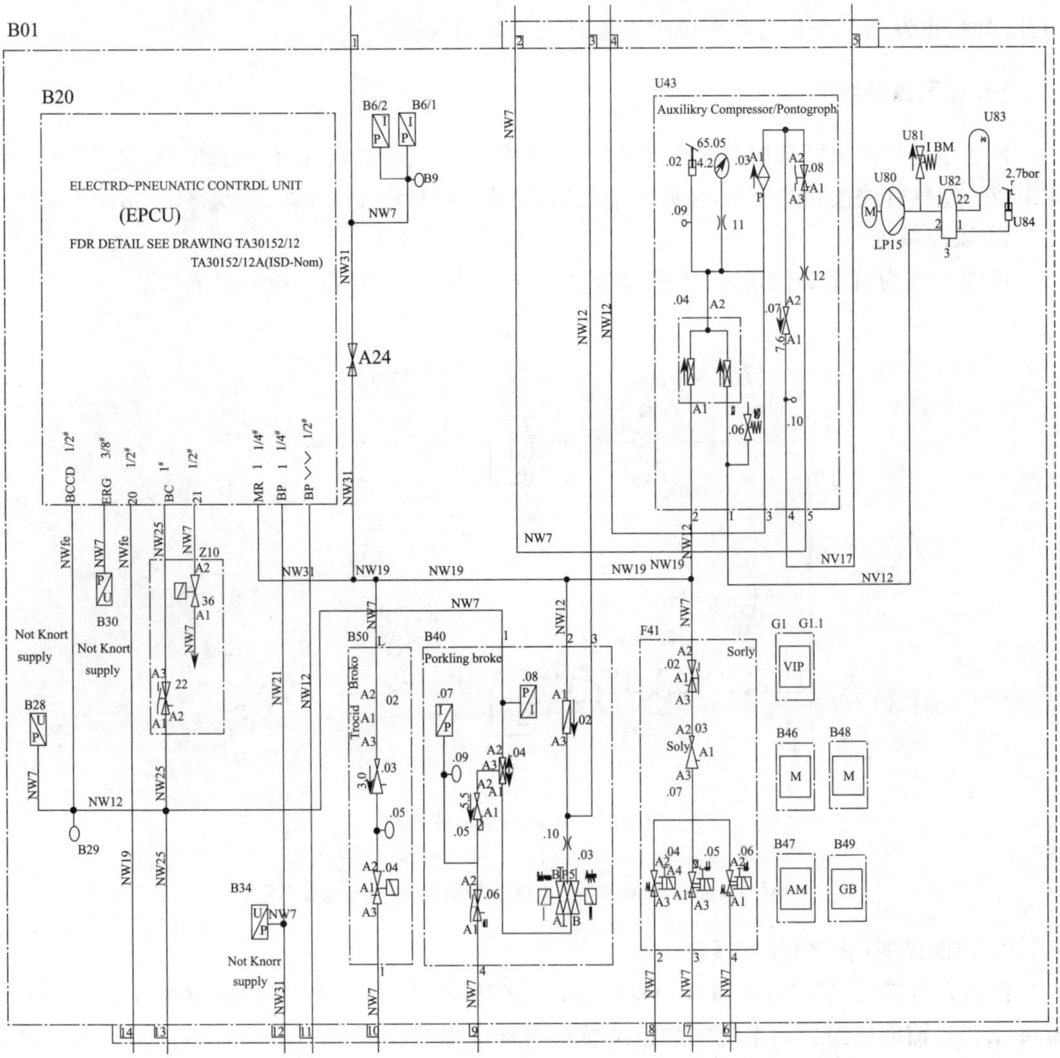


图 7-40　辅助风源控制系统线路图

(1)升弓模块(U43)为主断路器、受电弓提供风源,其升弓控制模块如图 7-41 所示,升弓电器控制线路如图 7-42 所示。

图 7-41　升弓控制模块物理图

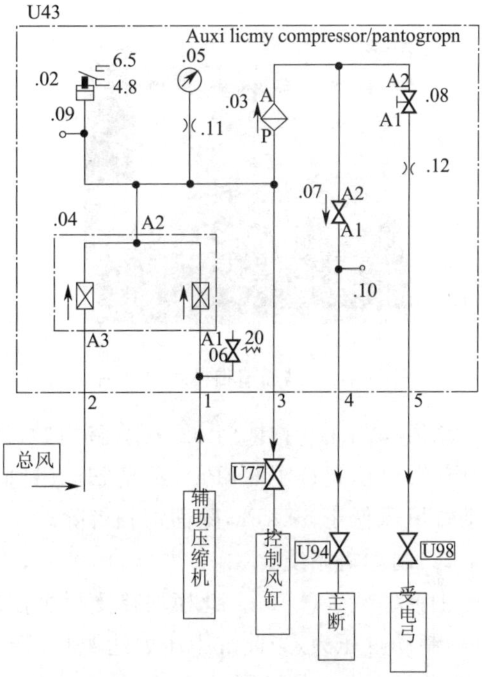


图 7-42　升弓控制模块线路图

此模块包括双逆止阀、安全阀、压力开关、机械压力表、过滤器、减压阀塞门和测试接口;它和辅助风缸、干燥器、升弓风缸和升弓电磁阀共同工作。

①库停后使用辅助压缩机供风升弓通路如下。

辅助压缩机→干燥器→右侧逆止阀
- 控制风缸
- 过滤器
  - 升弓塞门 U98→升弓电磁阀→升弓阀
  - 减压阀→主断路器

当风压达 735 kPa 时,电磁阀动作切断辅助压缩机电源,同时干燥风缸中的压缩空气将干燥器中的水分、油污排出。

②正常运行时总风供给通路如下。

总风缸→干燥器→左侧逆止阀
- 升弓风缸
- 过滤器
  - 升弓塞门→升弓电磁阀→升弓阀
  - 减压阀→主断路器

退乘之前,应将升弓风缸充风至 900 kPa 后关闭 U77 塞门。

(2)防滑系统——踏面清扫模块(B50)

此模块为机车走行部踏面风缸提供风压;清扫踏面杂物及油污,确保踏面干净,增加机车黏着系数,轮对踏面清扫模块物理图如图 7-43 所示,踏面清扫模块线路如图 7-44 所示。通路如下。

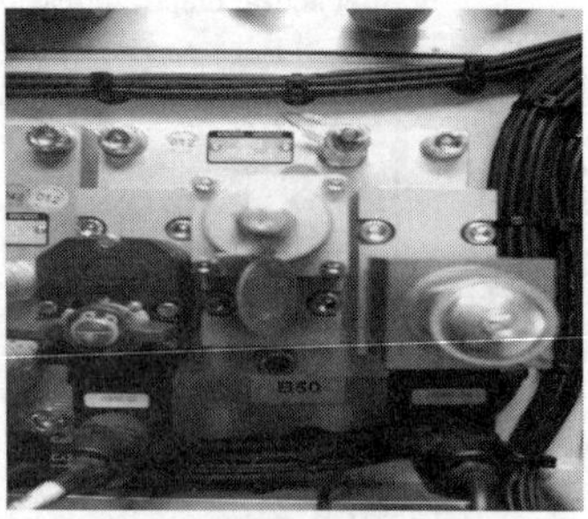

图 7-43　踏面清扫模块物理图

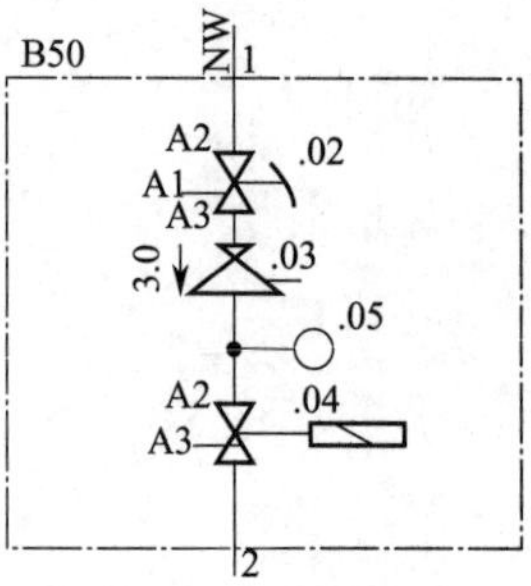


图 7-44　踏面清扫模块线路图

总风→踏面清扫塞门.02→踏面清扫减压阀.03→踏面清扫电磁阀.04→踏面清扫风缸.05。当制动缸风压超过 100 kPa,.04 清扫电磁阀得电开通总风风路,对机车轮对踏面进行吹扫;当制动缸风压低于 50 kPa,踏面清扫解除。

(3)制动机系统

①弹停装置(B40)。此模块接受司机控制指令,从而控制走行部弹簧储能停车装置(简称弹停)制动缸压力,当此缸中压力达 480 kPa 时,弹停缓解,允许动车,停车后,将弹停风缸压力排空,装置动作,进行制动防溜,弹停模块物理图如图 7-45 所示,弹停模块线路如图 7-46 所示。

图 7-45　弹簧停车模块物理图

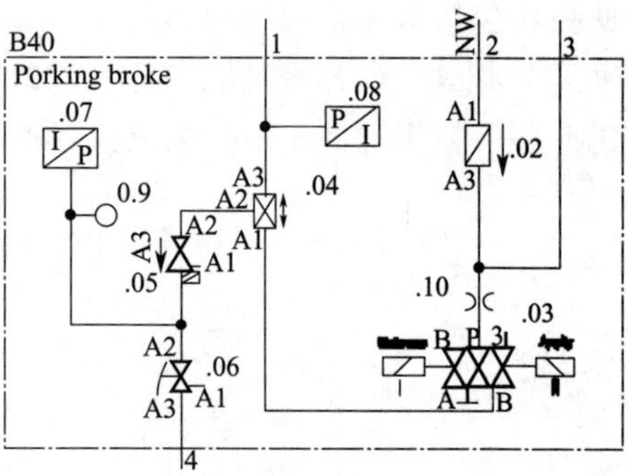


图 7-46　弹簧停车模块线路图

在机车一、六轴上共装有 4 套弹停。通路如下:司机操作司机室墙壁旋钮,脉冲电磁阀.03 中的作用阀得电,将弹停风缸中压力排出;若动车,操纵旋钮,使脉冲电磁阀.03 中的缓解阀得电,总风通过以下通路进入弹停风缸。

总风→逆止阀.02→探测脉冲电磁阀.03→双向止回阀.04→减压阀.05→弹停塞门.06→走行部弹停风缸。

②撒砂模块(F41)。该撒砂模块有两种控制方式,即自动撒砂与人为撒砂,即当机车制动机因某种情况发生紧急制动时,开始自动撒砂,而避免车轮滑行而擦伤轮箍踏面,或机车起车时为增大黏着牵引力,与机车运行中遇天气不良钢轨面上有霜露层或涂油,为预防轮对空转进

行人为撒砂。其撒砂模块物理图如图 7-47 所示，其电器控制线路如图 7-48 所示。

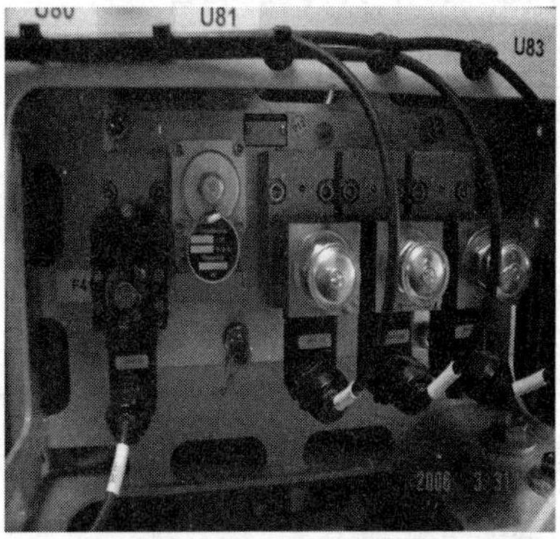


图 7-47　撒砂模块物理图

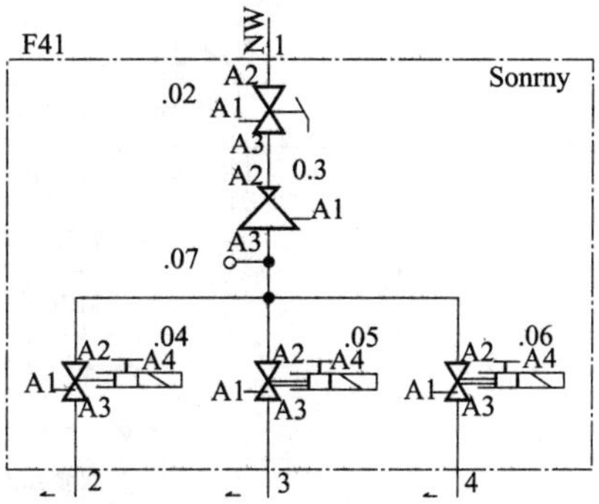


图 7-48　撒砂模块线路图

③警惕阀。接收机车监控仪发出的紧急制动，使 .36 电磁阀动作；产生紧急制动，.22 为制动缸塞门。其紧急电磁阀物理图如图 7-49 所示，电器线路控制关系如图 7-50 所示。

图 7-49　紧急电磁阀物理图

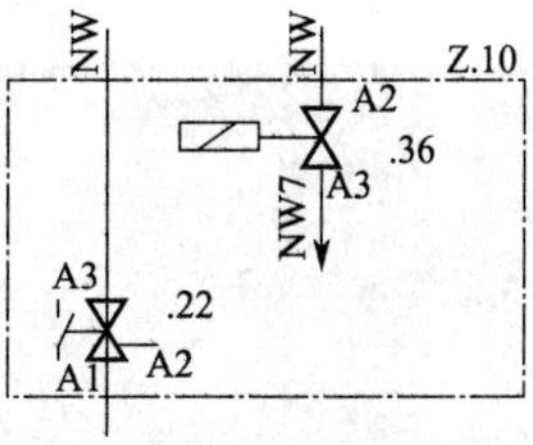


图 7-50　紧急电磁阀线路图

## 二、主空气压缩机组

HXD1C 型机车采用两台 BT-3.0/10AD(图 7-51)或 TSA-230AD 型号的螺杆空气压缩机组(图 7-52)。螺杆空气压缩机组由四大主要部件构成，即驱动装置、空气压缩机组体和风冷却装置、底座。它们用螺栓连接在一起，组成一个紧凑的底座支承的机组，采用弹性减振器平稳地固定在一个钢制共用底座上。共用底座将其余三个部件连成一个整体，通过底座下方有 4 个安装孔与机车固定。经干燥净化处理后的压缩空气，进入两个串连的总风缸内储存，两个风缸的容积均为 500 L，工作压力为 1 000 kPa。

1. 空气压缩机技术参数

(1)BT-3.0/10AD 型压缩机技术参数(表 7-5)

**表 7-5　BT-3.0/10AD 型压缩机技术参数**

| 序号 | 内容 | 技术参数 |
|---|---|---|
| 1 | 电机功率 | 30 kW |
| 2 | 额定转速 | 1 770 r/min |

续上表

| 序号 | 内容 | 技术参数 |
|---|---|---|
| 3 | 额定电流(基波有效值) | 47.5 A |
| 4 | 额定电压(基波有效值) | 440 V |
| 5 | 额定频率(基波) | 60 Hz |
| 6 | 最大启动电流 | 300 A |
| 7 | 控制电压 | DC 110 V |
| 8 | 公称容积流量 | 3.0 $m^3$/min |
| 9 | 额定排气压力 | 1.0 MPa |
| 10 | 安全阀整定值<br>泄放量 | 1.25 MPa<br>3.4 $m^3$/min |
| 11 | 压力开关整定值(断开) | (0.3±0.05)MPa |
| 12 | 温度开关整定值(断开) | (110±5)℃ |
| 13 | 冷却器冷却风量 | 3 200 $m^3$/min |
| 14 | 机组质量(不含油) | 475 kg |
| 15 | 机组噪声(声功率级) | ≤102 dB(A) |
| 16 | 机组振动烈度 | ≤7.1 mm/s |

图 7-51　BT-3.0/10AD 型空气压缩机组

图 7-52　TSA-230AD 型空气压缩机组

(2)TSA-230AD 型压缩机技术参数(表 7-6)

**表 7-6　TSA-230AD 型压缩机技术参数**

| | |
|---|---|
| 螺杆组 | 5∶6 齿形转子 |
| 压缩方式 | 连续,单级 |
| 额定排气压力 | 1 000 kPa |
| 冷却方式 | 风冷 |
| 压缩空气出口温度 | 环境温度 0~40 ℃时,比环境温度高 15 ℃以下 |
| 润滑油量 | 约 10.5 kg |
| 旋转方向 | 从电机轴伸端看为产逆时针 |
| 额定转速 | 1 770 r/min |
| 电机功率 | 30 kW |

续上表

| | |
|---|---|
| 公称容积流量 | Q=2.8 $m^3$/min |
| 工作质量 | 约 540 kg(包括电机、底座及润滑油) |
| 允许工作循环($ED=t_1/t\times100\%$)<br>($t_1$——每循环中的工作时间;<br>$t$——每循环的全部时间) | $ED_{max}=100\%$<br>$ED_{min}=30\%$ |
| 启动频率 | 不大于 30 次启动/h |
| 环境温度上限 | 50 ℃ |
| 环境温度下限 | −25 ℃ |
| 空气压缩机组停机温度 | $t$=105 ℃(油气筒内温度) |
| 耗油量 | 排气含油量小于 5 ppm(相当于 6 mg/$m^3$) |
| 噪声 | ≤85 dB(A) |

2. 系统流程

空气压缩机系统工作流程如图 7-53 所示。

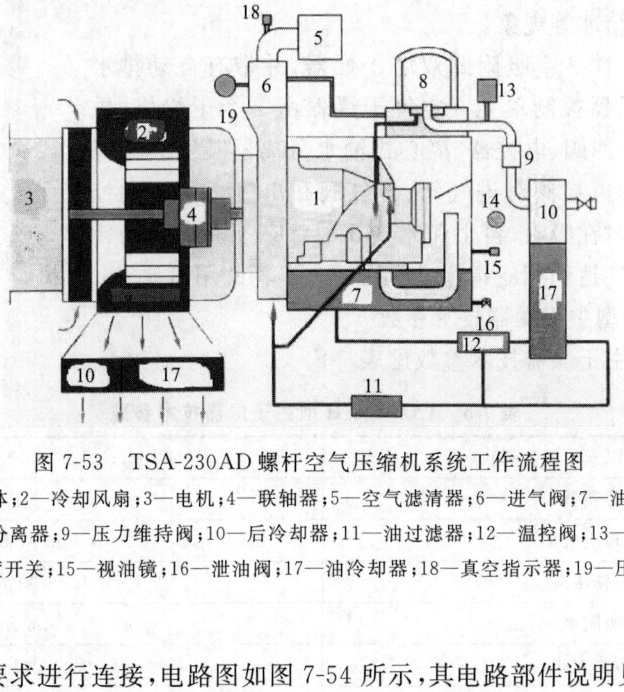


图 7-53　TSA-230AD 螺杆空气压缩机系统工作流程图

1—机体;2—冷却风扇;3—电机;4—联轴器;5—空气滤清器;6—进气阀;7—油气筒;
8—油气分离器;9—压力维持阀;10—后冷却器;11—油过滤器;12—温控阀;13—安全阀;
14—温度开关;15—视油镜;16—泄油阀;17—油冷却器;18—真空指示器;19—压力开关

3. 电路连接

按照电路图的要求进行连接,电路图如图 7-54 所示,其电路部件说明见表 7-7。

**表 7-7　电路图内部件及名称说明**

| 序号 | 部件代号 | 名称 | 序号 | 部件代号 | 名称 |
|---|---|---|---|---|---|
| 1 | WJ | 温度开关 | 5 | YJ | 压力开关 |
| 2 | GS | 工作时间纪录表 | 6 | YDC | 交流接触器 |
| 3 | 1 | 接控制电路负端 | 7 | 2 | 接控制电路正端 |
| 4 | 3 | 接 YDC 吸合线圈非电源端 | | | |

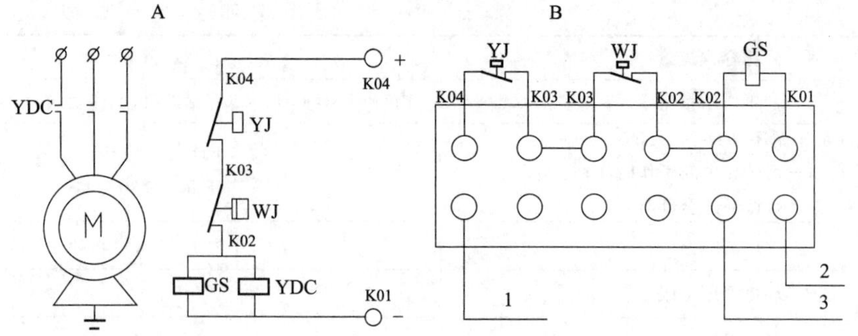


图 7-54　机组接线图和原理图

## 三、主空气干燥器

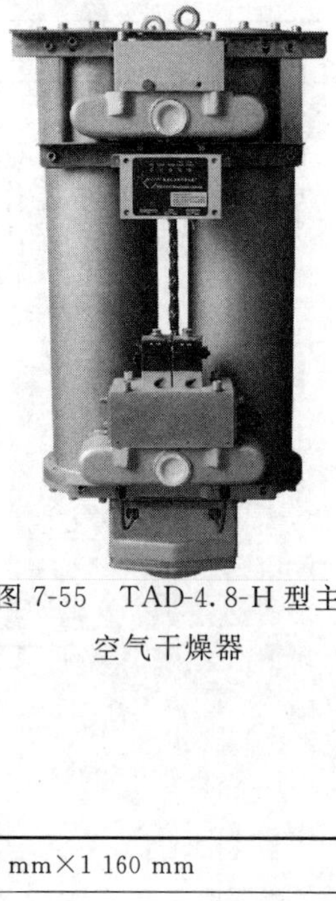

图 7-55　TAD-4.8-H 型主空气干燥器

HXD1C 型机车采用两台空气干燥器，其空气处理量为 2×4.8 $m^3$/min，空气干燥器是一种清除压缩空气中水、油、尘埃等杂质的装置(图 7-54)。采用此装置可防止机车、车辆制动系统产生锈蚀、堵塞、凝结水、结冰等现象。

空气干燥器是一种 2 室吸附式双塔干燥器，并带有自动排水功能的冷凝器和干燥器控制单元。空气干燥器由 2 个干燥塔、进气阀、排气阀、出气止回阀、电控器、离心式油水分离器及安装架等组成。通过电控器和电控阀对进气阀、排气阀和出气止回阀的控制，使 2 个干燥塔定时在吸附、再生和充气 3 种状态下周期性的转换，保证处理后的空气达到相应指标，满足机车、车辆的用风要求。

1. TAD-4.8-H 型主干燥器技术参数

TAD-4.8-H 型主干燥器技术参数见表 7-8。

**表 7-8　TAD-4.8-H 型主干燥器技术参数**

| | |
|---|---|
| 外形尺寸(长×宽×高) | 500 mm×430 mm×1 160 mm |
| 总质量 | 115 kg |
| 处理空气量 | 4.8 $m^3$/min |
| 工作压力 | 1 000 kPa |
| 吸附剂 | $\phi$3～$\phi$5 mm 分子筛 |
| 再生方式 | 无热、常压 |
| 再生耗气率 | (15±3)% |
| 出气口相对湿度 | <35% |
| 干燥塔转换周期 | 80 s |

2. 工作原理

TAD-4.8-H 空气干燥器是由两个干燥塔交替工作的无热再生式除湿净化装置(图 7-56)，其工作原理是当电空阀 Ad 处于失电状态而电空阀 Bd 处于得电状态时，进气阀芯左移，排气阀 Bp 开启，Ap 关闭，此时，B 塔进入再生状态。A 塔进入吸附状态，饱和湿空气由空压机进入进气阀座，湿空气经开放的进气阀 A 进入左边干燥塔，沿着箭头的流向，经过干燥器下部的高效离心式油水分离器时，除去较大的水滴、油滴及灰尘，然后送到干燥床，经干燥后的干燥空气借助压力打开出气止回阀，干燥空气送向总风缸，出气止回阀的左右进气室有一小孔相连，经干燥塔 A 处理的净化空气有一部分经过小孔流向干燥塔 B，从 B 筒上部流向吸附床，吸收干燥床内的水分（再生），并带着离心式油水分离器下部的水滴、油滴及尘埃由排气阀排出。

当 B 塔再生状态到设定时间时，电控器停止对电空阀 Bd 供电，这时两电空阀（Ad，Bd）均处于失电状态，两排气阀亦处于关闭状态。故 A 塔继续吸附而 B 塔却停止再生。A 塔的干燥空气仍源源充入 B 塔，因 B 塔无排出使压力逐渐上升，B 塔在这段时间处于充气状态，然后电控器开始向 Ad 供电，A 塔、B 塔再生吸附相互转换，完成转换周期。如此每转换周期改变左右干燥塔的干燥与再生。这样，左右干燥塔反复进行干燥和再生。

3. 操作

（1）打开电源开关，接通控制电源，红色指示灯亮。

（2）当环境温度低于 5 ℃时（进入冬季），打开加热电源开关，加热元件接通电源，黄色指示灯亮。

（3）正常工作时绿色指示灯亮，排气塞门手柄应在开通位，不能正常工作时（如大排气），立即关断排气塞门，关断电源开关。

4. 微孔油过滤器

微孔油过滤器用来去除压缩空气中的残留油量。它位于空气干燥器下游的压缩空气管路中（图 7-57）。

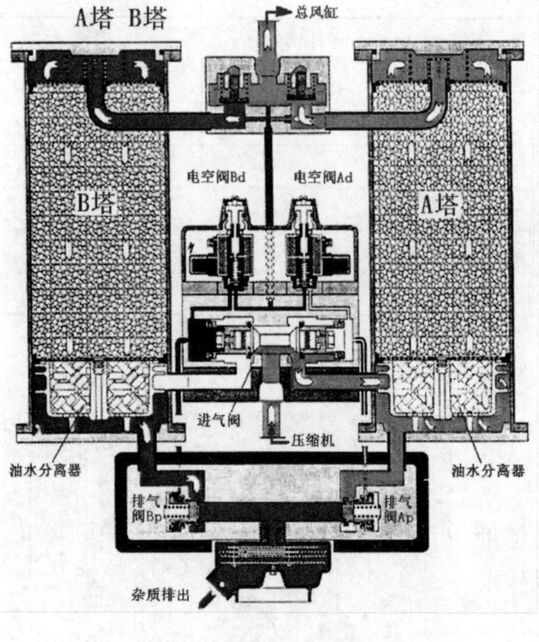


图 7-56　干燥器工作原理图

图 7-57　微孔油过滤器

空气干燥器中的油分离器虽然分离出大量来自压缩机的油（油消耗）。但是，仍有残留的油量被传送到空气系统中。特别是在油温高时，这些油在阴凉的地方因缓慢流动而被沉淀下来，长时间运行之后，就可能在此处导致故障。为了避免这类故障，在空气干燥器之后插入了一个附加的微孔油过滤器。

## 四、辅助风源系统

辅助风源系统负责在机车库停时间较长、总风缸中压缩空气压力不够的情况下，给机车电气系统各用风设备供风。

HXD1C 型机车辅助风源系统同样可分为压缩空气的生产、压力控制、干燥净化处理、储存等环节。其主要部件有辅助压缩机组、辅助空气干燥器、止回阀、高压安全阀、压力控制器、风缸、排水阀、各型塞门等(图 7-58)，其部件及名称见表 7-9。

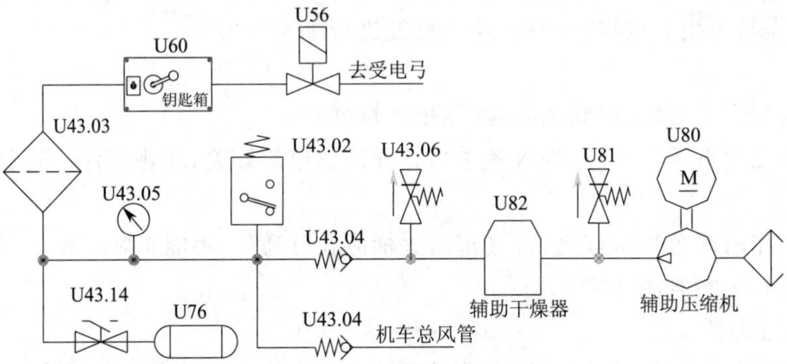


图 7-58　辅助风源系统原理图

**表 7-9　辅助风源系统部件及名称**

| 序号 | 部件代号 | 名称 | 序号 | 部件代号 | 名称 |
|---|---|---|---|---|---|
| 1 | U80 | 辅助压缩机组 | 7 | U81 | 高压安全阀 |
| 2 | U82 | 辅助干燥器 | 8 | U43.06 | 高压安全阀 |
| 3 | U43.04 | 止回阀 | 9 | U43.02 | 压力开关 |
| 4 | U43.05 | 压力表 | 10 | U43.14 | 塞门 |
| 5 | U76 | 储风缸 | 11 | U43.03 | 过滤器 |
| 6 | U60 | 钥匙开关 | 12 | U56 | 升弓电磁阀 |

1. 辅助压缩机站

HXD1C 型机车辅助压缩机站组成包括机架、辅助压缩机组和辅助干燥系统(图 7-59)。HXD1C 型辅助风源系统与以往机车辅助风源系统相比，增设了辅助空气干燥系统，并将辅助压缩机组、辅助干燥系统布置在一个结构紧凑的柜体内，形成辅助风源系统模块。辅助压缩机组压缩后的压缩空气，经辅助空气干燥系统处理后，然后通过止回阀送入储风缸备用。辅助风源系统还设有安全阀用以控制辅助风源系统压力不超过最大限定值。

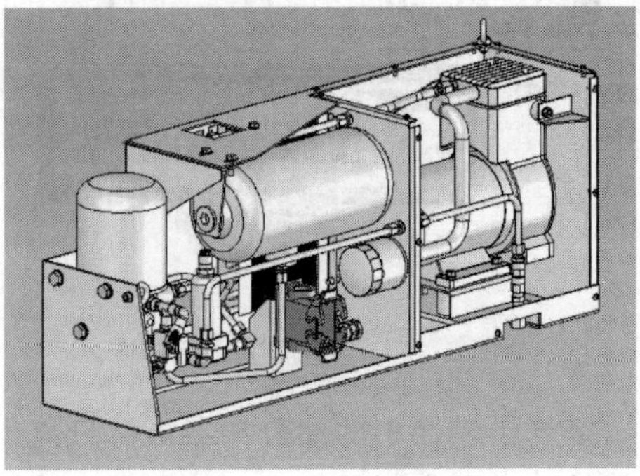

图 7-59　辅助压缩机站

辅助压缩机组采用无油活塞压缩机组，便于运用与维护。辅助压缩机组启停受机车控制电路控制，机车控制电路根据压力开关检测结果发出相应指令控制压缩机组启动或停止，当压力开关检测到的压力低于压缩机组启动压力时，辅助压缩机组启动打风，当检测到的压力高于设定的开断压力时，切断压缩机组电源，压缩机组停止打风。压缩机组的气缸盖上还设有温度传感器用以控制辅助压缩机组在规定温度范围内正常运行。

辅助干燥系统主要包括吸附式单塔干燥器、过滤器、自动排水阀、消音器等。吸附式单塔干燥器再生方式为无热再生，当压缩机组停机时，再生风缸的干燥的压缩空气经过干燥筒和消音器后排入大气，空气干燥器完成再生，同时将积累的水自动排出。加热装置用来防止压缩空气结冰。过滤器用来清洁干燥后的压缩空气。经辅助干燥系统处理后的压缩空气质量满足ISO8573含尘埃等级3、含油等级4和含水等级3的标准要求。辅助风源系统供给的压缩空气经过净化处理后，能有效防止冬季结冰，提高控制管路系统运用的可靠性。

2. 辅助压缩机站技术参数(表7-10)

**表7-10　辅助压缩机站技术参数**

| | |
|---|---|
| 压缩机组类型 | 无油活塞压缩机组 |
| 驱动方式 | 电机驱动 |
| 排气量 | 5 bar时＞70 L/min |
| 启动压力 | ＜(4.8±0.2)bar |
| 停止压力 | ＞(6.5±0.2)bar |
| 最大空气压缩级别 | 10 bar |
| 安全阀设定压力 | 8.0 bar |
| 额定功率 | 880 W |
| 额定电流 | 8 A |
| 外形尺寸(长×宽×高) | 960 mm×265 mm×425 mm |
| 质量 | 65 kg |
| 工作率 | 在环境温度≤40 ℃时可连续工作在环境温度≤70 ℃时可按S2 10 min工作 |
| 供电电压 | DC 110 V $^{+25\%}_{-30\%}$ |
| 保护等级 | IP 54 |
| 环境温度 | －40～＋70 ℃ |
| 最高海拔 | 2 500 m |
| 安全阀设定压力 | 9.0 bar |
| 干燥原理 | 单塔吸附式干燥器 |
| 干燥器最大压力 | 13 bar |
| 干燥器出口空气质量 | 任何情况下相对湿度＜35％ |
| 干燥器加热电压 | DC 110 V |
| 再生风缸 | 5.0 L |

# 思　考　题

1. 空气制动主风源系统的组成有哪些？

2. 弹簧停车装置的作用有哪些？

3. 简述空气干燥器架构的作用。

## 第四节　CCBⅡ电空制动机设置与检查/运用操作

CCBⅡ型电-空制动机基本设置与检查/运用操作，即 CCBⅡ制动系统在机车运用前的设置，机车出段前的制动机五步闸试验，CCBⅡ型电-空制动机的具体操作设置，以及制动系统运用中的注意事项。本节结合前三节所述 CCBⅡ制动机的构架与控制关系知识基础上，在本节介绍了该型制动机具体在机车运用中存在的问题，现场运用实践与突出的运用故障与判断解决方法。$HXD_{1C}$ 型电力机车制动机采用基于微处理器和 Lon 网的电空控制系统的 CCBⅡ制动系统，具有控制准确、反应迅速、部件集成化高及系统自动诊断功能强大等优点。但在实际运用中，因机车制动系统设计制造理念与现场运用存在一定差距。特别是对于内燃机车运用司乘人员转轨于电力机车运用是有较大区别的。加之现场对运用人员在制动系统培训方面不到位，且运用人员学习、运用操作及故障判断处理方面存在诸多误区，因此而常发生人为操作不当导致制动系统故障或对制动故障判断处置不当扩大故障影响问题，使本不该发生的机车运用故障而发生，因此造成机车运行途停机破堵塞正线的事件发生（在第十章第四节内有所叙述），严重影响了机车的正常运用，该类故障不仅作者所在机务段存在，全路其他机务段运用 CCBⅡ制动机的内/电机车也存在类似的问题，本节对此类问题也作有揭示。

### 一、CCBⅡ制动系统设置与检查

1. CCBⅡ制动系统设置

CCBⅡ制动系统可通过司机室计算机屏（LCDM）有三种模式设置，在本机（列车管投入）或在单机状态（列车管切除）设置或补机位。在司机室制动显示屏 LCDM 启动完毕后，按压 F3，查询制动系统的设置状态，本机牵引货物列车的正常显示为：

600 kPa　操纵端　投入　货车　不补风

LCDM 流量表上方显示“本机”字样。若为牵引货物列车第二位重联运行时正常显示为：

600 kPa　操纵端　切除　货车　不补风

LCDM 流量表上方显示“单机”字样。大闸、小闸置运转位（这样可以保证处于电子位的机车在自身系统失电时产生制动）。

注意：(1)牵引客运列车，只需将列车管定压调为 600 kPa，严禁在制动系统计算机屏上进行客/货转换。显示屏上只允许设置为“货车”。

(2)禁止在“补机”状态下进行任何牵引作业。

(3)在现有条件下，制动系统显示屏上严禁设置为“补风”，只能设置为“不补风”(注：制动机上电默认为“补风”，开车前必须转换为“不补风”)。

(4)出现列车管起紧急制动或监控装置起保护作用排风制动时，应将大闸手柄置“紧急”或“抑制”位，按显示屏的消息框的提示进行操作。

如按压“F3”查询符合以上规定的，按压“F8”退回。若不符合以上规定时，根据显示屏上提示进行调整。调整好后应按压“F1”确认、执行。

2. 制动机五步闸试验检查(本机位)(图 7-60)

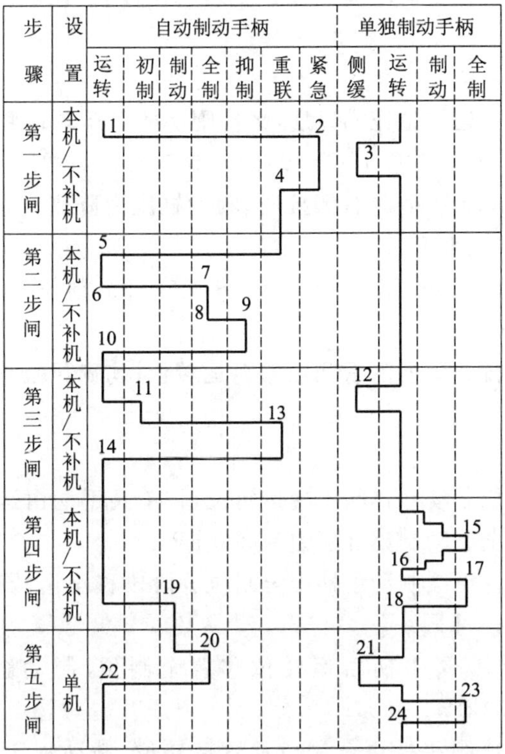


图 7-60　CCBⅡ型电-空制动机五步闸试验

第一步闸。

(1)自阀运转位，确认压力表指示规定压力：总风缸在 750～900 kPa 之间，均衡风缸(ER)及列车管(BP)为 500(600)kPa，制动缸(BC)压力为 0 kPa。

(2)自阀紧急位，制动主管压力在 3 s 内降为 0 kPa，制动缸压力在 3～5 s 内升至 200 kPa，并继续增压至 450 kPa；均衡风缸压力降为 0 kPa，紧急制动倒计时 60 s 开始。

(3)自阀侧缓位，将单阀手柄由运转位推至侧缓位，制动缸压力下降 0 kPa，手柄复位后制动缸压力恢复。

(4)自阀重联位，60 s 倒计时结束后操作，将自阀手柄由紧急位移至重联位，制动主管、均衡风缸、制动缸压力不变。

第二步闸。

(5)自阀运转位，将自阀手柄由重联位移置运转位，均衡风缸增压至 500 kPa，制动主管增压至 480 kPa 不大于 9 s，制动缸压力下降为 0 kPa。

(6)自阀运转位，等待 60 s 使系统各风缸充满风。

(7)自阀全制位，将自阀手柄由运转位移至全制位，均衡风缸在 5～7 s 减压量为 170 kPa(或 240 kPa)，制动缸主管减压到均衡风缸压力±10 kPa，制动缸 6～8 s 增加到 360 kPa。

(8)自阀全制位，保压 1 min，均衡风缸压力泄漏不大于 7 kPa，制动主管泄漏不得超过 10 kPa；制动缸压力变化不大于 25 kPa。

(9)自阀抑制位，各压力制动缸压力无变化；(抑制位相当于 ET-6 型或 EL-14 型制动机的分隔位，该位置有区别于保压位)。

(10)自阀运转位,将自阀手柄由抑制位移至运转位,均衡风缸压力增压至 500(600)kPa,制动缸压力下降为 0 kPa。

第三步闸。

(11)自阀初制位,待在运转位充满风后,将自阀手柄由运转位移至初制位,均衡风缸减压 50 kPa ,列车主管减到均衡风缸压力的±10 kPa ,制动缸压力增压至 70～110 kPa。

(12)单阀侧缓位,将单阀手柄向右侧推压,制动缸压力降到 0 kPa,松手后单阀手柄自动复位,制动缸压力不恢复(无上升)。

(13)自阀重联位,均衡风缸以常用制动速率降为 0 kPa,制动主管减压至 55～85 kPa 后保持,制动缸增压至 450 kPa。

(14)自阀运转位,将自阀手柄由重联位移至运转位,均衡风缸增压至 500(600)kPa,制动缸压力下降为 0 kPa。

第四步闸。

(15)单阀全制位(阶段制动),自阀手柄运转位,将单阀手柄由运转位分阶段移到全制位,制动缸压力分阶段上升,全制动制动缸压力为 300 kPa。

(16)单阀阶段缓解,将单缓制动手柄由全制位分阶段移至运转位,制动缸压力阶段下降,运转位制动缸压力下降为 0 kPa。

(17)单阀全制位,将单阀手柄由运转位移置全制位,制动缸压力在 2～3 s 上升至 280 kPa,最终为(300±15)kPa。

(18)单阀运转位,将单阀手柄由全制位移置运转位,制动缸压力在 3～5 s 降至 35 kPa 以下。

(19)自阀制动位,将自手柄由运转位移至制动位,均衡风缸减压 100 kPa,制动主管减压到均衡风缸压力的±10 kPa,制动缸增压到 230～250 kPa。

第五步闸。

(20)自阀全制位,将自阀手柄由制动位移至全制位,均衡风缸减压 140(170)kPa,制动主管压力保持不变,制动缸压力保持不变。

(21)单阀侧缓位,将单阀手柄由运转位推至侧缓位,制动缸压力下降到 0 kPa,单阀手柄复位后,制动缸压力不恢复(无上升)。

(22)自阀运转位,将自阀手柄由全制位移置运转位,均衡风缸增压至 500(600)kPa,制动主管压力保持不变。

(23)单阀全制位,将单阀手柄由运转位移至全制位,制动缸压力在 2～3 s 上升 280 kPa,最终为 300 kPa。

(24)单阀运转位,将单阀手柄由全制位移置运转位,制动缸压力在 3～5 s 降到 35 kPa 以下。

注:现电力机车牵引的货物列车制动主管的压力调置在 600 kPa,如作者所在机务段和相邻局及所属机务段运用机车均如此。

**二、CCBⅡ制动机操作设置**

CCB Ⅱ制动系统可在本务车内(制动管接入)设置或在拖车内(制动管切除)设置。通过与机车司机室显示模块(LCDM)设置系统。CCBⅡ电-空制动(EAB)系统六种基本操作方式。

1. 本机(列车管投入)

单独制动控制可通过 EBV 单独制动手柄实施;均衡风缸(ER)控制可通过 EBV 自动制动手柄获得。列车管压力被投入并随从均衡风缸压力变化。当自动制动手柄移动到运转位,ER 和 BP 将增压到空气制动设置中确定的 ER 设定压力。同时可进行列车管补风/不补风功能选择。在补风状态,若列车管有泄露,总风将会自动给列车管充风到均衡风缸的压力;在不补风状态,自动制动手柄在制动区,若列车管有泄露,总风将不会自动给列车管补风。

具体操纵(重联机车时,对本机进行设置前,确保其他机车在补机状态)如下。

(1)本机机车制动显示屏默认的是当前空气状态。

(2)将自动制动阀手柄置运转位(确保紧急作用不会产生),单独制动阀手柄置全制动位。

(3)司控器可置任何位置。

(4)从制动显示屏选择"F3"键"电-空制动",机车当前的设置信息显示在制动屏消息栏中。

(5)若再选择其他对应的按键,机车对应的改变设置信息也会显示在制动屏消息栏中(字体为淡灰色)。

(6)按键"F4"操纵端/非操纵端和"F5"投入/切除可将制动系统设置到本机状态(本机-投入信息将会出现在消息栏中)。

(7)根据需要设置补风或不补风状态。

(8)选择"F1"执行键,显示屏恢复到默认状态。

(9)选择"F3"键电-空制动,并检查均衡风缸的压力 500 kPa 或 600 kPa。

(10)选择"F3"键其他进入下一菜单,选择"F5"键增加 10 kPa/减少 10 kPa"来调整均衡风缸的设定压力。

(11)选择"F8"退出键,显示屏恢复到默认状态。观察列车管压力上升到均衡风缸的设定压力(BP 等于 ER±7 kPa)。

(12)单独制动和自动制动作用现在均可实施。

2. 客运(阶段缓解)

单独制动控制可通过电子制动阀(EBV)单独制动手柄实施;均衡风缸(ER)控制可通过 EBV 自动制动手柄获得。列车管压力被投入并随从均衡风缸压力。当自动制动手柄移向运转位,ER 和 BP 将逐步增压并逐步减小 BC 压力到 0 kPa。完全移动自动制动手柄到运转位,将增压 ER 和 BP 到 EAB 设置中确定的 ER 设定压力。具体操纵如下。

(1)制动显示屏默认显示的是当前的空气设置状态。

(2)将自阀手柄置运转位(确保紧急作用),单独制动阀手柄置全制动位。

(3)将换向手柄置中立位。

(4)从制动显示屏选择"F3"键电-空制动,一个当前的设置信息将在消息栏中显示。

(5)按"F4"键操纵端/非操纵端可将制动系统设置到本机状态(本机信息将会出现在消息栏中)。

(6)按"F5"键投入/切除可将制动系统设置到投入状态(本机-投入信息将会出现在消息栏中)。

(7)按"F6"键客车/货车可将制动系统设置到客车状态(客车信息将会出现在消息栏中)。

(8)选择"F1""执行"键,显示屏恢复到默认状态。

(9)选择"F3"键电-空制动并检查均衡风缸的压力,压力值应该是机车运用要求的操纵压力，若不符，可进行相应选择。

①选择“F3”键“其他”进入下一菜单。

②选择一个预定的压力值或通过选择“F5”键“增加 10 kPa/减少 10 kPa”来调整均衡风缸的设定压力。

③当所需的压力值出现在消息栏中，按“F8”退出键，显示屏恢复上一菜单。

(10)选择“F1”“执行”键，显示屏恢复到默认状态。观察列车管压力上升到均衡风缸的设定压力(BP 等于 ER±7 kPa)。

(11)单独制动和自动制动作用现在均可实施。

注：并不是所有 CCBⅡ制动系统均有此模式，在此模式下不补风功能失效。

3. 单机(列车管切除)

单独制动控制可通过 EBV 单独制动手柄得到，ER 控制可通过 EBV 自动制动手柄获得。列车管压力被切除，不被均衡风缸压力控制。机车制动作用和缓解作用仍可根据列车管压力减少和增加而变化。具体操纵如下。

(1)制动显示屏默认显示的是当前的空气设置状态。

(2)将自动制动阀手柄置运转位(确保紧急作用不会产生)，单独制动阀手柄置全制动位。

(3)将换向手柄置中立位。

(4)从制动显示屏选择“F3”键“电-空制动”，一个当前的设置信息将在消息栏中显示。

(5)按“F4”键“操纵端/非操纵端”可将制动系统设置到本机状态(本机信息将会出现在消息栏中)。

(6)按“F5”键“投入/切除”可将制动系统设置到切除状态(本机-切除信息将会出现在消息栏中)。

(7)选择“F1”“执行”键，显示屏恢复到默认状态。

(8)单独制动作用可以单独制动阀手柄实施，自动制动作用被切除。但通过自动制动手柄紧急作用仍可实施。

4. 补机(列车管切除)

均衡风缸排大气。列车管压力被“切除”，不受均衡风缸压力控制。EPCU 将对 EBV 手柄移动不响应，仅当自动制动手柄被移动“到 EMER”产生紧急作用。机车的制动、缓解作用通过平均管来控制。具体操纵如下。

(1)确保司控器在零位。

(2)移动单独制动手柄到“全制动”位，自动制动手柄到“重联”位。

(3)从制动显示屏选择“F3”键“电-空制动”，一个当前的设置信息将在消息栏中显示。

(4)按键“F4”键“操纵端/非操纵端”可将制动系统设置到补机状态(补机信息将会出现在消息栏中)。

(5)列车管切除信息将自动显示在消息栏中。

(6)选择“F1”执行键，显示屏恢复到默认状态。

(7)单独制动作用和自动制动作用均被切除，移动单独制动手柄到“运转”位。

(8)确保列车管、总风管、平均管各端部软管均连接。

(9)开通列车管、总风管、平均管各端部塞门。

注：此模式下自动制动手柄的紧急作用仍然有效，若 30 s 对屏幕无操作，LCDM 显示屏将

进行屏保。

5. 无动力状态(连接在车辆后)

EAB系统无动力，机车在列车编组中(远离本机)，制动作用将和货运车辆相同。具体操作如下：

(1)确保司控器在零位。

(2)移动单独制动手柄到"运转动"位，自动制动手柄到"重联"位。

(3)实施停放制动，制动系统断电，确保列车管与车辆连接，开放平均管塞门。

(4)排放总风缸空气。

(5)排放辅助风缸空气，如停放制动风缸。

(6)在EPCU的ERCP模块上将无动力回送塞门转到"投入"位。

(7)缓慢开通列车管塞门，防止紧急作用产生。总风缸被列车管充风15～20 min(约250 kPa)。

(8)机械缓解停放制动。

注：此模式下自动制动手柄的紧急作用仍然有效。

6. 无动力状态(连接在本机后)

EAB系统没有动力，机车被连接在本机机车后，制动作用将和机车相同。通过平均管可实现单独制动，通过列车管压力变化可实现机车自动制动。

无动力机车无单缓功能。具体操作如下。

(1)确保司控器在零位。

(2)移动单独制动手柄到"运转动"位，自动制动手柄到"重联"位。

(3)制动系统断电。

(4)确保列车管、总风管、平均管各端部软管均连接。

(5)开通列车管、总风管、平均管各端部塞门。

注：此模式下自动制动手柄的紧急作用仍然有效。

7. LCDM屏幕功能

(1)LCDM具有屏幕保护功能，根据机车的操作模式屏幕可以变暗或者关掉屏幕内置灯。

(2)在拖车模式中，若大约30 min不操作，LCDM内置灯将自动关掉。若检测到操作，内置灯将在约1 s后恢复明亮。

(3)在牵引模式中，若大约30 min不操作，LCDM内置灯将变暗。若检测到操作，内置灯将在约3 s后恢复明亮。

## 三、制动系统运用中注意事项

(1)由监控装置产生常用制动惩罚后，必须将自动制动阀置抑制位(1 s)后才可缓解。

(2)紧急制动产生后，必须将自动制动阀置紧急位60 s后才可缓解。

(3)空气制动作用产生后，切不可将弹停模块上的塞门B40.06关闭。

(4)机车在行车中发现有数据丢失现象，若通过LCDM无法调整，可通过相关开关，将制动系统断电后恢复。

(5)若膜式干燥器排污阀发生故障，可通过故障塞门将其调整到故障位。

(6)机车入段后将相关塞门关闭。

(7)机车无动力回送时,若原总风缸有风,建议在排放风压时保留 300 kPa。

(8)机车无动力回送时,发现列车管缓解,但制动缸仍有压力,检查平均管塞门是否在开放状态。

**四、CCBⅡ制动机运用中的问题**

经作者本段与局内外机务段运用的 HXD1C 型电力机车 CCBⅡ制动系统运用故障分析与厂方所提示该型制动机所存在的问题发现,机车运用 CCBⅡ制动机系统中的制动电子控制箱 IPM、电子制动阀控制器 EBV、制动机计算机 LCDM 显示屏及电子控制单元 EPCU 等部件质量不稳定是导致 CCBⅡ制动系统故障的主要原因,已成为该型电力机车(包括其他类型和谐号电力机车)主要的惯性质量问题。由于部分 CCBⅡ制动系统故障在一定程度上无法从根本上得到有效解决,在机务段运用机车中不同程度存在这样与那样的运用问题。因此带来在实际运用中司乘人员对机车制动系统运用操作失误、故障判断处理不当等导致机车制动系统故障或扩大故障影响等问题时有发生,客观上加剧了 CCBⅡ制动机车运用故障对所担当的线路的铁路运输秩序形成了严重的干扰。主要存在的问题有对该型制动认识上的误区,教育培训不到位,因此而带来的运用中的盲目性。通过作者本段与局内外对该型制动机现场运用操作情况的交流了解及对运用中发生故障的分析,发现在 HXD1C 型机车装置 CCBⅡ制动机及制动系统在运用操作主要存在着三方面认识误区,即类比法培训带来的认识性误区;习惯性操作形成的操作误区;流程化处置不当形成扩大性误区;由于有这类对 CCBⅡ制动机运用错误认识的存在,该型机车运用中发生此类的运用故障也是必然的。

1. 类比法培训

装配在 HXD1C 型机车 CCBⅡ制动机自投入运用以来,对其使用人员的培训大量为内燃机车与原国产电力机车的司乘人员,而该类人员多数使用的是过去的 JZ-7 型制动机(包括 JZ-7 电空制动机)与 DK-1 型制动机或其改进型。根据机车运用均有其传承性,因此类比法培训教学一直来运用得比较广泛,对新型设备掌握得也较快,培训学习中广泛使用了类比培训教育,而忽略了 Lon 网的电空控制下 CCBⅡ制动系统的特点特征。同时,在转型人员的培训同时,现场运输生产任务还不能耽搁。为了便于学习理解和快速掌握,现场培训中采用类比法教育也就成其必然,如 CCBⅡ制动机中的 EBV 相当于其他类型制动机的大小闸、16CP 相当于分配阀的主阀部等。这种培训方法虽然便于司乘人员短时间快速理解掌握,但是存在诸多问题及隐患。一是没有形成正确的使用观念。没有认识到 CCBⅡ制动系统是一种基于微处理器的控制系统,其使用、维护、故障判断等均应转变为电气及计算机网络系统观念,而不能简单的沿用原空气阀观念。其制动机内的相应部件 EBV、IPM、RIM 及 EPCU 等工作状态与外部电磁干扰、振动状态等均影响较大,一般需要观察面板灯显示状态或查询故障日志进行区分与确认,而非简单的管路泄露等问题;二是缺乏系统性认知。CCBⅡ制动系统与机车网络控制系统信息交互,互相关联,特别是具有网络通信功能的 M-TPM,机车电气系统及网络控制系统异常时经常导致制动系统故障,不能认为制动系统就是单纯的制动机,跟别的系统没有关联。如机车紧急制动后无 60 s 倒计时无法缓解时,应检查 TCMS 系统的机车速度显示状态,停车状态机车速度不为 0 时应处理 TCMS 系统速度显示故障等,而不能单纯检查制动机系统。

2. 习惯性操作

CCBⅡ制动系统操作控制部件为电子制动阀控制器(EBV),分为单独制动手柄和自动制动手柄，与 ZJ-7 型与 DK-1 型制动机功能类似。实际运用操作中，司乘人员仅进行简单了解，一般按照原操作习惯进行操控，虽然上手较快，但因为没有深入学习掌握，因此时有发生操作失误故障。

制动阀 EBV 除了紧急位为空气位通过机械放风阀实施紧急制动外，其余均转换为动作信号经 IPM 判断后执行，而且 EBV 操作端激活状态、制动机操作模式、惩罚紧急制动缓解操作等需要遵循规范的操作使用方法。如机车非操纵端或重联机车两端之一的 EBV 自动制动手柄误置紧急位，NB11 阀打开，将导致机车无法缓解；机车制动或列车制动发生紧急制动后，需将自动制动手柄置紧急位，且 LCOM 屏显倒计时 60 s 结束后，方可正常缓解机车，如无倒计时提示或计时时间不足将导致机车紧急制动无法缓解等。

CCBⅡ制动系统集成化程度较高，部件原理学习较难，并有其不直观性，加之因设计制造等原因实际运用中发生故障较多，运用现场对制动系统故障的判断处理存在较强的惧难心理和依赖性。实际运用中一般推行"三板斧"式流程化故障处理方法，即"缓解、小复位、大复位"三步曲，机车发生制动系统故障后，先进行缓解操作，无效时，对 LV 柜的电控装置自动开关进行断合操作，使机车制动系统失电重启复位（小复位），再次无效时，对 LV 柜的 QA61 蓄电池充电自动开关进行断合操作，使机车整个控制系统失电重启复位（大复位），如果还是无效时，则请求救援。

"三板斧"式流程化故障处理方法简单易记，对于部分因瞬间电磁干扰等通信丢失故障可有效解决，但是仅依靠"三板斧"，不仅导致司乘人员放松了业务知识的促进，而且错误的故障判断处理导向造成不管什么类型故障均采用同一处理方法，经常导致机车故障判断处理不明确，盲目处理影响到故障扩大化。如机车发生紧急制动时，紧急制动源的监控装置 ATP 动作、列车管系泄漏，无人警惕装置动作等多方面原因，必须通过查询计算机 LCDM 屏故障日志，结合机车故障现场准确判断后再进行检查处理。机车重联运用时还需确定故障发生的属性本-重机车，"三板斧"式处理对此根本无法有效进行处置。而且如机车重联运用时盲目对单台机车进行"大复位"，将导致机车无法正常进行重联，显示正常而实际重联机车不受控，"假重联"将导致机车故障由制动系统故障扩大为机车重联控制故障，而引起列车制动失效，加大了对机车牵引列车所在线路的运输秩序的干扰而堵塞正线。

## 五、规范化运用与准确判断故障处置

1. 系统性培训结合规范运用操作

错误的运用观念一旦形成就很难扭转，为此首先要从基础的培训教育上做起。一是，从 CCBⅡ制动系统设计观念和构架及作用原理入手进行学习，了解机车 EBV 等各制动系统部件实际作用与工作状态及检查方法等，明确 CCBⅡ制动机是一种基于微处理器和电子网络通信下的控制操作方式；其操作使用、维护、故障判断等应从 CCBⅡ制动机是采用电气及计算机网络系统为综合体的电空制动机的观念出发；除了管压泄漏以外，机车电磁干扰、各部件接线、接口状态及信号传递通路等问题均可能导致制动系统工作异常。二是，了解制动系统与 TO-MS 等网络控制系统通信方式及主要功能，制动系统的 801、804、840 等信号也参与机车控制，会导致机车运用的牵引封锁，机车电气系统及网络控制系统故障也可导致机车制动系统故障。三是，掌握机车制动系统操作基本方法及功能含义，如制动系统 6 种不同操作模式的功能、含义及设置方法等（本章的前两章节有所叙述），根据相关技术标准及资料制订司乘人员一次作业程序标准,树立严格按规范、按程序、按标准操作机车制动机的观念。

2. 科学合理准确迅速判断处置故障

(1)发生 CCBⅡ制动系统故障时,一般均会在微机 LCDM 屏上实时显示,并记录入故障日志。而且故障日志的记录除包括故障时间、故障代码等基本资料外,还在故障词条附有简单释义,如司乘人员操纵 EBV 至紧急位,产生的紧急制动记录为"紧急制动:操作员",列车管系快速排风导致的紧急制动记录为"紧急制动:列车管线",通信丢失导致的惩罚制动可能记录为"F090-IPMCN 失效"或"F085-EBVCN 失效"等。因此判断机车制动系统故障,司乘人员应主要依据机车 LODM 屏故障日志进行,不能简单根据故障现象盲目进行"三板斧"式处置。

(2)当机车发现制动系统故障同时伴随机车控制系统异常时,还应充分利用机车制动 TC-MS 屏的机车状态显示及故障日志,机车状态显示屏灯显示状态等进行辅助判断,来综合判断故障发生的原因。如机车警惕装置动作导致的紧急制动,虽然计算机 LCDM 屏记录为"紧急制动:ATP",但同时在机车制动 TCMS 屏会产生"警惕装置动作"故障记录。

(3)机车制动系统故障为"死机"故障时,还应重点检查制动系统各相关部件状态,如工作状态灯显示绿灯、红灯、黄灯、闪烁等,EPCU 模块非正常控制排风等。

(4)不断梳理总结机车制动系统电气、机械各类故障现象,包括故障时天气状况、网压状态、牵引制动状态、线路振动状况等,以便积累故障现场第一手资料,持续制动系统故障应急判断处理资料。

## 六、CCBⅡ制动机运用中故障分析

经作者所在单位对 CCBⅡ制动机运用与运用故障分析,认为正确的操作方法不会导致人为故障的发生,合理的处置方式不会扩大故障影响。同时得出相应的经验,总结出相应的对 CCBⅡ制动系统运用操作规范和故障判断处理准则。

1. 运用操作规范

(1)机车 EBV 手柄位置

①操作规范。本务机车非操纵端及重联机车 EBV 自动制动手柄位置必须置于重联位,并插上手柄穿销。

②故障现象。现象一:机车操纵端制动机无法缓解,计算机 LCDM 屏提示为:"空气制动故障,制动不能缓解,机车非操纵端需设为补机-014"。

现象二:机车操纵端制动机无法缓解,计算机 LCDM 屏无故障提示,制动屏柜有排风声。

③故障原因。现象一:可能为本务机车非操纵端 EBV 自动制动手柄误置紧急位,CCBⅡ制动系统 BPCP 模块 MV53 电磁阀打开,导致机车无法缓解。故障现象如见图 7-61 所示。

现象二:可能为重联机车两端之一的 EBV 自动制动手柄误置紧急位,NB11 阀打开,21 管排风导致机车无法缓解。

④判断处理。处理一:故障时,检查本务机车非操纵端手柄位置,按规定放置。

处理二:故障时,可检查重联机车两端 EBV 手柄位置,按规定放置。

(2)重联机车换端操作

①操作规范。换端前,将本务机车制动机模式设为"补机"模式;换端后,将重联机车制动机模式设为"本机"模式。

②故障现象。换端后,机车无法缓解,制动屏柜有排风声,并可能伴随 055 故障代码。

③故障原因。未按规定设置机车制动机模式，导致两台机车制动机模式均为“本机”模式，机车列车管压力控制混乱，造成机车无法缓解，并可能导致 20CP 内部卡滞，产生 055 故障代码。

④判断处理。按操作规范进行两台机车制动机模式设置。

(3)机车单独缓解操作

①操作规范。机车单独缓解功能，侧压 EBV 单独制动手柄持续时间应不超过 3 min。

②故障现象。侧压 ERV 单独制动手柄单独缓解机车时，计算机 LCDM 屏提示 080 故障代码。故障现象如图 7-62 所示。

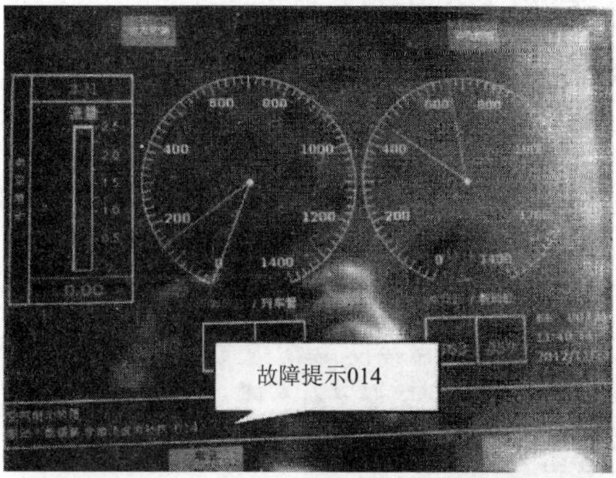


图 7-61　非操纵端 EBV 手柄不当故障显示

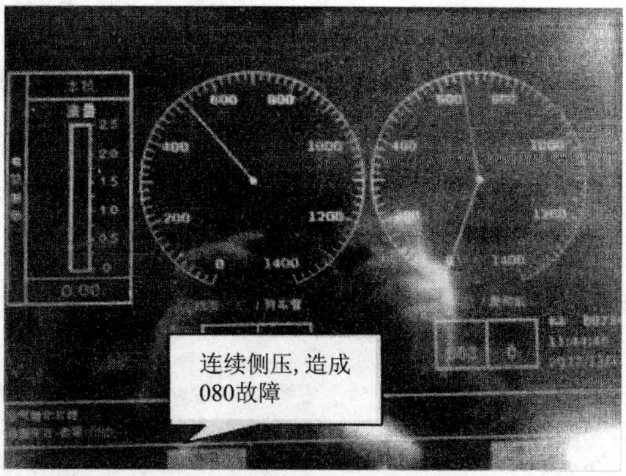


图 7-62　EBV 侧缓起过 3 min

③故障原因。连续侧压 EBV 单独制动手柄 3 min 以上时，制动系统判断 ERV 单独缓解功能故障，故障代码 080。

④判断处理。再次侧压 EBV 单独制动手柄，可消除 080 故障代码。该故障不影响机车正常运用及机车单独缓解功能。

2. 常见故障判断处理

(1)机车紧急制动后无法缓解

①操作规范。机车产生紧急制动后，应将 EBV 自动制动手柄置紧急位，待计算机 LCDM 屏倒计时 60 s 结束后，方可正常缓解机车制动。

②故障现象。机车紧急制动后，操作 EBV 无法缓解机车制动。

③故障原因。一是，机车制动 TCMS 屏机车速度不为 0，CCBⅡ制动系统无 TCMS 系统提供的零速信号，造成机车紧急制动无法缓解，计算机 LCDM 屏无 60 s 倒计时提示；二是，EBV 自动制动手柄置紧急位时间不足 60 s。

④判断处理。检查机车制动 TCMS 屏机车速度状态，显示机车速度不为零时(图 7-63)，断开电钥匙 10 s 后再重新闭合或进行机车制动 TCMS 计算机控制复位处理(断合 LV 柜 QA41、QA42 自动开关)。

将 EBV 自动制动手柄置于紧急位，观察计算机 LCDM 屏提示 60 s 倒计时结束后，正常缓解机车。

(2)机车意外紧急或惩罚制动故障

①现象一：机车意外发生紧急或惩罚制动时，是指机车在非正常操作情况下，自动产生惩

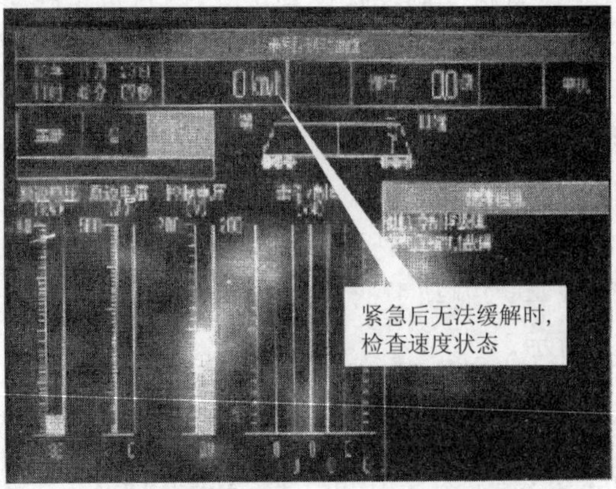


图 7-63　检查 TCMS 零速提示

罚或紧急制动。故障记录一般为："惩罚制动：ATP"、"紧急制动：ATP"、"紧急制动：列车管线"3 类故障记录，可单独或同时出现。

②现象二：意外紧急或惩罚制动时伴随出现 108 故障代码(图 7-64)。

图 7-64　意外惩罚/紧急制动

③现象三：机车频繁发生紧急制动，计算机 LCDM 屏故障记录为："紧急制动：ATP"、"紧急制动：列车管线"，且无"惩罚制动：ATP"故障记录。

(3)判断处理

处理一：108 代码故障指机车 A/B 端识别错误。该故障本来是 IPM 检测到机车两端 EBV 激活无法判定操作端，产生 A/B 端识别错误，而产生惩罚制动(该问题在 08 版及以后软件已进行了改进，屏蔽了该故障)。当机车发生意外惩罚或紧急制动并且伴随出现 108 故障代码时，可判断故障原因为机车 IPM 故障。

处理二：首先判断紧急制动源。机车因 CCBⅡ制动系统硬件故障或干扰导致的意外紧急制动，均为 804 线得电触发的紧急制动，一般记录为："紧急制动 ATP"。因厂家设计缺陷，也有可能记录为："紧急制动：列车管线"。如计算机 LCDM 屏记录中有"紧急制动：ATP"时，可判断为机车故障，排除车辆原因；其次，该故障原因除机车 IPM 故障外，也可能为机车重联插座污损或进水，导致 804 线窜电，造成制动系统意外紧急制动。可重点检查机车重联插座状态。重联插座污损情况如图 7-65 所示。

图 7-65　重联插座污损放电

3. 机车制动显示屏计算机 LCDM 故障

(1)故障现象

①现象一：计算机 LCDM 屏无数安和表针显示如图 7-66 所示。

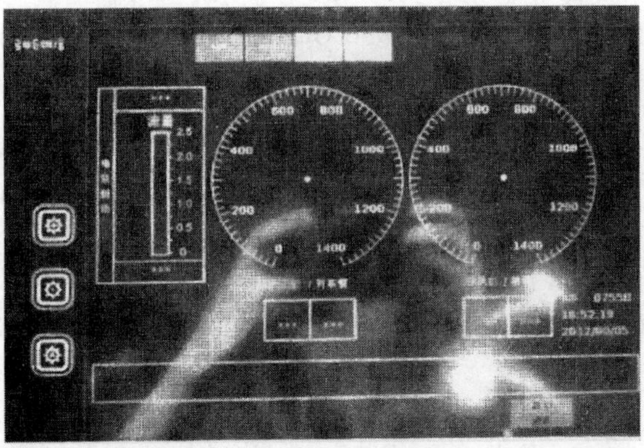

图 7-66　计算机 LCDM 屏显异常

②现象二：计算机 LCDM 屏连续报警且时钟自动跳变。

③现象三：计算机 LCDM 屏无法启动、黑屏、花屏等，屏左上角电源指示灯闪烁或不亮。

(2)故障原因

①原因一：可能为计算机 LCDM 屏插头缩针、烧损、计算机 LCDM 屏硬件故障或通信中断等。

②原因二：为计算机 LCDM 屏内置电池电量不足。

③原因三：为计算机 LCDM 屏硬件故障。

(3)判断处理

该类故障发生后，机车未产生惩罚制动、制动机操作正常时，可不做任何处理，可通过观察 LKJ 维持运行，回机务段报修。

当计算机 LCDM 屏故障且需进行制动机模式转换设置时，可在非重联状态下到非操纵端进行制动系统模式设置。

4.“惩罚制动：司机室转换”故障

(1)故障现象

①现象一:机车产生惩罚制动,计算机 LCDM 屏故障记录为:“惩罚制动:司机室转换”。

②现象二:机车重联运用时产生惩罚制动,计算机 LCDM 屏故障记录为:“惩罚制动:司机室转换”。同时机车制动 TCMS 屏伴随有计算机控制柜故障、TCMS1(2)系统故障、机车制动 TCMS 屏提示:“连挂控制中”或“分离控制中”。

(2)故障原因

除 CCBⅡ制动系统故障原因外,机车网络控制系统故障(如电钥匙节点、KE15/16 继电器连锁及机车重联控制故障等)均可能导致该故障。

(3)判断处理

①处理一:发生故障后,应重点检查处理电钥匙节点、LV 柜相关自动开关、KE15/16 继电器等部件工作状态。

②处理二:发生故障后,应按照机车重联控制故障进行检查处理,重点检查机车重联状态(重联线缆及重联插座)。

5. 制动系统加电启动后自动进入补机模式

(1)故障现象

当制动系统加电启动后,操纵端计算机 LCDM 屏显示制动机模式为补机模式,同时计算机 LCDM 屏事件日志无前期故障记录。

(2)故障原因

该故障是因为 IPM 底层软件丢失所导致。

(3)判断处理

该故障仅影响制动机故障记录功能及首次启动后默认制动机模式,不影响制动机的通常使用。可按规定正常设置制动机模式,无需做其他处理,回机务段报修。

## 思 考 题

1. CCBⅡ制动系统可通过司机室计算机屏(LCDM)有几种设置模式?
2. CCBⅡ制动系统设置中应注意哪些方面?
3. 五步闸试验中第三步闸时单缓如何处理?

# 第八章　HXD1C 型电力机车运用操作

HXD1C 型电力机车运用操作一般按四个阶段(也称四个步骤)进行。一是在日常检查满足该型机车整备条件后,并在机车重要部件检查符合运用条件和机车牵引要求状况下才能对其进行运用操作。即机车出段前的条件必须是满砂、满水以及轮轨润滑装置加润滑脂,在此称之为机车准备阶段。二是在符合机车运用相关运用规定要求的情况下,司乘人员才可对机车进行日常检查性操作,对机车日常检查操作应针对其保护装置、控制电源、控制装置、解锁钥匙以及机车制动系统等重点设备进行相应检查,称之为检查阶段。三是经上述检查在符合机车牵引要求后,再进行相应的机车重点部件的检查作业试验操作项目。它包括机车高压整备试验与空气制动试验和低压柜开关检查,通过此类检查与相应试验使机车的控制系统能符合机车运用条件的要求,力求将机车运用隐形故障消除在机车出段之前,以保证机车运用中的良好性能。HXD1C 型电力机车启动是在机车出段前检查作业完毕后,并具备机车启动的条件下才能进行的操作,它与机车的运用性能要求极为相关,统称为检查试验操作阶段。四是机车牵引操作是在机车启动运转正常后,机车出段挂头及线路牵引列车运行的操作,称之为机车运用线路操作(纵)阶段。同时机车运用操作又属一项技术要求相当强而复杂的操作技能,因此本章分四节详尽介绍了 HXD1C 型电力机车整备/启动,机车重点检查部件要求与机车启动与牵引操作,并将列车分布动力控制系统 LOCOTROL 操作做为预备知识介绍。

## 第一节　HXD1C 型电力机车整备/启动

HXD1C 型电力机车在出段前需满砂、满水以及轮轨润滑装置加润滑脂。在符合机车运用的情况,司乘人员可对机车进行操作,首先确认机械间车顶处于关闭状态,接地开关在运行位,钥匙箱在“ON”位,车内所有管路阀门均打开,将机械间内的电器柜和司机室后墙柜上所有自动开关合上,转换开关均置运行位。按压司机室后墙上的蓄电池输出按钮合上。检查后墙柜欧姆表上的蓄电池电压表示,电压高于 80 V 时可以继续操纵,若电压低于 81 V,则需对蓄电池进行充电。将司机钥匙插入司机控制器上的钥匙孔内,旋转以激活司机指令输入和计算机显示屏,此过程需要几分钟时间。一台机车只配备一把司机控制器钥匙,若同时有两把钥匙在两端的司机室同时插入,则系统提示配置故障,机车不能运行。将方向手柄插入司机控制器上的方向手柄插槽内,拨向所要运行的方向位置,设置空气制动机的操纵状态。

### 一、机车启动前准备

按以下步骤启动机车运用。

1. 机车外部的检查

机车必须静止状态,确认无任何人在机车上工作,方能开始机车检查作业。

检查项目如下:

(1)目视检查机车外部可能存在的损坏。

(2)检查所有重联机车是否机械、电气、气动连接。

(3)检查砂箱是否加满、盖子是否盖上。

(4)砂箱内的砂子不得少于砂箱的 50%。若砂子少于 50%,砂箱必须由维护人员加满。

(5)检查外部电源和所有连接电缆是否拆除。

(6)施加停放制动且移开铁鞋。

(7)检查进风口和出风口的清洁情况。

(8)检查机车顶部上是否有电网。

2. 机械间的准备

下面的准备需要在机械间内完成。通过司机室台上的机械间灯开关点亮机械间灯(图 8-1)。

图 8-1 低压电器柜上控制开关

1—受电弓模式=21-S51;2—牵引电机 1/2 隔离=22-S55;3—牵引电机 5/6 隔离=22-S57;4—行灯插座开关=52-S311;5—机车模式=21-S54;6—牵引电机 3/4 隔离=22-S56;7—底架行灯开关=51-S302;8—吹砂隔离=72-S01

闭合低压柜所有小自动开关;低压柜上的控制开关必须在根据机车状态的位置设置。在正常情况下,所有控制开关的位置必须在竖直(中立)位。

闭合控制电源柜所有小自动开关(图 8-2)。机车蓄电池闸刀闭合,一些电气部件的试验自动进行(接触器试验、牵引逆变器试验)。有关断机车蓄电池且等待 20 s 后,才允许重新闭合蓄电池。通过闭合所有的蓄电池系统,以下控制系统的一部分同时得电(CCU1、CCU2、TCU1、TCU2、CIO1、CIO2 机械间 MIO、制动控制单元、显示器),当蓄电池电压可用时,直流/直流逆变器(用于低压电源)闭合。检查蓄电池电池表(控制电源柜位置 3 监控单元模块),工作电压不低于 77 V。

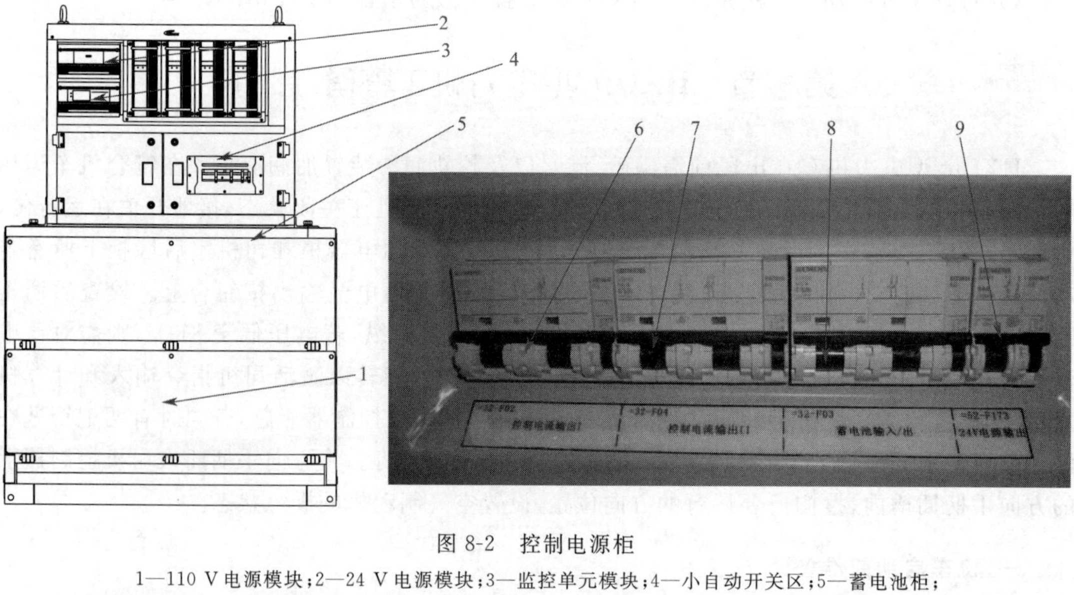


图 8-2 控制电源柜

1—110 V 电源模块;2—24 V 电源模块;3—监控单元模块;4—小自动开关区;5—蓄电池柜;6—控制电流输出Ⅰ自动开关=32-F02(DC 110 V 控制电源总输出);7—控制电流输出Ⅱ自动开关=32-F04(计算机系统大复位开关);8—蓄电池输入/出自动开关=32-F03;9—24 V 电源输出自动开关=52-F173

3. 选择受电弓

用转换开关(低压电器柜位置 1)选择受电弓在以下位置:受电弓 1、自动、受电弓 2、双弓。受电弓升起模式具体见表 8-1。

**表 8-1 受电弓升起模式**

| 位置/模式 | 司机室占用 | 描 述 |
|---|---|---|
| 受电弓 1 | 司机室Ⅰ/司机室Ⅱ | 应升起=11-E07。若=11-E07 被=11-Q03 隔离了,应没有受电弓被升起,在 HMI 上应有信息通知司机去改变受电弓模式 |
| 自动 | 司机室Ⅰ | 应升起=11-E08。若=11-E08 被=11-Q04 隔离了,应自动升起=11-E07 同时在 HMI 上显示信息通知司机 |
| | 司机室Ⅱ | 应升起=11-E07。若=11-E07 被=11-Q03 隔离了,应自动升起=11-E08 同时在 HMI 上显示信息通知司机 |
| 受电弓 2 | 司机室Ⅰ/司机室Ⅱ | 若=11-E08 被=11-Q04 隔离了,应没有受电弓被升起,在 HMI 上应有信息通知司机去改变受电弓模式 |
| 双弓 | 司机室Ⅰ/司机室Ⅱ | 2 台受电弓都应升起;<br>若=11-E07 被=11-Q03 隔离了,应只有=11-E08 升起,同时在 HMI 上应有信息通知司机;<br>若=11-E08 被=11-Q04 隔离了,应只有=11-E07 升起,同时在 HMI 上应有信息通知司机 |

注:在正常情况下,受电弓选择开关位应该在"自动"位,升后弓。打开总风缸上的截止阀 A10(位于第三方设备柜后面的机车上风缸下侧,图 8-3)。

## 二、机车启动过程

检查空气管路柜上 B01. U99 钥匙阀上钥匙是否在正常位(竖直位)。若不在正常位,执行表 8-2 的操作。

**表 8-2 机车启动操作前解锁**

| | | |
|---|---|---|
| 1. 主逆变器和车顶门 | | |
|  |  | 旋转黄色钥匙,将主逆变器柜和网侧柜(A)和车顶门(B)锁死后,拔出黄色钥匙 |
| 2. 接地开关 | | |
| 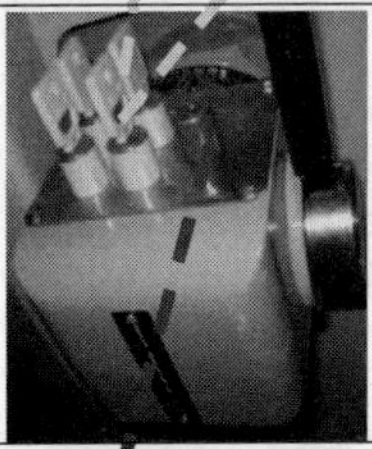 | 将黄色钥匙插入接地开关并旋转 90°<br>旋转并将接地开关的操作手柄旋转到位<br>旋转蓝色钥匙<br>黄色钥匙和操作手柄锁死<br>高压设备接地解除<br>取出蓝色钥匙 | |
| 3. B01. U99 带钥匙阀 | | |
|  | | |
|  | 插入蓝色钥匙并旋转到受电弓气缸的气流通路导通<br>受电弓升弓阀得电,解除电联锁 | |

1. 在司机室内的准备

以下操作准备要在司机室内完成(若需要,打开司机室灯)。

操纵台:

(1)检查紧急制动按钮是否松开。

(2)旋转本务机车的司机控制器的钥匙开关(位置 2)到闭合(图 8-4)。

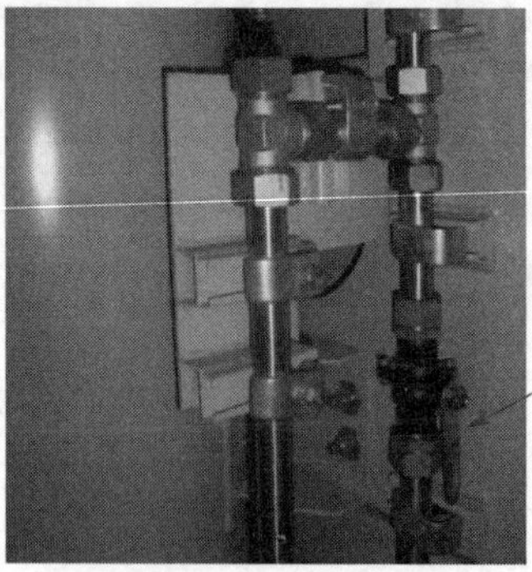

图 8-3　截止阀 A10

(垂向打开位、横向关闭位)

图 8-4　司机控制器

1—方向开关;2—钥匙开关;3—主手柄

(3)在多台机车重联时,把一个钥匙开关转换到“闭合”位置。

(4)机车重联时,TCN 同时开始配置。

(5)只有司机控制器钥匙开关在“闭合”位,此司机室被占用。

(6)不给司机钥匙不能选择司机室,也不能转动方向开关。

(7)在司机控制器钥匙开关闭合后,计算机显示屏(图 8-5)显示主画面。

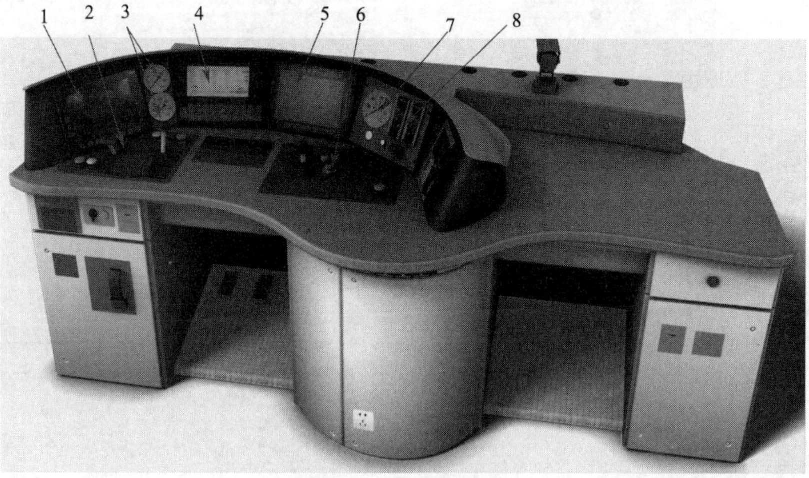


图 8-5　计算机屏显

1—制动屏显;2—电子制动阀;3—压力表;4—监控屏显;5—计算机屏显;6—司机控制器;7—速度表;8—控制开关

计算机显示屏用来显示运用数据。显示器通过提供功能故障或机车限制信息及提供可能的补救措施来支持司机(图 8-6)。

进行车辆的 WTB 连接。通过此控制级别,识别本务机车和组内有多少台机车重联。

检查计算机显示屏，是否组内的所有机车都已识别。主显示画面的顶部显示识别的机车编号。

2. 车辆(机车)连接

(1)连接成功

若编组内的所有的机车都已经识别且在计算机显示屏上无故障信息显示，车辆的 WTB 连接成功完成。

(2)车辆 WTB 连接不成功

若 WTB 连接过程不成功，以下情形可能发生：机车不能参与牵引及在控制级上出现故障。车辆故障产生的原因：电气连接故障、不正确的启动过程等。

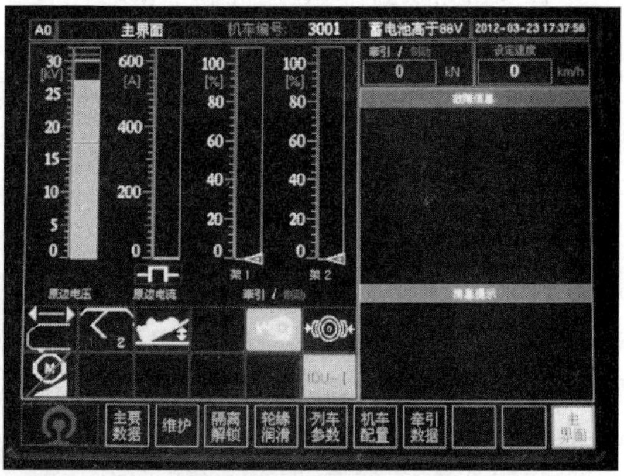


图 8-6　计算机屏显主画面

3. 升起受电弓

通过按下受电弓扳键开关 2 到位置“升弓”来升起受电弓(图 8-7)。

(1)升弓需要满足以下条件

受电弓/主断路器的小自动开关闭合；受电弓升弓截止阀在正常位；所有辅助压缩机的小自动开关没有断开；紧急制动按钮没有按下；司机室内没有降弓的命令；在升弓命令最晚 15 min之后，必须闭合主断路器，否则降弓以保护蓄电池；运用时需要新的升弓指令；机车模式开关(=21－S54)必须在正常位；在司机室内没有降弓命令；蓄电池电压超过 77 V。

图 8-7　主断/受电弓扳键开关位置

1—主断扳键开关；2—受电弓扳键开关；3—空压机开关；

4—头灯扳键开关；5—辅照灯扳键开关；6—标志灯扳键开关；7—司机室内部照灯

若在 CCU 和 MIO 之间无通信，通知维护人员，本台机车不能进行牵引。

注：在辅助风压低时，由辅助压缩机提供升弓所需的风压，在按下受电弓扳键开关时，自动启动辅助压缩机；若受电弓已经升起，此命令无效。

(2)升弓后屏显查检相关数据

通过按下计算机显示屏上的软键 1 从主画面切换到主要数据画面。在主要数据画面的“受电弓”行显示了受电弓的状态。

若不是所有选择的受电弓都升起，检查状态信息和诊断信息。

若一个主断路器指示为红色，相应的整台机车的受电弓不能升起。

一旦受电弓区域变白，主断路器准备闭合。

4. 闭合主断路器

通过按下计算机显示屏上的软键 0 将主要数据画面切换到主画面，检查网压，网压值17～31.5 kV。通过扳键开关(位置 1)来合主断。至此，机车启动完成准备运用。

**三、机车日常技术作业检查**

1. 制动试验

制动试验的前提条件：司机室占用；受电弓升起；主断路器闭合；总风缸压力≥750 kPa(压力表 D66 的红针，见图 8-5)。

停放制动施加时，制动启动(制动屏)：输入阀调整为 500(或 600)kPa；转向架切除阀(Z10.22 和 Z10.23)打开(图 8-8)。无制动系统故障时，将无故障信息显示在计算机显示屏上或制动显示屏上。

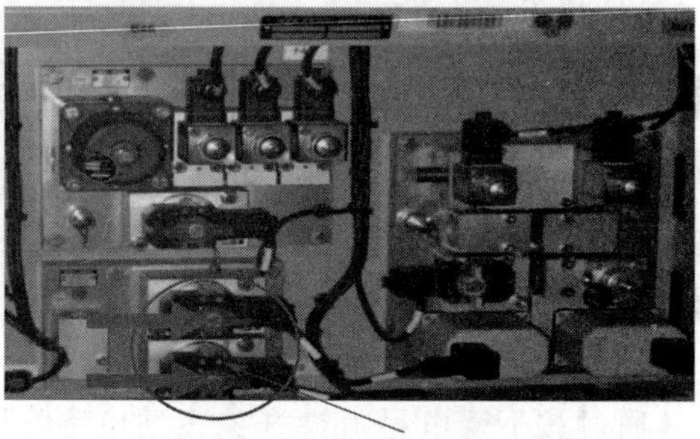

图 8-8　转向架切除阀

2. 制动试验自动制动阀(自阀)

按照如下进行自阀试验。

①把电子制动阀的右侧(单阀)制动手柄(位置 1)放置于“运行(转)”位。

②把电子制动阀的左侧(自阀)制动手柄(位置 2)置于“运行(转)”位。控制 1/2 转向架制动缸压力 C1/C2(位置 3)(黑针)，压力必须为 0(0)kPa，制动压力(位置 4)(压力表 D67)必须为 500(600)kPa。

③移动电子制动阀的自阀手柄(位置 2)到“初制动”位(图 8-9)，制动缸压力表针上升，制动主管表针压力下降。转向架 1/2 制动缸压力 C1/C2(压力表 D66)必须为 70～100 kPa(图 8-9中位置 4)。制动主管压力(压力表 D67)必须为 450(550)kPa(图 8-9 中位置 3)。

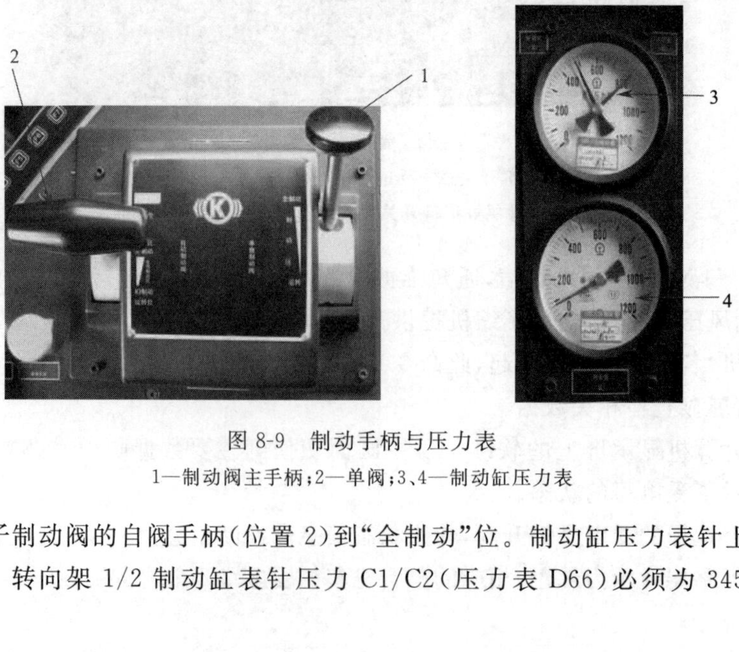


图 8-9　制动手柄与压力表

1—制动阀主手柄；2—单阀；3、4—制动缸压力表

④移动电子制动阀的自阀手柄(位置 2)到“全制动”位。制动缸压力表针上升，制动主管表针压力下降。转向架 1/2 制动缸表针压力 C1/C2(压力表 D66)必须为 345～375(415～

440)kPa。制动主管表针压力(压力表 D67)必须为 335～355(405～425)kPa。

⑤移动电子制动阀的自阀手柄(位置 2)到位置“初制动”。制动缸压力下降制动管压力上升。转向架 1/2 制动缸压力 C1/C2(压力表 D66)必须为 70～100 kPa,制动管压力(压力表 D67)必须为 450(550)kPa。

⑥移动电子制动阀的自动手柄(位置 2)到“运行”位。制动缸压力下降,制动管压力上升。转向架 1/2 制动缸压力 C1/C2(压力表 D66)必须为 0(0)kPa。

制动管压力(压力表 D67)必须为 500(600)kPa。

3. 制动试验-独立制动

(1)按以下步骤进行独立制动试验

①把电子制动阀的单独制动手柄(位置 1)置于“运行”位。

②把电子制动阀的自阀手柄(位置 2)置于“运行”位。观察压力表 D66(位置 3)上(黑针)转向架 1/2 制动缸压力 C1/C2。

(2)设定值＝0(0)kPa

观察制动管压力(红针)在压力表 D67 上的读数。

(3)设定值＝500(600)kPa

移动电子制动阀的独立制动手柄(位置 1)到“全制动”位。制动缸压力上升。观察压力表 D66(位置 3)上(黑针)转向架 1/2 制动缸压力 C1/C2。

(4)设定值＝(300±15)kPa

把电子制动阀的独立制动手柄(位置 1)置于“运行”位。观察压力表 D66(位置 3)上(黑针)转向架 1/2 制动缸压力 C1/C2。

(5)设定值＝0(0)kPa

移动电子制动阀的独立手柄(位置 1)到“全制动”位。观察压力表 D66 上(黑针)转向架 1/2 制动缸压力 C1/C2。制动缸压力在 1.5～3 s 内从 0 上升到 270 kPa。

(6)TP-20 压力为(300±15)kPa

把电子制动阀的独立制动手柄(位置 1)置于“运行”位。观察压力表 D66(位置 3)上(黑针)转向架 1/2 制动缸压力 C1/C2。制动缸压力在 3～5 s 内从 300 kPa 下降到 30 kPa。

4. 用电子制动阀进行紧急制动试验

在紧急制动试验过程中,主断路器断开且受电弓自动降下。具体试验步骤如下。

(1)转动方向开关(位置 6)到向前;转换自阀手柄(位置 2)到“运行”位;制动管压力上升到 600 kPa(双针表 D67 中的红针)。

(2)关闭制动柜内的 3/2 路塞门 B01S10.01(图 8-10)。转换自阀手柄(位置 2)到“紧急”位置。可以听到制动管压缩空气排气声。

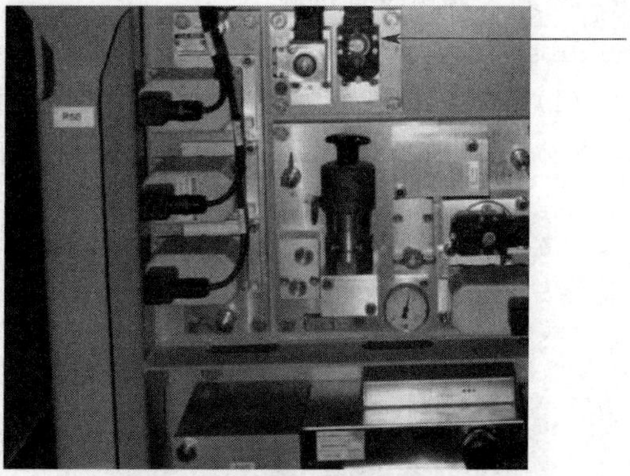

图 8-10　3/2 路塞门

(3)控制压力表压力,制动管压力为 0 kPa(压力表 D67 中的红色指针)。控制显示器(位置 4)上的状态信息:紧急制动。打开 3/2 路塞门。

(4)移动自阀手柄(位置 2)到“运用”位,控制压力表(位置 3)的压力。制动管压力为 500(600)kPa(双针表 D67 中的红色指针)(图 8-9)。

### 四、机车滚动试验

滚动试验保证所有制动缓解且机车可以自由滚动,没有突然施加制动且没有损伤。移开止轮器(铁鞋),把司机控制器方向开关转到向前位(图 8-4)。确保在线路上无人或障碍物。使用直接制动增加制动压力到约 100 kPa(转向架 1/2 制动缸管压力表 D66)来避免向后运动。

1. 机车停放制动/缓解试验

在滚动试验过程中,机车必须能自由滚动。注意机车走行部的摩擦声,所有制动指示器必须为绿色(图 8-11)。

通过按下位于操纵台按钮(绿色)来缓解停放制动(图 8-12)。检查所有制动是否都已缓解。使用司机控制器的牵引/制动手柄给出小的牵引力(图 8-4)。在计算机显示屏中牵引力开始动时(图 8-6),缓解直接制动。仔细听摩擦声。用司机控制器的牵引/制动手柄取消牵引力并且再次使用单独制动停止机车。通过按下位于操纵台上的按钮(红色)来施加停放制动(图 8-12)。

图 8-11 操纵台制动指示器

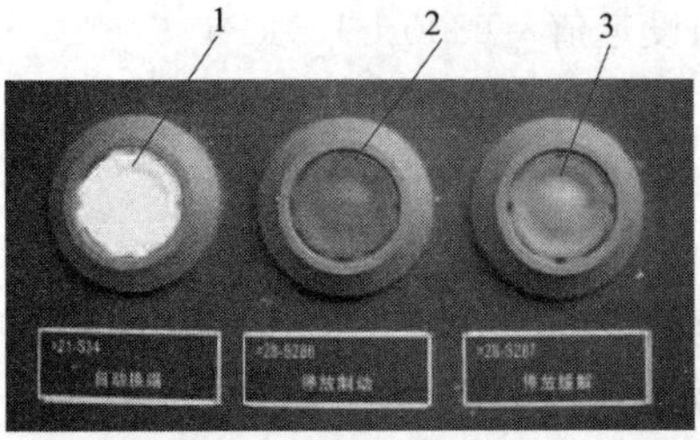


图 8-12 操纵台停放制动施加和停放制动缓解按钮

1—自动换端按钮;2—停放制动施加按钮;3—停放制动缓解按钮

2. 无人警惕装置试验

在运用前都要做无人警惕装置试验。无人警惕系统的功能试验只能在机车静止时进行。

(1)启动条件:某个无人警惕装置的按钮(图 8-13)或脚踏(图 8-14)长时间按下(不小于 60 s)。

(2)反应:60 s 之后,显示屏上显示相关信息、语音报警;60 s+10 s 之后,惩罚制动指示。

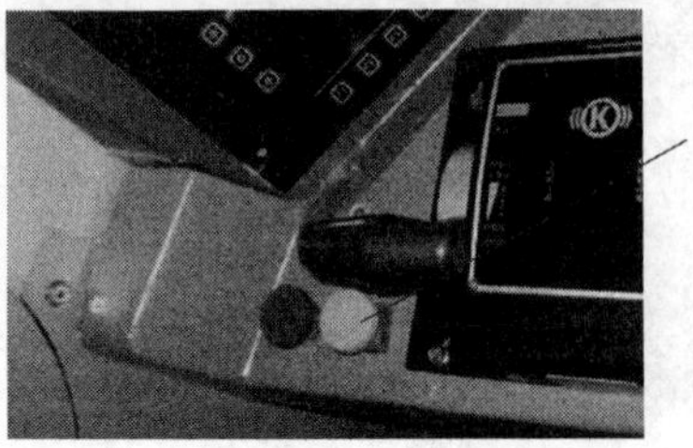

图 8-13 无人警惕装置按钮开关

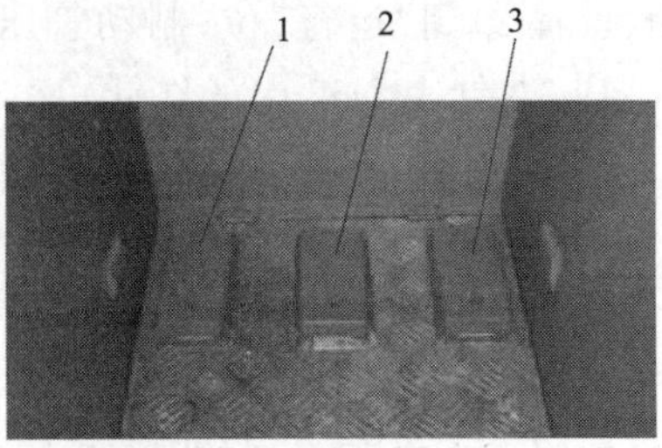


图 8-14 无人警惕装置脚踏开关

1—脚踏撒砂阀;2—无人警惕脚踏开关;3—风笛脚踏开关

当无人警惕装置故障时，可以通过无人警惕装置故障隔离开关将无人警惕装置切除（图 8-15）。

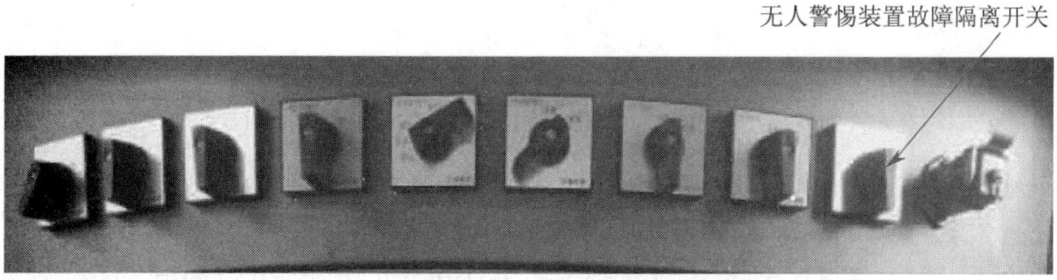


图 8-15　无人警惕装置故障隔离开关

3. 撒砂试验

位于轴前的撒砂设备（与牵引方向有关）只有方向开关位置在向前或向后时（图 8-4），才能操作。若方向开关在中立位，撒砂装置不能工作。

(1)前提条件

机车必须启动，总风缸压力必须在 700 kPa 到 900 kPa 之间，撒砂截止阀必须在打开位（图 8-16）。

图 8-16　辅助模块面板

所有与撒砂相关的自动开关必须在初始位“闭合”。

(2)撒砂脚踏开关

①方向开关打到“向前”位（图 8-4），脚踩踏板开关控制撒砂（图 8-14），检查 1、3、4、6 轴的撒砂量是否足够。

②方向开关打到“向后”位（图 8-4），再次脚踩踏板控制撒砂（图 8-14），检查 1、3、4、6 轴的撒砂量是否足够。

③注意砂子只能撒在轨面上，不能撒在旁边，T 砂嘴（图 8-17）不能变形、打折、破裂；若撒砂量太小或不撒砂，通知维护人员修理。

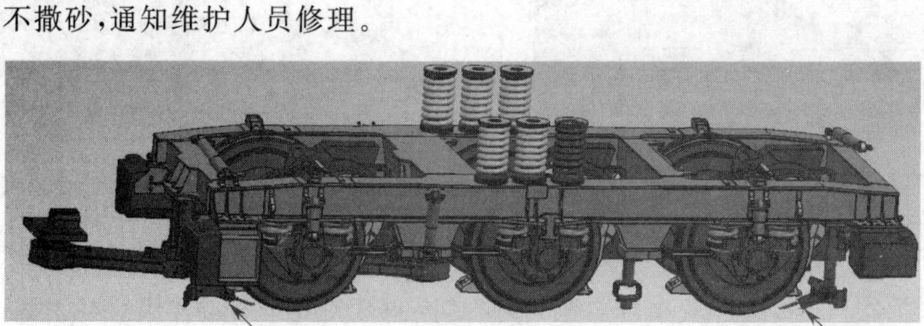


图 8-17　转向架撒砂 T 形砂嘴

4. 泄漏试验

①通过操作 EBV 的自阀(位置 1)手柄(图 8-9)给制动管加压到 450 kPa,检查显示器上或压力表上的压力值。

②使用制动屏显上的软键锁死 EBV。

③按下软键 F3EAB(图 8-18)。

④按下软键[F5]切入/切除。

⑤通过按下软键“执行”来确认配置。

⑥EBV 锁死:设置 EAB 到本务/切除模式并且放置自阀手柄到全制动位;检查制动管压力(压力表 D67 的红色指针)是否在超过 1 min 的时间内保持一致,列车管泄漏量为±20 kPa。

注:若制动管压力超过或下降到(450±20)kPa 以下,须通知维护人员。

5. 监控系统试验

①出于安全考虑,有必要每趟交路运用前,进行由监控系统引起的紧急制动试验。

②试验的详细步骤来自于机车运用部门相关文件或监控系统设备使用规定。

6. 回到运用模式

①置自动手柄于“运行”位,均衡管压力上升到(600±7)kPa,制动管压力上升到平均管±10 kPa,制动缸压力下降到 0 kPa,没有 PCS 指示。

②放置独立制动手柄到全制动位并保证:制动缸压力上升到(300±15)kPa,看故障和事件日志并且证明所有 LRU 可用并且没有实际故障。机车制动系统准备投入运用。

## 五、机车外部照明等用电设备检查

在可见度差的情况下使用以下照明。

1. 端部照明

机车前/后照明灯设置相同,图 8-19 为机车前部照明灯设置。

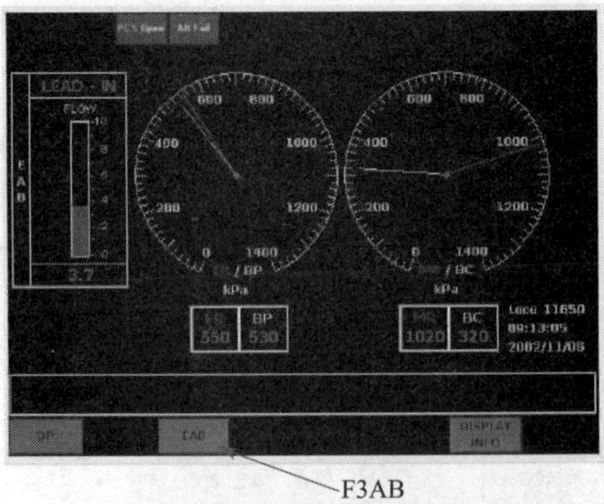


图 8-18 制动屏显运用——F3AB

图 8-19 前部照明灯

1—头灯;2—司机侧辅照;3—副司机侧辅助照灯

使用操纵台上的扳键开关来开启照明灯:其控制开关处于司机操纵台的正面,使用头灯扳键开关(位置 4)来开/关头灯,并控制头灯的强弱;使用辅照灯扳键开关(位置 5)控制辅照灯;使用标志灯扳键开关(位置 6)控制标志灯(图 8-7)。

2. 机车侧面照明

机车侧面(机车两侧走行部)照明,除正常的照明外,走行部两侧在斜对置处(图 8-20)还提供了 2 个供侧面照明的行灯插座(图 8-21)。

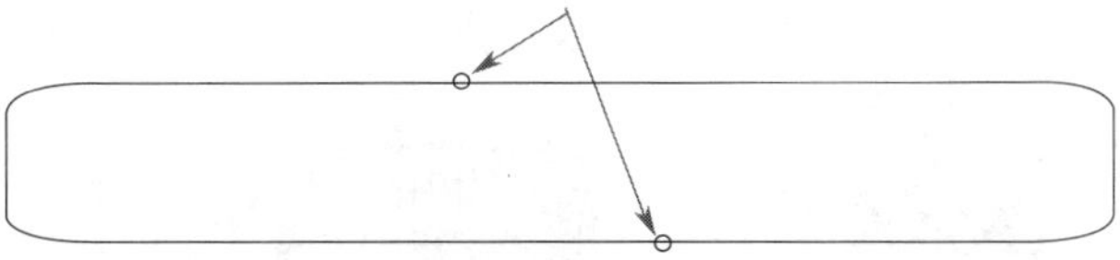

图 8-20　机车侧面行灯插座布置图

3. 内部照明

(1)司机室灯

由司机室内部照明灯、记点灯、仪表灯构成。有以下几个用于司机室灯的开关。

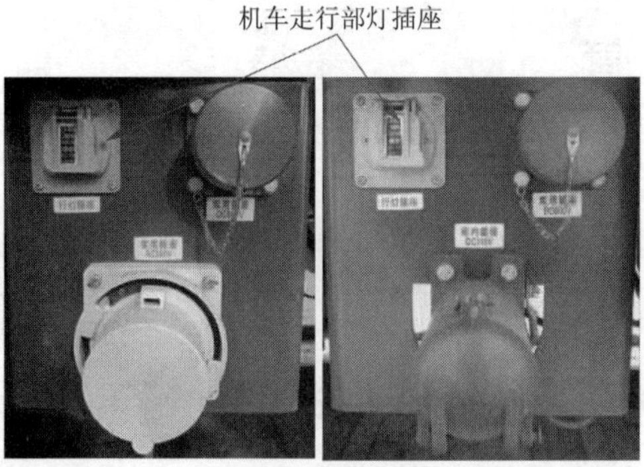


图 8-21　机车走行部灯插座

图 8-22　司机室记点/仪表灯开关

①使用＝52-S121、＝52-S221 扳键开关(位置 7),来开/关司机室灯,并控制灯的强弱(图 8-7)。

②使用＝52-S134、＝52-S234 转换开关(位置 1),来开/关记点灯(图 8-22)。

③使用＝52-S133、＝52-S233 转换开关,来开/关仪表灯(图 8-22)。

(2)机械间灯

机械间灯由机械间内 6 个灯构成(图 8-23)。

4. 信号设备

高音风笛/低音风笛。在司机室顶部,安装了两个高音风笛和 1 个低音风笛(图 8-24)。高音风笛通过设在司机操纵台的左、中、右三个按钮来控制;低音风笛通过用脚踩下脚踏开关来操作(图 8-14)。

图 8-23　机械间灯

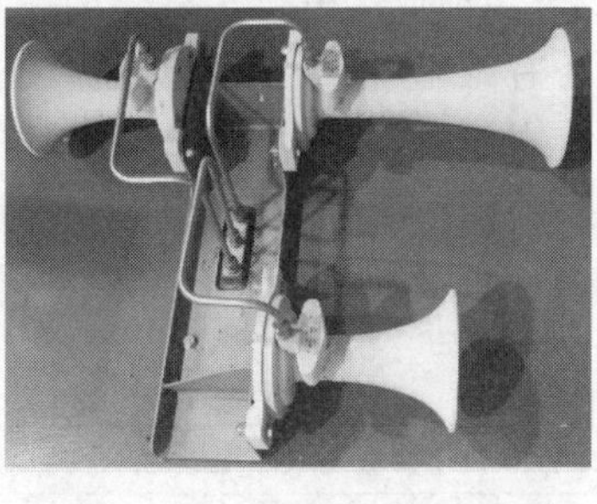

图 8-24　风笛

5. 空调开关

在司机室内装有空调，通过设置在司机室的操作面板可以控制空调开启/关闭(图 8-25)，经模式选择开关选择可控温度(图 8-26)，经风速开关选择低/高速(图 8-27)，即经此三类开关来调节改善司机室温度，以达到合适的工作环境温度。

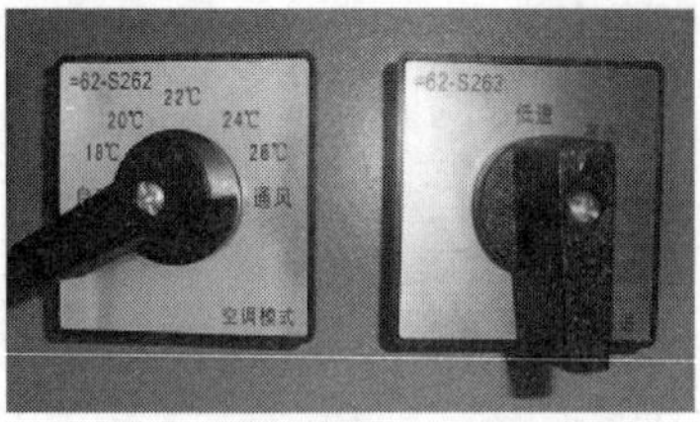


图 8-25　空调的操作面板

图 8-26　模式选择开关

图 8-27　风速转换开关

## 思　考　题

1. 简述机车启动准备检查项目。
2. 机车启动前对解锁的要求有哪些？
3. 简述机车升受电弓需要满足的条件。

## 第二节　HXD1C 型电力机车出段前重点检查

HXD1C 型电力机车出段前重点检查属机车日常整备检查作业项目。它包括机车高压整备试验与空气制动试验和低压柜开关检查，通过此类检查与相应试验使机车的控制系统能符合机车运用条件的要求，力求将机车可能的运用隐形故障消除在机车出段之前，保证机车运用中的良好性能。

### 一、机车出段前高压整备试验

1. 试验目的和用途

该型电力机车高压试验主要用于在机车进行整备作业时，对机车性能进行的检查(不包括维修部件的单项试验检查)，保证机车运用中的安全。试验中应符合相关的安全手册要求，特殊的操作需有资质和有能力的人员进行。

2. 试验准备

高压试验前应进行机车状态的检查，其中包括以下几项。

(1)所有维修/检查工作已经完成。

(2)没有工具和/或更换的零部件遗留在工作区域。

(3)相关的警示标志已经摆放到位。

(4)完成机车试验前准备工作见表 8-3。

表 8-3　试验前准备工作

| | |
|---|---|
| 准备工作 | 1. 检查机车没有接入库用电源 |
| | 2. 检查机车是否在接触网下 |

续上表

| | |
|---|---|
| 准备工作 | 3. 总风缸压力不低于 700 kPa |
| | 4. 司控器各手柄置“0”位 |
| | 5. 空气管路柜内 B01. U99 上无钥匙 |
| | 6. 电源柜及各屏柜按库外接触网下作业要求整备完毕，各闸刀开关、自动开关处于机车运行的相应位置，控制电压不低于 77 V |
| | 7. 关好各柜门，车顶门 |
| | 8. 机车电钥匙、方向手柄、接地开关的钥匙要求齐全到位 |
| | 9. 低压试验已经完成 |

3. 高压试验试验程序、项目及要求

高压试验的程序、项目和要求见表 8-4。

**表 8-4 高压试验的程序**

| 试验项目 | 试验内容和操作方法 | 试验要求 |
|---|---|---|
| 1. DC110 V 电源输出检查 | 闭合控制电源柜自动开关 32-F02、32-F03、32-F04、32-F156、52-F173；<br>将 32-S03 置“正常”位 | 检查控制电源柜上显示屏，蓄电池输出电压不低于 88 V |
| 2. 接通控制回路电源和负载 | 闭合低压柜内所有自动开关(包括 DC 110 V 配电开关和所有三相自动开关，各转换开关根据实际情况置于合理位置；<br>检查低压柜内库内动车 31-S01，31-S02 置正常位 | 各控制回路都处于正常的运行状态 |
| 3. 升弓、合主断气路检查 | 使用钥匙箱蓝钥匙，置入空气管路柜内 28-A01-U99 钥匙箱内的“cut in”位 | 确保升弓、合主断气路通畅 |
| 4. 司机室占用 | 把机车电钥匙放入操作端司控器 22-S01 或 22-S02 内，置“1”位 | |
| 5. 升弓 | 检查计算机显示屏，满足升弓条件 | |
| | 操作受电弓扳键开关 21-S11 或 21-S21，置“升弓”位 | 机车相应受电弓升起 |
| | 目视检查，确认升弓状态，网压状态(网压在 17.5～30 kV 内) | 观察司机室网压表 41-P02 或 41-P03 显示的网压值(约 25 kV)；<br>观察计算机显示屏显示的网压值(与网压表显示的网压值相等) |
| 6. 合主断 | 检查计算机显示屏，满足合主断条件 | |
| | 主断分合扳键开关 21-S12、21-S22 置“合主断”位 | 1. 主断合上<br>2. 计算机显示屏显示主断合图标 |
| 7. 观察辅变、辅机的启动及工作情况 | 合主断后 3 s 内，辅变自动投入工作 | 通过计算机显示屏，观察辅变的工作情况 |
| | 待辅变启动完毕后，各风机、油泵、水泵开始启动 | 在计算机显示屏上观察各辅机的工作情况，检查转向 |
| | 把压缩机扳键开关 34-S13、34-S23 置“合”位 | 如果总风压力表显示的压力小于(750±20)kPa 时，压缩机 1 开始工作；当总风压力表显示的压力大于(900±20)kPa 时，压缩停止工作 |
| | 把压缩机扳键开关 34-S13、34-S23 置“强泵”位 | 两台压缩机同时工作，当总风压力表显示的压力大于(950±50)kPa 时，高压安全阀动作，必须把压缩机扳键开关 34-S13、34-S23 置“关”位，停止压缩机强泵 |

续上表

| 试验项目 | 试验内容和操作方法 | 试验要求 |
|---|---|---|
| 8. AC 220 V 辅助设备 | 置司机台中柜面板上司机室取暖转换开关 62-S164、62-S264 为"开"位 | 后墙加热器工作情况良好 |
| | 置司机台中柜面板上空调模式转换开关 62-S162、62-S262 空调风速调节开关 62-S163、62-S263 为合理位置 | 检查空调，运用模式工作正常，各出风口应出风 |
| | 把热水壶加满水后，接入司机台右柜面板上五孔插座 77-X162 或 77-X262，过 2 min 左右 | 电热水壶工作正常，插座功能完好 |
| | 置司机台中柜面板上窗加热转换开关 63-S125 或 63-S225 为"开"位 | 前窗电热玻璃加热良好 |
| | 微波炉插头插到＝77-X362S 上，操作微波炉面板上的按钮，微波炉应能够工作 | 微波炉工作情况良好 |
| 9. 牵引预备 | 司控器方向手柄置"向前"或"向后" | 机车向前牵引 |
| | 缓解停放制动缓解按钮 28-S187 或 28-S287，操作端有效 | 缓解停放制动 |
| | 通过司机台上 EBV 上单独制动，给制动缸施加空气制动不小于 100 kPa | 防止动车 |
| 10. 检查各牵引电动机转向和给力 | 把牵引/制动手柄给出速度设定小于 3 km/h，查看计算机显示屏牵引数据界面，各架下各电机应有设定力矩、实际力矩数据 | 检查牵引功能(一般情况下) |
| | 缓解司机台 EBV 上单独制动，机车向前移动很小距离，一般小于 5 m | 机车运行方向与方向手柄给定方向一致，检查牵引功能(一般情况下) |
| | 操作低压柜内 22-S55、22-S56、22-S57，隔离其他完好电机，保留维修有改动的电机。单个电机进行操作，重复上述 * 1 和 * 2 操作 | 机车运行方向与方向手柄给定方向一致，检查牵引功能(一般情况下)<br>检查单个电机的转向是否正确(更换牵引电动机、主变流器、电机大线等部件时优先进行) |
| 11. 断主断 | 主断分合扳键开关 21-S12、21-S22，置"断"位 | 1. 主断分断<br>2. 计算机显示屏显示主断分图标 |
| 12. 降弓 | 操作受电弓扳键开关 21-S11 或 21-S21，置"降弓"位 | 受电弓降下 |
| | 目视检查，确认降弓状态，网压状态 | 观察司机室网压表 41-P02 或 41-P03 显示的网压值(感应网压约 0～3 kV)；<br>观察计算机显示屏显示的网压值(与网压表显示的网压值相等) |
| 13. 重复检查 | 换端操纵，重复进行 4～12 操作 | 检查另一端司机室操控设备功能 |

## 二、空气制动试验

1. 操作前的准备

(1)检查电源供电的 MCB 上的自动开关＝28-F130，＝28-F131，＝28-F132，＝28-F156，＝34-S13，＝34-S23 处于闭合位。

(2)检查空气管路柜中各控制模块的塞门处于正常位，检查空气管路柜上钥匙阀 B01. U99 钥匙是否在正常位(竖直位)。正常运行时 EPCU 中 ERCP 的无动力回送塞门打至正常位，在无动力回送时打至投入位。

(3)检查风源柜中塞门 A10 处于开通位，总风缸的排水塞门处于关闭位，辅助压缩机的辅助风缸的排水塞门处于关闭位。

(4)检查机械间总风管路塞门 A20 是否处于开通位，卫生间塞门 K81 是否处于开通位，干燥器喇叭轮喷踏面模块各塞门是否处于开通位，升弓气阀板塞门是否处于开通位。干燥器喇叭轮喷踏面控制模块中干燥器的电源开关处于闭合位，加热开关在环境温度低于 5 ℃时打至闭合位，环境温度高于 5 ℃时打至关断位。

(5)检查司机室操纵台紧急制动按钮是否松开，检查司机室后墙车长阀是否在闭合位(竖直位)。

(6)检查机车两端平均管截止阀 B82/B86、列车管截止阀 B81、总风管截止阀 B80/B87 是否关闭。检查平均管防撞截止阀 B94、列车管防撞截止阀 B95、总风管防撞截止阀 B95 是否开通。

完成以上各项准备工作并对制动机系统进行相关试验后，即可操作。

2. 操作过程

(1)电制动

当使用电制动时，牵引电动机作为发电机。机车司机可以通过使用司机控制器上的牵引/制动手柄或 EBV 的自动制动手柄来使用电制动。

(2)自动空气制动

通过操作 EBV 自动制动手柄操作机车直接制动，它用于施加和缓解整列车的制动。

(3)独立空气制动

单独制动可以由司机通过操作 EBV 上的独立制动手柄来实现，由本务机车触发连接到平均管的所有机车的制动，不会对制动管和车辆的制动产生影响。

(4)停放制动

为了保证机车不会无倾向的运动，有停车制动。它通过位于操纵端司机室司机侧后墙柜上的两个按钮来实现，施加停放制动按钮、缓解停放制动按钮。

①停放制动的空气紧急缓解。在有气压的情况下，如果控制电压断开，停放制动仍然可以缓解或施加。机车司机对停放制动的手动缓解只需要按下制动柜内的手动控制按钮 B01B40.03-I。

②停车制动的机械缓解。施加的停放制动可以机械缓解。关闭位于制动柜的“停车制动”截止阀 B01B40.06。用手拉来缓解直到不再有停车制动施加。

3. 操作中的注意事项

(1)操纵自动制动可对全列车进行制动及缓解；操作独立制动可对本机车进行制动及缓解。

(2)自动制动紧急制动时，必须在紧急位停留 60 s 以上后，再回运转位才能缓解全列车。

(3)自动制动在运转位或制动区时，由于其他原因引起紧急制动作用后，需经过 60s 以上，自动制动手把移至紧急制动位或重联位，再回运转位，方可缓解全列车。

4. 换端操作

HXD1C 型电力机车系双司机室机车，两个司机室的结构基本相同，通过自动换端完成。在换端操纵时，将施加惩罚制动。如果没有司机室被占用，BCU 将保持换端惩罚制动。一旦 BCU 收到占用端司机室信息，惩罚制动可以通过将占用端的 EBV 放在抑制位超过 1 s 然后放在运转位来缓解。

5. 退乘操作

运行后的退乘及功能检查试验完毕后应作如下操作。

(1)通过按下位于操纵台上的按钮(红色)来施加停放制动,转向架施加制动且计算机显示屏上显示信息“停放制动施加”。如果不成功,使用止轮器(铁鞋)来保护。

(2)切断制动控制电源。

(3)关闭总风塞门 A10。

6. 试验

司机在机车未出库前,应对空气管路系统及制动机进行以下试验。

(1)制动试验——自动制动

把电子制动阀的右侧制动手柄放置于“运行”位,把自动制动手柄置于“运行”位。控制转向架制动缸压力必须为 0 kPa,制动管压力必须为 500(600)kPa。

移动自动制动手柄到位置“初制动”。制动缸压力上升,制动管压力下降。转向架制动缸压力必须为 70～100 kPa。制动管压力必须为 450(550)kPa。

移动自动制动手柄到“全制动”位。制动缸压力上升,制动管压力下降。转向架制动缸压力必须为 345～375(415～440)kPa 制动管压力必须为 335～355(405～425)kPa。

移动自动制动手柄到位置“初制动”。制动缸压力下降,制动管压力上升。转向架制动缸压力必须为 70～100 kPa。制动管压力必须为 450(550)kPa。

移动自动制动手柄到“运行”位。制动缸压力下降,制动管压力上升。转向架制动缸压力必须为 0 kPa。制动管压力必须为 500(600)kPa。

(2)制动试验——独立制动

把独立制动阀的手柄置于“运行”位,把自动制动手柄置于“运行”位。

控制转向架制动缸压力必须为 0 kPa,制动管压力必须为 500(600)kPa。

移动独立制动阀手柄置于“全制动”位,制动缸压力上升,转向架制动缸压力必须为(300±15)kPa。

移动独立制动阀手柄置于“运行”位,转向架制动缸压力必须为 0 kPa。

移动独立制动阀手柄置于“全制动”位,转向架制动缸压力在 1.5～3 s 内从 0 上升到 270 kPa。

移动独立制动阀手柄置于“运行”位,转向架制动缸压力在 3～5 s 内从 300 kPa 下降到 30 kPa。

(3)用电子制动阀进行紧急制动试验

转动方向开关到向前。

转换自动制动手柄到“运行”位,制动管压力上升到 500(600)kPa。

转换自动制动手柄到位置“紧急”,可以在操纵台听到压缩空气排气。可以听到制动管压缩空气排气,制动管压力为 0 kPa,制动显示屏上显示紧急状态信息,控制显示器上的状态信息:牵引封锁。

移动自动制动手柄到“运用”位,制动管压力为 500(600)kPa。

(4)滚动试验

滚动试验保证所有制动缓解且机车可以自由滚动。没有突然施加制动且没有损伤。

移开止轮器(铁鞋)。

把司机控制器方向开关转到向前。

使用直接制动增加制动压力到约 100 kPa 防止机车溜逸。

在滚动试验过程中，机车必须能自由滚动，注意摩擦声，所有制动指示器必须为绿色。

通过按下位于操纵台的缓解停放按钮来缓解停放制动。

检查所有制动是否都已缓解。

现在使用司机控制器的牵引/制动手柄给出小的牵引力。

在双针力矩表的黄色指针（实际牵引力）开始移动时，缓解直接制动。

仔细听摩擦声。

用司机控制器的牵引制动手柄取消牵引力，并且再次使用直接制动，停止机车运行。

通过按下位于操纵台上的施加停放按钮，来施加停放制动。

7. 无人警惕装置试验

在运用前都要进行。

按下无人警惕按钮开关或踩下无人警惕脚踏开关。

等待计算机显示屏上两个开关的信息，先为无人警惕系统报警，后为无人警惕系统制动激活。无人警惕装置试验成功完成。

在另外一个开关上重复此试验步骤。

8. 主压缩机压力控制试验

总风缸压力升至（900±20）kPa 时，使主压缩机停止工作；待总风缸压力降至（750±20）kPa 时，使远离操作端的主压缩机启动运转；待总风缸压力降至（680±20）kPa 时，两台主压缩机都启动运转；待总风缸压力降至（650±20）kPa 时，牵引封锁。

9. 喇叭、撒砂试验

按压高音按钮开关，脚踩踏板来控制低音喇叭开关，在总风压力大于 500 kPa 时，音色正常。

转换方向开关到“向前”位。

脚踩踏板来控制撒砂开关。检查 1、3、4、6 轴的撒砂量是否足够。

转换方向开关到“向后”位。

再次脚踩踏板来控制撒砂开关。检查 1、3、4、6 轴的撒砂量是否足够。

10. 泄漏试验

通过操作 EBV 的自动制动手柄给制动管加压到 450 kPa，检查显示器上或双针压力表上的压力值。

通过使用显示屏上的软键锁死 EBV。

设置 EAB 到本务/切除模式并且放置自动制动手柄到全制动位。检查制动管压力是否在超过 1 min 的时间内保持一致（±20 kPa）。

11. 监控系统试验，

为了安全原因，有必要每趟（次）交路进行由监控系统引起的紧急制动试验。试验的详细步骤来自于上级机车运用业务部门的有关文件或监控系统的制造厂家设计要求。

12. 紧急按钮试验

把方向开关转到“向前”位。

把自动制动手柄置于“运行”位。制动管压力充到 500(600)kPa。

按下紧急制动按钮，可以听到制动柜内的排气声，制动管压力为 0 kPa。控制显示器上的状态信息:紧急制动。

解锁按钮,制动管压力为 500(600)kPa。

### 三、低压柜开关检查

低压电器柜装置着的控制开关设备是控制该型电力机车所有低压电气设备用电与三相低压电气设备的开关。因此低压电器柜开关检查分为低压柜配电开关检查与低压柜三相开关检查。

1. 低压电柜开关配电开关检查(表 8-5)

表 8-5 低压柜配电开关检查

| 代码 | 负载 | 检查现象/故障查找点 |
|---|---|---|
| =22-F101 | VCM1 | VCM1 应开始工作 |
| =22-F102 | VCM2 | VCM2 应开始工作 |
| =24-F103 | Ⅰ端 CIO | Ⅰ端 CIO 应开始工作 |
| =22-F104 | GWM/ERM | GWM/ERM 应开始工作 |
| =24-F105 | Ⅱ端 CIO | Ⅱ端 CIO 应开始工作 |
| =42-F106 | IDU1/IDU2 | Ⅰ端和Ⅱ端计算机显示屏应开始工作 |
| =24-F107 | 机械间 I/O 模块 | 机械间 I/O 模块应开始工作 |
| =23-F108 | GU1/TCU1 | 主变流器=11-A01 的牵引控制单元开始工作 |
| =23-F109 | GU2/TCU2 | 主变流器=11-A02 的牵引控制单元开始工作 |
| =24-F112 | MIO 反馈信号 | 用万用表在=92-X143.05 的点 17 和=32-X143.07 的点 1 之间测量电压应有电压显示 |
| =31-F113 | 辅机控制 | 用万用表在=92-X143.05 的点 25 和=32-X143.07 的点 1 之间测量电压应有电压显示 |
| =21-F114 | 主断和受电弓控制 | 用万用表在=92-X143.05 的点 1 和=32-X143.07 的点 1 之间测量电压应有电压显示 |
| =31-F115 | ACU1 电源 | 辅助变流器控制单元开始工作 |
| =31-F116 | ACU2 电源 | 辅助变流器控制单元开始工作 |
| =43-F121 | 监控系统 | 监控系统应开始工作 |
| =45-F122 | CIR 电台 | CIR 电台应开始工作 |
| =43-F123 | 信号系统 | 机车信号应开始工作 |
| =28-F130 | 制动系统检测 | 用万用表在=92-X143.05 的点 43 和=32-X143.06 的点 1 之间测量电压应有电压显示 |
| =28-F131 | CCBⅡ_MIPM | CCBⅡ_MIPM 模块<B01.B46>应开始工作 |
| =28-F132 | CCBⅡ_EPCU | CCBⅡ_EPCU 模块应开始工作 |
| =28-F133 | CCBⅡ_LCDM | Ⅰ端制动系统显示屏=28-P03 和Ⅱ端制动系统显示屏=28-P04 应开始工作 |
| =72-F134 | 撒砂、轮缘润滑 | 撒砂、轮缘润滑应开始工作 |
| =21-F135 | 自动过分相 | 自动过分相系统应开始工作 |
| =77-F136 | 冷藏箱、卫生间控制 | 冷藏箱、卫生间应开始工作 |
| =21-F157 | 辅助压缩机 | 用万用表在=92-X143.05 的点 41 和=32-X143.06 的点 1 之间测量电压应有电压显示 |
| =28-F156 | 停放制动电源 | 用万用表在=92-X143.14 的点 41 和=92-X143.14 的点 15 之间测量电压应有电压显示 |

续上表

| 代码 | 负载 | 检查现象/故障查找点 |
|---|---|---|
| ＝52-F153 | 车内照明电源/机车通信电话 | 用万用表在＝92-X143.05 的点 69 和＝32-X143.06 的点 1 之间测量电压应有电压显示 |
| ＝51-F154 | 车外照明电源 | 用万用表在＝92-X143.05 的点 65 和＝32-X143.06 的点 1 之间测量电压应有电压显示 |
| ＝34-F181 | 制动系统防寒电源 | 用万用表在＝92-X143.05 的点 55 和＝32-X143.06 的点 1 之间测量电压应有电压显示 |
| ＝51-F171 | 头灯电源 | 用万用表在＝92-X143.05 的点 66 和＝32-X143.06 的点 1 之间测量电压应有电压显示 |
| ＝52-F173 | 仪表灯、计点灯、空调控制、辅照灯、标志灯电源、无线重联 | 用万用表在＝92-X143.12 的点 11 和＝92-X111.01 的点 4 之间测量电压应有电压显示 |
| ＝95-F140 | 备用 1 | 用万用表在＝92-X143.05 的点 75 和＝32-X143.06 的点 1 之间测量电压应有电压显示 |

2. 低压柜三相开关检查(表 8-6)。

**表 8-6　低压柜三相开关检查**

| 代码 | 负载 | 检查现象/故障查找点 |
|---|---|---|
| ＝34-Q11 | 牵引通风机 1 | 牵引通风机 1 开始启动 |
| ＝34-Q12 | 牵引通风机 2 | 牵引通风机 2 开始启动 |
| ＝34-Q13 | 牵引通风机 3 | 牵引通风机 3 开始启动 |
| ＝34-Q14 | 牵引通风机 4 | 牵引通风机 4 开始启动 |
| ＝34-Q15 | 牵引通风机 5 | 牵引通风机 5 开始启动 |
| ＝34-Q16 | 牵引通风机 6 | 牵引通风机 6 开始启动 |
| ＝34-Q17 | 冷却塔风机 1 | 冷却塔风机 1 开始启动 |
| ＝34-Q18 | 冷却塔风机 2 | 冷却塔风机 2 开始启动 |
| ＝34-Q23 | 压缩机 1 | 压缩机 1 允许运转 |
| ＝34-Q24 | 压缩机 2 | 压缩机 2 允许运转 |
| ＝34-Q25 | 油泵 1 | 油泵 1 开始启动 |
| ＝34-Q26 | 油泵 2 | 油泵 2 开始启动 |
| ＝34-Q27 | 水泵 1 | 水泵 1 开始启动 |
| ＝34-Q28 | 变流柜风机 1 | 变流柜风机 1 开始启动 |
| ＝34-Q29 | 水泵 2 | 水泵 2 开始启动 |
| ＝34-Q30 | 变流柜风机 2 | 变流柜风机 2 开始启动 |
| ＝62-Q31 | 1 端空调 | 允许 1 端空调工作 |
| ＝62-Q32 | 2 端空调 | 允许 2 端空调工作 |
| ＝77-Q46 | 卫生间加热 | 允许卫生间加热 |

## 思　考　题

1. 机车出段前高压整备试验有哪些内容?

2. 空气制动试验操作前有哪些准备？

3. 机车滚动试验有哪些内容？

## 第三节 HXD1C 型电力机车启动与牵引操作

HXD1C 型电力机车启动是在机车出段前检查作业完毕后，并具备机车启动的条件下才能进行的操作，它与机车的运用性能要求极为相关，机车牵引操作是在机车启动运转正常后，机车出段挂头牵引列车进行的操作。因此本节按机车启动和牵引操作，运行中过分相操作，司机室换端操作，多台机车重联与解除重联，机车无动力回送，开始牵引速度调节/定速控制等项内容进行介绍。

### 一、机车启动/牵引操作

1. 司机控制器

司机控制器是机车的主令控制电器，用来转换机车的牵引与制动工况，改变机车的运行方向，设定机车运行速度，实现机车的启动和调速等工况。因此在司机控制器上设置有三个控制开关，如本章第一节内所介绍，即钥匙开关、方向开关（也称小手柄）、牵引/制动手柄（也称主手柄）。

(1)钥匙开关

钥匙为启动机车解除电门封锁，操作时，插入钥匙并转动到“闭合”位。不允许在机车内使用多把司机钥匙。钥匙必须插在操作端司机室，只有在机车静止时才允许插拔、转动钥匙。

给钥匙后，司机室选择为占用。因为机械联锁、电气联锁，机车首先为“中立”状态。

(2)方向开关

以下开关位置可用。

①向前：可以沿机车司机室的方向向前牵引。

②0 位：等待司机指令。

③向后：可以沿机车司机室的方向向后牵引。

通过方向开关的机械联锁、电气联锁，只有在“向前”或“向后”位，司机控制器的“牵引/制动“手柄才可以使用。

(3)牵引/制动手柄

牵引/制动手柄在司机控制器的左侧，用来转换司机的牵引和制动工作模式。

牵引制动手柄可以向前推也可以向后拉。有 3 个位置。

①“D”位置：牵引。

②“0”位置：0 位。

③“B”位置：制动。

2. 定速控制

司机可以从司机显示器获得速度信息，推动牵引制动手柄，获取牵引力或制动力，调节机车速度。

司机手动制动优先于定速控制设定值。司机显示屏有“定速控制”软键。当主司控器的方向手柄处于向前位，主司控器级位手柄处于牵引区域，机车速度超过 5 km/h 且无空气制动时，按下一次定速按钮，机车进入定速状态；机车将以当前机车行驶速度作为当前定速期望目标速度，进入定速控制模式，机车将根据实际行驶速度与定速期望目标速度的差异，自动进行牵引及电制动的快速转换，控制机车行驶速度不变。

(1)导致退出定速状态的因素

主司控器级位手柄转至零位或者电制动区域；重新按下定速按钮；投入空气制动；等级故障发生。

当司机关闭定速功能时，定速功能将保持直至主司控器回到“零”位。若关闭定速功能 5 s 后主司控器还没有回到“零”位，在 IDU 上应有相应的提示信息。

(2)主司控器

对于定速控制功能，主司控器的牵引区域应当作机车最大牵引功率的百分数。

(3)定速控制的条件

只有方向手柄在“向前”位置时，定速功能才起作用，定速功能不支持“向后”运行。

(4)为了激活定速模式，以下条件应完全满足

①主司控器在“牵引”区域，它不在“零”位或者“制动”区域。

②没有空气制动。

③没有牵引封锁。

③已经输入了有效的列车重量。

④在机车定速控制特性内。

⑤目标速度和实际速度的差值应不超过 2.5 km/h。

⑥加速度或者减速度应不超过 0.33 $m/s^2$。

3. 牵引操作

(1)要求

①已经根据的要求启动机车。

②司机室门已关闭。

③机械间门已关闭。

(2)过程

①司机控制器的方向开关打到“向前”位或“向后”位。

②通过按下“停放制动缓解”按钮来缓解停放制动。

③通过把 EBV 的两个手柄都置于缓解位来缓解空气制动。

若空气制动施加且机车速度大于 20 km/h，牵引将切除。若空气制动施加，可以在最大 60 s 内启动或牵引(若机车速度小于 5 km/h)。

将司机控制器的牵引制动手柄从零位推到牵引位。机车获得速度。

(3)防滑和防空转控制

机车配备有防滑和防空转控制装置。系统安装在 TCU 内。它全程监控机车所有轮的速度。若轨面条件差(雨、灰、树叶等)，司机要求的牵引力不能施加到轨道，系统自动降级。牵引力设定到降低滑动后所能利用的最大黏着，减小车轮的磨耗，期间不需要司机的任何操作。

在司机需要最大牵引力的时间内，牵引制动手柄必须放置到 100%牵引位。这个命令表明要求最大的牵引力。当牵引力下降超过 30%时，系统自动开始撒砂。司机在任何时间也可以强制撒砂。

当防滑和防空转激活时，司机可以在机车内感觉到小的振动。实际的下降值显示在显示器上。

4. 制动操作

机车有以下制动系统:电制动、自动空气制动、独立空气制动、停放制动。

(1)电制动

当使用电制动时,牵引电机作为发电机。机车司机可以通过使用司机控制器上的牵引/制动手柄或 EBV 的自动制动手柄来使用电制动。

电制动主要用于降低机车速度和常规制动。

电制动主要用于常规制动和调整重联机车的制动,目的是降低空气制动部件的磨耗。只有在速度≤3 km/h,电制动制动力降低且被空气制动力取代。

(2)自动空气制动

通过操作 EBV 自动制动手柄操作机车直接制动。它用于施加和缓解整列车的制动。

(3)独立空气制动

单独制动可以由司机通过操作 EBV 上的独立制动手柄来实现。独立制动手柄由本务机车触发连接到平均管的所有机车的制动。不会对制动管和车辆的制动产生影响(图 8-28)。

图 8-28 EBV 手柄的位置

1—紧急位;2—重联位;3—抑制位;4—全制动位;
5—最小制动位(全制动位和最小制动位之间为制动区);6—运转位;
7—单阀运转位;8—单阀制动区;9—单阀全制动区;10—Bail-OFF 功能(通过将独立制动手柄在制动区拉到右侧来快速缓解自动制动给机车的制动)

5. 停放车制动

为了保证机车不会出现意外溜逸,需施加停放制动。它通过位于操纵端司机室司机台上的两个按钮来实现:按钮 1 用于施加停放制动、按钮 2 用于缓解停放制动(图 8-29)。停车制动为弹簧储能制动,即使在机车停止时也需施加制动。

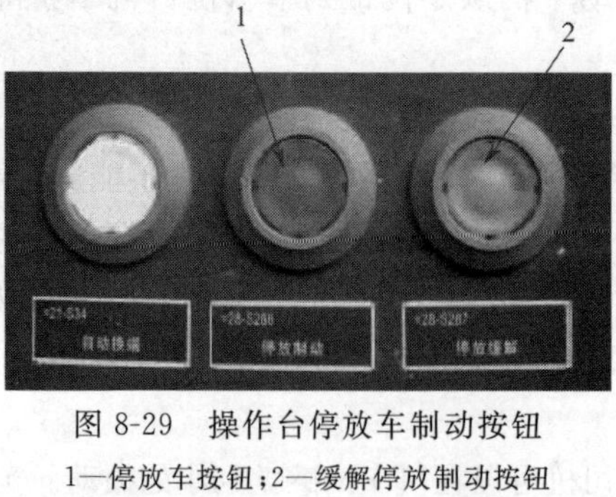


图 8-29 操作台停放车制动按钮

1—停放车按钮;2—缓解停放制动按钮

(1)制动指示

停车指示布置在机车走行部两侧,装置在司机一侧的物理图(图 8-30)与装置在副司机一侧物理图(图 8-31)的制动指示稍有区别。

图 8-30　司机侧制动指示

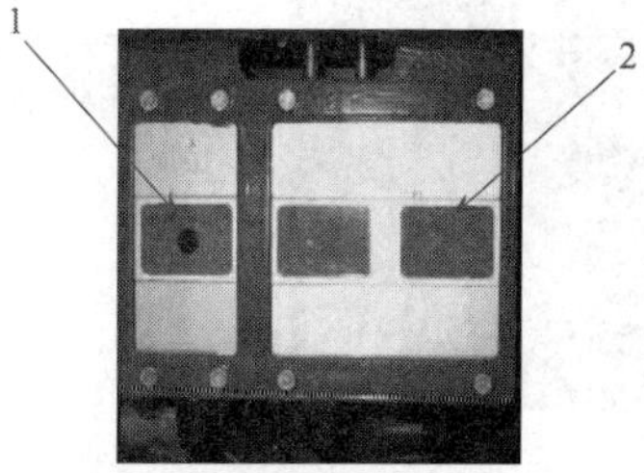


图 8-31　副司机侧制动指示

1—停车制动(实加);2—停车制动(缓解)

调车人员可以从机车外部检查机车的制动情况。若需要,可以采取额外的措施来防止机车溜逸,例如,放置铁鞋。

(2)指示器的相互作用

若有制动缸压力,有可能施加的停放制动将要缓解,彩色指示器只对单台机车有效。通过按下本务机车的停放制动按钮,整台机车施加停放制动,非占用机车的停放制动未施加(单独施加)。

(3)停放制动的空气紧急缓解

在有气压的情况下,若控制电压断开,停放制动仍然可以缓解或施加。机车司机对停放制动的手动缓解只需要按下制动柜内的手动控制按钮 B01B40. 03-I(图 8-32)。对停放制动的气动缓解过程只能在本务机车上单独进行。

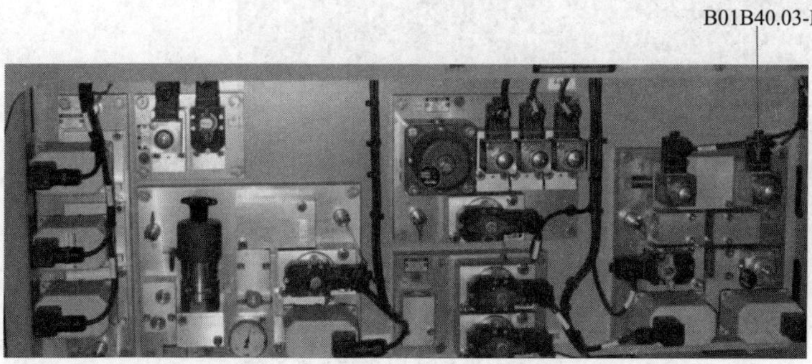


图 8-32　手动控制按钮 B01B40. 03-I

(4)停车制动的机械缓解

施加的停放制动可以机械缓解。

关闭位于制动柜的“停车制动”截止阀 B01B40. 06(图 8-33)。

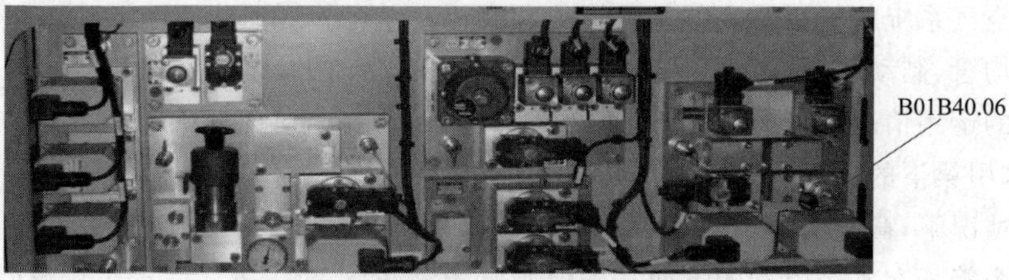


图 8-33　“停放制动“截止阀 B01B40. 06

机车、转向架、停车制动的机械缓解，用手拉，来缓解直到不再有停车制动施加（图 8-34）。对停放制动的气动缓解过程只能在单台机车上单独进行。

图 8-34　手位停车制动缓解

图 8-35　总风缸间截止阀开启状

6. 截止阀

“两个总风缸之间连接”的截止阀，在运行状态，“两个总风缸之间连接”的截止阀 A10(1)必须打开（图 8-35）。

(1)带截止阀 A10 的总风缸

若“两个总风缸之间连接”的截止阀 A10 关闭，总风管和总风缸 A11/1(2)将不会充风。制动设备不能发挥其功能。

(2)“总风缸排风”截止阀

在正常运用情况下，“总风缸排风”截止阀 A12 必须关闭（图 8-36）。

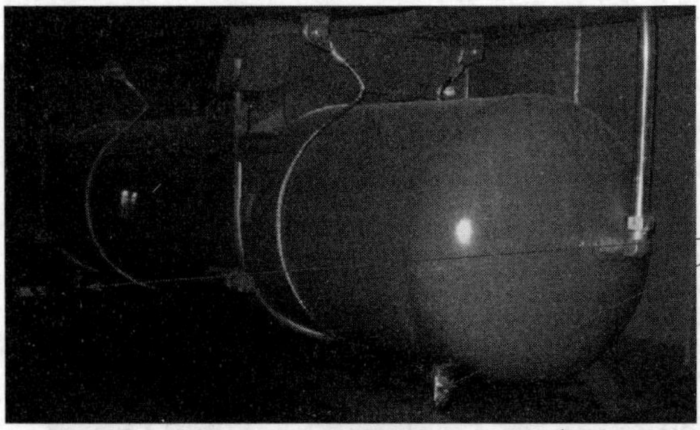


图 8-36　“总风缸排风”截止阀

在日常机车检查作业中，排除总风缸内积污时打开此截止阀 A12。

(3)“卫生间”截止阀

在正常情况下，“卫生间”截止阀 K81 必须打开。在截止阀 K81 的切除位，截止阀 K81 切除到卫生间空气系统的气源及底部排风管的气流。卫生间的气动功能也不可用。

(4)“平均管、制动管、总风管”截止阀

在正常的运用情况下，截止阀 B84、B80、B81（图 8-37）和 B86 必须关闭（图 8-38）。

(5)前牵引梁下的截止阀

在正常情况下，截止阀 B94 和 B95 必须打开（图 8-39）。

所有四个管子在头牵引梁的下面。确保所有的截止阀都打开。只有在泄漏时，例如出现

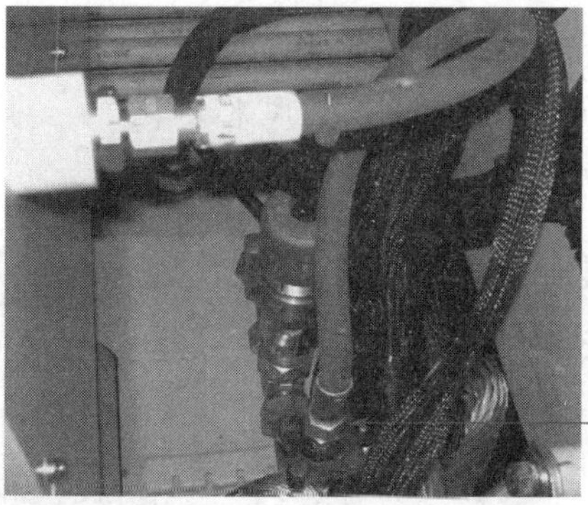


图 8-37　截止阀 K81(关闭)

图 8-38　机车端部截止阀

1—平均管截止阀(B82);2—总风管截止阀(B80);

3—制动管截止阀(B81);4—总风管截止阀(B87)

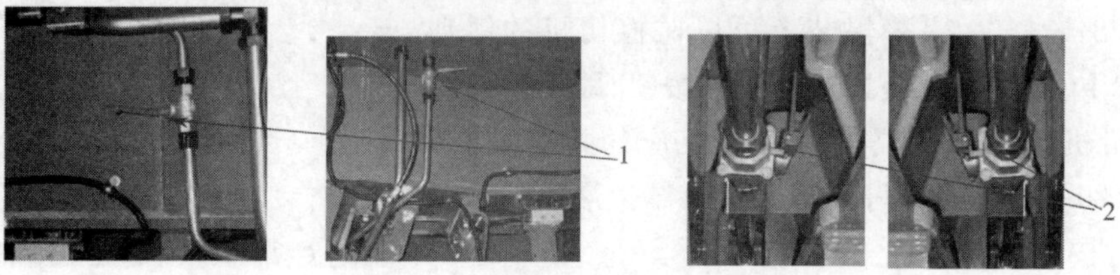


图 8-39　在前牵引梁下的截止阀

1—平均管截止阀(B94);2—总风联管截止阀(B95)、制动管截止阀(B95)

事故时关闭。在这种情况下,压缩空气将不能传到重联机车。

7. 撒砂

对于难以启动或紧急制动,每个轮对提供一个可加热的、电空的撒砂器。撒砂总是撒在所有转向架的前部。砂箱安装在转向架的角上且易于加砂。在每个转向架有 4 个体积为 100 L 的砂箱。

(1)撒砂脚踏开关(图 8-40)

按以下步骤启动撒砂:脚踩撒砂脚踏开关(位置 1),砂将撒在每个转向架牵引方向的第一根轴前。在紧急制动或防空转时,TCU 撒砂自动激活。

(2)设置撒砂电磁阀

撒砂控制单元(图 8-41),撒砂干燥电磁阀在运行中一直有电压(空气压力到撒砂单元)。每个砂箱测量设备的气流通过向砂箱内电动吹热风来干燥砂子。只有在有气流的情况下加热器可用,也就是,到砂加热电磁阀的截止阀关闭时,加热器断开。

图 8-40　撒砂脚踏开关

图 8-41　撒砂控制单元

1—撒砂脚踏开关;2—脚踏警惕开关

(3)砂箱加热器

为保护撒砂设备避免堵塞,砂箱配备有加热器。

一股细风通过喷嘴到砂箱内移动砂子。当以下条件满足时,需要的空气压力释放:主断路器闭合(瞬动主断路器分合扳键开关在“合”位),砂箱加热小自动开关闭合。在总风管内有足够的空气压力。砂箱没有被关掉气路。当砂箱内温度降到+3 ℃以下时,砂箱加热自动闭合。牵引风机在静止加热阶段不能启动以避免往机械间内吹入冷风。

8. 无人警惕装置

无人警惕装置即可手按,也可脚踏。手按的操作部件位于司机操纵台上(图 8-42)。脚踏开关位于司机操纵台下(图 8-40)。无人警惕装置可以监控司机的活动能力。从 3 km/h 起,此装置通过按下按钮、踩下脚踏开关或移动司机控制器来提供对司机反应的持续监控。在不超过 120 s 的间隔时间不断重复操作。最迟在语音报警响起时按下。

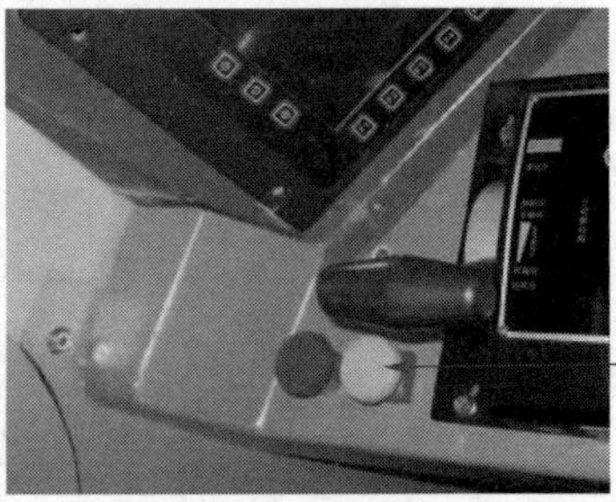


图 8-42　无人警惕装置按钮开关

无人警惕装置部件的操作中,可以通过移动司控器手柄、制动手柄,使计时器重置。踩压撒砂脚踏开关和鸣笛脚踏开关、按压鸣笛按钮,向控制系统发送 0→DC 110 V 的上升沿信号,使计时器重置。无人警惕装置只有故障时才可以切除。在启动无人警惕装置之前,机车必须静止。

(1)两个不同的操作可能引起报警:控制部件无动作;长期激活控制部件。

(2)两种情况的报警反应必须是:给司机以视觉提示;附加的声音提示给机车司机。

(3)通过开始惩罚制动或激活列车自动停止阀自动制动。

9. 司机控制器的牵引/制动手柄

若在牵引时部件的操作不正确,可能有两个后续的功能。

(1)未操作部件

若任何组件都没有操作，以下后续功能发生。

司机显示器上的信息和语音报警在 60 s 后激活（计时器 T1），在计时器运行时（信息和语音报警没有激活），若司机按下手动按钮时间超过 1 s，司机可以重置计时器。若报警已经激活，计时器立刻重设。在 60 s+10 s 之后（计时器 T1+T2），激发一个惩罚制动。惩罚制动总是导致牵引封锁。

(2)一个操作组件被长时间按下

若一个或几个操作组件不断的操作，以下后续功能可能发生。

司机显示器上的信息和语音报警在 60 s 后激活（计时器 T1），在计时器运行时（信息和语音报警没有激活），若司机按下手动按钮时间超过 1 s，司机可以重置计时器。若报警已经激活，计时器立刻重设（无延时）。在 60 s+10 s 之后（计时器 T1+T2），激发一个惩罚制动。惩罚制动总是导致牵引封锁。

在惩罚制动发生后，无人警惕装置的动作可以再次取消，若机车司机能够正确操作组件，即若是(1)项的后续引起的惩罚制动，操作组件之一必须再次操作；若是(2)项的后续引起的惩罚制动，操作组件之一必须松开其后，必须再次操作一个操作组件。机车的牵引可以再次激活在司控器回零位之后。惩罚制动可以通过自动制动手柄缓解。

10. 库内动车

机车在每侧配备有一个外部电源插座，它们为主逆变器提供 DC 600 V 电源用于库内动车。

## 二、机车过分相操作

HXD1C 型机车安装了自动过分相装置。通过检测预先安装的信号装置，过分相装置发送到分相区的信息或已经通过分相区的信息到 CCU。信号处理器检测来自磁感应线圈的分相区开始和分相区结束的信号，信号处理器发送以下信号到机车控制系统（通过硬线连至 MIO 数字输入），磁感应线圈的配置（图 8-43）。

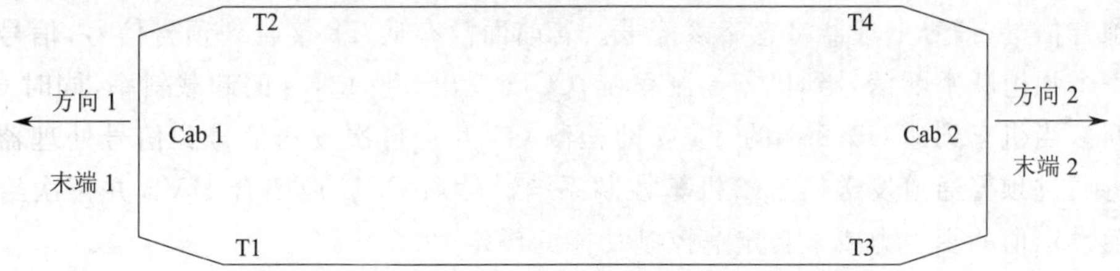


图 8-43　磁感应线圈配置

1. 分相区指示信号

磁信号传送器用于指示分相区的位置。沿着轨道，在每个分相区前面有两个磁信号传送器，一个(G1)在右侧，另外一个(G2)在左侧（图 8-44）。在每个分相区的尾部，有另外两个磁信号传送器(G3 和 G4)，来自于信号处理器的信号将经过 MIO 传送到 CCU。

每台机车的每端安装两个用于检测磁信号传送器的磁感应线圈（T1、T2 和 T3、T4）。一个（1 端的 T1，2 端的 T3）用于检测右侧的 G1 和 G3，另外一个（1 端的 T2，2 端的 T4）用于检测左侧的 G2 和 G4。一个用于处理来自磁感应线圈信号的信号处理器给出 3 个信号到 CCU。

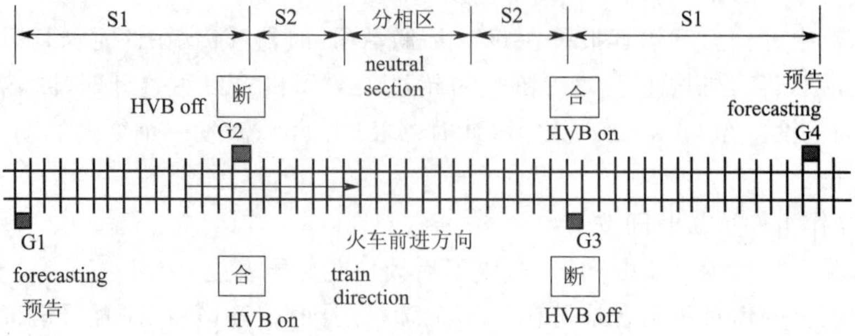


图 8-44 分相区磁信号传送器

以下硬件信号包含在这些功能内，见表 8-7。

**表 8-7 过分相指示输入信号**

| 信号 | 描述 | 备注/部件 |
| --- | --- | --- |
| E37_14 | 预告/通过 | 当节点电压为 110 V，表示机车将到达分相区或已经通过分相区。持续时间：3 s |
| E37_15 | 主断路器断开 | 当节点电压为 110 V，表示机车离分相区非常近(60 m)。持续时间：1 s |
| E37_16 | 过分相装置故障 | 当节点电压为 110 V，表示过分相装置在工作 |
| E12_26 | 1 端过分相手动预告 | S04：当节点电压为 110 V，表示已经给出手动过分相预警信号 |
| E22_26 | 2 端过分相手动预告 | S24 ：当节点电压为 110 V，表示已经给出手动过分相预警信号 |

2. 过分相过程

当按照图 8-43 从左向右运动时，2 端的 T3 将首先检测 G1 并发信号给信号处理器，信号处理器将发送预告信号给机车控制系统，机车将降功到零并断开主断路器。在 CCU 接收到预报信号后，根据当前的机车速度计算到达 G2 点所需的时间、确定牵引力/制动力下降的斜率，在到达 G2 点之前 10 m 牵引力/制动力卸载至零。在当前的牵引/制动力值为零时，主断路器应断开。当机车到 G2 点，2 端的 T4 将检测 G2 并发送信号给信号处理器。若已经从 T3 接收到预告信号，信号处理器将忽略该信号。若前面没有从 T3 接收到预告信号，信号处理器将发送一个强迫断主断信号到机车控制系统，CCU 发出 200 kN/s 的卸载斜率，同时 0.5 s 后断开主断。当机车到达 G3，2 端的 T3 立即检测 G3 并且再次发送信号到信号处理器。信号处理器将通过预警通道发送信号给机车控制系统。然后 CCU 应闭合 HVB 并再次给出主司控器当前设定值的牵引力或来自定速控制功能的设定力。

在这个方向，信号处理器将忽略来自 G4 的信号。然后信号处理器为再次过分相而自动重设。当信号处理器失效(包括 T3 和 T4 或者 T1 和 T2 失效)，它将发送一个故障信号到机车控制系统。在这种情况下，机车将通过显示器给司机信息。这样司机可以手动操作(通过操纵台上的一个按钮，=21-S04 在 1 端司机室，=21-S24 在 2 端司机室)来过分相。

3. 司机操纵台

在按下“过分相”按钮，半自动过分相启动。

(1)牵引制动力设定值下降到 0。

(2)主断路器断开。

(3)在通过分相区后，主断路器自动闭合然后牵引/制动力增加到初始值。

自动过分相装置故障的时候，将发送故障信号到机车控制系统，此时在 IDU 上将有提示：自动过分相装置故障，过分相必须手动完成。

当控制系统收到手动过分相指示时，90 s 内控制系统将忽略来自自动过分相装置的信号。当控制系统收到手动过分相指示时，以 75 kN/s 的斜率卸载牵引力，牵引力卸载至零后，分断主断。在过完分相（监测到网压中断，即网压必须先下降到 0 再升高到正常值 17.5～31 kV），机车自动合主断并自动给出牵引力（根据手柄位置）。

（4）在以上方式中应注意

①在过分相过程中，若扳下分主断扳钮开关将中断过分相过程。

②在任何方式下，司机看到机车到达"断"的标识时，若机车 1 s 后还未断开主断，应手动断开主断。

③若过分相时没有正确的检测到网压中断或者丢失恢复信号 G3，则可以通过扳动分主断开关后在给闭合主断命令，重新闭合主断。

④整个过程中，CCU 应记录预告/恢复、强断信号的状态并在 IDU 上显示。

在过分相时，辅助变流器的中间回路不放电。在过分相结束、主断路器闭合后，由辅助变流器供电的辅助负载应立即正常启动。

⑤在重联运行的情况下，若过分相指令来自处理盒，每台机车将单独动作；若分相指示来自手动按钮，WTB 重联的机车将一起动作。若 WTB 重联的任何一台机车收到了故障信号，在主控机车的 IDU 上应有信息通知司机"过分相必须手动完成"。

4. 在 IDU 上的过分相指示

在过分相区时，应给司机过分相指示。有以下指示见表 8-8。

**表 8-8　IDU 过分相指示屏显**

| 序号 | 显示器上的指示 | 说　明 |
|---|---|---|
| 1 | 过分相"自动启动" | CCU 从信号处理器得到自动过分相请求 |
| 2 | 过分相"手动启动" | CCU 检测到司机给出的手动过分相请求 |
| 3 | 过分相"主断路器断开" | 过分相区开始时，主断路器断开 |
| 4 | 过分相"成功通过" | 过分相完成 |
| 5 | 过分相"主断路器手动闭合" | 在过分相时发生故障，必须由司机给出合主断路器请求 |

（1）轮缘润滑

在机车的第 1 轴和第 6 轴上安装轮缘润滑装置。只有前进方向的第 1 驱动轴的轮缘被润滑。当机车速度＞5 km/h，同时没有制动命令时，在可用的间隔内对机车第 1 驱动轴进行持续 2.6 s 的轮缘润滑。当机车静止时，可以通过在占用端司机室 IDU 上的软键对轮缘润滑电空阀进行触发。

（2）踏面清扫

转向架每个车轮安装有踏面清扫器装置，清除轮对踏面上的铁锈、冰雪、沙尘等杂物，以保持车轮踏面的清洁，提高轮轨黏着，从而减少车轮空转或滑行的可能。

## 三、司机室换端操作

1. 离开司机室

(1)检查操纵台的所有开关是否都在起始位置,按下自动换端按钮(图 8-45)。

图 8-45　自动换端按钮

(2)断开钥匙开关,并取出钥匙。

2. 司机室占用

(1)检查操纵台的所有开关是否都在起始位置。

(2)闭合司机室占用开关。

(3)按下自动换端按钮(图 8-45)。

3. 显示屏的主画面在司机室占用时显示

(1)自动换端

在每端司机室的操纵台上将有 1 个“自动换端”按钮,在 1 端司机室为＝21-S14(2 端司机室为＝21-S34)。在保持 HVB 不断开和辅机不停的情况下,在占用端司机室可以通过按“自动换端”按钮进行换端。若以下条件完全满足,通过按＝21-S14 或＝21-S34 按钮,“自动换端”程序应激活。

(2)机车在“正常操作”模式

①主司控器在“零”位,同时方向手柄在“中立”位,机车处于静止状态,施加了制动;若在 2 min内有一端司机室再次被占用,被选择的受电弓应升起,然后另一受电弓应降下。这时,“自动换端”程序应结束。

②若在 2 min 内没有司机室被再次占用,所有辅机和 HVB 应断开,同时受电弓应降下,然后“自动换端”程序结束。

③在此过程中,应在 IDU 上有提示信息(表 8-9),同时 CIO 应输出信号点亮 1 个 LED 指示灯(表 8-10)。

**表 8-9　过分相过程中输入信号屏显**

| 信号 | 描述 | 备注/部件 |
|---|---|---|
| E12_11 | 0→1 脉冲—“命令给出” | 1 端自动换端按钮＝21-S14 |
| E22_11 | 0→1 脉冲—“命令给出” | 2 端自动换端按钮＝21-S34 |

**表 8-10　过分相过程中输出信号被点亮**

| 信号 | 描述 | 备注/部件 |
|---|---|---|
| A11_01 | 高电平点亮 1 端自动换端指示灯 | |
| A21_01 | 高电平点亮 2 端自动换端指示灯 | |

## 四、停止机车操作

停止机车操作，必须在机车停轮静止状态下进行，即在机车运用状态“停止”机车的所有部件和子系统都断开。

1. 应按步骤停止机车运用

(1)置司机控制器的牵引/制动手柄到位置 0。

(2)置方向开关到中立位。

(3)通过按下位于操纵台上的按钮(红色)来施加停放制动。

转向架施加制动且计算机显示屏上显示信息“停放制动施加”。若不成功，使用止轮器(铁鞋)来保护。

2. 断主断/降弓

(1)使用操纵台上的“主断”扳钮开关，断开主断路器(HVB)。

(2)使用操纵台上的“受电弓”扳钮开关，降下受电弓。

(3)旋转司机控制器上的钥匙开关到位置“OFF”。

①方向开关机械锁死。

②无司机室占用。

③计算机显示屏失电。

④取出钥匙。

(4)断开电源柜的“控制电源输出”开关＝32-F03，所有的仪表和控制系统都同时失电。

①VCM1，VCM2。

②TCU1，TCU2。

③CIO。

④MIO(机械间)。

⑤计算机显示屏。

⑥EPCU 等。

3. 关闭位于总风缸的截止阀 A10 机车停止运用

当温度低于－25 ℃机车存放条件的时候，建议升弓、合主断(水泵运行且加热主逆变器和主变压器的冷却液循环回路)。

4. 显示屏的数据输入

(1)车辆质量

(2)列车质量输入(车辆质量的最大调整范围为 25 000 t)。

(3)轮径设置。

(4)连挂速度控制。

给司机钥匙后，司机显示屏主界面第 8 个软键显示“连挂”。方向手柄在“向前”位时，按该软键可以激活连挂功能，转动调速手柄，机车动车开始连挂。

连挂速度在“机车配置”页面中进行设置，机车连挂速度定为 1～3 km/h，缺省值为“2 km/h”。

5. 接地程序

机车停止运用后接地程序的操作(表 8-11)。

**表 8-11　机车停止运用接地程序操作**

| | | |
|---|---|---|
| 1. B01. U99(克诺尔)带钥匙阀 | | |
|  | 旋转 B01. 99 的蓝色钥匙并拔出<br>到受电弓气缸的气流中断且废气排到大气<br>受电弓升弓阀失电联锁 | |
| 2. 接地开关 | | |
| 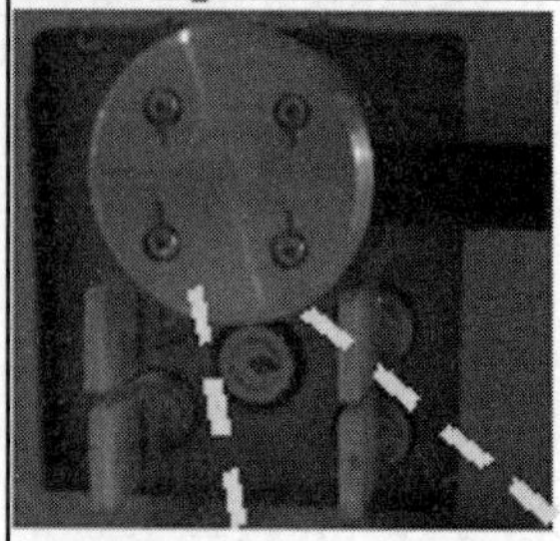 | 将蓝色钥匙开关插入空锁芯内并旋转 90°<br>旋转并将接地开关的操作手柄旋转到位<br>旋转一个或几个黄色钥匙<br>蓝色钥匙和操作手柄锁死<br>高压设备接地 | |
| 3 主逆变器和车顶门 | | |
| 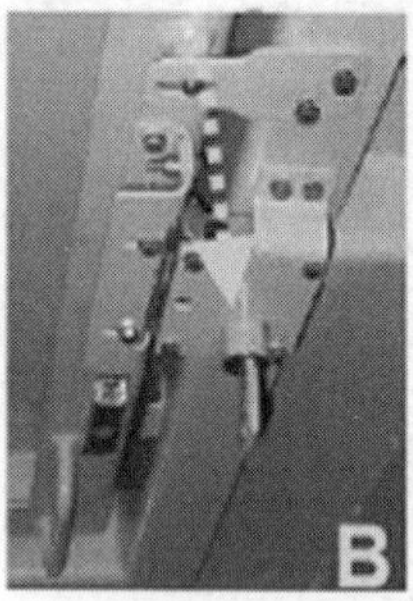 |  | 拔出一个或两个黄色钥匙分别插入主逆变器柜(A)和车顶门(B)的锁的空锁芯<br>旋转钥匙,门可以打开<br>黄色钥匙锁死在门锁上 |

## 五、机车重联/解除重联操作

1. 重联设备

使用的车钩为底部操作和自回复结构。在车钩的侧面有提钩杆。

该型机车具有两种重联方式:有线重联和无线重联。在一个机车单元内,最多 3 台机车可以机械、气动、电气重联。

2. 有线重联联挂程序

机车配置有车钩、气路连接器、电气连接器。重联包括自动、机械、电气和气路重联。自动、机械、电气和气路重联/解除重联的程序是相同的。机车控制系统自带的"连挂"控制功能必须在平直道上进行。在每次重联后，必须检查重联程序是否正确。

3. 机械重联

(1)重联杆

机车重联，执行以下步骤(图 8-46)：松开夹持装置 2，在车钩框内手动轻轻提起钩提杆 1，这样钩提杆 1 的方头就从夹持装置松开，将钩提杆向上旋转。在这样的情况下，钩舌打开准备重联程序。

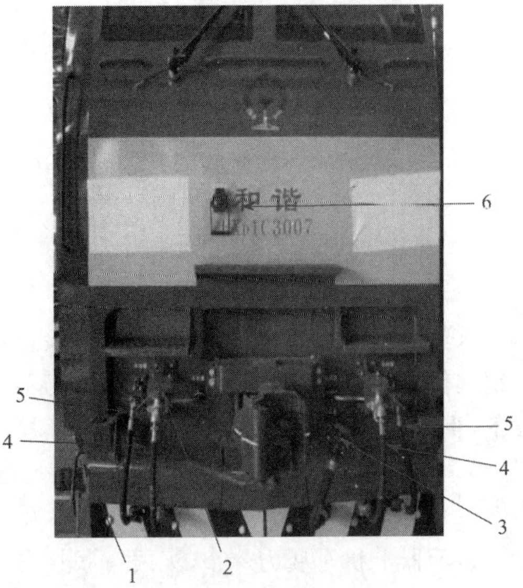

图 8-46　机车端部重联部件

1—钩提杆；2—夹持装置；3—列车软管；4—总风缸管；5—平均管；6—UIC 插头

(2)电气连接

为了两台机车电气连接，在机车的两端右侧辅照灯附近装配有 UIC 插头，在机械重联完成后，用相应的电缆连接 UIC 插座。

(3)气路连接

为了连接两台机车(前部和尾部)装配有一个列车管连接(HL)、两个总风管连接(HBL)和两个平均管连接(BAL)，它们都安装在车钩附近。因为每个车钩只有一个连接可用，在机械重联后，列车管交叉连接。

4. 无线重联连挂程序

(1)车钩和气路连接[车钩和气路连接程序见上述(3)项]。

(2)电气连接

MTU-T 重联通信协议转换单元，MTU-G 无线通信重联单元，无线重联转换开关。

① 无线重联系统组成。重联操作执行以下步骤：准备工作→检查 K2 开关→重联开关置于"重联"→重联完成。解除重联操作执行以下步骤：重联开关置于"0"→解除重联完成。重联开关同向端状态一致，将机车(运行端)重联开关置于"重联"位置。运行端无线重联开关置于"重联"位置，另一同向端无线重联开关置于"0"位置。

② 无线重联准备工作：全车系统设备电源打开，重联柜中 K2 开关置于"1"位。本务机车操纵端监控及机车状态显示器电源闭合，监控屏、状态显示屏得电工作；双机断主断，降受电弓，双机连接的外重联线断开；其他准备事项按有线重联操作(接风管等)。

(3)重联操作步骤

①从控机车重联：断开电钥匙，并将换向手柄取出；操作端司机室无线重联开关置于"重联"位置(图 8-47)。

②主控机车重联：闭合电钥匙；操作端无线重联开关置于"重联"位置。

③重联完成，选择"主界面"([0]键)→"机车配置"([6]键)，进入机车配置界面，查看机车重联情况(图 8-48)。

④解除重联操作步骤：将主控机车和从控机车的无线重联开关转换至"0"位。各机车必须完成解编后，才能进行单机操作。

图 8-47　无线重联开关

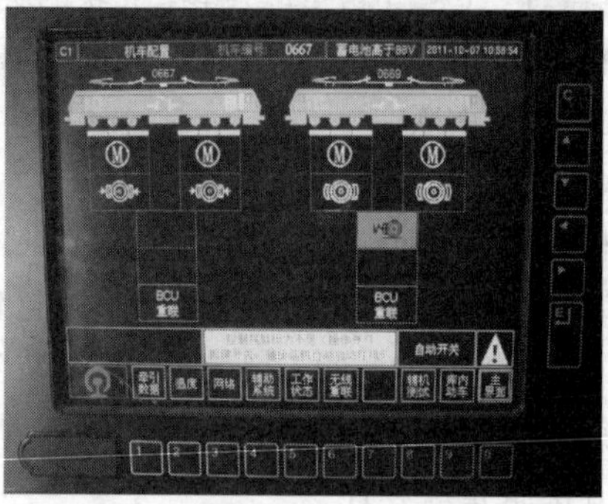

图 8-48　机车配置界面重联成功界面

(4)无线重联应急处理方法

重联时若不能完成"重联",做以下检查:检查机车两端无线重联转换开关;检查机车两端电钥匙位置。以上内容确认无误后,若仍不能完成重联,重新进行重联设置,或重新启动无线设备(重联先开关置于 0 位,然后置于重联位)。

5. 运行时

(1)无线通信中断现象

显示器上机车变为一个,无线重联状态界面"通信状态"图标变为白色,从控机车动力会自动卸载。若通信恢复,本务机车需给出升弓、合主断信号,从控机车将按照本务机车指令执行;若无线通信长时间不恢复,从控机车将无线重联开关置于 0 位,从控机车司机给钥匙,操纵从控机车升弓、合主断、起辅机,双机联控操纵运行;若无线通信中断长时间不能恢复,也可采用原双机外重联方式运行,要求机车速度减速到零时,连接双机外重联线,机车无线重联开关置于 0 位。

(2)重联模式

有两种重联模式:双机重联;双机和车辆重联;两台机车之间的重联。

两台机车重联,按以下步骤进行:松开夹持装置,在车钩框内手动提起钩提杆;钩提杆的方头就从夹持装置松开;将钩提杆向上旋转。在这样的情况下,钩舌打开准备重联程序。牵引机车低速朝向第二台静止机车直到车钩钩舌接触。

(3)重联连接

将钩提杆转向下,直到钩提杆的方头卡在支架内;机车机械重联完成,钩舌锁死。两台机车的主断路器必须断开且所有司机室必须失电。停车制动未施加。

①完成气路连接。

②完成电路连接。

③打开已连接软管的截止阀。所有 5 个管子的截止阀都在前部牵引座下,确保所有的截止阀打开。

④闭合电源柜面板上的全部蓄电池自动开关用于配置检查。

(4)司机控制器上的方向开关

将司机控制器钥匙开关打到闭合位;机车配置显示在机车计算机显示屏上;将重联机车 EBV 的自动制动手柄推到"重联位"。

(5)LCDM 上的设置

重联切除模式:机车车和车辆。连接机车和车辆,执行以下步骤:松开夹持装置,在车钩框内手动提起钩提杆;钩提杆的方头就从夹持装置松开;将钩提杆向上旋转;在这样的情况下,钩舌打开准备连接程序。牵引机车低速朝向静止车辆直到车钩钩舌接触,将钩提杆转向下,直到钩提杆的方头卡在支架内;机车和车辆此刻完成机械连接且钩舌锁死。完成气路连接,打开已连接软管的截止阀。所有 5 个管子的截止阀都在前部牵引座下,确保所有的截止阀打开。连接程序结束，解开连接的过程必须按相反顺序完成,进行制动试验。

## 六、机车无动力回送

当机车或一台机车编组(机车和车辆)无动力回送时,制动由拖运机车完成。被拖运的机车作为车辆。

(1)切断 CCBⅡ制动机电源,将自动制动手柄放重联位,单独手柄放最大制动位。

(2)关闭制动柜中模块 B40.06 的塞门(图 8-49)。

图 8-49　制动柜

(3)手拉缓解每个停车制动单元,共四个 1、3、4、6 位。在使用停放制动缓解手柄后,停放制动的下降信号不再可用(显示为红色)。它们将在首次气动缓解后再次工作。

(4)将制动柜内 ERCP 上 无动力塞门打到投入位(图 8-50)。

图 8-50　EPCU

(5)关闭风源柜中塞门 A10,打开风源柜中总风缸的排水塞门 A12(位于第三 方设备柜后面,机车上风缸下侧)将风缸压力排至 250 kPa 左右,然后关闭。截止阀 A12 打开。

(6)打开所有平均管塞门 B94 ,B82、B86 通大气。关闭总风联管塞门 B80、B87。

(7)连接要连挂端的制动软管,缓慢打开该处制动管塞门 B81。

(8)连接另外一台机车将无动力机车列车管充至定压,观察制动缸压力是否为 0,如不为 0 顶开 16 控制模块上的测试接头 16T 排空制动缸预控空气。

(9)从主控机车缓解并制动无动力机车列车管至少 3 次循环,观察制动缸压力变化是否正常。

(10)测试完成后可以连挂走车。

(11)途中再次连挂或更换连挂端时仅需要重复步骤 7～10。

在无动力回送时,具体限速按铁路运用部门相关规定执行,不允许超过机车最高运行速度 120 km/h。

## 七、开始牵引速度调节/定速控制

1. 操作

(1)断开和闭合定速控制

司机可以使用计算机显示屏的软键“定速控制”来闭合定速控制。若司机闭合定速控制,定速控制功能立即被激活;若司机断开定速控制,它保持激活直到由司机通过移动司机控制器的牵引/制动手柄到 0 位为止。

(2)司机控制器的牵引制动手柄在 0 位置

若牵引/制动手柄在 5 s 内没有移到 0 位,将在显示屏上显示相关信息。

(3)给出最大的可用牵引力

使用司机控制器的牵引/制动手柄,司机可以通过将牵引制动手柄推到位置(T)来给出机车可用的最大牵引力。

(4)司机控制器的牵引制动手柄

实际的最大可用牵引力以机车的最大可用牵引力的比例给出。在正常情况下,司机可以在激活的定速控制模式给出 100%的牵引力。司机可以在任何时候根据线路和运用条件降低实际牵引力。定速控制总是通过牵引/制动手柄给出的最大牵引力;当司机把牵引/制动手柄置于位置 B,定速控制程序使机车进入电制动工况,机车发挥最大制动力。

2. 操作单独制动

单独制动不能在定速控制时施加。当司机操作单独制动手柄到制动位时,定速控制程序认为是“手动制动”。

单独制动控制器:在机车使用单独制动并且制动缸压力大于 90 kPa 时,电制动不可用。这就意味着一旦单独制动施加,定速控制由电制动达到设定值。

3. 自动制动的操作

当司机操作自动制动手柄到制动位时,定速控制程序认为是“手动制动”。

(1)自动制动手柄

司机的制动请求优先于定速控制的激活。只有在无手动制动请求时,定速控制的制动请求才有效。

(2)牵引方向选择

司机通过操作司控器的方向手柄来选择机车的牵引方向:向前,0 位,向后。

(3)车辆数据的设定

用于定速控制的车辆数据通过计算机显示屏来输入。必须输入正确的车辆质量。若输入偏大的车辆质量将引起定速控制的纵向摆动,偏小的车辆质量将引起电制动时的超速。一旦车辆质量设置为 0,不可能也不允许任何的定速控制操作。

4. 确认操作

在几种条件或运用状态下，定速控制请求由司控器确认来实现：若司机通过软键断开定速控制，它将保持激活直到司机通过司机控制器进行确认（即司机必须把牵引/制动手柄置于位置0）。只有在确认后，定速控制才实际失效。若司机使用了手动制动，要求司机通过司机控制器进行确认（即司机必须先把牵引/制动手柄置于位置0）以便允许定速控制再次输出设定值。在制动机车停止后，要求司机用司机控制器进行确认（即司机必须先把牵引/制动手柄置于位置0）以便再次牵引。

5. 牵引货运车辆的限制

在牵引货运车辆时，定速控制不能捕捉所有的运用条件，因此优化功能不能在所有时间保证。

(1)功能可能受到如下条件的限制

①若预计的定速控制的车辆质量和车辆的实际质量相差太大。

②不良的车辆配置。

③不良的货物的性能（如液灌车）。

因此，需要司机特别注意：较大幅度的速度调节和车辆的纵向摆动；制动时超速；为了纠正这些现象，随时准备干预。

(2)运用状态

启动和结束定速控制操作，司机可以使用计算机显示屏的软键"定速控制"来断开和闭合定速控制。若以下条件满足时，闭合软键"定速控制"，定速控制应立即启动：主断路器闭合；车辆的质量已经正确输入。若这些条件没有满足，定速控制将不能启动；若速度设定点低于实际速度，定速控制开始用电制动来制动列车；若速度设定点等于或高于实际速度，定速控制将根据司机控制器的牵引/制动手柄给出的限值给出牵引力。

定速控制的断开是通过计算机显示屏上的软键断开且通过司机控制器确认后中止定速控制。不能单独操作计算机显示屏上的软键来断开定速控制。一旦司机控制器确认给出，定速控制在显示器上给出一条相应信息。

6. 停放制动模式和静止

定速控制模式对单独制动或自动制动没有影响，定速控制模式不能制动到静止且不能实现停放制动。由司机通过手动制动来停止列车。

7. 牵引/制动模式

(1)启动指导

为了在停车后启动机车，机车司机必须把司机控制器的牵引/制动手柄置于位置0。司机控制器的牵引制动手柄在位置0位，至少给出2 kN的牵引力（把牵引/制动手柄置于牵引位），开始牵引。

对于在上坡道上的启动（重载启动），可以在有效的时间施加制动启动：在施加单独制动和自动制动时启动。当司机把速度设定手柄和牵引/制动手柄置于位置0，且此后使用单独制动（将单独制动手柄置于"制动位"）或自动制动（将自动制动手柄置于位置"制动位"）来制动，定速控制允许在手动制动时给出牵引力。当司机在施加单独制动和自动制动后，首先移动速度设定手柄然后再移动牵引/制动手柄，机车可以在施加制动下启动。启动过程将在大约30 s后结束。若司机保持制动超过30 s，定速控制将认为是制动，并中止启动过程。

(2)启动牵引力

在从零开始加速(速度设定手柄不在零位且有牵引力),定速控制在特定的阶段内给出恒定的牵引力。在此阶段结束后,牵引力一直增加直到达到设定的加速度或牵引力限值。然后将进行常规操作。

在机车启动时,定速控制请求的牵引力只能够达到牵引制动手柄给出的最大牵引力。若机车在从 0 开始加速的过程中向后运动,控制过程立即中止且立即转换到常规运用。在这种情况下,定速控制立即请求牵引/制动手柄允许的最大牵引力。机车司机的责任是利用可用的牵引力控制启动阶段并通过手动制动取消(施加单独或自动制动)启动牵引力。

(3)常规牵引模式

在控制阶段结束后,常规操作开始。在常规操作阶段,定速控制产生一个牵引力设定值,通过此设定值机车加速到显示屏上显示的速度。在达到此速度后,调节牵引力/电制动力来保持此速度。

在常规运用阶段,定速控制给出的牵引力设定值不能超出司机控制器牵引/制动手柄设置的牵引力。

(4)牵引力的控制

定速控制只能够达到牵引/制动手柄给出的牵引力。若速度设定手柄选择了最大速度,司机可以通过由牵引/制动手柄来限制或增加牵引力来控制机车。在这种情况下,定速控制作为速度或加速度的限制器。在牵引模式和制动模式之间切换。

(5)切换到制动模式

从牵引模式切换到制动模式可能有两个原因:司机设置了一个新的、低的速度;线路的坡度变化。若定速控制的牵引力设定值已经达到了最小并且加速度的变化需要进一步降低机车的牵引功率,此时机车就会切换到制动模式。

(6)转换到牵引模式

有如下两种情况会使机车从制动模式自动转换到牵引模式:司机增加了设定速度值;由于轨道的原因引起速度的急剧下降。在以上两种情况下,在机车转换到牵引模式之前,电制动需要的设定值已经达到了最小值并且加速度的变化要求进一步降低机车的电制动。

(7)定速控制的制动模式

定速控制按照固定的延时设定值来实施电制动:客运列车为 0.5 $m/s^2$(“舒适值”),货运列车为 0.33 $m/s^2$。定速控制的自我制动只能通过电制动来实现;定速控制不能施加单独制动或自动制动。若电制动力不足以达到设定的减速度,司机必须采用手动制动。

(8)手动制动

在任何时候,司机可以通过电子制动阀的自动制动手柄、单独制动手柄和牵引/制动手柄来制动。

8. 操纵台

在手动制动时,制动的控制立即交给给司机且定速控制的牵引力设置为 0。

在手动制动结束后,定速控制的制动力设定值再次有效。从制动模式到定速控制模式不需要司机用司控器来确认。但是,需要司机用司控器的牵引/制动手柄回 0 位确认来使定速控制恢复牵引并再次请求牵引力。

(1)特殊情况:在静止启动时施加单独制动或自动制动;定速控制不管手动制动而产生了牵引力设定值。

(2)监控

定速控制的实际输入信号——实际速度和设定速度通过 CCU 的输入端口读入并报告给定速控制。实际速度相对于设定速度的关系连同一些误操作一起受到监控。然而,所有故障都不是由定速控制报告给诊断系统,只是通过输出二进制信号来指示。定速控制自身不执行故障输入到诊断系统或在计算机显示屏上显示信息。

(3)故障

若任何一个以下提到的故障发生,定速控制重新设置其牵引力的设定值到 0,然而仍然可以给出制动力的设定值。

①实际速度的监控:实际速度通过 6 个速度传感器得到。

②设定值的监控:机车的设定速度是通过司机室的 CIO 单元采集司控器手柄级位得到。

③设定值和实际值的比较:定速控制内部监控实际速度和设定速度之间的关系(设定值和实际值比较)。若在运行过程中,实际速度超过固定的设定速度 7 km/h 或更高,或超过定速控制通过速度设定手柄设定的速度而不能适当制动。

④设定值和实际值的比较:在计算机显示屏上显示信息"牵引/制动速度调节反应"。以上只是示意,并非实际的比例。在两种情况下,定速控制在输出接口产生信息"牵引/制动的监控已经反应"。若监控反应,机车司机必须手动制动降低速度。

(4)误操作

以下误操作被定速控制检测并报告:在断开定速控制后牵引/制动手柄没有回 0 位确认,在结束司机手动制动时没有牵引/制动手柄没有回 0 位;方向选择开关不在向前位;无有效车辆数据的输入;若电制动力不足以降低请求的设定速度,将在计算机显示屏上显示信息来通知司机手动制动。部分信息将延时 5 s 这样不确定故障操作可以忽略且不需要产生不必要的故障信息(例如,首先通过软键关闭定速控制,然后通过司机控制器确认,不得颠倒次序)。

## 思考题

1. 简述激活定速控制的条件。
2. 如何断开和闭合机车定速控制?
3. 在机车牵引/制动模式中有几种方式?

## 第四节　列车分布式动力控制系统操作

列车分布式动力控制系统(LOCOTROL)操作是在主控设置完成后,系统可以开始 DP 操作。要进入 DP 操作,就要进入显示屏(LCDM)主菜单－DP 操作屏幕(图 8-51)。显示屏(LCDM)主菜单——DP 操作屏幕显示主控和所有从控机车的操作。该屏幕还显示牵引/电制动位置、报警状态、牵引力或牵引电流,以及空气制动信息。

### 一、操作显示

操作显示被分为以下几类:报警区显示"报警指示"、操作信息区显示"本地空气制动操作

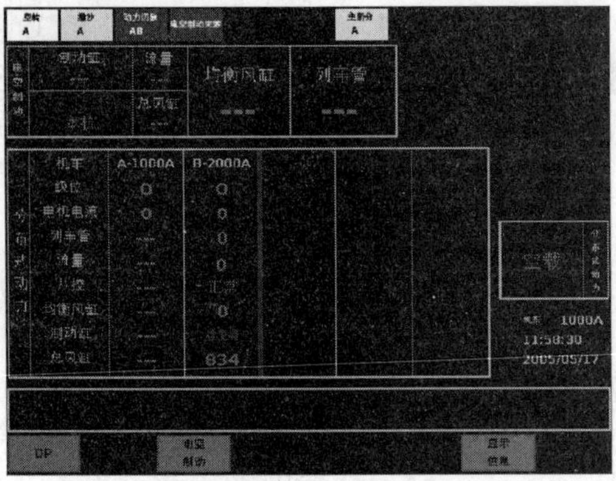

图 8-51　LCDM 主菜单——DP 操作界面

数据、机车数据、牵引/电制位置、牵引力/电机电流(负载)、空气制动数据、各个从控模式、系统模式、通信状态”。

1. 报警指示

在屏幕上显示每个报警的位置。“A”表示位于第一个主控机车的报警;“B”表示位于第二个从控机车的报警,依次类推。报警显示种类见表 8-12。

**表 8-12　屏幕顶端出现的各种报警信息**

| 事件 | 报　警　信　息 |
|---|---|
| 空转 | 主控或从控机车的车轮空转 |
| 撒砂 | 主控或从控机车的手动撒砂 |
| 动力切除 | 主控或从控机车动力切除 |
| 空气制动失效 | 主控或从控机车的空气制动故障 |
| 主断分 | 主控或从控机车的主断路器断开 |
| 在 DP 模式上方出现的各种报警信息 | |
| DP 系统 | DP 系统日志屏幕出现新数据 |
| DP 报警 | DP 报警记录屏幕出现新数据。所有机车或分布式动力报警变亮 |

报警显示分别出现在报警区(屏幕顶端)和 DP 模式指示上方(表 8-13)。

注意:在查看报警后提示才消失。

**表 8-13　DP 模式上方出现的各种报警信息**

| 事件 | 报　警　信　息 |
|---|---|
| DP 系统 | DP 系统日志屏幕出现新数据 |
| DP 报警 | DP 报警记录屏幕出现新数据。所有机车或分布式动力报警变亮 |

若有 DP 报警指示,而在报警区看不到报警,则选择报警记录来查看报警提示。

2. 操控信息区

操控信息区显示本台车制动系统信息(图 8-52),相应屏幕给操控信息(表 8-14)。

图 8-52 LCDM 主菜单-本地制动系统信息

**表 8-14 操控信息**

| 屏幕显示信息 | 信息解释 |
| --- | --- |
| **制动缸 BC** | 制动缸压力,单位:kPa |
| **制动配置** | 本机、单机、补机 |
| **流量** | 列车管充风流量速率 |
| **总风缸 MR** | 总风缸压力,单位:kPa |
| **均衡风缸 ER** | 均衡风缸压力,单位:kPa |
| **列车管 BP** | 列车管压力,单位:kPa |

### 3. 机车数据

机车数据在 DP 操作屏幕上显示(8-53)。表 8-15 给出了显示的机车数据。

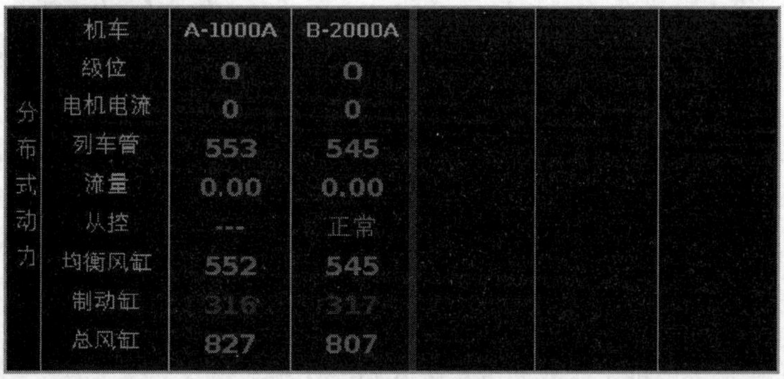


图 8-53 LCDM 主菜单-机车数据

**表 8-15 DP 操作屏幕一机车数据**

| 屏幕显示信息 | 信息解释 |
| --- | --- |
| **机车** | 显示每个建立链接的机车编号,包括主控和从控。字母表示机车在列车中的顺序,A:主控,B:第一从控,C:第二从控,依此类推 |
| **级位** | T1 T10 牵引 1 到 10 级<br>B0 B10 电制 0 到 10 级 |
| **电机电流** | 电机电流的安培数:若数据无效则显示短横线 |
| **列车管** | 列车管压力 kPa 值:若数据无效则显示短横线 |
| **流量** | 列车管路流量,单位:CMM。当制动阀切除时,在显示中出现“切除”字样 |
| **从控** | 正常:在从控模式下正常<br>空载:在从控模式下空载<br>切除:制动阀切除<br>隔离:在从控模式下隔离<br>停机:在从控模式下隔离且主断分 |

续上表

| 屏幕显示信息 | 信息解释 |
|---|---|
| 均衡风缸 | 均衡风缸压力 kPa 值。若数据无效则显示短横线 |
| 制动缸 | 制动缸压力 kPa 值:当 BC 压力>35 kPa 时反白字体显示。若数据无效则显示短横线 |
| 总风缸(DP 主菜单) | 总风缸压力 kPa 值 |
| 网压(DP 牵引控制菜单) | 网压 kV·A 值;若数据无效则显示短横线 |

## 二、操控模式

1. DP 系统模式显示

DP 系统可以提供两种列车控制模式:空载或运行。DP 模式区显示当前的 DP 系统模式(图 8-54)。

注:只要主、从控机车之间建立了 DP 链接后,无论空载模式还是运行模式,从控机车的司机控制器均处于失效状态。

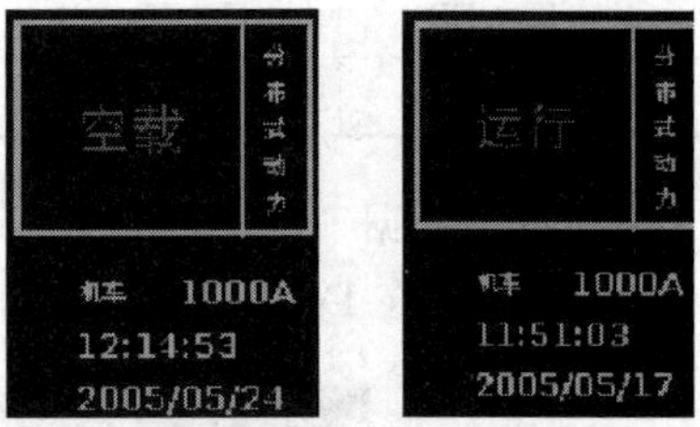


图 8-54　LCDM 主菜单——操控模式

(1)空载模式

当 DP 链接程序完成后,DP 系统的模式设定为空载时,从控机车不响应主控机车的司机控制器命令。在空载模式下,所有从控机车只执行主控机车的空气制动(自动或单独)命令。从控"空载"模式是"限制/受限"的操控模式。在从控"空载"模式下,两位置开关的换向鼓和牵-制鼓均退回"0"位,同时牵引风机,电制动风机也处于关闭状态。在完成列车管贯通性测试之前,不能将 DP 系统由空载转换成其他模式。列车管贯通测试完成并通过后,DP 系统模式才可以通过 DP 模式屏幕进行改变。

(2)运行模式

DP 系统通常处于运行模式。在此模式下具有如下功能。

①从控机车执行主控机车所有的电气指令和空气制动指令。

②主控机车能够同步控制从控机车。

③主控机车可以通过 DP 操作屏幕,启动从控操作模式。

(3)同步控制

同步控制时,除非从控机车被设定为限制/降级模式,否则从控机车将执行主控机车司机发出的牵引、电制动和空气制动(自动和单独)等指令。

2. 从控控制模式

所谓"从控控制模式",是指在主、从控机车建立 DP 链接后,由主控机车设置,从控机车应执行的工作模式。

从控控制模式包括:正常模式和限制模式。

主控机车对每个从控机车,都可以通过显示屏进行如下模式的设置:正常、空载、制动阀切除、隔离和停车。

当进入限制/降级模式时,牵引或电制级位将立即设为空载。

当从控机车从空载、隔离或停机等限制/降级模式回到正常或制动阀切除模式时,牵引或电制将以一级/s 的速率动作。表 8-16 给出了各个从控模式的描述。

**表 8-16　各位从控模式**

| 从控模式 | 信息解释 |
| --- | --- |
| 正常 | 从控机车正常工作模式，执行主控机车所有的电气、空气制动指令 |
| 空载 | 设为此模式的从控机车只执行主控机车的空气制动(自动或单独)指令，不执行主控机车的电气指令 |
| 制动阀切除 | 1. 设为此模式的从控机车只执行主控机车的电气指令<br>2. 此从控机车的 CCBⅡ型制动机转为单机模式，只执行主控机车发出的单独制动和紧急制动指令<br>3. 制动阀被切除后，此从控机车不再控制列车管的充、排风 |
| 隔离 | 1. 此从控机车电气系统转为“空载”模式，不再执行主控机车发出的各种的电气指令<br>2. 此从控机车的 CCBⅡ型制动机转为单机模式，只执行主控机车发出的单独制动和紧急制动指令<br>3. 此从控机车空气制动系统转为“制动阀切除”模式后，不再控制列车管的充、排风 |
| 停机 | 此从控机车转为隔离模式，主断自动断开 |
| 注意：若要从制动阀切除模式(例如，制动阀切除、隔离、停机)转换为正常模式，使制动阀投入工作，从控机车必需检测到列车管有 20 kPa 的压力上升，即列车管充风量必须超过 20 kPa，制动阀才能投入工作 | |

(1)正常模式

在正常模式下，从控机车能够实现所有牵引、电制动和空气制动功能，并能执行所有 DP 相关的测试。

正常模式是当从控机车建立 DP 链接后的默认模式。在进行“列车检查测试”时，从控机车自动退出该模式，“列车检查测试”结束后自动进入该模式；在通信中断或故障情况下机车会自动退出该模式。

① 当检测到由如下原因导致的通信丢失，机车自动转入从控“隔离”模式：由于意外流量或流量传感器故障，使得从控初始化通信测试状态消息的响应未发送给主控；严重通信丢失(例如，长时间电台通信丢失)。

② 在持续通信丢失的时候，一旦检测到紧急制动/惩罚制动，立即转入从控“隔离”模式。

③ 由于均衡风缸(ER)回路故障，转入制动阀切除模式。

④ 由于制动阀切除不匹配，转入从控制动阀切除模式。

(2)空载模式

此时从控空载模式是限制/受限操控模式。在从控空载模式下，两位置开关的换向鼓和牵-制鼓退回“0”位，同时牵引风机，电制动风机也处于关闭状态。

在从控空载模式下，从控机车的空气制动可以在主控机车的控制下执行所有空气制动功能。

从控空载模式可自动退出。除了当发生均衡风缸回路故障或制动阀切入/切除不匹配会导致另一个制动阀切除，而从控转入隔离模式以外，其他退出的条件和正常模式的退出条件一致。

(3)制动阀切除模式

此时从控制动阀切除模式是限制/受限控制模式。在制动阀切除模式下，从控机车能够执行主控机车所有牵引和电制指令。

在制动阀切除模式，此时该从控机车的 CCBⅡ型制动机的设置转为单机模式，常用制动时，不再控制列车管的排风，只能与车辆一样接受列车管的控制，实施机车制动，机车制动缸压力最高只能达到 300 kPa。但主控机车小闸单独制动时，该机车能够单独制动。当大闸实施紧急制动时，该机车能够控制列车管排风，实施紧急制动。

在列车检查测试控制下，自动进入/退出该模式。在连续通信丢失或故障情况下，也自动进入该模式。

①在通信丢失，进入空载初期，系统处于制动阀切除模式；在通信丢失，进入空载情况下同时司控器位于“0”位，系统从制动阀切除模式转入隔离模式。

②均衡风缸回路故障。

③制动阀切除不匹配；制动阀切除模式在持续通信丢失或故障条件下自动退出：在通信丢失，进入空载时，一旦司控器位于“0”位，从控机车从制动阀切除模式转入隔离模式。

(4)隔离模式(实际是“空载”模式＋“制动阀切除”模式)；此时从控机车的隔离模式是限制/受限控制模式。

①在隔离模式下，电气系统处于“空载”模式下，此时两位置开关的换向鼓和牵-制鼓均被锁在“0”位，同时牵引风机，电制动风机也处于关闭状态。

②隔离模式下，从控机车制动机系统“制动阀切除”模式。只有单独空气制动和紧急空气制动有效。

③隔离模式在某些持续通信丢失或故障情况下自动进入；由于以下原因通信丢失，进入空载，且司控器位于“0”位；由于意外流量或流量传感器故障，使得从控初始化通信测试状态消息响应未发送给主控；主通信丢失(即长时间电台通道丢失)。

④电台持续通信丢失且制动阀切除。

⑤从控处于空载限制模式且均衡风缸回路故障。

(5)停机模式

①从控停机模式是限制/受限控制模式。在停机模式下，自动进行以下动作：

从控机车主断路器断开；从控机车劈相机关闭；自动转为隔离模式；从控机车自动压缩机关闭；从控机车转为“制动阀切除”模式；单独和紧急空气制动有效受控样。

②当重新选择正常模式或其他从控模式后，自动进行如下动作：闭合从控主断路器；启动压缩机；从控转入正常模式(或其他被选择的模式)后，制动阀仍处于切除状态，待检测到列车管有大于 20 kPa 的压力上升时，制动阀投入工作。

## 三、通信状态

有两个通信状态指示：在暂时通信丢失期间，屏幕右侧分布式动力模式指示上面的“DP 通信丢失”标识闪动(图 8-55)，其采用黑色文字，黄色背景(俗称：闪黄)。同时，遇到暂时通信丢失的机车的标识号也变为黑色文字，黄色背景。

在持续通信中断期间，分布式动力模式指示上面的“DP 通信丢失”标识变为白色文字(图 8-56)，红色背景(俗称：闪红)，在存在持续通信丢失期间一直显示(表 8-17)。同时，遇到持续通信丢失的机车标识号也变为白色文字，红色背景。

表 8-17　通信状态指示

| 显示 | 说　明 |
|---|---|
| 无显示 | 通信正常 |
| 暂时通信丢失 | 通信中断时间低于 45 s 的通信以黄色背景表示 |
| 持续通信中断 | 通信中断时间超过 45 s 的通信以红色背景表示 |

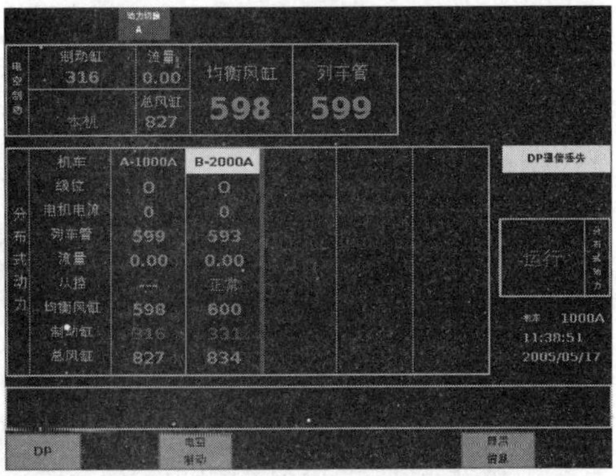


图 8-55　操作－暂时通信丢失

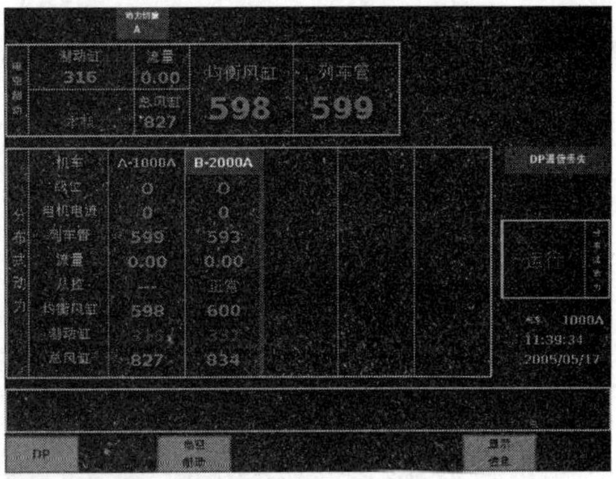


图 8-56　操作－持续通信中断

## 四、DP 操作控制

1. 通过 DP 操作从控机车

在显示屏(LCDM)(主菜单－DP 操作)屏幕上按 DP 键会将屏幕转变到 DP 控制菜单(图 8-57)。DP 控制菜单键的功能见表 8-18。

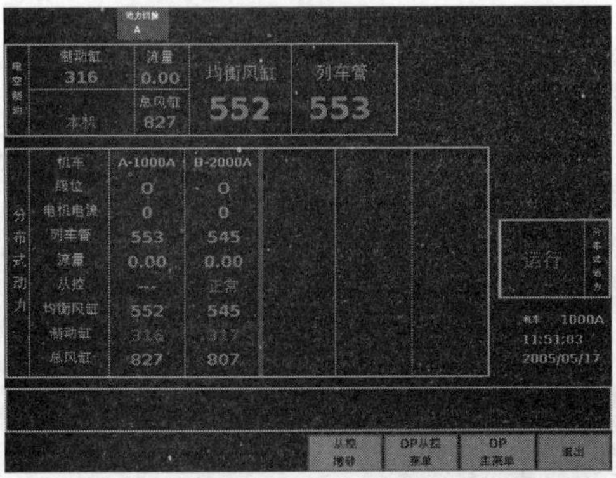


图 8-57　控制菜单

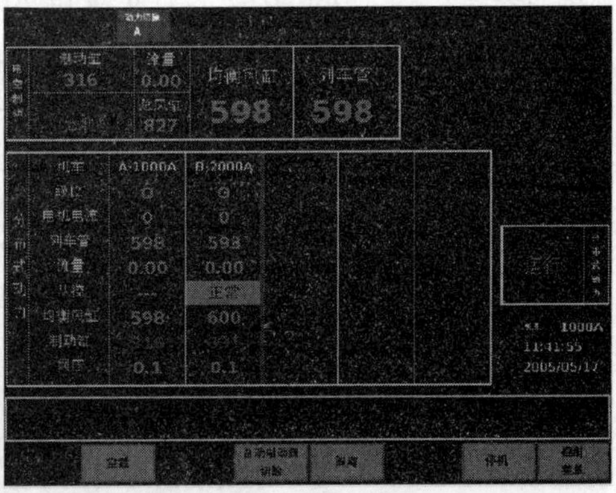


图 8-58　从控机车菜单

从 DP 控制菜单上,4 个功能键可用于从控模式选择(图 8-57)。

**表 8-18　DP 控制菜单键**

| 功能键 | 功　能　键 |
| --- | --- |
| 从控撒砂 | 当 DP 控制菜单激活时方能使用此键<br>立即发送从控撒砂命令到所有从控机车 |
| DP 从控菜单 | 当 DP 控制菜单激活时方能使用此键<br>将显示屏(LCDM)转换到 DP 从控机车菜单 |
| DP 主菜单 | 任何时候都能使用此键<br>将窗口转换到 DP 主菜单 |
| 退出 | 将窗口转换到显示屏(LCDM)主菜单－DP 操作<br>若从控操作由退出键结束,DP 操作保持,所有从控保持链接与工作 |

选择 DP 从控菜单将显示切换到 DP 从控机车菜单(图 8-58)。从控机车菜单见表 8-19。

**表 8-19　从控机车菜单**

| 功能键 | 功　能 |
|---|---|
| 选择从控 | 1. 当 DP 从控机车菜单激活，且系统中有多于一个从控机车时启用<br>2. 选择下一个从控机车设置其工作模式。从控模式周围的方框移到下一列 |
| 空载 | 1. 所选择的机车不为空载模式并且不进行从控模式修改时启用<br>2. 把所选择的机车设置为空载模式(不需要执行)<br>3. 牵引/电阻手柄制动返回到"0"位 |
| 正常 | 1. 所选择的机车为正常模式或者进行从控模式修改时不启用，其他情况启用<br>2. 将处于受限模式(空载，制动阀切除，隔离，停机)下的从控回到正常模式<br>3. 必须按下"执行"键把所选择的从控模式设置为正常模式 |
| 制动阀切除 | 1. 所选择的机车为制动阀切除模式或者进行从控模式修改时不启用，其他情况启用<br>2. 必须按下"执行"键把所选择的从控模式设置为制动阀切除模式。牵引和电制不受影响 |
| 隔离 | 1. 所选择的机车为隔离模式或者进行从控模式修改时不启用，其他情况启用<br>2. 必须按下"执行"键把所选择的从控模式设置为隔离模式。牵引和电制回到空载，制动阀为切除 |
| 停机 | 将所选从控机车设置为隔离，并且断开主断 |
| 控制菜单 | 当 DP 从控机车菜单激活且没有命令等待执行时启用<br>将屏幕返回到 DP 控制菜单 |

当选择了除空载外的从控模式键(制动阀切除、隔离或停机)，会将屏幕切换到一个指示当前变化的屏幕上。当从控命令等待执行时，例如，当选择了制动阀切除，用于从控模式选择的 4 个新功能键会通过 DP 在从控机车菜单显示(图 8-59)。

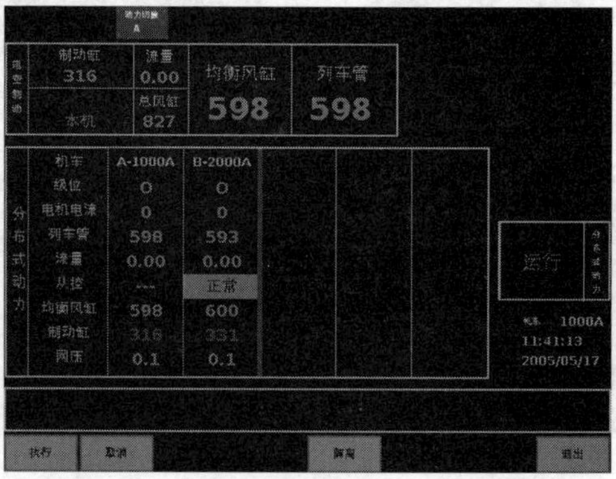


图 8-59　从控机车菜单——命令等待

注：从控空载模式下执行和取消键是不显示的(表 8-20)。

**表 8-20　DP 从控机车菜单——命令执行**

| 功能键 | 功　能 |
|---|---|
| 执行 | 1. 进行从控模式修改时启用<br>2. 设置为所选择的模式 |
| 取消 | 1. 进行从控模式修改时启用<br>2. 禁用执行和取消，同时复位进行的从控模式修改<br>3. 15 s 后自动取消 |
| 退出 | 1. 将显示切换到显示屏(LCDM)主菜单——DP 操作<br>2. 若使用退出键结束从控操作，DP 操作保持激活，所有单元保持链接和工作 |

按下"执行"键，会将等待的命令发送到从控机车。"选择从控"键出现，屏幕会显示从控已对命令作出响应。若按下"选择从控"键，系统会返回到 DP 从控机车菜单(表 8-18)。

2. 注意事项

(1)建立 DP 链接前,必须对每个机车检查并认真做好高、低压及制动机试验,确保各机车电气、制动系统良好后才能进行主、从控机车间的 DP 链接。

(2)建立主、从控机车间 DP 链接设置时,一定要遵守“先设置从控机车,然后设置主控机车”的原则(图 8-60)。

(3)在进行主、从控链接时,若某台机车的无线电测试失败,不能建立主、从控链接时,要重新进行链接。两台机车上的任一个无线电台故障,主、从控都不会建立链接,要重新进行链接。若主控机车和所有的从控机车都不能建立链接,应更换主控机车的无线电台插件。若只是不能与某台从控机车链接,应更换相应从控机车的插件。

图 8-60　提示图标

(4)从控机车设置完成后,自动制动手柄(大闸)应放在“重联”位。单独制动手柄(小闸)应放在“运转”位。

(5)特别要注意从控机车的“方向”选择一定要正确,否则主、从控机车牵引方向,会产生列车拉不动现象(从控机车与主控机车同向时,选择“同向”,反之选择“反向”)。

(6)必须牢记,在链接系统时,为了保证每个从控制动阀都能投入工作,在 150 s 内,列车管充风幅度必须超过 20 kPa。

(7)若从控机车进入受限模式(制动阀切除、隔离或停机)后,需要重新恢复牵引/电制动或空气制动功能时要做到以下几点。

①通过主控机车将从控机车重新设置为正常模式。

②在 150 s 内,列车管充风幅度必须超过 20 kPa(需要先制动再进行缓解)。

(8)若主控机车和从控机车的小闸制动压力达不到 100 kPa 时,应检查空气制动系统上的单独制动切除塞门是否开启,主控或某个从控机车的非操纵端 CCBⅡ制动机是否设置为“本机”模式。

(9)若列车管测试(BP 测试)或列车检查失败,应检查列车的主控机车和从控机车之间的列车管折角塞门是否关闭。

(10)进行“列车检查”试验时必须做到以下两点。

①列车管减压量必须超过 70 kPa。

②要等到列车管减压完毕,主、从控机车流量均显示为“0”,列车管压力稳定后,方能缓解。

(11)不管由于什么情况进行紧急制动,必须等待 90 s 以后方可进行恢复。惩罚制动必须等待 65 s 以后方可恢复。从控机车产生的惩罚制动变为紧急制动,信息将会显示惩罚和紧急制动。

## 思　考　题

1. 列车分布式动力控制系统操作分为几类?
2. DP 系统提供了几种列车控制模式?
3. 什么是“从控控制模式”?

# 第九章　HXD1C 型电力机车运用故障处理

HXD1C 型电力机车运用故障有多方面的因素，主要分为两大类，即设备部件结构缺陷引起的机车运用故障，与操作过程中呈现的故障和人为操作失当引起的机车运用故障。前者故障表现主要在部件的运用暂时性与永久性失效而不能恢复；后者故障表现主要在对机车操作失效（计算机控制系统“死机”），一般通过对计算机控制系统的复位（或网络复位与大复位），故障均能得到恢复。机车运用中的故障处理只能属权宜之策，对此机车运用操作人员的职责，应在对机车安全运用操作的前提下，维持机车运行到目的地站，或尽可能维持机车运行到前方站停车处置，避免机车运行中途停事故的发生，并详尽提供机车运用状态（故障）信息，这是机车运用故障处理的宗旨。因此本章所介绍机车运用故障的处理是要求运用者以对运用机车部件性能熟知为基础，并尊重机车运用性能与机车运用规律，避免盲从与盲目性，按机车部件使用的规定与要求操作好机车。同时对该型电力机车的运用故障做了相应分析，希望机车运用者对此类部件熟悉了解，正确地运用操作，避免类似的故障发生。即使在机车运用中发生相应的机车运用故障时，也能按机车运用与计算机程序设计要求处理好，尽可能避免机车运用事故的发生。机车运用中预防故障第一，处理故障次之。在各种复杂的运输条件下，电力机车经过一段时间的运行后，不可避免的会出现一些损失，即各种零部件会发生不同程度的自然磨损、变性，电气装置还会发生断线、电蚀接触性电阻值增大与烧损、绝缘老化与破损接地及电子元件运用期老化失效等，从而造成各种机车运用故障，为了尽可能迅速的排除故障，维持机车运行，避免机车故障的发生。本章分层次介绍几类该类型机车运用故障在非正常情况的应急操作及处理方法，由于故障往往不是由单个因素造成的，这里所列的故障原因并不一定是唯一的，处理办法也可能有很多种。本章分 4 节主要介绍了该型机车运用中常见故障，机车计算机系统故障诊断处理，空气制动系统应急故障处理与机车运用应急故障处置。

## 第一节　HXD1C 型电力机车运用常见故障

机车预防性检查是处理机车运用故障的重要手段。本节主要介绍了对机车投入运用前或运用中对主要部件的检查方式方法与相应故障的正确处理。并按机车车顶电气设备故障判断检查，机车保护系统故障判断处理，辅助电路保护措施，机车操作系统展开叙述。

### 一、机车车顶电气设备故障判断处理

机车运用中对车顶电气设备的检查，主要为间接的检查方法，即通过计算机屏显的检视，其主部件为受电弓、高压隔离开关与高压断路器。

1. 机车自检未完成

(1)确认司机显示屏右下角的自检设备项目是哪一项在闪烁。

(2)针对相应的闪烁设备进行断/合其对应的电源开关。

(3)上述步骤无效时，断/合蓄电池电源开关进行系统复位。

2. 合受电弓扳钮后受电弓升不起或升双弓

(1)确认低压柜上的受电弓自动开关闭合，若脱落则重新闭合或选择另一个受电弓进行升弓。

(2)确认计算机屏显“车顶高压隔离开关”闭合，否则断/合受电弓按键 2～3 次，确保高压隔离开关可靠闭合。

(3)上述步骤无效时，断/合蓄电池电源开关进行系统复位，解除受电弓封锁，重新升弓。

3. 车顶高压主断路器(主断)不闭合

(1)确认低压柜受电弓自动开关闭合，若脱落则重新闭合。

(2)升另一端机车司机室的受电弓合主断维持运行。

(3)TCU、CCU、辅逆等原因导致的禁止合主断时，可切除故障部件维持机车运行。

(4)上述步骤无效时，断/合蓄电池电源开关进行系统复位，解除主断封锁，重新合闸。

4. 受电弓刮弓故障

(1)应立即停车。

(2)分主断、降弓，断开相应的高压隔离开关。

(3)按规定办理停电申请手续，确认接触网停电后挂好接地线。

(4)上车顶对已损坏受电弓进行处理(必须按上车顶安全作业规范进行)。

(5)消除车顶接地点，关好车顶门。

(6)通过低压柜受电弓模式选择开关＝21-S51 来选择可升起的受电弓升弓。

(7)处理完毕后，取下接地线按规定申请送电，升弓、维持运行。

5. 升弓条件(表 9-1)

升弓条件是指该型机车在启动前，将受电弓升起接受外电源(电网)所应具备的条件。

**表 9-1　升弓条件**

| 序号 | 满足条件 | 备　注 |
|---|---|---|
| 1 | 至少有一个车顶隔离开关在闭合位 | 闭合＝11-Q03 和/或＝11-Q04 |
| 2 | 主断和受电弓控制电源的自动开关闭合 | 低压柜＝21-F114 在闭合位 |
| 3 | 充足的气压 | 最小气压 400 kPa |
| 4 | 没有降弓命令 | 不允许降弓操作且计算机无降弓指令 |
| 5 | 机车模式选择开关在“正常”位 | 低压柜选择开关＝21-S54 在“正常位” |
| 6 | 没有 HVB 闭合禁止 | 见计算机屏显提示 |
| 7 | TCU1/TCU2 的自动开关至少有 1 个是闭合的 | 见计算机屏显提示 |
| 8 | CCU 和 TCU 的通信正常 | 见计算机屏显提示 |
| 9 | 没有检测到库内供电或辅机测试 | 计算机显示屏无“库内供电 ”或“辅机测试 ”相关显示 |
| 10 | 计算机系统自检已经完成且没有禁止升弓的指令 | 见计算机屏显提示 |
| 11 | 有 1 个司机室是占用的或者机车是重联模式下的重联车 | 见计算机屏显提示 |
| 12 | HVB 是断开的 | ＝11-Q02 未闭合 |
| 13 | 部件自检已经完成 | 无部件故障诊断 |
| 14 | 受电弓切断阀 “打开 cut in”位置 | 空气管路柜＝28-A01. U99 在“打开 cut in”位 |
| 15 | 被选中的受电弓没有升弓故障或者降弓故障 | |
| 16 | 没有蓄电池欠压信号 | 控制电压大于 DC 77 V |

注：出现硬件故障请参考《HXD1C(高原)电力机车电气原理图》(JE00000798G00)中，＝21 部分第 2 张原理图。

6. 主断路器闭合条件(表 9-2)

主断路器(简称主断)闭合条件,是指该型机车在启动前,将主断闭合受供机车供电所外电源应具备的条件。

**表 9-2 主断路器闭合条件**

| 序号 | 满足条件 | 备注 |
|---|---|---|
| 1 | 主断和受电弓控制电源的自动开关闭合 | 低压柜＝21-F114 在闭合位 |
| 2 | 空气压力足够 | 最小气压 450 kPa |
| 3 | 在控制车和重联车任何紧急按钮没有按下 | 1 端司机室为＝28-S10,在 2 端司机室为＝28-S20 未按下 |
| 4 | 没有降弓命令 | 不允许降弓操作且计算机无降弓指令 |
| 5 | 受电弓隔离阀在“cut in”的位置 | 空气管路柜受电弓隔离阀在“打开 cut in”位 |
| 6 | 司机没有给出“断 HVB”命令 | 1 端司机室为＝21-S12,在 2 端司机室为＝21-S22 未给出“分主断”操作 |
| 7 | 没有过分相请求 | 机车未过分相,未按下手动过分相按钮 |
| 8 | 网压在 17～31 kV 范围内 | |
| 9 | 原边电流保护没有动作 | 计算机未有原边电流保护诊断 |
| 10 | 主变压器油温在正常的范围内 | 计算机未有“油温保护”诊断 |
| 11 | 没有分 HVB 故障 | 计算机未有“HVB 故障”诊断 |
| 12 | 没有合 HVB 故障 | 计算机未有“HVB 故障”诊断 |
| 13 | 没有主变流器水位“保护”信号 | 计算机未有“水位保护”诊断 |
| 14 | 部件自检已经完成 | 无部件故障诊断 |
| 15 | 没有合 HVB 禁止 | 计算机未有“合 HVB 禁止”诊断 |
| 16 | 主司控器手柄在“0”位(过分相过程除外) | 1 端司机室为＝22-S01,在 2 端司机室为＝22-S02 在“0”位 |
| 17 | 机车模式选择开关在“正常操作”位置 | 低压柜选择开关＝21-S54 在“正常位” |
| 18 | 没有蓄电池欠压 | 控制电压大于 DC 77 V |

注:出现硬件故障请参考《$HXD_{1C}$(高原)电力机车电气原理图》(JE00000798G00)中,＝21 部分第 6、7、8 张原理图。

## 二、机车保护系统故障判断处理

机车保护系统主要指对主回路直接保护与间接保护的电气设备故障的判断处理。

1. 机车保护系统产生高压保护时如何处理

(1)确认低压柜 SKS3、水泵、油泵、油水冷却塔风机、TCU 的自动开关闭合,若脱落(跳开)则重新闭合。

(2)确认司机显示屏“车顶高压隔离开关”闭合,否则断/合受电弓按键 2～3 次,确保高压隔离开关可靠闭合。

(3)进入计算机屏显维护栏中,点出主要数据里的数据显示,确认主逆的水温、水压、主变油温的状态显示值,若发现有超温的情况应切除故障部件维持机车运行。

(4)检查故障位置的穿墙套管是否有异常现象,以及机车当时的网压、网流数值,看是否有超限情况,若有的话则采用惰力运行方式避开网压峰值,待平稳后再次升弓合闸,否则要切除故障部件维持机车运行。

2. 由于温度原因,使转矩受到限制

（1）不必停车，司机可将手柄回零，通过断开低压柜上的 TCU1（2）的自动开关维持机车运行。

（2）若此时机车的主断跳开或已经封锁，司机应将故障的 TCU1（2）切除，重新选择受电弓的升弓模式，进行升弓合闸维持机车运行，到前方站通过断/合蓄电池电源开关让系统重新自检，消除封锁。

3．主电路保护措施（表 9-3）

主电路保护措施是指对该型机车所有工作在主电路内的电气/电子设备及工作电路的接地、过流、断路（电机缺相）、短路（包括相应辅助电气设备）及相应的辅助电气设备（如对工作在主电路内的电气设备的温度、降温液体的流速/压力及辅助设备损坏等保护）工作在安全范围条件下的保护措施。

**表 9-3　主电路保护措施**

| 序号 | 保护项目 | 保护部件 | 保护措施 |
|---|---|---|---|
| 1 | 网压过压保护 | 主变压器 | 若网压高于 31.5 kV 并持续 40 s 或高于 32 kV，将断开主断路器，并在显示屏上显示相应的信息<br>复位条件：当网压低于 31 kV 并超过 20 s，允许合主断 |
| 2 | 网压欠压保护 | 主变压器、主变流器 | 若网压低于 17 kV 并持续 1 s，将断开主断路器，并在显示屏上显示相应的信息。复位条件：当网压高于 17.5 kV 并超过 1 s，允许合主断 |
| 3 | 原边过流保护 | 高压电流互感器、主断路器、主变流器 | 原边电流有效值＞430 A 超过 1 s，主断断开。当原边电流（峰值）I＞850 A，立即分主断，相关的故障信息在显示屏上有显示<br>复位条件：司机手动复位，微机故障解锁 |
| 4 | 牵引电机缺相 | 牵引电机、主变流器、TCU | 升弓合主断，给牵引手柄后，受影响的 PWI 被自动切除，其余的牵引电机正常工作。显示屏给出相应故障信息 |
| 5 | 中间直流环节短路 | 主变流器、TCU | 升弓，合主断，给方向手柄后 TCU 中的预充电监控动作，主断路器断开，显示器显示相应故障信息。自动隔离该变流器后其他不受影响的变流器正常工作，可以继续运行 |
| 6 | 主变压器次边接地 | 主变压器、主变流器 | 升弓，合主断，给方向手柄后 TCU 检测到接地故障，主断路器断开。显示器显示相应的故障信息。按复位后，重复上述过程，如故障继续存在将自动隔离该变流器，其他不受影响的变流器正常工作，可以继续运行 |
| 7 | 主变流器输入电流过流 | 主变流器 | 升弓，合主断，主变流器输入电流超过 2 550 A 主断断开。在过流现象消失后主断可以重新闭合。显示屏显示故障信息 |
| 8 | 中间直流环节接地 | 主变流器 | 升弓，合主断，给方向手柄后相应的 TCU 检测到接地故障，主断路器断开。显示器显示相应的故障信息。按复位后，重复上述过程，如故障继续存在将自动隔离该变流器后其他不受影响的变流器正常工作，可以继续运行 |
| 9 | 牵引变流器输出接地 | 主变流器 | 升弓，合主断，给方向手柄和牵引手柄后相应的 TCU 检测到接地故障，主断路器断开。显示器显示相应的故障信息。按复位后，重复上述过程，如故障继续存在将自动隔离该变流器，其他不受影响的变流器正常工作，可以继续运行 |
| 10 | 油泵（2 个）停止运行 | 主变压器 | （1）一个油泵停止运行时，油温监测将导致转矩降低并且当油温过高时断开主断路器。大于 87 ℃ 时转矩降为 0，大于 92 ℃ 时断开主断<br>（2）当 2 个油泵同时停止运行时，由 CCU 和油流检测装置检测到，降功运行且在 2 min 后断开主断路器（前提：油温高于 10 ℃）<br>（3）司机屏显示油泵故障信息 |
| 11 | 水泵停止工作 | 主逆变器 | （1）CCU 检测到相应的自动开关断开或水泵故障并在显示器上显示故障信息<br>（2）TCU 的水压监控将反应<br>受影响的主变流器将被封锁，其他变流器工作正常，可以继续运行 |

续上表

| 序号 | 保护项目 | 保护部件 | 保护措施 |
|---|---|---|---|
| 12 | 牵引风机停止工作 | 牵引电机 | CCU 检测到相应的自动开关被切除，并在显示器上显示相应的切除信息，同时系统自动切除受影响的 PWI。其他逆变器工作正常，可以继续运行 |
| 13 | 油水冷却塔风机停止工作 | 主变压器、主变流器 | 若水温超过 55 ℃降功率，超过 60 ℃变流器封锁。若油温超过一定极限，相应的温度保护将起作用，参照第 11 项(1)。CCU 将检测到相应的自动开关断开，并在显示屏上显示相应故障信息 |
| 14 | 网侧变流器门控断开 | 主变流器 | 升弓后，TCU 检测到故障，将禁止合主断。<br>按复位后如故障继续存在将自动隔离该变流器，其他不受影响的变流器正常工作，可以继续运行 |
| 15 | 电机侧变流器门控断开 | 主变流器 | 升弓后，TCU 检测到故障，将禁止合主断。按复位后如故障继续存在将自动隔离该逆变器，其他不受影响的逆变器正常工作，可以继续运行 |

4. 辅助电路保护措施(表 9-4)

辅助电路保护措施是指对该型机车对主电路支撑的辅助电气/电子设备及工作电路的接地、过流、断路、短路及相应的辅助电源设备所应工作在安全范围条件下的保护措施。

**表 9-4　辅助电路保护措施**

| 序 | 保护项目 | 保护部件 | 保护措施 |
|---|---|---|---|
| 1 | 牵引风机缺相保护试验 | 三相断路器 | 辅助系统启动后，三相断路器若断开，在显示器上有三相断路器的状态和故障信息：TPCB 断开的信息，相应逆变器封锁，机车可以继续运行 |
| 2 | 牵引风机短路保护试验 | 三相断路器 | 辅助系统启动后，三相断路器若断开，在显示器上有三相断路器的状态和故障信息：TPCB 断开的信息，相应逆变器封锁，机车可以继续运行 |
| 3 | 油水冷却塔风机缺相保护试验 | 三相断路器 | 辅助系统启动后，三相断路器断开，在显示器上有三相断路器的状态和故障信息：TPCB 断开的信息，机车可以继续运行 |
| 4 | 油水冷却塔风机短路保护试验 | 三相断路器 | 辅助系统启动后，三相断路器若断开，在显示器上有三相断路器的状态和故障信息：TPCB 断开的信息，机车可以继续运行 |
| 5 | 主压缩机缺相保护试验 | 三相断路器 | 辅助系统启动后，三相断路器若断开，在显示器上有三相断路器的状态和故障信息：TPCB 断开的信息，机车可以继续运行 |
| 6 | 主压缩机短路保护试验 | 三相断路器 | 辅助系统启动后，三相断路器若断开，在显示器上有三相断路器的状态和故障信息 |
| 7 | 油泵缺相保护试验 | 三相断路器 | 辅助系统启动后，三相断路器若断开，在显示器上有三相断路器的状态和故障信息 |
| 8 | 油泵短路保护试验 | 三相断路器 | 辅助系统启动后，三相断路器若断开，在显示器上有三相断路器的状态和故障信息 |
| 9 | 水泵缺相保护试验 | 三相断路器 | 辅助系统启动后，三相断路器若断开，在显示器上有三相断路器的状态和故障信息 |
| 10 | 水泵短路保护试验 | 三相断路器 | 辅助系统启动后，三相断路器若断开，在显示器上有三相断路器的状态和故障信息 |
| 11 | 辅助变流器输出接地保护 | 辅助变流器 | 升弓，合主断后，系统自动切除相应的辅助电源负载分支，辅助系统工作在冗余模式。显示器相应的故障信息 |
| 12 | 辅助变流输出缺相保护 | 辅助负载 | 升弓，合主断后，系统自动切除相应的辅助电源负载分支，辅助系统工作在冗余模式。<br>显示器相应的故障信息 |
| 13 | 直流 110 V 欠压保护 | 电源柜 | 当蓄电池电压降低到 85 V 时；计算机显示屏有蓄电池欠压的故障信息显示 |

5. 紧急运行

主司控器手柄无法设定级位，此时应将运行转换开关(1 端司机室＝21-S09、2 端司机室＝21-S29)置“紧急”位，由主司控器向前牵引位的三个辅助触点来驾驶，具体操作步骤如下。

(1)将调速手柄置于牵引 2/3 位处。

(2)若需进级则将手柄向前置最大位，放置的时间越长设定的级位就越高。

(3)若需退级则将手柄稍微向后离开 2/3 位，离开的时间越长设定的级位就越低；当设定级位上升或下降至所需级位时，将手柄退回到 2/3 位处可维持该设定级位。

## 三、机车操作系统故障判断处理

1. 主司机控制器的牵引/制动输入信号通道 1(或 2)故障

(1)断/合低压柜紧凑型输入/输出模块(SKS1A/1B)1A 和 1B 的小自动开关 24-F01/02。

(2)断/合机车的 CCU 电源，或断/合蓄电池电源开关让系统重新自检复位。

(3)条件容许，检查副司机侧接口箱内的 SKS1A/1B 的插头、CCU 控制箱上的 MVB(WTB)插头的插接状态。

2. 自动过分相装置故障

(1)断/合低压柜上的“自动过分相装置电源”的自动开关(＝21-F04)。

(2)若自动过分相装置工作正常，可将受电弓模式转到良好的一端升弓合闸，继续机车运行。

(3)若自动过分相装置全部故障，可用司机操纵台上的过分相预告按钮(＝21-S04)，手动过分相，待机车返回段内后再做处理。

3. 蓄电池电压低于 77 V(88 V)，2 min 后机车封锁

在确认蓄电池充电正常后，若司机室蓄电池电压表显示 110 V 时，可通过断/合蓄电池开关进行“复位”消除故障，若电压确实低于 77 V 时，可通过执行如下操作步骤可维持运行。

(1)闭合蓄电池开关，无人警惕装置开关置切除位。

(2)受电弓选择开关置双弓位，显示屏为主屏界面。

(3)按压“2”键(维护按键)，使显示屏中“维护”框底色变黄。

(4)将受电弓、主断路器控制开关同时扳至向后位，并击拍无人警惕按钮。按压 ST 键(显示器上三角按键)转换到事件总览屏，屏幕出现“激活重联车的 110 V 临时供电模式”字样。

(5)等机车自检完毕，闭合升弓控制开关，此时双弓升起。

(6)闭合主断路器控制开关，机车即可工作被供电。

(7)本供电办法只能维持 10 min，且 90 min 内只能激活 1 次，需要再次激活时，必须断/合 CCU。在临时供电模式下，亏电的电压达到定压时，应立即转入正常操纵模式。

4. AC 230 V 电路有接地故障

(1)逐个切除低压柜上的 230 V 用电设备“卫生间”、“撒砂”、“微波炉”、“冰箱”等开关，确认是哪个设备发生故障，之后将其切除维持运行。

(2)若无效且该故障仍然存在，可继续机车运行不作处理，维持机车运行到前方站断/合故障的 CCU 或蓄电池开关“复位”。

(3)若仍无效，则可继续维持机车运行，待机车返回段内再做处理，但此时交流 230 V 交流电路无电。

5. 交流电源440 V电路存在接地故障,4 h后机车输出功率降低50%,辅逆在冗余模式

(1)逐个切除低压柜上的440 V用电设备的电源开关,确认是哪个设备存在故障,之后将其切除维持运行。

(2)若无效且该故障仍然存在,(出现故障计时<4 h)维持到前方站断/合故障的CCU或蓄电池开关进行“复位”。

(3)若仍无效,则可切除故障部件维持运行,回段处理,此时交流440 V交流电路无电。

(4)若是因为下雨辅逆进水引起的接地故障,必须等待故障消除方可开车。

6. TCU闭合/断开故障

(1)重新断/合“TCU电源”自动开关(=23-F01),6 min后再次合上,看故障能否消除,若消除,则可重新升弓、合闸。

(2)维持到前方站断/合TCU或蓄电池“复位”,若故障不能消除,可继续切除TCU维持运行。

(3)若该故障仍然存在,则人为切除“TCU电源”自动开关(=23-F01),使主变流器停止工作,机车在缺失一个架的情况下维持运行回段处理。

7. 牵引电机的速度传感器故障

(1)若是一个传感器故障可不作处理,继续行车回段提票处理。

(2)可能的话到前方站断/合TCU或蓄电池复位,若是两个以上的传感器故障,则应切除相应的电机。

8. 由于CCU、CCBⅡ、WTB、DP的G网通信丢失、804等原因引起紧急制动,导致机车“牵引未激活”

(1)大闸手柄在紧急位停留60 s后消除紧急源,放抑制位1 s后拉回运转位消除紧急与惩罚制动。

(2)若故障仍不能消除,可断/合低压柜上的SKS1A/B、CCU、28-F01电源开关,关闭非操纵端的机车运行记录仪显示器(简称运器)主机,看故障能否消除,否则通过断/合蓄电池开关让系统重新自检,不消除的话切除故障部件,机车维持回段处理。

(3)检查机车副司机侧的接口箱内的SKS1A/1B上的插头,CCU箱上网络通信用的WTB/MVB(蓝色插头)是否松动。

9. 气动防滑行保护设备(WSP)故障

(1)不影响机车正常运行,可维持回段处理。

(2)手柄给到最大区域后,点动撒砂脚踏板,增加机车的黏着力(千万不要来回拉动调速手柄)。

(3)断/合SKS3的电源开关,紧固制动屏上的防滑装置插件及插头,复位WSP上的复位按钮。

10. CCU故障

(1)断/合低压柜上的CCU故障转换开关,若故障不消除则将主CCU的电源开关切除,维持运行回段处理。

(2)维持运行到前方站断/合蓄电池电源开关,让系统复位。

11. 重联通道WTB通信故障,WTB找不到重联机车

(1)紧固重联端的重联线插头。

(2)紧固各司机室 CCU 上的网关插头。

(3)断/合蓄电池电源开关,重新自检,不良时,可切除重联机车维持运行回段处理。

12. 速度传感器故障

(1)重新断/合低压柜上的数/模转换盒电源自动开关(=43-F02)、TAX2 的电源 43-F06,1 min 后合上,让系统重新自检复位一次,看故障能否消除。

(2)紧固车下各轮上的测速传感器与车体连接的插头。

(3)断/合蓄电池电源开关重新自检,不良时,可将故障机车切除维持运行回段处理。

13. 轮径超差,必须调整轮径值

(1)保持机车速度大于 20 km/h,同时手柄回零惰力运行,系统自动进行轮径值调整。

(2)此故障多由机车空转打滑引起,所以在运行中司机尽可能避免空转,起车时匀速进级、点动踩砂,不要频繁推动手柄,合理掌握平稳操纵技巧,杜绝机车空转打滑。

14. 主 CCU 请求惩罚制动

(1)切除司机室的无人警惕装置转换,重新断/合一下截止塞门 S30.01。

(2)缓解机车的停车制动缓解按钮,侧缓机车的小闸。

(3)断/合 28-F01 自动开关,让 CCBⅡ系统重新自检。

(4)确认机车的总风压力,必须高于 6.5 bar(650 kPa)。

(5)将主司机控制器手柄回零位重新设置牵引状态,自动制动手柄置于抑制位 1 s 后拉回缓解位,消除惩罚制动。

15. 外部供电电源接触器(=34-K71/K81)故障

(1)可不作处理,不影响机车运行,继续行车。

(2)到前方站通过断/合"接触器控制"自动开关(=31-F01),等待接触器自检运行结束(约 20 s)来消除故障。

(3)若无效,且该故障仍然存在时,再断/合蓄电池开关看故障能否消除,否则维持运行回段处理。

16. 总风低于 650 kPa 或列车管压力低于 250 kPa 机车产生"牵引未激活"

(1)立即升弓合闸进行打风,确保机车的总风压力达到 650 kPa 以上,并给列车管充风。

(2)检查机车制动柜及各部是否存在漏风情况,并作适当紧固。

(3)确认机车是否产生紧急制动,并及时消除紧急源,同时缓解停放制动缓解按钮。

17. 停车制动缓解不释放

(1)人为转换 B40.03 的停车制动塞门,紧固上面的电磁阀插头。

(2)无效时将 B40.03 的停车制动塞门切除,下车拉停车制动缓解拉环,上车按压司机室的后墙柜上的停车制动缓解按钮。

18. P50.06 总风压力监控器(标定值为 7.7～9 bar)故障,压缩机启动后不停泵

(1)司机通过监控司机室总风压力表的数值,人为断/合压缩机按键开关控制压缩机的启动与关闭。

(2)紧固制动屏内的 B01P50.06 总风压力监控器的插头,若无效时,将低压柜上的 34-Q10 的压缩机接触器电源开关扳下即可。

19. B01S30.03 压力监控器故障,CCU 发送错误的紧急制动请求

(1)司机通过监控司机室显示器上的故障信息及列车管压力显示值,确定故障发生的部

位，通过断/合蓄电池开关复位，使机车重新自检。

(2)不良时，则紧固制动屏内的 B01S30.03 压力监控器的插头，若无效时，手动切除制动柜中自动停车(防睡)阀，维持运行回段处理。

20. B01U43.13 截止塞门故障，不能升起受电弓

(1)司机通过监控司机室显示器上的故障信息及辅助风缸压力显示值，确定故障发生的部位，并将 B01U43.13 截止塞门打开。

(2)不良时，则换升另一架机车的受电弓，维持机车运行回段处理，或者将故障部件切除维持运行。

## 思　考　题

1. $HXD_{1C}$型电力机车运行中受电弓刮弓时如何处理？
2. $HXD_{1C}$型电力机车保护系统产生高压保护时如何处理？
3. $HXD_{1C}$型电力机车自动过分相装置失效时如何处理？

## 第二节　$HXD_{1C}$型电力机车计算机诊断故障处置

$HXD_{1C}$型电力机车运用故障处理主要通过机车网络控制系统 TCMS 的诊断功能，针对 ERM 和 VCM、TCU、ACU、BCU 之间传输的所有故障信号(注：仅适用于控制系统部件)进行程序化处置，并通过司机操纵台人—机对话屏显呈现出来。其网络通信：经 ERM 和 VCM、TCU、ACU、BCU、IDU 之间的通信接口，采用 IEC61375 标准的列车通信网络。该标准包含了两种类型的总线：即多功能车辆(机车)总线 MVB，用于连接机车内部各电气设备，通信波特率最高 1.5 Mb/s，通信介质为绞线电缆或光纤；与绞线式列车总线 WTB，将多台机车连接成列车，通信波特率最高 1.0 Mb/s，通信介质为绞线电缆。

机车计算机故障诊断和处理信息，为了便于该型电力机车运用者了解，本节将该型机车在运用中可能发生的电子/电气设备类运用故障列于表中，即在表中将可能发生的故障分为七项分别介绍，即故障编码(机车计算机储存编码)、故障类别(故障难点程度)、类别(故障发生处所)、机车静态($v=0$)、机车运行、机车动态($v>0$)、处理信息(机车运用中可能发生故障的处理方法)；并将该类故障归纳为七类，列于表 9-5～表 9-11 中，即主电路车顶至主变压器原/次边电气设备故障，主变流器内接触器故障，通信类电气设备故障，主变流器故障，辅助变流器故障，主变流器中间直流及保护电气/电子设备故障，逆变器及保护电气/电子设备故障。详细描述了 ERM 与 VCM、TCU、ACU、BCU、IDU 之间交换数据的内容、用法及逻辑等有关故障内容和处理信息。其中故障分类情况(本节表中类别定义)：A 类故障是需司机或维护人员高度重视并及时处理的故障，处理不及时可能造成机车无法正常运行；B 类故障需司机/或维护人员注意，处理不及时会影响机车部分功能的运用并可能升级为 A 类故障；C 类故障为轻微故障，不影响机车正常运用，因此在本节表内未列出。

### 一、机车主电路车顶至主变压器原/次边电气设备故障

该类故障主要发生在机车运行中的机车主电路内的车顶受电弓、高压隔离开关、主断路器

(简称主断)及司机控制器操控下的受电弓、主变压器、主变压器保护装置及引起主电路的牵引封锁等类电气设备内，其故障处理信息见表 9-5。

**表 9-5　机车主电路车顶至主变压器原/次边电气设备故障**

| 编码 | 类别 | 故障信息 | 故障处所 | $v=0$ | $v>0$ | 处理信息 |
|---|---|---|---|---|---|---|
| 1001 | B | 机车操作端冲突 | 司控器 | 该台机车的主断自动断开并降弓。请只占用一个司机室！重新升弓合主断，继续机车运行 | 该台机车的主断自动断开并降弓。请只占用一个司机室！重新升弓合主断，继续机车运行 | 若同一台机车的两个司机室均被占用。检查另一司机室，确认钥匙开关状态；检查对应 DXM、DIM 输入信号 |
| 1002 | A | 列车操作端冲突 | 司控器 | 重联所有机车的主断自动断开并降弓。请只占用一个司机室！重新升弓合主断，继续机车运行 | 重联所有机车的主断自动断开并降弓。请只占用一个司机室！重新升弓合主断，继续机车运行 | 重联机车的司机室也被占用。检查重联机车司机室，确认钥匙开关状态；检查对应 DXM、DIM 输入信号 |
| 1017 | A | 主断卡合 | 主断 | 主断分断故障。主断本身故障或者无反馈信号，系统产生禁止合主断的保护，请切除故障部件。若行，继续机车运行，返段待修 | 主断分断故障。主断本身故障或者无反馈信号，系统产生禁止合主断的保护，切除故障部件。若行，继续机车运行，返段待修 | 发出主断分指令后 8 s 未收到反馈信号，可能原因：主断本身故障。主断反馈信号的辅助触点故障。系统自动降弓，产生禁止合主断的保护并存储该故障，切除故障部件<br>注：仅维护人员可复位此故障 |
| 1018 | A | 主断卡分 | 主断 | 主断闭合故障。主断本身故障或者无反馈信号。请闭合主断，若成功则继续机车运行否则切除故障部件，维持机车运行，返段待修 | 主断闭合故障。主断本身故障或者无反馈信号。请闭合主断，若成功，继续机车运行否则，切除故障部件，返段待修 | 无主断闭合反馈信号，可能原因：主断本身故障。主断反馈信号的辅助触点故障。主逆全部锁定，主断断开。请重新合主断，若失败则切除故障部件 |
| 1087 | A | 主断继=21-A11-K01 | 主断 | 主断回路辅助继电器故障。重新合主断，若行，则继续机车运行；否则，则切除故障部件，返段待修 | 主断控制回路继电器故障。重新合主断，若行，则继续机车运行；否则，请查看 $v=0$，返段待修 | 主断控制回路继电器=21-A11-K01 故障，主断无法闭合 |
| 1088 | A | 主断继=21-A11-K02 | 主断 | 主断回路辅助继电器故障。重新合主断，若行，则继续机车运行；否则，则切除故障部件，返段待修 | 主断控制回路继电器故障。重新合主断，若行，则继续机车运行；否则，请查看 $v=0$，返段待修 | 主断控制回路继电器=21-A11-K02 故障，主断无法闭合 |
| 1197 | | 牵引封锁 | 主电路 | 机车牵引封锁，请查明牵引封锁条件，并满足该条件 | 机车牵引封锁，请查明牵引封锁条件，并满足该条件 | 牵引封锁。可能原因：有制动存在 |
| 1198 | | 分主断 | 主断 | 主断保护，无法闭合主断，请查明主断无法闭合的条件，并满足该条件，重新合主断，若行，则继续机车运行；否则，则切除故障部件，返段待修 | 主断保护，无法闭合主断，请查明主断无法闭合的条件，并满足该条件，重新合主断，若行，则继续机车运行；否则，切除故障部件，返段待修 | 分主断保护 |
| 1019 | A | 受电弓 1 升弓 | 受电弓 | 受电弓 1 升起过程出现故障，该受电弓失效。请通过受电弓模式开关选择其他弓(若：自动，受电弓 2，双弓)，返段待修 | 受电弓 1 升起过程出现故障，该受电弓失效。通过受电弓模式开关选择其他弓(若：自动，受电弓 2，双弓)。继续机车运行，返段待修 | 受电弓 1 升弓故障，即给出升弓指令、升弓电磁阀动作后，无升弓压力反馈信号(延时 15 s)。若 CCU 监视到两次该故障，将存储信息并锁定受电弓；可经闭合蓄电池自动开关来复位该保护 |

续上表

| 编码 | 类别 | 故障信息 | 故障处所 | $v=0$ | $v>0$ | 处理信息 |
|---|---|---|---|---|---|---|
| 1020 | A | 受电弓 2 升弓 | 受电弓 | 受电弓 2 升起过程出现故障,该受电弓失效。请通过受电弓模式开关选择其他弓(若:自动,受电弓 2,双弓),返段待修 | 受电弓 2 升起过程出现故障,该受电弓失效。通过受电弓模式开关选择其他弓(若:自动,受电弓 1,双弓)。继续机车运行,返段待修 | 受电弓 2 升弓故障,即给出升弓指令、升弓电磁阀动作后,无升弓压力反馈信号(延时 15 s)。若 CCU 监视到两次该故障,将存储信息并锁定受电弓;可通过闭合蓄电池自动开关来复位该保护 |
| 1039 | A | 受电弓 1 降弓 | 受电弓 | 受电弓 1 降下过程出现故障,该受电弓失效,返段待修 | 受电弓 1 降下过程出现故障,该受电弓失效。继续机车运行,返段待修 | 受电弓 1 降弓故障,即给出降弓指令、升弓电磁阀动作后,无降弓压力反馈信号(延时 15 s)。若 CCU 监视到两次该故障,将存储信息并锁定受电弓;可经闭合蓄电池自动开关来复位该保护 |
| 1040 | A | 受电弓 2 降弓 | 受电弓 | 受电弓 2 降下过程出现故障,该受电弓失效,返段待修 | 受电弓 2 降下过程出现故障,该受电弓失效。继续机车运行,返段待修 | 受电弓 2 降弓故障,即给出降弓指令、升弓电磁阀动作后,无降弓压力反馈信号(延时 15 s)。若 CCU 监视到两次该故障,将存储信息并锁定受电弓;可经过闭合蓄电池自动开关来复位该保护 |
| 1199 | | 受电弓降下保护 | 受电弓 | 受电弓保护,无法升起受电弓,查明受电弓无法升起的条件,并满足该条件,重新升弓,若行,则继续机车运行;否则,则切除故障部件,返段待修 | 受电弓保护,无法升起受电弓,请查明受电弓无法升起的条件,并满足该条件,重新升弓,若行,则继续机车运行;否则,切除故障部件,返段待修 | 受电弓降下保护 |
| 1021 | A | 原边电压过压报警 | 变压器 | 若主断释放,重新合主断继续机车运行若故障再次出现,主断不能被释放则切除有故障的主变,用另一个继续机车运行,返段待修 | 若主断释放,重新合主断继续机车运行若故障再次出现,主断不能被释放则切除有故障的主变,用另一个继续机车运行,返段待修 | 主变软件保护(功率限制、封锁脉冲)。由于网压过压而跳主断。若故障在合主断的瞬间出现,可能原因:(1)高压部分有短路。(2)高压部分有接地 |
| 1022 | A | 原边电压过压保护 | 变压器 | 若主断释放,重新合主断继续机车运行若故障再次出现,主断不能被释放则切除有故障的主变,用另一个继续机车运行,返段待修 | 若主断释放,重新合主断继续机车运行若故障再次出现,主断不能被释放则切除有故障的主变,用另一个继续机车运行,返段待修 | 主变软件保护(功率限制、封锁脉冲)。由于网压过压而跳主断。若故障在合主断的瞬间出现,可能原因:(1)高压部分有短路。(2)高压部分有接地 |
| 1023 | A | 原边电压欠压报警 | 变压器 | 若主断释放,重新合主断继续机车运行若故障再次出现,主断不能被释放则切除有故障的主变,用另一个继续机车运行,返段待修 | 若主断释放,重新合主断继续机车运行若故障再次出现,主断不能被释放则切除有故障的主变,用另一个继续机车运行,返段待修 | 主变软件保护(功率限制、封锁脉冲)。由于网压欠压主变器的 PWIA/B/C 脉冲封锁而跳主断。若故障在合主断的瞬间出现,可能原因:(1)高压部分有短路。(2)高压部分有接地 |

续上表

| 编码 | 类别 | 故障信息 | 故障处所 | v=0 | v>0 | 处理信息 |
|---|---|---|---|---|---|---|
| 1024 | A | 原边电压欠压保护 | 变压器 | 若主断释放，重新合主断继续机车运行若故障再次出现，主断不能被释放则切除有故障的主变，用另一个继续机车运行，返段待修 | 若主断释放，重新合主断继续机车运行若故障再次出现，主断不能被释放则切除有故障的主变，用另一个继续机车运行，返段待修 | 主变软件保护(功率限制、封锁脉冲)。由于网压欠压主变器的 PWIA/B/C 脉冲封锁而跳主断。若故障在合主断的瞬间出现，可能原因：(1)高压部分有短路。(2)高压部分有接地 |
| 1025 | A | 变压器油温高报警 | 变压器 | 主变压器油温度过高，过热导致系统保护，本车无牵引力。等待其温度降至正常范围，封锁将自动解除 | 主变压器油温度过高/过热导致系统保护，本车无牵引力。等待其温度降至正常范围，封锁将自动解除，返段待修 | 因主变压器油温度过高，系统将降功至零，并封锁主逆变器(此时辅逆变器仍可给风机/冷却系统供电)。当温度降至正常范围后，封锁自动解除 |
| 1026 | A | 变压器油温高保护 | 变压器 | 继续机车运行，无需其他操作 | 继续机车运行，无需其他操作 | 由于主变压器油温度原因，机车功率将线性减载 0～30% |
| 1027 | A | 变压器油温低保护 | 变压器 | 本车无牵引力，当油温达到正常范围，可重新合主断，继续正常行车 | 本车无牵引力，当油温达到正常范围，可重新合主断，继续正常行车 | 主变压器油温未达到正常可运行温度，即此时油温低于 −40 ℃，系统产生跳主断，并封锁主逆变器的保护。当温度达到正常范围，封锁将自动解除 |
| 1029 | B | 油流 2 | 油流 | 油流 2 故障 | | |
| 1030 | A | 油流 1/2 均 | 油流 | 油流 1/2 均故障 | | |
| 1031 | A | 压力释放阀保护 | 压力释放阀 | 压力释放阀动作保护 | | |
| 1047 | B | 原边电压异常报警 | 变压器 | 原边电压处于网压降功率区。原边电压小于 22.5 kV，大于 17.5 kV 时，降功率 0～100%；原边电压小于 31.6 kV，大于 30.5 kV 时，降功率 0～100% | 原边电压处于网压降功率区。原边电压小于 22.5 kV，大于 17.5 kV 时，降功率 0～100%；原边电压小于 31.6 kV，大于 30.5 kV 时，降功率 0～100% | |
| 1070 | B | 变压器油温 1 | 变压器 | 变压器油温 1 故障 | 变压器油温 1 故障 | 变压器油温 1 故障 |
| 1071 | B | 变压器油温 2 | 变压器 | 变压器油温 2 故障 | 变压器油温 2 故障 | 变压器油温 2 故障 |
| 1072 | B | 变压器油温降功率 | 变压器 | 变压器油温降功率 | 变压器油温降功率 | 变压器油温降功率 |
| 1083 | A | 原边电压过压一级保护 | 变压器 | 若主断释放，重新合主断继续机车运行若故障再次出现，主断不能被释放则切除有故障的主变，用另一个继续机车运行，返段待修 | 若主断释放，重新合主断继续机车运行若故障再次出现，主断不能被释放则切除有故障的主变，用另一个继续机车运行，返段待修 | 主变软件保护(功率限制、封锁脉冲)。由于网压过压而跳主断。若故障在合主断的瞬间出现，可能原因：(1)高压部分有短路。(2)高压部分有接地 |
| 1084 | A | 原边电压欠压一级保护 | 变压器 | 若主断释放，重新合主断继续机车运行若故障再次出现，主断不能被释放则切除有故障的主变，用另一个继续机车运行，返段待修 | 若主断释放，重新合主断继续机车运行若故障再次出现，主断不能被释放则切除有故障的主变，用另一个继续机车运行，返段待修 | 主变软件保护(功率限制、封锁脉冲)。由于网压欠压主变器的 PWIA/B/C 脉冲封锁而跳主断。若故障在合主断的瞬间出现，可能原因：(1)高压部分有短路。(2)高压部分有接地 |

续上表

| 编码 | 类别 | 故障信息 | 故障处所 | $v=0$ | $v>0$ | 处理信息 |
|---|---|---|---|---|---|---|
| 1085 | A | 升弓后未检测到网压 | 变压器 | 若主断释放，重新合主断继续机车运行若故障再次出现，主断不能被释放则切除有故障的主变，用另一个继续机车运行，返段待修 | 若主断释放，重新合主断继续机车运行若故障再次出现，主断不能被释放则切除有故障的主变，用另一个继续机车运行，返段待修 | |
| 1611 | A | TCU2 原边电流有效值过流 | 主变流器 2 | 若行，继续机车运行，监视原边电流；TCU2 原边电流有效值过流 | 若行，继续机车运行，监视原边电流；TCU2 原边电流有效值过流 | 检测到 TCU2 原边电流有效值过流 |

## 二、主变流器内接触器故障

该类故障主要发生在机车运行中的机车主电路内的主变流器接触器卡合与卡分，即机械性卡滞带来的接触器主/辅触头（联锁）吸合与断开不到位，引起主/辅电路断路，其故障表现在计算机屏显上均有显示，其故障处理信息见表 9-6。

**表 9-6　主变流器内接触器故障**

| 编码 | 类别 | 故障信息 | 故障处所 | $v=0$ | $v>0$ | 处理信息 |
|---|---|---|---|---|---|---|
| 1032 | C | VCM 主从切换分主断 | 控制系统 | VCM 主从切换分主断，请手动闭合主断 | VCM 主从切换分主断，请手动闭合主断，继续机车运行 | |
| 1033 | A | 31-K10 卡合 | 接触器 | 断/合辅助控制电源自动开关=31-F113，等待直到辅助回路接触器自检完成（大约 20 s）。若该接触器故障仍存在，则继续机车运行，返段待修 | 继续机车运行，返段待修 | 辅助变压器 1 负载接触器=31-K10 故障。可能原因：接触器闭合故障。若故障不能消失，系统将自动重新配置 |
| 1034 | A | 31-K10 卡分 | 接触器 | 断/合辅助控制电源自动开关=31-F113，等待直到辅助回路接触器自检完成（大约 20 s）。若该接触器故障仍存在，则继续机车运行，返段待修 | 继续机车运行，返段待修 | 辅助变压器 1 负载接触器=31-K10 故障。可能原因：接触器断开故障。若故障未消失，系统将自动重新配置 |
| 1035 | A | 31-K20 卡合 | 接触器 | 断/合辅助控制电源自动开关=31-F113，等待直到辅助回路接触器自检完成（大约 20 s）。若该接触器故障仍存在，则继续机车运行，返段待修 | 继续机车运行，返段待修 | 辅助变压器 1 负载接触器=31-K20 故障。可能原因：接触器闭合故障。若故障不能消失，系统将自动重新配置 |
| 1036 | A | 31-K20 卡分 | 接触器 | 请断/合辅助控制电源自动开关=31-F113，然后等待直到辅助回_路接触器自检完成（大约 20 s）。若该接触器故障仍存在，则继续机车运行，返段待修 | 继续机车运行，返段待修 | 辅助变压器 1 负载接触器=31-K20 故障。可能原因：接触器断开故障。若故障不能消失，系统将自动重新配置 |

续上表

| 编码 | 类别 | 故障信息 | 故障处所 | $v=0$ | $v>0$ | 处理信息 |
|---|---|---|---|---|---|---|
| 1037 | A | 31-K02 卡合 | 接触器 | 断/合辅助控制电源自动开关=31-F113,等待直到辅助回路接触器自检完成(大约 20 s)。若该接触器故障仍存在,则继续机车运行,返段待修 | 继续机车运行,返段待修 | 辅助变压器 1 负载接触器=31-K02 故障。可能原因:接触器闭合故障。若故障不能消失,系统将自动重新配置 |
| 1038 | A | 31-K02 卡分 | 接触器 | 断/合辅助控制电源自动开关=31-F113,等待直到辅助回_路接触器自检完成(大约 20 s)。若该接触器故障仍存在,则继续机车运行,返段待修 | 继续机车运行,返段待修 | 辅助变压器 1 负载接触器=31-K02 故障。可能原因:接触器断开故障。若故障不能消失,系统将自动重新配置 |
| 1501 | A | 1 轴充电接触器 KM4 卡合 | 主变流器 1 | 若行,按计算机复位键复位 TCU1,重新闭合主断,继续机车运行;若故障仍出现,则隔离该轴,返段待修 | 若行,按计算机复位键复位 TCU1,重新闭合主断,继续机车运行;若故障仍出现,则隔离该轴,返段待修 | TCU1 检测到充电接触器卡合封锁本轴脉冲可能原因:1 轴充电接触器故障 |
| 1502 | A | 1 轴充电接触器 KM4 卡分 | 主变流器 1 | 若行,按计算机复位键复位 TCU1,继续机车运行;若故障仍出现,则隔离该轴,返段待修 | 若行,按计算机复位键复位 TCU1,继续机车运行;若故障仍出现,则隔离该轴,返段待修 | TCU1 检测到充电接触器卡分封锁本轴脉冲可能原因:1 轴充电接触器故障 |
| 1503 | A | 2 轴充电接触器 KM5 卡合 | 主变流器 1 | 若行,按计算机复位键复位 TCU1,重新闭合主断,继续机车运行;若故障仍出现,则隔离该轴,返段待修 | 若行,按计算机复位键复位 TCU1,重新闭合主断,继续机车运行;若故障仍出现,则隔离该轴,返段待修 | TCU1 检测到充电接触器卡合封锁本轴脉冲,可能原因:2 轴充电接触器故障 |
| 1504 | A | 2 轴充电接触器 KM5 卡分 | 主变流器 1 | 若行,按计算机复位键复位 TCU1,继续机车运行;若故障仍出现,则隔离该轴,返段待修 | 若行,按计算机复位键复位 TCU1,继续机车运行;若故障仍出现,则隔离该轴,返段待修 | TCU1 检测到充电接触器卡分封锁本轴脉冲,可能原因:2 轴充电接触器故障 |
| 1505 | A | 3 轴充电接触器 KM6 卡合 | 主变流器 1 | 若行,按计算机复位键复位 TCU1,重新闭合主断,继续机车运行;若故障仍出现,则隔离该轴,返段待修 | 若行,按计算机复位键复位 TCU1,重新闭合主断,继续机车运行;若故障仍出现,则隔离该轴,返段待修 | TCU1 检测到充电接触器卡合封锁本轴脉冲,可能原因:3 轴充电接触器故障 |
| 1506 | A | 3 轴充电接触器 KM6 卡分 | 主变流器 1 | 若行,按计算机复位键复位 TCU1,继续机车运行;若故障仍出现,则隔离该轴,返段待修 | 若行,按计算机复位键复位 TCU1,继续机车运行;若故障仍出现,则隔离该轴,返段待修 | TCU1 检测到充电接触器卡分封锁本轴脉冲,可能原因:3 轴充电接触器故障 |
| 1507 | A | 1 轴短接接触器 KM1 卡合 | 主变流器 1 | 若行,按计算机复位键复位 TCU1,继续机车运行;若故障仍出现,则隔离该轴,返段待修 | 若行,按计算机复位键复位 TCU1,继续机车运行;若故障仍出现,则隔离该轴,返段待修 | TCU1 检测到短接接触器卡合封锁本轴脉,可能原因:1 轴短接接触器故障 |

续上表

| 编码 | 类别 | 故障信息 | 故障处所 | v=0 | v>0 | 处理信息 |
|---|---|---|---|---|---|---|
| 1508 | A | 1 轴短接接触器 KM1 卡分 | 主变流器 1 | 若行，按计算机复位键复位 TCU1，继续机车运行；若故障仍出现，则隔离该轴，返段待修 | 若行，按计算机复位键复位 TCU1，继续机车运行；若故障仍出现，则隔离该轴，返段待修 | TCU1 检测到短接接触器卡分封锁本轴脉冲，可能原因：1 轴短接接触器故障 |
| 1509 | A | 2 轴短接接触器 KM2 卡合 | 主变流器 1 | 若行，按计算机复位键复位 TCU1，继续机车运行；若故障仍出现，则隔离该轴，返段待修 | 若行，按计算机复位键复位 TCU1，继续机车运行，若故障仍出现，则隔离该轴，返段待修 | TCU1 检测到短接接触器卡合封锁本轴脉冲可能原因：2 轴短接接触器故障 |
| 1510 | A | 2 轴短接接触器 KM2 卡分 | 主变流器 1 | 若行，按计算机复位键复位 TCU1，继续机车运行；若故障仍出现，则隔离该轴，返段待修 | 若行，按计算机复位键复位 TCU1，继续机车运行；若故障仍出现，则隔离该轴，返段待修 | TCU1 检测到短接接触器卡分封锁本轴脉冲可能原因：2 轴短接接触器故障 |
| 1511 | A | 3 轴短接接触器 KM3 卡合 | 主变流器 1 | 若行，按计算机复位键复位 TCU1，继续机车运行；若故障仍出现，则隔离该轴，返段待修 | 若行，按计算机复位键复位 TCU1，继续机车运行；若故障仍出现，则隔离该轴，返段待修 | TCU1 检测到短接接触器卡合封锁本轴脉冲可能原因：3 轴短接接触器故障 |
| 1512 | A | 3 轴短接接触器 KM3 卡分 | 主变流器 1 | 若行，按计算机复位键复位 TCU1，继续机车运行；若故障仍出现，则隔离该轴，返段待修 | 若行，按计算机复位键复位 TCU1，继续机车运；若故障仍出现，则隔离该轴，返段待修 | TCU1 检测到短接接触器卡分封锁本轴脉冲可能原因：3 轴短接接触器故障 |
| 1629 | A | 6 轴充电接触器 KM4 卡合 | 主变流器 2 | 若行，按计算机复位键复位 TCU2，重新闭合主断，继续机车运行；若故障仍出现，则隔离该轴，返段待修 | 若行，按计算机复位键复位 TCU2，重新闭合主断，继续机车运行；若故障仍出现，则隔离该轴，返段待修 | TCU2 检测到充电接触器卡合封锁本轴脉冲可能原因：4 轴充电接触器故障 |
| 1630 | A | 6 轴充电接触器 KM4 卡分 | 主变流器 2 | 若行，按计算机复位键复位 TCU2，继续机车运行；若故障仍出现，则隔离该轴，返段待修 | 若行，按计算机复位键复位 TCU2，继续机车运行；若故障仍出现，则隔离该轴，返段待修 | TCU1 检测到充电接触器卡分封锁本轴脉冲可能原因：4 轴充电接触器故障 |
| 1631 | A | 5 轴充电接触器 KM5 卡合 | 主变流器 2 | 若行，按计算机复位键复位 TCU2，重新闭合主断，继续机车运行；若故障仍出现，则隔离该轴，返段待修 | 若行，按计算机复位键复位 TCU2，重新闭合主断，继续机车运行；若故障仍出现，则隔离该轴，返段待修 | TCU2 检测到充电接触器卡合封锁本轴脉冲可能原因：5 轴充电接触器故障 |
| 1632 | A | 5 轴充电接触器 KM5 卡分 | 主变流器 2 | 若行，按计算机复位键复位 TCU2，继续机车运行；若故障仍出现，则隔离该轴，返段待修 | 若行，按计算机复位键复位 TCU2，继续机车运行；若故障仍出现，则隔离该轴，返段待修 | TCU2 检测到充电接触器卡分封锁本轴脉冲可能原因：5 轴充电接触器故障 |
| 1633 | A | 4 轴充电接触器 KM6 卡合 | 主变流器 2 | 若行，按计算机复位键复位 TCU2，重新闭合主断，继续机车运行；若故障仍出现，则隔离该轴，返段待修 | 若行，按计算机复位键复位 TCU2，重新闭合主断，继续机车运行；若故障仍出现，则隔离该轴，返段待修 | TCU2 检测到充电接触器卡合封锁本轴脉冲可能原因：6 轴充电接触器故障 |

续上表

| 编码 | 类别 | 故障信息 | 故障处所 | v=0 | v>0 | 处理信息 |
|---|---|---|---|---|---|---|
| 1634 | A | 4 轴充电接触器 KM6 卡分 | 主变流器 2 | 若行，按计算机复位键复位 TCU2，继续机车运行；若故障仍出现，则隔离该轴，返段待修 | 若行，按计算机复位键复位 TCU2，继续机车运行；若故障仍出现，则隔离该轴，返段待修 | TCU2 检测到充电接触器卡分封锁本轴脉冲可能原因：6 轴充电接触器故障 |
| 1635 | A | 6 轴短接接触器 KM1 卡合 | 主变流器 2 | 若行，按计算机复位键复位 TCU2，继续机车运行；若故障仍出现，则隔离该轴，返段待修 | 若行，按计算机复位键复位 TCU2，继续机车运行；若故障仍出现，则隔离该轴，返段待修 | TCU2 检测到短接接触器卡合封锁本轴脉冲可能原因：4 轴短接接触器故障 |
| 1636 | A | 6 轴短接接触器 KM1 卡分 | 主变流器 2 | 若行，按计算机复位键复位 TCU2，继续机车运行；若故障仍出现，则隔离该轴，返段待修 | 若行，按计算机复位键复位 TCU2，继续机车运行；若故障仍出现，则隔离该轴，返段待修 | TCU2 检测到短接接触器卡分封锁本轴脉冲可能原因：4 轴短接接触器故障 |
| 1637 | A | 5 轴短接接触器 KM2 卡合 | 主变流器 2 | 若行，按计算机复位键复位 TCU2，继续机车运行；若故障仍出现，则隔离该轴，返段待修 | 若行，按计算机复位键复位 TCU2，继续机车运行；若故障仍出现，则隔离该轴，返段待修 | TCU2 检测到短接接触器卡合封锁本轴脉冲可能原因：5 轴短接接触器故障 |
| 1638 | A | 5 轴短接接触器 KM2 卡分 | 主变流器 2 | 若行，按计算机复位键复位 TCU2，继续机车运行；若故障仍出现，则隔离该轴，返段待修 | 若行，按计算机复位键复位 TCU2，继续机车运行；若故障仍出现，则隔离该轴，返段待修 | TCU2 检测到短接接触器卡分封锁本轴脉冲可能原因：5 轴短接接触器故障 |
| 1639 | A | 4 轴短接接触器 KM3 卡合 | 主变流器 2 | 若行，按计算机复位键复位 TCU2，继续机车运行；若故障仍出现，则隔离该轴，返段待修 | 若行，按计算机复位键复位 TCU2，继续机车运行；若故障仍出现，则隔离该轴，返段待修 | TCU2 检测到短接接触器卡合封锁本轴脉冲可能原因：6 轴短接接触器故障 |
| 1640 | A | 4 轴短接接触器 KM3 卡分 | 主变流器 2 | 若行，按计算机复位键复位 TCU2，继续机车运行；若故障仍出现，则隔离该轴，返段待修 | 若行，按计算机复位键复位 TCU2，继续机车运行；若故障仍出现，则隔离该轴，返段待修 | TCU2 检测到短接接触器卡分封锁本轴脉冲可能原因：6 轴短接接触器故障 |

## 三、通信类电气设备故障

该类故障主要发生在机车运行中的机车主电路内的主变流器内通信类电子/电气设备上，其故障表现在计算机屏显上均有显示，其故障处理信息见表 9-7。

**表 9-7　通信类电气设备故障**

| 编码 | 类别 | 故障信息 | 故障处所 | v=0 | v>0 | 处理信息 |
|---|---|---|---|---|---|---|
| 1041 | B | DXM11 通信 | 机车总线 | 换端操作，继续机车运行，返段待修，检查 DXM11 | 停车，检查 DXM11 | CCU 与 DXM11 之间通信故障，所有 DXM11 的输入值无效，同时 DXM11 的输出值失控。可能原因：(1) DXM11 故障；(2) DXM11 的 MVB 总线接口故障；(3) CIO1 电源自动开关＝24-F103 断开 |

续上表

| 编码 | 类别 | 故障信息 | 故障处所 | $v=0$ | $v>0$ | 处理信息 |
|---|---|---|---|---|---|---|
| 1042 | B | DIM12 通信 | 机车总线 | 换端操作，继续机车运行，返段待修，检查 DIM12 | 停车，检查 DIM12 | CCU 与 DIM12 之间通信故障，所有 DIM12 的输入值无效，同时 DIM12 的输出值失控。可能原因：(1) DIM12 故障；(2)DIM12的 MVB 总线接口故障；(3)CIO1 电源自动开关=24-F103 断开 |
| 1043 | B | AXM13 通信 | 机车总线 | 将紧急运行开关打到紧急位，继续机车运行返段待修，检查 AXM13 | 将紧急运行开关打到紧急位，继续机车运行，返段待修，检查 AXM13 | CCU 与 AXM13 之间通信故障，所有 AXM13 的输入值无效，同时 AXM13 的输出值失控。可能原因：(1) AXM13 故障；(2) AXM13 的 MVB 总线接口故障；(3)CIO1电源自动开关=24-F103 断开 |
| 1044 | B | DXM21 通信 | 机车总线 | 换端操作，继续机车运行，返段待修，检查 DXM21 | 停车，检查 DXM21 | CCU 与 DXM21 之间通信故障，所有 DXM21 的输入值无效，同时 DXM21 的输出值失控。可能原因：(1) DXM21 故障；(2) DXM21 的 MVB 总线接口故障；(3)CIO2电源自动开关=24-F105 断开 |
| 1045 | B | DIM22 通信 | 机车总线 | 换端操作，继续机车运行，返段待修，检查 DIM22 | 停车，检查 DIM22 | CCU 与 DIM22 之间通信故障，所有 DIM22 的输入值无效，同时 DIM22 的输出值失控。可能原因：(1) DIM22 故障；(2)DIM22的 MVB 总线接口故障；(3)CIO2 电源自动开关=24-F105 断开 |
| 1046 | B | AXM23 通信 | 机车总线 | 将紧急运行开关打到紧急位，继续机车运行，返段待修，检查 AXM23 | 将紧急运行开关打到紧急位，继续机车运行，返段待修，检查 AXM23 | 将紧急运行开关打到紧急位，继续机车运行，返段待修，检查 AXM23 |
| 1049 | B | DXM31 通信 | 机车总线 | 重新断/合蓄电池自动开关，使计算机系统复位若故障持续，机车无法运行，返段待修，检查 DXM31 | 停车，返段待修，检查 DXM31 | CCU 与 DXM31 之间通信故障，所有 DXM31 的输入值无效，同时 DXM31 的输出值失控。可能原因：(1) DXM31 故障；(2) DXM31 的 MVB 总线接口故障；(3)MIO电源自动开关=24-F107 断开 |
| 1050 | B | DXM32 通信 | 机车总线 | 重新断/合蓄电池自动开关，使计算机系统复位若故障持续，机车无法运行，返段待修，检查 DXM32 | 停车，返段待修，检查 DXM32 | CCU 与 DXM32 之间通信故障，所有 DXM32 的输入值无效，同时 DXM32 的输出值失控。可能原因：(1) DXM32 故障；(2) DXM32 的 MVB 总线接口故障；(3) MIO 电源自动开关=24-F107 断开 |
| 1051 | B | DXM33 通信 | 机车总线 | 重新断/合蓄电池自动开关，使计算机系统复位若故障持续，机车无法运行，返段待修，检查 DXM33 | 停车，返段待修，检查 DXM33 | CCU 与 DXM33 之间通信故障，所有 DXM33 的输入值无效，同时 DXM33 的输出值失控。可能原因：(1) DXM33 故障；(2) DXM33 的 MVB 总线接口故障；(3) MIO 电源自动开关=24-F107 断开 |
| 1052 | B | DXM34 通信 | 机车总线 | 重新断/合蓄电池自动开关，使计算机系统复位若故障持续，机车无法运行返段待修，检查 DXM34 | 停车，返段待修，检查 DXM34 | CCU 与 DXM34 之间通信故障，所有 DXM34 的输入值无效，同时 DXM34 的输出值失控。可能原因：(1) DXM34 故障；(2) DXM34 的 MVB 总线接口故障；(3) MIO 电源自动开关=24-F107 断开 |

续上表

| 编码 | 类别 | 故障信息 | 故障处所 | $v=0$ | $v>0$ | 处理信息 |
|---|---|---|---|---|---|---|
| 1053 | B | DXM35通信 | 机车总线 | 重新断/合蓄电池自动开关，使计算机系统复位，若故障持续，机车无法运行，返段待修，检查DXM35 | 停车，返段待修，检查DXM35 | CCU与DXM35之间通信故障，所有DXM35的输入值无效，同时DXM35的输出值失控。可能原因：(1)DXM35故障；(2)DXM35的MVB总线接口故障；(3)MIO电源自动开关=24-F107断开 |
| 1054 | B | DXM36通信 | 机车总线 | 重新断/合蓄电池自动开关，使计算机系统复位，若故障持续，机车无法运行，返段待修，检查DXM36 | 停车，返段待修，检查DXM36 | CCU与DXM36之间通信故障，所有DXM36的输入值无效，同时DXM36的输出值失控。可能原因：(1)DXM36故障；(2)DXM36的MVB总线接口故障；(3)MIO电源自动开关=24-F107断开 |
| 1055 | B | DIM37通信 | 机车总线 | 重新断/合蓄电池自动开关，使计算机系统复位，若故障持续，机车无法运行，返段待修，检查DIM37 | 停车，返段待修，检查DIM37 | CCU与DIM37之间通信故障，所有DIM37的输入值无效。可能原因：(1)DIM37故障；(2)DIM37的MVB总线接口故障；(3)MIO电源自动开关=24-F107断开 |
| 1056 | B | DXM38通信 | 机车总线 | 重新断/合蓄电池自动开关，使计算机系统复位，若故障持续，机车无法运行，返段待修，检查DXM38 | 停车，返段待修，检查DXM38 | CCU与DXM38之间通信故障，所有DXM38的输入值无效，同时DXM38的输出值失控。可能原因：(1)DXM38故障；(2)DXM38的MVB总线接口故障；(3)MIO电源自动开关=24-F107断开 |
| 1057 | A | ACU1通信 | 机车总线 | 重新断/合蓄电池自动开关，使计算机系统复位若需运行，可通过按故障清除按钮，隔离辅助变流器1后，利用辅助变流器2继续为负载供电。返段待修，检查ACU1 | 按故障清除按钮隔离辅助变流器1后，可利用辅助变流器2维持机车运行，返段待修，检查ACU1 | CCU与ACU1之间通信故障，辅助变流器1不工作主断断开，辅助变流器1被隔离后，主断可以重新闭合可能原因：(1)ACU1故障；(2)CCU的MVB总线接口故障；(3)辅助变流器1电源自动开关=31-F115断开 |
| 1058 | A | ACU2通信 | 机车总线 | 重新断/合蓄电池自动开关，使计算机系统复位若需运行，可通过按故障清除按钮，隔离辅助变流器2后，利用辅助变流器1继续为负载供电。返段待修，检查ACU2 | 按故障清除按钮隔离辅助变流器2后，可利用辅助变流器1维持机车运行，返段待修，检查ACU2 | CCU与ACU2之间通信故障，辅助变流器2不工作主断断开辅助变流器2被隔离后，主断可以重新闭合可能原因：(1)ACU2故障；(2)CCU的MVB总线接口故障；(3)辅助变流器2电源自动开关=31-F116断开 |
| 1059 | A | TCU1通信 | 机车总线 | 重新断/合蓄电池自动开关，使计算机系统复位若需运行，可通过按故障清除按钮，隔离主变流器1后，利用主变流器2维持运行，返段待修，检查TCU1 | 按故障清除按钮隔离主变流器1后，可利用主变流器2维持机车运行，返段待修，检查TCU1 | CCU与TCU1之间通信故障，主变流器1不工作主断断开主变流器1被隔离后，主断可以重新闭合可能原因：(1)TCU1故障；(2)CCU的MVB总线接口故障；(3)主变流器1电源自动开关=23-F108断开 |

续上表

| 编码 | 类别 | 故障信息 | 故障处所 | $v=0$ | $v>0$ | 处理信息 |
| --- | --- | --- | --- | --- | --- | --- |
| 1060 | A | TCU2 通信 | 机车总线 | 重新断/合蓄电池自动开关，使计算机系统复位若需运行，可通过按故障清除按钮，隔离主变流器 2 后，利用主变流器 1 运行，返段待修，检查 TCU2 | 按故障清除按钮隔离主变流器 2 后，可利用主变流器 1 维持机车运行，返段待修，检查 TCU2 | CCU 与 TCU2 之间通信故障，主变流器 2 不工作主断断开主变流器 2 被隔离后，主断可以重新闭合可能原因：(1) TCU2 故障；(2)CCU 的 MVB 总线接口故障。(3)主变流器 2 电源自动开关＝23-F109 断开 |
| 1061 | A | BCU 通信 | 机车总线 | 重新断/合蓄电池自动开关，使计算机系统复位检查制动系统，若工作正常，继续运行，若故障持续，电空联合制动不工作，返段待修，检查 BCU | 检查制动系统，若工作正常，继续运行，若故障持续，电空联合制动不工作，返段待修，检查 BCU | CCU 与 BCU/MIPM 之间通信故障，所有 BCU 输入值无效电空联合制动不工作可能原因：(1) BCU 故障；(2) CCU 的 MVB 总线接口故障；(3)制动系统电源自动开关＝28-F130 断开 |
| 1062 | B | IDU1 通信 | 机车总线 | 重新断/合蓄电池自动开关，使计算机系统复位若故障持续，IDU1 不可用，返段待修，检查 IDU1 | 继续机车运行，返段待修，检查 IDU1 | CCU 与 IDU1 之间的通信故障。可能原因：(1)IDU1 故障；(2)CCU 的 MVB 总线接口故障；(3) IDU1/IDU2 电源自动开关＝42-F106 断开 |
| 1063 | B | IDU2 通信 | 机车总线 | 重新断/合蓄电池自动开关，使计算机系统复位若故障持续，IDU2 不可用，返段待修，检查 IDU2 | 继续机车运行，返段待修，检查 IDU2 | CCU 与 IDU2 之间的通信故障。可能原因：(1)IDU2 故障；(2)CCU 的 MVB 总线接口故障；(3) IDU1/IDU2 电源自动开关＝42-F106 断开 |
| 1064 | B | GWM 通信 | 机车总线 | 重新断/合蓄电池自动开关，使计算机系统复位，返段待修，检查 GWM | 停车，返段待修，检查 GWM | CCU 与 GWM 之间的通信故障。可能原因：(1) GWM 故障；(2) CCU 的 MVB 总线接口故障；(3) ERM/GWM 电源自动开关＝22-F104 断开 |
| 1065 | B | ACU1 通讯接口板通信 | 机车总线 | 重新断/合蓄电池自动开关，使计算机系统复位若故障持续，机车无法运行，返段待修，检查 ACU1 网卡板 | 停车，返段待修，检查 ACU1 | CCU 与 ACU1 网卡板之间的通信故障。可能原因：(1)网卡板故障；(2)CCU 的 MVB 总线接口故障 |
| 1066 | B | ACU2 通讯接口板通信 | 机车总线 | 重新断/合蓄电池自动开关，使计算机系统复位若故障持续，机车无法运行，返段待修，检查 ACU2 网卡板 | 停车，返段待修，检查 ACU2 | CCU 与 ACU2 网卡板之间的通信故障。可能原因：(1)网卡板故障；(2)CCU 的 MVB 总线接口故障 |
| 1067 | B | TCU1 通讯接口板通信 | 机车总线 | 重新断/合蓄电池自动开关，使计算机系统复位若故障持续，机车无法运行，返段待修，检查 TCU1 网卡板 | 停车，返段待修，检查 TCU1 | CCU 与 TCU1 网卡板之间的通信故障。可能原因：(1)网卡板故障；(2)CCU 的 MVB 总线接口故障 |
| 1068 | B | TCU2 通讯接口板通信 | 机车总线 | 重新断/合蓄电池自动开关，使计算机系统复位若故障持续，机车无法运行，返段待修，检查 TCU2 网卡板 | 停车，返段待修，检查 TCU2 | CCU 与 TCU2 网卡板之间的通信故障。可能原因：(1)网卡板故障；(2)CCU 的 MVB 总线接口故障 |

续上表

| 编码 | 类别 | 故障信息 | 故障处所 | v=0 | v>0 | 处理信息 |
|---|---|---|---|---|---|---|
| 1614 | A | TCU2MCC1 生命信号中断 | 主变流器 2 | 若行，将 TCU2 重新上电复位，继续机车运行；若故障仍出现，则隔离该架，返段待修 | 若行，将 TCU2 重新上电复位，继续机车运行；若故障仍出现，则隔离该架，返段待修 | MCC1 的生命信号中断；可能原因：TCU2 插件硬件故障 |
| 1615 | A | TCU2MCC2 生命信号中断 | 主变流器 2 | 若行，将 TCU2 重新上电复位，继续机车运行；若故障仍出现，则隔离该架，返段待修 | 若行，将 TCU2 重新上电复位，继续机车运行；若故障仍出现，则隔离该架，返段待修 | MCC2 的生命信号中断；可能原因：TCU2 插件硬件故障 |

## 四、主变流器故障

该类故障主要发生在机车运行中的机车主电路内的主变流器主体电子/电气设备故障，其故障表现在计算机屏显上均有显示，其故障处理信息见表 9-8。

**表 9-8　主变流器故障**

| 编码 | 类别 | 故障信息 | 故障处所 | v=0 | v>0 | 处理信息 |
|---|---|---|---|---|---|---|
| 1081 | A | ACU1 隔离 | ACU | ACU1 隔离 | ACU1 隔离 | ACU1 隔离 |
| 1082 | A | ACU2 隔离 | ACU | ACU2 隔离 | ACU2 隔离 | ACU2 隔离 |
| 1401 | A | TCU1L1A 相上管 | 主变流器 1 | 若行，按计算机复位键复位 TCU1，重新闭合主断，继续机车运行；若故障仍出现，则隔离该轴。继续机车运行；返段待修 | 若行，按计算机复位键复位 TCU1，重新闭合主断，继续机车运行；若故障仍出现，则隔离该轴。继续机车运行；返段待修 | 1 轴四象限模块判断到 A 相上管 IGBT 元件故障分主断 |
| 1402 | A | TCU1L1A 相下管 | 主变流器 1 | 若行，按计算机复位键复位 TCU1，重新闭合主断，继续机车运行；若故障仍出现，则隔离该轴。继续机车运行；返段待修 | 若行，按计算机复位键复位 TCU1，重新闭合主断，继续机车运行；若故障仍出现，则隔离该轴。继续机车运行；返段待修 | 1 轴四象限模块判断到 A 相下管 IGBT 元件故障分主断 |
| 1403 | A | TCU1L1B 相上管 | 主变流器 1 | 若行，按计算机复位键复位 TCU1，重新闭合主断，继续机车运行；若故障仍出现，则隔离该轴。继续机车运行；返段待修 | 若行，按计算机复位键复位 TCU1，重新闭合主断，继续机车运行；若故障仍出现，则隔离该轴。继续机车运行；返段待修 | 1 轴四象限模块判断到 B 相上管 IGBT 元件故障分主断 |
| 1404 | A | TCU1L1B 相下管 | 主变流器 1 | 若行，按计算机复位键复位 TCU1，重新闭合主断，继续机车运行；若故障仍出现，则隔离该轴。继续机车运行；返段待修 | 若行，按计算机复位键复位 TCU1，重新闭合主断，继续机车运行；若故障仍出现，则隔离该轴。继续机车运行；返段待修 | 1 轴四象限模块判断到 B 相下管 IGBT 元件故障分主断 |
| 1405 | A | TCU1L2A 相上管 | 主变流器 1 | 若行，按计算机复位键复位 TCU1，重新闭合主断，继续机车运行；若故障仍出现，则隔离该轴。继续机车运行；返段待修 | 若行，按计算机复位键复位 TCU1，重新闭合主断，继续机车运行；若故障仍出现，则隔离该轴。继续机车运行；返段待修 | 2 轴四象限模块判断到 A 相上管 IGBT 元件故障分主断 |

续上表

| 编码 | 类别 | 故障信息 | 故障处所 | v=0 | v>0 | 处理信息 |
|---|---|---|---|---|---|---|
| 1406 | A | TCU1L2A 相下管 | 主变流器 1 | 若行，按计算机复位键复位 TCU1，重新闭合主断，继续机车运行；若故障仍出现，则隔离该轴。继续机车运行；返段待修 | 若行，按计算机复位键复位 TCU1，重新闭合主断，继续机车运行；若故障仍出现，则隔离该轴。继续机车运行；返段待修 | 2 轴四象限模块判断到 A 相下管 IGBT 元件故障分主断 |
| 1407 | A | TCU1L2B 相上管 | 主变流器 1 | 若行，按计算机复位键复位 TCU1，重新闭合主断，继续机车运行；若故障仍出现，则隔离该轴。继续机车运行；返段待修 | 若行，按计算机复位键复位 TCU1，重新闭合主断，继续机车运行；若故障仍出现，则隔离该轴。继续机车运行；返段待修 | 2 轴四象限模块判断到 B 相上管 IGBT 元件故障分主断 |
| 1408 | A | TCU1L2B 相下管 | 主变流器 1 | 若行，按计算机复位键复位 TCU1，重新闭合主断，继续机车运行；若故障仍出现，则隔离该轴。继续机车运行；返段待修 | 若行，按计算机复位键复位 TCU1，重新闭合主断，继续机车运行；若故障仍出现，则隔离该轴。继续机车运行；返段待修 | 2 轴四象限模块判断到 B 相下管 IGBT 元件故障分主断 |
| 1409 | A | TCU1L3A 相上管 | 主变流器 1 | 若行，按计算机复位键复位 TCU1，重新闭合主断，继续机车运行；若故障仍出现，则隔离该轴。继续机车运行；返段待修 | 若行，按计算机复位键复位 TCU1，重新闭合主断，继续机车运行；若故障仍出现，则隔离该轴。继续机车运行；返段待修 | 3 轴四象限模块判断到 A 相上管 IGBT 元件故障分主断 |
| 1410 | A | TCU1L3A 相下管 | 主变流器 1 | 若行，按计算机复位键复位 TCU1，重新闭合主断，继续机车运行；若故障仍出现，则隔离该轴。继续机车运行；返段待修 | 若行，按计算机复位键复位 TCU1，重新闭合主断，继续机车运行；若故障仍出现，则隔离该轴。继续机车运行；返段待修 | 3 轴四象限模块判断到 A 相下管 IGBT 元件故障分主断 |
| 1411 | A | TCU1L3B 相上管 | 主变流器 1 | 若行，按计算机复位键复位 TCU1，重新闭合主断，继续机车运行；若故障仍出现，则隔离该轴。继续机车运行；返段待修 | 若行，按计算机复位键复位 TCU1，重新闭合主断，继续机车运行；若故障仍出现，则隔离该轴。继续机车运行；返段待修 | 3 轴四象限模块判断到 B 相上管 IGBT 元件故障分主断 |
| 1412 | A | TCU1L3B 相下管 | 主变流器 1 | 若行，按计算机复位键复位 TCU1，重新闭合主断，继续机车运行；若故障仍出现，则隔离该轴。继续机车运行；返段待修 | 若行，按计算机复位键复位 TCU1，重新闭合主断，继续机车运行；若故障仍出现，则隔离该轴。继续机车运行；返段待修 | 3 轴四象限模块判断到 B 相下管 IGBT 元件故障分主断 |
| 1414 | A | TCU1L1 元件 | 主变流器 1 | 若行，按计算机复位键复位 TCU1，重新闭合主断，继续机车运行；若故障仍出现，则隔离该轴。继续机车运行；返段待修 | 若行，按计算机复位键复位 TCU1，重新闭合主断，继续机车运行；若故障仍出现，则隔离该轴。继续机车运行；返段待修 | 1 轴四象限模块总故障，伴随具体的 1 轴四象限 IGBT 元件故障出现；分主断 |
| 1415 | A | TCU1L2 元件 | 主变流器 1 | 若行，按计算机复位键复位 TCU1，重新闭合主断，继续机车运行；若故障仍出现，则隔离该轴。继续机车运行；返段待修 | 若行，按计算机复位键复位 TCU1，重新闭合主断，继续机车运行；若故障仍出现，则隔离该轴。继续机车运行；返段待修 | 2 轴四象限模块总故障，伴随具体的 2 轴四象限 IGBT 元件故障出现；分主断 |

续上表

| 编码 | 类别 | 故障信息 | 故障处所 | $v=0$ | $v>0$ | 处理信息 |
| --- | --- | --- | --- | --- | --- | --- |
| 1416 | A | TCU1L3 元件 | 主变流器 1 | 若行，按计算机复位键复位 TCU1，重新闭合主断，继续机车运行；若故障仍出现，则隔离该轴。继续机车运行；返段待修 | 若行，按计算机复位键复位 TCU1，重新闭合主断，继续机车运行；若故障仍出现，则隔离该轴。继续机车运行；返段待修 | 3 轴四象限模块总故障，伴随具体的 3 轴四象限 IGBT 元件故障出现；分主断 |
| 1417 | A | 1 轴 1 重四象限输入过流 | 主变流器 1 | 若行，按计算机复位键复位 TCU1，重新闭合主断，继续机车运行；若故障仍出现，则隔离该轴。继续机车运行；返段待修 | 若行，按计算机复位键复位 TCU1，重新闭合主断，继续机车运行；若故障仍出现，则隔离该轴。继续机车运行；返段待修 | 1 轴整流器输入电流超过一定值主断分断 |
| 1418 | A | 2 轴 2 重四象限输入过流 | 主变流器 1 | 若行，按计算机复位键复位 TCU1，重新闭合主断，继续机车运行；若故障仍出现，则隔离该轴。继续机车运行；返段待修 | 若行，按计算机复位键复位 TCU1，重新闭合主断，继续机车运行；若故障仍出现，则隔离该轴。继续机车运行；返段待修 | 2 轴整流器输入电流超过一定值主断分断 |
| 1419 | A | 3 轴 3 重四象限输入过流 | 主变流器 1 | 若行，按计算机复位键复位 TCU1，重新闭合主断，继续机车运行；若故障仍出现，则隔离该轴。继续机车运行；返段待修 | 若行，按计算机复位键复位 TCU1，重新闭合主断，继续机车运行；若故障仍出现，则隔离该轴。继续机车运行；返段待修 | 3 轴整流器输入电流超过一定值主断分断 |
| 1420 | A | 1 轴直流过压 | 主变流器 1 | 若行，按计算机复位键复位 TCU1，重新闭合主断，继续机车运行；若故障仍出现，则隔离该轴。继续机车运行；返段待修 | 若行，按计算机复位键复位 TCU1，重新闭合主断，继续机车运行；若故障仍出现，则隔离该轴。继续机车运行；返段待修 | 1 轴直流电压超过一定值主断分断可能原因：电压传感器故障 |
| 1421 | A | 2 轴直流过压 | 主变流器 1 | 若行，按计算机复位键复位 TCU1，重新闭合主断，继续机车运行；若故障仍出现，则隔离该轴。继续机车运行；返段待修 | 若行，按计算机复位键复位 TCU1，重新闭合主断，继续机车运行；若故障仍出现，则隔离该轴。继续机车运行；返段待修 | 2 轴直流电压超过一定值主断分断可能原因：电压传感器故障 |
| 1422 | A | 3 轴直流过压 | 主变流器 1 | 若行，按计算机复位键复位 TCU1，重新闭合主断，继续机车运行；若故障仍出现，则隔离该轴。继续机车运行；返段待修 | 若行，按计算机复位键复位 TCU1，重新闭合主断，继续机车运行；若故障仍出现，则隔离该轴。继续机车运行；返段待修 | 3 轴直流电压超过一定值主断分断可能原因：电压传感器故障 |
| 1423 | A | TCU1 原边过流 | 主变流器 1 | 若行，按计算机复位键复位 TCU1，重新闭合主断，继续机车运行；若故障仍出现，则隔离该架。继续机车运行；返段待修 | 若行，按计算机复位键复位 TCU1，重新闭合主断，继续机车运行；若故障仍出现，则隔离该架。继续机车运行；返段待修 | 原边瞬时电流超过一定值；分主断 |
| 1424 | A | TCU1 原边接地 | 主变流器 1 | 若行，按计算机复位键复位 TCU1，重新闭合主断，继续机车运行；若故障仍出现，则隔离该架。用 TCU2 继续机车运行；返段待修 | 若行，按计算机复位键复位 TCU1，重新闭合主断，继续机车运行；若故障仍出现，则隔离该架。用 TCU2 继续机车运行；返段待修 | 原边电流与原边回馈电流的差值超过一定值分主断；可能原因：原边存在接地点 |

续上表

| 编码 | 类别 | 故障信息 | 故障处所 | $v=0$ | $v>0$ | 处理信息 |
|---|---|---|---|---|---|---|
| 1425 | A | TCU1 主回路接地 | 主变流器 1 | 若行，按计算机复位键复位 TCU1，重新闭合主断，继续机车运行；若故障仍出现，则隔离该架。用 TCU2 继续机车运行；返段待修 | 若行，按计算机复位键复位 TCU1，重新闭合主断，继续机车运行；若故障仍出现，则隔离该架。用 TCU2 继续机车运行；返段待修 | 检测到 TCU1 主回路存在接地点分主断；可能原因：TCU1 主回路存在接地点 |
| 1426 | A | 1 轴电机缺相或牵引不工作 | 主变流器 1 | 若行，按计算机复位键复位 TCU1，重新闭合主断，继续机车运行；若故障仍出现，则隔离该轴。用 TCU2 继续机车运行；返段待修 | 若行，按计算机复位键复位 TCU1，重新闭合主断，继续机车运行；若故障仍出现，则隔离该轴。用 TCU2 继续机车运行；返段待修 | 检测到 1 轴电机缺相；可能原因：1 轴电机缺相 |
| 1427 | A | TCU1 斩波超温 | 主变流器 1 | 若行，按计算机复位键复位 TCU1，重新闭合主断，继续机车运行；若故障仍出现，则隔离该轴。用 TCU2 继续机车运行；返段待修 | 若行，按计算机复位键复位 TCU1，重新闭合主断，继续机车运行；若故障仍出现，则隔离该轴。用 TCU2 继续机车运行；返段待修 | TCU1 斩波电阻超温 |
| 1428 | A | 2 轴电机缺相或牵引不工作 | 主变流器 1 | 若行，按计算机复位键复位 TCU1，重新闭合主断，继续机车运行；若故障仍出现，则隔离该轴。用 TCU2 继续机车运行；返段待修 | 若行，按计算机复位键复位 TCU1，重新闭合主断，继续机车运行；若故障仍出现，则隔离该轴。用 TCU2 继续机车运行；返段待修 | 检测到 2 轴电机缺相；可能原因：2 轴电机缺相 |
| 1429 | A | 1 轴速度传感器 V1 故障 | 主变流器 1 | 若行，继续机车运行；返段待修 | 若行，继续机车运行；返段待修 | 检测 1 轴速度传感器故障 |
| 1430 | A | 3 轴电机缺相或牵引不工作 | 主变流器 1 | 若行，按计算机复位键复位 TCU1，重新闭合主断，继续机车运行；若故障仍出现，则隔离该轴。用 TCU2 继续机车运行；返段待修 | 若行，按计算机复位键复位 TCU1，重新闭合主断，继续机车运行；若故障仍出现，则隔离该轴。用 TCU2 继续机车运行；返段待修 | 检测到 3 轴电机缺相；可能原因：3 轴电机缺相 |
| 1431 | A | LCC 检测原边电流为 0 | 主变流器 1 | 若行，按计算机复位键复位 TCU1，重新闭合主断，继续机车运行；若故障仍出现，则隔离该架。用 TCU2 继续机车运行；返段待修 | 若行，按计算机复位键复位 TCU1，重新闭合主断，继续机车运行；若故障仍出现，则隔离该架。用 TCU2 继续机车运行；返段待修 | LCC 检测原边电流为 0。可能原因：(1)原边电流为 0；(2) LCC 检测板故障；(3)电流传感器故障 |
| 1432 | A | LCC 检测中间电压传感器差值大于 200 | 主变流器 1 | 若行，按计算机复位键复位 TCU1，重新闭合主断，继续机车运行；若故障仍出现，则隔离该架。用 TCU2 继续机车运行；返段待修 | 若行，按计算机复位键复位 TCU1，重新闭合主断，继续机车运行；若故障仍出现，则隔离该架。用 TCU2 继续机车运行；返段待修 | LCC 检测中间电压传感器差值大于 200。可能原因：(1)中间电压异常；(2)中间电压传感器故障 |
| 1433 | A | TCU1M1 元件总 | 主变流器 1 | 若行，按计算机复位键复位 TCU1，重新闭合主断，继续机车运行；若故障仍出现，则隔离该轴。继续机车运行；返段待修 | 若行，按计算机复位键复位 TCU1，重新闭合主断，继续机车运行；若故障仍出现，则隔离该轴。继续机车运行；返段待修 | 1 轴逆变器模块总故障，伴随具体的 1 轴逆变器 IGBT 元件故障出现；分主断 |

续上表

| 编码 | 类别 | 故障信息 | 故障处所 | $v=0$ | $v>0$ | 处理信息 |
|---|---|---|---|---|---|---|
| 1434 | A | TCU1M1A 相上管 | 主变流器 1 | 若行，按计算机复位键复位 TCU1，重新闭合主断，继续机车运行；若故障仍出现，则隔离该轴。继续机车运行；返段待修 | 若行，按计算机复位键复位 TCU1，重新闭合主断，继续机车运行；若故障仍出现，则隔离该轴。继续机车运行；返段待修 | 1 轴逆变器模块判断到 A 相上管 IGBT 元件故障分主断 |
| 1435 | A | TCU1M1A 相下管 | 主变流器 1 | 若行，按计算机复位键复位 TCU1，重新闭合主断，继续机车运行；若故障仍出现，则隔离该轴。继续机车运行；返段待修 | 若行，按计算机复位键复位 TCU1，重新闭合主断，继续机车运行；若故障仍出现，则隔离该轴。继续机车运行；返段待修 | 1 轴逆变器模块判断到 A 相下管 IGBT 元件故障分主断 |
| 1436 | A | TCU1M1B 相上管 | 主变流器 1 | 若行，按计算机复位键复位 TCU1，重新闭合主断，继续机车运行；若故障仍出现，则隔离该轴。继续机车运行；返段待修 | 若行，按计算机复位键复位 TCU1，重新闭合主断，继续机车运行；若故障仍出现，则隔离该轴。继续机车运行；返段待修 | 1 轴逆变器模块判断到 B 相上管 IGBT 元件故障分主断 |
| 1437 | A | TCU1M1B 相下管 | 主变流器 1 | 若行，按计算机复位键复位 TCU1，重新闭合主断，继续机车运行；若故障仍出现，则隔离该轴。继续机车运行；返段待修 | 若行，按计算机复位键复位 TCU1，重新闭合主断，继续机车运行；若故障仍出现，则隔离该轴。继续机车运行；返段待修 | 1 轴逆变器模块判断到 B 相下管 IGBT 元件故障分主断 |
| 1438 | A | TCU1M1C 相上管 | 主变流器 1 | 若行，按计算机复位键复位 TCU1，重新闭合主断，继续机车运行；若故障仍出现，则隔离该轴。继续机车运行；返段待修 | 若行，按计算机复位键复位 TCU1，重新闭合主断，继续机车运行；若故障仍出现，则隔离该轴。继续机车运行；返段待修 | 1 轴逆变器模块判断到 C 相上管 IGBT 元件故障分主断 |
| 1439 | A | TCU1M1C 相下管 | 主变流器 1 | 若行，按计算机复位键复位 TCU1，重新闭合主断，继续机车运行；若故障仍出现，则隔离该轴。继续机车运行；返段待修 | 若行，按计算机复位键复位 TCU1，重新闭合主断，继续机车运行；若故障仍出现，则隔离该轴。继续机车运行；返段待修 | 1 轴逆变器模块判断到 C 相下管 IGBT 元件故障分主断 |
| 1440 | A | TCU1M1 斩波管 | 主变流器 1 | 若行，按计算机复位键复位 TCU1，重新闭合主断，继续机车运行；若故障仍出现，则隔离该轴。继续机车运行；返段待修 | 若行，按计算机复位键复位 TCU1，重新闭合主断，继续机车运行；若故障仍出现，则隔离该轴。继续机车运行；返段待修 | 1 轴逆变器模块判断到斩波管 IGBT 元件故障分主断 |
| 1441 | A | TCU1M2 元件总 | 主变流器 1 | 若行，按计算机复位键复位 TCU1，重新闭合主断，继续机车运行；若故障仍出现，则隔离该轴。继续机车运行；返段待修 | 若行，按计算机复位键复位 TCU1，重新闭合主断，继续机车运行；若故障仍出现，则隔离该轴。继续机车运行；返段待修 | 2 轴逆变器模块总故障，伴随具体的 2 轴逆变器 IGBT 元件故障出现；分主断 |
| 1442 | A | TCU1M2A 相上管 | 主变流器 1 | 若行，按计算机复位键复位 TCU1，重新闭合主断，继续机车运行；若故障仍出现，则隔离该轴。继续机车运行；返段待修 | 若行，按计算机复位键复位 TCU1，重新闭合主断，继续机车运行；若故障仍出现，则隔离该轴。继续机车运行；返段待修 | 2 轴逆变器模块判断到 A 相上管 IGBT 元件故障分主断 |

续上表

| 编码 | 类别 | 故障信息 | 故障处所 | $v=0$ | $v>0$ | 处理信息 |
|---|---|---|---|---|---|---|
| 1449 | A | TCU1M3 元件总 | 主变流器 1 | 若行，按计算机复位键复位 TCU1，重新闭合主断，继续机车运行；若故障仍出现，则隔离该轴。继续机车运行；返段待修 | 若行，按计算机复位键复位 TCU1，重新闭合主断，继续机车运行；若故障仍出现，则隔离该轴。继续机车运行；返段待修 | 3 轴逆变器模块总故障，伴随具体的 3 轴逆变器 IGBT 元件故障出现；分主断 |
| 1450 | A | TCU1M3A 相上管 | 主变流器 1 | 若行，按计算机复位键复位 TCU1，重新闭合主断，继续机车运行；若故障仍出现，则隔离该轴。继续机车运行；返段待修 | 若行，按计算机复位键复位 TCU1，重新闭合主断，继续机车运行；若故障仍出现，则隔离该轴。继续机车运行；返段待修 | 3 轴逆变器模块判断到 A 相上管 IGBT 元件故障分主断 |
| 1451 | A | TCU1M3A 相下管 | 主变流器 1 | 若行，按计算机复位键复位 TCU1，重新闭合主断，继续机车运行；若故障仍出现，则隔离该轴。继续机车运行；返段待修 | 若行，按计算机复位键复位 TCU1，重新闭合主断，继续机车运行；若故障仍出现，则隔离该轴。继续机车运行；返段待修 | 3 轴逆变器模块判断到 A 相下管 IGBT 元件故障分主断 |
| 1452 | A | TCU1M3B 相上管 | 主变流器 1 | 若行，按计算机复位键复位 TCU1，重新闭合主断，继续机车运行；若故障仍出现，则隔离该轴。继续机车运行；返段待修 | 若行，按计算机复位键复位 TCU1，重新闭合主断，继续机车运行；若故障仍出现，则隔离该轴。继续机车运行；返段待修 | 3 轴逆变器模块判断到 B 相上管 IGBT 元件故障分主断 |
| 1453 | A | TCU1M3B 相下管 | 主变流器 1 | 若行，按计算机复位键复位 TCU1，重新闭合主断，继续机车运行；若故障仍出现，则隔离该轴。继续机车运行；返段待修 | 若行，按计算机复位键复位 TCU1，重新闭合主断，继续机车运行；若故障仍出现，则隔离该轴。继续机车运行；返段待修 | 3 轴逆变器模块判断到 B 相下管 IGBT 元件故障分主断 |
| 1454 | A | TCU1M3C 相上管 | 主变流器 1 | 若行，按计算机复位键复位 TCU1，重新闭合主断，继续机车运行；若故障仍出现，则隔离该轴。继续机车运行；返段待修 | 若行，按计算机复位键复位 TCU1，重新闭合主断，继续机车运行；若故障仍出现，则隔离该轴。继续机车运行；返段待修 | 3 轴逆变器模块判断到 C 相上管 IGBT 元件故障分主断 |
| 1455 | A | TCU1M3C 相下管 | 主变流器 1 | 若行，按计算机复位键复位 TCU1，重新闭合主断，继续机车运行；若故障仍出现，则隔离该轴。继续机车运行；返段待修 | 若行，按计算机复位键复位 TCU1，重新闭合主断，继续机车运行；若故障仍出现，则隔离该轴。继续机车运行；返段待修 | 3 轴逆变器模块判断到 C 相下管 IGBT 元件故障分主断 |
| 1456 | A | TCU1M3 斩波管 | 主变流器 1 | 若行，按计算机复位键复位 TCU1，重新闭合主断，继续机车运行；若故障仍出现，则隔离该轴。继续机车运行；返段待修 | 若行，按计算机复位键复位 TCU1，重新闭合主断，继续机车运行；若故障仍出现，则隔离该轴。继续机车运行；返段待修 | 3 轴逆变器模块判断到斩波管 IGBT 元件故障分主断 |
| 1924 | A | 主变 2 水位保护 | 主变流器 2 | 主逆 2 水位已低于报警水位，此时机车只能发挥 50% 的功率。当系统将主逆 2 切除，并释放主断后，可闭合主断，继续运行，返段待修 | 主逆 2 水位已低于报警水位，此时机车只能发挥 50% 的功率。当系统将主逆 2 切除，并释放主断后，可闭合主断，继续运行，返段待修 | 主逆变器 2 水位已低于报警水位，此时机车只能发挥 50% 的功率。若两个主逆变器故障则机车无法运行，待返段修 |

## 五、辅助变流器故障

该类故障主要发生在机车运行中的机车主电路内的辅助变流器主体电子/电气设备上，其故障表现在计算机屏显上均有显示，其故障处理信息见表 9-9。

表 9-9　辅助变流器流故障

| 编码 | 类别 | 故障信息 | 故障处所 | $v=0$ | $v>0$ | 处理信息 |
|---|---|---|---|---|---|---|
| 1201 | A | 辅变 1 整流器输入过流 | 辅助变流器 1 | 若故障消失，可重闭主断，继续机车运行；若故障不消失，返回待修 | 若故障消失，可重闭主断，继续机车运行；若故障不消失，复位或隔离该变流器；继续机车运行，返回待修 | 若故障不消失，可对辅助变流器进行复位，复位后正常则可合主断继续运行；若三次复位后仍有故障，则隔离辅助变流器 1，使用辅助变流器 2 继续机车运行 |
| 1202 | A | 辅变 1 整流器元件故障 | 辅助变流器 1 | 若故障消失，可重闭主断，继续机车运行；若故障不消失，返回待修 | 若故障消失，可重闭主断，继续机车运行；若故障不消失，复位或隔离该变流器；继续机车运行，返回待修 | 若故障不消失，可对辅助变流器进行复位，复位后正常则可合主断继续运行；若三次复位后仍有故障，则隔离辅助变流器 1，使用辅助变流器 2 继续机车运行 |
| 1203 | A | 辅变 1 接触器 K1 卡分 | 辅助变流器 1 | 若故障消失，可重闭主断，继续机车运行；若故障不消失，返回待修 | 若故障消失，可重闭主断，继续机车运行；若故障不消失，复位或隔离该变流器；继续机车运行，返回待修 | 若故障不消失，可对辅助变流器进行复位，复位后正常则可合主断继续运行；若三次复位后仍有故障，则隔离辅助变流器 1，使用辅助变流器 2 继续机车运行 |
| 1204 | A | 辅变 1 接触器 K2 卡分 | 辅助变流器 1 | 若故障消失，可重闭主断，继续机车运行；若故障不消失，返回待修 | 若故障消失，可重闭主断，继续机车运行；若故障不消失，复位或隔离该变流器；继续机车运行，返回待修 | 若故障不消失，可对辅助变流器进行复位，复位后正常则可合主断继续运行；若三次复位后仍有故障，则隔离辅助变流器 1，使用辅助变流器 2 继续机车运行 |
| 1205 | A | 辅变 1 接触器 K1 卡合 | 辅助变流器 1 | 若故障消失，可重闭主断，继续机车运行；若故障不消失，返回待修 | 若故障消失，可重闭主断，继续机车运行；若故障不消失，复位或隔离该变流器；继续机车运行，返回待修 | 若故障不消失，可对辅助变流器进行复位，复位后正常则可合主断继续运行；若三次复位后仍有故障，则隔离辅助变流器 1，使用辅助变流器 2 继续机车运行 |
| 1206 | A | 辅变 1 接触器 K2 卡合 | 辅助变流器 1 | 若故障消失，可重闭主断，继续机车运行；若故障不消失，返回待修 | 若故障消失，可重闭主断，继续机车运行；若故障不消失，复位或隔离该变流器；继续机车运行，返回待修 | 若故障不消失，可对辅助变流器进行复位，复位后正常则可合主断继续运行；若三次复位后仍有故障，则隔离辅助变流器 1，使用辅助变流器 2 继续机车运行 |
| 1207 | A | 辅变 1 整流器元件过热 | 辅助变流器 1 | 若故障消失，可重闭主断，继续机车运行；若故障不消失，返回待修 | 若故障消失，可重闭主断，继续机车运行；若故障不消失，复位或隔离该变流器；继续机车运行，返回待修 | 若故障不消失，可对辅助变流器进行复位，复位后正常则可合主断继续运行；若三次复位后仍有故障，则隔离辅助变流器 1，使用辅助变流器 2 继续机车运行 |

续上表

| 编码 | 类别 | 故障信息 | 故障处所 | $v=0$ | $v>0$ | 处理信息 |
| --- | --- | --- | --- | --- | --- | --- |
| 1208 | A | 辅变1逆变器元件 | 辅助变流器1 | 若故障消失,可重闭主断,继续机车运行;若故障不消失,返回待修 | 若故障消失,可重闭主断,继续机车运行;若故障不消失,复位或隔离该变流器;继续机车运行,返回待修 | 若故障不消失,可对辅助变流器进行复位,复位后正常则可合主断继续运行;若三次复位后仍有故障,则隔离辅助变流器1,使用辅助变流器2继续机车运行 |
| 1209 | A | 辅变1逆变器输出过压 | 辅助变流器1 | 若故障消失,可重闭主断,继续机车运行;若故障不消失,返回待修 | 若故障消失,可重闭主断,继续机车运行;若故障不消失,复位或隔离该变流器;继续机车运行,返回待修 | 若故障不消失,可对辅助变流器进行复位,复位后正常则可合主断继续运行;若三次复位后仍有故障,则隔离辅助变流器1,使用辅助变流器2继续机车运行 |
| 1210 | A | 辅变1逆变器输出欠压 | 辅助变流器1 | 若故障消失,可重闭主断,继续机车运行;若故障不消失,返回待修 | 若故障消失,可重闭主断,继续机车运行;若故障不消失,复位或隔离该变流器;继续机车运行,返回待修 | 若故障不消失,可对辅助变流器进行复位,复位后正常则可合主断继续运行;若三次复位后仍有故障,则隔离辅助变流器1,使用辅助变流器2继续机车运行 |
| 1211 | A | 辅变1逆变器输出不平衡 | 辅助变流器1 | 若故障消失,可重闭主断,继续机车运行;若故障不消失,返回待修 | 若故障消失,可重闭主断,继续机车运行;若故障不消失,复位或隔离该变流器;继续机车运行,返回待修 | 若故障不消失,可对辅助变流器进行复位,复位后正常则可合主断继续运行;若三次复位后仍有故障,则隔离辅助变流器1,使用辅助变流器2继续机车运行 |
| 1212 | A | 辅变1逆变器模块过热 | 辅助变流器1 | 若故障消失,可重闭主断,继续机车运行;若故障不消失,返回待修 | 若故障消失,可重闭主断,继续机车运行;若故障不消失,复位或隔离该变流器;继续机车运行,返回待修 | 若故障不消失,可对辅助变流器进行复位,复位后正常则可合主断继续运行;若三次复位后仍有故障,则隔离辅助变流器1,使用辅助变流器2继续机车运行 |
| 1213 | A | 辅变1逆变器输入过压 | 辅助变流器1 | 若故障消失,可重闭主断,继续机车运行;若故障不消失,返回待修 | 若故障消失,可重闭主断,继续机车运行;若故障不消失,复位或隔离该变流器;继续机车运行,返回待修 | 若故障不消失,可对辅助变流器进行复位,复位后正常则可合主断继续运行;若三次复位后仍有故障,则隔离辅助变流器1,使用辅助变流器2继续机车运行 |
| 1214 | A | 辅变1逆变器输出过流 | 辅助变流器1 | 若故障消失,可重闭主断,继续机车运行;故障不消失,返回待修 | 若故障消失,可重闭主断,继续机车运行;若故障不消失,复位或隔离该变流器;继续机车运行,返回待修 | 若故障不消失,可对辅助变流器进行复位,复位后正常则可合主断继续运行;若三次复位后仍有故障,则隔离辅助变流器1,使用辅助变流器2继续机车运行 |
| 1215 | A | 辅变1输入电压异常 | 辅助变流器1 | 若故障消失,可重闭主断,继续机车运行;若故障不消失,返回待修 | 若故障消失,可重闭主断,继续机车运行;若故障不消失,复位或隔离该变流器;继续机车运行,返回待修 | 若故障不消失,可对辅助变流器进行复位,复位后正常则可合主断继续运行;若三次复位后仍有故障,则隔离辅助变流器1,使用辅助变流器2继续机车运行 |

续上表

| 编码 | 类别 | 故障信息 | 故障处所 | $v=0$ | $v>0$ | 处理信息 |
|---|---|---|---|---|---|---|
| 1216 | A | 辅变1整流器模块过载 | 辅助变流器1 | 若故障消失,可重闭主断,继续机车运行;若故障不消失,返回待修 | 若故障消失,可重闭主断,继续机车运行;若故障不消失,复位或隔离该变流器;继续机车运行,返回待修 | 若故障不消失,可对辅助变流器进行复位,复位后正常则可合主断继续运行;若三次复位后仍有故障,则隔离辅助变流器1,使用辅助变流器2继续机车运行 |
| 1217 | A | 辅变1充电故障 | 辅助变流器1 | 若故障消失,可重闭主断,继续机车运行;若故障不消失,返回待修 | 若故障消失,可重闭主断,继续机车运行;若故障不消失,复位或隔离该变流器;继续机车运行,返回待修 | 若故障不消失,可对辅助变流器进行复位,复位后正常则可合主断继续运行;若三次复位后仍有故障,则隔离辅助变流器1,使用辅助变流器2继续机车运行 |
| 1218 | A | 辅变1整流器输出不正常 | 辅助变流器1 | 若故障消失,可重闭主断,继续机车运行;若故障不消失,返回待修 | 若故障消失,可重闭主断,继续机车运行;若故障不消失,复位或隔离该变流器;继续机车运行,返回待修 | 若故障不消失,可对辅助变流器进行复位,复位后正常则可合主断继续运行;若三次复位后仍有故障,则隔离辅助变流器1,使用辅助变流器2继续机车运行 |
| 1219 | A | 辅变1无风机自动开关反馈 | 辅助变流器1 | 若故障消失,可重闭主断,继续机车运行;若故障不消失,返回待修 | 若故障消失,可重闭主断,继续机车运行;若故障不消失,复位或隔离该变流器;继续机车运行,返回待修 | 若故障不消失,可对辅助变流器进行复位,复位后正常则可合主断继续运行;若三次复位后仍有故障,则隔离辅助变流器1,使用辅助变流器2继续机车运行 |
| 1220 | A | 辅变1均压电阻故障 | 辅助变流器1 | 若故障消失,可重闭主断,继续机车运行;若故障不消失,返回待修 | 若故障消失,可重闭主断,继续机车运行;若故障不消失,复位或隔离该变流器;继续机车运行,返回待修 | 若故障不消失,可对辅助变流器进行复位,复位后正常则可合主断继续运行;若三次复位后仍有故障,则隔离辅助变流器1,使用辅助变流器2继续机车运行 |
| 1221 | A | 四象限软件故障 | 辅助变流器1 | 若故障消失,可重闭主断,继续机车运行;若故障不消失,返回待修 | 若故障消失,可重闭主断,继续机车运行;若故障不消失,复位或隔离该变流器;继续机车运行,返回待修 | 若故障不消失,可对辅助变流器进行复位,复位后正常则可合主断继续运行;若三次复位后仍有故障,则隔离辅助变流器1,使用辅助变流器2继续机车运行 |
| 1222 | A | 辅变1四象限软件故障 | 辅助变流器1 | 若故障消失,可重闭主断,继续机车运行;若故障不消失,返回待修 | 若故障消失,可重闭主断,继续机车运行;若故障不消失,复位或隔离该变流器;继续机车运行,返回待修 | 若故障不消失,可对辅助变流器进行复位,复位后正常则可合主断继续运行;若三次复位后仍有故障,则隔离辅助变流器1,使用辅助变流器2继续机车运行 |
| 1223 | A | 辅变1逆变器故障 | 辅助变流器1 | 若故障消失,可重闭主断,继续机车运行;若故障不消失,返回待修 | 若故障消失,可重闭主断,继续机车运行;若故障不消失,复位或隔离该变流器;继续机车运行,返回待修 | 若故障不消失,可对辅助变流器进行复位,复位后正常则可合主断继续运行;若三次复位后仍有故障,则隔离辅助变流器1,使用辅助变流器2继续机车运行 |

续上表

| 编码 | 类别 | 故障信息 | 故障处所 | v=0 | v>0 | 处理信息 |
|---|---|---|---|---|---|---|
| 1224 | A | 辅变1接地故障 | 辅助变流器1 | 若故障消失,可重闭主断,继续机车运行;若故障不消失,返回待修 | 若故障消失,可重闭主断,继续机车运行;若故障不消失,复位或隔离该变流器;继续机车运行,返回待修 | 若故障不消失,可对辅助变流器进行复位,复位后正常则可合主断继续运行;若三次复位后仍有故障,则隔离辅助变流器1,使用辅助变流器2继续机车运行 |
| 1226 | A | 接触器K3卡分 | 辅助变流器1 | 若故障消失,可重闭主断,继续机车运行;若故障不消失,返回待修 | 若故障消失,可重闭主断,继续机车运行;若故障不消失,复位或隔离该变流器;继续机车运行,返回待修 | 若故障不消失,可对辅助变流器进行复位,复位后正常则可合主断继续运行;若三次复位后仍有故障,则隔离辅助变流器1,使用辅助变流器2继续机车运行 |
| 1227 | A | 接触器K3卡合 | 辅助变流器1 | 若故障消失,可重闭主断,继续机车运行;若故障不消失,返回待修 | 若故障消失,可重闭主断,继续机车运行;若故障不消失,复位或隔离该变流器;继续机车运行,返回待修 | 若故障不消失,可对辅助变流器进行复位,复位后正常则可合主断继续运行;若三次复位后仍有故障,则隔离辅助变流器1,使用辅助变流器2继续机车运行 |
| 1228 | A | 辅助变压器1故障 | 辅助变压器1 | 若故障消失,可重闭主断,继续机车运行;若故障不消失,返回待修 | 若故障消失,可重闭主断,继续机车运行;若故障不消失,复位或隔离该变流器;继续机车运行,返回待修 | 若故障不消失,可对辅助变流器进行复位,复位后正常则可合主断继续运行;若三次复位后仍有故障,则隔离辅助变流器1,使用辅助变流器2继续机车运行 |
| 1241 | A | 辅变2整流器输入过流 | 辅助变流器2 | 若故障消失,可重闭主断,继续机车运行;若故障不消失,返回待修 | 若故障消失,可重闭主断,继续机车运行;若故障不消失,复位或隔离该变流器;继续机车运行,返回待修 | 若故障不消失,可对辅助变流器进行复位,复位后正常则可合主断继续运行;若三次复位仍有故障,则隔离辅助变流器2,使用辅助变流器1继续机车运行 |
| 1242 | A | 辅变2整流器元件故障 | 辅助变流器2 | 若故障消失,可重闭主断,继续机车运行;若故障不消失,返回待修 | 若故障消失,可重闭主断,继续机车运行;若故障不消失,复位或隔离该变流器;继续机车运行,返回待修 | 若故障不消失,可对辅助变流器进行复位,复位后正常则可合主断继续运行;若三次复位仍有故障,则隔离辅助变流器2,使用辅助变流器1继续机车运行 |
| 1243 | A | 辅变2接触器K1卡分 | 辅助变流器2 | 若故障消失,可重闭主断,继续机车运行;若故障不消失,返回待修 | 若故障消失,可重闭主断,继续机车运行;若故障不消失,复位或隔离该变流器;继续机车运行,返回待修 | 若故障不消失,可对辅助变流器进行复位,复位后正常则可合主断继续运行;若三次复位仍有故障,则隔离辅助变流器2,使用辅助变流器1继续机车运行 |
| 1244 | A | 辅变2接触器K2卡分 | 辅助变流器2 | 若故障消失,可重闭主断,继续机车运行;若故障不消失,返回待修 | 若故障消失,可重闭主断,继续机车运行;若故障不消失,复位或隔离该变流器;继续机车运行,返回待修 | 若故障不消失,可对辅助变流器进行复位,复位后正常则可合主断继续运行;若三次复位仍有故障,则隔离辅助变流器2,使用辅助变流器1继续机车运行 |

续上表

| 编码 | 类别 | 故障信息 | 故障处所 | v=0 | v>0 | 处理信息 |
|---|---|---|---|---|---|---|
| 1245 | A | 辅变2接触器K1卡合 | 辅助变流器2 | 若故障消失，可重闭主断，继续机车运行；若故障不消失，返回待修 | 若故障消失，可重闭主断，继续机车运行；若故障不消失，复位或隔离该变流器；继续机车运行，返回待修 | 若故障不消失，可对辅助变流器进行复位，复位后正常则可合主断继续运行；若三次复位仍有故障，则隔离辅助变流器2，使用辅助变流器1继续机车运行 |
| 1246 | A | 辅变2接触器K2卡合 | 辅助变流器2 | 若故障消失，可重闭主断，继续机车运行；若故障不消失，返回待修 | 若故障消失，可重闭主断，继续机车运行；若故障不消失，复位或隔离该变流器；继续机车运行，返回待修 | 若故障不消失，可对辅助变流器进行复位，复位后正常则可合主断继续运行；若三次复位仍有故障，则隔离辅助变流器2，使用辅助变流器1继续机车运行 |
| 1247 | A | 整流辅变2器元件过热 | 辅助变流器2 | 若故障消失，可重闭主断，继续机车运行；若故障不消失，返回待修 | 若故障消失，可重闭主断，继续机车运行；若故障不消失，复位或隔离该变流器；继续机车运行，返回待修 | 若故障不消失，可对辅助变流器进行复位，复位后正常则可合主断继续运行；若三次复位仍有故障，则隔离辅助变流器2，使用辅助变流器1继续机车运行 |
| 1248 | A | 辅变2逆变器元件故障 | 辅助变流器2 | 若故障消失，可重闭主断，继续机车运行；若故障不消失，返回待修 | 若故障消失，可重闭主断，继续机车运行；若故障不消失，复位或隔离该变流器；继续机车运行，返回待修 | 若故障不消失，可对辅助变流器进行复位，复位后正常则可合主断继续运行；若三次复位仍有故障，则隔离辅助变流器2，使用辅助变流器1继续机车运行 |
| 1249 | A | 辅变2逆变器输出过压 | 辅助变流器2 | 若故障消失，可重闭主断，继续机车运行；若故障不消失，返回待修 | 若故障消失，可重闭主断，继续机车运行；若故障不消失，复位或隔离该变流器；继续机车运行，返回待修 | 若故障不消失，可对辅助变流器进行复位，复位后正常则可合主断继续运行；若三次复位仍有故障，则隔离辅助变流器2，使用辅助变流器1继续机车运行 |
| 1250 | A | 辅变2逆变器输出欠压 | 辅助变流器2 | 若故障消失，可重闭主断，继续机车运行；若故障不消失，返回待修 | 若故障消失，可重闭主断，继续机车运行；若故障不消失，复位或隔离该变流器；继续机车运行，返回待修 | 若故障不消失，可对辅助变流器进行复位，复位后正常则可合主断继续运行；若三次复位仍有故障，则隔离辅助变流器2，使用辅助变流器1继续机车运行 |
| 1251 | A | 辅变2逆变器输出不平衡 | 辅助变流器2 | 若故障消失，可重闭主断，继续机车运行；若故障不消失，返回待修 | 若故障消失，可重闭主断，继续机车运行；若故障不消失，复位或隔离该变流器；继续机车运行，返回待修 | 若故障不消失，可对辅助变流器进行复位，复位后正常则可合主断继续运行；若三次复位仍有故障，则隔离辅助变流器2，使用辅助变流器1继续机车运行 |
| 1252 | A | 辅变2逆变器模块过热 | 辅助变流器2 | 若故障消失，可重闭主断，继续机车运行；若故障不消失，返回待修 | 若故障消失，可重闭主断，继续机车运行；若故障不消失，复位或隔离该变流器；继续机车运行，返回待修 | 若故障不消失，可对辅助变流器进行复位，复位后正常则可合主断继续运行；若三次复位仍有故障，则隔离辅助变流器2，使用辅助变流器1继续机车运行 |

续上表

| 编码 | 类别 | 故障信息 | 故障处所 | $v=0$ | $v>0$ | 处理信息 |
|---|---|---|---|---|---|---|
| 1253 | A | 辅变2逆变器输入过压 | 辅助变流器2 | 若故障消失,可重闭主断,继续机车运行;若故障不消失,返回待修 | 若故障消失,可重闭主断,继续机车运行;若故障不消失,复位或隔离该变流器;继续机车运行,返回待修 | 若故障不消失,可对辅助变流器进行复位,复位后正常则可合主断继续运行;若三次复位仍有故障,则隔离辅助变流器2,使用辅助变流器1继续机车运行 |
| 1254 | A | 辅变2逆变器输出过流 | 辅助变流器2 | 若故障消失,可重闭主断,继续机车运行;若故障不消失,返回待修 | 若故障消失,可重闭主断,继续机车运行;若故障不消失,复位或隔离该变流器;继续机车运行,返回待修 | 若故障不消失,可对辅助变流器进行复位,复位后正常则可合主断继续运行;若三次复位仍有故障,则隔离辅助变流器2,使用辅助变流器1继续机车运行 |
| 1255 | A | 辅变2输入电压异常 | 辅助变流器2 | 若故障消失,可重闭主断,继续机车运行;若故障不消失,返回待修 | 若故障消失,可重闭主断,继续机车运行;若故障不消失,复位或隔离该变流器;继续机车运行,返回待修 | 若故障不消失,可对辅助变流器进行复位,复位后正常则可合主断继续运行;若三次复位仍有故障,则隔离辅助变流器2,使用辅助变流器1继续机车运行 |
| 1256 | A | 辅变2整流器模块过载 | 辅助变流器2 | 若故障消失,可重闭主断,继续机车运行;若故障不消失,返回待修 | 若故障消失,可重闭主断,继续机车运行;若故障不消失,复位或隔离该变流器;继续机车运行,返回待修 | 若故障不消失,可对辅助变流器进行复位,复位后正常则可合主断继续运行;若三次复位仍有故障,则隔离辅助变流器2,使用辅助变流器1继续机车运行 |
| 1257 | A | 辅变2充电 | 辅助变流器2 | 若故障消失,可重闭主断,继续机车运行;若故障不消失,返回待修 | 若故障消失,可重闭主断,继续机车运行;若故障不消失,复位或隔离该变流器;继续机车运行,返回待修 | 若故障不消失,可对辅助变流器进行复位,复位后正常则可合主断继续运行;若三次复位仍有故障,则隔离辅助变流器2,使用辅助变流器1继续机车运行 |
| 1258 | A | 辅变2整流器输出不正常 | 辅助变流器2 | 若故障消失,可重闭主断,继续机车运行;若故障不消失,返回待修 | 若故障消失,可重闭主断,继续机车运行;若故障不消失,复位或隔离该变流器;继续机车运行,返回待修 | 若故障不消失,可对辅助变流器进行复位,复位后正常则可合主断继续运行;若三次复位仍有故障,则隔离辅助变流器2,使用辅助变流器1继续机车运行 |
| 1259 | A | 辅变2无风机自动开关反馈 | 辅助变流器2 | 若故障消失,可重闭主断,继续机车运行;若故障不消失,返回待修 | 若故障消失,可重闭主断,继续机车运行;若故障不消失,复位或隔离该变流器;继续机车运行,返回待修 | 若故障不消失,可对辅助变流器进行复位,复位后正常则可合主断继续运行;若三次复位仍有故障,则隔离辅助变流器2,使用辅助变流器1继续机车运行 |
| 1260 | A | 辅变2均压电阻 | 辅助变流器2 | 若故障消失,可重闭主断,继续机车运行;若故障不消失,返回待修 | 若故障消失,可重闭主断,继续机车运行;若故障不消失,复位或隔离该变流器;继续机车运行,返回待修 | 若故障不消失,可对辅助变流器进行复位,复位后正常则可合主断继续运行;若三次复位仍有故障,则隔离辅助变流器2,使用辅助变流器1继续机车运行 |

续上表

| 编码 | 类别 | 故障信息 | 故障处所 | $v=0$ | $v>0$ | 处理信息 |
|---|---|---|---|---|---|---|
| 1261 | A | 四象限软件 | 辅助变流器2 | 若故障消失，可重闭主断，继续机车运行；若故障不消失，返回待修 | 若故障消失，可重闭主断，继续机车运行；若故障不消失，复位或隔离该变流器；继续机车运行，返回待修 | 若故障不消失，可对辅助变流器进行复位，复位后正常则可合主断继续运行；若三次复位仍有故障，则隔离辅助变流器2，使用辅助变流器1继续机车运行 |
| 1262 | A | 辅变2四象限软件 | 辅助变流器2 | 若故障消失，可重闭主断，继续机车运行；若故障不消失，返回待修 | 若故障消失，可重闭主断，继续机车运行；若故障不消失，复位或隔离该变流器；继续机车运行，返回待修 | 若故障不消失，可对辅助变流器进行复位，复位后正常则可合主断继续运行；若三次复位仍有故障，则隔离辅助变流器2，使用辅助变流器1继续机车运行 |
| 1263 | A | 辅变2逆变器 | 辅助变流器2 | 若故障消失，可重闭主断，继续机车运行；若故障不消失，返回待修 | 若故障消失，可重闭主断，继续机车运行；若故障不消失，复位或隔离该变流器；继续机车运行，返回待修 | 若故障不消失，可对辅助变流器进行复位，复位后正常则可合主断继续运行；若三次复位仍有故障，则隔离辅助变流器2，使用辅助变流器1继续机车运行 |
| 1264 | A | 辅变2接地 | 辅助变流器2 | 若故障消失，可重闭主断，继续机车运行；若故障不消失，返回待修 | 若故障消失，可重闭主断，继续机车运行；若故障不消失，复位或隔离该变流器；继续机车运行，返回待修 | 若故障不消失，可对辅助变流器进行复位，复位后正常则可合主断继续运行；若三次复位仍有故障，则隔离辅助变流器2，使用辅助变流器1继续机车运行 |
| 1266 | A | 接触器K3卡分 | 辅助变流器2 | 若故障消失，可重闭主断，继续机车运行；若故障不消失，返回待修 | 若故障消失，可重闭主断，继续机车运行；若故障不消失，复位或隔离该变流器；继续机车运行，返回待修 | 若故障不消失，可对辅助变流器进行复位，复位后正常则可合主断继续运行；若三次复位仍有故障，则隔离辅助变流器2，使用辅助变流器1继续机车运行 |
| 1267 | A | 接触器K3卡合 | 辅助变流器2 | 若故障消失，可重闭主断，继续机车运行；若故障不消失，返回待修 | 若故障消失，可重闭主断，继续机车运行；若故障不消失，复位或隔离该变流器；继续机车运行，返回待修 | 若故障不消失，可对辅助变流器进行复位，复位后正常则可合主断继续运行；若三次复位仍有故障，则隔离辅助变流器2，使用辅助变流器1继续机车运行 |
| 1268 | A | 辅助变压器2 | 辅助变压器2 | 若故障消失，可重闭主断，继续机车运行；若故障不消失，返回待修 | 若故障消失，可重闭主断，继续机车运行；若故障不消失，复位或隔离该变流器；继续机车运行，返回待修 | 若故障不消失，可对辅助变流器进行复位，复位后正常则可合主断继续运行；若三次复位仍有故障，则隔离辅助变流器2，使用辅助变流器1继续机车运行 |
| 1933 | A | 辅助变流器1输出接地 | 辅助变流器 | 辅助变流器1输出接地故障，返段待修 | 辅助变流器1输出接地故障，返段待修 | 辅助变流器1输出接地故障，返段待修 |
| 1934 | A | 辅助变流器2输出接地 | 辅助变流器 | 辅助变流器2输出接地故障，返段待修 | 辅助变流器2输出接地故障，返段待修 | 辅助变流器2输出接地故障，返段待修 |

## 六、主变流器中间直流及保护电子/电气设备故障

该类故障主要发生在机车运行中的机车主电路内的主变流器中间直流及保护电子/电气设备上，其故障表现在计算机屏显上均有显示，其故障处理信息见表 9-10。

表 9-10　主变流器中间直流及保护电气/电子设备故障

| 编码 | 类别 | 故障信息 | 故障处所 | $v=0$ | $v>0$ | 处理信息 |
|---|---|---|---|---|---|---|
| 1463 | B | PS1 水压过低报警 | 主变流器 1 | 变流器水压力过低，无需处理，机车返回待修 | 变流器水压力过低，无需处理，机车返回待修 | |
| 1464 | B | PS1 水压传感器 | 主变流器 1 | 变流器水压力传感器故障，无需处理，机车返回待修 | 变流器水压力传感器故障，无需处理，机车返回待修 | |
| 1465 | A | TCU1SMC 低网压保护 | 主变流器 1 | 封锁 TCU1 脉冲，司机无需处理；若行，继续机车运行 | 封锁 TCU1 脉冲，司机无需处理；若行，继续机车运行 | 电网电压低于一定值；封锁 TCU1 脉冲。可能原因：网压过低；网压传感器故障 |
| 1466 | A | TCU1SMC 高网压保护 | 主变流器 1 | 封锁 TCU1 脉冲，司机无需处理；若行，继续机车运行 | 封锁 TCU1 脉冲，司机无需处理；若行，继续机车运行 | 电网电压高于一定值；封锁 TCU1 脉冲。可能原因：网压过高；网压传感器故障 |
| 1467 | A | TCU1SMC 中间直流电压过压保护 | 主变流器 1 | 封锁 TCU1 脉冲，司机无需处理；若行，继续机车运行 | 封锁 TCU1 脉冲，司机无需处理；若行，继续机车运行 | 中间电压高于一定值；封锁 TCU1 脉冲。可能原因：中间电压过高；中间电压传感器故障 |
| 1468 | A | TCU1SMC 中间直流电压欠压保护 | 主变流器 1 | 封锁 TCU1 脉冲，司机无需处理；若行，继续机车运行 | 封锁 TCU1 脉冲，司机无需处理；若行，继续机车运行 | 中间电压高于一定值；封锁 TCU1 脉冲。可能原因：中间电压过高；中间电压传感器故障 |
| 1469 | A | TCU1 进口水温 Ts1 超温保护 | 主变流器 1 | 继续机车运行，监视水温，若水温继续升高，则切除 TCU1；返段待修 | 继续机车运行，监视水温，若水温继续升高，则切除 TCU1；返段待修 | 进水口水温高于一定值；封锁脉冲。可能原因：冷却水温度传感器故障 |
| 1470 | A | TCU1 进口水温 Ts1 低温保护 | 主变流器 1 | 无需处理，继续机车运行，待水温恢复正常后自动恢复，返段待修 | 无需处理，继续机车运行，待水温恢复正常后自动恢复，返段待修 | 进水口水温低于一定值封锁脉冲。可能原因：冷却水温度传感器故障 |
| 1471 | B | TCU1 水温差保护 | 主变流器 1 | 继续机车运行，监视水温，若水温差继续扩大，则切除 TCU1；返段待修 | 继续机车运行，监视水温，若水温差继续扩大，则切除 TCU1；返段待修 | 入口水温与出口水温差值超过一定值；封锁脉冲。可能原因：冷却水温度传感器故障 |
| 1472 | C | TCU1 柜体温度 Ts3 超温保护 | 主变流器 1 | 继续机车运行，监视柜体温度，若温度继续升高，则切除 TCU1；返段待修 | 继续机车运行，监视柜体温度，若温度继续升高，则切除 TCU1；返段待修 | 变流器柜体温度高于一定值；封锁脉冲。可能原因：变流器柜体温度传感器故障 |
| 1473 | A | TCU1 水压力 Ps1 过高保护 | 主变流器 1 | 若行，继续机车运行，待水压恢复后可自动恢复，返段待修 | 若行，继续机车运行，待水压恢复后可自动恢复，返段待修 | 进口水压力值高于一定值；封锁脉冲 |
| 1474 | A | TCU1 水压力 Ps1 过低保护 | 主变流器 1 | 若行，继续机车运行，待水压恢复后可自动恢复，返段待修 | 若行，继续机车运行，待水压恢复后可自动恢复，返段待修 | 进口水压力值低于一定值；封锁脉冲 |
| 1475 | A | 进口水温度传感器 | 温度传感器 | 若行，继续机车运行，待温度传感器恢复后可自动恢复，返段待修 | 若行，继续机车运行，待温度传感器恢复后可自动恢复，返段待修 | 检查进口水温度传感器 |

续上表

| 编码 | 类别 | 故障信息 | 故障处所 | $v=0$ | $v>0$ | 处理信息 |
|---|---|---|---|---|---|---|
| 1476 | A | 出口水温度传感器 | 温度传感器 | 若行,继续机车运行,待温度传感器恢复后可自动恢复,返段待修 | 若行,继续机车运行,待温度传感器恢复后可自动恢复,返段待修 | 检查出口水温度传感器 |
| 1480 | A | 变流器1空气温度传感器 | 温度传感器 | 若行,继续机车运行,待温度传感器恢复后可自动恢复,返段待修 | 若行,继续机车运行,待温度传感器恢复后可自动恢复,返段待修 | 检查变流器空气温度传感器 |
| 1496 | A | 进口水温报警 | 主变流器1 | 若行,继续机车运行,监视该进水温度,若温度继续上升,则隔离该电机;返段待修 | 若行,继续机车运行,监视该进水温度,若温度继续上升,则隔离该电机;返段待修 | 检查该进水口 |
| 1500 | A | TCU1充电超时 | 主变流器1 | 若行,按计算机复位键复位TCU1,重新闭合主断,继续机车运行3次复位后,主变流器1将被隔离,使用主变流器2,继续机车运行返段待修 | 若行,按计算机复位键复位TCU1,重新闭合主断,继续机车运行3次复位后,主变流器1将被隔离,使用主变流器2,继续机车运行返段待修 | 当闭合充电接触器之后,在规定的时间内,中间电压达不到预设计的门槛,则判定为充电超时;分主断路。可能原因:中间回路短路;充电电阻故障 |
| 1529 | A | TCU2L1A相上管 | 主变流器2 | 若行,按计算机复位键复位TCU2,重新闭合主断,继续机车运行,若故障仍出现,则隔离该轴。继续机车运行;返段待修 | 若行,按计算机复位键复位TCU2,重新闭合主断,继续机车运行,若故障仍出现,则隔离该轴。继续机车运行;返段待修 | 4轴四象限模块判断到A相上管IGBT元件故障分主断 |
| 1530 | A | TCU2L1A相下管 | 主变流器2 | 若行,按计算机复位键复位TCU2,重新闭合主断,继续机车运行,若故障仍出现,则隔离该轴。继续机车运行;返段待修 | 若行,按计算机复位键复位TCU2,重新闭合主断,继续机车运行,若故障仍出现,则隔离该轴。继续机车运行;返段待修 | 4轴四象限模块判断到A相下管IGBT元件故障分主断 |
| 1531 | A | TCU2L1B相上管 | 主变流器2 | 若行,按计算机复位键复位TCU2,重新闭合主断,继续机车运行,若故障仍出现,则隔离该轴。继续机车运行;返段待修 | 若行,按计算机复位键复位TCU2,重新闭合主断,继续机车运行,若故障仍出现,则隔离该轴。继续机车运行;返段待修 | 4轴四象限模块判断到B相上管IGBT元件故障分主断 |
| 1532 | A | TCU2L1B相下管故障 | 主变流器2 | 若行,按计算机复位键复位TCU22,重新闭合主断,继续机车运行,若故障仍出现,则隔离该轴。继续机车运行;返段待修 | 若行,按计算机复位键复位TCU2,重新闭合主断,继续机车运行,若故障仍出现,则隔离该轴。继续机车运行;返段待修 | 4轴四象限模块判断到B相下管IGBT元件故障分主断 |
| 1533 | A | TCU2L2A相上管故障 | 主变流器2 | 若行,按计算机复位键复位TCU2,重新闭合主断,继续机车运行,若故障仍出现,则隔离该轴。继续机车运行;返段待修 | 若行,按计算机复位键复位TCU2,重新闭合主断,继续机车运行,若故障仍出现,则隔离该轴。继续机车运行;返段待修 | 5轴四象限模块判断到A相上管IGBT元件故障分主断 |
| 1534 | A | TCU2L2A相下管 | 主变流器2 | 若行,按计算机复位键复位TCU2,重新闭合主断,继续机车运行,若故障仍出现,则隔离该轴。继续机车运行;返段待修 | 若行,按计算机复位键复位TCU2,重新闭合主断,继续机车运行,若故障仍出现,则隔离该轴。继续机车运行;返段待修 | 5轴四象限模块判断到A相下管IGBT元件故障分主断 |

续上表

| 编码 | 类别 | 故障信息 | 故障处所 | $v=0$ | $v>0$ | 处理信息 |
|---|---|---|---|---|---|---|
| 1535 | A | TCU2L2B 相上管 | 主变流器 2 | 若行，按计算机复位键复位 TCU2，重新闭合主断，继续机车运行，若故障仍出现，则隔离该轴。继续机车运行；返段待修 | 若行，按计算机复位键复位 TCU2，重新闭合主断，继续机车运行，若故障仍出现，则隔离该轴。继续机车运行；返段待修 | 5 轴四象限模块判断到 B 相上管 IGBT 元件故障分主断 |
| 1536 | A | TCU2L2B 相下管 | 主变流器 2 | 若行，按计算机复位键复位 TCU2，重新闭合主断，继续机车运行，若故障仍出现，则隔离该轴。继续机车运行；返段待修 | 若行，按计算机复位键复位 TCU2，重新闭合主断，继续机车运行，若故障仍出现，则隔离该轴。继续机车运行；返段待修 | 5 轴四象限模块判断到 B 相下管 IGBT 元件故障分主断 |
| 1537 | A | TCU2L3A 相上管 | 主变流器 2 | 若行，按计算机复位键复位 TCU2，重新闭合主断，继续机车运行，若故障仍出现，则隔离该轴。继续机车运行；返段待修 | 若行，按计算机复位键复位 TCU2，重新闭合主断，继续机车运行，若故障仍出现，则隔离该轴。继续机车运行；返段待修 | 6 轴四象限模块判断到 A 相上管 IGBT 元件故障分主断 |
| 1538 | A | TCU2L3A 相下管 | 主变流器 2 | 若行，按计算机复位键复位 TCU2，重新闭合主断，继续机车运行，若故障仍出现，则隔离该轴。继续机车运行；返段待修 | 若行，按计算机复位键复位 TCU2，重新闭合主断，继续机车运行，若故障仍出现，则隔离该轴。继续机车运行；返段待修 | 6 轴四象限模块判断到 A 相下管 IGBT 元件故障分主断 |
| 1539 | A | TCU2L3B 相上管 | 主变流器 2 | 若行，按计算机复位键复位 TCU2，重新闭合主断，继续机车运行，若故障仍出现，则隔离该轴。继续机车运行；返段待修 | 若行，按计算机复位键复位 TCU2，重新闭合主断，继续机车运行，若故障仍出现，则隔离该轴。继续机车运行；返段待修 | 6 轴四象限模块判断到 B 相上管 IGBT 元件故障分主断 |
| 1540 | A | TCU2L3B 相下管 | 主变流器 2 | 若行，按计算机复位键复位 TCU2，重新闭合主断，继续机车运行，若故障仍出现，则隔离该轴。继续机车运行；返段待修 | 若行，按计算机复位键复位 TCU2，重新闭合主断，继续机车运行，若故障仍出现，则隔离该轴。继续机车运行；返段待修 | 6 轴四象限模块判断到 B 相下管 IGBT 元件故障分主断 |
| 1542 | A | TCU2L1 元件 | 主变流器 2 | 若行，按计算机复位键复位 TCU2，重新闭合主断，继续机车运行，若故障仍出现，则隔离该轴。继续机车运行；返段待修 | 若行，按计算机复位键复位 TCU2，重新闭合主断，继续机车运行，若故障仍出现，则隔离该轴。继续机车运行；返段待修 | 4 轴四象限模块总故障，伴随具体的 1 轴四象限 IGBT 元件故障出现；分主断 |
| 1543 | A | TCU2L2 元件 | 主变流器 2 | 若行，按计算机复位键复位 TCU2，重新闭合主断，继续机车运行，若故障仍出现，则隔离该轴。继续机车运行；返段待修 | 若行，按计算机复位键复位 TCU2，重新闭合主断，继续机车运行，若故障仍出现，则隔离该轴。继续机车运行；返段待修 | 5 轴四象限模块总故障，伴随具体的 2 轴四象限 IGBT 元件故障出现；分主断 |
| 1544 | A | TCU2L3 元件 | 主变流器 2 | 若行，按计算机复位键复位 TCU2，重新闭合主断，继续机车运行，若故障仍出现，则隔离该轴。继续机车运行；返段待修 | 若行，按计算机复位键复位 TCU2，重新闭合主断，继续机车运行，若故障仍出现，则隔离该轴。继续机车运行；返段待修 | 6 轴四象限模块总故障，伴随具体的 3 轴四象限 IGBT 元件故障出现；分主断 |
| 1483 | A | TCU1 原边电流有效值过流 | 主变流器 1 | 若行，继续机车运行，监视原边电流；TCU1 原边电流有效值过流 | 若行，继续机车运行，监视原边电流；TCU1 原边电流有效值过流 | 检测到 TCU1 原边电流有效值过流 |

续上表

| 编码 | 类别 | 故障信息 | 故障处所 | $v=0$ | $v>0$ | 处理信息 |
|---|---|---|---|---|---|---|
| 1485 | A | TCU1LCC 生命信号中断 | 主变流器1 | 若行，将TCU1重新上电复位，继续机车运行；若故障仍出现，则隔离该架，返段待修 | 若行，将TCU1重新上电复位，继续机车运行；若故障仍出现，则隔离该架，返段待修 | LCC 的生命信号中断。可能原因：TCU1 插件硬件故障 |
| 1486 | A | TCU1MCC1 生命信号中断 | 主变流器1 | 若行，将TCU1重新上电复位，继续机车运行；若故障仍出现，则隔离该架，返段待修 | 若行，将TCU1重新上电复位，继续机车运行；若故障仍出现，则隔离该架，返段待修 | MCC1 的生命信号中断。可能原因：TCU1 插件硬件故障 |
| 1487 | A | TCU1MCC2 生命信号中断 | 主变流器1 | 若行，将TCU1重新上电复位，继续机车运行；若故障仍出现，则隔离该架，返段待修 | 若行，将TCU1重新上电复位，继续机车运行；若故障仍出现，则隔离该架，返段待修 | MCC2 的生命信号中断。可能原因：TCU1 插件硬件故障 |
| 1488 | C | TCU1MCC3 生命信号中断 | 主变流器1 | 若行，将TCU1重新上电复位，继续机车运行；若故障仍出现，则隔离该架，返段待修 | 若行，将TCU1重新上电复位，继续机车运行；若故障仍出现，则隔离该架，返段待修 | MCC3 的生命信号中断。可能原因：TCU1 插件硬件故障 |
| 1489 | B | TCU1 保护性减功率 | 主变流器1 | 若行，将TCU1重新上电复位，继续机车运行；若故障仍出现，则隔离该架，返段待修 | 若行，将TCU1重新上电复位，继续机车运行；若故障仍出现，则隔离该架，返段待修 | TCU1 保护性减功率。可能原因：(1)网压偏高；(2)网压偏低 |
| 1490 | B | TCU1 保护性牵引封锁 | 主变流器1 | 若行，将TCU1重新上电复位，继续机车运行；若故障仍出现，则隔离该架，返段待修 | 若行，将TCU1重新上电复位，继续机车运行；若故障仍出现，则隔离该架，返段待修 | 无牵引力。TCU1 保护性牵引封锁。可能原因：TCU 封锁牵引 |
| 1491 | A | TCU1 保护性分主断 | 主变流器1 | 若行，将TCU1重新上电复位，继续机车运行；若故障仍出现，则隔离该架，返段待修 | 若行，将TCU1重新上电复位，继续机车运行；若故障仍出现，则隔离该架，返段待修 | TCU1 保护性分主断；可能原因：由于 TCU 软件控制保护原因分主断 |
| 1493 | A | TCU1 保护性降弓 | 主变流器1 | 若行，将TCU1重新上电复位，继续机车运行；若故障仍出现，则隔离该架，返段待修 | 若行，将TCU1重新上电复位，继续机车运行；若故障仍出现，则隔离该架，返段待修 | 保护性降弓；可能原因：由于 TCU 软件控制保护原因降弓 |
| 1551 | A | TCU2 原边过流 | 主变流器2 | 若行，按计算机复位键复位 TCU2，重新闭合主断，继续机车运行，若故障仍出现，则隔离该架。继续机车运行；返段待修 | 若行，按计算机复位键复位 TCU2，重新闭合主断，继续机车运行，若故障仍出现，则隔离该架。继续机车运行；返段待修 | 原边瞬时电流超过一定值；分主断 |
| 1552 | A | TCU2 原边接地 | 主变流器2 | 若行，按计算机复位键复位 TCU2，重新闭合主断，继续机车运行，若故障仍出现，则隔离该架。用 TCU1 继续机车运行；返段待修 | 若行，按计算机复位键复位 TCU2，重新闭合主断，继续机车运行，若故障仍出现，则隔离该架。用 TCU1 继续机车运行；返段待修 | 原边电流与原边回馈电流的差值超过一定值分主断；可能原因：原边存在接地点 |
| 1553 | A | TCU2 主回路接地 | 主变流器2 | 若行，按计算机复位键复位 TCU2，重新闭合主断，继续机车运行，若故障仍出现，则隔离该架。用 TCU1 继续机车运行；返段待修 | 若行，按计算机复位键复位 TCU2，重新闭合主断，继续机车运行，若故障仍出现，则隔离该架。用 TCU1 继续机车运行；返段待修 | 检测到 TCU2 主回路存在接地点分主断；可能原因：TCU2 主回路存在接地点 |

续上表

| 编码 | 类别 | 故障信息 | 故障处所 | v=0 | v>0 | 处理信息 |
|---|---|---|---|---|---|---|
| 1555 | A | TCU2 斩波超温 | 主变流器 2 | 若行，按计算机复位键复位 TCU2，重新闭合主断，继续机车运行，若故障仍出现，则隔离该轴。用 TCU1 继续机车运行；返段待修 | 若行，按计算机复位键复位 TCU2，重新闭合主断，继续机车运行，若故障仍出现，则隔离该轴。用 TCU1 继续机车运行；返段待修 | TCU2 斩波电阻超温 |
| 1559 | A | LCC 检测原边电流为 0 | 主变流器 2 | 若行，按计算机复位键复位 TCU2，重新闭合主断，继续机车运行，若故障仍出现，则隔离该架。用 TCU1 继续机车运行；返段待修 | 若行，按计算机复位键复位 TCU2，重新闭合主断，继续机车运行，若故障仍出现，则隔离该架。用 TCU1 继续机车运行；返段待修 | LCC 检测原边电流为 0。可能原因：原边电流为 0；LCC 检测板故障；电流传感器故障 |
| 1560 | A | LCC 检测中间电压传感器差值大于 200 | 主变流器 2 | 若行，按计算机复位键复位 TCU2，重新闭合主断，继续机车运行，若故障仍出现，则隔离该架。用 TCU1 继续机车运行；返段待修 | 若行，按计算机复位键复位 TCU2，重新闭合主断，继续机车运行，若故障仍出现，则隔离该架。用 TCU1 继续机车运行；返段待修 | LCC 检测中间电压传感器差值大于 200。可能原因：中间电压异常；中间电压传感器故障 |
| 1592 | B | PS1 水压传感器 | 主变流器 2 | 变流器水压力传感器故障，无需处理，机车返回待修 | 变流器水压力传感器故障，无需处理，机车返回待修 | |
| 1593 | A | TCU2SMC 低网压保护 | 主变流器 2 | 封锁 TCU2 脉冲，司机无需处理；若行，继续机车运行 | 封锁 TCU2 脉冲，司机无需处理；若行，继续机车运行 | 电网电压低于一定值；封锁 TCU2 脉冲；可能原因：网压过低；网压传感器故障 |
| 1594 | A | TCU2SMC 高网压保护 | 主变流器 2 | 封锁 TCU2 脉冲，司机无需处理；若行，继续机车运行 | 封锁 TCU2 脉冲，司机无需处理；若行，继续机车运行 | 电网电压高于一定值；封锁 TCU2 脉冲；可能原因：网压过高；网压传感器故障 |
| 1595 | A | TCU2SMC 中间直流电压过压保护 | 主变流器 2 | 封锁 TCU2 脉冲，司机无需处理；若行，继续机车运行 | 封锁 TCU2 脉冲，司机无需处理；若行，继续机车运行 | 中间电压高于一定值；封锁 TCU2 脉冲；可能原因：中间电压过高；中间电压传感器故障 |
| 1596 | A | TCU2SMC 中间直流电压欠压保护 | 主变流器 2 | 封锁 TCU2 脉冲，司机无需处理；若行，继续机车运行 | 封锁 TCU2 脉冲，司机无需处理；若行，继续机车运行 | 中间电压高于一定值；封锁 TCU2 脉冲；可能原因：中间电压过高；中间电压传感器故障 |
| 1597 | A | TCU2 进口水温 Ts1 超温保护 | 主变流器 2 | 继续机车运行，监视水温，若水温继续升高，则切除 TCU2；返段待修 | 继续机车运行，监视水温，若水温继续升高，则切除 TCU2；返段待修 | 进水口水温高于一定值；封锁脉冲。可能原因：冷却水温度传感器故障 |
| 1598 | A | TCU2 进口水温 Ts1 低温保护 | 主变流器 2 | 无需处理，继续机车运行，待水温恢复正常后自动恢复，返段待修 | 无需处理，继续机车运行，待水温恢复正常后自动恢复，返段待修 | 进水口水温低于一定值封锁脉冲。可能原因：冷却水温度传感器故障 |
| 1599 | B | TCU2 水温差保护 | 主变流器 2 | 继续机车运行，监视水温，若水温差继续扩大，则切除 TCU2；返段待修 | 继续机车运行，监视水温，若水温差继续扩大，则切除 TCU2；返段待修 | 入口水温与出口水温差值超过一定值；封锁脉冲。可能原因：冷却水温度传感器故障 |
| 1601 | A | TCU2 水压力 Ps1 过高保护 | 主变流器 2 | 若行，继续机车运行，待水压恢复后可自动恢复，返段待修 | 若行，继续机车运行，待水压恢复后可自动恢复，返段待修 | 进口水压力值高于一定值；封锁脉冲 |

续上表

| 编码 | 类别 | 故障信息 | 故障处所 | $v=0$ | $v>0$ | 处理信息 |
|---|---|---|---|---|---|---|
| 1602 | A | TCU2 水压力 Ps1 过低保护 | 主变流器 2 | 若行，继续机车运行，待水压恢复后可自动恢复，返段待修 | 若行，继续机车运行，待水压恢复后可自动恢复，返段待修 | 进口水压力值低于一定值；封锁脉冲 |
| 1603 | A | 进口水温度传感器 | 温度传感器 | 若行，继续机车运行，待温度传感器恢复后可自动恢复，返段待修 | 若行，继续机车运行，待温度传感器恢复后可自动恢复，返段待修 | 检查进口水温度传感器 |
| 1604 | A | 出口水温度传感器 | 温度传感器 | 若行，继续机车运行，待温度传感器恢复后可自动恢复，返段待修 | 若行，继续机车运行，待温度传感器恢复后可自动恢复，返段待修 | 检查出口水温度传感器 |
| 1617 | B | TCU2 保护性减功率 | 主变流器 2 | 若行，将 TCU2 重新上电复位，继续机车运行；若故障仍出现，则隔离该架，返段待修 | 若行，将 TCU2 重新上电复位，继续机车运行；若故障仍出现，则隔离该架，返段待修 | TCU2 保护性减功率：可能原因：网压偏高；网压偏低 |
| 1618 | B | TCU2 保护性牵引封锁 | 主变流器 2 | 若行，将 TCU2 重新上电复位，继续机车运行；若故障仍出现，则隔离该架，返段待修 | 若行，将 TCU2 重新上电复位，继续机车运行；若故障仍出现，则隔离该架，返段待修 | 无牵引力。TCU2 保护性牵引封锁；可能原因：TCU 封锁牵引 |
| 1619 | A | TCU2 保护性分主断 | 主变流器 2 | 若行，将 TCU2 重新上电复位，继续机车运行；若故障仍出现，则隔离该架，返段待修 | 若行，将 TCU2 重新上电复位，继续机车运行；若故障仍出现，则隔离该架，返段待修 | TCU2 保护性分主断；可能原因：由于 TCU 软件控制保护原因分主断； |
| 1621 | A | TCU2 保护性降弓 | 主变流器 2 | 若行，将 TCU2 重新上电复位，继续机车运行；若故障仍出现，则隔离该架，返段待修 | 若行，将 TCU2 重新上电复位，继续机车运行；若故障仍出现，则隔离该架，返段待修 | 保护性降弓；可能原因：由于 TCU 软件控制保护原因降弓； |
| 1624 | A | 进口水温报警 | 主变流器 2 | 若行，继续机车运行，监视该进水温度，若温度继续上升，则隔离该电机；返段待修 | 若行，继续机车运行，监视该进水温度，若温度继续上升，则隔离该电机；返段待修 | 检查该进水口 |
| 1628 | A | TCU2 充电超时 | 主变流器 2 | 若行，按计算机复位键复位 TCU2，重新闭合主断，继续机车运行 3 次复位后，主变流器 1 将被隔离，使用主变流器 2，继续机车运行返段待修 | 若行，按计算机复位键复位 TCU2，重新闭合主断，继续机车运行 3 次复位后，主变流器 1 将被隔离，使用主变流器 2，继续机车运行返段待修 | 当闭合充电接触器之后，在规定的时间内，中间电压达不到预设计的门槛，则判定为充电超时；分主断路。可能原因：中间回路短路；充电电阻故障 |
| 1841 | A | 主变 1 水位保护 | 主变流器 1 | 主逆 1 水位已低于报警水位，此时机车只能发挥 50%的功率。当系统将主逆 1 切除，并释放主断后，可闭合主断，继续机车运行返段待修 | 主逆 1 水位已低于报警水位，此时机车只能发挥 50%的功率。当系统将主逆 1 切除，并释放主断后，可闭合主断，继续机车运行返段待修 | 主逆变器 1 水位已低于报警水位，此时机车只能发挥 50%的功率。若两个主逆变器故障，则机车无法运行，返段待修 |
| 1857 | A | 主变 2 水位保护 | 主变流器 2 | 主逆 2 水位已低于报警水位，此时机车只能发挥 50%的功率。当系统将主逆 2 切除，并释放主断后，可闭合主断，继续机车运行返段待修 | 主逆 2 水位已低于报警水位，此时机车只能发挥 50%的功率。当系统将主逆 2 切除，并释放主断后，可闭合主断，继续机车运行返段待修 | 主逆变器 2 水位已低于报警水位，此时机车只能发挥 50%的功率。若两个主逆变器故障，则机车无法运行，返段待修 |

续上表

| 编码 | 类别 | 故障信息 | 故障处所 | $v=0$ | $v>0$ | 处理信息 |
|---|---|---|---|---|---|---|
| 1893 | B | CMD系统电源自动开关断开 | 开关 | 若行，请重新闭合CMD系统电源自动开关返段待修 | 若行，请重新闭合CMD系统电源自动开关返段待修 | |
| 1901 | B | MIPM电源自动开关断开 | 自动开关 | 若行，请重新闭合MIPM电源自动开关返段待修，检查MIPM电源自动开关 | 若行，请重新闭合MIPM电源自动开关继续机车运行，返段待修，检查MIPM电源自动开关 | 检测到MIPM电源自动开关断开 |
| 1902 | B | LCDM电源自动开关断开 | 自动开关 | 若行，请重新闭合LCDM电源自动开关继续机车运行，返段待修，检查LCDM电源自动开关 | 若行，请重新闭合LCDM电源自动开关继续机车运行，返段待修，检查LCDM电源自动开关 | 检测到LCDM电源自动开关断开 |
| 1924 | A | 主变2水位保护 | 主变流器2 | 主逆2水位已低于报警水位，此时机车只能发挥50%的功率。当系统将主逆2切除，并释放主断后，可闭合主断，继续机车运行返段待修 | 主逆2水位已低于报警水位，此时机车只能发挥50%的功率。当系统将主逆2切除，并释放主断后，可闭合主断，继续机车运行返段待修 | 主逆变器2水位已低于报警水位，此时机车只能发挥50%的功率。若两个主逆变器故障，则机车无法运行，返段待修 |

## 七、逆变器及保护电子/电气设备故障

该类故障主要发生在机车运行中的机车主电路内的逆变器及保护电子/电气设备上，其故障表现在计算机屏显上均有显示，其故障处理信息见表9-11。

**表9-11　逆变器与输出电气/电子设备故障**

| 编码 | 类别 | 故障信息 | 故障处所 | $v=0$ | $v>0$ | 处理信息 |
|---|---|---|---|---|---|---|
| 1048 | B | 电机温度超温报警 | 电机 | 电机温度处于降功率区。电机温度大于230 ℃，小于240 ℃时，降功率0～100% | 电机温度处于降功率区。电机温度大于230 ℃，小于240 ℃时，降功率0～100% | |
| 1457 | B | 1轴逆变过流 | 主变流器1 | 前3次故障自动清除，超过3次后按计算机复位键复位TCU1。若手动复位后，故障仍出现，则隔离该轴，返段待修 | 前3次故障自动清除，超过3次后按计算机复位键复位TCU1。若手动复位后，故障仍出现，则隔离该轴，返段待修 | 电机1逆变输出电流超过一定值封锁该轴的牵引逆变器脉冲 |
| 1458 | B | 1轴斩波过流 | 主变流器1 | 若行，按计算机复位键复位TCU1，继续机车运行；若故障仍出现，则不需处理，返段待修 | 若行，按计算机复位键复位TCU1，继续机车运行；若故障仍出现，则不需处理，返段待修 | 1轴斩波电流超过一定值；封锁该轴的斩波脉冲。可能原因：1轴斩波电阻阻值变化 |
| 1459 | B | 2轴逆变过流 | 主变流器1 | 前3次故障自动清除，超过3次后按计算机复位键复位TCU1。若手动复位后，故障仍出现，则隔离该轴，返段待修 | 前3次故障自动清除，超过3次后按计算机复位键复位TCU1。若手动复位后，故障仍出现，则隔离该轴，返段待修 | 电机2逆变输出电流超过一定值封锁该轴的牵引逆变器脉冲 |

续上表

| 编码 | 类别 | 故障信息 | 故障处所 | $v=0$ | $v>0$ | 处理信息 |
|---|---|---|---|---|---|---|
| 1460 | B | 2轴斩波过流 | 主变流器1 | 若行,按计算机复位键复位TCU1,继续机车运行;若故障仍出现,则不需处理,返段待修 | 若行,按计算机复位键复位TCU1,继续机车运行;若故障仍出现,则不需处理,返段待修 | 2轴斩波电流超过一定值;封锁该轴的斩波脉冲。可能原因:2轴斩波电阻阻值变化 |
| 1461 | B | 3轴逆变过流 | 主变流器1 | 前3次故障自动清除,超过3次后按计算机复位键复位TCU1。若手动复位后,故障仍出现,则隔离该轴,返段待修 | 前3次故障自动清除,超过3次后按计算机复位键复位TCU1。若手动复位后,故障仍出现,则隔离该轴,返段待修 | 电机3逆变输出电流超过一定值封锁该轴的牵引逆变器脉冲 |
| 1462 | B | 3轴斩波过流 | 主变流器1 | 若行,按计算机复位键复位TCU1,继续机车运行;若故障仍出现,则不需处理,返段待修 | 若行,按计算机复位键复位TCU1,继续机车运行;若故障仍出现,则不需处理,返段待修 | 3轴斩波电流超过一定值;封锁该轴的斩波脉冲。可能原因:3轴斩波电阻阻值变化 |
| 1477 | B | 电机1温度过高保护 | 主变流器1 | 若行,继续机车运行,监视该电机温度,若温度继续上升,则隔离该电机;返段待修 | 若行,继续机车运行,监视该电机温度,若温度继续上升,则隔离该电机;返段待修 | 检测到电机1温度超过一定值;该轴的电机功率降为0 |
| 1478 | B | 电机2温度过高保护 | 主变流器1 | 若行,继续机车运行,监视该电机温度,若温度继续上升,则隔离该电机;返段待修 | 若行,继续机车运行,监视该电机温度,若温度继续上升,则隔离该电机;返段待修 | 检测到电机2温度超过一定值;该轴的电机功率降为0 |
| 1479 | B | 电机3温度过高保护 | 主变流器1 | 若行,继续机车运行,监视该电机温度,若温度继续上升,则隔离该电机;返段待修 | 若行,继续机车运行,监视该电机温度,若温度继续上升,则隔离该电机;返段待修 | 检测到电机3温度超过一定值;该轴的电机功率降为0 |
| 1481 | A | 2轴速度传感器V2 | 主变流器1 | 若行,继续机车运行,返段待修 | 若行,继续机车运行,返段待修 | 检测2轴速度传感器故障 |
| 1482 | A | 3轴速度传感器V3 | 主变流器1 | 若行,继续机车运行,返段待修 | 若行,继续机车运行,返段待修 | 检测3轴速度传感器故障 |
| 1484 | A | 电机1温度传感器 | 温度传感器 | 若行,继续机车运行,监视该电机温度,若温度继续上升,则隔离该电机;返段待修 | 若行,继续机车运行,待温度传感器恢复后可自动恢复,返段待修 | 检查电机6温度传感器 |
| 1494 | A | 电机2温度传感器 | 温度传感器 | 若行,继续机车运行,监视该电机温度,若温度继续上升,则隔离该电机;返段待修 | 若行,继续机车运行,待温度传感器恢复后可自动恢复,返段待修 | 检查电机5温度传感器 |
| 1495 | A | 电机3温度传感器 | 温度传感器 | 若行,继续机车运行,监视该电机温度,若温度继续上升,则隔离该电机;返段待修 | 若行,继续机车运行,待温度传感器恢复后可自动恢复,返段待修 | 检查电机4温度传感器 |
| 1497 | B | 1轴模块过热 | 主变流器1 | 无需处理,继续机车运行,返段待修 | 无需处理,继续机车运行,返段待修 | 1轴模块过热开关动作该轴的电机转矩减半(50%)运行 |
| 1498 | B | 2轴模块过热 | 主变流器1 | 无需处理,继续机车运行,返段待修 | 无需处理,继续机车运行,返段待修 | 2轴模块过热开关动作该轴的电机转矩减半(50%)运行 |

续上表

| 编码 | 类别 | 故障信息 | 故障处所 | $v=0$ | $v>0$ | 处理信息 |
| --- | --- | --- | --- | --- | --- | --- |
| 1499 | B | 3轴模块过热 | 主变流器1 | 无需处理，继续机车运行，返段待修 | 无需处理，继续机车运行，返段待修 | 3轴模块过热开关动作该轴的电机转矩减半(50%)运行 |
| 1545 | A | 6轴1重四象限输入过流 | 主变流器2 | 若行，按计算机复位键复位TCU2，重新闭合主断，继续机车运行，若故障仍出现，则隔离该轴。继续机车运行；返段待修 | 若行，按计算机复位键复位TCU2，重新闭合主断，继续机车运行，若故障仍出现，则隔离该轴。继续机车运行；返段待修 | 6轴整流器输入电流超过一定值主断分断 |
| 1546 | A | 5轴2重四象限输入过流 | 主变流器2 | 若行，按计算机复位键复位TCU2，重新闭合主断，继续机车运行，若故障仍出现，则隔离该轴。继续机车运行；返段待修 | 若行，按计算机复位键复位TCU2，重新闭合主断，继续机车运行，若故障仍出现，则隔离该轴。继续机车运行；返段待修 | 5轴整流器输入电流超过一定值主断分断 |
| 1547 | A | 4轴3重四象限输入过流 | 主变流器2 | 若行，按计算机复位键复位TCU2，重新闭合主断，继续机车运行，若故障仍出现，则隔离该轴。继续机车运行；返段待修 | 若行，按计算机复位键复位TCU2，重新闭合主断，继续机车运行，若故障仍出现，则隔离该轴。继续机车运行；返段待修 | 4轴整流器输入电流超过一定值主断分断 |
| 1548 | A | 6轴直流过压 | 主变流器2 | 若行，按计算机复位键复位TCU2，重新闭合主断，继续机车运行，若故障仍出现，则隔离该轴。继续机车运行；返段待修 | 若行，按计算机复位键复位TCU2，重新闭合主断，继续机车运行，若故障仍出现，则隔离该轴。继续机车运行；返段待修 | 6轴直流电压超过一定值主断分断。可能原因：电压传感器故障 |
| 1549 | A | 5轴直流过压 | 主变流器2 | 若行，按计算机复位键复位TCU2，重新闭合主断，继续机车运行，若故障仍出现，则隔离该轴。继续机车运行；返段待修 | 若行，按计算机复位键复位TCU2，重新闭合主断，继续机车运行，若故障仍出现，则隔离该轴。继续机车运行；返段待修 | 5轴直流电压超过一定值主断分断。可能原因：电压传感器故障 |
| 1550 | A | 4轴直流过压 | 主变流器2 | 若行，按计算机复位键复位TCU2，重新闭合主断，继续机车运行，若故障仍出现，则隔离该轴。继续机车运行；返段待修 | 若行，按计算机复位键复位TCU2，重新闭合主断，继续机车运行，若故障仍出现，则隔离该轴。继续机车运行；返段待修 | 4轴直流电压超过一定值主断分断。可能原因：电压传感器故障 |
| 1554 | A | 6轴电机缺相或牵引不工作 | 主变流器2 | 若行，按计算机复位键复位TCU2，重新闭合主断，继续机车运行，若故障仍出现，则隔离该轴。用TCU1继续机车运行；返段待修 | 若行，按计算机复位键复位TCU2，重新闭合主断，继续机车运行，若故障仍出现，则隔离该轴。用TCU1继续机车运行；返段待修 | 检测到6轴电机缺相；可能原因：6轴电机缺相 |
| 1556 | A | 5轴电机缺相或牵引不工作 | 主变流器2 | 若行，按计算机复位键复位TCU2，重新闭合主断，继续机车运行，若故障仍出现，则隔离该轴。用TCU1继续机车运行；返段待修 | 若行，按计算机复位键复位TCU2，重新闭合主断，继续机车运行，若故障仍出现，则隔离该轴。用TCU1继续机车运行；返段待修 | 检测到5轴电机缺相；可能原因：5轴电机缺相 |
| 1557 | A | 6轴速度传感器V1 | 主变流器2 | 若行，继续机车运行，返段待修 | 若行，继续机车运行，返段待修 | 检测6轴速度传感器故障 |

续上表

| 编码 | 类别 | 故障信息 | 故障处所 | $v=0$ | $v>0$ | 处理信息 |
|---|---|---|---|---|---|---|
| 1558 | A | 4轴电机缺相或牵引不工作 | 主变流器2 | 若行，按计算机复位键复位TCU2，重新闭合主断，继续机车运行，若故障仍出现，则隔离该轴。用TCU1继续机车运行；返段待修 | 若行，按计算机复位键复位TCU2，重新闭合主断，继续机车运行，若故障仍出现，则隔离该轴。用TCU1继续机车运行；返段待修 | 检测到4轴电机缺相；可能原因：4轴电机缺相 |
| 1555 | A | 4轴主回路接地 | 主变流器2 | 若行，按计算机复位键复位TCU2，重新闭合主断，继续机车运行，若故障仍出现，则隔离该轴。用TCU1继续机车运行；返段待修 | 若行，按计算机复位键复位TCU2，重新闭合主断，继续机车运行，若故障仍出现，则隔离该轴。用TCU1继续机车运行；返段待修 | 检测到4轴主回路存在接地点分主断；可能原因：4轴主回路存在接地点 |
| 1561 | A | TCU2M1元件总 | 主变流器2 | 若行，按计算机复位键复位TCU2，重新闭合主断，继续机车运行，若故障仍出现，则隔离该轴。继续机车运行；返段待修 | 若行，按计算机复位键复位TCU2，重新闭合主断，继续机车运行，若故障仍出现，则隔离该轴。继续机车运行；返段待修 | 4轴逆变器模块总故障，伴随具体的4轴逆变器IGBT元件故障出现；分主断 |
| 1562 | A | TCU2M1A相上管 | 主变流器2 | 若行，按计算机复位键复位TCU2，重新闭合主断，继续机车运行，若故障仍出现，则隔离该轴。继续机车运行；返段待修 | 若行，按计算机复位键复位TCU2，重新闭合主断，继续机车运行，若故障仍出现，则隔离该轴。继续机车运行；返段待修 | 4轴逆变器模块判断到A相上管IGBT元件故障分主断 |
| 1563 | A | TCU2M1A相下管 | 主变流器2 | 若行，按计算机复位键复位TCU2，重新闭合主断，继续机车运行，若故障仍出现，则隔离该轴。继续机车运行；返段待修 | 若行，按计算机复位键复位TCU2，重新闭合主断，继续机车运行，若故障仍出现，则隔离该轴。继续机车运行；返段待修 | 4轴逆变器模块判断到A相下管IGBT元件故障分主断 |
| 1564 | A | TCU2M1B相上管 | 主变流器2 | 若行，按计算机复位键复位TCU2，重新闭合主断，继续机车运行，若故障仍出现，则隔离该轴。继续机车运行；返段待修 | 若行，按计算机复位键复位TCU2，重新闭合主断，继续机车运行，若故障仍出现，则隔离该轴。继续机车运行；返段待修 | 4轴逆变器模块判断到B相上管IGBT元件故障分主断 |
| 1565 | A | TCU2M1B相下管 | 主变流器2 | 若行，按计算机复位键复位TCU2，重新闭合主断，继续机车运行，若故障仍出现，则隔离该轴。继续机车运行；返段待修 | 若行，按计算机复位键复位TCU2，重新闭合主断，继续机车运行，若故障仍出现，则隔离该轴。继续机车运行；返段待修 | 4轴逆变器模块判断到B相下管IGBT元件故障分主断 |
| 1566 | A | TCU2M1C相上管 | 主变流器2 | 若行，按计算机复位键复位TCU2，重新闭合主断，继续机车运行，若故障仍出现，则隔离该轴。继续机车运行；返段待修 | 若行，按计算机复位键复位TCU2，重新闭合主断，继续机车运行，若故障仍出现，则隔离该轴。继续机车运行；返段待修 | 4轴逆变器模块判断到C相上管IGBT元件故障分主断 |
| 1567 | A | TCU2M1C相下管 | 主变流器2 | 若行，按计算机复位键复位TCU2，重新闭合主断，继续机车运行，若故障仍出现，则隔离该轴。继续机车运行；返段待修 | 若行，按计算机复位键复位TCU2，重新闭合主断，继续机车运行，若故障仍出现，则隔离该轴。继续机车运行；返段待修 | 4轴逆变器模块判断到C相下管IGBT元件故障分主断 |

续上表

| 编码 | 类别 | 故障信息 | 故障处所 | v=0 | v>0 | 处理信息 |
|---|---|---|---|---|---|---|
| 1568 | A | TCU2M1 斩波管 | 主变流器 2 | 若行,按计算机复位键复位 TCU2,重新闭合主断,继续机车运行,若故障仍出现,则隔离该轴。继续机车运行;返段待修 | 若行,按计算机复位键复位 TCU2,重新闭合主断,继续机车运行,若故障仍出现,则隔离该轴。继续机车运行;返段待修 | 4 轴逆变器模块判断到斩波管 IGBT 元件故障分主断 |
| 1569 | A | TCU2M2 元件总 | 主变流器 2 | 若行,按计算机复位键复位 TCU2,重新闭合主断,继续机车运行,若故障仍出现,则隔离该轴。继续机车运行;返段待修 | 若行,按计算机复位键复位 TCU2,重新闭合主断,继续机车运行,若故障仍出现,则隔离该轴。继续机车运行;返段待修 | 5 轴逆变器模块总故障,伴随具体的 5 轴逆变器 IGBT 元件故障出现;分主断 |
| 1570 | A | TCU2M2A 相上管 | 主变流器 2 | 若行,按计算机复位键复位 TCU2,重新闭合主断,继续机车运行,若故障仍出现,则隔离该轴。继续机车运行;返段待修 | 若行,按计算机复位键复位 TCU2,重新闭合主断,继续机车运行,若故障仍出现,则隔离该轴。继续机车运行;返段待修 | 5 轴逆变器模块判断到 A 相上管 IGBT 元件故障分主断 |
| 1571 | A | TCU2M2A 相下管 | 主变流器 2 | 若行,按计算机复位键复位 TCU2,重新闭合主断,继续机车运行,若故障仍出现,则隔离该轴。继续机车运行;返段待修 | 若行,按计算机复位键复位 TCU2,重新闭合主断,继续机车运行,若故障仍出现,则隔离该轴。继续机车运行;返段待修 | 5 轴逆变器模块判断到 A 相下管 IGBT 元件故障分主断 |
| 1572 | A | TCU2M2B 相上管 | 主变流器 2 | 若行,按计算机复位键复位 TCU2,重新闭合主断,继续机车运行,若故障仍出现,则隔离该轴。继续机车运行;返段待修 | 若行,按计算机复位键复位 TCU2,重新闭合主断,继续机车运行,若故障仍出现,则隔离该轴。继续机车运行;返段待修 | 5 轴逆变器模块判断到 B 相上管 IGBT 元件故障分主断 |
| 1573 | A | TCU2M2B 相下管 | 主变流器 2 | 若行,按计算机复位键复位 TCU2,重新闭合主断,继续机车运行,若故障仍出现,则隔离该轴。继续机车运行;返段待修 | 若行,按计算机复位键复位 TCU2,重新闭合主断,继续机车运行,若故障仍出现,则隔离该轴。继续机车运行;返段待修 | 5 轴逆变器模块判断到 B 相下管 IGBT 元件故障分主断 |
| 1574 | A | TCU2M2C 相上管 | 主变流器 2 | 若行,按计算机复位键复位 TCU2,重新闭合主断,继续机车运行,若故障仍出现,则隔离该轴。继续机车运行;返段待修 | 若行,按计算机复位键复位 TCU2,重新闭合主断,继续机车运行,若故障仍出现,则隔离该轴。继续机车运行;返段待修 | 5 轴逆变器模块判断到 C 相上管 IGBT 元件故障分主断 |
| 1575 | A | TCU2M2C 相下管 | 主变流器 2 | 若行,按计算机复位键复位 TCU2,重新闭合主断,继续机车运行,若故障仍出现,则隔离该轴。继续机车运行;返段待修 | 若行,按计算机复位键复位 TCU2,重新闭合主断,继续机车运行,若故障仍出现,则隔离该轴。继续机车运行;返段待修 | 5 轴逆变器模块判断到 C 相下管 IGBT 元件故障分主断 |
| 1576 | A | TCU2M2 斩波管 | 主变流器 2 | 若行,按计算机复位键复位 TCU2,重新闭合主断,继续机车运行,若故障仍出现,则隔离该轴。继续机车运行;返段待修 | 若行,按计算机复位键复位 TCU2,重新闭合主断,继续机车运行,若故障仍出现,则隔离该轴。继续机车运行;返段待修 | 5 轴逆变器模块判断到斩波管 IGBT 元件故障分主断 |

续上表

| 编码 | 类别 | 故障信息 | 故障处所 | $v=0$ | $v>0$ | 处理信息 |
|---|---|---|---|---|---|---|
| 1577 | A | TCU2M3 元件总 | 主变流器 2 | 若行，按计算机复位键复位 TCU2，重新闭合主断，继续机车运行，若故障仍出现，则隔离该轴。继续机车运行；返段待修 | 若行，按计算机复位键复位 TCU2，重新闭合主断，继续机车运行，若故障仍出现，则隔离该轴。继续机车运行；返段待修 | 6 轴逆变器模块总故障，伴随具体的 6 轴逆变器 IGBT 元件故障出现；分主断 |
| 1578 | A | TCU2M3A 相上管 | 主变流器 2 | 若行，按计算机复位键复位 TCU2，重新闭合主断，继续机车运行，若故障仍出现，则隔离该轴。继续机车运行；返段待修 | 若行，按计算机复位键复位 TCU2，重新闭合主断，继续机车运行，若故障仍出现，则隔离该轴。继续机车运行；返段待修 | 6 轴逆变器模块判断到 A 相上管 IGBT 元件故障分主断 |
| 1579 | A | TCU2M3A 相下管 | 主变流器 2 | 若行，按计算机复位键复位 TCU2，重新闭合主断，继续机车运行，若故障仍出现，则隔离该轴。继续机车运行；返段待修 | 若行，按计算机复位键复位 TCU2，重新闭合主断，继续机车运行，若故障仍出现，则隔离该轴。继续机车运行；返段待修 | 6 轴逆变器模块判断到 A 相下管 IGBT 元件故障分主断 |
| 1580 | A | TCU2M3B 相上管 | 主变流器 2 | 若行，按计算机复位键复位 TCU2，重新闭合主断，继续机车运行，若故障仍出现，则隔离该轴。继续机车运行；返段待修 | 若行，按计算机复位键复位 TCU2，重新闭合主断，继续机车运行，若故障仍出现，则隔离该轴。继续机车运行；返段待修 | 6 轴逆变器模块判断到 B 相上管 IGBT 元件故障分主断 |
| 1581 | A | TCU2M3B 相下管 | 主变流器 2 | 若行，按计算机复位键复位 TCU2，重新闭合主断，继续机车运行，若故障仍出现，则隔离该轴。继续机车运行；返段待修 | 若行，按计算机复位键复位 TCU2，重新闭合主断，继续机车运行，若故障仍出现，则隔离该轴。继续机车运行；返段待修 | 6 轴逆变器模块判断到 B 相下管 IGBT 元件故障分主断 |
| 1582 | A | TCU2M3C 相上管 | 主变流器 2 | 若行，按计算机复位键复位 TCU2，重新闭合主断，继续机车运行，若故障仍出现，则隔离该轴。继续机车运行；返段待修 | 若行，按计算机复位键复位 TCU2，重新闭合主断，继续机车运行，若故障仍出现，则隔离该轴。继续机车运行；返段待修 | 6 轴逆变器模块判断到 C 相上管 IGBT 元件故障分主断 |
| 1583 | A | TCU2M3C 相下管 | 主变流器 2 | 若行，按计算机复位键复位 TCU2，重新闭合主断，继续机车运行，若故障仍出现，则隔离该轴。继续机车运行；返段待修 | 若行，按计算机复位键复位 TCU2，重新闭合主断，继续机车运行，若故障仍出现，则隔离该轴。继续机车运行；返段待修 | 6 轴逆变器模块判断到 C 相下管 IGBT 元件故障分主断 |
| 1584 | A | TCU2M3 斩波管 | 主变流器 2 | 若行，按计算机复位键复位 TCU2，重新闭合主断，继续机车运行，若故障仍出现，则隔离该轴。继续机车运行；返段待修 | 若行，按计算机复位键复位 TCU2，重新闭合主断，继续机车运行，若故障仍出现，则隔离该轴。继续机车运行；返段待修 | 6 轴逆变器模块判断到斩波管 IGBT 元件故障分主断 |
| 1585 | B | 6 轴逆变过流 | 主变流器 2 | 前 3 次故障自动清除，超过 3 次后按计算机复位键复位 TCU2。若手动复位后，故障仍出现，则隔离该轴，返段待修 | 前 3 次故障自动清除，超过 3 次后按计算机复位键复位 TCU2。若手动复位后，故障仍出现，则隔离该轴，返段待修 | 电机 6 逆变输出电流超过一定值封锁该轴的牵引逆变器脉冲 |

续上表

| 编码 | 类别 | 故障信息 | 故障处所 | v=0 | v>0 | 处理信息 |
| --- | --- | --- | --- | --- | --- | --- |
| 1586 | B | 6 轴斩波过流 | 主变流器 2 | 若行，按计算机复位键复位 TCU2，继续机车运行；若故障仍出现，则不需处理，返段待修 | 若行，按计算机复位键复位 TCU2，继续机车运行；若故障仍出现，则不需处理，返段待修 | 6 轴斩波电流超过一定值；封锁该轴的斩波脉冲。可能原因：该轴斩波电阻值变化 |
| 1587 | B | 5 轴逆变过流 | 主变流器 2 | 前 3 次故障自动清除，超过 3 次后按计算机复位键复位 TCU2。若手动复位后，故障仍出现，则隔离该轴，返段待修 | 前 3 次故障自动清除，超过 3 次后按计算机复位键复位 TCU2。若手动复位后，故障仍出现，则隔离该轴，返段待修 | 电机 5 逆变输出电流超过一定值封锁该轴的牵引逆变器脉冲 |
| 1588 | B | 5 轴斩波过流 | 主变流器 2 | 若行，按计算机复位键复位 TCU2，继续机车运行；若故障仍出现，则不需处理，返段待修 | 若行，按计算机复位键复位 TCU2，继续机车运行；若故障仍出现，则不需处理，返段待修 | 5 轴斩波电流超过一定值；封锁该轴的斩波脉冲。可能原因：该轴斩波电阻值变化 |
| 1589 | B | 4 轴逆变过流 | 主变流器 2 | 前 3 次故障自动清除，超过 3 次后按计算机复位键复位 TCU2。若手动复位后，故障仍出现，则隔离该轴，返段待修 | 前 3 次故障自动清除，超过 3 次后按计算机复位键复位 TCU2。若手动复位后，故障仍出现，则隔离该轴，返段待修 | 电机 4 逆变输出电流超过一定值封锁该轴的牵引逆变器脉冲 |
| 1590 | B | 4 轴斩波过流 | 主变流器 2 | 若行，按计算机复位键复位 TCU2，继续机车运行；若故障仍出现，则不需处理，返段待修 | 若行，按计算机复位键复位 TCU2，继续机车运行；若故障仍出现，则不需处理，返段待修 | 4 轴斩波电流超过一定值；封锁该轴的斩波脉冲。可能原因：该轴斩波电阻值变化 |
| 1591 | B | PS1 水压过低报警 | 主变流器 2 | 变流器水压力过低，无需处理，机车返回待修 | 变流器水压力过低，无需处理，机车返回待修 | |
| 1605 | B | D6 温度过高保护 | 主变流器 2 | 若行，继续机车运行，监视该电机温度，若温度继续上升，则隔离该电机；返段待修 | 若行，继续机车运行，监视该电机温度，若温度继续上升，则隔离该电机；返段待修 | 检测到电机 6 温度超过一定值；该轴的电机功率降为 0 |
| 1606 | B | D5 温度过高保护 | 主变流器 2 | 若行，继续机车运行，监视该电机温度，若温度继续上升，则隔离该电机；返段待修 | 若行，继续机车运行，监视该电机温度，若温度继续上升，则隔离该电机；返段待修 | 检测到电机 5 温度超过一定值；该轴的电机功率降为 0 |
| 1607 | B | D4 温度过高保护 | 主变流器 2 | 若行，继续机车运行，监视该电机温度，若温度继续上升，则隔离该电机；返段待修 | 若行，继续机车运行，监视该电机温度，若温度继续上升，则隔离该电机；返段待修 | 检测到电机 4 温度超过一定值；该轴的电机功率降为 0 |
| 1608 | A | 变流器 2 空气温度传感器 | 温度传感器 | 若行，继续机车运行，待温度传感器恢复后可自动恢复，返段待修 | 若行，继续机车运行，待温度传感器恢复后可自动恢复，返段待修 | 检查变流器空气温度传感器 |
| 1609 | A | 5 轴速度传感器 V2 | 主变流器 1 | 若行，继续机车运行，返段待修 | 若行，继续机车运行，返段待修 | 检测 5 轴速度传感器故障 |
| 1610 | A | 4 轴速度传感器 V3 | 主变流器 1 | 若行，继续机车运行，返段待修 | 若行，继续机车运行，返段待修 | 检测 4 轴速度传感器故障 |
| 1612 | A | 电机 6 温度传感器 | 温度传感器 | 若行，继续机车运行，监视该电机温度，若温度继续上升，则隔离该电机；返段待修 | 若行，继续机车运行，监视该电机温度，若温度继续上升，则隔离该电机；返段待修 | 检查电机 6 温度传感器 |

续上表

| 编码 | 类别 | 故障信息 | 故障处所 | $v=0$ | $v>0$ | 处理信息 |
|---|---|---|---|---|---|---|
| 1613 | A | TCU2LCC 生命信号中断 | 主变流器 2 | 若行，将 TCU2 重新上电复位，继续机车运行；若故障仍出现，则隔离该架，返段待修 | 若行，将 TCU2 重新上电复位，继续机车运行；若故障仍出现，则隔离该架，返段待修 | LCC 的生命信号中断；可能原因：TCU2 插件硬件故障 |
| 1622 | A | 电机 5 温度传感器 | 温度传感器 | 若行，继续机车运行，监视该电机温度；若温度继续上升，则隔离该电机；返段待修 | 若行，继续机车运行，待温度传感器恢复后可自动恢复，返段待修 | 检查电机 5 温度传感器 |
| 1623 | A | 电机 4 温度传感器故障 | 温度传感器 | 若行，继续机车运行，监视该电机温度；若温度继续上升，则隔离该电机；返段待修 | 若行，继续机车运行，待温度传感器恢复后可自动恢复，返段待修 | 检查电机 4 温度传感器 |
| 1625 | B | 6 轴模块过热 | 主变流器 2 | 无需处理，继续机车运行，返段待修 | 无需处理，继续机车运行，返段待修 | 6 轴模块过热开关动作该轴的电机转矩减半(50%)运行 |
| 1626 | B | 5 轴模块过热 | 主变流器 2 | 无需处理，继续机车运行，返段待修 | 无需处理，继续机车运行，返段待修 | 5 轴模块过热开关动作该轴的电机转矩减半(50%)运行 |
| 1627 | B | 4 轴模块过热 | 主变流器 2 | 无需处理，继续机车运行，返段待修 | 无需处理，继续机车运行，返段待修 | 4 轴模块过热开关动作该轴的电机转矩减半(50%)运行 |

## 思　考　题

1. HXD1C 型电力机车运行中主断接触器卡分如何处理？
2. HXD1C 型电力机车总线通信故障如何处理？
3. HXD1C 型电力机车辅助变流器(ACU1)输入过流如何处理？

## 第三节　机车制动系统应急故障处置

HXD1C 型电力机车制动系统应急故障处理也属机车制动系统计算机故障诊断和处理信息，为了便于该型电力机车运用者了解，本节将该型机车在运用中可能发生的制动系统电子/电气设备及机械类运用故障列于表 9-12～表 9-15 中，其中表 9-13、表 9-14 中将可能发生的故障分类别叙述。同时将具体机车制动系统运用故障分为七项列述于表中，即故障编码(机车计算机储存编码)、故障类别(故障难点程度)、类别(故障发生处所)、机车静态($v=0$)、机车运行——动态($v>0$)、处理信息(机车运用中可能发生故障的处理方法)；并将该类故障归纳为七类，列表于表 9-13～表 9-16 中，其中故障分类情况(本节表中类别定义)：A 类故障需司机或维护人员高度重视并及时处理的故障，处理不及时可能造成机车无法正常运行；B 类故障需司机或维护人员注意，处理不及时会影响机车部分功能的运用并可能升级为 A 类故障；C 类故障为轻微故障，不影响机车正常运用，因此在本节表内未列出。

## 一、机车运用中 CCBⅡ型电—空制动系统故障处理

表 9-12 中是与电子空气制动(EAB)操作有关的机车运用故障,并为每项故障列出了检查处理步骤。

表 9-12 CCBⅡ型电—空制动机故障判断处理方法

| 故 障 | 故障判断处理步骤 |
| --- | --- |
| 空气制动故障代码被显示在机车显示屏上 | 司乘人员信息故障显示器将包括一个三位故障代码。 |
| 系统不自检 | 司乘人员信息故障显示器包括一个四位故障代码。记下这个四位故障代码并参阅下文改正措施 |
| 动力切除开关(PCS)不能清除或不能缓解制动 | ①放置自动制动手柄在抑制(SUP)位,并等待处罚清除。若处罚来源仍存在 Penalty Source Still Present)信息出现,将有必要复位处罚来源。处罚被复位后,移动自动制动手柄到运行(RUN)位。检查看 ER 和 EP 两个压力是否都提高。若 ER 提高而 BP 不提高,见故障"不能给制动管充风"。若 ER 和 BP 确实提高,或者若二者都不提高,见步骤②。<br>②保证主手柄在"Isolate"位而换向器手柄在中间位。放置自动制动手柄在 Over Reduction (OVR)并监测诊断追踪信息。给集成微处理器模块(IPM)加动力周期。检查看在 IPM 上电过程中"PCS Negated"信息出现。若在"PCS Negated"出现追踪信息,但是机车 PCS 灯仍亮着,更换 IPM。若还存在,更换继电器接口模块(RIM)并从 IPM 经 RIM 到机车 PCS 检查接线的连续性。若"PCS Negated"没有出现在追踪信息,一个"紧急"或"处"来源是活动的,必须被清除 |
| 不能给制动管充风 | ①保证机车设置是"牵引机车接入"。移动自动制动手柄到运转位(RUN)。保证 ER 充风到缓解设置(60～110 kPa)。若 ER 不充风,见故障"动力切除(PCS)没有清除"。<br>②隔离机车(关闭端角塞门)并重复步骤①。若 BP 现在充风但以前不充风,检查列车泄漏或没有连接。<br>③至少 10 次"急剧地" 放置电子制动阀(EBV)自动制动手柄到或移出"EMER"位。复位紧急制动,并移动自动制动手柄到运转位(RUN)。若 BP 压力升高,问题是 EBV 上 21 放风阀卡住。<br>④若 BP 部分向 ER 升高,但是达不到 ER(在 EPCU 听到空气吹),更换 BPCP(可能继电器过脏)。若 BP 根本不提高,更换 IPM(可能是二进制输出故障) |
| 在机车上自动制动不能被单独缓解 | 运行 CCBⅡ自检。若自检通过,更换 EBV(可能是单独缓解开关/总线故障)。若自检未通过,参阅下文故障代码改正措施 |
| 当有电阻制动时,自动制动不能单独缓解 | 把机车放在电阻制动位置 1,并保证在 DBI 阀接线盒在 BC 部分有电压。测量空气制动接线盒端子 47 和 48 (电缓解)的电压。若没有电压,问题不在空气制动系统。若有电压,更换 BC 部分(可能是 DBI 电磁阀故障) |
| 不能建立制动缸压力 | ①保证机车被设置到"牵引机车接入"。保证转向架制动缸是接入的(角塞门)。<br>②用自动制动手柄进行制动作用。注意制动管压力降低。<br>③在制动缸控制部分(BCCP)检查空气吹动,若没有听到泄漏,从 EPCU 总管到转向架制动缸检查机车管路的完整性 |
| 不能进入空气制动远程对话(自检、标定、事件记录等) | 保证主手柄位于"Isolate"(隔离) |

注:表内"处罚"是指非司机控制列车制动或机车制动障碍。

## 二、机车运行中制动系统应急故障处理

该类故障主要发生在机车运行中的机车制动系统的主压缩机电机电路接触器卡/合性机

械故障,惩罚制动、紧急制动不能施加,机车运行中发生停放制动与制动不能施加,警惕装置发生隔离,BCU发生封锁,总压力实施封锁等类电子/电气设备与机械故障,其故障处理信息见表9-13。

**表9-13　机车运行中制动系统应急故障处理**

| 编码 | 类别 | 故障信息 | 故障处所 | $v=0$ | $v>0$ | 处理信息 |
|---|---|---|---|---|---|---|
| 1003 | A | 主压缩机1接触器卡合 | 接触器 | 断/合辅助控制电源自动开关=31-F113,等待直到辅助回路接触器自检完成(大约20 s)。接触器闭合故障,则可使用主压缩机2继续运行,待返段修 | 接触器闭合故障,则可使用主压缩机2继续运行,待返段修 | 主压缩机1接触器=34-K23故障:将压缩机开关置于"强泵"位,观察压缩机1接触器状态;机车退出运行后处理 |
| 1004 | B | 主压缩机1接触器卡分 | 接触器 | 断/合辅助控制电源自动开关=31-F113,等待直到辅助回路接触器自检完成(大约20 s)。接触器断开故障,则断开主压缩机1的三相保护开关34-Q23,使用主压缩机2继续运行,待返段修 | 若是接触器断开故障,则可断开主压缩机1的三相保护开关34-Q23,使用主压缩机2继续运行,待返段修 | 主压缩机1接触器=34-K23故障。(1)将压缩机开关置于"强泵"位,观察压缩机1接触器状态;(2)机车卸载后再作处理 |
| 1006 | A | 主压缩机2接触器卡合 | 接触器 | 断/合辅助控制电源自动开关=31-F113,等待直到辅助回路接触器自检完成(大约20 s)。接触器闭合故障,则可使用主压缩机1继续运行,待返段修 | 接触器闭合故障,则可使用主压缩机1继续运行,待返段修 | 主压缩机1接触器=34-K24故障。(1)将压缩机开关置于"强泵"位,观察压缩机2接触器状态;(2)机车卸载后再作处理 |
| 1007 | B | 主压缩机2接触器卡分 | 接触器 | 断/合辅助控制电源自动开关=31-F113,等待直到辅助回路接触器自检完成(大约20 s)。接触器断开故障,则断开主压缩机1的三相保护开关34-Q24,使用主压缩机1继续运行,返段待修 | 若是接触器断开故障,则可断开主压缩机1的三相保护开关34-Q24,使用主压缩机1继续运行,待返段修 | 主压缩机1接触器=34-K24故障。(1)将压缩机开关置于"强泵"位,观察压缩机1接触器状态;(2)机车卸载后再作处理 |
| 1009 | B | 惩罚制动不能施加 | 制动系统 | 牵引失效,将主司控器手柄回零复位。当惩罚制动源解除,复位惩罚制动:将自动制动手柄置抑制位持续1 s将自动制动手柄置运转位,注意其他条件全部满足,惩罚不重启。继续运行,返段待修 | 牵引失效,将主司控器手柄回零复位。当惩罚制动源解除,复位惩罚制动:将自动制动手柄置抑制位持续1 s将自动制动手柄置运转位,注意其他条件全部满足,惩罚不重启。继续运行,返段待修 | CCU请求惩罚制动,但BCU5S内没执行惩罚制动,此时若司机在2 s内,没有连续按下警惕装置按钮2次,10 s后CCU将触发紧急制动。可能原因:CCU与BCU之间无MVB通信;SKS3与BCU之间配线故障;BCU故障 |
| 1010 | A | DBI阀 | 制动系统 | 断/合受电弓和主断的自动开关=21-F114,重启DBI测试。若故障消失则继续运行。若该故障多次出现,则优先使用空气制动。继续运行,返段待修 | 继续运行。若该故障多次出现,请优先使用空气制动,待返段修 | 电制动力实际值低于最小允许实际值。注意:最小允许实际值=电制动设定值-偏差 |

续上表

| 编码 | 类别 | 故障信息 | 故障处所 | $v=0$ | $v>0$ | 处理信息 |
|---|---|---|---|---|---|---|
| 1011 | B | 紧急制动不能施加 | 制动 | 措施：重新断/合自动开关＝24-F107 | 措施：重新断/合自动开关＝24-F107 | 检查紧急制动阀门 |
| 1012 | B | 运行中停放制动施加 | 制动 | 措施：重新断/合自动开关＝24-F107 | 措施：重新断/合自动开关＝24-F107 | 检查紧急制动阀门 |
| 1013 | B | 停放制动不能施加 | 制动 | 措施：重新断/合自动开关＝24-F107 | 措施：重新断/合自动开关＝24-F107 | 检查紧急制动阀门 |
| 1014 | B | 停放制动不能缓解 | 制动 | 措施：请重新断/合自动开关＝24-F107 | 措施：请重新断/合自动开关＝24-F107 | 检查紧急制动阀门 |
| 1016 | B | 警惕装置隔离 | 警惕装置或其开关 | 措施：重新闭合警惕装置开关或检查是否故障 | | 检查警惕装置 |
| 1873 | A | 制动机 | 制动系统 | 制动系统故障 | | |
| 1874 | A | BCU 牵引封锁 | 制动系统 | 制动系统封锁牵引 | | |
| 1875 | A | 监控系统牵引封锁 | 监控系统 | 监控系统发出牵引封锁指令，列车停车缓解 | | |
| 1876 | A | 总风压力牵引封锁 | 总风缸 | 总风缸压力过低，列车牵引封锁，压缩机控制开关置于自动或强泵位 | | |
| 1889 | A | 制动机 | 制动系统 | 制动系统故障 | | |
| 1890 | A | BCU 牵引封锁 | 制动系统 | 制动系统封锁牵引 | | |
| 1891 | A | 监控系统牵引封锁 | 监控系统 | 监控系统发出牵引封锁指令，列车停车缓解 | | |
| 1892 | A | 总风压力牵引封锁 | 总风缸 | 总风缸压力过低，列车牵引封锁，压缩机控制开关置于自动或强泵位 | | |
| 1893 | B | CMD 系统电源自动开关断开 | 开关 | 若可以，重新闭合 CMD 系统电源自动开关，返段待修 | 若可以，请重新闭合 CMD 系统电源自动开关，返段待修 | |
| 1922 | A | CCU 紧急制动请求 | 制动系统 | 制动系统施加紧急制动，停车缓解紧急制动 | | |
| 1923 | A | BCU 紧急制动请求 | 制动系统 | 制动系统施加紧急制动，停车缓解紧急制动 | | |

## 三、CCB Ⅱ 制动系统故障诊断与处理

该类故障主要发生在机车运行中的机车制动系统通信接口接触不良，传感器故障，输入/输出反馈信号不到位及各类电磁阀失电后关闭各类电子/电气设备与机械故障，该类故障在制动屏上通过人—机界面均有屏显提示，其故障诊断与处理见表 9-14。

**表 9-14 CCBⅡ制动系统故障诊断与处理**

| DC代码 | 事件报文 | 代码描述 | 反应 | 可能的原因 | 所属的设备和信号 | 故障排除方法 |
|---|---|---|---|---|---|---|
| 630 | BCU 故障代码 001，ERCN 故障 | ERCN Fault ERCN 故障 | ERCP 不能控制均衡风缸的压力 | EBVCN 生命信号丢失 6 s | ERCP in EPCU | 确保 EBV 的插头和 PSJB 的 J100 插头之间的 LON 总线连接可靠。复位 AB 断路器 |
| 631 | 故障代码 002，ERCP AW4 故障 | ERCP AW4 故障 | ERCP 不能控制均衡风缸的压力。 | 均衡风缸的容积大于 825 kPa，或者 10 s 内压力变化不在 −35～+35 kPa 范围内 | ERCP in EPCU | ERCP，均衡风缸模块进行自检测试。若通过，复位 AB 断路器以清除备份模式。若没有通过自检，更换 ERCP |
| 632 | BBCU 故障代码 003，ERT 故障 | ERT Fault ERT 故障 | ERCP 不能控制均衡风缸的压力 | 传感器输出电压＞4.5 V 或者＜0.5 V | ERCP in EPCU | 复位 AB 断路器。若仍然出现故障，更换 ERCP |
| 633 | BCU 故障代码 004，MRT 故障 | MRT Fault MRT 故障 | CCBⅡ不能通过在 ERCP 里面的传感器读出主风缸的压力 | 传感器输出电压＞4.5 V 或者＜0.5 V，或者 IPM 探测到传感器停止传输信号达到 15 s | ERCP in EPCU | AB 电路断路器复位。ERCP 若仍然出现故障，更换 ERCP |
| 634 | BCU 故障代码 006，MVER 故障 | MVER 失电关闭 | ERCP 不能准确的控制均衡风缸 | 输出反馈显示 MVER 已经断开 | ERCP in EPCU | 更换 ERCP |
| 635 | BCU 故障代码 008，MRT2 故障 | MRT 故障 2（MRT-备份） | CCBⅡ不能读出主风缸的压力值 | 传感器输出电压＞4.5 V 或者＜0.5 V，或者 IPM 探测到传感器停止传输信号达到 15 s | BPCP in EPCU | 在下次库检时更换 BPCP |
| 636 | BCU 故障代码 009，FLT 故障 | FLT Fault FLT 故障 | CCBⅡ不能准确的读取 FLT 的压力 | T 传感器输出电压＞4.5 V 或者＜0.5 V | BPCP in EPCU | 在下次库检时更换 BPCP |
| 637 | BCU 故障代码 010，BPT 故障 | BPT Fault BPT 故障 | CCBⅡ不能通过装在 BPCP 里的传感器读出主风缸的压力 | 传感器输出电压＞4.5 V 或者＜0.5 V，或者 IPM 探测到传感器停止传输信号达到 15 s | BPCP in EPCU | 若在复位 AB 断路器以后仍然出现故障，可在下次库检时更换 BPCP |
| 638 | t BCU 故障代码 014，MV-53 故障 | MMV53 失电打开 | LBP 对制动管的控制丢失 | L 连续性的丢失 | BPCP in EPCU | 关闭 ABCB，在补机模式下使用空气备用。Replace BPCP. 更换 BPCP |
| 639 | BCU 故障代码 016，BPCN 故障 | BPCN 故障（BP 管丢失） | BP 对制动管的控制丢失 | BPCN 生命信号丢失 4 s | BPCP in EPCU | BPCP. 复位 AB 断路器。检查 BP 控制节点处的黄色指示灯，若稳定的亮着，重新输入程序或者更换 BPCP。若在重启电源之后亮着红灯，更换 BPCP |
| 640 | BCU 故障代码 018，MVEM 故障 | MVEM 失电关闭 | 产生紧急事件的备份方式无法使用 | 输出反馈显示 MVEM 失电 | BPCP in EPCU | 更换 BPCP |
| 641 | S Fault BCU 故障代码 026，MV13S 故障 | MV13S 失电关闭 | 丧失对紧急快缓和备用快缓功能 | 输出反馈显示 MV13S 失电 | 13CP in EPCU | 更换 13CP |

续上表

| DC代码 | 事件报文 | 代码描述 | 反应 | 可能的原因 | 所属的设备和信号 | 故障排除方法 |
|---|---|---|---|---|---|---|
| 642 | 故障代码031，13CN故障 | 113CN故障 | CCBⅡ对13号管和均衡风缸备份控制的丢失 | 13CN生命信号丢失达到10 s | 13CP in EPCU | 3CP. 在采购之前可以作为本务车和补机使用。紧急快缓和备用快缓丢失。更换13CP。检查13控制节点处的黄灯。若黄灯稳定的发亮，重新输入程序或者更换LRU。若重启电源之后红灯一直亮着，可更换13CP |
| 643 | BCU故障代码033，ERBU故障 | MVERBU失电关闭 | CCBⅡ对均衡风缸管控制丢失 | 输出反馈显示MVERBU失电 | 13CP or 16CP | 在采购之前可以在备用模式下作为本务车使用。若在重启电源之后仍然出现故障，可更换16CP和13CP。若更换之后还出现故障报错，检查LON总线 |
| 644 | BCU故障代码036，16CP故障 | 16CP AW4故障. AW4-16故障) | 16CP不能正常的工作 | 16＞690 kPa或者10 s内的压力变化不在－35～＋35 kPa范围内 | 16CP in EPCU | 运行16自检。若自检通过，让复位AB断路器以清除备份模式。若自检没有通过，更换16CP |
| 645 | BCU故障代码037，16T故障 | 116T故障 | 16CP不能正确的控制16号管 | 传感器输出电压＞4.5 V或者＜0.5 V，或者IPM探测到传感器停止传输信号达到15 s | 16CP in EPCU | 在采购之前可以在备用模式下作为本务车使用。更换16CP |
| 646 | BCU故障代码039，MV16故障 | MPV16失电关闭 | 16CP不能正确的控制16号管 | 输出反馈显示MPV16失电 | 16CP in EPCU | 更换16CP |
| 647 | BCU故障代码048，BPT故障 | BPT故障2 | 16CP不能正确的控制16号管 | 传感器输出电压＞4.5 V或者＜0.5 V，或者IPM探测到传感器停止传输信号达到15 s | 16CP in EPCU | 若重启电源以后还有故障报错，可更换16CP |
| 648 | BCU故障代码049，BCT故障 | BCT故障 | 16CP不能正确的控制16号管 | 传感器输出电压＞4.5 V或者＜0.5 V | 16CP in EPCU | 机车驾驶员可以在不用列车管的情况下启动机车的备用模式。推荐在采购之前可以在补机模式下使用。Replace 16CP. 更换16CP |
| 649 | BCU故障代码052，16CN故障 | 16CN故障 | 16CP不能正确的控制16号管 | 16CN生命信号丢失达到4 s | 16CP in EPCU | 机车驾驶员可以在不用列车管的情况下启动机车的备用模式。推荐在采购之前可以在补机模式下使用保证16CP插座的LON总线连接可靠。复位AB断路器。若在重启电源以后红灯还亮着，可更换16CP |

续上表

| DC代码 | 事件报文 | 代码描述 | 反应 | 可能的原因 | 所属的设备和信号 | 故障排除方法 |
|---|---|---|---|---|---|---|
| 650 | BCU 故障代码 055，20CP 故障 | 20CP AW4 故障 | 20CP 不能正确的控制 20 号管 | 10 s 内的压力变化不在－35～＋35 kPa 范围内 | 20CP in EPCU | 运行 20 s 自检。若自检通过，复位 AB 断路器以清除备份模式。若自检没有通过，设置成补机。在采购时更换 20CP |
| 651 | BCU 故障代码 056，20TT 故障 | 20T 故障 | 20CP 不能正确的控制 20 号管 | 传感器输出电压＞4.5 V 或者＜0.5 V | 20CP in EPCU | I 只有 BC 管压力稍微减小。更换 20CP |
| 652 | BCU 故障代码 058，MVLT 故障 | MVLT 失电关闭 | 20CP 不能正确的控制 20 号管 | 输出反馈显示 MVLT 失电 | 20CP in EPCU | 设置成补机模式。采购时更换 20CP |
| 653 | BCU 故障代码 062，20CN 故障 | 20CN Fault 20CN 故障 | 20CP 不能正确的控制 20 号管 | 20CN 生命信号丢失达到 4 s | 20CP in EPCU | 保证 20CP 插座 LON 总线接线可靠。复位 AB 断路器。若仍然出现故障，关闭 ABCB，使用补机模式下的气动备用 |
| 654 | BCU 故障代码 075，Auto POT 故障 | 自动手柄打开 | 自动手柄不能正确的工作 | 电位计输出电压小雨最小输出值 | EBV | EBV 设置成补机。更换 EBV |
| 655 | BCU 故障代码 076，Ind POT 故障 | 手柄打开 | 手柄不能正确的工作 | 电位计输出电压小雨最小输出值 | EBV | 设置成补机。更换 EBV |
| 656 | BCU 故障代码 080，EBV BO1 故障 | EBV B01 故障 | 快缓功能故障 | EBV 节点一直有输入信号 B01 | EBV | EBV 设置成补机。更换 EBV |
| 657 | BCU 故障代码 085，EBV CN 故障 | EBVCN 故障 | EBV 不起作用 | EBVCN 生命信号丢失达到 6 s | EBV | 确保 EBV 的插头和 PSJB 的 J100 插头之间的 LON 总线连接可靠。复位 AB 断路器 |
| 658 | BCU 故障代码 090，IPM CN 故障 | IPMCN 故障 | IPM 和 EPCU 之间的通信失败 | L 所有的 LON 报文丢失 1.5 s | IIPM 或者相关的电缆 | 重启 EPCU 的电源(ABCB)，以及 IPM 电源(包括 LEB，DP，或者 MTB 电路断路器)。检查 IPM 与 RIM 和 PSJB 之间的电缆，若以上没有问题可考虑更换 IPM |

续上表

| DC代码 | 事件报文 | 代码描述 | 反应 | 可能的原因 | 所属的设备和信号 | 故障排除方法 |
|---|---|---|---|---|---|---|
| 659 | BCU 故障代码 098，BPT/BPT2 故障 | BPT 和 BPT2 故障 | BP 对制动管的控制丢失 | BPT 和 BPT 备份已经失败 | BPCP or 16CP | 重启 EPCU 的电源(ABCB)，以及 IPM 电源(包括 LEB，DP，或者 MTB 电路断路器)。若还出现故障报错，关闭 ABCB，启用补机模式下的气动备用。检查控制节点处的黄灯，若黄灯一直在亮着，重编程序或者更换受其影响的 LRU。检查 LON 总线连接。若必要的话更换 BPCP 和 16CP |
| 660 | BCU 故障代码 099，20 LT 故障 | 220TL 故障 | 20CP 不能正确的控制 20 号管 | 传感器输出电压>4.5 V 或者<0.5 V | 20CP in EPCU | 复位 AB 电路断路器。关闭 ABCB，设为补机模式。若故障仍然存在，采购时更换 20CP |
| 661 | BCU 故障代码 100，ER BU 故障 | ER 备份故障 | CCBⅡ对均衡风缸控制的丢失 | ER 备份，以及另外 036、037 和 052 故障 | 16CP in EPCU | 设置 AB 为补机，遵循特殊故障的处理步骤 |

## 四、法维莱制动系统故障

该型制动机发生在机车运行中的故障与 CCBⅡ电空制动机类似，主要为通信接口接触不良，传感器故障，输入/输出反馈信号不到位及各类电磁阀短路与其他等类电子/电气设备与机械故障，该类故障在制动屏上通过人—机界面均有屏显提示，其故障表现见表 9-15。

**表 9-15 机车运用中法维莱制动系统故障表现**

| 序号 | 描述 | MVB 名称 | 类型 |
|---|---|---|---|
| 01 | BCU 启动故障 | DA_01BCUF | 83 |
| 02 | 总风压力传感器 CA1(PRN)CPF 故障 | DA_02CA1CP | 84 |
| 03 | 总风压力传感器 CA2(PRN)CPF 故障 | DA_03CA2CP | 84 |
| 04 | 均衡压力传感器 CA(PRN)RE 故障 | DA_04CARE | 84 |
| 05 | 列车管压力传感器 CA(PRN)CG 故障 | DA_05CACG | 84 |
| 06 | 列车管压力传感器 CA1(PRN)CG 故障 | DA_06CA1RE | 84 |
| 07 | 均衡压力传感器 CA1(PRN)RE 故障 | DA_07CA1CG | 84 |
| 08 | 所有列车管压力传感器故障 | DA_08BPALL | 83 |
| 09 | 平均管压力传感器 CA1(PRN)EQ 故障 | DA_09CAEQ1 | 87 |
| 10 | 平均管压力传感器 CA2(PRN)EQ 故障 | DA_10CAEQ2 | 87 |
| 11 | 制动缸压力传感器 CA1(PRN)CF1 故障 | DA_11CACF1 | 87 |
| 12 | 制动缸压力传感器 CA1(PRN)CF2 故障 | DA_12CACF2 | 87 |
| 13 | 小闸压力传感器 CA(PRN)FD 故障 | DA_13CAFD | 84 |

续上表

| 序号 | 描述 | MVB名称 | 类型 |
|---|---|---|---|
| 14 | 停放压力传感器CA(PRN)FS故障 | DA_14CAFS | 84 |
| 15 | 流量计CA(PRN)DEB故障 | DA_15CADEB | tbd |
| 16 | 总风压力传感器CA1(PRN)MPJ故障 | DA_16CA1MPJ | tbd |
| 17 | 总风压力传感器CA2(PRN)MPJ故障 | DA_17CA2MPJ | tbd |
| 18 | 电磁阀VE-BO短路 | DA_18BOCC | |
| 19 | 电磁阀VE-BO开路 | DA_19BOCO | |
| 20 | 电磁阀VE1(DG)短路 | DA_20DGCC | 84 |
| 21 | 电磁阀VE1(DG)开路 | DA_21DGCO | 84 |
| 22 | 电磁阀VE2(DG)短路 | DA_22DG2C | 84 |
| 23 | 电磁阀VE2(DG)开路 | DA_23DG2O | 84 |
| 24 | 电磁阀VE(SEC)短路 | DA_24ESCC | 83 |
| 25 | 电磁阀VE(SEC)开路 | DA_25ESCO | 83 |
| 26 | 电磁阀VE(SG)短路 | DA_26SGCC | 84 |
| 27 | 电磁阀VE(SG)开路 | DA_27SGCO | 84 |
| 28 | 制动电磁阀VE(SEC)和VE(SG)故障 | DA_28SECSG | 83 |
| 29 | 紧急电磁阀VE1(URG)短路 | DA_29URCC | 84 |
| 30 | 紧急电磁阀VE1(URG)开路 | DA_30URCO | 84 |
| 31 | 电磁阀VE(GD)短路 | DA_31GDCC | 84 |
| 32 | 电磁阀VE(GD)开路 | DA_32GDCO | 84 |
| 33 | VE(GD)和VV(GD)不一致(自动流量) | DA_33DVPD | 84 |
| 34 | VE(GD)和VV(GD)不一致(大流量) | DA_34DVGD | 83 |
| 35 | Eurotrol供电故障 | DA_35ALRM | 83 |
| 36 | 缓解电磁阀VE1(DG)和VE2(DG)故障 | DA_36D2DG | 83 |
| 37 | 中立电磁阀VE(N)开路 | DA_37NCO | 84 |
| 38 | 中立电磁阀VE(N)短路 | DA_38NCC | 84 |
| 39 | VE(N)和VV(N)不一致(中立无效) | DA_39DNRM | 84 |
| 40 | VE(N)和VV(N)不一致(中立常有效) | DA_40NRM | 83 |
| 41 | VE(IS)RM和VV(IS)RM不一致(隔离无效) | DA_41DIS | 83 |
| 42 | VE(IS)RM和VV(IS)RM不一致(隔离常有效) | DA_42DISI | 83 |
| 43 | 隔离电磁阀VE(IS)RM开路 | DA_43ISCO | 84 |
| 44 | 隔离电磁阀VE(IS)RM短路 | DA_44ISCC | 84 |
| 45 | VE-Q(P)FR短路 | DA_45FRCC | 84 |
| 46 | VE-Q(P)FR开路 | DA_46FRCO | 84 |
| 47 | VE-Q(P)FR和SW-VE-Q(P)FR不一致(EPM无效) | DA_47DENA | 84 |
| 48 | VE-Q(P)FR和SW-VE-Q(P)FR不一致(EPM有效) | DA_48DEA | 84 |
| 49 | RS422故障 | DA_49RS422 | 84 |

续上表

| 序号 | 描述 | MVB 名称 | 类型 |
|---|---|---|---|
| 50 | 司机室 1 制动控制器故障 | DA_50MPF1 | 84 |
| 51 | 司机室 2 制动控制器故障 | DA_51MPF2 | 84 |
| 52 | CAN 总线故障 | DA_52FCAN | 84 |
| 53 | EPM-DISTR 故障 | DA_53EPMD | 84 |
| 54 | EPM-FSE 故障 | DA_54EFSE | 84 |
| 55 | EPM-FD 故障 | DA_55EPFD | 83 |
| 56 | 制动显示屏故障 | DA_56DISPL | 84 |
| 57 | 传感器 CA1(PRN)EQ 和 CA2(PRN)EQ 故障 | DA_57EQALL | 84 |
| 58 | 传感器 CA1(PRN)CF1 和 CA1(PRN)CF2 故障 | DA_58CFALL | 84 |
| 59 | 紧急电磁阀 VE2(URG)短路 | DA_59VE2CC | 84 |
| 60 | 总风隔离塞门 RB(IS)FI-F 隔离 | DA_60PAN-IS | 84 |
| 61 | MMVB 故障 | DA_61MVB | 84 |
| 62 | RB-UM 塞门开关与 VV(IS)RM 状态不一致 | DA_62LETR | 84 |
| 63 | 制动缸压力异常 | DA_63CFINC | 84 |
| 64 | 单缓功能异常 | DA_64CFINC | 84 |

## 五、机车制动系统有关名称缩写

HXD1C 型电力机车制动系统所属电子控制单元与制动阀及其所属部件和相关联的电气控制设备名称均有英文名称，为符合国内该类型机车运用者的习惯与查找该系统故障或寻找该系统部件的方便，特将其英文缩写与汉语名称对照列于表 9-16 中，供运用中参考。

**表 9-16　机车制动系统部件英文缩写与汉语名称对照表**

| 序号 | 类别 | 设　备 | 序号 | 类别 | 设　备 |
|---|---|---|---|---|---|
| 01 | 4QC | 4 象限整流器 | 16 | LCDM | 机车司机室显示模块 |
| 02 | ATP | 机车自动保护 | 17 | LRU | 在线可更换单元 |
| 03 | BAL | 平衡 | 18 | LVC | 低压柜 |
| 04 | BC | 制动缸 | 19 | MCB | 小自动开关 |
| 05 | BCU | 制动控制单元 | 20 | MCU | 司机控制器 |
| 06 | BP | 制动管 | 21 | MMI | 人机界面 |
| 07 | CCBⅡ | 制动控制单元 | 22 | MP | 总风管 |
| 08 | CCU | 中央控制单元 | 23 | MVB | 多功能列车总线 |
| 09 | DER | 熄火引擎调节 | 24 | PCS | 气动切除/电源控制开关 |
| 10 | EBV | 电制动阀 | 25 | TCU | 牵引控制单元 |
| 11 | EP | 平均管 | 26 | TPCB | 三相断路器 |
| 12 | EPCU | 电气控制单元 | 27 | TP-20 | 20 针测试端口 |
| 13 | ER | 均衡风缸 | 28 | UIC | 国际铁路工程师协会 |
| 14 | HVB | 主断路器 | 29 | WTB | 机车总线 |
| 15 | LED | 二极管灯 | | | |

# 思 考 题

1. CCBⅡ型制动机分为哪三类运用故障?
2. 当主压缩机接触器卡合时如何判断处理?
3. 发生在法维莱制动机系统的故障主要呈现在哪些方面?

## 第四节 机车运行应急故障处置

任何先进的运行工具均有结构与运用操作缺陷存在,没有发生、发现仅是未暴露而已,众多的机车运用经验告诉运用者,因此而带来的设备及部件运用故障是存在的。机车作为铁路运输的主要移动设备,其设备部件发生的故障突发性也相对特殊,因此要求运用者对该类设备部件有较高的认识,有较高的操作技能,并具有较高水准的判断机车运用故障的能力与应急处理的方法,避免机车运用中途停堵线、打乱行车秩序的事件发生。本节介绍了该类型机车一些设备部件易发故障的应急处理预案措施。

### 一、计算机屏显主要图标含义及故障复位操作

在对 HXD$_{1C}$ 型电力机车查询与处理运用故障中,首先要对机车操纵台计算机屏显中主要图标的含义及主要故障分级(图 9-1)情况有所了解,切不可盲目操作,以免带来操作失误或机车运用故障的发生。在此主要介绍当机车运用(行)中发生故障时的查询方法和几种计算机/网络控制系统的"复位"操作处理故障的方法与注意事项。

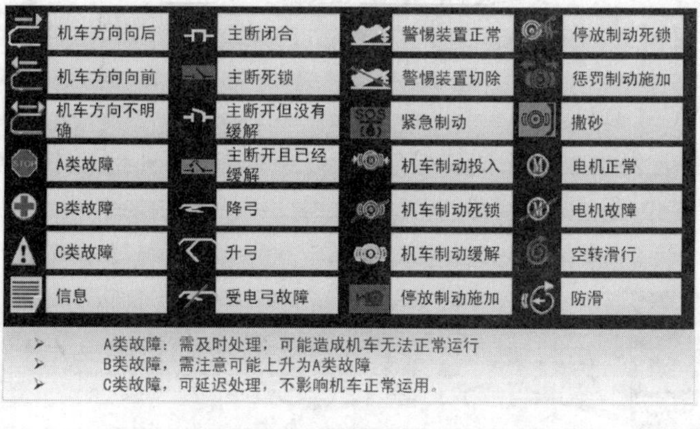


图 9-1 计算机屏显主要图标含义和故障分级图例

1. 故障显示信息的查询

按下计算机屏显上的按钮(图 9-2),将进入计算机故障查询界面,根据提示信息,查阅"故障查找说明"处理运行图中的故障。

2. 故障的处理方法

(1)一般故障的处理

一般计算机系统故障可以通过司机操纵台上的计算机复位按钮来实现故障清除,注意一

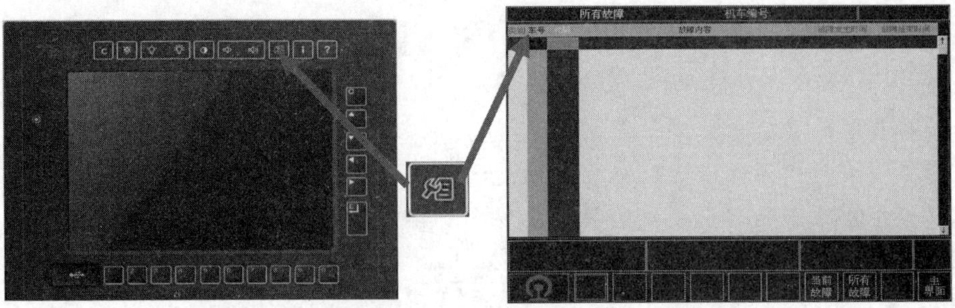


图 9-2　故障信息的查询和显示

般情况下点动方式按下计算机复位按钮后，大约 10 s 内故障会被清除。若不能清除，可重复按计算机复位按钮，累计超过 3 次后，故障部件将被隔离。计算机复位按钮的位置如图 9-3 所示。

图 9-3　计算机复位按钮图示

(2)运行途中 VCM 复位

机车运行途中，若发生故障无法清除时，可以根据判断，进行途中“VCM 复位”。复位前司机手柄退级到大零位，分主断、降弓，然后进行图 9-4 所示的操作。

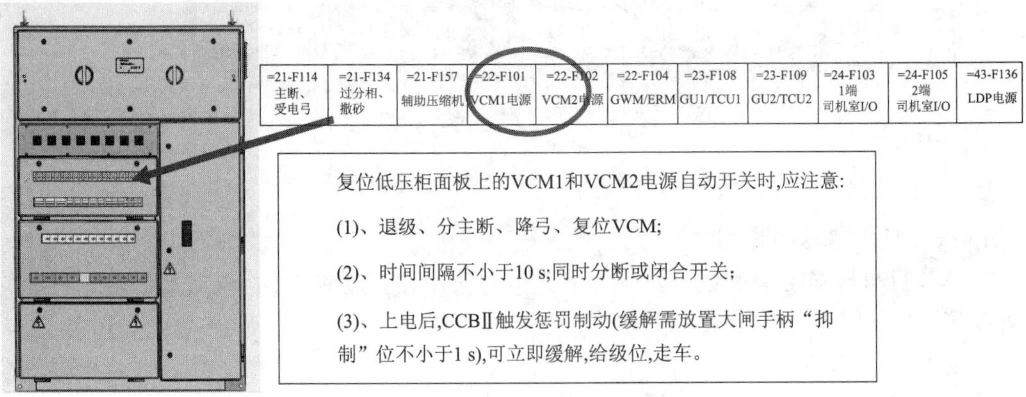


图 9-4　运行途中不停车复位操作

注意：当重新复位低压柜面板上 VCM 时，要求同时复位 VCM1 和 VCM2 的自动开关，且分断和闭合的时间间隔应不小于 10 s。当重新上电后，CCBⅡ将触发惩罚制动（常用量制动），司机可以立即缓解（若缓解不及时，可能停车），升弓、合主断、司机手柄给级位后继续运行。

(3)运行途中停车，控制系统断电复位

机车运行途中，若发生故障无法清除时，可考虑对控制系统断电复位。此时机车应根据线路情况确定好具体的停车地点，整个过程大约会持续 5～15 min。复位前司机手柄退级到大零位、分主断、降弓后进行复位。具体操作如图 9-5 所示。

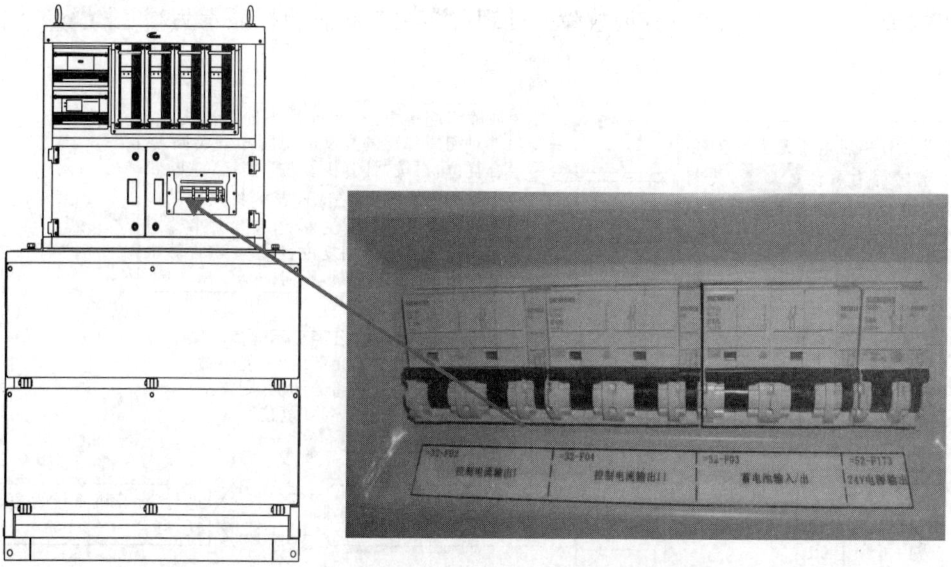

分合控制电源柜的自动开关＝32-F04，对计算机系统进行大复位（监控及信号系统不断电）。应注意：(1)退级、分主断、降弓、停车；(2)时间间隔不小于 20 s；(3)计算机系统重新上电后，CCBⅡ会触发惩罚制动（缓解需放置大闸手柄“抑制”位不小于 1 s）；(4)缓解，升弓、合主断、给级位，走车

图 9-5　运行途中停车复位操作图示

注意：蓄电池输出开关复位的时间间隔不小于 20 s，计算机系统重新上电后，CCBⅡ会触发惩罚制动。惩罚制动的缓解，将大闸置于“抑制”位不少于 1 s，再置于“运转”位可以缓解，计算机自检完成后，升弓、合主断，缓解惩罚制动，司机手柄给级位后继续行车。

## 二、机车运行中故障应急处理

就电力机车运用而言，其运用（行）主要发生在主电路内的故障为受电弓无法升起，主断分/合故障，机车牵引力无法全面发挥，牵引电动机单台或多台被隔离，蓄电池充电机与空气制动系统发生的机车运用故障，在此均有列述。

1. 受电弓无法升起

电力机车运行中受电弓无法升起属该类型机车运用中的常见故障，当机车运用中发生时可按图 9-6 的框图查找。

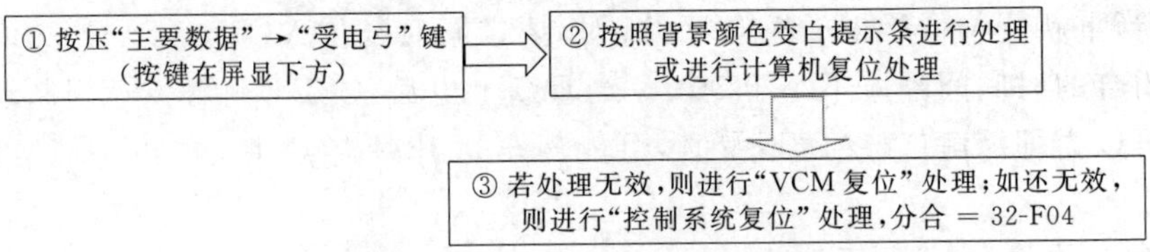


图 9-6 受电弓无法升起检查步骤

2. 断路器无法闭合

主断属该类型电力机车主电路的保护装置，当机车内的主电路的电气设备与辅助电路内的相关电气设备发生故障时，主断会发生自动断开，断开后闭合不上属该类型电力机车运用中的常见故障之一。可按图 9-7 查询故障并处理（注：主断状态图标显示为绿色才能闭合主断）。

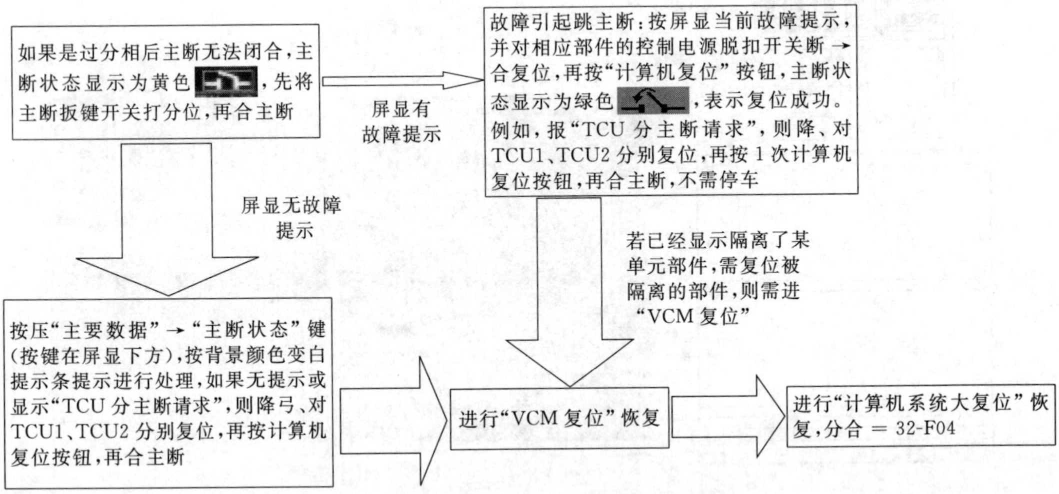


图 9-7 主断合不上故障查询处理方框图

3. 牵引力无法正常发挥

机车牵引力无法正常发挥一般情况下分为两类，一是机车无功率输出（全车无牵引力）；二是某架转向架或单台/多台牵引电动机被封锁无功率输出。

(1)机车无功率输出（全车无牵引力）

该类型电力机车在运行中发生无功率输出（全车无牵引力）有多方面的故障因素，一般在司机操纵台计算机屏显均有针对性显示，可根据计算机屏显提示进行相应处理（图 9-8）。

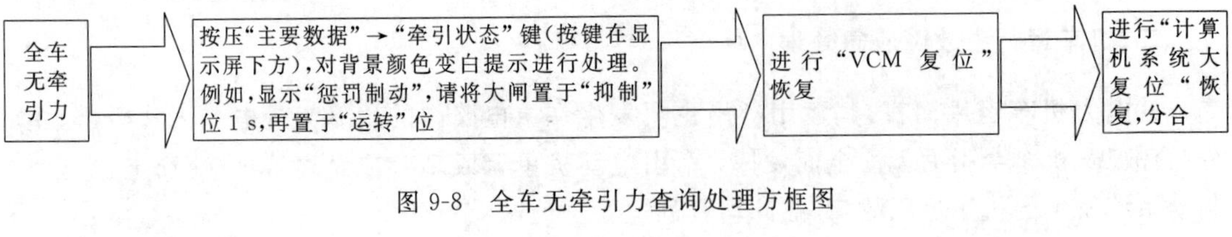


图 9-8 全车无牵引力查询处理方框图

(2)机车降功

该类型电力机车在运行中发生降功（部分牵引电动机被封锁无牵引力）无功率输出有多方面的故障因素，一般可有两种处理方法，即一是机车运行中线路纵断面和牵引编组情况（牵引定数)与实际机车降功情况的比实(机车实际能发挥的功率与所牵引列车的情况),维持机车运行至前方站停车处理,或维持运行至目的地站返回段内处理;二是在司机操纵台计算机屏显均有针对性显示,可根据屏显提示进行相应处理(图 9-9)。

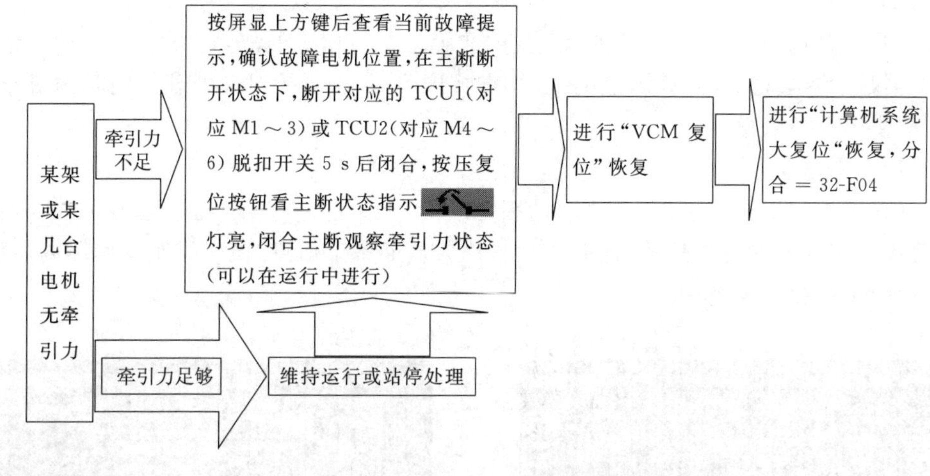


图 9-9　机车部分降功故障查询处理方框图

4. 蓄电池充电机组故障

机车充电机有四组充电模块,若报"充电过流"或"××模块故障时",观察蓄电池充电电压正常时可不处理;若充电不正常时,可对充电机进行"复位",同时按压充电机监控模块的小屏幕上的"＋"和"－"按键,保持 5 s 后充电机重置。若无效,则维持到前方站停车后,对电源柜断电"复位"处理。

5. 机车过分相注意事项

机车过分相前,应有足够的时间提前回牵引手柄减载(一般情况下,最大减载率为 45 kN/s),禁止带载分主断。

6. 单台、多台电机隔离方法

在机械间内低压电器柜安装有 3 个牵引电动机隔离开关,能通过它们隔离牵引电动机,以 1、2 电机隔离开关＝22-S55 操作为例。

(1)"正常"位,1、2 电机被投入。

(2)"切除"位,1、2 电机被切除。

(3)"TM 1 切除"位,仅切除第 1 电机。

(4)"TM 2 切除"位,仅切除第 2 电机。

其他牵引电动机隔离与此项操作类似。

## 三、空气制动系统故障处理

电空制动(EAB)系统的特色在于事件/故障记录。该记录在发生每个重要事件时以快照形式记录机车运行条件。该记录用于故障出现或实施强制制动或紧急制动时确定机车和制动分系统的状态。

1. 机车空气制动系统计算机屏显

机车空气制动系统计算机屏显属该型电力机车司机操纵台三大屏显之一,主要记录并显示制动系统的主要机车运用发生的故障(包括操作失效/失误引起的故障)。机车运行时空气制动系统发生故障,可通过此屏显进行相应查询与处理,屏显分为故障显示与屏显事件记录。

(1)LCDM 故障显示

LCDM 屏显故障通过主菜单查询所发生的故障记录与相应的故障原因(图 9-10),包括远端屏显(多屏显示),通过 LCDM 屏显的提示,查找出原因,进行针对性处理。同时为机车返回段修理也提供了有力依据。

(2)选择事件记录

制动屏显可查询记录多事件(空气制动系统故障)类型(图 9-11),机车运用人员可随时查询,便于解决机车现场的运用故障,同时也为检修人员储备了信息,便于机车返回段内后检修,也便于事后故障的分析与查询。

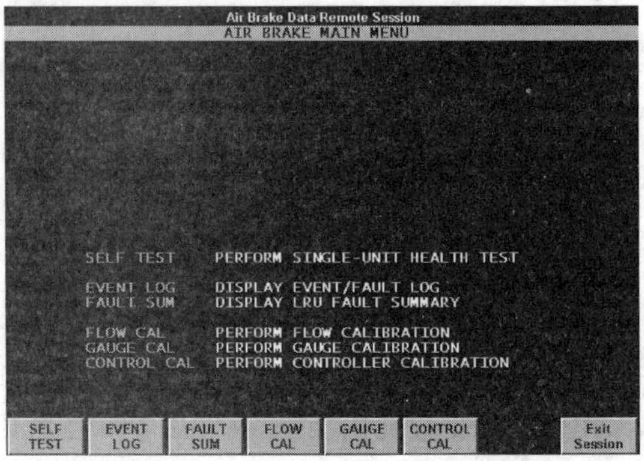


图 9-10 空气制动主菜单/远端屏显

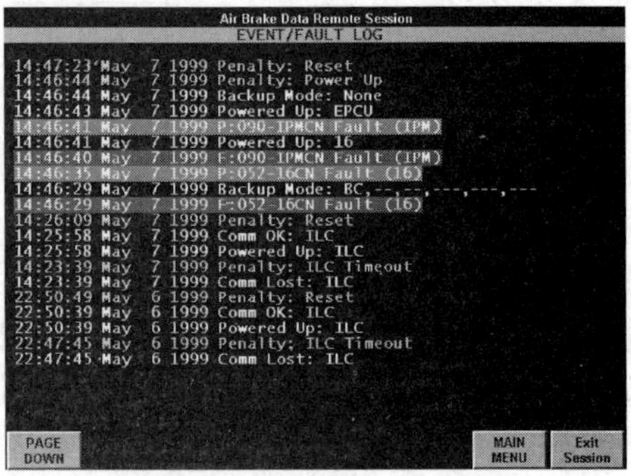


图 9-11 制动屏显记录事件屏

2. 制动故障纠正措施

制动机诊断故障代码,这些代码将在机车制动系统 LCDM 屏显呈现出来。当 LCDM 屏显出现故障提示时,将自动制动手柄放抑制位 1 s,然后回运转位缓解制动,如不能缓解,应停车查询故障,消除故障后才能继续运行。

## 四、机车运行中故障应急处置

机车运行中发生故障比较突然,给操作者措手不及的感觉,若无准备,处置时会发生盲目性,可能将小的故障扩大。在此介绍了该类型机车运行中可能遇到的运用故障,并按故障处置步骤列述出来,作为该型机车运用中的预防措施使机车运用者有所准备,以解该型电力机车运行之急。

1. HXD1C 型机车复位处置步骤

计算机控制系统(简称微控)故障"复位"主要为三种,即计算机复位、断设备电源/网络复位、蓄电池复位(大复位)。进行复位操作时,应遵循由简到繁的原则,按计算机复位→断设备电源/网络复位→蓄电池复位(大复位)的顺序进行,并注意隔离解锁操作的灵活运用,当故障消除需要使计算机隔离的设备重新投入工作时必须先进行"隔离解锁"操作。

处理微控故障应按步骤进行,不能直接使用大复位处理机车故障,处理故障时速度低于

15 km/h 应先停车再处理。须进行网络复位和大复位操作时停车前应考虑分相位置。微控“复位”具体按下列步骤进行。

(1)运行中当机车发生故障时，计算机屏右下角故障信息栏会周期闪红底色故障处所提示(图 9-12)。

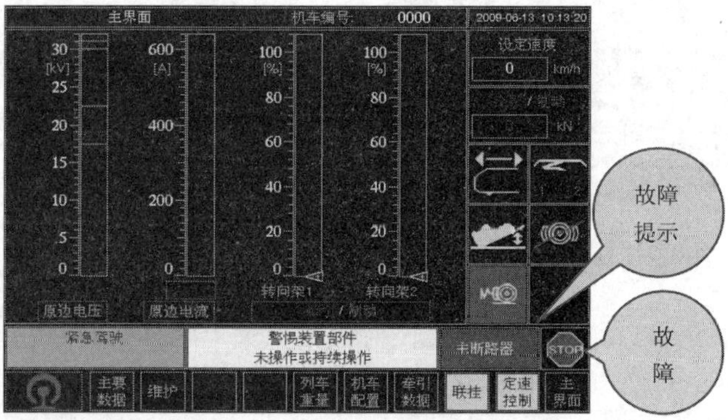


图 9-12　屏显故障提示

(2)按压计算机屏右上角事件查询键，再按压信息查询键(图 9-13)。

(3)按压信息查询键后，看计算机屏下方是否有故障处理提示(停车时，按 $v=0$；机车有速度时，按 $v>0$)；有故障提示信息，按计算机屏显提示信息进行操作(图 9-14)。

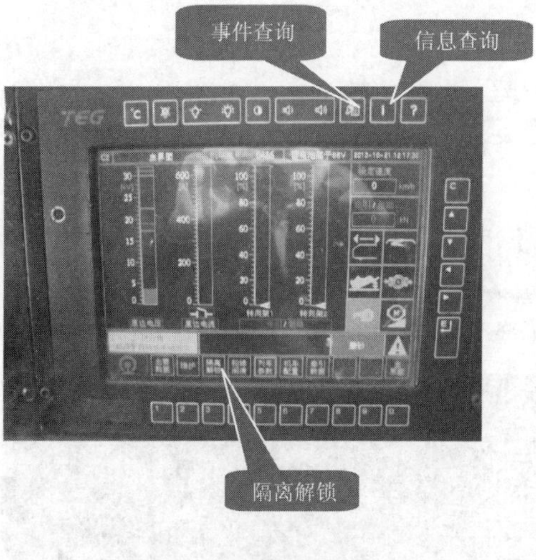


图 9-13　屏显故障信息查询

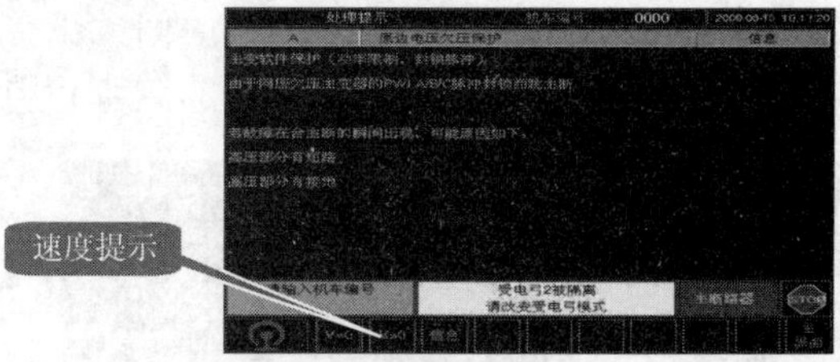


图 9-14　屏显故障提示操作

(4)若无故障提示信息，手柄回零断主断，按压计算机复位键一次；若故障不消除，连续按压三次计算机复位键，每次间隔 2 s；如果故障仍未消除，按压计算机屏下方隔离解锁键，再按压一次计算机复位键；检查低压电器柜所有脱扣开关在闭合位，所有转换开关在竖直位(图9-15)。

(5)若故障仍不消除，停车进行网络复位。

①手柄回零，断主断，降弓。

②断开相应部件的开关，30 s 以上再闭合。

③再把 vcm1 和 vcm2 断开 20 s 后，再闭合；升弓合主断试验是否正常(图 9-16)。

图 9-15 “复位”键使用方法

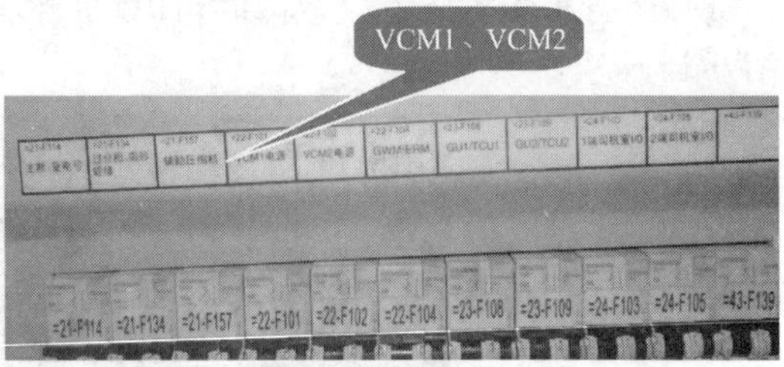


图 9-16 低压电器柜第一排自动开关排列

(6)若故障仍然存在,进行大复位(大复位前应当记录千米标,信号机号码、当前停车坡道、分相位置为下一步降级开车、救援做准备)。

①手柄回零,断主断、降弓。

②断开电钥匙。

③断开蓄电池闸刀 60 s 后再闭合,看故障是否消除(大复位闭合蓄电池闸刀后必需等待 60 s 待自检完成,大复位后停放制动会自动施加,可按压停放缓解按钮解除)。

④闭合电钥匙升弓合主断提手柄试验。

(7)上述处理无效,从第一步开始到第六步重新做,不能遗漏每一个环节。

2. 主断合不上时的处置

(1)故障现象

调速手柄无法设定速度,机车牵引力无法正常发挥。主断路器无法闭合,计算机屏显主断状态标识为黄色或红色。注:在处理过程中若主断状态标识变绿色,即可闭合主断路器。

(2)操作步骤

①调速手柄回“0”位 、主断路器扳键开关置“分”位再回“0”位。

②按压“计算机复位”按钮一次(时间大于 1 s)。

③进入“主断状态”界面(图 9-17),根据白色提示条信息进行检查、处理。

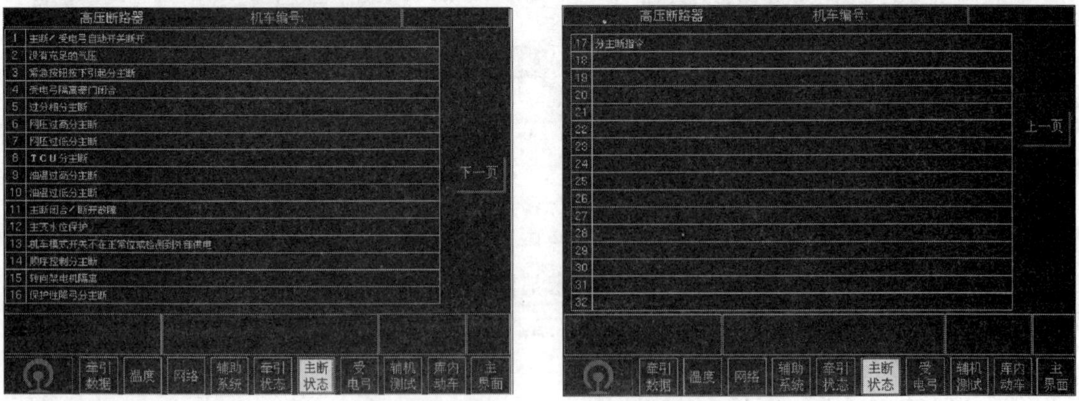


(a) (b)

图 9-17 进入屏显“主断状态”查询提示条信息

④故障仍无法消除时，如计算机屏显主断状态标识为红色(图 9-18)，立即检查主断路器塞门(B01U43.14)是否在竖直位(图 9-19)。

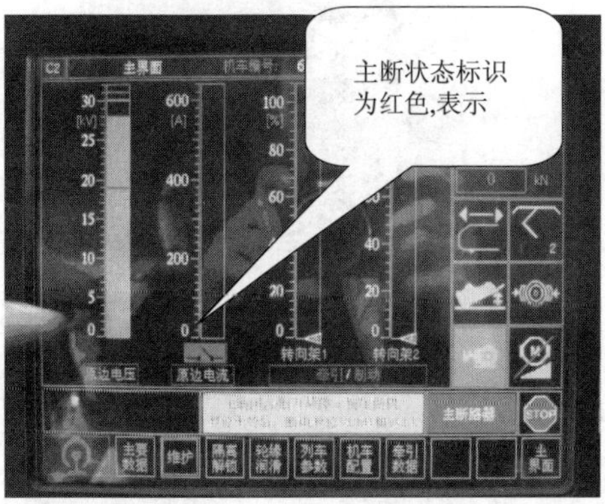


图 9-18　屏显主断状态

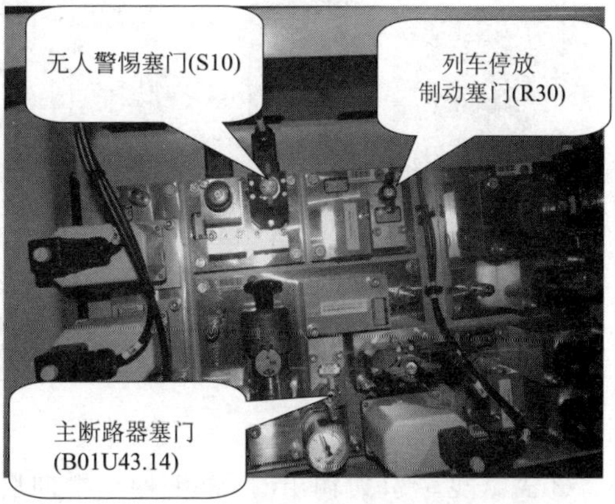


图 9-19　主断塞门位置

⑤上述处理无效，按照 HXD1C 机车复位方法提示卡内容：计算机复位、断设备电源/网络复位、蓄电池复位(大复位)进行操作。

3. 计算机屏死机、黑屏、按键无效时的处置

(1)计算机屏死机、黑屏、按键无效(图 9-20)。

(2)停车、断电、降弓，断开低压电器柜 IDU1/IDU2 电源自动开关(42-F106)，再闭合，运行中严禁断此开关(图 9-21)。否则，会产生惩罚制动。

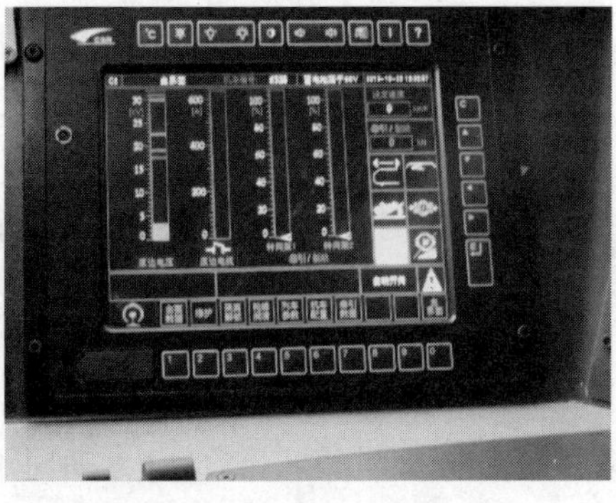

图 9-20　屏显“死屏”

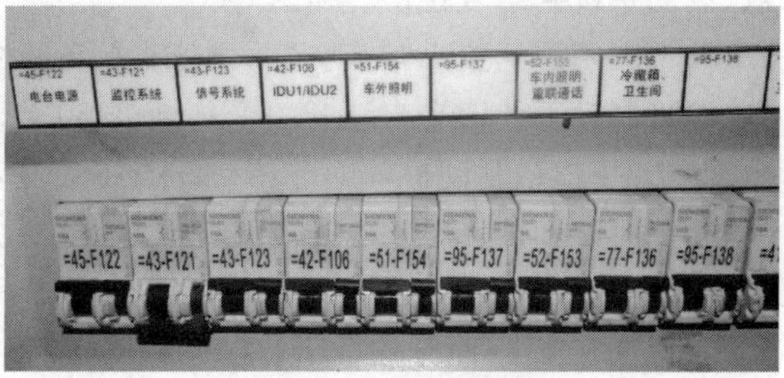

图 9-21　断开低压电器柜 IDU1/IDU2 开关

4. 运用“紧急运行”处置

(1)故障现象

调速手柄不能设定速度，无牵引力。

(2)应急处理

①将司机操纵台下方紧急运行开关(Ⅰ端司机室＝21-S09、Ⅱ端司机室＝21-S29)置“紧急”位(图 9-22)。

②将主司控器手柄置于牵引 2/3 位处(图 9-23)。需增加牵引力输出时，将手柄向前置最大位，放置的时间越长牵引力越大。

图 9-22　紧急运行开关

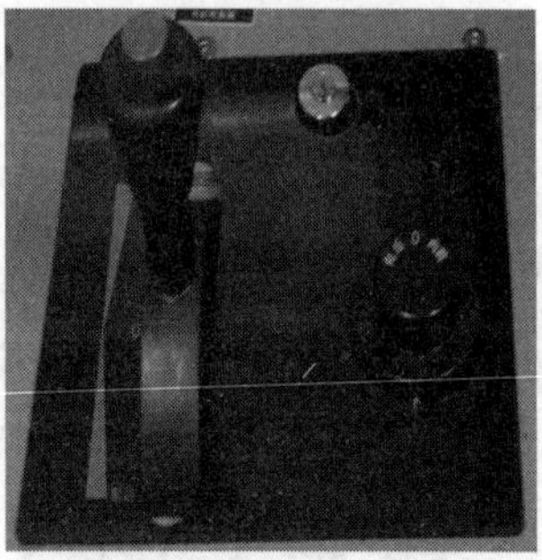

图 9-23　司机控制器

③需减少牵引力输出时，将手柄稍微向后退离 2/3 位，退离时间越长牵引力越小。

④当牵引力达到所需要求时，将主司控器手柄移到 2/3 位处可保持该牵引力。

5. HXD$_{1C}$ 型机车坡道起车

(1)坡停前先使用单阀制动，将列车车钩压缩，适当撒砂。

(2)使用自阀停车，停车后单阀全制位。

(3)启动列车时，一查压、二泵风(900 kPa)、三缓单阀，四给流(根据牵引吨数确定设定速度、必须确认牵引力发挥正常防止溜逸)、五缓自阀，六提速(速度达到 3 km/h 或走行 10 m 手柄设定速度 120 km/h，适量撒砂，防止空)、七不忘查风压(边走边查压)。

注：此机车操作方法适用于货物列车停于 3‰以上坡道时。

6. 列车紧急制动后坡道起车

HXD$_{1C}$ 型机车牵引列车在上坡道使用紧急制动停车后，待停车原因消除，开车前按以下方法(制动系统网络复位法)操作。

(1)将大闸手柄置于“制动区”，严禁直接置于“运转位”!

(2)将制动系统四个自动开关全部断开 60 s 以上(制动系统检测＝28-F130、制动控制单元电源＝28-F131、制动机辅助电源＝28-F132、制动屏显电源＝28-F133)。

(3)此时制动屏无显示，计算机屏显显示红色方块“确认停放制动是否缓”字样，按压计算机屏“确认”键后再按压“主界面”键即可恢复主界面。

(4)待 60 s 后将断开的四个自动开关闭合，等待制动系统自检及制动屏显启动(此期间不要进行任何操作!)。

(5)待制动屏左上显示“动力切除”，右上显示“惩罚制动”后，确认流量表上方显示“本机”字样正确，将大闸置于“抑制”位后 5 s 以上，进行牵引试验。

(6)待牵引力正常后，方可将大闸置于运转位充风缓解。

7. HXD$_{1C}$ 型电力机车长上坡道雨天操纵处置

验砂最关键，砂管逐个看；
70 回手柄，100 不再变；
分流看迹象，预防不间断；
停车看砂路，再起 120；
预想很重要，距离要把关。

注：口诀中阿拉伯数字为机车即时速度值。

(1)验砂最关键、砂管逐个看

库内接车砂要满，切记箱盖要扣严；一人踩砂一人验，砂管通畅逐个看(每分钟 500 ml)，喷砂喷射一条线，下砂落点在轮面(在轨面与轮对踏面间)，若是喷射很分散，快找整备把车换。

(2)70 回手柄、100 不再变

起车手柄在“50 km/h”，分流稳后再提升，间隔 3 次 “120 km/h”，抢到 70 km/h 往回定，速度设在“100 km/h”处，从此雷打都不动。

(3)分流看迹象、预防不间断

雨情来了不用慌，调出分流看迹象，节约砂量很重要，困难时刻派用场，强泵打压900 kPa，间歇不断脚踩砂(踩 10 松 3)，盲目追踪不可取，保持间隔防绿黄(线路信号)。

(4)停车看砂路、再起 120

中间站停车必检砂，砂路不畅要疏通，空转不止可停车，通知调度需补砂，车动再置“120 km/h”，手柄固定任由它。

(5)预想很重要、距离要把关

自救距离不能忘(4 500 t 时为 2 000 m、5 000 t 时为 2 500 m)、停车之前要预想，电车(电力机车)救援距离 1 200 m，留出 100 m 防内双(小于 100 m 需内燃机车双机救援)。

8. 紧急制动再缓解时列车管不充风处置

(1)故障现象

紧急制动后，大闸置“运转”位，列车管不充风。

注：确认非操纵端自动制动手柄、紧急制动按钮、车长阀在正确位置。

(2)操作步骤

①将大闸置“紧急”位 60 s 后，再置“运转”位。

②检查、确认“紧急制动”按钮在正常位，确认车长阀关闭，若制动屏显显示 F014-53 代码，说明非操纵端大闸在“紧急位”，应将非操纵端大闸手柄锁定在“重联”位后，再将操纵端大闸手柄置“紧急”位 60 s 后回“运转”位。

③蓄电池复位，即控制电源输出自动开关复位(图 9-24)。

④在列车制动状态下，关闭机后列车管折角塞门进行试验，若机车列车管充风正常，则为车辆故障(图 9-25)。

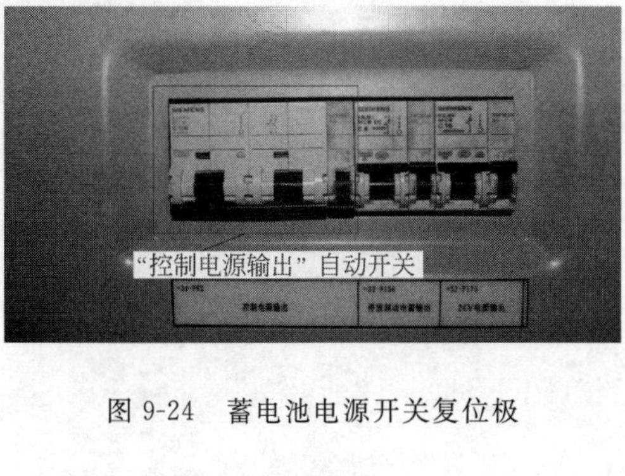


图 9-24　蓄电池电源开关复位极

图 9-25　关闭车辆列车管确认

9. 消除惩罚制动处置

(1)故障现象

机车产生惩罚制动,列车管减压。同时制动屏显示“动力切除,惩罚制动”,提手柄牵引封锁,无法加载。

注:只有惩罚制动源消除后,大闸置“抑制”位 1 s 后回“运转”位才能消除惩罚制动。

(2)操作步骤

①大闸置“抑制”位 1 s 后回“运转”位(若为货物列车停于 3‰以上坡道上,严禁回“运转”位,防止溜逸,执行 HXD1C 机车坡道起车流程起车)。

②通过屏显确认低压电器柜、控制电源柜相关自动开关在正常状态。

③蓄电池复位(即大复位)。

10. 蓄电池充电机故障处置

(1)故障现象

计算机屏显故障信息显示区提示“110 V”,充电机监视模块“告警”红灯亮。

注:蓄电池充电机故障后在 IDU 故障信息显示区提示“110 V”,同时确认控制回路电压表电压显示。

(2)操作步骤

①若其警告红灯亮,两组以上充电模块工作正常(绿灯亮)(图 9-26),则维持运行。

②三组以上充电模块故障(绿灯灭),则同时按压充电装置监视仪“+”“-”键(图 9-27),并保持 10 s,若故障消除,即可维持运行。

③蓄电池复位(即大复位),如图 9-27 所示。

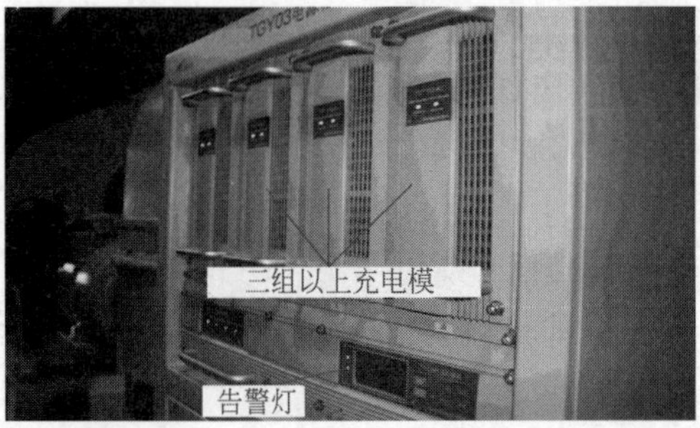


图 9-26　蓄电池充电机柜故障信号

图 9-27　蓄电池充电机柜监视仪按键

11. 压缩机长时间泵风,空气干燥器排风不止处置

(1)故障现象

压缩机工作时,机车下有排风声。

注:未经过干燥过滤的压缩空气会对制动机系统产生影响。

(2)操作步骤

①将故障空气干燥器电控器总电源开关置“关”位(图 9-28)。

②将故障空气干燥器下部排污塞门关闭(图 9-29)。

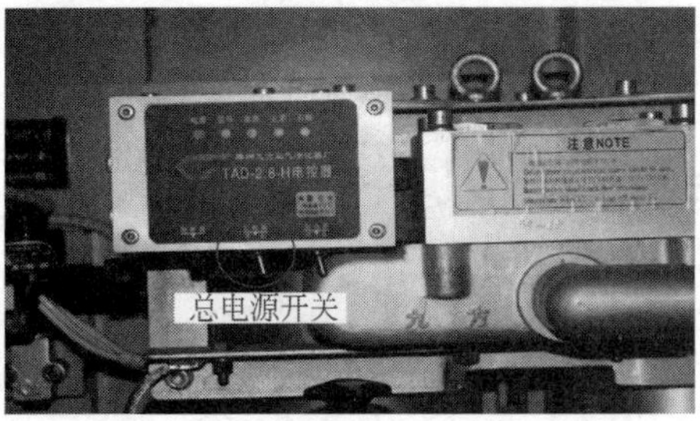


图 9-28　将干燥器电源开关关闭

图 9-29　将干燥器排污阀关闭

12. HXD1C 型电力机车辅助变流器故障处理流程

HXD1C 型电力机车辅助变流器故障处理流程见图 9-30。

HXD1C 辅变应急故障处理流程

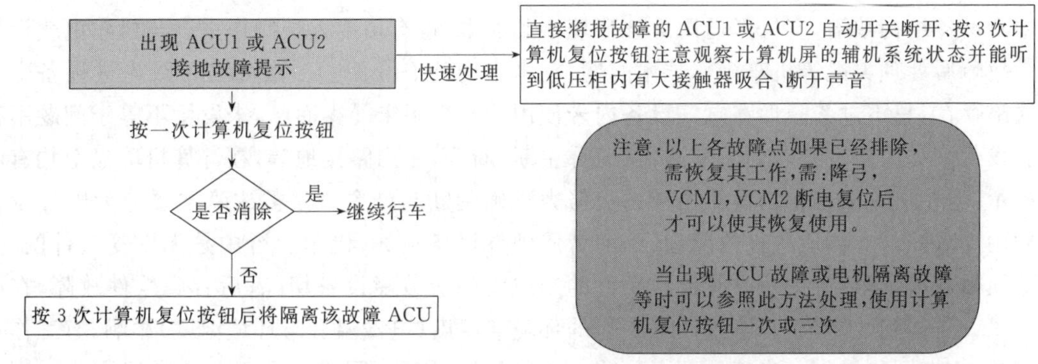


图 9-30　辅助变流器应急故障处理流程方框图

13. HXD1C 机车途中主变流器整流、逆变模块故障应急处理方法

(1)查询屏显故障信息，发生故障后，屏显主屏幕会显示主变流器 1 或主变流器 2 的 红色提示，按压屏显上键后，查看现存故障提示，如“TCU2L2B 相下管故障”，“TCU2L2B 相上管故障”等故障信息，按压屏显上或选中相应的现存故障信息，如选中“TCU2L2B 相上管故障”信息后，按压查询该故障的处理提示为：“5 轴四象限模块判断到 B 相下管 IGBT 元件故障分主断”，表明 5 轴模块故障。

(2)按计算机复位按钮三次，屏显显示 1 个或几个“××隔离”后，主断变绿色，重新闭合主断，继续行车。如果故障仍出现，则隔离故障架的 TCU 电源自动开关(1 架为 TCU1、2 架为 TCU2)，再按计算机复位按钮 3 次以上直到主断变绿色，合主断继续运行(注：此时司乘人员应加强机车操纵，尽量维持列车运行至终点站或前方站)。

## 思考题

1. HXD1C 型电力机车运用故障的查询步骤是什么？
2. HXD1C 型电力机车受电弓无法升起时，故障检查步骤有哪些？
3. HXD1C 型电力机车无功率输出的故障查询处理步骤有哪些？

# 第十章　$HXD_{1C}$型电力机车运用典型故障个例分析

$HXD_{1C}$型电力机车运用中所发生的故障有方方面面，就作者单位运用该型机车而言，多数情况下发生在主流器TCU内。主变流器TCU属该型机车动力控制输入/输出装置，其在机车运用中的故障主要发生在输入控制装置，即电源输入接口装置与接触器；电源变换装置，即四象限整流器装置；辅助支撑装置，即模块支撑电容与中间电容及相关接触器；逆流变换驱动装置，即脉宽调制逆变器；以及在上述电气设备内的通信装置与相应接口的故障。在该类故障中有设备结构缺陷，有机车运用外部环境不利因素，也有司乘人员操作失当与机车电气设备发生故障后处理失误等机车操作技术问题，在本章内均有介绍。一般而言顶级先进设备也有其缺陷存在，只不过其隐形在电气设备内未使用到其极限未暴露而已，未发生不等于问题不存在。发生该类故障表象均为主断路器(简称主断)断开，主回路接地等，在计算机屏显上均有泛泛提示，但在机车运行中均得靠司乘人员努力正确判断与处置。该类故障主要分为电气设备器质硬件故障与非器质软件故障，其中前者属硬件设备损坏，机车运行中是无恢复条件的，只能更换器件(机车运行中是没有此类条件的)，或将相应故障设备切除；后者属软件故障，在此有电子设备结构性缺陷，有电气设备工作的环境与温度(电磁温升与环境温度)影响，有工作负荷超载，也有司机操作不当等类因素影响，本可通过计算机、网络与大复位的处置方法得到相应解决，但由于司乘人员处置不当，将本可处理的故障未能妥善处置，甚至将故障范围扩大，多数情况下属盲目性操作。本章内主要介绍了该型电力机车在运行中发生在主变流器TCU1/2、辅助变流器ACU1/2、机车驱动装置运用性、CCBⅡ电空制动机、机车电气硬件控制类与其他电气设备类故障的分析与相应处置措施。

## 第一节　主变流器TCU运用故障分析

$HXD_{1C}$型电力机车主变流器TCU如前文所述装配有两套硬件设备与功能完全相同的装置，称之为TCU1与TCU2。即每套装置控制着机车三台牵引电动机电源转换与供给，它们分别由控制、监控、转换、通信、驱动等系统组成。在机车运用(行)中此类系统中均有故障发生，而且该类故障发生的特征均在机车持久(续)长时间高负载运行中发生。在此两套装置中曾发生控制模块“炸块”；中间/支撑电容“鼓包”变形引起电解质成液质发生“涌流”与壳体相接触，导致主回路接地；中间/支撑电容“炸壳”；TCU所属支持辅件发生接触故障或网板结构缺陷引起通信故障。在本节举例的故障中均属作者所在单位2013年运用$HXD_{1C}$型电力机车中曾发生在主变流器TCU设备装置的实用性故障。

### 一、主变流器TCU1/2故障个例

$HXD_{1C}$型电力机车故障主要发生在主变流器TCU1/2的模块损坏时发生该类故障的原

因一般属间接因素引起，即 TCU1/2 中的模块支撑电容端电压超压，引起此类电容负载超压“爆炸”(也称电容“炸壳”)，即机车加负载中此类电容的端电压超压引起，导致所支撑的模块受影响而“炸块”。

1. 机车主变流器 TCU2 模块损坏

事由：2013 年 05 月 02 日，$HXD_{1C}$ 型 0667 电力机车，牵引货物列车 11092 次，牵引定数 4 393 t，现车 59 辆，计长 69.2. 运行在兰新线哈密至柳园区段。哈密东站 11 时 51 分开车，列车运行到思甜至景峡间，计算机报警：主变流器 TCU2 故障，同时机械间内有爆炸声(俗称“炸块”)，且有较大烟雾冒起，机车卸载，列车于 13 时 58 分停于 K1233+621 m 处。以电话询问该台机车支配单位兰州西机务段技术科“110”，专业技术人员认定为主变流器内爆炸无法处理。于 14 时 04 分请求救援，15 时 57 分由区间被救援开车，区间总停时 119 min。

分析：该台机车属兰州西机务段支配运用机车。部件损坏情况还不得而知，就故障现象而言，属机车 D 2 主变流器(牵引变流器)损坏故障，因主变流器处发生“爆炸”(电力机车主变流器损坏属大部件破损)。该类型机车共装有两台主变流器，即每台主变流器供给一台转向架三台牵引电动机的交变电源，当主变流器 2 故障时，相当于机车后转向架的三台牵引电动机将无电源供给，机车在 6%的坡道上牵引此定吨的货物列车将无法运行，只得被迫停车，请求区间救援。

措施：该故障属电力机车主要部件损坏引起的机车运用故障。作为机车运用中的预防措施，机车出段前应认真检查机车的控制系统(包括主变流器的冷却系统)，机车运行中应按机车操纵步骤进行正确操作，避免盲目性。同时，应严格遵守该类型机车应急处理故障的基本原则，首先应确保人身、设备和行车安全；当机车发生故障时，应尽可能避免堵塞区间，短时间内处理无效时，立即请求救援；司乘人员在汇报机车故障时应准确提供故障时间，故障部件代码及故障描述(机车计算机屏内有所显示)；机车运行途中当 B 类以上故障显示未消除时，低等级的故障不能显示，应定时查询故障并视情况处理；熟悉机车设备布置，熟练运用计算机系统“复位”、切除方法，并做到心中有数。尽可能避免、防止机车运用故障的发生，当机车运用故障发生后，也应冷静对待，正确处理，及时请求救援，妥善救援，作好防护，避免次生故障的发生。

注：兰新线哈密至柳园区段中烟墩至红柳河间改线前为近似 135 km 的 12.5‰连续长大上坡道，经改线降坡后为 157 km 的近似 6‰连续长大上坡道，下文与此均相同。

2. 主变流器 TCU1/D2 轴整流模块“炸裂”

事由：2013 年 5 月 14 日，$HXD_{1C}$ 型 0658 电力机车，牵引货物列车 41002 次，牵引定数 4 907 t，现车 56 辆，计长 68.9。运行在兰新线哈密至柳园区段照东至大泉间，突然计算机屏显示主变流器 TCU1 故障，机械间有“爆炸”声，并有白色烟雾冒出，列车于 3 时 17 分停在 K1102+243 m 处。经检查，发现主变流器柜被“炸开”，列车无法继续运行，于 3 时 23 分请求救援，列车于 4 时 51 分由区间被救援开车。区间总停时 94 min。

分析：该台机车返回段内，经检查，为主变流器 TCU1 的 2 轴整流模块炸裂(电容器爆炸)。造成主变流器爆炸的因素主要有主变流器偶件结构性缺陷(包括晶闸管与电容的匹配值不适)、过载、冷却系统发生故障或冷却能量不足。偶件缺陷主要导致部件承载力不足，达不到设计值要求；过载主要反映在电容的容量超载，使其产生溢容性“爆炸”；冷却力不足时，易导致设备在运转中过热，引起承载力不足而发生短路损坏。当机车运行中因此整流模块损坏时，造成主变流器接地、跳主断路器，机车损失一半牵引力，牵引力不足，请求救援。

3. 主变流器 TCU1 逆变模块炸裂

事由:2013 年 5 月 31 日,$HXD_{1C}$ 型 0333 电力机车,牵引货物列车 83164 次,牵引定数 4 905 t,现车 54 辆,计长 67.0。运行在兰新线哈密到至柳园区段的大泉至柳园间,机车计算机报警;主变流器 TCU1 故障,机车无功率输出,16:11 分停于区间 K1076+010 m 处。停车后与段技术支助热线"110"联系,在技术人员的指导下,故障无法恢复,于 16:20 请求救援,18:20在区间被救援开车。区间总停时 109 min。

分析:机车返回段内经检查:为主变流器 TCU1 逆变模块炸裂。故障成因,当主变流器逆变模块炸裂(能被炸裂的电子元件多数情况下属吸压电容,一般情况下属电压过高而过载引起)后,形成固定件不牢,而使其金属外壳接地,导致主回路接地(该类电子设备装置在主电路中),使主回路接地保护起作用,当接地保护作用时,主断路器跳闸将外电源断开,对机车电气设备相应起到保护作用。

措施:该故障属机车电子设备结构缺陷冗余量不足而损坏,引起的机车保护装置起保护作用造成机车运用故障。该类故障一般发生在机车运行中高负载高电压区间,作为机车运用预防及故障处理措施,首先机车投入部门应保证该类电子设备的运用质量;同时机车运行中,司机应注意机车输出功率的变化,当机车在高负载高电压段域时,应适当降低机车的功率输出,以改善主变流器的换向,避免该类设备浪涌电压超载运转。电容在主变流器内的作用就是吸压,当逆变电压过高超载,易引起电容超载下冗余量不足而发生超载爆炸,简称"容爆",也就是通常所说"炸壳"。除提高机车部件的产品质量外,希望机车运用者也能引此为戒,在机车运行中应精心操纵,避免类似的故障发生。

4. 主变流器 TCU1 故障

事由:2013 年 6 月 28 日,$HXD_{1C}$ 型 0312 电力机车,牵引货物列车 60004 次,牵引定数 4 887 t,现车 54 辆,计长 69.1,运行在兰新线哈密至柳园区段。哈密站 19:50 分开车,运行至尾亚至红柳河间,机车主变流器 TCU1 故障,列车于 0:22 分停于尾亚至红柳河 K1172+237 m 处。停车后与"110"联系,在专业技术人员指导下,故障无法恢复。于 0:31 分请求救援,列车于 2:25 分由区间被救援开车。区间总停时 123 min。

分析:根据当班机车司机所述故障情况,应为机车供给系统发生故障,即主变流器发生故障。当该项设备发生故障后,其被供给的 D1、D2、D3 台牵引电动机将被隔离不能工作,在 6‰ 的长大坡道上,对此列车的牵引定数将不能维持机车运行。同时当班司机对该台机车的故障检查处理情况没有给予应有的描述,是否属机车电气设备超负载保护停机,还是属设备永久性损坏造成的机车运用故障均未进行应有的描述。

措施:该故障属机车电气设备结构缺陷,在机车运用中引起机车保护卸载,使机车加不上载的运用故障。作为机车运用预防及故障处理措施,该类故障属机车主设备(主变流器)故障。对于该类故障机车计算机屏显均应有泛泛提示,并具有明确的指向,即主变流器故障,D1、D2、D3 牵引电动机被隔离。在通过计算机"复位"(或其他"复位")的处理方式,是否能将此故障消除,这样即可判断出故障属机车超载保护使主电路断路故障,还是微控系统紊乱或"死机"控制类故障,还是机车电气设备结构质地故障。属前两类故障机车均可通过应急处理("复位"的方法),维持机车运行,后者故障将不能维持机车运行。若机车能得到相应处理,即可避免机车运用故障的发生,尽可能避免机车途停事故的发生。

除上所述列举在机车主变流器 TCU 运用中发生模块损坏个例故障外,在此设备中曾发生类似的故障还有多次，有的类似故障几分钟处理到位，有几十分钟甚至数小时也未处理得当，但也有在处置中未停车就处理妥当了见表 10-1。

**表 10-1　2013 年乌/哈机务段主变流器 1/2 运用性故障统计**

| 途停/机车 | 车次 | 日期 | 地点 | 停时(min) | 原　因 |
| --- | --- | --- | --- | --- | --- |
| HXD1C-6205 | 86674 | 5-14 | 景峡—尾亚 | / | 主变流器 1 故障 |
| HXD1C-6180 | 10110 | 5-20 | 思甜站 | 5 | 主变流器故，大复位后正常 |
| HXD1C-0701 | 86674 | 6-11 | 尾亚—红柳河 | 2 | TCU2 输入过流 |
| HXD1C-0343 | 11058 | 6-17 | 思甜—景峡 | 22 | TCU2 主变流器被隔离 |
| HXD1C-6190 | 86672 | 6-23 | 思甜—景峡 | 48 | TCU1 故障被隔离 |
| HXD1C-6221 | 86993 | 7-10 | 火石泉—头堡 | 23 | 主变流器 TCU2“放炮” |
| HXD1C-0667 | 60006 | 8-27 | 景峡—尾亚 | 9 | TCU1 被隔离 |
| HXD1C-0275 | 10585 | 8-28 | 哈南—火石泉 | 116 | TCU1 接地被隔离被救援 |
| HXD1C-0266 | 10126 | 9-13 | 哈南—哈东 | 2 | 电器，主变流器 TCU1 接地故障 |
| HXD1C-0667 | 41008 | 9-21 | 山口—思甜 | 15 | 电器，主变流器 TCU1 故障 |
| HXD1C-6246 | 26010 | 9-21 | 火焰山站 | 4 | 电器，主变流器故障，跳主断 |
| HXD1C-0271 | 10128 | 10-31 | 大泉—柳园 | 3 | 电器，主变流器 TCU 故障跳主断 |

## 二、主变流器相关支撑辅(附)件故障个例

在此举例的故障主要发生在主变流器 TCU1/2 的相关支撑辅(附)件的故障，主要指二次谐振电路中的中间电容损坏，即电容在大电流过冗性损坏引起的电容“鼓包”，造成电容内部电解质液体涌出与电容壳体相接触，引起机车主回路接地。该类故障原因，一般也属间接因素所引起，该类故障的发生多数情况属机车负载电流长时间超高、超热(即散热不良)所引起，绝大多数情况在单台 TCU1(TCU2)内所发生，引起的故障后果是机车前(或后)转向架牵引电动机被牵引封锁无功率输出，在长大坡道上因牵引功率不足而被迫途停等待救援或车站被更换机车。

1. 牵引变流器 TCU2 内的电容故障

事由：2013 年 6 月 04 日，HXD1C 型 0472 电力机车，牵引货物列车 11039 次，牵引定数 3 671 t，计长 70.0，运行在兰新线哈密至鄯善区段。哈密东站 15:35 分开车，哈密东至哈密南间运行中机车多次发生主断路器“跳闸”，计算机屏显“TCU1m3 元件故障，TCU1m3A 相上管故障”，经计算机“复位”多次，将电机 3 隔离，合主断维持运行至哈密南站通过后，再次遇主断路器“跳闸”。计算机屏显示“TCU2 隔离，TCU2 充电超时，电机 4、5、6 隔离。列车于 16 时 16

分在 K1389＋282 m 处停车，停车后与段技术支助热线“110”联系，经技术员指导进行“大复位”后，故障仍未消除，16:25 分请求救援，17:22 分区间被救援开车，区间总停时 66 min。

分析：机车返回段内，经检查为主变流器 TCU2 内的电容损坏，并与柜体金属相接触。故障成因，造成该机车故障发生的原因为 TCU2 中间电容(C7)自身质量存在缺陷，电容内部电解质流出，使绝缘槽与电容壳体接触，造成主回路接地，TCU2 被隔离。机车无法继续运行。当司机在技术人员指导下进行计算机“复位”、“大复位”后无效，请求救援。

措施：该故障属机车电气电子设备的辅助件结构缺陷，在机车运用中正常负载下发生接地，引起的机车保护装置起保护作用造成机车运用故障。作为机车运用预防及故障处理措施，首先要保证设备的运用质量，该类故障在计算机屏显内均有所提示。若计算机屏显示上述“TCU2 充电超时”，已明确告知电容在超负载运转，这时，司机应降低机车输出功率，尽可能维持机车运行到前方站停车，待机处理或站内更换机车，避免堵塞正线的事故发生。同时，该类故障，采用计算机“复位”的方式是不能解决此故障的，计算机“复机”是在计算机控制紊乱或“死机”的故障情况才有效。如该设备属器质故障，有效的处理方法，只能通过减少其设备负荷，维持其运用(行)，即维持机车运行，待机车返段后报修。

2. 主变流器 TCU1 内电容 C5 损坏接地

事由：2013 年 6 月 13 日，HXD1C 型 0308 电力机车，牵引货物列车 88342 次，牵引定数 3 991 t，现车 53 辆，计长 69.7。列车运行在兰新线哈密至柳园区段的照东站停车待避再开车过分相后，起车运行中主断路器突然断开，故障信息显示 TCU1 主变流器回路接地，将手柄回零位后，按压计算机“复位”按钮，故障无法消除。于 7:43 分停在 K1112＋178 m 处，断开蓄电池开关进行了“大复位”，故障仍然无法消除。与段技术支助热线“110”联系，讲述故障现象和处理过程后，确认机车无法继续运行，于 7 时 53 分请求救援。9:28 分由区间被救援开车，区间总停时 105 min。

分析：待该台机车到达嘉峪关机务段，检查为主变流器(TCU1)内二次谐振电容 C5“鼓包涌液”造成主回路接地。故障成因，该类故障应属此电容负载过载引起的损坏，当主变流器内(TCU1)二次谐振电容 C5“鼓包涌液”损坏时，引起绝缘不良，而此时电容外壳与柜内金属体相接触接地，同时该电容又处在主电路中，因此引起主电路接地保护起作用，在主电路保护装置的驱使下，从而断开主断路器，使机车无动力源而无功率输出。该类故障在机车计算机屏显上均有相应故障信息提示。

措施：该故障属机车电子设备结构缺陷容量不足而损坏，引起的机车接地保护装置起作用造成机车运用故障。该类故障一般发生在机车运行中高负载高电压区间，作为机车运用预防及故障处理措施，首先机车投入部门应保证该类电子设备的运用质量；同时机车运行中，司机应注视机车输出功率的变化，当机车在高负载高电压段域时，应适当降低机车的功率输出，以改善主变流器的变流(整流)，避免该类设备的浪涌电压超载运转。该类故障不属机车计算机控制系统的通信故障，而属机车电器器质故障。因此采用“复位”与“大复位”处理的方法对此类故障是不起作用的。电容在主变流器内的作用就是吸压，消除谐振。当逆变电压过高超载，易引起电容超载下容量不足而发生超载损坏(如电容外形变形而鼓包，严重时发生“容爆”，也就是通常所说“炸壳”)，该类故障在前期典型故障案例内均有解读。除提高机车部件的产品质量外，希望机车运用者也能引此为戒，在机车运行中应精心操纵，避免类似的故障发生。

3. 主变流器(TCU1)内谐振电容被击穿漏液而接地

事由:2013 年 7 月 04 日,HXD1C 型 0305 电力机车,牵引货物列车 11042 次,牵引定数 4 721 t,现车 55 辆,计长 69.1,运行在兰新线哈密至柳园区段。哈密站 19:30 分开车,列车运行至尾亚至红柳河间,速度 76 km/h 时,机车突然跳主断路器,计算机屏显主变流器(TCU1)和牵引电动机 D1、D2、D3 被隔离。查询故障信息 TCU1 主回路接地,经对计算机控制系统"复位"处理后无效,在 TCU1 隔离情况下维持运行,机车以三台电机在 6‰的持续上坡道上无法满足牵引运行要求,于 22:38 分列车停在 K1154+637 m 处。司机进行"网络复位"(断 VCm1、2 后隔 30 s 以上)处理,故障消失。22:49 分起车继续运行,当列车运行速度达 24 km/h 时,上述故障重复出现,机车主断路器又进行保护。计算机屏显 TCU1 与 D1、D2、D3 再次被隔离,故障信息查询 TCU1 主回路接地。23:04 分在 K1150+916 m 处再次被迫区间停车。与段技术技助热线"110"联系,司机说明故障现象和故障信息,在专业人员指导下处理无效,要求请求救援,司机与柳园机务值班室联系,指导进行计算机复位,网络复位,大复位处理后故障消除。23:22 分升弓,闭合主断后试验正常,23:35 分由区间开车。区间总停时 31 min。

注:列车运行在大泉到柳园间的 K1075+00 m 处再次发生此类故障。

分析:机车在柳园入(折返)段后,经机车地勤质检人员检查,机车第一变流器(TCU1)内的二次谐振电容鼓包漏液,其漏液液体造成主回路接地。故障成因,TCU1 二次谐振电容鼓包涌(漏)液造成主回路接地,使机车保护装置作用,并触使主断路器跳闸,使机车加不上载。该类电容在此电路中起滤波作用,当机车处在高负载的高电压段时,由于设备存在缺陷,极易引起此类电容击穿而损坏,当此类电子设备击穿漏液引起接地后,保护装置起保护作用。当此类在卸载冷却一段时间,在机车微控系统复位后,机车还能以低速下(即低负载下的低电位)运行,当负载过高时,将会再次出现跳主断的保护作用。

措施:该故障属机车电子设备结构缺陷在机车运用中引起的机车接地保护起作用,导致主断随之断路,使机车加不上载的运用故障。作为机车运用预防及故障处理措施,该类故障属电子设备结构缺陷故障,计算机屏显有提示。TCU1 被隔离,相应被供电的 D1、D2、D3 牵引电机也被隔离,并没有指向性。同时,通过计算机"复位",网络"复位"或"大复位"的方式在一定条件下也不能将此类故障消除,"复位"是在计算机控制系统紊乱或"死机"的情况下才管用,如此类故障只能在设备(电子元件)冷却一段时间,还能在低负荷下维持运行。因此在机车运行中,当设备能恢复使用时,可视情况考虑在低负荷下维持运行至前方站,首先考虑是否影响正线行车堵塞,其次尽可能维持机车运行至目的地站,避免机车途停故障的发生。

4. 机车主变流器 TCU2 中间电容损坏

事由:2013 年 8 月 9 日,HXD1C 型 0327 电力机车,牵引货物列车 11060 次,牵引定数 3 567 t,现车 47 辆,计长 69.4,运行在兰新线哈密至柳园区段。列车运行到大泉站停车,机车主变流器 TCU2 发生故障,第二转向架三台牵引电动机被隔离,机车因牵引力不足,无法维持运行请求更换机车。在大泉站加挂机车后,于 16:11 分由大泉站开车,站内总停时 62 min。

分析:据司乘人员反馈信息,该台机车红柳河出站后,计算机报警:TCU2 充电超时,D4、D5、D6 牵引电机隔离。故障成因,由于 TCU2 中间直流回路二次谐振电容在机车持续高负荷下运行,造成此电路电气电子设备超载超容量"鼓包"损坏,同时计算机出现报警警告语:TCU2 充电超时与所被控制的 D4、D5、D6 牵引电机隔离,机车因此失去一半牵引力,机车不能继续维持运行，而被迫在车站更换机车。

5. 二次谐振 C5、C6 电容损坏涌液造成主回路接地

事由：2013 年 8 月 28 日，HXD1C 型 6288 电力机车，牵引货物列车 41002 次，牵引定数 4 919 t，现车 55 辆，计长 68.7，运行在兰新线哈密至柳园区段。哈密东站 21:52 分开车，列车运行到尾亚至红柳河站间，机车主变流器 TCU2 被隔离(电机 4、5、6 被隔离)。使用三台电机维持运行到红柳河站停车，停车后进行了故障处理无效后，于 2:20 分报告车站请求救援，随后分别与两位专业技术员联系请求支助。结果处理无效，在红柳河站更换机车后于 4:08 分开车，车站总停时 108 min。

分析：机车返回段内经检查，为牵引变流器 TCU2 中间直流回路二次谐振电容(C5、C6)鼓包涌液。故障成因，因 TCU2 中间直流回路二次谐振 C5、C6 电容鼓包，电容内部的电解液流出绝缘槽与壳体接触，造成机车主回路接地，TCU2 被隔离，机车 D4、D5、D6 牵引电机不能工作，导致机车牵引力不足，使机车被迫更换。该台机车于 8 月 25 日入段修，曾通知检修车间对该车进行电容更新改造，但检修车间未及时落实和完成对该机车电容的更新改造工作，将机车报交投入运用，导致机车运用过程中发生该类机车运用故障。

措施：该故障属机车电气电子设备结构缺陷冗余量不足损坏，在机车运用中引起保护装置起作用，造成机车运用故障。作为机车运用预防及故障处理措施，首先要保证设备的运用质量，该类故障在计算机屏显内均有所提示。此项故障实属电子设备吸收谐振波的冗余量不足，引起的工作不稳定，特别是机车处于高负荷区超载时，司机应适当降低机车输出功率，尽可能维持机车运行到前方站停车，避免堵塞正线的事故发生(如该台机车的状况)。同时，机车在持续高负荷工况下运行时，应根据线路情况，适当调整机车输出功率，使该类设备工作于一般的低负荷区域，避免持续高负荷运转，即可避免出现此类机车运用故障的发生。

6. 主变流器 TCU 辅件故障临修

(1)支撑电容鼓包涌液造成主回路接地

事由 2013 年 3 月，HXD1C 型 0486 电力机车牵引货物列车运行中，因主回路接地，TCU1 隔离故障。机车到段后扣修。

分析：该台机车返回段内，经检查，为主变流器 TCU1 主变流柜内 C3、C7 电容鼓包，内部电解质涌出绝缘槽与电容壳体接触，造成主回路接地，计算机屏显示主变流器 TCU1 被隔离故障。

(2)主变流器 TCU1 中间电容鼓包涌液造成主回路接地

事由：2013 年 6 月 24 日，HXD1C 型 6200 电力机车牵引货物列车运行中，因机车主变流器 TCU1 故障，计算机屏显：机车主回路接地，机车到段后扣修。

分析：机车入库经检查，主变流器 TCU1 中间电容因自身质量存在缺陷，此电容外形鼓包，内部电解质液体涌流出绝缘槽与电容壳体接触，造成主回路接地故障。

(3)主变流器 TCU1 中间二次谐振 C6 电容损坏

事由：2013 年 7 月 15 日，HXD1C 型 0479 电力机车牵引货物列车运行中，因机车主变流器 TCU1 故障，机车到段后扣修。

分析：机车入库经检查，主变流器 TCU1 中间二次谐振 C6 电容因本身质量存在缺陷，发生鼓包，电容内部电解质流出绝缘槽与电容壳体接触，造成主回路接地。

(4)主变流器 TCU2 中间电容超负荷鼓包损坏

事由：2013 年 8 月 31 日，$HXD_{1C}$ 型 6228 机车，牵引货物列车运行中发生机车主回路接地故障。机车入段后扣修。

分析：机车入库检查，经检查为主变流器 TCU2 中间直流回路二次谐振 C5、C6 电容超负荷鼓包，因电容内部的电解液流出绝缘槽与壳体接触，造成主回路接地，TCU2 隔离。经更换电容后，恢复正常。

除上所述列举在机车主变流器 TCU 运用中发生中间电容损坏个例故障外，在此设备中曾发生类似的故障还有多次，有的类似故障几分钟处理到位，有几十分钟甚至数小时也未处理得当，但也有在处置中未停车就处理妥当了见表 10-2。

**表 10-2　2013 年乌/哈机务段主变流器 1/2 运用性辅助支撑件故障统计**

| 途停/机车 | 车次 | 日期 | 地点 | 停时(min) | 原　　因 |
|---|---|---|---|---|---|
| $HXD_{1C}$-6188 | 57122 | 4-9 | 大步—十三间房 | 2 | 电器，原边电源超压跳主断 |
| $HXD_{1C}$-6205 | 86674 | 5-14 | 景峡—尾亚 | / | 电器，主变流器 1 故障 |
| $HXD_{1C}$-6180 | 10110 | 5-2 | 思甜站 | 5 | 电器，主变流器故，大复位后正常 |
| $HXD_{1C}$-0701 | 86674 | 6-11 | 尾亚—红柳河 | 2 | 电器，TCU2 输入过流 |
| $HXD_{1C}$-0343 | 11058 | 6-17 | 思甜—景峡 | 22 | 电器，TCU2 主变流器被隔离 |
| $HXD_{1C}$-6190 | 86672 | 6-23 | 思甜—景峡 | 48 | 电器，TCU1 故障被隔离 |
| $HXD_{1C}$-6221 | 86993 | 7-10 | 火石泉—头堡 | 23 | 电器，主变流器 TCU2"放炮" |

## 三、主变流器通信系统故障个例

在此举例 $HXD_{1C}$ 型电力机车故障主要发生在主变流器 TCU1/2 的通信系统，主要指主变流器 1/2 内所属信号通信障碍，即发生在所属接触器反馈电路，通信线路的接口电路与相关传感器电路控制部件损坏或接触不良(包括虚接)，或电磁信号干扰与保护电路起保护作用(也保护电气设备超载)等故障。在机车运用中该类故障一般可通过计算机控制系统"复位"与切除方法将其处置好，即可维持机车牵引运行。该类又是该型机车运行中发生较多的故障，同时也属较易处置的该型机车运行故障，在下文所举例中对此类损坏故障有详尽叙述。其次，在此也列举了相应在机车运行中发生该类故障后到段扣修时的检修类故障。

1. 机车在启动后发生"牵引封锁"

事由：2013 年 4 月 18 日，$HXD_{1C}$ 型 0479 电力机车，牵引货物列车 51102 次，运行在乌鲁木齐西至鄯善区段的巴哥站停车。当该站 16 时 28 分开放三道出站信号，具备发车条件后。16 时 29 分进行机车加载，速度运行到 6 km/h 时，机车突然降功率，计算机屏显示"牵引封锁"，因和谐电力机车解除牵引力后，速度下降较快，16 时 30 分处理故障完毕，重新加载，机车正常有速度，出站后运行正常。站内处理此故障未停车。

分析：该故障属计算机控制系统产生保护作用，其故障表现为机车加载之初发现降功(直至"0"功率)，计算机屏显提示"牵引封锁"(即微控系统产生保护作用)。原因属和谐电力机车采用微控模块进行程序控制，当某模块发生程序控制紊乱时，微控系统发生被突然断电或司乘人员误操作(包括微控系统接收到电磁类乱码信号)。发生此类故障时，均会在计算机屏内出现人机对话的文字信息提示故障存在。

措施：该故障属计算机控制系统产生保护作用，也属通信类故障。作为机车运用预防措施，该类故障均属突然发生，多数情况下与机车微控系统屏蔽不良受到机车电气设备(电磁接触器)接合与断开时释放形成的电磁波干扰有关，特别处于机车启动加载时。同时与司乘人员操作不当有关，即机车启动操作中反复加/减载中或未按机车操作程序要求操作。该类故障统属计算机控制系统故障，经对计算机控制“复位”就能进行相应处理好。

2. 牵引变流器 TCU2 通信故障

事由：2013 年 6 月 03 日，HXD1C 型 0343 电力机车，牵引定数 4 470 t，现车 52 辆，计长 63.4，运行在兰新线哈密至柳园区段。思甜站 13:40 分通过，13:49 分因机车主变流器 TCU2 通信故障，停于思甜站至景峡站间上行线 K1321＋63 m 处，14:08 分请求救援，14:11 分封锁区间。15:58 分由区间被救援开车，16:39 分到达景峡站，16:40 分开通区间。影响本列及 10587 次、88242 次、7554 次运行晚点。

分析：机车返回段内，通过机车事件记录数据分析，6 月 3 日 13:45 分计算机显示机车总线故障，13:46 分计算机显示机车 TCU2 通信故障，司乘人员对该机车进行计算机“复位”以及“大复位”后，故障无法消除，请求救援。通过以上情况分析及现场检查确认机车故障原因是牵引变流器 TCU2 通信接口插件故障，造成机车牵引封锁而无动力输出，请求救援，该故障属配件质量问题。根据“大功率交流传动六轴 7 200 kW 电力机车采购项目”质量保证要求，责任属南车株洲电力机车有限公司。

措施：该故障属机车电气电子设备中辅助件(插件接触不良)结构缺陷在机车运用中引起的机车通信中断，使机车加不上载的运用故障。作为机车运用预防及故障处理措施，该类故障属接触不良故障，计算机屏显有提示(即通信故障)，并没有指向性。同时，通过计算机“复位”的方式也不能对此将故障消除，“复位”是在计算机控制系统紊乱或“死机”的情况下才管用，如此类虚接与断路故障是无济于事的。因此在机车运行中，当使用无效时，应考虑到是否属线路的虚接(计算机屏有提示：总线故障)，多数情况下属计算机系统的接口类(包括线路接口)故障，可在断电的情况下对此类插座接口进行相应拔插检查，若能得到处理，即可避免此类机车运用故障的发生。

3. 主变流器 TCU2 网卡板 MVB 通信故障

事由：2013 年 6 月 22 日，HXD1C 型 6232 电力机车，牵引货物列车 83162 次，牵引定数 4 969 t，现车 56 辆，计长 68.2，运行在兰新线哈密至柳园区段。列车运行到尾亚进站处分相前联控正线通过，机车突然跳主断路器，计算机屏显：TCU2 被隔离。主手柄回零后，使用计算机“复位”，闭合主断，计算机屏显 TCU2、电机 4、5、6 隔离，通知尾亚站，请求站内停车处理故障，12:38 分尾亚站 2 道停车。停车后先联系段技术支助热线“110”指导，先将 TCU2 断开，20 s后闭后，机车故障不能消除。再把 TCU1、2 全断，20 s 后闭合，机车故障仍不能消除，最后使用“大复位”断开蓄电池闸刀 60 s 后，故障还是不消除，指导人员说故障无法处理，请求救援。然后继续与段“110”联系，指导按程序处理。12:58 分通知车站更换机车，继续处理故障，经断电降弓，将 TCU1、2 断开 20 s 后闭合，故障仍未消除。重复操作一次故障还是无法消除。按尾亚站通知，本列保留，机车开单机返哈。

分析：机车到哈密东折返段内整备场检查发现，TCU2 网卡板 MVB 通信故障，由于 TCU2 柜内 MVB 网卡板性能不稳定，机车在 6‰的坡道连续满功率运行约 2 小时发生 TCU2 隔离，机车发生被迫途停，随后司乘人员进行计算机“复位”、脱扣“复位”、“大复位”操作均未消除故障，TCU2 一直无法正常投入工作，因牵引力不足请求机车救援。

措施:该故障属电气电子设备结构缺陷,主要受机车满负荷运行或间隙机车超载的影响,机车保护装置起保护作用,因此引起的机车运用故障。作为机车运用的预防措施与应急处理方法,机车运行中当满负荷时线路纵断面出现缓和坡道时,应适当降低机车的功率输出,来向机车电气设备提供相应的"暂息"时间,避免连续持续长时间的高负荷运转,缓解此类因超负载引起。

4. 主变流器 TCU1 网卡板 MVB(即通信接口板)通信故障

事由:2013 年 6 月 23 日,$HXD_{1C}$ 型 6190 电力机车,牵引货物列车 86672H 次,牵引定数 4 934 t,现车 58 辆,计长 69.9,运行在兰新线哈密至柳园区段。列车在思甜站 20:57 分通过,21:12 分因机车主变流器 TCU1 故障在思甜站至景峡站间上行线 K1224+901 m 处停车,经检查处理无效后,于 21:20 分请求救援。当 21:30 分列车调度员下达救援命令,1:57 分司机反映机车故障排除,21:58 分调度员取消前发救援命令,86672H 次列车于 22:05 分由区间开车。影响本列及 JG364 次、10106 次、10108 次、K544 次列车运行晚点。区间总停时 53 min。

分析:机车返回段内经检查,为主变流器 TCU1 网卡板 MVB(即通信接口板)通信故障。故障成因,由于机车 TCU1 柜内 MVB 网卡板性能不稳定,导致机车在 6‰的坡道,牵引质量 4 934 t,连续满功率运行近 2 小时,估计为电磁热源温升超高下发生 TCU1 保护性隔离。机车故障后,司乘人员使用计算机复位、脱扣复位、大复位均未消除故障。机车停留一段时间后,由于晚上 21 点左右环境温度不高,此电气电子设备在卸载下得到相应冷却,司乘人员再次进行复位时,故障得到消失。但此时因机车在区间停留时间较长,造成机车区间正线途停故障。

5. 机车车辆控制模块 VCm1 性能不稳定引起通信故障

事由:2013 年 7 月 13 日,$HXD_{1C}$ 型 6222 电力机车,牵引货物列车 83162 次,牵引定数 4 982 t,现车辆数 57 辆,计长 62.7,运行在兰新线哈密至柳园区段。哈密站 8:15 分开车,运行至景峡至尾亚间,TCU1(被)隔离显示故障,D1、D2、D3 牵引电机故障(被)隔离。列车 11:15 分被迫停在 K1192+812 m 处。11:18 分请求救援。在等待救援期间进行故障处理,11:32 分故障处理完毕,通知车站可以运行,列车于 11:39 分由区间开车。区间总停时 17 min。

分析:机车返回段内经检查,机车控制系统外观检查正常,查询机车故障记录,有车辆通信总线 MVB 与之相控制系统的故障记录,疑似机车中的车辆控制模块 VCm1 故障。故障成因,车辆控制模块 VCm1 性能不稳定,造成其与多功能车辆总线 MVB 通信故障,引起牵引变流器 TCU1 被隔离,机车保护性跳主断路器,使机车加不上载。

措施:该故障属机车电气电子设备接口结构缺陷,在机车运用中引起的机车车辆总线通信故障,导致机车牵引变流器 TCU1 被隔离,使机车加不上载的运用故障。作为机车运用的预防及故障处理措施,该类故障属电子设备系统连络结构缺陷故障,计算机屏显有提示:TCU1 被隔离,相应被供电的 D1、D2、D3(牵引电机)也被隔离,并没有指向性。同时,从上述技术分析而言,估计属通信接口接触不稳,引起线路接触故障。此项故障通过微控系统"大复位"的处理方法能暂时性解决维持机车运行。司乘人员在机车出现故障后往往不能够冷静处置,如该项故障,在发生机车卸载后加不上载的情况时,首先要检视机车监视器(屏显)内的故障提示,再根据故障情况进行相应处理,在进行各类微控系统"复位"处理时,应规范地进行,即断电操作,系统断电间隔时间,与主断闭合的"三要素":一是,主断主触头在断开位;二是,辅助风缸不低于 375/450 kPa;三是,主断控制线圈有电压 75～110 V,符合此类操作条件时主断才能闭合。

6. 牵引变流器 TCU1 通信插件板接口接触不良

事由：2013 年 7 月 14 日，$HXD_{1C}$ 型 6205 电力机车，牵引货物列车 86672 次，牵引定数 4 950 t，现车 56 辆，计长 69.9，运行在兰新线哈密至柳园区段。哈密东站 9:28 开车，列车运行到尾亚至红柳河间，突然 TCU1（被）隔离，同时主断路器断开，计算机屏显示第一转向架无电流，人为合主断后，进行小"复位"，故障未消除，因牵引力不足，列车运行速度 13 km/h 时回手柄，实施制动停车。13:07 分停在 K1146＋615 m 处，13:16 分请求救援，同时进行计算机"复位"处理，13:18 分处理完毕，通知车站取消救援命令。16:22 分由区间开车，区间总停时 72 min。

分析：机车返回段经检查，查询计算机数据分析，为机车主变流器 TCU1 通信接口插件板 MVB 故障。故障成因，由于该通信接口插件板 MVB 故障，机车计算机系统不能正确读取 TCU1 的数据，导致网络误报 TCU1 通信故障。中央控制单元 CCU 根据程序发出故障处置指令，同时向 TCU1 发出隔离执行指令，机车保护性跳主断路器，机车卸载，计算机屏显机车故障项。在司乘人员对机车实施断电复位（大复位）后，中央控制单元 CCU 重新自检，故障点消除。

措施：故障项属机车电气电子设备通信接口连络结构缺陷，导致微控系统通信不稳定，在机车运用中引起保护装置起作用，造成机车运用故障。作为机车运用的预防及故障处理措施，首先要解决保证设备的运用质量。同时该类故障在计算机屏显内均有所提示，该项故障与上述所述故障的起因类似，均属通信接口插件接触不良而引起，因此此类故障一方面可通过提高设备质量，另一方面应加强机车运用人员运用技术技能的提高，保证机车在发生此类故障时，能认识并迅速处理好，避免堵塞正线行车事故的发生。

7. 主变流器 TCU1 通信接口板烧损

事由：2013 年 8 月 3 日，$HXD_{1C}$ 型 6183 电力机车，牵引货物列车 11052 次，运行在兰新线哈密至柳园区段。列车运行到思甜至景峡间，机车牵引变流器通信发生故障，司乘人员采取大复位后故障消除继续运行，运行中再次发生通信故障，司乘人员采取大复位后正常，该机车维持运行至柳园站。

分析：(1)机车修程：该台机车 2010 年 11 月 30 日资阳电力机车厂新造，该车配属乌鲁木齐机务段，新造后走行 439 515 km。

(2)检查情况：该台机车返回乌鲁木齐机段后，检查主变流器 TCU1 通信接口板烧损。经更换 TCU1 通信接口板后，恢复正常。故障成因，因 TCU1 通信接口板烧损，该板件于 2013 年 7 月 16 日，由株洲南车时代电气股份有限公司驻段售后服务人员负责更新改造，具体烧损原因需返回公司检验确定。

8. 主变流器 TCU1 传动控制单元电源板故障

事由：2013 年 9 月 04 日，$HXD_{1C}$ 型 6214 电力机车，牵引货物列车 11074 次，牵引定数 4 420 t，现车 61 辆，计长 67.1，运行在兰新线哈密至柳园区段。9:45 分由哈东站开车。列车运行到景峡站出站后，计算机屏显 TCU1 隔离故障，电机 D1、D2、D3 隔离，手柄回零，断开主断，将 TCU1 开关断开。经 30 s 后闭合 TCU1 开关，此故障消除。运行至红柳河站外，计算机屏再次显示 TCU1 隔离故障，电机 D1、D2、D3 隔离，再次进行了处理，此故障无法消除。与红柳河站联系，列车于 13:53 分停在红柳河站内 2 道。停车后，与段技术支助热线"110"联系，在其技术指导下进行处理，故障仍无法消除。与车站联系，通知列车继续运行。列车于 15:54 分从红柳河站开车，17:03 分停在大泉站，列车被保留。红柳河站内总停时 121 min。

分析：该台机车返回段内，经检查，为牵引变流柜(主变流器)TCU1 传动控制单元电源板故障。故障成因，因牵引变流柜内 TCU1 的传动控制单元电源板故障，当机车传动控制单元无电源输出，控制单元各板件无法正常工作。经计算机系统检测到牵引变流柜 TCU1 内此故障时，计算机屏显示故障为"TCU1 通信总线故障"，TCU1 被隔离，同时 D1、D2、D3 电机被隔离。该故障使用计算机复位及大复位时均无法消除，因此主变流器 TCU1 故障被隔离，机车牵引力减少一半，此牵引定数机车无足够动力牵引，导致机车被迫中断牵引运行。

措施：该故障属机车电子设备结构缺陷导致机车运用故障。作为机车运用的预防及故障处理措施，电子控制元件电源板一般均属电源不稳或短路时所引起。因此在机车操纵中应稳态进行，避免忽起忽落的操纵方式带来机车负载波动较大，导致机车辅助电源电压输出不稳。机车运行中发生此类故障属辅助控制，计算机屏显为泛泛而指，如该台机车所发生的电源板故障，屏显为：TCU1 通信故障。属此类故障，可采用一次性复位的方法(即部件复位方法)，可维持机车运行一段时间，不得连续多次重复使用此"复位"处理方法，以避免设备的损坏范围扩大。

9. 机车总线 MVB 网卡板性能不稳定

事由：2013 年 9 月 16 日，HXD1C 型 6292 电力机车，牵引货物列车 10128 次，牵引定数 4 902 t，现车 57 辆，计长 69.5，运行在兰新线哈密至柳园区段。5:15 分由哈密东站开车。列车运行到山口至思甜站间，由于前方区间线路占用，于 7:11 分停在 K1250＋360 m 处，7:25 分区间通过信号机显示进行信号，7:28 分启动列车。此时机车前转向架无功率输出，停车处理，7:32 分再次起车，故障再次出现，列车于 7:35 分停车，7:40 分于区间请求救援，9:13 分由区间被救援开车。10:03 分到达山口站停车再行处理后故障恢复。山口站正常开车。因此故障区间总停时 93 min。

分析：机车到段检查正常，计算机故障显示(记录)TCU1 通信故障。TCU1 机车总线 MVB 网卡板性能不稳定，引起机车 TCU1 通信故障，机车保护性分主断，到达乌机段后反复试验正常。故障成因，TCU1 机车总线 MVB 网卡板性能不稳定，引起机车 TCU1 通信故障，机车保护性分主断。司乘人员只进行了一次计算机复位，盲目请求救援。

措施：该故障属机车电子设备结构缺陷引起的机车运用故障。作为机车运用的预防及故障处理措施，该项机车故障属电子类隐性故障，是无法通过直视的手段检视出来的。机车运行中当计算机屏显通信类故障，一般属机车内部总线 MVB 卡板性能不稳定或网络接(节)点接触不良。该类故障是可通过计算机复位或网络复位将其故障消除，一般不应盲目请求救援，如该台机车司乘人员 7:35 分区间停车，7:40 分就请求救援，区停时间 10 min 不到，而且经被救援后站内处理又恢复正常。对该类故障此型机车处理的唯一手段就是计算机控制系统的复位操作，既然山口站内处理后机车能正常运行，就反证司乘人员在区停时复位处理不到位("复位"操作可进行 3 次)。希望能经此故障事例的经验，机车运行中发生故障时，首先应判明故障处所与原因，即根据计算机屏显的提示进行正确处理，避免行车事故的发生。

10. VH1 半电压传感器故障导致主回路接地

事由：2013 年 11 月 01 日，HXD1C 型 0463 电力机车，牵引货物列车 86674 次，牵引定数 4 769 t，现车 57 辆，计长 62.9，运行在兰新线哈密至柳园区段。哈密东 18:20 分开车，列车运行到尾亚至红柳河站间，计算机报警、屏显：TCU2 故障，主断路器断开，进行计算机"复位"后无效。于21:51被迫停车于 K1175+454 m 处。停车后进行网络“复位”后故障消除。于21:56分由区间开车，最高速度运行 5 km/h，走行了 113 m 后主断路器突然断开计算机报警、屏显：主回路接地，列车于 21:59 分停在区间 K1175-341 m 处，并与段技术支助“110”联系，在其指导下仍无法恢复，于 22:08 分请求救援，23:16 分由区间被救援开车。区间总停时 68 min。

分析：该台机车返回段内，经检查，为 VH1 半电压传感器电路故障导致主回路接地。故障成因，HXD1C 型电力机车主回路接地判断条件：当(全电压/2)-半电压≥720 V 时(全电压取 VH2 信号，半电压取 VH1 信号)计算机显示机车主回路接地。而该机车计算机事件数据记录显示 TCU2 中间直流回路半电压值有突变现象(忽高忽低)，同时伴随牵引变流器 TCU2 主回路接地两次的故障现象。据此判断该机车故障点为 VH1 半电压传感器工作性能不稳定，引起 VH1 电压传感器检测到的主回路电压有时偏低，使得(全电压/2)-半电压其结果值大于 720 V，计算机判断 TCU2 存在接地故障，引起牵引变流器 TCU2 隔离，造成机车保护性跳主断。

措施：该故障属传感器电路故障，形成永久性短路接地，发生主电路误导错误，使机车微控系统误认为主回路接路而起保护作用，导致机车运用故障的发生。作为机车运用预防的措施，机车出段前应认真检查好机车微控系统，并注重屏显结果，若有故障显示应及时反馈检修部门进行处理，避免机车带伤出段。机车运行中应按机车操纵步聚认真操作，避免盲目、盲从性，该型机车属电子模块化控制，计算机按程序指令进行着有序控制，若因操作中的错误或盲目、盲从性导致程序紊乱后，可通过计算机复位、网络复位进行重启机性恢复。但若遇因程序紊乱造成电磁干扰性短路或电路中插接头的松动引起的电蚀性短路损坏，何种复位也解决不了问题。因此在操纵该型机车中应注重精细化操作，尤其是提手柄加、减载与改变工况时，应循序稳进或缓退，避免次生故障的发生。

11. VH2 电压传感器故障

事由：2013 年 6 月 28 日，HXD1C 型 0275 机车，牵引货物列车 10585 次，牵引定数 4 947 t，现车 56 辆，计长 69.9，运行在兰新线哈密至鄯善区段。列车运行到哈密南站 4:44 分通过，因机车发生主回接故障，主断路器断开，机车失去外电源因此失去牵引动力，于 5:34 分停在哈密南站至火石泉站间下行线 K1383+384 m 处，司乘人员经计算机“复位”处理后无效，于 5:35 分请求救援。机车于 6:47 分被救援由区间开车，区间总停时 73 min。

分析：该台机车返回段内，经检查，因 VH2 电压传感器故障，使 VH2 电压传感器误检测到主回路电压偏低，此信号经计算机判断为主变流器 TCU1 存在接地故障，机车保护性跳主断路器、TCU1 隔离。该故障为机车电气设备故障属器件性，因此使用计算机“复位”是无效的。

12. TCU1 内 PS1 水压传感器故障

事由：2013 年 10 月 29 日，HXD1C 型 0466 机车，牵引货物列车 11013 次，牵引定数 4 947 t，现车 56 辆，计长 69.9，运行在兰新线鄯善至乌鲁木齐西区段。列车运行到煤窑沟站前要求站内停车，因在此区间内多次发生主断路器跳闸，于 7:59 分在站内停车。经司乘人员处理后，无法恢复正常，机车因此不能继续运行而请求更换机车。

分析：机车返回段内，经检查试验正常，查询计算机故障事件记录数据，因主变流器 TCU1 内水压传感器故障。由于 TCU1 内 PS1 水压传感器故障，无法正常将机车水压力信号回送给 TCU 内 SmC 板，SmC 板接收不到水压力则判定故障，实施了牵引封锁，机车保护性跳主断路器。该车 2013 年 8 月 11 日曾因冷却水系统故障，库内更换冷却塔钢丝软管，更换配件后未检查冷却水相关的配件，属检修检查不到位。

13. 主变流器 TCU2 通信故障

事由：2013 年 3 月 28 日，$HXD_{1C}$ 型 0343 电力机车，牵引货物列车 11058 次，运行在兰新线哈密至柳园区段。当列车运行到思甜站 18:43 分通过，19:25 分因机车第二转向架无功率输出，在思甜站至景峡站间上行线 K1218＋923 m 处停车，19:26 分请求救援。于 21:22 分由区间被救援开车。影响本列及 K596 次、11055 次、WX608 次、11060 次、WX610 次、11062 次、10126 次、10102 次运行晚点。

分析：该台机车返回段内，经检查与通过计算机数据分析确认。因主变流器 TCU2 出现通信故障，致使 TCU2 隔离，造成机车第 2 转向架的 3 台牵引电机无功率输出。司乘人员经计算机复位和大复位操作无效后，因机车仅三台电机工作，机车牵引力严重不足，而请求救援。该机车于前期担当牵引 11050 次列车牵引任务，运行至思甜站到尾亚站间因相同故障造成机破，随后机车附挂回段处理。该故障因前期查找处理不彻底导致再次发生。

14. 主变流器 TCU 通信类临修故障

(1)Km4 主接触器卡分

事由：2013 年 3 月 26 日，$HXD_{1C}$ 型 6229 电力机车在牵引货物列车运行中发生主变流器 TCU1 通信故障，机车入段扣修。

分析：经检查由于 TCU1 的 Km4 主接触器反馈信号线插头虚接，造成 Km4 主接触器在 3 s内未吸合，计算机显示 Km4 主接触器卡分故障信息，TCU1 牵引封锁。经更换 Km4 主接触器后，恢复正常。

(2)Km5 主接触器卡分

事由：2013 年 5 月 5 日，$HXD_{1C}$ 型电力机车在牵引货物列车运行中发生主变流器 TCU1 通信故障，机车入段扣修。

分析：该机车入段检查，经机车计算机记录数据转储分析，计算机系统显示充电超时故障信息，再经高压试验计算机板数字入出 4B 灯常亮。经检查充电接触器 Km5 辅助联锁常闭触点 21、22 断不开，常闭辅助联锁断不开的原因是联锁接线松动，造成此联锁接触不良。其电路工作原理为：该辅助联锁在本接触器吸合 3.5 s 后，电容充电电压达到 500 V 时，断开此辅助联锁的常闭触点，如此常闭触点未断开时，计算机在此接收信息为充电回路故障，计算机屏显充电超时，这样辅助变流器 TCU1 被保护隔离而因此发生计算机控制通信故障。

(3)TCU1 半电压传感器 VH1 故障

事由：2013 年 9 月 22 日，$HXD_{1C}$ 型 6292 机车，牵引货物列车运行中发生机车主回路接地故障。机车入段后扣修。

分析：机车入库检查，为 TCU1 半电压传感器 VH1 故障。正常情况下，VH1 传感器是接地检测电路的重要组成部分同时也检测直流支撑电压器件，给计算机传输直流支撑电压数据。传感器 VH1 故障无法检测中间直流支撑电压，计算机无法接收到此类信号，因此默认主回路接地。经更换 VH1 传感器后，恢复正常。

(4)TCU1 三轴充电接触器 KM6 卡分

事由：2013 年 10 月 29 日，$HXD_{1C}$ 型 0462 机车，牵引货物列车运行中发生机车牵引力封锁故障。机车入段后扣修。

分析:机车入库检查,为主变流器 TCU1 三轴充电接触器 KM6 卡分,致使计算机系统无法正常接收接触器的分断反馈信号,导致机车牵引力封锁。经更换接触器 KM6 后,恢复正常。

除上所述列举在机车主变流器 TCU 运用中发生中间电容损坏故障外,在此设备中曾发生类似的故障还有多次,有的类似故障 3 min 处理到位,有 10 多 min 才处理得了,见表 10-3。

**表 10-3　2013 年乌/哈机务段主变流器 1/2 运用性通信类故障统计**

| | | | | | |
|---|---|---|---|---|---|
| $HXD_{1C}$-0286 | 86672 | 7-18 | 景峡—尾亚 | 9 | 电器,TCV2 工作不稳定,环温高 |
| $HXD_{1C}$-6191 | 60004 | 7-20 | 尾亚—红柳河 | 12 | 电器,屏显 TCV2 网卡板故障 |
| $HXD_{1C}$-0350 | 11020 | 8-2 | 大泉—柳园 | 10 | 电器,TCU2 超温报警被隔离 |
| $HXD_{1C}$-0474 | 11071 | 9-5 | 尾亚—景峡 | 3 | 电器,TCU1 故障网络复位后正常 |
| $HXD_{1C}$-0478 | 80917 | 9-21 | 了墩—十三间房 | 3 | 计算机显屏通信故障,复位处理 |

## 四、主变流器 TCU 所属辅件损坏故障个例

在此举例的故障主要发生在主变流器 TCU1/2 的硬件部件故障,主要指整流器中控制三轴功率输出模块的损坏,即三轴逆变模块的附属电子设备"炸壳"波及损坏。该类故障一般属间接或负载损坏,即模块内电容"炸壳",此设备超负载长时间运行,整流器短路引起模块炸损及整流器中相应辅件的损坏。引起的故障后果是机车前(或后)转向架牵引电动机被牵引封锁无功率输出,在长大坡道上因牵引功率不足而被迫途停被救援或车站被更换机车。

1. TCU1 三轴逆变模块内部短路,引起三轴逆变模块炸损

事由:2013 年 8 月 24 日,$HXD_{1C}$ 型 0703 电力机车,牵引定数 3 965 t,现车 45 辆,计长 69.4,运行在兰新线哈密至柳园区段。哈密东站于 10:18 分开车。列车运行到尾亚至红柳河站间,该机车突然发生跳主断路器,并伴随有电器间"砰"地一声响,计算机屏显 TCU1 被隔离。打开电器间门,里间浓烟滚滚,列车被迫停于 K1151+913 m 处,给段技术支助求援联系,将故障情况说明,指导意见为:主变流器主机模板烧损,按其要求立即请求救援。于 14:58 分由区间被救援开车,区间总停时 74 min。

分析:该台机车属外局嘉峪关机务段支配,机车到段经检查,三轴整流器模块炸裂,外部直观看到模块上的 V2/V6IGBT 炸裂,模块上电容鼓包;三轴逆变模块上电容器鼓包。故障成因,牵引变流器 TCU1 三轴逆变模块内部短路,引起三轴逆变模块炸裂,同时大电流造成三轴整流模块支撑电容鼓包,导致机车发生故障。

措施:该故障属机车电子设备结构缺陷不稳定,在机车运用中引起保护装置起作用,造成机车运用故障。作为机车运用的预防及故障处理措施,首先要保证设备的运用质量,该类故障在计算机屏显内均有所提示,如上所述。此项故障属电子设备容量不足,引起工作中失衡而损坏。一般而言作为晶闸管的吸谐振电子元件(电容)其峰值耐电压是正常电压的 3～5 倍,现时所用电容未有此高的耐电压(约为 2 倍值),因此在高负荷区的减负荷时,主变流器电压会呈现陡然升高,导致谐振电容两端电压陡然变化而损坏电容。电容炸壳的故障表现就是电容两端端电压陡变的故障实质。同时电容的损坏也会导致相应被保护的模块损坏,如该台机车的电子部件损坏。作为机车运用中的预防措施,在机车运行操纵中处于高负荷区时,根据主变流器

中采用的电子元件冗余量不足的情况，应相对在机车高负荷区进入缓和线路减负时，应适当退位给流，缓和变流器两端的输入端电压，以减负谐振电容两端端电压，可避免此类故障的发生。

2. TCU1 中 M3 元件故障

事由：2013 年 9 月 07 日，HXD1C 型 0672 电力机车，牵引货物列车 86674 次，牵引定数 4 939 t，现车 56 辆，计长 69.9，运行在兰新线哈密至柳园区段。14:50 分由哈密东站开车。列车运行到景峡至尾亚站间，计算机屏显报警：TCU1 故障，立即进行计算机"复位"处理无效后，19:39 分列车停在 K1186+529 m 处。停车后，与段技术支助热线"110"联系，在其技术指导下进行处理，故障仍无法消除。于 19:42 分向尾亚车站请求救援。20:52 分由区间被救援开车，区间总停时 72 min。

分析：该台机车属外局兰州西机务段支配，机车运行中据司乘人员反映，机车运行中主断路器发生保护性跳闸，计算机屏显：主变流器 TCU1 被隔离。同时相应的 D1、D2、D3 电机被隔离，机车牵引力减半，无法完成现车牵引定数而被迫请求救援。故障成因，查询计算机事件记录显示 9 月 7 日 19:14:05 主变流器 TCU1 中 m3 元件故障、m3A 相上管故障、m3A 相下管故障，TCU1 三轴逆变模块 A 相门及驱动板故障，此类故障造成机车主变流器 TCU1 被隔离，同时此类故障运用计算机复位、网络复位以及大复位，故障也是无法消除的，此故障为控制 D3 牵引电机的主变流器控制门元器件故障。技术措施：反馈兰西机务段提高机车计算机板件质量。

措施：该故障属机车电气电子设备结构缺陷给机车带来运用故障。上述设备的故障均属主变流器中辅助功能模块故障，因此在计算机屏显上也有提示，即主变流器 TCU1 故障。作为机车运用的预防及故障处理措施，在机车操纵中应稳定进行，避免忽起忽落的操纵方式带来机车负载波动较大，导致机车辅助电源电压输出不稳而引起电子元器件的损坏。机车运行中发生此类故障，使用计算机复位、网络复位、大复位等技术手段均属无效，可根据计算机屏的提示：将 D3 牵引控制门从主流器上切除(甩)掉，即可运用五台牵引电动机维持运行。

3. CU2 传动控制单元电源板性能不稳定

事由：2013 年 9 月 16 日，HXD1C 型 0304 电力机车，牵引货物列车 10108 次，牵引力定数 4 308 t，现车 56 辆，计长 69.2，运行在兰新线哈密至柳园区段。列车 2:27 分在思甜站正常停车待避客车，2:51 分正常在该站起车运行至岔区时(速度 7 km/h)机车功率(输出)不稳，波动严重，列车运行速度持续下降，无法维持运行，于 2:58 分停在 K1239+531 m 处。经过处理，3 次起车过程中仍存在功率不稳，波动严重现象，于 3:25 分停在 K1239+405 m 处。3:27 分请求救援，3 时 33 分车站通知退回车站内。于 3:45 分退回思甜站内 4 道，前部加挂机车，于 5:40 分开车。区间总停时 54 min。

分析：该台机车返回段内经检查，为牵引变流柜 TCU2 传动控制单元电源板故障。故障成因，牵引变流柜 TCU2 传动控制单元电源板性能不稳定，造成机车传动控制单元无电源输出，控制单元各板件无法正常工作，计算机系统检测到牵引变流柜 TCU2 故障，计算机屏显示故障为"TCU2 通信故障，TCU2 隔离"。该故障使用计算机复位及大复位均无法消除。因 TCU2 故障被隔离，机车牵引力减少一半，导致机车在 6‰大坡道无法继续运行，请求救援。

措施：该故障属机车电子设备结构缺陷引起的机车运用故障，当主变流器 TCU2 内电源板故障，此系统内的相应控制模块在无电源供给下而失控，因此机车计算机屏显提示：TCU2 通信故障，TCU2 被隔离。作为机车运用的预防及故障处理措施，该项机车故障属电子类隐性故障，是无法通过直视的手段检视出来的。机车运行中操作回手柄退流时应匀速缓慢进行，避免电子设备内电磁波对此类设备的干扰影响。当机车运行中发生此类故障时，因该类故障无备件可替换，同时在此控制电源板损坏时，它担负着一台转向架控制设备的供电，因此其损坏就导致一台转向架的三台牵引电动机失效。在此故障情况下，若使用机车电子控制设备的三种复位方式无效时，司乘人员是无法处理此项故障的，只得请求救援。

4. TCU1 第三电机四象限 PWM 整流模块损坏

事由：2013 年 9 月 16 日，HXD1C 型 6220 电力机车，牵引货物列车 41002 次，牵引定数 4 746 t，现车 55 辆，计长 69.7，运行在兰新线哈密至柳园区段。23:53 分由哈东站开车。列车运行到照东至大泉站间，机车突然断主断，计算机屏显：TCU1 隔离。将 TCU1 复位后无效，被迫停车于 K1100＋660 m 处。停车后，进行网络复位（断 VCM1、VCM2）后，提手柄双跳主断，降弓，与段技术支助热线“110”专业技术员联系，按其要求又进行一次大复位，提手柄后仍跳主断，降弓。技术员告知：TCU1 模块故障，按其要求请求救援。列车于 6:00 分从区间被救援开车，区间总停时 84 min。

分析：机车到段查询计算机事件数据分析，故障现象与司乘人员反馈情况一致，进一步检查发现牵引变流器 TCU1 第三电机整流模块烧损。故障成因，通过机车计算机事件记录分析和现场检查，造成该故障的原因为 TCU1 第三电机四象限 PWM 整流模块烧损（模块内部支撑电容鼓包、模块整体鼓包变形）。由于 TCU1 第三电机四象限 PWM 整流模块内部支撑电容鼓包，机车中间直流二次谐振回路直流电压在规定时间内达不到预定值，计算机系统对 TCU 实施隔离、保护性跳主断，计算机屏显 TCU1 充电超时故障，机车处于 6‰长大坡道无法维持运行，请求救援。

措施：该故障属机车电子设备结构缺陷引起的机车运用故障。作为机车运用的预防及故障处理措施，该项机车故障属电子类隐性故障，是无法通过直接的手段检视出来的。机车运行中操纵提/回手柄给流/退流时应匀速缓慢进行，避免电子设备内电磁谐振峰值波对此类设备的干扰影响。当机车运行中发生此类故障时，在四象整流模块被烧损的影响下，其机车中间直流二次谐振回路受到影响，TCU1 被隔离，机车三台牵引电动机工作失效，机车在限制坡道上功率不足。在此类故障情况，除请求救援外，应注重被救援过程的安全注意事项，避免行车事故的发生。

5. 主变流器 TCU1 冷却进水口钢丝软管漏液

事由：2013 年 8 月 4 日，HXD1C 型 0466 电力机车，牵引货物列车 26043 次，运行在兰新线哈密至鄯善区段。列车运行到柳树泉时发生主变流器 TCU1 故障，经司乘人员对计算机控制系统进行“大复位”后，机车能继续运行。

分析：机车修程：该车由株洲电力机车有限公司制造，出厂日期 2010 年 12 月 8 日，配属段为乌鲁木齐机务段，新造后走行 429 746 km。

检查情况：该台车返回乌鲁木齐机务段后，经检查发现主变流器 TCU1 冷却进水口钢丝软管内部裂损漏液。经更换 TCU1 进水口钢丝软管，恢复正常。故障成因，该台机车返回段内后发现冷却塔中一塔冷却液漏完，进一步检查为 TCU1 进水口钢丝软管内部裂损漏液。因此主变流器得不到有效冷却，其工作温度升高，导致装置保护起作用。

6. 主变流器 TCU 控制模块临修

(1)机车控制模块 VCM 运行故障

事由：2013 年 3 月 24 日 $HXD_{1C}$ 型 6203 机车，牵引货物列车 57124 次运行至十三间房站机外停车（大步站至十三间房站间上行线 K1480＋507 m 处），15：29 分停车，15：35 分车站开放信号，再开车时，机车计算机屏显故障，机车加不上载，经司机处理后，15：54 分开车，区间停车 20 min。

分析：该台机车返回段内，经检查为机车控制模块 VCM 运行故障，该控制模块属网络控制系统 TCMS 的核心。具有与计算机屏显 IDU 显示有关的数据传输功能，由于 VCM 运行故障造成计算机屏显 IDU 无显示。经更换 VCM 控制模板，机车恢复正常运用。

（2）记录存储模块 ERM 故障

事由：2013 年 3 月 28 日，$HXD_{1C}$ 型 6186 电力机车牵引货物列车×××××次在吐鲁番站 23：55 开车，开车后机车持续加不上载，0：01 分停于 K1739＋778 m 处，因距离分相绝缘区较近，0：05 分请求救援。由吐鲁番站利用 11050 次机车 50307 号（库机段人员）救援。0：55 分区间开车，1：18 分到达吐鲁番站。区间总停时 77 min。

分析：待该台机车返回段内，经检查，因该类型机车装有 1 个记录存储模块 ERM，该模块位于机械间内，记录存储模块 ERM 通过多功能车辆总线 MVB（ESD＋）与其他设备通信。由于 ERM 模块故障，导致机车通信异常，造成机车牵引被封锁，引起机车故障加不上载，经更换此记录存储模块 ERM，机车恢复正常运用。

（3）主变流器 TCU2 半电压传感器 VA11 故障

事由：$HXD_{1CA}$ 型 6293 电力机车主变流器 TCU2 主回路接地故障。

分析：该台机车入段后，经检查为主变流器 TCU2 半电压传感器 VA11 故障，半电压传感器 VA11、VA12 构成机车主回路接地检测回路。当半电压传感器 VA11 故障后，无电压检测输出，逻辑关系被破坏，无法检测主回路绝缘状态，机车计算机屏显主回路接地故障。经更换 TCU2 半电压传感器 VA11 后试验良好。机车恢复正常运用。

（4）主变流器的进水金属软管压接处漏液

事由：2013 年 8 月 20 日，$HXD_{1C}$ 型 6207 机车，牵引货物列车运行中发现主变流器的进水金属软管压接处漏液，机车入段后扣修。

分析：机车入库检查，冷却塔—通主变流器的进水金属软管压接处漏液，因金属软管压接不到位，导致冷却液漏泄。经更换此软管，软管压接处漏液消失。

除上所述列举在机车主变流器 TCU 运用中发生 TCU 内辅件个例故障外，在此设备中曾发生类似的故障还有多次，基本上在 10 min 内处理到位见表 10-4。

**表 10-4　2013 年乌/哈机务段主变流器所属辅件损坏统计**

| | | | | | |
|---|---|---|---|---|---|
| $HXD_{1C}$-0286 | 86672 | 7-18 | 景峡—尾亚 | 9 | 电器，TCV2 工作不稳定，环温高 |
| $HXD_{1C}$-6191 | 60004 | 7-20 | 尾亚—红柳河 | 12 | 电器，屏显 TCV2 网卡板故障 |
| $HXD_{1C}$-0350 | 11020 | 8-2 | 大泉—柳园 | 10 | 电器，TCU2 超温报警被隔离 |

## 思　考　题

1. $HXD_{1C}$ 型电力机车主变流器运用故障表象主要有哪些？
2. 主变流器相关支撑辅助件指哪类部件？

3. 主变流器通信类故障有哪些?

## 第二节　辅助变流器 ACU 运用故障分析

HXD1C 型电机车辅助变流器 ACU 如前文所述装配有两套硬件设备与功能完全相同的装置,称之为 ACU1 与 ACU2(简称 ACU1 或 TCU2),即每套装置控制着机车三台牵引电动机辅助设备及附属装置电源转换与供给,它们与本章内第一节所述的 TCU 相似,分别由控制、监控、转换、通信、驱动(驱动辅助电机、电气设备)等系统组成。在机车运行(用)中此类系统均有故障发生,而该类故障发生的表象:计算机屏显均会有所提示,相应的辅助变流器被隔离(封锁),主断路器跳闸,ACU1 或 ACU2 发生通信故障。在本节举例的故障中均属作者所在单位 2013 年运用 HXD1C 型电力机车运用(行)中,曾发生在辅助变流器 ACU 所属设备装置的真实故障(包括机车入段扣修后的临修处理故障)。

### 一、机车辅助变流器 ACU1/2 故障个例

HXD1C 型电力机车的辅助变流器 ACU1/2 控制并监控着相应辅助设备装置,如牵引电动机通风机电机的工作运转状况,主、辅变压器冷却媒介体(油、水)冷却循环的监控与控制,使它们在恒温下工作运转。当该类电气设备装置发生故障时(包括所属传感通信线路及相应附设备)均会起相应保护作用,机车卸载,主断路器跳闸。机车运行中对待该类故障的处置,因绝大多数情况下并不影响机车维持运行,因故障体均为个件,即将相应故障个件切除掉或不与切除,即可维持机车牵引继续运行,待机车返回段内修理。

1. 辅助变流器 ACU2 被隔离

事由:2013 年 10 月 18 日,HXD1C 型 0299 电力机车,牵引货物列车 11083 次,牵引定数 3 704 t,现车 50 辆,计长 69.9 运行在兰新线柳园至哈密区段。柳园站 17:44 分开车,运行到红柳河至尾亚间,计算机屏显辅助变流器 ACU2 隔离报警,采取计算机复位处理后,仍未恢复正常,再次对隔离 ACU2 检查处理仍无效,采取停车措施,于 19 时 47 分停车于 K1170+00m 处,经专业技术员指导,将 ACU2 隔离后,试验能正常走车。于 20:00 分由区间开车,区间总停时 13 min。

分析:该台机车返回段内,经检查,为辅助风机轴承破碎,此风机不能转动,因此在辅助变流器 ACU2 风机的电路上无反馈信号,计算机控制系统默认为 ACU2 故障,因此对 ACU2 进行隔离。该型机车有同样功能的 ACU 两套,当一套损坏后,仅凭一套即可维持机车运行(注:辅助变流器 ACU2 内的通风机轴承损坏,其不能对此装置冷却,致使该装置不能工作,也属 ACU2 故障)。

措施:该故障属机车辅助变流器 ACU2 内通风机轴承破碎,为机械故障,导致机车运用故障的发生。作为机车运用预防的措施,机车出段前应检查好机车外,当机车运行中,发生此项故障时,因该装置有两套,机车运行仅有一套此类装置就能满足机车的正常运行。因该班司乘人员缺乏此方面的知识,还要经询问查找,心中无预案,导致区间停车而延误。正确的处置方法,可对此计算机控制系统进行复位(或大复位),将此故障 ACU2 甩掉(隔离),凭 ACU1 机车即可正常运行。

2. 辅变流器 ACU1、2 发生紊乱故障

事由：2013 年 11 月 06 日，HXD1C 型 0282 电力机车，牵引货物列车 41026 次，牵引定数 4 457 t，现车 53 辆，计长 64.1，运行在兰新线鄯善至哈密区段。鄯善站 3:05 分开车，6:10 分到达柳树泉站 7 道停车，停车后车站通知因施工原因接触网断电要求，机车降弓待命，6:15 分司机降弓后，通知车站。9:49 分车站开放出站信号后，通知司机可以升弓，9:55 分对列车缓解充风，发现机车计算机屏显：ACU1、机车总线故障，10:00 分通知车站，ACU1、2 故障，车站 10:05 分关闭出站信号机，并与技术部门联系，经处理后，于 11:17 通知车站故障解除，机车正常开车，车站通知等时再开车，于 10:37 分开放出站信号机后正常开车。因此站内总延停时 48 min。

分析：该台机车返回段内，经查询计算机下载数据分析，认定是变压器油温高保护起作用。故障成因，该故障属计算机通信故障引起的误保护作用，即计算机通信故障引起的保护装置起作用，使工作电机被隔离。对 SMC 板(传感器线路过渡板)进行更换后，机车计算机控制系统运行正常。

措施：该故障属该型电力机车计算机控制下通信系统结构缺陷，造成机车保护装置起保护作用，导致机车运用故障的发生。作为机车运用预防的措施，该类故障属此类电力机车计算机控制下电子模块分控工作，计算机控制均按程序设计有步聚循序工作。司乘人员在对机车操作或故障处置中，切不可盲目、盲从进行。如此将可能造成计算机控制程序的紊乱而出现计算机控制系统的“死机”，即将工作部件隔离。如此被隔离的 AUC1、2 故障属机车辅助电机提供电源装置，当此发生程序故障时，将起保护作用，并断开主断路器，停止外电源向机车供电。机车运用中当发生此类故障时，可进行计算机控制“复位”或网络系统“复位”，使其输入操作指令的紊乱程序可得到恢复，即计算机控制系统可得到恢复而重新启机。计算机系统控制下操作机车的特征就是按该型机车操作手册规定的步聚要求进行规范操作，并稳妥缓慢进行，切忌盲目、过急性操作。

3. 辅助变流器 ACU 故障临修

(1)辅助变流器 ACU2 冷却风机轴承损坏

事由：2013 年 3 月 7 日，HXD1C 型 6214 电力机车，牵引货物列车运行中，因辅助变流器 ACU2 被隔离故障，机车入段后扣修。

分析：机车返回段内经检查，为辅助变流器 ACU2 附属装置冷却风机故障，因风机无法解体，从故障风机情况初步分析是电机轴承发生故障，造成风机转动不平衡，偏磨导致电机内部绕组绝缘破坏、烧损，造成辅助变流器 ACU2 冷却风机保护装置起保护作用“跳闸”，在机车计算机控制系统的干预下，此冷却风机无工作指令，冷却风机不能转动，ACU2 受温升影响被保护，机车因此卸载，计算机屏显 ACU2 故障被隔离保护。

(2)辅助变流器 ACU1 的 DC 110 V 电源接地

事由：2013 年 4 月×日，HXD1C 型 6179 电力机车辅助变流器 ACU1 故障，DC 110 V 接地故障扣修。

分析：该台机车入段，经检查为辅助变流器 ACU1 内 K1 接触器旁通电阻紧固螺栓松动，电阻搭接在 K1 接触器连接母排上，致使机车计算机屏显辅助变流器 ACU1、DC 110 V 接地故障现象，紧固此电阻安装螺栓后试验正常，机车入段整修该部位检查由机车大厂服务组负责，整修标准未落实到位。

(3)辅助变流器(ACU1)接地

事由:2013 年 5 月×日,HXD1C 型 0477 电力机车因辅助变流器(ACU1)接地故障扣修。经检查发现接触器(K1)主触头信号反馈线绝缘层破损。处理:更换 K1 接触器主触头信号反馈线。

分析:因辅助变流器(ACU1)的主接触器(K1)主触头信号反馈线与主接触器底座接磨,造成主触头信号反馈线(K1 号～6 号)线绝缘层破损,导致辅助变流器(ACU1)主回路接地。定责:按照质保期定责株洲电力机车厂。

(4)辅助风机电机绕组短路烧损

事由:2013 年 5 月 8 日,HXD1C 型 0469 电力机车运行途中辅变风机自动脱扣自动断开,显示 ACU1 隔离故障,机车返回段内进行扣修。

分析:入库检测辅变风机绕组接地,柜体内存在绝缘物烧损的焦糊味,该类电机本段不具备解体检查能力,判断为电机绕组短路烧损。

(5)辅助变流器 ACU1 三相输出电压传感器故障

事由:2013 年 5 月 12 日,HXD1C 型 0477 电力机车牵引货物列车运行中,因辅助变流器 ACU1 故障;主断路器跳闸,机车到段后扣修。

分析:机车入库经检查为辅助变流器 ACU1 三相输出电压传感器故障,因 ACU1 三相输出不平衡,导致机车跳主断路器。经更换 SV4、SV5、SV6 电压传感器后,恢复正常。

(6)辅助变流器 ACU1 冷却风机电机轴承损坏

事由:2013 年 7 月 16 日,HXD1C 型 0483 电力机车牵引货物列车运行中,因机车辅助变流器 ACU1 冷却风机工作中有异音。机车到段后扣修。

分析:机车入库经检查,该冷却风机电机轴承故障,造成风机动平衡破坏产生异音,经更换冷却风机电机后,恢复正常运转。

(7)冷却风机驱动电机轴承故障

事由:HXD1C 型 0483 电力机车辅助变流器 ACU1 冷却风机有异音故障。

分析:该台机车返回段内,经检查,从故障风机情况初步分析(风机无法解体,返大厂修),属冷却辅助变流器 ACU1 风机轴承故障,造成风机动平衡被破坏产生异音,更换风机后正常。属机车大厂装配不到位。

(8)第 1 牵引风机(轴承损坏)振动噪声大

事由:2013 年 6 月 30 日,HXD1C 型 6207 电力机车牵引货物列车运行中,因第 1 牵引风机有异音振动大故障,机车入段扣修。

分析:机车入库检查,从故障风机情况初步分析是电机轴承故障,造成风机动平衡破坏产生的振动噪声,经更换风机后,恢复正常运转。

(9)辅助变流器 ACU1 柜内冷却风机电机轴承损坏

事由:2013 年 7 月 4 日,HXD1C 型 6209 电力机车牵引货物列车运行中,因机车辅助变流器 ACU1 柜内风机故障,机车入段扣修。

分析:机车入库检查,从故障风机情况初步分析属辅助变流器 ACU1 柜内冷却风机电机轴承故障,造成风机动平衡被破坏产生异音,经更换此风机后,恢复正常运转。

除上所述列举在机车辅助变流器 ACU 运用中发生辅助性电气设备损坏个例故障外,在此类设备中曾发生类似的故障还有多次,有的经 1 min 处理到位,有的经几分钟处理,也有在故障处置中未停车就处理妥当了,见表 10-5。

**表 10-5 2013 年乌/哈机务段辅助变流器 ACU1/2 运用性故障统计**

| 途停/机车 | 车次 | 日期 | 地点 | 停时(min) | 原因 |
|---|---|---|---|---|---|
| $HXD_{1C}$-0477 | 26001 | 5-6 | 了墩站 | 2 | 电器,辅助变流器故障 |
| $HXD_{1C}$-0705 | JG350 | 6-18 | 大泉—柳园 | 3 | 电器,辅助变流器故障 |
| $HXD_{1C}$-0495 | 11012 | 7-5 | 大步—十三间房 | 4 | 电器,ACU2 接地,跳主断 |
| $HXD_{1C}$-0702 | WM111 | 7-12 | 烟墩—红旗村 | 3 | 电器,ACU2 接地,大复位后正常 |
| $HXD_{1C}$-0242 | 26065 | 7-18 | 红山口—巴哥 | 5 | 电器,辅助变流器故障 |
| $HXD_{1C}$-0242 | 10581 | 8-1 | 煤窑沟—夏普吐勒 | 1 | 电器,辅助变流器故障 |
| $HXD_{1C}$-0484 | 11041 | 8-5 | 雅子泉—了墩 | 2 | 电器,辅助变流器故障不泵风 |
| $HXD_{1C}$-6179 | 11089 | 8-11 | 山口—烟墩 | 34 | 电器,辅助变流器 1 故障 |
| $HXD_{1C}$-0313 | 10108 | 8-28 | 夏普吐勒站 | 8 | 电器,ACU1 故障 |
| $HXD_{1C}$-0472 | 10128 | 10-20 | 烟墩—山口 | 3 | 电器,辅助变流 ACU1 故障 |
| $HXD_{1C}$-6212 | 83133 | 10-25 | 了墩—十三间房 | 14 | 电器,ACU2 故障跳主断 |
| $HXD_{1C}$-0277 | 11028 | 10-29 | 尾亚—红柳河 | 2 | 电器,辅变 ACU2 故障 |
| $HXD_{1C}$6187 | 10581 | 10-27 | 头堡站 | 14 | 电器,辅变 ACU 故障 |

## 二、辅助变流器 ACU 支撑件故障个例

$HXD_{1C}$ 型电力机车的辅助变流器 ACU 支撑件电气设备,如构架成该系统的支撑件有辅助电源、电源柜、蓄电池与相应线路的接触器;主控电路与相应控制模块和模块控制电路的有触点电气设备。当该类电气设备装置发生故障时均会起相应保护作用,机车卸载,主断路器跳闸。在下文所举例中对此类电气设备损坏故障有详尽叙述。

1. 蓄电池不能被充电

事由:2013 年 11 月 27 日,$HXD_{1C}$ 型 6235 电力机车,牵引货物列车 26035 次,牵引定数 3 227 t,现车 56 辆,计长 69.3,运行在兰新线鄯善至哈密区段。列车运行到红旗坎至鄯善间,计算机突然提示蓄电池电压低于 77 V。列车于 1:20 分停在 K1644+386 m 处,1:21 分报告车站及后续列车后,进行了计算机控制系统大"复位"处理后无效,于 1:27 分请求救援。列车于 2:30 分由区间被救援开车,区间总停时 79 min。

分析:该台机车返回段内,经检查,机车蓄电池电压远低于原始电压(77 V),而降至 46 V左右;同时控制柜内的充电闸刀在断开位(注:此柜在机车出段运行前就按机车操作规定被锁闭,司乘人员无法开启)。故障成因,因蓄电池充电闸刀在升弓前处于断开位,蓄电池电源通过 F02 和 F03 自动开关向升弓电路提供电源,机车可以正常升弓。该型机车的控制电源是来自蓄电池的,即辅助电源系统向蓄电池充电,并经蓄电池稳压后,再向机车控制系统提供稳定的直流电源。但蓄电池不能正常充电,在机车运行中还不断在向机车控制电路提供电源而放电,引起蓄电池严重亏电,直至机车受电弓自动降弓(当月 20 日夜机车入库进行蓄电池充电作业断开了蓄电池充电闸刀,未按要求闭合),机车无外电源输入而无功率输出而停车。

措施:该故障属机车用电气设备结构缺陷与检查作业不到位,导致机车运用故障发生。作为机车运用预防的措施,了解辅助电压作用,给蓄电池充电,蓄电池给低压控制电路提供电源,

一旦辅助电压不足，蓄电池亏电，直接造成受电弓升弓电磁阀失电断开，受电弓降弓后全车无电。而且出现以上故障时，因机车司乘人员未配备打开低压电器柜的专用钥匙，无法对此故障实施处置。经此项故障应汲取的机车运用经验教训：在电力机车升弓后，司乘人员应认真确认辅助充电电流显示正常与否，运行中应注重检视辅助电压显示正常与否，一旦出现异常必须站内停车检查处置，不得盲目维持机车运行。

2. 辅助变流柜没有接收到主断合而不能正常启动

事由：2013 年 12 月 17 日，HXD1C 型 6334 电力机车，牵引货物列车 11064 次，定数 4 455 t，现车 53 辆，计长 65.3。于 12:22 分进入小草湖站Ⅱ道（列车尾部未过标），12:23 分司机报告机车辅助变压器故障，处理后，于 12:52 分动车，12:54 分整列进站。司机报告无法保证正常运行至哈密东站，利用站内 11041 次机车（HXD1C 型 0297 号）挂 11064 次列车，于 14:07 分开车。站内总停时 105 min。

分析：机车到段检查试验正常，通过数据分析发现，12:13:44 过分相预告，主断断开，12:14:11 分相区过，12:14:15 主断合，12:14:18 出现“辅变 1 和辅变 2 输入电压异常”记录。故障成因，应属辅助变流柜没有接收到主断合信号，辅助变流柜不能正常启动，辅变 ACU1 和 ACU2 隔离，造成负载水泵无电源供给不能运转，TCU 水压低于报警值，导致 TCU 保护性牵引封锁。提供信号的是主断合，中间继电器 K01 断路，分析其触点虚接，造成变流柜没有接收到主断合信号。

措施：该故障属机车电气设备结构缺陷与运用人员对故障处置要点不熟悉，导致机车运用故障的发生。作为机车运用预防的措施，该类故障属潜在性故障，一般在机车运用中突然发生，因此对该类机车运用故障的处置要有预案。该项故障属机车通信类故障，对于该类故障处置，前项已有说明，机车微控系统中若不属部件器质性故障，就属软件类故障，均可采用机车大复位的方法来求得解决，在此类故障情况下，计算机的故障表现均为“死机”，重新启动计算机系统就能解决此类故障。希望此项故障能给同仁们带来经验，避免此类故障的发生。

3. 辅变 ACU2 风机轴承受污固着

事由：2014 年 03 月 19 日，HXD1C 型 0354 机车，牵引货物列车 85181 次，牵引定数 1 406 t，现车 62 辆，计长 68.8。运行在兰新线的柳园至哈密区段的红柳河至尾亚间。列车于 19:23 分停在红柳河站至尾亚站间下行线 K1172＋621 m 处，因机车辅助变流器故障，处理后 19:29 分开车。区间总停时 6 min。

机车返回段内，经检查，辅变风机的轴承密封性能不足，粉状物质附着在辅变风机叶轮上和进入轴承内部。

分析：因辅变风机的轴承密封性能不良，机车长时间在恶劣的环境下运行，造成风机轴承油脂干枯，发生轴承固死故障，造成该风机不能正常运转。因辅变风机故障造成冷却效应下降，ACU2 因电磁热度逐渐升高超限被保护隔离，主断路器因此也跳闸断开外电源，机车无动力而被迫区间停车。

措施：该故障属机车电气设备机械结构缺陷，引起辅变冷却能力下降，造成机车运用障碍。作为机车运用预防的措施，该类故障属机车运用中的隐蔽性故障，该类故障只能发生在机车运用中，因辅变环温的上升超限而发生机车运用故障。该类故障除从设计制造方面改进外，在机车运用中当发生此类故障时，可将故障的辅变切除掉，仅凭一台辅变也能维持机车运行。如该台机车属辅变 ACU2 发生故障，即可将此台 ACU2 甩掉，仅凭 ACU1 就能维持机车运行至目的站。

除上所述列举在机车辅助变流器 ACU 运用中发生辅助性电气设备损坏个例故障外，在此类设备中曾发生类似的故障还有多次，有的经几分钟处理到位，也有在故障处置中未停车就处理妥当了，见表 10-6。

**表 10-6　2013 年乌/哈机务段辅助变流器 ACU1/2 支撑件故障统计**

| 途停/机车 | 车次 | 日期 | 地点 | 停时(min) | 原　　因 |
|---|---|---|---|---|---|
| HXD1C-0477 | 26001 | 5-6 | 了墩站 | 2 | 电器，辅助变流器故障 |
| HXD1C-0705 | JG350 | 6-18 | 大泉—柳园 | 3 | 电器，辅助变流器故障 |
| HXD1C-0495 | 11012 | 7-5 | 大步—十三间房 | 4 | 电器，ACU2 接地，跳主断 |
| HXD1C-0702 | WM111 | 7-12 | 烟墩—红旗村 | 3 | 电器，ACU2 接地，大复位后正常 |
| HXD1C-0242 | 26065 | 7-18 | 红山口—巴哥 | 5 | 电器，辅助变流器故障 |

## 三、辅助变流器 ACU 通信故障个例

HXD1C 型电力机车的辅助变流器 ACU1/2 通信装置，担负着该系统传递计算机指令与反馈此系统内的电气设备信号的任务，达到正确控制与相应控制电气设备正常运转，并正确及时反馈所被控电气设备工作运转状况，通过计算机屏显反映出来。如 ACU1/2 模拟信号输出板，机车各类动力装置电机电气设备经传感器传送的信号等。当该类电气设备发生故障时(包括所属传感通信线路及相应附属设备)均会起相应保护作用，机车卸载，主断路器跳闸。在下文所举例中对此类电气设备损坏故障有详尽叙述。

1. 辅助变流 ACU2 模拟信号输出板故障

事由：2013 年 4 月 8 日，HXD1C 型 0470 机车，牵引货物列车 57119 次，运行在兰新线哈密至鄯善区段，火石泉站 4:24 分通过，头堡站(计划通过)进站时司机反映机车主断路器合不上，于 4:57 分站内停车，经司机处理后 5:05 分开，站内停时 8 min。

分析：该台机车返回段内，经检查为辅助变流 ACU2 模拟信号输出板故障，错误发出接地信号指令，计算机接收接地信号指令后，导致机车主断路器跳开，因存在接地故障指令主断路器无法闭合，使用计算机“复位”处理后，故障点消除。

2. 机车 D5 电机轴承温度高报警

事由：2013 年 5 月 2 日，HXD1C 型 6180 电力机车，牵引货物列车 10110 次 7:23 分到柳园站，计划 7:45 分开。因该台机车存在故障，外局司机拒绝接车，入段更换 HXD1C 型 9(6)328 电力机车 * 后，8:41 分开车，影响本列柳园站晚开 56 min。

分析：该台机车到段检查，经查询计算机故障记录：D5 电机温度超温报警，从计算机报警数据可判断为温度传感器故障导致，从该车故障情况分析，一是按照《HXD1C 型机车维持运行、继乘站更换机车条件》第一款站接维持运行的条件第 3 条的规定(切除一台牵引电机、一台油泵、一台通风机，一台压缩机)，该机车可将 D5 电机甩(切)除维持运行，另一方面因“两局一线”方案刚刚实施，为防止机车运行至兰州局管内产生其他方面的质量问题，在机车存在无法准确判断的故障或无法消除的故障时，司乘人员应及时与计划调度员联系，及时组织更换机车，减少交接时发生问题。

注：* 该台机车局编号为 HXD1C 型 9328 机车，出厂号为 HXD1C 型 6328 机车。

3. 辅助变流柜 ACU2 三相电源输出电压传感器故障

事由：2013 年 5 月 13 日，HXD1C 型 0472 电力机车，牵引货物列车×××××次，运行在兰新线鄯善至乌鲁木齐西区段。当列车运行到乌鲁木齐西至二宫站间，机车主断路器突然跳闸，司机实施列车制动，于 8:31 分停在 K1958＋600 m 处，处理后，列车于 8:38 分由区间开车。区间总停时 7 min。

分析：机车到段检查，通过计算机故障记录分析，由于辅助变流柜 ACU2 三相电源输出电压传感器 SV5 模块性能不稳定，导致机车保护性跳主断路器。

4. 机车车辆通信控制模块 VCM1 电源断路

事由：2013 年 7 月 2 日，HXD1C 型 6221 电力机车，牵引货物列车 WM333 次，运行在兰新线柳园至哈密区段。当列车运行到景峡至思甜间 K1215＋563 m 处，因机车主断路器不闭合，使机车失外电源无动力而停车。经司机处理完毕后，列车于 23:46 分由区间开车。区间总停时 6 min。

分析：机车返回段内经检查，为机车车辆通信控制模块 VCM1 的电源脱扣开关(22-F101)发生故障，有时不能自锁而自动断开。司乘人员采用计算机复位处理后无效，停车实施大复位时，检查发现 VCM1 电源脱扣跳开，闭合后正常。故障成因，因此模块电源脱扣故障发生电源供给断路，机车运行过程中因振动导致脱扣跳开，VCM1 断电，计算机显示 VCM1 故障，机车过分相后主断路器(使用自动过分相)不能自动闭合。司乘人员采用计算机复位无效，停车实施大复位时，检查发现 VCM1 电源脱扣跳开，闭合后正常。

5. 辅助变流器 ACU 通信故障临修

(1)辅助变流器(ACU1)K1 接触器接触不良

事由：2013 年 5 月 19 日，HXD1C 型 6188 电力机车牵引货物列车运行中，因机车辅助变流器 ACU1 发生通信故障，主断路器断开，机车入段后扣修。

分析：机车入库后经检查，由于辅助变流柜(ACU1)K1 接触器线圈过热，使线圈阻值增大，电磁力吸力减小不能闭合，在主触头不能吸合的同时，也造成 K1 接触器辅助联锁不能有效吸合，使其通信中断，机车微控指令起保护作用，主断路器跳闸，机车无电源供给而失去动力。

(2)辅助变流器 ACU1 的主接触器 K1 卡分

事由：2013 年 6 月 24 日，HXD1C 型 6212 电力机车牵引货物列车运行中，因机车辅助变流器 ACU1 被隔离，主断路器断开等类机车运用故障发生，机车到段后扣修。

分析：机车入库经检查，因机车辅助变流器 ACU1 的主接触器 K1 卡分(卡滞接触不良)，影响到此接触器反馈信号不能通信，机车计算机控制系统默认为 ACU1 通信故障，将 ACU1 隔离保护。

(3)辅助变流器 ACU1 控制箱内 CPU 板软件程序紊乱

事由：2013 年 7 月 7 日，HXD1C 型 6212 电力机车牵引货物列车运行中，因辅助变流器 ACU1 发生故障被隔离，机车到段后扣修。

分析：机车入库经检查，因 ACU1 控制箱内 CPU 板软件程序紊乱，导致机车计算机系统判断 ACU1 均压电阻故障，ACU1 隔离，刷新控制程序后，恢复正常。

(4)ACU1 控制箱内 CPU 板软件程序紊乱

事由:2013 年 8 月 10 日,$HXD_{1C}$ 型 0484 机车,牵引货物列车运行中发生辅助变流器 ACU1 隔离,机车入段后扣修。

分析:机车入库检查,因辅助变流器 ACU1 控制箱内 CPU 板软件程序紊乱,导致机车计算机系统判断 ACU1 均压电阻故障,ACU1 隔离,经刷新微控程序后,ACU1 恢复正常。

(5)辅助变流器 ACU 传感器 SV2 故障

事由:2013 年 8 月 26 日,$HXD_{1C}$ 型 6187 机车,牵引货物列车运行中发生辅助变流器 ACU1 逆变过压故障,机车入段后扣修。

分析:机车入库检查,因传感器 SV2 故障,造成 SV2 检测到辅助变流器 ACU 440 V 三相输出电压中 U 项电压超高,同时引起三相交流电压不平衡,计算机判断机车辅变过压,对 ACU1 实施保护隔离。经更换 SV2 传感器,恢复正常。

(6)辅助变流器 ACU2 内的主接触器 K1 卡分

事由:2013 年 10 月 1 日,$HXD_{1C}$ 型 6196 机车,牵引货物列车运行中发生辅助变流器 ACU2 故障,机车入段后扣修。

分析:机车入库检查,因辅助变流器 ACU2 内的主接触器 K1 卡分(卡滞),造成 ACU2 无控制指令输入而不能工作,计算机系统默认为 ACU2 故障,将 ACU2 切除。该车 10 月 1 日 15:30 分入段,未及时联系服务组人员进行处理,导致机车临修,整备车间生产组织、协调不当。经更换 K1 接触器后,恢复正常。

## 思　考　题

1. 辅助变流器 ACU 控制部件故障现象有哪些?
2. 机车蓄电池不能被充电的故障现象有哪些?
3. 辅助变流器 ACU 通信故障现象有哪些?

## 第三节　机车驱动装置运用故障分析

$HCD_{1C}$ 型电机车驱动装置(逆变器)有两套硬件设备与功能完全相同的装置,它将主变流器 TCU 输入的直流电经此装置转换为交流电来驱动交流牵引电动机。即每套装置控制着机车三台牵引电动机驱动机车轮对旋转,从而牵引列车运行,它们分别也由整流控制、监控、转换、通信、驱动等系统组成。在机车运行(用)中此类系统均有故障发生,而该类故障发生的现象,计算机屏显均会有所提示:相应的主变流器被隔离,牵引电机被封锁,主断路器跳闸,计算机屏显提示某位控制牵引电机的控制/整流模块发生故障(同时发生多块模块故障少见,属结构因素决定的)。在本节举例的故障中均属作者所在单位 2013 年运用 $HXD_{1C}$ 型电力机车运用(行)中,曾发生在驱动装置及所属设备的实用性故障(包括机车入段扣修后临修处理故障)。

### 一、机车驱动装置及控制板损坏故障个例

$HCD_{1C}$ 型电力机车的驱动(逆变器)装置相应控制模块故障,该驱动装置分前整流后逆变装置,即在 TCU 内的整流模块与后逆变器的驱动装置故障。该装置的故障在计算机屏示内均有提示,而指向性也强,如第×轴整流模块故障,或第×轴驱动模块故障。当该类电气设备

装置发生故障时(包括所属传感器通信线路及相应附属设备)均会起相应保护作用,机车卸载,主断路器跳闸,故障所在转向架所有牵引电动机被封锁。在下文所举例中对此类电气设备损坏故障有详尽叙述。

1. 主变流器 TCU2 第四轴整流模块炸裂

事由:2013 年 7 月 10 日,HXD1C 型 6221 电力机车,牵引货物列车 86993 次,运行在兰新线哈密至鄯善区段。列车运行到头堡站前,计划列车在该站通过,于 22:23 分进站Ⅰ道时,司机反映机车主变流器 TCU2 发生故障,要求站内停车处理,列车于 22:25 分停于站内(列车尾部未过标),于 22:48 分处理完毕,22:53 分由站内开车,站内总停时 28 min。

分析:机车返回段内经检查,为牵引变流器 TCU2 四轴整流模块炸裂,机车运行途中,司乘人员在厂方驻段服务组技术人员的热线电话指导下,切除牵引变流器 TCU2 的第四轴后维持运行。故障成因,机车牵引变流器 TCU2 四轴整流模块炸裂,引起主回路接地、跳主断路器,牵引力不足,造成站内停车处理。

2. 第三电机四象限 PWM 整流模块内部支撑电容损坏

事由:2013 年 9 月 16 日,HXD1C 型 6220 机车,牵引货物列车 41002 次,运行在兰新线哈密至柳园区段。列车运行到照东站 4:12 分通过,在照东站至大泉站间上行线 K1100+660 m 处,因机车主断路器断开,机车失去外电源供给而失去牵引动力停车(于 4:25 分停车)。停车后经司机对机车微控系统处理后无效,于 4:35 分请求救援。机车于 6:00 分由区间被救援开车,于 6:14 分整列到达大泉站。影响本列及 5 列货物列车、6 列旅客列车运行晚点,区间总停时 95 min。

分析:该台机车返回段内,经检查与通过机车计算机事件记录分析,故障成因为 TCU1 第三电机四象限 PWM 整流模块烧损(模块内部支撑电容超负荷鼓包、模块整体鼓包变形)。由于 TCU1 第三电机四象限 PWM 整流模块内部支撑电容鼓包,机车中间直流二次谐振回路直流电压在规定时间内达不到预定值,计算机系统对 TCU 实施隔离、保护性跳主断,计算机屏显:TCU1 充电超时故障。机车处于 6‰长大坡道无法维持运行,请求救援。

措施:该故障属机车电气电子设备结构缺陷引起的机车运用故障。作为机车运用预防的措施,当该电气电子设备故障时(属器件损坏),采用微控系统三项“复位”处理方式是无效,可将此故障的第三轴逆变模块切除(计算机屏显有提示),即在 TCU1 上有相应故障开关,将其甩掉(机车主电路控制设计理念可以这样处理,但往往实际运用中甩不掉,是需要改进的问题)即可。但往往司乘人员在操作中不知其所以然,因此也忽略了此项处理(只会其“三板斧”,即三项微控系统“复位”处理),否则就无法处理。机车运行中此类故障一般发生在机车持续高负荷的情况下,虽然该型机车性能未具体标出其持续输出功率,是有具体情况的,即电气设备自身的结构缺陷(先天性),电子元件的电磁温升影响,自身耐温与物理性环温散热能量不足,均是导致该类故障发生的重要因素。因此司乘人员在运用机车时,可避免持续的机车高负荷区域运用,在列车运行不运缓的情况下,可适当降低机车功率输出(如机车进入线路缓和地段),使机车电气设备工作的电磁温升缓和上升或下降,来克服电气设备结构缺陷,避免该类行车事故的发生。

3. TCU1 第三电机四象限 PWM 整流模块烧损

事由:2013 年 9 月 22 日,HXD1C 型 6220 电力机车,牵引货物列车 11072 次,牵引定数 4 588 t,现车 58 辆,计长 69.6,运行在兰新线哈密至红柳河区段。列车运行到红柳河站前,

23:50 分与车站联控时，列车 2 道通过。正常过分相合主断路器加载后，D3 电机被隔离，TCU牵引封锁，主断路器断开。处理无效后，列车于 0:06 分停在红柳河站内 K1144＋451 m 处(全列未进站)。停车后，与段技术支助热线“110”联系，在专业技术指导下进行计算机“复位”、网络“复位”、“大复位”方法处理无效后。于 0:15 分请求救援，于 1:17 分被救援拉入站内。区间总停时 71 min(列车未完全进入站内)。

分析：机车返回段内经检查为 TCU1 第三电机四象限 PWM 整流模块烧损。故障成因，通过机车计算机事件记录分析和现场检查，造成该故障的原因为 TCU1 第三电机四象限 PWM 整流模块烧损。由于 TCU1 第三电机四象限 PWM 整流模块烧损，机车中间直流二次谐振回路直流电压在规定时间内达不到预定值，计算机屏显 TCU1L3A 相上管故障、TCU1L3A 相下管故障，计算机系统对 TCU 实施隔离、保护性跳主断。该车于 9 月 18 日入库修更换 TCU1 第三电机四象限 PWM 整流模块，交出后第一趟重新发生此故障而被救援。

措施：该故障属机车电子设备结构缺陷引起的机车运用故障，就本台机车在本月 16 日曾发生同样的故障而更换过此整流模块。作为机车运用的预防及故障处理措施，该项机车故障属电子类隐性故障，是无法通过直接的手段检视出来的。机车运行中操纵提/回手柄给流/退流时应匀速缓慢进行，避免电子设备内电磁谐振峰值波对此类设备的干扰影响。当机车运行中发生此类故障时，在四象整流模块被烧损的影响下，其机车中间直流二次谐振回路受到影响，TCU1 被隔离，机车三台牵引电动机工作失效，机车在限制坡道上功率不足。在此类故障情况，除请求救援外，应注重被救援过程的安全注意事项，避免行车事故的发生。

4. TCU2 第 4 轴整流模块损坏 2 转向架三台电机无功率输出

事由：2013 年 10 月 06 日，HXD1C 型 0664 电力机车，牵引货物列车 84168 次，牵引定数 4 058 t，现车 45 辆，计长 56.1，运行在兰新线哈密至柳园区段。列车运行到思甜站出站后，机车有异响，机械间有烟雾冒出，主变流器 TCU2 柜门开裂。列车于 11:53 分停于思甜至景峡间 K1234＋710 m 处。停车后与段技术支助热线“110”联系，根据故障介绍情况，专业技术员判断为整模块损坏，告知按规定请求救援。于 11:55 分请求救援，13:39 分由区间被救援开车。区间总停时 106 min。

分析：该台机车返回段内，经检查，为主变流器 TCU2 内第四轴整流模块炸裂。故障成因，由于牵引变流柜内四轴整流模块炸裂，引起机车第四轴逆变过流，导致 TCU2 中间直流回路电压突变，造成机车保护分主断。因此主变流器的损坏，导致三台牵引电动机工作失效，该机车运行在 6‰坡道，无法继续维持牵引列车运行，而请求救援。

措施：该故障属机车电子设备结构缺陷引起的机车运用故障，该类故障曾在同类型机车上发生过多次。作为机车运用的预防及故障处理措施，此故障部位不可视(同时机车运用中也不容许检查)。该项故障一般而言，属整流模块内支撑电容“放炮”，推论于故障应为主变流器输入端电压高，在谐振波的作用下，该类电容承受不起相应的谐振波高电压的冲击，电容放炮，导致所在的整流模块炸裂。机车运行中，司乘人员应时刻注重操纵台的电压电流供给显示，并关注网压的变化，当网压高或机车负荷减轻时，应适当调整手柄退流，以减轻主整流器端电压的输入，暂且可避免该类故障的发生。

5. 第五轴整流模块驱动板元器件故障

事由：2013 年 11 月 10 日，HXD1C 型 0470 电力机车，牵引货物列车 11070 次，牵引定数 4 492 t，现车 58 辆，计长 67.6，运行在兰新线哈密至柳园区段。列车运行到烟墩至山口间因前行列车机车故障被救援，本列停于 K1284＋708 m 处。因大风天气，机车起动时 TCU2 发生故障，D4～D6 电动机被隔离，机车防溜保护作用（列车停在 6‰的上坡道）。经处理后，9：53 分再次起动开车，TCU2 再次发生故障作用，D4～D6 电动机被隔离，列车无法启动，于 9：58 分请求救援。于 11：14 分由区间被救援开车。区间总停时 93 min。

分析：该台机车返回段内，经检查，牵引变流器 TCU2 第五轴整流模块驱动板元器件质量不稳定引起驱动板故障。故障成因，机车运行中因该板件工作性能不稳定，造成牵引变流器 TCU2 无功率输出，因机车处于 6‰的长大上坡道，机车后转向架无动力输出，失去一半的牵引力无法运行而请求救援。

措施：该故障属机车用电气电子设备结构缺陷，导致机车运用故障的发生。作为机车运用预防的措施，该类故障属隐形故障，机车在日常静态的情况下是无法检查出来的，该类故障只能在机车运用中动态的情况下，并具备一定的条件下，即机车持续在高负荷下，并有环温（指电子模块所处的物理性环温）影响下，电磁感应干扰的影响与人为操作失当下才能出现。作为运用者主要预防措施是防止操作失当的问题，即避免盲从操作，禁止盲目操作，机车运用（行）中按该类型电力机车操作步骤规范进行。任何先进的设备总是有缺陷存在的，未发生与未发现，不等于故障因素不存在。设备物理结构缺陷一般可通过精细的操作被克服。

6. 轴动力整流模块故障临修

事由：2013 年 7 月 17 日，$HXD_{1C}$ 型 0485 电力机车牵引货物列车运行中，因机车主变流器 TCU2 故障，机车到段后扣修。

分析：机车入库经检查，因主变流器 TCU2 第四轴整流模块炸裂，导致机车 TCU2 隔离、主回路接地，经更换此件后，机车恢复正常运用。

除上所述列举在机车驱动装置运用（行）中发生电气设备损坏个例故障外，在此类设备中曾发生类似的故障还有多次，有的经 1～13 min 处理到位，也有在故障处置中未停车就处理妥当，见表 10-7。

**表 10-7　2013 年乌/哈机务段驱动装置运用典型性故障统计**

| 途停/机车 | 车次 | 日期 | 地　点 | 停时(min) | 原　　因 |
|---|---|---|---|---|---|
| $HXD_{1C}$-0749 | 11042 | 6-4 | 山口—思甜 | / | TCU1 三轴逆变器模块炸裂 |
| $HXD_{1C}$-0477 | 出段 | 5-24 | 哈东站Ⅰ场 | 9 | 电器，跳主断，屏显 D1、2、3 隔离 |
| $HXD_{1C}$-6236 | 51062 | 7-28 | 红旗坎站 | 1 | 电器，微显牵引封锁 |
| $HXD_{1C}$-0707 | 10108 | 8-24 | 山口—思甜 | 12 | 电器，机车无牵引电流 |
| $HXD_{1C}$-0678 | 51021 | 10-12 | 照东站 | 13 | 电器，机车无功率输出 |
| $HXD_{1C}$-6193 | 11062 | 10-31 | 思甜—景峡 | 2 | 电器，机车降功 |
| $HXD_{1C}$-0722 | 11088 | 10-31 | 照东—大泉 | 2 | 电器，机车加载时无电流 |

## 二、机车走行部与牵引电动机故障个例

$HCD_{1C}$ 型电力机车走行部与牵引电动机故障，主要发生在牵引电动机内部或所被驱动的机械装置，即牵引电动机的电枢、励磁绕组，电枢轴和被驱动的齿轮，以及机车轮对踏面的损坏（包括所属电线路与附属设备故障）。该装置的故障在计算机屏显均有间接提示，如第×牵引

电动机发生电枢击穿故障或输入轴与齿轮损坏故障，计算机屏显仅能提示：第×牵引电动机故障。当该类电气设备装置发生故障时（包括所属传感器通信线路及相应附属设备）均会起相应保护作用，机车卸载，主断路器跳闸，故障所在的转向架的所有牵引电动机被封锁。在下文所举例中对此类电气设备损坏故障有详尽叙述。

1. 机车第 5 位电机小齿轮轴断损

事由：2013 年 6 月 9 日，HXD1C 型 0314 电力机车，牵引货物列车 11078 次，运行在兰新线哈密至柳园区段，当列车运行到大泉至柳园间，因机车第 2 转向架无功率输出，列车于14:00 分停在 K1092＋229 m 处，因故障处置无效，于 14:10 分请求救援。机车 15:09 分由区间被救援开车，区间总停时 78 min。

分析：机车到达嘉峪关机务段检查，为第 5 位电机小齿端齿轮箱盖漏油严重，颜色变红，初步判断电机轴断。

2. 机车左 6 轮踏面外侧碾边裂损掉块

事由：2013 年 6 月 11 日，HXD1C 型 6294 电力机车，牵引货物列车 11009 次，运行在兰新线乌鲁木齐西至鄯善区段，于 14:02 分到煤窑沟站，计划待避 T53 次旅客列车后 14:45 分开。14:40 分车站值班员呼叫司机做好发车准备，在准备开车中，14:45 分司机发现机车故障，无法继续运行，请求更换机车。通知局机调，并保留下行 11105 次货物列车，使用其机车 DF8B 型 5402 机车实施救援后开车。因此影响本列运行晚点。

分析：机车在煤窑沟站停车待避，司乘人员检查走行部时，发现该车左 6 轮有疑似裂纹，报告车站请求技术鉴定。接到信息后，段派技术科科长带领专业技术人员立即前往煤窑沟站进行现场鉴定，19:42 分到达现场后对机车检查，发现左 6 轮踏面外侧碾边，碾边宽度达到 10 mm，并且有裂损掉块现象，掉块长度达 20 mm 左右，按工艺要求轮对碾边的宽度不超过 5 mm，经现场鉴定后，机车可正常维持使用回段处理，通知该车正常运用。

措施：该机车轮对日常检查和保养不到位，未严格落实轮对踏面状态检修的工艺标准，对踏面严重碾边的轮对，在机车季检修程作业时进行镟修处理，同时该台机车从嘉峪关直通乌鲁木齐西，司乘人员只能在机车停车时，对走行部进行检查，站接时可能因轮对堆碾部位在上方，未能及时发现卷边掉块故障，机车在煤窑沟站停车检查走行部时，司乘人员发现了此故障，因轮对卷边裂损掉块，司乘人员判断为轮对踏面裂损，需要技术人员进行鉴定，导致机车救援。

3. 机车发生空转计算机屏显 110 V 电源接地

事由：2013 年 8 月 31 日，HXD1C 型 6231 电力机车，牵引货物列车 11035 次，牵引定数 3 679 t，现车 50 辆，计长 68.8，运行在兰新线鄯善至乌鲁木齐西区段。22:04 分由巴哥站开车，列车运行到吐鲁番至天山站间 K1701＋759 m 处时，因机车主变流器（TCU1）故障停车（1:25），经处理无效后，于 1:35 分请求救援。于 3:02 分由区间被救援开车。区间总停时 97 min。

分析：机车到段查看机车显示屏显示主变流器 TCU1 故障、110 V 接地电压有时报警。分析数据，机车事件记录器机车发生空转，并开始显示 110 V 接地，检查试验机车撒砂，左 3、右 6 不下砂，进一步检查左 3、右 6 砂箱内有线绳等杂质。故障成因，左 3、右 6 砂箱进入杂质，致使撒砂器堵塞发生不下砂故障，同时因下雨，轨面湿滑，机车又运行在长大坡道，导致机车发生空转，请求救援。问题：该车 8 月 30 日在哈密东站整备时，哈整备车间未按要求检查砂箱砂子状态及进行撒砂试验，导致机车在左 3、右 6 撒砂器状态不良的情况下投入运用；该车 8 月 30 日在哈密东站整备时，哈整备车间没有检查确认，计算机系统故障记录有：蓄电池漏液、接地故障信息，因此而漏检漏修。

措施：该故障属机车电子设备结构缺陷与机车整备不到位，给机车运用带来运用故障，机车电器故障加不上载，停车后启动砂箱不下砂，轮对在雨天又发生空转。作为机车运用的预防及故障处理措施，机车出段或接班时应检查好机车控制、辅助电路的绝缘情况(特别是查询计算机信息)，有不良情况应要求相关方面及时处理。同时应提高机车操纵技能，精细操纵机车，雨天根据该型机车的性能与当趟机车所牵引的吨数，并结合此区段的线路纵断面情况，正常牵引运行是没有问题的。虽然该故障主要属机车电气设备结构故障，但若通过提升司乘人员的机车运用操作技能，相应的故障也能得到克服。该类机车运用技术属摸索阶段，希望能得到广大司乘人员响应，避免该类机车设备破损与行车事故的发生。

4. 牵引电动机电枢绕组被击穿

事由：2013 年 11 月 13 日，HXD1C 型 0267 电力机车，牵引货物列车 83168 次，现车 48 辆，计长 58.8，运行在兰新线哈密至柳园区段。列车运行至思甜至尾亚间，机车主变流器 TCU1 故障，主回路接地，主断路器跳开，回手柄至零位。与技术支助热线“110”联系，在专业技术员的指导下。使用计算机“复位”后故障消除，提手柄故障再次出现，于 13:25 分停在 K1216+049 m处，停车后按照专业技术员指导继续处理故障，同时呼叫两端站和后续列车报告停车位置，故障消除后，启动列车运行 14 m 后故障再次发生，于 13:31 停在 K1216+035 m处，再次按专业技术员的要求处理故障，无法消除，按规定区间请求救援。于 14:40 分由区间被救援开车，区间总停时 75 min。

分析：该台机车返回段内，经检查，为第二牵引电动机内部定子线圈绕组绝缘被击穿，电机接地。故障成因，当该台牵引电动机发生接地时，经网络通信计算机系统同时接收到主回路接地信号，发出保护指令，机车保护分主断，因主回路接地，导致机车无法正常运行，请求救援。

措施：该故障属机车牵引电动机结构缺陷，导致机车运用故障的发生。作为机车运用预防的措施，该类故障属非可视故障，一般机车在静态时无法发现，只有在机车动态运行时才能发现。因此对该类故障的预防均属被动性。当机车运行中发生主回路接地时，可调出计算机二屏显示查看原由，因计算机屏显主变流器 TCU 接地是间接所示。如该项故障牵引电动机接地后，其通信信号反映到微控系统，经它给出保护指令(跳主断)与屏显故障，实质故障所在是需要操作者查找的，在此调出二屏显示，此台牵引电动机的故障就可提示出来了。处理时，可将此 D2 电机甩掉，故障通信源就消失了，机车即可维持运行，即可避免机车请求救援而堵塞正线 75 min 的事件发生。

5. 机车走行部故障

事由：2013 年 11 月 19 日，HXD1C 型 6182 电力机车，牵引货物列车 11074 次，牵引定数 4 488 t，现车 56 辆，计长 68.5，运行在兰新线乌鲁木齐西至鄯善区段。鄯善站换乘 11074 次货物列车，车站接班乌西司乘人员在行车日志上提票，高速运行中有轮对敲击钢轨的声音，该机班按规定检查走行部发现右 4、右 6 轮踏面有部分擦伤，与乌西司乘人员交接时，乌西司乘人员已背包退勤。立即通知车站：机车走行部有工作要求处理，并与段技术支助热线“110”联系，同时与指导司机共同确认按专业技术人员指导要求运行到哈密入段检查。鄯善站 4:12 分开车，站内总停时 63 min。

分析：该台机车返回段内经检查为右 4 轮踏面存在轻微剥离(小于禁用尺寸)。故障成因，交班司乘人员已告知接班司乘人员“高速运行中有轮对敲击钢轨的声音”，该车凌晨 3:00 分在鄯善站检查轮对照明条件差，轮对踏面有浮尘，导致司乘人员检查走行部用时过长。同时，该车到段检查唯一缺陷为右 4 轮踏面存在轻微剥离，远小于禁用尺寸。机车无故障，司乘人员为了确保行车安全，认真检查轮对，为了不影响司乘人员确保走行部安全的严谨工作态度，未列机车故障。

措施：该故障属机车运用故障，导致机车轮对踏面失圆，在机车高速运行中达不到滚动线性平滑运行，而传递出敲击钢轨的声响，疑似机车动轮被擦伤（动轮被擦伤与轻微的剥离其滚动敲击声是有很大区别，这是一般的机车运用常识），因检查而耽搁（延误）开车时间。作为机车运用预防的措施，继乘站交接班属双向性，应向交班者（或查看好行车日志）问明属机车疑似运用故障（特别是走行部故障），应与交班者对质交接清楚，并共同查找出走行部疑似故障处（在段细中有明确规定）。现在铁路总公司对机车走行部故障确定有严格的要求，在未了解与确认清楚走行部故障前，不得轻易向有关方汇报机车轮对被擦伤或疑似的机车车辆火灾等类故障，对该类列车运行类障碍有严格要求。在确认故障后，对此类故障应谨慎汇报，希望能引起同仁们的注重。

6. 机车走行部部件损坏临修

(1)机车轮对踏面磨损严重

事由：HXD1C 型 6185 电力机车 D6 轮与 HXD1C 型 6202 电力机车 D5 轮轮对踏面磨耗接近到限故障，使机车停轮入段检修。

分析：该类机车运用故障主要原因是机车轮对本身制造质量存在问题。

措施：提高轮对制造质量；检修车间对入段机车整修时落实好整修范围，做好轮对的不动轮探伤和轮对检查工作；整备车间在机车趟检整备作业时认真落实整备作业标准，加强轮对状态的检查；专业技术员在机车入段整修时对所有轮对基本尺寸进行测量，发现问题及时反馈处理。

(2)机车运行中第 6 电机故障被隔离

事由：2013 年 7 月 26 日，HXD1C 型 6215 电力机车牵引货物列车运行中，因机车第 6 电机隔离故障，机车入段扣修。

分析：机车入库检查，机车到段检查，第 6 电机大线过热及接线柱（1W）过热烧损，电机大线与接线柱连接紧固螺栓烧断，接线柱表面有明显的电流灼伤痕迹，通过检查情况分析，造成第 6 电机隔离的原因是电机大线与接线柱紧固螺栓紧固力矩不足，螺栓松动，导致大线与接线柱之间电阻变大、过热烧损，查该车在 2013 年 5 月 22 日因电容鼓包，由机车大厂驻段售后服务人员更换电容，更换电容时接线螺栓力矩紧固不足导致。

(3)TCU1 第二轴整流、逆变模块炸裂

事由：2013 年 8 月 19 日，HXD1C 型 0480 机车，牵引货物列车运行中发生主回路接地，主断路器跳闸，机车入段后扣修。

分析：机车入库检查，因机车 TCU1 第二轴整流、逆变模块炸裂，造成主回路接地、跳主断路器。经更换此模块后，TCU1 恢复正常工作。

(4)D6 电机温度传感器损坏

事由：2013 年 9 月 25 日，HXD1C 型 6219 机车，牵引货物列车运行中发生机车 D6 电机传感器故障。机车入段后扣修。

分析:机车入库检查,为 D6 电机温度传感器损坏,计算机屏显:电机轴承温度高,因此机车运行中对此电机实施隔离。经更换传感器,后恢复正常。

(5)TCU2 五轴逆变模块故障

事由:2013 年 10 月 15 日,$HXD_{1C}$ 型 6219 机车,牵引货物列车运行中发生机车辅助变流器 TCU1 故障。机车入段后扣修。

分析:机车入库检查,查询机车计算机事件记录数据显示 M2A 相上管故障,判断为机车 TCU2 五轴逆变模块故障。故障成因为 TCU2 五轴逆变模块故障,机车中间直流二次谐振回路直流电压在规定时间内达不到预定值,导致机车 TCU2 隔离故障。经更换逆变模块后,恢复正常。

(6)机车运行中第 1 牵引电动机声音太大

事由:2013 年 11 月 5 日,$HXD_{1C}$ 型 6207 机车,牵引货物列车运行中发生机车运行中第 1 牵引电动机声音太大。机车入段后扣修。

分析:机车入库检查,故障成因,由于该电机的电压传感器 SV5 性能不稳定,造成传感器检测的变流器直流回路的电压不稳定,反馈给 TCU 内的电压不是恒定数据,造成机车功率不稳(波动较大),导致牵引电动机转速时快时慢发生的锯齿形振动。经更换传感器 SV5 后,恢复正常。

(7)D6 电机缺相

事由:2013 年 10 月 2 日,$HXD_{1C}$ 型 6208 机车,牵引货物列车运行中发生机车 D6 电机故障,机车入段后扣修。

分析:机车入库检查,查询微机故障记录,该机车 D6 电机缺相,进一步检查发现 D6 电机定子 W 相内阻值偏高,三相绕组内阻不平衡值达到 40%,标准规定为不大于 4%,初步判断为电机定子绕组存在断线或烧损断路。经更换该台牵引电机,恢复正常。

(8)牵引电机齿侧轴温高

事由:2013 年 8 月 20 日,$HXD_{1C}$ 型 6207 机车,牵引货物列车运行中发生机车 D6 牵引电机齿侧轴轴温 110 ℃的故障,机车入段后扣修。

分析:机车入库检查,经顶轮检测正常(因机车轴温测试纸显示温度 110 ℃,需进行顶轮检测),在哈密机务段受检测设备及作业场所的影响,无法开展顶轮检测工作,导致机车扣修。

(9)机车 D1 电机定子绕组线圈烧损

事由:2013 年 8 月 31 日,$HXD_{1C}$ 型 0275 机车,牵引货物列车运行中计算机屏显:总线故障,TCU1 隔离。机车入段后扣修。

分析:机车入库检查,经顶轮检测,D1 电机接地,落修电机检查发现 D1 电机定子绕组线圈烧损,从绕组线圈烧损情况分析,因绕组线圈绝缘不良,匝间短路烧损,造成机车主回路接地故障。经更换 D1 电机,恢复正常。

(10)机车运行中加载时振动大

事由:2013 年 8 月 31 日,$HXD_{1C}$ 型 6214 机车,牵引货物列车运行中发生机车加载时振动大故障。机车入段后扣修。

分析:机车入库检查,经顶轮检测正常,测量机车轮对轮径情况,轮径差超限,导致机车运行中发生机械共振,机车振动大。

(11)牵引风机轴承损坏

事由：2013年9月9日，$HXD_{1C}$型6226机车，牵引货物列车运行中发现机车第2牵引风机运转异音声超常。机车入段后扣修。

分析：机车入库检查，因风机电机轴承故障，造成风机动平衡破坏产生异音。经更换风机电机，恢复正常。

除上所述列举在机车走行部与牵引电动机运用(行)中发生电气/机械设备损坏个例故障外，在此类设备中曾发生类似的故障还有多次，有的经1 min处理到位，有的耗时几十分钟，也有在故障处置中未停车就处理妥当的，见表10-8。

**表10-8　2013年乌/哈机务段机车走行部与牵引电机故障统计**

| 途停/机车 | 车次 | 日期 | 地　点 | 停时(min) | 原　　因 |
|---|---|---|---|---|---|
| $HXD_{1C}$-0465 | 51061 | 5-22 | 哈南站 | 1 | 电机，牵引被封锁 |
| $HXD_{1C}$-0314 | 11078 | 6-9 | 大泉—柳园 | 69 | 电机，屏显架2无牵引动力 |
| $HXD_{1C}$-0749 | 11042 | 6-4 | 山口—思甜 | / | TCU1三轴逆变器模块炸裂 |
| $HXD_{1C}$-0362 | 11044 | 7-14 | 烟墩—山口 | 4 | 电机，电机2被隔离 |

## 三、驱动装置通信类故障个例

$HXD_{1C}$型电力机车驱动装置通信故障，该类故障主要发生在被驱动的牵引电动机或其所属附属装置，即牵引电动机的控制机构、传感器及线路(包括温度传感器)、逆变器内的电子设备与相应附件及线路。该装置的故障在计算机屏示内均有间接提示，如主变流器TCU1(TCU2)故障。当该类电气设备装置发生故障时(包括所属传感通信线路及相应附设备)均会起相应保护作用，机车卸载，主断路器跳闸，故障所在的转向架牵引电动机被封锁。在下文所举例中对此类电气设备损坏故障有详尽性叙述。

1. 误认机车左侧一轴轴温温升超高

事由：2013年6月11日，$HXD_{1C}$型6292电力机车，牵引货物列车10122次，运行在兰新线哈密至柳园区段。于16:32分到达柳园站，计划16:48分开车，兰州局司机接班后，反映机车左侧一轴轴温72 ℃，到达司机(乌局)实测轴温62 ℃，16:54分兰局司机认为机车有故障，要求更换机车。10122次在柳园站更换机车后，于17:34分从柳园站开车，影响本列柳园站晚开46 min，该趟列车在安北口(乌局与兰局交接口)少交此列车。

分析：待该台机车到达嘉峪关机务段入段顶轮检测轴箱轴承正常。现场司乘人员(交接者)实测电机温度符合运用要求。按照运用机车对于轴箱轴承温度规定标准：绝对温度不超过90 ℃，且温升不超过55 K；若绝对温度超过70 ℃，则同轴位轴承温度差不得超过20 ℃。机车轴箱绝对温度未超出规定值，同轴位温差在范围内，机车轴温符合运用标准，其故障实为传感器有误引起的通信阻碍，导致认知错觉(机车上有便携式轴温检查测仪，可用此仪核实)。兰局司乘人员因此对机车不接班，违反两段签订关于站接相关协议，定责嘉峪关机务段。

2. 车轴D2速度传感器故障

事由：2013年10月04日，$HXD_{1C}$型0316电力机车，牵引货物列车11022次，牵引定数3 660 t，现车46辆，计长66.8，运行在兰新线哈密至柳园区段。哈密东7:23分开车，列车运行到红旗村至烟墩站间，计算机报警：主变流器1故障，进行计算机“复位”处理后，故障无法消除。与段技术部门联系，在专业技术员的指导下故障仍无法消除后，烟墩站停车后降级开车，监控装置限速 30 km/h。经联系机务段调度员烟墩站通过，维持运行至山口站更换机车。由于区间风力较大，导致列车运行速度下降，列车在区间严重运缓，列车于 8:59 分停于区间 K1289＋768 m 处等待救援。于 10:17 分由区间被救援开车。区间总停时 78 min。

分析：机车返回段内，经检查，为 D 二车轴转速传感器故障。故障成因，当此二轴转速传感器故障时，机车设置程序控制将误认为轮对发生空转。这时将引起 TCU1 控制单元采集的速度信号紊乱，促使计算机误控制，误认为机车 D1、D2、D3 轴发生空转而自动撒砂，同时机车进行保护性降功。机车输出功率下降，无法在 6‰的长大上坡道继续运行，区间因此被迫请求救援。

措施：该故障属机车网络通信故障，由于轴头转速传感器故障，使输出信号受阻，计算机控制失控，即属设备结构缺陷引起的机车运用故障。作为机车运用的预防及故障处理措施，就设备本身而言(速度传感器)，该项故障在日常机车检查作业中无法检视，只能在机车运行中有所反映。当该类传感器发生故障时，机车速度表会出现异常反映，即数字跳跃(或表指针左右不规则摆动)和数字与表针静止，若确认属该项故障时，可将此台牵引电动机甩掉，运用其他 5 台牵引电动机继续机车运行(如该台机车故障就能按此项处理)。当车轴发生故障引起传感器不工作时(如车轴轴头发生断损)，应禁止机车继续运行，并立即停车，请求救援处理。

3. 主变流器 TCU1 脱扣跳开不能复位造成前台转向架动力被封锁

事由：2013 年 11 月 10 日，HXD1C 型 0482 电力机车，牵引货物列车 60006 次，牵引定数 4 751 t，现车 53 辆，计长 69.3，运行在兰新线哈密至柳园区段。哈密东站 6:20 分开车，列车运行到烟墩至山口间，机车主变流器 TCU1 故障，前台车转向架无功率输出，因大风天气影响，机车功率无法满足运行速度要求，机车速度持续下降到 5 km/h，无法保证运行，于 7:48 分停在 K1282＋769 m 处，7:54 分再次启动列车，由于大风影响，机车牵引功率(仅三台牵引电动机工作)无法维持列车正常起动，在 0～5 km/h 间波动，列车于 7:54 分被迫再次停于K1284＋767 m处。7:55 分请求救援。按规定列车于 9:12 分被救援由区间开车，区间总停时 78 min。

分析：该台机车返回段内，经检查，并通过计算机记录分析，为主变流器 TCU1 脱扣自身发生故障，运行中脱扣自动跳开，导致机车跳主断路器。因脱扣自复作用不良，司乘人员手动托起后无法闭合，相应被供控牵引电动机被牵引封锁，在长大坡道上因机车牵引力不足而被迫停车，请求救援。

措施：该故障属保护电器电蚀引起的机械缺陷，导致机车运用故障的发生。作为机车运用预防的措施，机车出段前对机车运用中的电器保护装置进行认真检查，对设备运用情况良否做到心中有数。保护装置保护性跳闸均是在电路负载过流后电器起保护作用。因此机车运用(行)操作中，一定按程序有步聚地缓慢操作，避免过急过乱而引起电路负载电流的陡然增大，造成控制电路起保护作用。机车运用故障的发生均属综合原因，如此项故障，若电路不过载(流)，保护装置也不会起作用，若设备无故障，即时跳闸后也能及时恢复，若此两种故障均存在，机车运用故障就发生了，同时机车运用中发生故障后，应避免盲从，如该台机车所发生脱扣跳闸故障，该机班司乘人员究未发现故障在何处所。

除上所述列举在机车驱动装置通信故障个例外，在此类设备中曾发生类似的故障还有多次，有的经 1 min 处理到位，有的耗时近 100 min，也有在故障处置中未停车就处理妥当的，见表 10-9。

表 10-9 2013 年乌/哈机务段驱动装置控制下通信类故障统计

| 途停/机车 | 车次 | 日期 | 地 点 | 停时(min) | 原 因 |
|---|---|---|---|---|---|
| $HXD_{1C}$-6194 | 57135 | 4-22 | 雅子泉—了墩 | 1 | 电器,机车加不上载,AVS1、2 故障 |
| $HXD_{1C}$-0489 | 51102 | 9-8 | 夏普吐勒—煤窑沟 | 1 | 电器,牵引电流为零,主断断路 |
| $HXD_{1C}$-0488 | 10583 | 8-9 | 柳园—大泉 | 6 | 主变流器 2 故障 |
| $HXD_{1C}$-0740 | 83162 | 8-13 | 烟墩站 | 27 | 主变流器 2 故障 |
| $HXD_{1C}$-0718 | 11050 | 8-30 | 尾亚—红柳河 | 9 | TCU1 故障被隔离频繁跳主断 |
| $HXD_{1C}$-0271 | 11088 | 9-14 | 烟墩—山口 | 2 | 电器,主变流器故障 |
| $HXD_{1C}$-6330 | 11013 | 10-31 | 十三间房站 | 11 | 电器,主变流器 TCU 故障 |
| $HXD_{1C}$-0463 | 10126 | 11-15 | 红柳河站 | 95 | 电器,TCU2 被隔离,主回路接地 |

## 思 考 题

1. 逆变器驱动装置故障现象有哪些?
2. 牵引电动机故障现象有哪些?
3. 属驱动装置通信类故障现象有哪些?

## 第四节 CCBⅡ电空制动机运用故障分析

$HXD_{1C}$型电力机车制动装配为CCBⅡ电空制动机,在前第七章内对该系统的构架与控制关系均有所叙述。该制动系统发生在机车运用中的故障包括该型制动机结构缺陷,对该制动系统构架知识了解不够引起的非正常操作,造成机车运用障碍。主要故障现象为惩罚性制动,计算机屏显有相应提示,与机车的主变流器 TCU 故障后相同,均可采用"复位"方式处置妥当。但若属器件故障(机械障碍或损坏),仅通过计算机"复位"的方式是不能解决处理的,"复位"仅对软件控制系统管用,来自该控制系统的故障主要为人为操作失当,电磁干扰与发生故障后的处置不当。在此,属上述故障的因素本节均有举例叙述,并对相应故障进行了分析,此类所举例故障个例均属作者所在单位 2013 年运用 $HXD_{1C}$型电力机车运用(行)中,曾发生在CCBⅡ制动机系统的真实故障(包括机车入段扣修后的临修处理故障)。

### 一、CCBⅡ电空制动系统控制模块与硬件设备故障个例

$HXD_{1C}$型电力机车 CCBⅡ制动机与制动系统控制模块与硬件设备故障,有属结构缺陷引起的机车运用故障,有机车运行(用)中发生其他类电气故障在处置中失当,诱发的 CCBⅡ控制系统误作用。该类故障在计算机屏显均有提示,如在处置某电气类故障时,机车发生自动紧急制动,机车制动屏显提示:制动系统故障。当该类电气设备装置发生故障时均会起相应保护作用,机车卸载,主断路器跳闸。在下文所举例中对此类制动性故障有详尽叙述。

1. 处置主断路器故障中发生紧急制动

事由:2013 年 5 月 9 日,$HXD_{1C}$型 6215 电力机车,牵引货物列车 WM301 次运行在兰新线鄯善至乌鲁木齐西区段,当列车运行到天山至达坂城间机车发生主断路器跳闸故障,在处置

故障中，机车发生自动紧急制动，列车于 17:22 分停在 K1827＋484 m 处。经检查机车制动屏显：制动系统故障。停车处理后，于 17:32 分开车。区间总停时 10 min。

分析：机车返回段内，经检查与查询计算机及制动屏转储数据分析，机车通过分相区后，主断路器闭合不上，司乘人员采用计算机“复位”处理，主断路器依然闭合不上，再次进行计算机“复位”处置操作，机车计算机给出紧急制动指令，制动屏显示“紧急制动”故障事件为“列车管线”故障信息，列车停车后采用“大复位”后正常，主要原因是机车在自动过分相工况下通过分相区后，因微控系统性能不稳定造成主断路器无法闭合，司乘人员在使用计算机复位时计算机发出错误指令导致“紧急制动”故障现象发生。

2. IPM 模块性能不稳定，被干扰性惩罚制动

事由：2013 年 5 月 24 日，HXD1C 型 0464 电力机车，牵引货物列车 26027 次，牵引定数 3 754 t，现车 55 辆，计长 69.3，运行在兰新线鄯善至乌鲁木齐西区段。鄯善站 17:57 开车，20:27 运行到夏普吐勒站机外 K1769＋061 m 处，红灯正常停车。停车后自阀实施追加减压量时，列车管管压突然（降）为零。20:45 信号开放，待再开车时，计算机屏显电机牵引封锁，机车加不上载，经处理后，于 21:25 分正常开车，区间总停时 58 min。

分析：机车返回段内，经检查，通过数据分析为机车制动系统的电子控制设备 IPM 模块故障，更换此模块，实施制动正常。故障成因，由于 IPM 模块性能不稳定，被干扰（或自阀操作不当）导致此系统起保护作用——惩罚制动。同时计算机控制系统实施了牵引封锁，在列车制动缓解后，机车加不上载。IPM 属 CCBⅡ型电空制动机的中央处理器（IPM），当司机实施制动指令（自阀制动）时，其指令经 EPCU（电空制动单元）通过机车网络（LON）通信于 IPM，经 IPM 处理后发出指令列车实施制动。在此期间由于 IPM 工作性能的不稳定或运用人员操作上的失误，导致机车制动系统产生保护性作用，即惩罚制动——列车发生紧急制动。机车被牵引封锁而加不上载，发生了此类故障后，司机全然不知按规定对微控系统进行相应“大复位”，因此延误而延长了故障处理时间。

措施：该故障属机车电空制动电子控制设备缺陷，与司乘人员对新设备操作掌握不熟悉引起的机车运用故障。作为机车运用的预防措施，司乘人员应尽快熟悉掌握该型制动机的运用，进行规范性操作——自阀手柄减压量应准确，杜绝来回移动，避免导致自阀重复发出指令引起的惩罚制动。同时，发生此类故障后，应及时检视计算机屏的故障提示，采取正确的处理措施。如该台机车，当制动系统发生惩罚制动后，计算机屏有相应提示；应按规定将自阀（动）手柄置于抑制位（1 s），待全列车排完风后，对列车进行相应充风。同时在惩罚制动释放后应对计算机控制系统进行相应的“大复位”，防止机车“牵引封锁”而加不上载。这样可避免因线路红灯机外停车，导致机车运用故障处理不当，在区间停留时间过长而延误列车运行和扰乱行车秩序。

3. 主断风路阀被误关

事由：2013 年 10 月 20 日，HXD1C 型 6209 电力机车，单机 51021 次，运行在兰新线柳园至哈密区段。到达山口站后，在山口站单机转线，牵出正常，换端后主断合不上，故障信息显示主断路器合/断故障，计算机复位后，断电 TCU1、2，按照信息提示操作两次后故障仍在。与专业技术员联系，按其指导下进行了 3 次计算机复位，时间间隔不少于 2 s，仍不行，然后断主断降弓，断 VCM1、2 电源开关 20 s 以上，故障仍在，又进行了断主断，断司机室电钥匙，断开控制电源输出自动开关 60 s 以上，再闭合进行大复位，故障仍然消除不了，于 22:20 请求救援，在等

待救援过程中，又按屏显信息进行多次操作后，故障消除，联系车站后转线挂头。因此故障在该站岔区堵塞 58 min。

分析：该台机车返回段内，经检查，属 IRM 事件记录模块不稳定造成计算机屏出现网压大幅波动、Ⅱ室占用、停放制动塞门和紧急制动塞门打开等故障信息。在进行故障处理时，司乘人员没有及时进行计算机控制系统“大复位”，用此正常的方法来排除故障，因此延误了故障处理时间。

措施：该故障属机车主断路器闭合不上，使机车主电路无电源输入，导致机车运用故障的发生。作为机车运用预防的措施，机车出段前应检查好机车计算机系统的屏显数据（包括故障记录）均应检视，并对机车几大微控系统的主机开机后的主要设备上端板工作灯显示做到心中有数，进行相应核实，如有故障显示，及时通知修理人员。机车运用（行）中发生此类故障时，进行计算机系统复位后，若故障不能消失，应检查有关设备的硬件设备通路是否正常，各类阀的开关位置是否属正确与否。该台机车原为第三位附挂，机车呈无动力回送状态，虽然司乘人员未谈到阀被误关，即将主断动力风缸风源阀错关，引起主断合不上。因该台机车在始发地为三机重联。因此此类机车故障给人以启示，平常应熟知设备的状态，与此类电子设备的信号灯显示情况，判断与处置故障时心中才能有数。

51021 山口站停车过程分析：

2013 年 10 月 20 日，HXD1C-6209 型电力机车，柳园—山口间无动力附挂，三机重联附挂运行到山口站停车后，前面两台机车摘开，车站通知该机班解备，21:47:53 山口站恢复有火，进入调车状态，21:50:50 动车单机转线，21:53:55 岔区停车（在山口站 4 号道岔，该道岔影响下行接发列车）。换端后主断合不上，经多次复位处理无效，22:17 分与专业技术人员联系，再次进行处理无效，22:20:10 请求救援，调度员指令站内的 11053 次机车 HXD1C-0274 电力机车进行救援。该司机按调车方式将 XHD1C-6209 机车拉回股道内，在等待过程中，故障机车司乘人员继续按照故障信息提示进行处理，故障现象消除，机车恢复正常，报告车站得到准许后，22:51:49 动车转线，进 3 道连挂车列，岔区停车 58 min（图 10-1）。

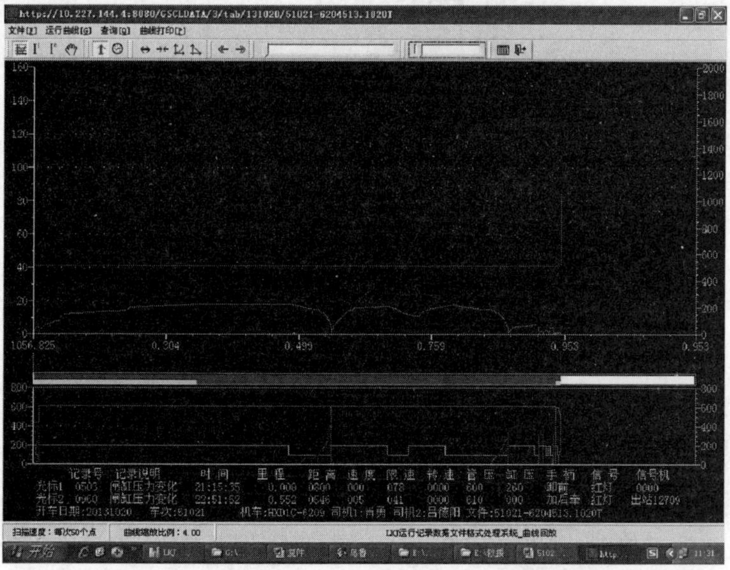

图 10-1　HXD1C-6209 型电力机车岔区故障停滞

存在问题，司机在机车出现故障后，自行进行故障处理，在故障处理无效后，才与段技术支助热线"110"联系，耽误了故障处理时间；司机没有记录机车故障时间，在与段技术支助热线"110"联系时，没有对停车时间及时进行报告，导致故障处理人员误判断，致使单机在正线岔区长时间停留，影响正线畅通。

4. CCBⅡ制动系统中央处理单元 IPM 通信中断

事由：2013 年 12 月 02 日，HXD1C 型 0669 电力机车，牵引货物列车 11030 次，牵引定数 4 745 t，现车 55 辆，计长 69.3，运行在兰新线哈密至柳园区段。列车运行到大泉至柳园间，机车制动屏显：机车制动系统故障，机车自动产生惩罚制动，列车于 15:13 分停在K1073＋254 m 处，停车后立即通知两端站及后续列车，紧接着与该台机车支配单位兰州西机务段技术支助热线"110"专业技术人员联系，按其指导对故障进行处置，在处置无效后，于 15:23 分请求救援。于 16:41 分由区间被救援开车，区间总停时 88 min。

分析：该台机车返回段内，经检查，查阅计算机制动控制系统对故障事件记录，故障信息显示：工厂代码 63000 故障，该故障是制动机中央处理单元 IPM 通信中断故障，需更换 IPM 主机。故障成因，制动机中央处理单元 IPM 通信中断故障造成运行中惩罚制动。

措施：该故障属机车用电气电子设备结构性缺陷，导致机车运用故障的发生。作为机车运用预防的措施，该类故障发生有其突然性，同时此类故障存在的隐患是无法通过目视的方法检查出来的，只能在机车运用(行)中发生。机车运行中发生此类故障后，司乘人员应做到是，机车途停中后处理好相关的注意事项，避免次生故障与事件的发生，并在区间做列车防护工作，等待被救援。

除上所述列举 CCBⅡ制动机在机车运用(行)中发生的非控制性制动(惩罚制动)个例故障外，在此 CCBⅡ制动机中曾发生类似的故障还有多次，有的经 1～44 min 处理不等到位，也有在故障处置中未停车就处理妥当的，见表 10-10。

**表 10-10　2013 年乌/哈机务段 CCBⅡ制动机控制模块运用性故障统计**

| 途停/机车 | 车次 | 日期 | 地　点 | 停时(min) | 原　因 |
|---|---|---|---|---|---|
| HXD1C-0487 | 57113 | 3-11 | 小草湖—红旗坎 | 2 | 制动，总风缸表摆动严重 |
| HXD1C-6292 | 57107 | 3-14 | 小草湖站 | 10 | 制动，制动电磁阀 DCN 故障 |
| HXD1C-0481 | / | 3-21 | 哈密东站 | 44 | 制动，机车列车管折角塞门锈蚀 |
| HXD1C-0314 | 45062 | 5-3 | 达板城—天山 | 3 | 制动，列车管缓解后不充风 |
| HXD1C-6227 | 11003 | 6-18 | 柳园—大泉 | 13 | 制动，风泵不泵风 |
| HXD1C-0484 | 85208 | 6-18 | 红山口站外 | 1 | 制动，干燥器漏风 |
| HXD1C-0301 | 11086 | 7-4 | 大泉—柳园 | 5 | 制动，风泵不泵风 |
| HXD1C-6180 | 11072 | 8-11 | 柳园站 | 1 | 制动，风泵不泵风 |
| HXD1C-0271 | 26039 | 11-27 | 小草湖—红旗坎 | 3 | 制动，屏显报警，制动系统故障 |

## 二、CCBⅡ制动机网控故障个例

HXD1C 型电力机车 CCBⅡ制动机网控系统故障，一般而言属软件类控制故障，即多数情况下发生在 IPM 控制箱内，当机车运行(用)，CCBⅡ制动机系统输往 IPM 控制箱的信号发生错误，或 IPM 箱输出的信号发生错误均会发生非控制性制动(惩罚制动)该类故障在计算机屏示内均有提示。当机车由于该系统错误指令发生惩罚性制动故障时，机车均会起相应保护作用，机车卸载，主断路器跳闸。在下文所举例中对此类制动故障有详尽叙述。

1. CCBⅡ制动机车计算机控制失控

事由：2013 年 4 月 2 日，HXD1C 型 6226 电力机车，牵引货物列车 57122 次，乌鲁木齐西Ⅱ场 10 道 4:43 分开，4:50 分运行到乌西站上行正线 K1900＋82 m 处停车(原因：机车手柄回零位自动上电制)，处理完毕后，5:38 分开车，站内停车 48 分；5:53 分到达二宫站后，司机请求更换机车，将 53013 次机车与 57122 次机车互换后，二宫站 7:05 分开车，7.16 分运行到二宫站至乌鲁木齐站上行线 K1891＋700 m 处停车(原因待查)7.30 分开始退行，7.42 分退回二宫站内，8:47 分二宫开车，影响本列运行晚点。

分析：通过对机车事件记录数据的分析、计算，确认机车在主手柄回零位后 CCBⅡ制动机错误给出电制动信号，而导致 CCBⅡ制动机给出错误信号的原因是制动柜微处理器 IPM 故障。微处理器 IPM 故障导致输入、输出信号丢失，致使制动机发出电制动请求信号，计算机处理器 CCU 执行请求信号指令，机车出现电制动故障。制动柜微处理器(IPM)是 CCBⅡ制动机的中央处理器，安装在机车制动控制柜上部，它进行各制动功能的软件运算，并对各部分软件状态进行检测和维护；同时处理与制动显示屏有关的接口任务，并通过 LON 网络传输制动命令给电控制动单元(EPCU)。微处理器也通过继电器接口模块(RIM)与机车控制系统(TCMS)和安全装备(ATP)进行通信。

2. 制动系统 IPM 故障发生惩罚制动

事由：2013 年 5 月 19 日，HXD1C 型 6191 电力机车，牵引货物列车 50122 次，运行在兰新线乌鲁木齐西至鄯善区段。当列车运到二宫至乌鲁木齐站间因机车故障(机车加不上载)，于 2:08 分停在 K1946＋720 m 处，因前方线路为分相区，司机要求列车退行。列车于 2:40 分开始退行，2:50 分列车退行到达二宫站内，司机对故障处理后，告知可继续运行，二宫站 3:01 分开，3:08 分再次停在 K1946＋720 m 处，经处理后，3:18 分由区间再次开车。区间总停时 70 min。

分析：机车返回段内，经检查与机车数据转储分析。机车因制动系统 IPM(制动机计算机处理器)故障，性能不稳定，机车计算机中央控制单元 CCU 向制动单元 BCU 发出惩罚制动的指令，制动系统 BCU 执行了牵引封锁指令，机车产生牵引封锁，实施惩罚制动，导致机车停车。

3. 机车制动控制 IPM 模块故障

事由：2013 年 5 月 24 日，HXD1C 型 0464 电力机车，牵引货物列车 26027 次，运行在兰新线鄯善至乌鲁木齐西区段。当列车运行在煤窑沟站至夏普吐勒站间时，机车突然自动实施紧急制动，列车于 20:27 分停在下行线 K1769＋61 m 处，机车计算机屏显制动系统故障，经司机处理，由区间 21:25 分开车，区间总停时 58 min。

分析：该台机车返回段内，经检查与调机车计算机数据分析，为机车制动 IPM 模块故障，由于 IPM 模块性能不稳定，发生惩罚制动故障，机车起紧急制动，计算机系统实施了牵引封锁，机车加不上载荷。

4. Lon 网络通信故障，导致电子制动机失效

事由：2013 年 8 月 05 日，HXD1C 型 6192 电力机车，牵引货物列车 11056 次，牵引定数 3 690 t，现车 51 辆，计长 69.6，运行在兰新线哈密至柳园区段。哈密南站 11:40 分开车，运行

到大泉至柳园站间，正常进行制动机试闸(调速)后，列车管达到定压，计算机显示制动系统故障。制动机显示屏列车管无(压)力显示“＊＊＊”制动屏下方显示－063号故障信息，自阀无效停车后，列车管、均衡风缸压力表均显示“＊＊＊”，制动屏下方显示－098号故障，及时与现场“110”技术员及机车厂服务站联系，检查制动系统为列车管16号故障，按其指导进行制动系统计算机“复位”后，制动系统恢复正常。列车于16:18分停在K1069＋520 m处，16:18分由区间按规定开车。区间总停时10 min。

分析：经查询该台机车运行记录小泉东出站后司机实施制动调速，正常缓解后，出现故障现象：司机室制动屏压力显示消失，数字栏显示＊＊＊；列车管意外常用减压；在制动屏故障日志上可以看到098故障代码。故障成因，根据机车故障记录与司乘人员提供的故障信息，初步判断为：Lon网络通信故障。运用中发生制动故障的机车需进行数据下载后(才能)进行(有效)分析，该台机车属长交路轮乘，继续向嘉峪关方向运行。

措施：该故障属机车电子设备结构缺陷在机车运用中引起的机车运用故障，该类型电力机车均采用的为CCBⅡ电子制动机，属计算机管理模块化控制。作为机车运用的预防及故障处理措施，首先应正确使用新设备，按该型制动机正确操作程序进行操作，勿滥用。当发生此类制动系统故障应根据制动屏的提示，并应正确认识对故障进行妥当处置。如该台机车所发生的故障，制动屏给出的提示属乱码，可视为制动机微控系统程序发生紊乱(此类故障一般为操作失当，程序码错误引起)。正确的处置方法可采取重新启机“复位”的方法给予解决。

5. 制动机中央处理模块IPM发生网络通信故障

事由：2013年8月11日，$HXD_{1C}$型0518电力机车，牵引定数3 000 t，现车33辆，计长41.4，运行在兰新线哈密至鄯善区段。列车运行到柳树泉站外，机车BCU通信故障，机车显示故障，于1:43分停于K1441＋143 m处。进行大小“复位”后无效，采取网络“复位”故障消除。于1:52分开车，运行至K1442＋348 m处，上述故障再次发生，于1:56分停车，再次进行网络“复位”处理，列车在停车状态下，此故障反复发生多次，不能运行。于2:08分呼叫柳树泉车站请求救援，2:52分由区间被救援开车。区间总停时56 min。

分析：机车返回段内经检查，为制动机中央处理模块IPM发生网络通信故障，并检查计算机显示屏显示BCU牵引封锁请求故障信息，制动屏显示“63000”工厂故障代码，与司乘人员反馈故障现象基本相符。故障为制动机中央处理模块IPM发生了网络通信故障，计算机屏显BCU通信保护，机车起惩罚制动，停车后进行了大复位，能显示正常，但再次运行故障又重复发生，只得向车站请求救援。故障成因为微处理器IPM内部LON网络信号丢失，导致IPM输入、输出信号丢失，制动机BCU发出牵引封锁请求信号，计算机CCU执行请求信号指令，机车出现BCU牵引封锁，机车产生惩罚制动。

措施：该故障属机车电气电子设备结构缺陷在机车运用中引起的牵引封锁保护作用，使机车加不上载的运用故障。作为机车运用的预防及故障处理措施，虽然该项主要属机车电气设备结构故障，但若通过提升司乘人员的运用技能，相应的故障也能得到克服。该类电力机车的通信故障一般属网络内传感器或线路插头(包括线路)接触不良，对于该类机车运用故障，计算机屏显是不能现实反映具体故障点，只能泛泛而提示。当机车运行中发生此类故障后，在复位处理后再次继续发生时，应考虑是否属线路虚接或断路故障，应顺通信装置的电路查找其节点，有可能预防和处理好该类机车运用故障。该类机车运用技术属摸索阶段，希望能得到广大司乘人员响应，避免该类机车设备破损与行车事故的发生。

6. 制动柜内的 085、093 出厂代码错误

事由：2013 年 10 月 17 日，HXD1C 型 6257 电力机车，牵引货物列车 11066 次，牵引定数 3 936 t，现车 48 辆，计长 64.9，运行在兰新线鄯善至哈密区段。列车运行到了墩至雅子泉间，因制动屏系统故障，计算机屏显示机车总线故障。14:22 分被迫停车于 K1478＋892 m 处，经与专业技术员联系，在其指导下，故障无法排除。14:39 分请求救援，按无动力回送，16:29 分由区间被救援开车。区间总停时 127 min。

分析：该台机车返回段内，经检查，为制动柜内的 085、093 出厂代码错误，导致输出信号紊乱，出现乱码，造成 IPM 模块网 LON 通信故障，计算机控制系统在此类乱码的干扰下，对制动屏起保护作用而“黑屏”。同时此制动柜计算机控制失效，导致识别错误，在机车运行 70 km/h，而发生惩罚制动，制动屏黑屏。司乘人员使用“大复位”又无效。

措施：该故障属机车制动柜内计算机控制系统结构故障，即内设程序紊乱，导致机车运用故障的发生。作为机车运用预防的措施，在机车出段前应做好该型制动机的“五步闸”试验，并在制动机试验的同时应检查 IPM 箱端面上控制灯的显示情况，当出现故障异常（包括通信不良时）此控制灯均有所显示，应提出异常，要求检查修理。机车运用故障一般以预防为主，当机车运行途中一旦发生此类故障时，查找与处理就比较困难。同时机车运行中突出讲安全，机车途停于区间，司机需进行相应防护与诸多回答各有关行车方的讯问，没有时间查找故障。因此要求司机对机车运用技术技能要熟练，来应对机车突发故障发生与处置。

7. 制动系统中央单元处理器 IPM 模块性能不稳定

事由：2013 年 10 月 13 日，HXD1C 型 0476 机车，牵引货物列车 11090A 次，牵引定数 4 624 t，现车 56 辆，计长 69.4，运行在兰新线乌鲁木齐西至鄯善区段。列车运行到乌西站至新客站过渡站间上行线 K1953＋146 m 处，因 2 位机车（HXD1C 型 0476 电力机车）计算机屏显：制动机故障，于 4:07 分停于 K1953＋646 m 处。经司乘人员对计算机控制系统“复位”处理后，恢复正常，于 4:12 分由区间开车。区间总停时 5 min。

分析：机车返回段内，经检查与计算机事件记录数据分析：机车 IPM 模块故障。故障成因，由于 IPM 模块性能不稳定，发生故障，导致机车惩罚制动，计算机系统实施了牵引封锁，机车加不上载荷，司乘人员实施大“复位”后，恢复正常。

8. 制动系统中央单元处理器 IPM 故障

事由：2013 年 10 月 11 日，HXD1C 型 6222 机车，牵引货物列车 JG321 次，牵引定数 3 948 t，现车 42 辆，计长 54.6，运行在兰新线鄯善至乌鲁木齐西区段。列车运行到盐湖站至三葛庄站间下行线因机车计算机显示屏显示制动机故障，11.35 分停于 K1871＋528 m 处，司机处理后 11.48 分开，区间总停时 13 min。

分析：询问机车司乘人员计算机屏显：制动机故障，进行微控制“复位”后正常。机车到段检查，查询计算机事件记录制动故障系统数据显示故障代码为“63000”，判断为制动系统中央单元处理器 IPM 故障。通过机车制动系统数据分析，因微处理器 IPM 故障，导致 IPM 输入、输出信号丢失，制动机 BCU 发出牵引封锁请求信号，计算机 CCU 执行请求信号指令，机车出现 BCU 牵引封锁，机车产生惩罚制动。

9. CCBⅡ制动机临修故障

（1）制动机计算机控制系统的 ERCP 模块故障

事由:2013 年 5 月 13 日,HXD1C 型 0482 电力机车牵引货物列车运行中,因制动机均衡风缸故障、机车列车管压力达不到定压故障,机车到段后扣修。

分析:机车入库经检查,为制动机计算机控制系统的 EPCU(电空控制单元)的 ERCP 模块故障,造成均衡风缸不充风。均衡风缸控制单元 ERCP 是根据电子制动阀 EBV 的大闸手柄制动指令控制均衡风缸压力,或根据惩罚指令控制均衡风缸压力,并通过均衡风缸的压力变化来控制列车管的压力,包括过充功能。在此控制电路出现故障时,均衡风缸控制单元 ERCP 会造成均衡风缸不充风,该模块属于质保配件。

(2)机车制动机计算机控制系统程序紊乱

事由:2013 年 6 月 17 日,HXD1C 型 6191 电力机车牵引货物列车运行中,因机车制动机系统的单风泵泵风故障,影响到列车运行的安全,机车到段扣修。

分析:机车入库经检查,为制动机计算机控制系统程序紊乱,导致风泵泵风不正常运转。对此计算机控制系统重新刷新程序后,试验良好(该类故障在机车运用中通过计算机“复位”是无效的)。

(3)电空控制单元 BCCP 模块控制程序不稳定故障

事由:2013 年 6 月 17 日,HXD1C 型 6213 电力机车牵引货物列车运行中,因机车使用电制动自阀减压制动缸有时发生机车制动缸自动上闸故障,机车到段后扣修。

分析:机车入库经检查,为该型制动机的电空控制单元 BCCP 模块(制动缸控制单元)故障,造成机车制动缸发生非正常自动制动而不能单独缓解。经更换 BCCP 模块后,恢复正常(该类故障在机车运行中是时有发生,并非常态,属模块程序控制不稳定故障,无法在机车运行中处理)。

(4)机车制动系统 Km2 阀件中柱塞卡滞

事由:2013 年 8 月 28 日,HXD1C 型 6187 机车,牵引货物列车运行中发生机车大闸手柄重联位时起紧急制动的故障,机车入段后扣修。

分析:机车入库检查,因制动系统 Km2 阀件中柱塞卡滞,造成列车管通大气管路关闭不严,机车大闸手柄重联位时起紧急制动。经更换 Km2 阀件,恢复正常。

除上所述列举机车运用(行)中发生在 CCBⅡ制动机网控系统的非控制制动(惩罚制动)个例故障外,在此 CCBⅡ制动机中曾发生类似的故障还有多次,有的经 1~10 min 内均能处理到位,也有在故障处置中未停车就处理妥当的,见表 10-11。

**表 10-11　2013 年乌/哈机务段 CCBⅡ制动机运用(行)中发生在网控系统惩罚制动统计**

| 途停/机车 | 车次 | 日期 | 地　点 | 停时(min) | 原　因 |
|---|---|---|---|---|---|
| HXD1C-6180 | 51072 | 3-24 | 雅子泉—柳树泉 | 1 | 制动,制动系统故障,复位后正常 |
| HXD1C-0472 | 57140 | 3-27 | 火石泉—哈密南 | 1 | 制动,制动系统故障,复位后正常 |
| HXD1C-0291 | 11058 | 5-24 | 红台—大步 | 1 | 电器,机车发生惩罚制动 |
| HXD1C-0288 | 26006 | 7-21 | 红台—了墩 | 1 | 制动,发生惩罚制动 |
| HXD1C-6201 | 11066 | 8-5 | 思甜—景峡 | 1 | 制动,发生惩罚制动 |
| HXD1C-0465 | 60001 | 8-7 | 红旗村站 | 8 | 制动,列车管降为零 |
| HXD1C-6179 | 85210 | 9-3 | 十三间房—了墩 | 3 | 制动,惩罚制动 |
| HXD1C-0709 | 10120 | 9-19 | 景峡—尾亚 | 7 | 制动,BCU 起紧急制动 |

## 三、CCBⅡ电空制动机运用中的惩罚制动个例

HXD1C型电力机车CCBⅡ制动机在机车运用(行)中发生惩罚制动故障，一般而言属操作失当故障，即多数情况下未按该制动机的设置要求设置部件规定的位置，未正确按该制动操作规范的要求按步骤操作(包括机车在报警提醒时，未对警惕按钮及时解锁)或未按机车操作步骤规范操作时；同时少数情况下也有属该制动机发生的结构缺陷引起的机车惩罚制动。当机车运行(用)中CCBⅡ制动机系统均会因此发生非控制制动(惩罚制动)，该类故障在计算机屏显均有提示，而指向性比较强，因此在处理上一般属恢复处置，用时也较短，而且属类似的故障事件记录(机车回段后可调出相关数据核实)。当机车发生惩罚制动故障时，机车均会起相应保护作用，机车卸载，主断路器跳闸。在下文所举例中对此类制动性故障有详尽性叙述。

1. 制动报警下未解锁引起的惩罚制动

事由：2013年4月17日，HXD1C型6235电力机车，牵引货物列车57132次，定数3 905 t，现车52辆，计长69.1，运行在兰新线的鄯善至哈密区段。鄯善站20时52分开车，运行中警惕报警无语音提示，运行至瞭墩站至雅子泉间，警惕报警，多次按压风笛按钮，以解除警惕报警无效，产生惩罚制动。列车于0时46分停于K1437＋183 m处，解除惩罚制动，0时48分开车。区间总停时2 min。

注：因司机室通信噪声较大，制动警惕声报警小，未引起司乘人员的注意而产生机车惩罚性制动。

分析：该故障属机车制动系统计算机保护起作用，因操作步骤延误引起的操作警告后，即未及时采取解除制动警告报警措施而造成的惩罚制动。同时当司乘人员机车操作步骤失当且违反机车操作规定或机车运行超速等，机车会发生警惕性报警(之前/之后机车计算机屏显均会有人机对话——文字提示)，这时司乘人员应进行相应的解除报警措施，因此机车惩罚性制动会免于发生。当解除警惕报警发生错误或未能及时采取解锁，机车微控系统将在超出规定时间后产生惩罚制动，此为机车制动微控系统产生的保护措施，目的是为避免机车运行事故的发生。

措施：该故障属机车制动系统微控产生保护性措施，即惩罚制动。作为机车运用预防性措施，机车运用(行)中，应避免机车操作步骤错乱，按规定步骤与规定程序进行操作，当发生警惕报警时，应及时按相应要求进行解锁，避免机车运行中产生“惩罚制动”的发生。

2. 机车电制动中突然发生惩罚制动

事由：2013年7月02日，HXD1C型0311电力机车，牵引货物列车10583次，牵引定数3 487 t，现车45辆，计长68.81，运行在兰新线柳园至哈密区段。柳园站01:47分开车，运行至柳园至大泉间的K1086＋111 m处，换向手柄电制位，列车管突然减压70 kPa(惩罚常用制动)，计算机制动屏显制动，大闸推到制动区，缓解机车制动，缓解不了。主手柄回零位，大闸推到最大减压位，列车于2:19分在K1086＋771 m处停车。停车后，继续缓解大闸，列车仍然不缓解，大闸推到紧急制动位，计算机屏显示60 s后缓解。当缓解正常后，于2:24分开车，因列车为满吨大列，且为下坡道，无法进行制动机简略试验，查询风压正常后，开车运行至大泉三道准备停车，实施列车制动停车正常。区间总停时5 min。

分析：根据司机描述情况，机车在实施电制动中列车发生自动制动作用，应属机车操作程序错误而发生的惩罚性制动。在CCBⅡ型制动系统中，RIM模块中有2个惩罚制动中继，若

机车控制系统或监控系统想要触发一次惩罚制动，在 CCBⅡ将执行这一惩罚制动。同时惩罚制动分常用与紧急惩罚制动。该台机车在运行中发生惩罚制动应属常用惩罚制动。该项惩罚制动主要有 2 种情况，一是，无人警惕功能触发惩罚制动请求，二是，监控(LKJ)系统发出惩罚制动。它们的区别在于，前者惩罚制动为紧急制动；后者惩罚制动属常用惩罚性制动。因此据此推论：该项故障的发生属第 2 种。

措施：该故障属机车监控装置产生保护常用惩罚制动，使机车在运行中发生的非正常制动运用故障。作为机车运用的预防及故障处理措施，该类故障多数情况下属机车司机操纵不当所引起。因此在机车运行中，司机应按规定规范地操纵好机车，避免盲目导致的对机车操纵不当，而造成此类制动系统保护(惩罚)制动的发生。同时在机车发生类似常用惩罚制动保护作用后，应立即将制动手柄置入“抑制”位后列车才可缓解，否则列车是无法缓解的(显然该机班司机当机车发生惩罚制动后其操作处置是失误的)。如该机班司机对此的初次处理方法不当，导致列(机)车无法缓解，就属司机对此类故障的处理操作方法错误而引起。

3. 司机室噪声大，司机未听到警示报警导致惩罚制动

事由：2013 年 7 月 30 日，HXD1C 型 0288 电力机车，牵引货物列车 JG471 次，牵引定数 2 510 t，现车 42 辆，计长 54.6。运行在兰新线柳园至哈密区段的思甜至山口站间 K1245＋600 m 处，机车突然产生惩罚制动，没有任何迹象，列车于 0:55 停车，按规定处理后，列车于0:59分开车，运行至哈密站停车。区间总停时 4 min。

注：列车由柳园 21:03 分开车，运行到思甜至山口站间下行线 K1244＋818 m 处，通过信号绿灯，00:48:56 运行速度 74 km/h，手柄位置加前制，机车制动屏实施惩罚制动，列车管自动减压 160 kPa，制动缸压力最高上升至 430 kPa，00:49:50 列车停在 K1245＋572 m 处，00:52:33 区间绿灯开车。区间停车 3 min。

分析：通过 LKJ 运器文件分析，00:45:47 列车过分相时，司机断开主断路器，00:46:30 于分相通过后，司机进行合主断路器操作正常。00:46:47 司机进行加载电制动，手柄位置由“加制”转换为“加前制”。00:48:19 司机进行鸣笛，00:48:56 机车计算机系统触发“惩罚制动”。根据 LKJ 文件分析该司机在运行中精神状态正常，不存在打盹，通过询问大厂驻段技术人员和司乘人员运用情况，该类电力机型在车号 300 以下的机车，其计算机警惕报警为“蜂鸣”报警，即报警声音较小，运行中由于列车无线调度电话声音大无法正常听到计算机报警，导致运行中该机班对计算机“警惕报警”没有及时解锁，产生“惩罚制动”。

措施：该故障属机车计算机警示报警装置结构缺陷与司机室噪声干扰引起的机车制动保护起作用——惩罚制动而停车。作为机车运用的预防及故障处理措施：一是，针对该类型 300 号以下的机车存在的此类问题，交技术部门进行解决，因此要求司乘人员在运行中，严禁将计算机报警声音调小并加强对计算机显示屏的盯控，防止类似机车运用问题再次发生。二是，将该类问题的机车的“警惕报警”缺陷传达到每一位司乘人员，在运行中严格执行计算机警惕报警周期的解锁方法，防止当计算机警惕报警发生时，不会解锁的问题反复发生。三是，强化乘前待乘制度，保证机班在运行中保持精神状态良好，精神充沛，日常增强机班间互控意识，在运行中司机与学习司机应配合密切，除对过分相、进出站、风表压力等加强瞭望确认外，对计算机的显示情况机班也应该时刻进行呼唤确认防止问题发生。

4. 机车自动停放制动装置非正常性发生释放作用

2014 年 01 月 01 日，HXD1C 型 0398 电力机车，牵引 L968 次临时旅客列车，牵引定数

1 000 t，现车 18 辆，计长 42.9。22:00 分因机车自动释放停放制动停于火石泉站Ⅱ道，经司机处理后 22:07 分开车，站停 7 min。22:21 分运行至火石泉站至哈密南站间上行线 K1382＋25 m 处再次因为上述原因停车，司机处理后 22:23 分开车，区间总停时 2 min。

该机车返回段内，从物理性检查试验，未发现此设备有故障现象出现，经机车计算机数据下载分析，造成此次停放制动自动施加的故障原因是制动柜停放制动模块(B40)中的脉冲电磁阀(B40.03)发生故障，造成停放制动误动作。

分析：该故障属机车停放制动设备结构缺陷，即脉冲电磁阀发生故障而误作用，造成机车停放制动发生非正常自动制动，导致机车运用故障发生。作为机车运用预防措施，该项设备机车出段前属目视检查，其控制关系为总风→脉冲电磁阀→双向止回阀→减压阀→停放制动缸。疑似该项故障属电磁干扰性误作用，只能是在机车运行中突然发生。机车运行中当发生该项故障时，除机车发生停放制动外，同时机车将产生惩罚制动并使机车功率输出被牵引封锁。这时，司乘人员可根据计算机屏显提示，下车检查机车走行部停放制动是否发生作用，确认方法：设备上有红/绿标示，当为红色时为制动，绿色时为非制动。若为红色时，可进行了手动缓解，若为绿色，不可操作缓解(注：该机车人员在途中机车停放制动作用后，立即使用了“缓解停放制动”有反馈信号产生，此信号也属不正常，但与此项故障无直接关系)。若司乘人员操作手动停放制动缓解按钮时，会引起不正常反映或发生非正常制动，在今后操作中应注意，避免不必要的次生故障发生。

5. 机车主空压机不能泵风

事由：2014 年 4 月 21 日，HXD1C 型 0765 电力机车，牵引货物列车 81211 次，牵引定数 1 953 t，现车 46 辆，计长 70.0，运行在兰新线哈密至柳园区段的峡口站。峡口站计划 5:15 分通过，5:13 分司机要求进站停车，5:17 分进Ⅰ道停车，5:32 分司机请求救援，原因为机车风压机(风泵)不打风，站内总停时 115 min。影响本列晚点。

机车返回段内，查看机车计算机显示屏网络拓扑图，发现 DIM12 模块显示红色(故障)。对 DIM12 模块进行更换后，再次升弓试验机车故障现象消除。

分析：(1)机车Ⅰ端司机室数字量输入模块 DIM12 故障。由于 DIM12 故障引起机车司机室数字量信号控制功能失效，计算机系统无法识别主压缩机开关位置，导致机车压缩机扳键开关在断开位，计算机系统仍然输出打风信号，造成风泵仍在打风工作。(2)DIM12 故障后造成司机室输入信号处于无法识别状态，导致司机室操纵(作)指令混乱，机车无法正常操作运行。

措施：该故障属机车电气电子设备结构缺陷，属主压缩机(风泵)电子控制板件故障，引起该风泵控制系统信号紊乱(也属通信类故障)失效，使司机操作的指令失常，引起机车运用障碍，当主风泵不能泵风时，会造成列车制动系统失效(若机车在此状态下运行，有可能造成列车“放扬”的危害)，导致机车运用故障发生。作为机车运用预防措施，该类故障发生时，计算机屏显均有所提示，应根据计算机屏显提示，理性地处置，切忌盲从操作。因相关板件控制紊乱多数情况下属干扰性暂时失效，若不能正确处置，将导致板件永久性损坏。如该台机车上述所分析，显然故障发生的现象就属板件受干扰而紊乱，而结果机车返段后检查板件损坏，当电子部件发生紊乱时可采用复位处置的方式，基本上能得到恢复，若盲从操作，将可能导致电子部件的损坏。

6. 制动系统故障临修

机车撒砂系统不出砂

事由：2013 年 3 月 3 日，$HXD_{1C}$ 型 6185(6186、6226)电力机车，牵引货物列车运行遇雨雪天，钢轨面上有雨霜层，机车不撒砂，轮对空转途停。机车入段后扣修。

分析：机车返回段内，经拆解撒砂器检查，砂箱内砂子质量不符合要求，砂箱内砂子夹杂有土、石子、塑料编织带和秸秆等杂物，将撒砂器出砂口堵塞，导致机车撒砂时，砂管不能出砂故障。另一方面因砂子内灰尘较多，灰尘板结后将出风板堵死，造成风路不通畅不出砂的故障发生。造成此故障的原因主要是机车日常整备补砂作业过程中，未严格落实机车上砂标准，造成杂物进入砂箱。

除上所述列举 CCBⅡ制动机在机车运用(行)中发生的非控制制动(惩罚制动)个例故障外，在此 CCBⅡ制动机中曾发生类似的故障还有多次，有的经 1～10 min 内均能处理到位，也有在故障处置中未停车就处理妥当的，见表 10-12。

**表 10-12　2013 年乌/哈机务段 CCBⅡ制动机运用中惩罚制动统计**

| 途停/机车 | 车次 | 日期 | 地　点 | 停时(min) | 原　因 |
|---|---|---|---|---|---|
| $HXD_{1C}$-0291 | 11058 | 5-24 | 红台—大步 | 1 | 电器，机车发生惩罚制动 |
| $HXD_{1C}$-0288 | 26006 | 7-21 | 红台—了墩 | 1 | 制动，发生惩罚制动 |
| $HXD_{1C}$-6201 | 11066 | 8-5 | 思甜—景峡 | 1 | 制动，发生惩罚制动 |
| $HXD_{1C}$-0465 | 60001 | 8-7 | 红旗村站 | 8 | 制动，列车管降为零 |
| $HXD_{1C}$-6179 | 85210 | 9-3 | 十三间房—了墩 | 3 | 制动，惩罚制动 |
| $HXD_{1C}$-6200 | JG220 | 9-3 | 柳园站 | / | 制动，摘头单机发生紧急制动 |
| $HXD_{1C}$-0278 | 10583 | 11-4 | 柳园—大泉 | 1 | 制动，惩罚制动 |
| $HXD_{1C}$-6330 | 41004 | 11-25 | 景峡—思甜 | 1 | 制动，惩罚制动 |

## 思　考　题

1. 机车制动微控系统中哪类故障可用“复位”方法解决？
2. 主断路器风路阀被关闭会引起的故障有哪些？
3. 微处理器 IPR 控制失效时引起制动类哪些故障？

## 第五节　$HXD_{1C}$ 型电力机车运用中其他故障分析

$HXD_{1C}$ 型电力机车发生在其他类的运用故障也较为普遍，有人为操作不当引起的故障，有其设备结构缺陷，外电源供给受阻，相应控制电路故障，以及相应设备机械卡滞或电气设备电蚀接触不良等引起的断路、短路故障。该类故障在机车运用(行)中发生时，主要故障现象为主断路器断开，计算机屏显有相应提示，与机车的主变流器 TCU 故障后同样，均可采用“复位”方式处置妥当。但若属器件(机械障碍或损坏)，仅通过计算机“复位”的方式是不能解决处理的，“复位”仅对软件控制系统管用。上述故障的因素本节均有举例叙述，并对相应故障进行了分析。

## 一、机车过分相主断跳闸合不上

HXD1C 型电力机车运用(行)中发生的过分相主断路器跳闸合不上故障,有属此设备结构缺陷的,有司乘人员操作控制失当(包括过分相前断主断路器机车运行速度控制不当)的,有未按规范操作的,有辅助压缩空气过低,有线路纵断面等类因素影响造成机车途停故障。引起该类故障因素在计算机屏显内均有所提示。当该类电气设备装置发生故障时均会引起相应保护作用,机车卸载,主断路器跳闸(或主断路器断开或自动断开后合不上)。在下文所举例中对此类电气设备类故障有详尽叙述。

1. 机车过分相后,主断合不上

事由:2013 年 3 月 28 日,HXD1C 型 6292 电力机车,牵引货物列车 57115 次,牵引3 269 t,现车 46 辆,计长 63.7. 运行在兰新线哈密至鄯善区段的哈密南至火石泉间。当列车在哈密南站通过过分相后,主断路器(简称主断)合不上,发现主变流器故障。这时,合主断,再次断主断也不行,按压计算机控制系统“复位”按钮也无效,就对列车实施制动停车。于 1 时 42 分停车后,再合主断还是无效,按压“复位”按钮,2~3 次后故障消除,正常合主断路器来电后,于 12 时 48 分开车,区间总停时 6 min。

分析:该故障属电力机车电器设备自身起断电保护作用,避免机车电器设备损坏而跳闸。即在机车负荷超载的情况下,或机车设备负载发生短路,其主断均会发生跳闸(也称跳主断)。主断是主断路器的简称,主断是电力机车的一个重要部件,用于断开、接通电力机车的 25 kV 外来电源的电路控制开关。同时用于机车过载和短路的保护。主断闭合必需满足 3 个条件:一是,主断必须在断开位;二是,必须有充足的气压;三是,必须使保持(电磁)线圈有电。若不能满足上述三项条件,主断是闭合不上的(相应控制电器故障除外)。

该台机车断主断合不上发生在过分相后,多数情况下,主断断/闭时,造成电路瞬间接触不良而超载,使主变流器等设备负荷过载,以致整条电路过载,主断跳闸。当合主断时,由于处置此类故障的盲目性,又未能完全满足合主断的三项条件,导致主断多次合不上。

措施:该故障属机车电器设备自身起保护作用,引起机车运用故障。作为机车运用预防措施,该型电力机车运行中过分相时,应有序按操作规定进行,避免盲目的错误慌乱操作,导致的机车负载电路过载。当机车电源电路跳主断后,应认真确认合主断时的三个条件是否满足,当条件全满足后,再实施合主断。一般合主断时,主断的控制与“复位”是无关,因合主断是单一机械控制;“复位”是指机车电器设备被机车计算机控制系统控制着的某个模块系统出现程序性控制故障采用的处理方法(即计算机默认为司机或反馈输入信号错误后,发生“死机”的一种自身保护措施,而需要重新启动计算机控制系统)。如该台机车所发生的故障就属机车负载电路过载(计算机屏显主变流器故障)而使主断合不上,而处理中合主断的三个条件又未完全具备,匆忙合主断,导致主断合不上。

2. 机车过分相后发生保护性跳主断

事由:2013 年 4 月 29 日,HXD1C 型 6293 电力机车,牵引货物列车 81708 次,牵引定数 3 940 t,现车 47 辆,计长 69.1,列车运行在兰新线哈密至柳园区段的红旗村至烟墩间过分相后,合主断合不上,于 17 时 17 分停在 K1313+343 m 处,经计算机“复位”,机车供电恢复正常,于 17 时 18 分开车,区间停车 1 min。

分析:该故障属机车电器保护系统起保护作用,使机车断电,从而导致机车微控系统“死机”，以避免机车电器件与设备的被损坏。因电力机车在线路上运行，在一个牵引区段内是由若干个供电所供给电源，因在每一供电所内所负载(列车运行对数)不同，带来的接触网网压在每个供电所交口网压也不同。虽然接触网供给电源为 25 kV，但《技规》规定网压在 17.5～27.5 kV，为避免在供电所交口网压较大时带来对机车电器电机设备与地面设施的损坏。因此在该类交口处均设有分相点，即断电(断开主断)惰力运行至下一供电所再闭合主断加载运行。避免发生接触网电压幅值变化过大带来的设备损坏。除此之外，机车上也设有相应的保护装置(主断路器)，即在机车接触网压幅值变化太大时，或某种情况下司乘人员操纵不当，主断路器会自动跳开(闸)，使机车接受的网压电源断电，以保护机车电器设备。

措施：机车过分相时发生的跳主断，一般属网压变化较大引起，其原因与未按电力机车过分相相关规定操作有关。作为机车运用预防措施，在机车运行中，在过分相前，司机应掌握好时机，及时断开本接触网电源，惰力运行至下一供电所接触网段，再加载。加载时应平稳，待电器、电机受电网压稳定后再加力运行，以保证平稳过渡，避免主断保护跳闸。当主断跳开后合不上时，应考虑是否属机车微控系统起保护作用，首先应进行“复位”，再进行加载，以减少机车途停故障的发生。

3. 机车运行中发生非正常性自动降弓

事由：2013 年 07 月 31 日，HXD1C 型 0477 电力机车，牵引货物列车，牵引定数 3 904 t，现车 54 辆，计长 68.9，运行在兰新线哈密至柳园区段。当列车运行到思甜至景峡站间，机车Ⅱ端受电弓突然降弓、跳主断路器。机车顿时失去动力，经司乘人员处理无效，列车停在区间。停车后司乘人员与段技术支助热线“110”联系，在专业技术人员的指导下进行计算机控制系统“大复位”，仍然无效，随后升Ⅰ端受电弓维持运行。

分析：机车返回机务段后，经技术科专业技术员、机车厂驻段售后服务技术人员、整备车间技术员联合对该车受电弓共同进行检查确认。

(1)静态检查：Ⅱ号受电弓 C 滑板在靠滑板中心线左侧 6 mm 位置，中心线右侧 10 mm 位置有两道裂纹，测量Ⅱ号受电弓 C 滑板最小剩余厚度为 32 mm，D 滑板最小剩余厚度为 34 mm，其余部件检查无异常。

(2)动态检查：对该车Ⅱ号受电弓进行升弓试验检查，检查发现Ⅱ号受电弓无法正常升弓；Ⅱ号受电弓 ADD 阀(快排阀)处于一直排风状态；进一步检查确认Ⅱ号受电弓 C 滑板裂纹处有漏风现象，更换Ⅱ号受电弓碳滑板后，试验正常。

(3)技术科专业技术员对该车Ⅱ号受电弓碳滑板裂纹宽度进行测量，裂纹宽度为0.75 mm，超出碳滑板检查更换要求(当裂纹宽度小于 0.5 mm 且滑板内气路没有漏气时，可以正常使用；当裂纹宽度大于 0.5 mm 时，碳滑板必须更换)。

故障成因，造成该机车故障的直接原因是机车Ⅱ号受电弓 C 滑板出现裂纹，随着裂纹的不断扩大，引起滑板内风管裂损漏风。当滑板出现漏风现象时，Ⅱ号受电弓 ADD 阀(快排阀)排风，造成机车在运用过程中突然降弓、跳主断路器的故障。

措施：(1)整备车间要将该故障作为典型案例进行全员学习教育，严格执行机车受电弓碳滑板检查工艺要求。

(2)该型号碳滑板在结构上存在工艺缺陷，滑板的铝边不是一个整体，碳滑板在收到弓网冲击后，在碳滑板中心位置容易出现裂损现象，哈密机务段前期已停止使用该型号碳滑板。针对该型号碳滑板出现的故障，技术科将该信息反馈该台机车支配机务段，对该型号碳滑板进行针对性质量改进。

4. 受电弓故障临修

(1)受电弓支架变形

事由：2013 年 5 月 19 日，HXD1C 型 6207 电力机车牵引货物列车运行中，因机车运行中网压不稳定，改换机车Ⅱ端受电弓后网压正常，机车入段扣修。

分析：机车入库检查Ⅰ端受电弓弓头支架变形，影响到受电弓与接触网网线与接触，导致机车输入网压不稳定。经更换受电弓弓头支架后，试验正常，交车。

(2)机车Ⅱ端受电弓快排阀漏风升弓受限

事由：2013 年 7 月 26 日，HXD1C 型 0478 电力机车牵引货物列车运行中，因机车Ⅱ端受电弓故障，机车入段扣修。

分析：机车入库检查，因Ⅱ端受电弓快排阀模板被异物垫住，快排阀漏风，升弓风压不足，导致机车受电弓升不起来。

(3)机车车顶高压电缆总成接线端子烧损

事由：2013 年 11 月 5 日，HXD1C 型 6207 机车，牵引货物列车运行中发生机车车顶高压电缆总成接线端子烧损。机车入段后扣修。

分析：机车入库检查，为车顶高压电缆总成接线端子内密封胶流出。该车在 10 月 23 日及 10 月 28 日因相同故障扣修。

(4)受电弓弓角断损

事由：2013 年 9 月 9 日，HXD1C 型 0475 机车，牵引货物列车运用(行)中发现机车Ⅱ架受电弓弓角断损故障。机车入段后扣修。

分析：机车入库检查，此受电弓弓角焊接处存在焊修缺陷，长时间运用中发生疲劳裂损，整备车间漏检。经更换受电弓弓角，机车正常投入运用。

除上所述列举机车运用(行)中发生的过分相后主断路器合不上个例故障外，在此也曾发生类似的故障还有多次，有的经 1～22 min 处理到位，也有在故障处置中未停车就处理妥当的，见表 10-13。

**表 10-13　2013 年乌/哈机务段机车过分相主断合不上运用性故障统计**

| 途停/机车 | 车次 | 日期 | 地　点 | 停时(min) | 原　　因 |
|---|---|---|---|---|---|
| HXD1C-6195 | 10128 | 4-30 | 了墩—雅子泉 | 3 | 电器，过分相后，主断合不上 |
| HXD1C-6209 | 26058 | 5-10 | 了墩—雅子泉 | 6 | 电器，过分相，主断无法闭合 |
| HXD1C-0515 | 1JG203 | 5-15 | 山口站 | 2 | 电器，过分相后主断合不上 |
| HXD1C-6207 | 85210 | 5-23 | 了墩—雅子泉 | 2 | 电器，过分相后，主断合不上 |
| HXD1C-0347 | 80917 | 5-28 | 山口—烟墩 | 3 | 电器，过分相后，主断合不上 |
| HXD1C-0475 | 11037 | 6-5 | 红台—小草湖 | 2 | 电器，过分相后，主断合不上 |
| HXD1C-0508 | 11032 | 6-7 | 景峡站 | 4 | 电器，过分相后，主断合不上 |
| HXD1C-6212 | 11096 | 6-27 | 红旗坎—小草湖 | 9 | 电器，过分相跳主断 |
| HXD1C-0518 | 51043 | 6-28 | 烟墩—红旗村 | 11 | 电器，过分相后跳主断 |
| HXD1C-6293 | BG304 | 7-5 | 盐泉—达板城 | 17 | 电器，过分相后，主断不能吸合 |
| HXD1C-0739 | 41006 | 7-11 | 大泉—柳园 | 5 | 电器，过分相后主断合不上 |

续上表

| 途停/机车 | 车次 | 日期 | 地　点 | 停时(min) | 原　　因 |
|---|---|---|---|---|---|
| HXD1C-0491 | 41010 | 7-13 | 思甜站 | 3 | 电器,过分相后主断合不上 |
| HXD1C-6191 | 30121 | 7-14 | 天山站 | 21 | 电器,过分相后主断合不上 |
| HXD1C-0362 | BG306 | 7-20 | 鄯善—了墩 | 2 | 电器,过分相后,主断合不上 |
| HXD1C-6245 | 88242 | 7-29 | 烟墩—山口 | 1 | 电器,过分相后主断合不上 |
| HXD1C-6219 | 11045 | 7-22 | 山口站 | 5 | 电器,过分相后主断合不上 |
| HXD1C-0722 | 11045 | 8-1 | 山口—烟 | 4 | 电器,过分相后,主断合不上 |
| HXD1C-0480 | 41009 | 9-13 | 山口—烟墩 | 3 | 电器,过分相后,主断合不上 |
| HXD1C-0730 | 88901 | 9-15 | 山口—烟墩 | 1 | 电器,过分相后,主断合不上 |
| HXD1C-0495 | 10033 | 9-15 | 山口—烟墩 | 1 | 电器,过分相后,主断合不上 |
| HXD1C-6291 | 87801 | 9-18 | 红台—小草湖 | 1 | 电器,过分相断主断后合不上 |
| HXD1C-0715 | 11049 | 9-22 | 小草湖—红旗坎 | 8 | 电器,主断合为不上 |
| HXD1C-6200 | 10120 | 9-22 | 大步—十三间房 | 14 | 线障,避分相区,起车困难 |
| HXD1C-0487 | 57001 | 11-3 | 红台—小草湖 | 3 | 电器,过分相后,主断合不上 |

## 二、机车外供电源影响个例

HXD1C 型电力机车运用(行)中发生的机车外供电源影响个例故障,有属外电源供给的问题(网压不稳或无网压),有属机车受电装置的问题(受电弓故障),有属网线干扰障碍(或网线上挂有异物),有机车车顶高压附属装置与保护装置故障或障碍引起的保护装置作用或保护装置自身故障起保护作用等。该类障碍引起的机车运用故障因素在计算机屏显内均有间接提示。当该类电气设备与机械装置或网线路发生故障时均会起相应保护作用,机车卸载,主断路器跳闸。在下文所举例中对此类故障有详尽性叙述。

1. 网源网压低,主断路器跳闸起保护作用

事由:2013 年 5 月 21 日,HXD1C 型 6201 电力机车,牵引货物列车 26210 次,牵引定数 3 995 t,现车 43 辆,计长 53.1,运行在兰新线乌鲁木齐西至鄯善区段的夏普吐勒站。夏普吐勒站开车,速度 2 km/h,网源网压下降,主断路器故障,主断路器自动断开,停车后,使用计算机"复位"正常后动车。站内总停时 11 min。

分析:该型电力机车在网压低于 17.0 kV(按机车结构性能为 15.0 kV)并持续 1 s 时,机车上的保护装置起保护作用,主断路器自动跳闸,断开了接触网的电源输入,以保护机车设备在低电压高负载下损坏电气设备。同时在显示屏上显示相应的故障信息。该类接触网低电压故障的出现,主要与相应供电所线路负载有关。当此供电所区段内开行的列车对数多,负载面大,相应网压就会相应下降。须使其投入正常运行时,应通过使用"复位"键进行。复位条件:当网压高于 17.5 kV 并超过 1 s 时,允许合主断路器,此类信息在计算机屏显上均有显示。

措施:该故障属该型电力机车自身的保护措施起作用,以保护机车自身电气设备不因网压过低,而烧损机车电气设备。作为该类型电力机车运用中的预防措施,当机车运行中遇接触网网压低于标准自动跳主断后,首先应经计算机屏确认其提供的故障信息,再待网压达到标准值以内(17.5～30 kV,可视司机操纵台上的网压表),才能合主断路器,不得盲目合主断。否则主断是合不上的。同时,应注重合主断时的三个条件(在前文有所叙述),这类信息内容计算机

屏显均有显示。

2. 机车输入网压失源

事由：2013 年 5 月 23 日，HXD1C 型 6230 电力机车，牵引货物列车 11076 次，运行在兰新线嘉峪关至张掖区间。列车运行至酒泉至红山堡间突然发生机车网压失源，机车顿时失去动力，列车被迫区间停车，于 3:57 分请求救援。

分析：机车返回段内，经检查分析，由于机车车顶高压电压互感器内部绕组绝缘不良，引起内部电磁温度升高，压力过大造成释放阀动作，A 抽头脱出接地并漏油，造成主断路器跳闸起保护作用。

3. 机车运行中弓网上有异物

事由：2013 年 11 月 10 日，HXD1C 型 6186 电力机车，牵引临时旅客列车 L118 次，牵引定数 983 t，现车 18 辆，计长 40.6。运行在兰新线鄯善至哈密区段，19:45 分由鄯善站开车，23:48分运行至哈密南站停车。在检查机车时发现 1 号受电弓上挂有异物，立即通知车间主管和机车调度台与段技术部门。23:59 分哈密南开车，00:20 分运行至哈密东站，0:22 分左右通知车站受电弓有异物需处理，断电降弓，报告行车调度员与车间主管领导，在隔离高压隔离开关时，高压隔离开关手轮卡死，司乘人员均无法拧动。10:50 分哈密东站通知摘头入段检修，使用Ⅱ位端升弓，0:55 分摘头动车入段。车站总停时 35 min。

分析：机车入段检查，在机车Ⅰ端位受电弓处挂有一块塑料布，长度 3 m 宽度 2 m，上机车做电器动作试验，隔离开关试验正常。故障成因，机车受电弓处挂有塑料布，影响正常行车。前期已经发生过类似的故障，因故障受电弓处挂有塑料布引发的弓网故障而短路，使机车的主断路器跳闸，机车不能运行。

措施：该故障属自然障碍，运行于戈壁滩上机车，在风力的作用下，将一类施工用或农业用的塑料布膜吹刮起来，飘浮到机车车顶也属常事，车间在此统计已有多起。因此导致区间停车或机车运用故障均有发生。作为机车运用预防的措施，司乘人员在机车运行中是无法避免的，这是一种自然现象。但在机车运用中可进行换端受电弓操纵，如该台机车Ⅰ端位因此被遮掩，可在哈密南站换Ⅱ端位升弓，或在哈密南站请求机车所在股道停电，并作好防护网接地，按规定在停电后上机车车顶将其塑料布摘去。

4. 高压电压互感器故障

2014 年 01 月 03 日，HXD1C 型 9318(出厂机车号 6318)电力机车，牵引货物列车 70008 次，牵引定数 4 479 t，现车 58 辆，计长 69.0，运行兰新线哈密至柳园区段的大泉至柳园间。于 5:03 分停在大泉站至柳园站(接触网无电)间，通知供电调度。进行降弓送电，5:19 分试送电成功，要求司机升弓正常运行，其后司机报告机车故障，无法升弓，5:20 分请求救援。区间总停时 127 min。

分析：该台机车返回段内，经检查为网侧高压电压互感器内部原边绕组线圈匝间短路。故障成因，由于该设备短路，造成互感器次边输出发生变化。其处油箱内空气压力、温度迅速升高，高压安全阀开始动作，而且原边线圈短路发热造成的冷却油压力迅速升高，高压安全阀已无法将压力全部泻出，导致绝缘瓷瓶被巨大的内部压力冲击崩出，崩出的绝缘瓷瓶及连线一同击打在附近的导电杆上，绝缘瓷瓶内部连线与车顶产生接地放电，大电流顺车顶对地击穿，造成接触网跳闸。根据机车数据下载后分析，线路网压多次时超 31 kV(最高时达 38.5 kV)，计算机系统曾起动过保护措施，有主断合不上的故障特征。

该故障属机车电气设备结构缺陷，造成设备损坏及波及到相应部件损坏，导致机车运用故障发生。作为机车运用预防的措施，该项设备在机车出段前司乘人员无法检查到(也不允许直接检查)，该类设备属机车主电路高压端网侧电源，有网压表显示其电压，当此互感器短路损坏后，机车网压表会显示异常。机车运行中，主断路器断开，首先应注视网压表的显示，当网压表显示偏高，应与车站联系，询问其接触网网压值，当机车网压表值与车站网压相差过大，可疑拟机车网压故障(高压电压互感器故障)，若属一致时，当机车网压表超过 31 kV 时，应停止使用机车外电源供给，避免损坏机车电气设备。

除上所述列举机车运用(行)中发生的机车外供电源个例故障外，在此也曾发生类似的故障还有多次，有的经 1 min 处理到位，有因此在正线耽搁 100 min 以上者，也有在故障处置中未停车就处理妥当的，见表 10-14。

**表 10-14　2013 年乌/哈机务段机车运用外电源网压故障统计**

| 途停/机车 | 车次 | 日期 | 地　点 | 停时(min) | 原　　因 |
|---|---|---|---|---|---|
| HXD1C-6188 | 57122 | 4-9 | 大步—十三间房 | 2 | 电器，原边电源超压跳主断 |
| HXD1C-0504 | 11054 | 6-10 | 尾亚站 | 4 | 电器，TCUL 原边过流 |
| HXD1C-6181 | 10118 | 6-18 | 尾亚—红柳河 | 127 | 电器，网压不稳，主断跳闸被救援 |
| HXD1C-0701 | 85206 | 6-25 | 大泉—柳园 | 2 | 网压不稳跳主断 |
| HXD1C-0490 | 11009 | 7-13 | 大步站 | 14 | 接触网，停电 |
| HXD1C-6258 | 10118 | 7-17 | 红旗村站外 | 10 | 接触网，无网压 |
| HXD1C-6245 | 88242 | 7-29 | 烟墩—山口 | 1 | 电器，变压器原边过流 |
| HXD1C-0477 | 10120 | 7-30 | 思甜—景峡 | 12 | 受电弓，自动降弓跳主断 |
| HXD1C-0298 | 11033 | 7-27 | 思甜—山口 | 4 | 接触网，欠网压，跳主断 |
| HXD1C-6204 | 10123 | 7-31 | 红柳河—照东 | 1 | 接触网，网压不稳跳主断 |
| HXD1C-6247 | 10102 | 8-1 | 思甜—景峡 | 3 | 电器，原边欠压跳主断后闭合不上 |
| HXD1C-6188 | 57122 | 4-9 | 大步—十三间房 | 2 | 电器，原边电源超压跳主断 |
| HXD1C-0275 | 88246 | 9-16 | 景峡—尾亚 | 88 | 网压，停电 2 次 |
| HXD1C-0730 | 10126 | 9-21 | 小草湖—红台 | 18 | 网压，无网压 |
| HXD1C-0476 | 10116 | 10-7 | 大泉—柳园 | 112 | 接触网停电 |

## 三、控制电路电器故障个例

HXD1C 型电力机车运用(行)中发生在机车控制电路电器个例故障，有属机械损坏的，有属电磁阀卡滞、控制电器发生机械卡分、有控制电器主触头或辅助触指接触不良或虚接的等(本章第二节有所叙述)。该类障碍引起的机车运用故障因素在计算机屏显内均有间接提示。当该类电气设备与机械装置发生断路故障时均会起相应保护作用，机车卸载，主断路器跳闸。在下文所举例中对此类故障有详尽叙述。

1. 操纵端钥匙裂损断无法开启机车控制电路

事由：2013 年 9 月 04 日，HXD1C 型 0287 电力机车，牵引货物列车 26050 次，牵引定数 890 t，现车 40 辆，计长 53.0，运行在兰新线鄯善至哈密区段。列车于 1:57 分到达柳树泉站。车站通知转线换挂 85102 次，机车转线运行，换端操作时，发现操纵台电钥匙已断在钥匙槽内，导致机车无法升弓，于3:28分被站内机车救援，然后用救援机车的钥匙升弓作业，于3:40恢复正常。于4:38分由车站开车。站内总停时161 min。

分析：由于机车电钥匙在长期使用过程中造成其根部(受力点)产生疲劳裂纹，随着使用时间推移和使用频次的增加裂纹不断地延伸扩展，造成钥匙强度降低，最终导致司乘人员在换端操作旋转电钥匙时发生断裂。

措施：该故障属机车控锁设备机械结构缺陷在机车运用中引起的运用故障。作为机车运用的预防及故障处理措施，司乘人员在交接班时，应对其钥匙进行相应检查，因该类钥匙使用期限较长，均会留下有疲劳隐裂，除技术与相关部门采取积极措施外，运用部门也应积极配合作好检视工作，发现隐裂或裂损处，应通知相关部门。同时此设备使用频率较高，钥匙所带负载也较重，在使用中应避免碰、磕与硬性操作等不良操作方式方法，养成良好使用设备习惯，避免设备过早损坏。

2. 网侧控制(LCC)板故障

事由：2014年4月8日，$HXD_{1C}$型6202电力机车，牵引货物列车45012次，牵引定数4 466 t，现车56辆，计长69.9，运行在兰新线哈密至鄯善区段的哈密南至火石泉站间。运行在兰新线哈密至柳园区段的尾亚站。尾亚站2:50分到，待避客车(T194、T198、K1584、L630)计划3:50分开，3:54分司机报告机车TCU2故障，要求更换机车．站内总停时105 min，影响本列晚点。

分析：该台机车返回段内，经检查为网侧控制(LCC)板故障。当网侧控制板故障时，造成牵引变流器TCU2三重四象限脉冲异常，引起中间直流回路电压浪涌超高，计算机提报TCU2斩波超温，致使计算机系统对牵引变流器TCU2实施隔离。该台机车曾于4月7日鄯善运行至哈密期间故障显示TCU2斩波超温，4月7日17:35分该机车到达哈密整备场后，整备车间对机车故障分析不透彻，处理不彻底，造成该机车出库后故障再次发生。

措施：该故障属机车电气电子设备结构缺陷，引起的机车运用障碍，当主变流器TCU2被隔离时，在6‰的限制坡道上机车因功率不足，导致机车运用故障发生。作为机车运用预防的措施，该类故障属机车电子设备隐形故障，一般发生在机车运行中，并属器质性(硬件)损坏，在机车运行中是无法恢复运用的。在机车运用中应尽可能避免高负荷下连续长时间运行，因该型机车属新型机车引进技术的改进型，避免不了没有成熟的该型机车运用经验。从我段已有的运用经验而言，机车电子设备板件发生器质性损坏，多数情况下属超负荷强行运用(在这里超负荷属泛泛所指，并不独指功率超负荷，它包括部件运用超温、超时、超载，及个别部件的超温、超时、超载，即有其综合性，也有其特殊性)。而电子设备运用特性中与机械部件运用最大的区别，属暂时性与瞬间性，只要达到其工作值的上限，它就卸载，保护自我。当机车卸载，在超负荷解除后，即能恢复其功能运用。作为机车操作应尽可能避免机车连续高负荷运用。因此在高负荷区段运行，应做到适当调节，有理有节调节操作好机车，将可降低电子部件运用故障与损坏，希望同仁们在此基础时能摸索一套适应的机车操作方法，以适应该类型机车在高坡区段的运用(行)，避免机车运用故障的发生，提高机车运用效率与效益。

3. 主断路器CMDE控制单元故障

事由：2014年4月12日，$HXD_{1C}$型6201电力机车，牵引货物列车11085次，牵引定数3 393 t，现车52辆，计长69.0，运行在兰新线哈密至鄯善区段的哈密南至火石泉站间。哈密南站21:46分通过，运行至哈密南站至火石泉站间下行线K1380+738 m处，因机车故障停车

(主断路器合不上),21:58 分停,22:10 分请求救援,区间总停时 164 min。影响 11085 次、26081 次、10585 次、26001 次、K679 次晚点,K9781 次哈密南站始发晚点 20 min。

分析:机车返回段内,经检查,为主断路器 CMDE 控制单元故障。故障成因,因主断路器 CMDE 控制单元故障,导致该控制单元对主断路器所属电磁阀无输出电源,电磁阀不能得电,使压缩空气无法从储风缸输送至动力气缸,造成主断路器无动力闭合。

措施:该故障属机车电气电子设备结构缺陷,引起的机车运用障碍,当主断路器不能闭合时,机车将得不到外电源而无功率输出,导致机车运用故障发生。作为机车运用预防的措施,按该类型电力机车运用性能,当电气电子设备发生故障时,一是计算机屏显有相应提示;二是属软件类故障可通过使用微控系统复位(小复位、计算机复位、系统复位)恢复正常运用;三是既便属器质故障经复位处理后也有大约 10 min 的延续运用期限(若属此项故障应充分利用好此时间,尽可能避免途停堵塞正线的机车运用故障发生)。同时发生此类故障时,应循序渐进按控制程序操作(切忌盲从性),否则会导致电子设备(板件)的永久性损坏。如该台机车所发生的故障——主断合不上,该项故障可分为主断断开时所发生的故障与合主断时所发生的故障,该类故障的前后,计算机均会有故障记录可查。若属前者,在主断未断开的情况下,实施强行闭合主断操作,就属司机操作失当所引起;若属后者,就属板件故障,结合实物检查也能证明此点。因此在闭合主断前要确认"三要素",即主断在断开位;辅助风缸压力在 350 kPa 及以上;电磁阀有 110 V 的电源;才可合主断。否则主断是合不上的,这时若强行合主断,损坏的是电子控制设备(板件)。

4. 短路接触器 KM2 机械卡滞

事由:2014 年 4 月 12 日,HXD1C 型 6209 电力机车,牵引货物列车 11054 次,牵引定数 4 969 t,现车 55 辆,计长 69.1,运行在兰新线哈密至柳园区段的照东至大泉站间。16 时 17 分照东站通过,16:23 分在照东站至大泉站间上行线 K1112＋802 m 处(原因为 11054 次机车 TCU2 五轴短接接触器 KM2 卡合)停车,16 时 33 分 11054 次司机请求救援。18:33 由区间被救援开车,影响本列及 11041 次、10102 次、83166 次、L790 次、84162 次、X284 次、T70 次运行晚点。区间总停时 130 min。

分析:机车返回段内,经检查,TCU2 五轴短接接触器 KM2 发生机械卡滞(合)。故障成因,由于五轴短接接触器 KM2 机械卡滞(合),造成辅助联锁常闭触头断开,导致计算机系统无法正常接收到此短路接触器的闭合反馈信号,(计算机)判定(默认)此接触器故障,因此对牵引变流柜 TCU2 进行隔离。

措施:该故障属机车电气设备结构缺陷,引起的机械卡滞(合)导致的通信障碍,当使 TCU2 被隔离时,在该列牵引吨数状况的限制坡道上机车因功率不足,造成机车运用故障发生。作为机车运用预防措施,根据机车运用性能,当控制此轴的短接接触器故障时,作为应急处理,可将此短路接触器(包括此牵引电动机)甩掉,将此路通信信号屏蔽掉,凭 5 台牵引电动机即可维持机车运行到目的地站。具体处理方法:如该台机车,在机车操纵台计算机屏显提示下,将相应的 D5 轴控制柜外置"故障闸刀"置入"中立"位(注:与内燃机车是有区别的),然后进行了计算机控制系统复位,即可使机车继续牵引运行。

5. 充电接触器 KM5 辅助联锁卡滞

事由:2014 年 4 月 13 日,HXD1C 型 0464 电力机车,牵引货物列车 11060 次,牵引定数 4 497 t,现车 51 辆,计长 63.8,运行在兰新线哈密至柳园区段的山口至思甜站间。19:36 分由山口站开车，19:53分因机车主变流器故障在山口至思甜站间上行线K1263+470 m处停车，经司机处理后，20:05分区间开车，影响本列晚点。区间总停时12 min。

分析：机车返回段内，经用万用表测量检查充电接触器（KM5）辅助联锁常闭触头1、2点处于断开位，用手反复托动辅助联锁芯杆后，再次测量该常闭联锁时，发现该连锁仍然处于断开位。故障成因，由于充电接触器KM5辅助联锁内部传动机构瞬间卡滞，引起充电接触器辅助联锁常闭触头1、2点处于断开位，致使计算机系统无法接收到该接触器的断开反馈信号，计算机系统从而判定（默认）该接触器卡合（分），于是对牵引变流柜TCU2进行隔离，机车动力下降，经停车大复位重新断电后机车故障消除。

措施：该故障属机车电气设备结构缺陷，引起的机械卡滞导致的通信障碍，即主变流器输入端接触器辅助联锁卡分故障。当此故障引起TCU2被隔离后，在该列牵引吨数状况的限制坡道上机车因功率不足，造成机车运用故障发生。作为机车运用预防的措施，根据机车运用性能，当控制此轴的充电接触器辅助联锁发生卡分故障时，作为应急处理，若在计算机屏显得到故障提示后，及时进行相应计算机控制系统“复位”，可避免机车途停事故的发生。同时，除上述进行计算机控制系统复位外，若无效，也可将此充电接触器（包括此牵引电动机）甩掉，将此路通信信号屏蔽掉，凭5台牵引电动机即可维持机车运行到目的地站。具体处理方法：如该台机车，在机车操纵台计算机屏显提示下，将相应的D5轴控制柜外置此D5轴充电接触器“故障闸刀”置入“中立”位，然后进行计算机控制系统复位，即可使机车继续牵引运行。

6. 主断控制回路110 V电源瞬间接地

事由：2014年4月22日，$HXD_{1C}$型6287电力机车，牵引货物列车88241次，牵引定数1 338 t，现车52辆，计长67.6，运行在兰新线柳园至哈密区段的山口至烟墩站间。88241次列车11:35分山口站开车，11:44分因机车故障（机车主断路合不上）停于山口站至烟墩站间下行线K1372+470 m处，11:53分处理完毕区间开车。区间总停时9 min。

分析：机车返回段内，经对机车计算机系统数据下载分析，主断控制回路110 V电源瞬间接地。故障成因，主断控制回路110 V电源瞬间接地造成机车过分相后主断合不上，通过复位后机车正常运行。

措施：该故障属机车电气设备结构缺陷，即主断路器控制回路（110 V）绝缘或屏蔽不良，引起的机车运用障碍。当主断路器发生保护性跳闸时，机车在6‰的限制坡道上无动力运行，将会在2～3 min停车。作为机车运用预防措施，发生在机车主断路器控制电路接地，一般而言，均属“电磁电弧碰壳”瞬间接地，或称虚接地（简称虚接），发生的时机一般在接触器（或继电器）断开控制电路的瞬间，由于设备屏蔽不良或断开电路瞬间电流过大，这时控制电路释放的电磁电弧会“越界”打在“机体”上而接地。而该项故障的现象是发生在过分相后（实际应该是发生在过分相前，因根据电工学原理带载电路在断开时的载荷电流是接通时的2～3倍）。因此在机车过分相前手柄退流操作时应缓慢进行，在最低手柄位时要稍作停顿，以稳定电压谐振波达到最低电压稳定值后再断开相应电路，这是对机车电器设备操作的客观规律需要，切不可盲从操作。同时，在机车运行中遇过分相时一定要注意计算机屏显与相应的主电路与控制电压电流表的稳定性，当发生该类故障后，也应做到心中有数，及时进行计算机系统控制复位处置，此项故障就能得到妥善处置，而继续机车牵引运行，杜绝机车途停运用故障的发生。

除上所述列举机车运用（行）中发生的机车控制电路电器个例故障外，在此也曾发生类似的故障还有多次，有的经1～15 min不等处理到位，也有在故障处置中未停车就处理妥当的，见表 10-15。

**表 10-15　2013 年乌/哈机务段机车控制电路运用性故障统计**

| 途停/机车 | 车次 | 日期 | 地　点 | 停时(min) | 原　因 |
|---|---|---|---|---|---|
| $HXD_{1C}$-6202 | 57126 | 3-7 | 柳树泉—火石泉 | 2 | 电器，电磁阀 BVC 故障 |
| $HXD_{1C}$-0477 | 57137 | 3-10 | 红台—小草湖 | 8 | 电器，主变压器故障 |
| $HXD_{1C}$-6186 | 51103 | 3-10 | 夏普—吐鲁番 | 1 | 电器，机车无电流 |
| $HXD_{1C}$-6194 | 57115 | 3-8 | 七泉湖站 | 7 | 电器，电磁阀 ACV 跳闸 |
| $HXD_{1C}$-6291 | 57120 | 3-15 | 红台—大步 | 3 | 电器，TCVE 电磁阀故障 |
| $HXD_{1C}$-6203 | 57145 | 4-15 | 柳树泉站 | 15 | 电器，机车加不上载 |
| $HXD_{1C}$-9664 | 10104 | 5-1 | 照东—大泉 | 5 | 电器，主断闭合不上，复位后正常 |
| $HXD_{1C}$-0747 | 41004 | 5-4 | 烟墩—山口 | 1 | 电器，主断闭合不上 |
| $HXD_{1C}$-6252 | 10108 | 5-2 | 山口站 | 5 | 电器，主断闭合不上， |
| $HXD_{1C}$-6228 | JG235 | 5-24 | 煤窑沟—夏普吐勒 | 2 | 电器，机外停车再加载无电流 |
| $HXD_{1C}$-6181 | 26043 | 6-25 | 红旗坎—鄯善 | 1 | 电器，跳主断闭合不上，复位后正常 |
| $HXD_{1C}$-0494 | 86993 | 7-13 | 红旗坎—鄯善 | 12 | 电器，跳主断合不上 |
| $HXD_{1C}$-6182 | 10112 | 8-2 | 盐湖—达板城 | 3 | 电器，主断合不上停车 |
| $HXD_{1C}$-6207 | X298 | 8-30 | 大泉—柳园 | 5 | 电器，跳主断合不上 |
| $HXD_{1C}$-0462 | 11064 | 10-25 | 思甜—景峡 | 3 | 电器，接触器卡分 |

## 四、其他类机车运用故障个例

$HXD_{1C}$ 型电力机车运用(行)中发生在机车其他类电器个例故障，发生在该类电气设备的故障，一般不影响到机车的运行，基本上能维持机车运行到目的地站(除蓄电池严重亏电外)。该类障碍引起的机车运用故障因素在计算机屏显内均有直接或间接提示。当该类电气设备发生断路性故障时均会起相应保护作用，机车卸载，主断路器跳闸或受电弓无法升起。

1. 机车电气冷却系统故障

2013 年 12 月 23 日，$HXD_{1C}$ 型 0779 电力机车，牵引货物列车 10112 次，定数 4 073 t，现车 51 辆，计长 69.1。列车运行在乌鲁木齐西至鄯善区段的乌西至二宫间。机车电气设备冷却系统故障，于 13:51 分停在 K1951+369 m 处。14:10 司机请求救援。15:14 机车由区间被救援开车。影响货车 7 列始发晚点，3 列运行晚点，客车 2 列始发晚点，区间总停时 72 min。

分析：机车到段，经对机车计算机数据下载分析，数据记录显示机车运行途中牵引变流器水压力 PS1 过低保护，牵引变流器保护性牵引封锁。故障成因，因机车牵引变流器水压力 PS1 过低保护，计算机系统对牵引变流器保护牵引封锁，机车无功率输出，导致机车被救援。该机车属于高原型机车，计算机系统对牵引变流器冷却水采集信号方式与它型机车不同，计算机系统程序设置模式存在差异性问题，导致机车运用故障的发生。

措施：该故障属机车计算机程序设计问题引起的机车运用障碍，导致机车运用故障发生。作为机车运用预防措施，机车出段对机车设备进行运用适用性检查，如冷却水系统是否泄漏或缺水，避免人为引起的机车运用故障的发生。其他问题在机车运用中发生，属技术问题应正常向段技术部门反馈达到正确处置故障的目的，恢复功能尽早投入运用。

2. TCU2 中电压传感器故障造成中间直流欠压

2014 年 01 月 19 日，HXD$_{1C}$ 型 0387 电力机车，牵引货物列车 11098 次，定数 4 535 t，现车 56 辆，计长 69.9，运行在兰新线哈密至柳园区段的柳园站。列车 15:58 分到达柳园站，计划 16:10 分开车，到达司机抵达后，因机车 TCU2 电压传感器故障使中间直流欠压，要求更换机车，更换 HXD$_{1C}$ 型 6260 电力机车后，于 16:45 分由柳园站开车，影响本列始发晚点。站内总延停时 47 min。

分析：机车返回段内，经检查为牵引变流器 TCU2 中电压传感器 VH2 故障。故障成因，由于电压传感器 VH2 故障，造成计算机显示中间直流电压欠压故障（属计算机屏误显示）。经更换 VH2 电压传感器，机车运用正常。

措施：该故障属机车电气设备结构缺陷，即主变流器 TCU2 内电压传感器故障，造成机车主电路跳主断，导致机车运用故障发生。作为机车运用预防的措施，该项属运用故障，机车在静态时无法检查判断其故障的存在，该类故障只能是在机车运行中发生发现。机车运行中对该项故障无法单独处理，可视牵引定数与线路纵断面情况，可人为切除发生故障所在的主变流器 TCU2（机车自身也能自动封锁故障的主变流器），凭三台牵引电动机也可维持机车运行。如该台机车在途中就发生此故障而维持到柳园站更换机车，避免机车途停事件的发生。

3. 主变流器 TCU1 控制单元网侧信号板性能不稳定

2014 年 01 月 21 日，HXD$_{1C}$ 型 0505 电力机车，牵引货物列车 10571 次，定数 4 132 t，现车 47 辆，计长 59.9，运行在兰新线柳园至哈密区段的烟墩至红旗村站间。于 20:49 分因机车 TCU 故障停在下行线 K1303＋942 m 处，20:56 分由区间开车。造成本列及 80001 次列车运行晚点。区间总停时 7 min。

分析：机车返回段内，经检查为牵引变流器 TCU1 控制单元网侧信号板性能不稳定。故障成因，该信号板对主变压器原边电流、反馈电流进行滤波、放大等处理以形成原边电流值、反馈电流值的电气设备。因此故障造成监测到的此类原边电流瞬时值失真，引起计算机保护，造成过完分相后主断合不上故障。司乘人员通过网络复位后，TCU 控制单元得到重启，故障随即消失。

分析：机车返回段内，经检查为牵引变流器 TCU1 控制单元网侧信号板性能不稳定。故障成因，该信号板对主变压器原边电流、反馈电流进行滤波、放大等处理以形成原边电流值、反馈电流值的电气设备。因此故障造成监测到的此类原边电流瞬时值失真，引起计算机保护，造成过完分相后主断合不上故障。司乘人员通过网络复位后，TCU 控制单元得到重启，故障随即消失。

4. 主变压器油流继电器故障

2014 年 01 月 14 日，HXD$_{1C}$ 型 0729 电力，牵引货物列车 84162 次，定数 4 157 t，现车 46 辆，计长 57.2，运行在兰新线哈密至柳园区段，于 6:34 分运行到照东站 4 道停车。计划 7:20 分开车，7:18 分司机报告机车变压器故障，8:08 分请求更换机车。更换机车后 9:09 分开车，影响本列及 11093 次晚点。站内计划外总停时 48 min。

分析：机车返回段内，经检查，为主变压器油流继电器故障。故障成因，因主变压器内的冷却油黏度过大，影响到冷却油的流速，导致主变压器的油流继电器起保护作用，造成机车保护性跳主断。其原因为天气寒冷，导致主变压器冷却油黏度加大，冷却油流量减小而致。据驻段厂方服务组技术人员介绍，处在寒冷季节的外段也曾多次发生类似的情况，现场无法处理（因油流继电器装置在机车底部主变压器内部)。根据该电气设备的结构与保护项的要求,在冬季,对此电气保护设备均进行了相应短接,即将此设备作甩掉处理。

措施:该故障属机车电气设备保护措施发生误作用,即属电气保护设备结构缺陷,造成机车主电路跳主断,导致机车运用故障发生。作为机车运用预防的措施,司乘人员在机车用中对此项设备无法处理,而且新《操规》第 38 条规定:机车各安全保护装置不得盲目切除。该主变压器油流继电器属机车保护装置范畴,司乘人员无权做切除处理,只能在专业技术人员的指导下进行相应处理。现厂方专业技术人员对该油流继电器在现时冬季均作了短接(切除)处理。因此该类故障在今后冬季的该类型机车运行中再不会发生类似的故障。

5. 机车轴箱轴承滚柱破碎

2014 年 01 月 17 日,HXD1C 型 0241 电力机车,牵引货物列车 11085 次,定数 4 157 t,现车 46 辆,计长 57,2,运行在兰新线哈密至鄯善区段的雅子泉至瞭墩间。机车因主断合不上,停于雅子泉站至了墩站间下行线 K1492+696 m 处,19:45 分请求救援。20:09 分司机汇报机车故障处理完毕,可以正常运行,20:10 分取消命令,11085 次列车区间 20:19 分开车,20:39 分到达瞭墩站不能继续运行而被保留。20:40 分开通区间,影响本列及 JG483 晚点。区间总停时 62 min。

分析:机车返回段内,经检查为机车轴箱轴承滚柱碎损。当轴箱内滚柱碎裂后,破碎的滚柱在轴承内部搅动,随机车轮对的转动导致其他轴承滚柱发生挤压、冲撞,最终造成轴承烧损。

措施:该故障属机车机械设备结构缺陷,导致机车运用故障发生。作为机车运用预防的措施,该项属不可视检查项目,只能在机车运行中通过间接的方法发现。即轴承轴温报警,机车走行部异音。根据部、局、段的有关规定,机车走行部无小事的原则,当机车走行部发生异状、异音时应立即停车检查(尽其可能停车于站内检查),并对相应的轴温进行对照检测(机车上配置有测温枪)。该类故障的发生一般有一形成过程,尽可能做到避免在区间停车,引起堵塞正线的行车事故发生。

6. 电力机车停放中蓄电池亏电故障分析

事由一:HXD1C 型 0472 机车 2013 年 4 月 14 日担当 57135 次牵引任务,从哈密东(05:10:03)至鄯善(12:39:42),机车到达鄯善站后转到 10 道,等待开车。由于一直没有开车信号,18:11:14 本班司机下车,同时鄯善值班室指派司机二人看守机车。该车 15 日 0:58:43 断开主断路器,0:58:56 机车降弓,此后机车蓄电池闸刀一直处于闭合供电位。4 月 15 日 10:57:37 蓄电池电压低于 88 V,蓄电池第一次欠压报警(历时 9 小时 59 分),4 月 15 日 11:16:11 机车蓄电池电压低于 77 V,蓄电池第二次欠压报警(历时 10 小时 17 分)。

事由二:2013 年 4 月 14 日,HXD1C 型 6212 电力机车担当 57140 次牵引任务,从乌鲁木齐西(06:21:50)至鄯善(12:30:56)。机车到鄯善后转到 10 道,等待开车,由于一直没有开车信号,18:10:25 本班司机下车,同时鄯善值班室指派司机二人看守机车。该车 15 日 00:59 断开主断路器、降弓,此后机车蓄电池闸刀一直处于闭合供电位。4 月 15 日 03:55 蓄电池电压低于 88 V,蓄电池第一次欠压报警(历时 3 小时),4 月 15 日 05:19 机车蓄电池电压低于 77 V,蓄电池第二次欠压报警(历时 4 小时 20 分)。

事由三:2013 年 4 月 14 日,HXD1C 型 0482 电力机车担当 57131 次牵引任务,从哈密东(04:19:30)至鄯善(11:04:19)。机车到鄯善后转到 10 道,等待开车,由于一直没有开车信号,18:08:43 本班司机下车,同时鄯善值班室指派司机二人看守机车。该机车 15 日 00:50 断开主断路器、降弓，此后机车蓄电池闸刀一直处于闭合供电位。4月15日10:03蓄电池电压低于88 V，蓄电池第一次欠压报警(历时9小时)，4月15日11:03机车蓄电池电压低于77 V，蓄电池第二次欠压报警(历时10小时)。

分析：HXD1C型0472、6212、0482三台电力机车在断开主断路器、降弓后蓄电池一直处于供电位，由于机车牵引变流柜、辅助变流柜等全车负载长时间用电，造成蓄电池亏电。

7. 机车电气及机械设备类故障临修

(1)机车蓄电池亏电

事由：2013年3月6日，HXD1C型0471电力机车在哈密机车库内整备作业时，检查发现机车蓄电池亏电而扣修。

分析：从该台机车计算机数据转储分析，造成蓄电池亏电的主要原因是机车长时间处于蓄电池闸刀未断开，机车照明等用电，使蓄电池持续放电而导致亏电。机车3月5日8时04分58秒机车闭合蓄电池闸刀，15时20分04秒断开，机车持续使用蓄电池时间长达6个多小时，在蓄电池亏电(电压低于77 V)无法承受负载的情况下被保护性强迫关机。

(2)蓄电池内的电解液涌出接地

事由：2013年5月2日，HXD1C型6193电力机车牵引货物列车途中，因辅助控制DC 110 V电源发生接地故障，机车到段扣修。

分析：机车入库检查发现因第一层左侧第2的蓄电池加液堵松动，蓄电池内的电解液涌出，造成机车辅助控制电源DC 110 V电源接地故障的发生。

(3)机车蓄电池电解液流出接地

事由：2013年7月16日，HXD1C型6228电力机车牵引货物列车运行中，因机车DV 110 V电源接地故障，机车到段后扣修。

分析：机车入库经检查，该车所装蓄电池为浙江南都电源动力有限公司生产的阀控式铅酸蓄电池，阀控式铅酸蓄电池在充放电过程中会产生少量氢气和氧气，产生的氢气和氧气会夹带电解液通过安全阀排出蓄电池外部，该现象属于南都蓄电池质量缺陷。故障成因，该车接地的原因为上述蓄电池电解液流出，与蓄电池柜体构成回路，引起机车接地。

(4)机车电表电路110 V负线接线柱“爬电”

事由：2013年5月21日，HXD1C型6196电力机车牵引货物列车途中，因DC 110 V电源发生接地，机车到段扣修。

分析：机车入库后，经检查分析，因机车电表电路110 V负线接线柱“爬电”引起电表内部烧损，造成高压互感器接地故障，机车计算机屏显DC 110 V接地故障。

(5)主变流器TCU2总线插头插针缩针

事由：2013年5月21日，HXD1C型0481电力机车牵引货物列车途中，因机车主变流器TCU1原边过流，机车主断路器起保护作用跳闸，机车到段扣修。

分析：机车入库后，经检查，由于主变流器TCU2总线插头插针缩针，引起通信信号传输中断，造成牵引变流柜TCU2原边过流，使主断路器跳闸。

(6)机车Ⅱ端头灯整流器烧损接地

事由：2013年7月15日，HXD1C型6199电力机车牵引货物列车运行中，因机车DC 110 V电源接地故障，机车到段扣修。

分析：机车入库经检查，因机车Ⅱ端头灯整流器烧损，导致机车DC 110 V负端接地，经更换头灯整流器后，机车 DC 110 V 电源供电恢复正常。

(7)蓄电池亏电

事由：2013 年 10 月 28 日，HXD1C 型 0278 机车，牵引货物列车运行中发生机车蓄电池馈电故障。机车入段后扣修。

分析：机车入库检查，与查询机车计算机数据持续记录相关数据看，该台机车在 4:31 分断主断、降弓后机车蓄电池脱扣一直处于闭合位，在 5:59 分蓄电池电压低于 77 V(历时 1 h 28 min)。由于机车牵引变流柜、辅助变流柜等全车负载长时间用电，造成蓄电池亏电。经更换蓄电池后，恢复正常。

(8)网侧信号板低通滤波功能不稳定

事由：2013 年 10 月 25 日，HXD1C 型 6212 机车，牵引货物列车运行中发生机车频繁跳主断故障。机车入段后扣修。

分析：机车入库检查，并根据机车计算机数据持续记录相关数据分析，网侧信号板低通滤波功能不稳定，致使网侧信号板无法对接地电压进行低通滤波与放大处理，导致机车主回路接地跳主断。经更换网侧信号板后，恢复正常。

(9)第 2 冷却塔排气阀坏

事由：2013 年 11 月 1 日，HXD1C 型 6330 机车，牵引货物列车运行中发生机车第 2 冷却塔排气阀坏。机车入段后扣修。

分析：机车入库检查，为冷却塔钢丝软管上安装的自排气阀芯密封不严漏液，该车 2013 年 9 月新造，配件质量不良造成。经更换此排气阀后，恢复正常。

除上所述列举机车运用(行)中发生的机车其他类电器个例故障外，在此也曾发生类似的故障还有多次，有的经 1 min 处理到位，有的造成机车途停，影响列车运行堵塞正线几十分钟，也有在故障处置中未停车就处理妥当的，见表 10-16。

**表 10-16　2013 年乌/哈机务段电力机车其他类电器运用性故障统计**

| 途停/机车 | 车次 | 日期 | 地　点 | 停时(min) | 原　因 |
|---|---|---|---|---|---|
| HXD1C-0490 | 57175 | 4-11 | 哈南—火石泉 | 63 | 电器，跳主断 |
| HXD1C-6200 | 11020 | 5-1 | 烟墩—山口 | 5 | 电器，跳主断 |
| HXD1C-6202 | 57165 | 4-25 | 哈密站 | 5 | 电器，跳主断 |
| HXD1C-0477 | 11091 | 5-9 | 七泉湖站 | 1 | 电器，跳主断 |
| HXD1C-0490 | 57175 | 4-11 | 哈南—火石泉 | 63 | 电器，跳主断 |
| HXD1C-6215 | 11009 | 5-21 | 烟墩—红旗村 | / | 电器，断主断 |
| HXD1C-0294 | 10122 | 6-11 | 柳园站 | 站停 | 轴温，左 1 侧轴温高 63 度 |
| HXD1C-0303 | 11009 | 6-12 | 煤窑沟站 | / | 走行，左六轮轻微伤痕 |
| HXD1C-0482 | 51122 | 7-1 | 盐湖—达板城 | 2 | 电器，频繁跳主断 |
| HXD1C-0718 | 86674 | 7-3 | 思甜—景峡 | 9 | 电器，跳主断 |
| HXD1C-0301 | 11013 | 7-4 | 照东站外 | / | 电器，跳主断 |
| HXD1C-0303 | 6004 | 7-10 | 思甜—景峡 | 2 | 电器，跳主断 |
| HXD1C-6182 | 11071 | 8-6 | 山口—烟墩 | 2 | 电器，跳主断 |
| HXD1C-6252 | 51046 | 8-2 | 红柳河站 | / | 电器，开车后两次跳主断——停车 |

续上表

| 途停/机车 | 车次 | 日期 | 地　点 | 停时(min) | 原　　因 |
|---|---|---|---|---|---|
| HXD1C-0664 | 11054 | 8-24 | 大泉—柳园 | 18 | 电器,主变压器故障 |
| HXD1C-0718 | JG248 | 9-8 | 尾亚—红柳河 | 1 | 电器,主断保护性跳闸 |
| HXD1C-6234 | 11060 | 9-1 | 照东—大泉 | 3 | 电器,跳主断 |
| HXD1C-6188 | GJ149 | 9-5 | 烟墩站 | 1 | 电器,主断跳闸 |
| HXD1C-0483 | 11058 | 9-10 | 十三间房—了墩 | 3 | 电器,跳主断 |
| HXD1C-6226 | 81053 | 9-26 | 大步—红台 | 5 | 电器,跳主断 |
| HXD1C-0678 | 86991 | 10-8 | 山口—烟墩 | 1 | 电器,跳主断 |
| HXD1C-0463 | 11070 | 10-27 | 大泉—柳园 | 6 | 电器,微显主变压器故障 |
| HXD1C-0745 | 81053 | 11-5 | 红旗坎—鄯善 | 4 | 电器,跳主断 |

## 思 考 题

1. 机车过分相主断跳闸后合不上的故障因素有哪些?
2. 影响外电源供给的故障因素有哪些?
3. 影响主变压器油流继电器故障的因素有哪些?如何处理?

## 第六节　HXD1C 型电力机车主变流器故障成因分析

HXD1C 型机车运用中发生在主变流器 TCU 内的故障有多种因素引起,包括机车设计、结构缺陷,机车运用地理性环温与电子设备工作环温的双重影响,机车长时间连续工作在高负荷区引起的超载超温的影响,机车网络通信障碍,有人为操作处置失当等类因素,本节对此类不良因素进行了介绍,并提出了相应的改进与预防措施。

作者所在机务段处在兰新线的末端,自 2013 年年初部分更换 HXD1C 型电力机车为牵引动力以来,相应较高地提升了列车的通过能力与列车牵引定数,即在原图定的基础上提高了列车运行对数,并由原上、下行牵引 4 000 t/3 200 t 提高到现时的上、下行 5 000 t。在运输效益提高的同时也反映出内转电中的运用适用问题(包括运用人员操作技能发挥),该类机车运用故障多数情况下发生在机车主变流器 TCU 电子控制模块装置中,引起机车牵引终止导致区间救援,耽误堵塞正线时间,多则达 3 h 左右,短则 50 min 左右,极大地影响到机车运用效率与运输效益。为彰显与总结这方面的机车运用经验,作者将本单位运用该型机车以来突出发生在 TCU 方面的运用故障列举出来,为该类型机车运用者、设计制造方提供运用经验与运用实际提示,避免类似的故障发生或在发生类似故障时有解可求,与有针对性地提升机车的设计制造质量。

### 一、主变流器故障成因

作者所在单位(原乌鲁木齐机务段,2013 年 7 月 1 日后为哈密机务段)自 2013 年 3 月开始接触 HXD1C 型机车试运用始,5 月份以后,投入的该型机车运用台数逐渐增加。到目前为止，干线上主要以 HXD1C 型机车牵引为主，运用该型机车达 100 多台（不包括邻局跨境运用机车），2013 年底与 2014 年年初又接入 40 台 HXD1C 型电力机车（其中 25 台高原配置改进型，简称高配型）。运用该型机车中发生的运用故障问题引起的机车途停、列车终止运行救援，主要以 TCU 内电子设备故障与通信失控居首位。作者统计自 2013 年 5 月至 9 月经作者所在机务段所运用的 HXD1C 型机车所发生在 TCU 内的故障列述见表 10-17。

**表 10-17　2013 年 5 月至 9 月 HXD1C 型机车发生在 TCU 内运用故障统计**

| 故障部位 | 件数 | 计算机屏显 | 故障部件与表象 |
|---|---|---|---|
| 四象限整流器模块 | 6 | TCU1（或 TCU2）故障<br>主回路过流，主断路器断开，牵引封锁 | 整流器模块“炸裂”<br>电容“炸壳” |
| 中间直流环节 | 18 | 1. TCU1（或 TCU2）故障<br>2. 主回路接地，牵引封锁 | 1. 电容外壳鼓包“涌液”<br>2. 控制模块（板）烧损， |
| 网络通信 MVB 电路与主、辅接触器 | 30 | 1. ACU1（或 ACU2）通信故障<br>2. MVB 网卡板故障<br>3. 电容充电超时，TCU1（或 TCU2）被隔离<br>4. 主断路器断开 | 网卡板工作性能不稳定<br>传感器故障<br>电源板故障<br>环温温升超值与电磁干扰<br>TCU 原边 MAB 插头接触不良<br>线路接（节）点接触不良，导致反馈信号断路<br>主、辅接触器卡分（合），导致反馈信号断路<br>CPU 内部紊乱影响 |
| 脉宽调制逆变器 | 7 | 轴逆变过流<br>牵引电动机接地<br>主回路接地<br>牵引封锁<br>主断路器断开 | 1. 电机温升超高<br>2. 电机大线接（节）点松缓，点蚀性接触 |
| 合计 | 61 | | |

注：HXD1C 型机车主变流器 TCU 由两套装置组成，即称 TCU1、TCU2。

## 二、主变流器故障成因分析

HXD1C 型电力机车的牵引变流器 TCU，也称主变流器 TCU（简称 TCU），它实质为多电子元件功能模块组合体，由完全相同的两组 TCU（TCU1、TCU2）电子控制设备模块所组成。通过它们分别控制着机车前/后转向架的三台牵引电动机的牵引与电制动功能的转换。此电子元件功能模块组合体由线路接触器和预充电单元、四象限整流器、中间直流回路（包含支撑电容和接地检测单元）和外部谐振电抗器一体构成的谐振电路、保护模块单元、脉宽调制逆变器、控制和监视系统。为了便于说明与分析该设备所存在的运用故障，特将该型电力机车的 TCU 中一台牵引电动机的控制关系图列述出来（图 10-2），图 10-2 中虚线方框部分为机车 TCU 控制装置。

在机车运用中属该组合体内的电子元件模块发生故障时，计算机屏幕显示（下称计算机屏显）均会泛泛地提示为：主变流器 TCU1（或主变流器 TCU2）故障。因此在该型机车运用中若不能熟练地掌握认识计算机屏显提示，会给该型机车运用带来诸多不便，甚至是机车运用故障或行车事故的发生。因当机车运行中发生故障时，给予司乘人员判断处置故障的时间仅2～3 min。否则，就是机车途停事件（或行车事故）的发生，特别是处在特殊区段的长大上坡道上，电力供电

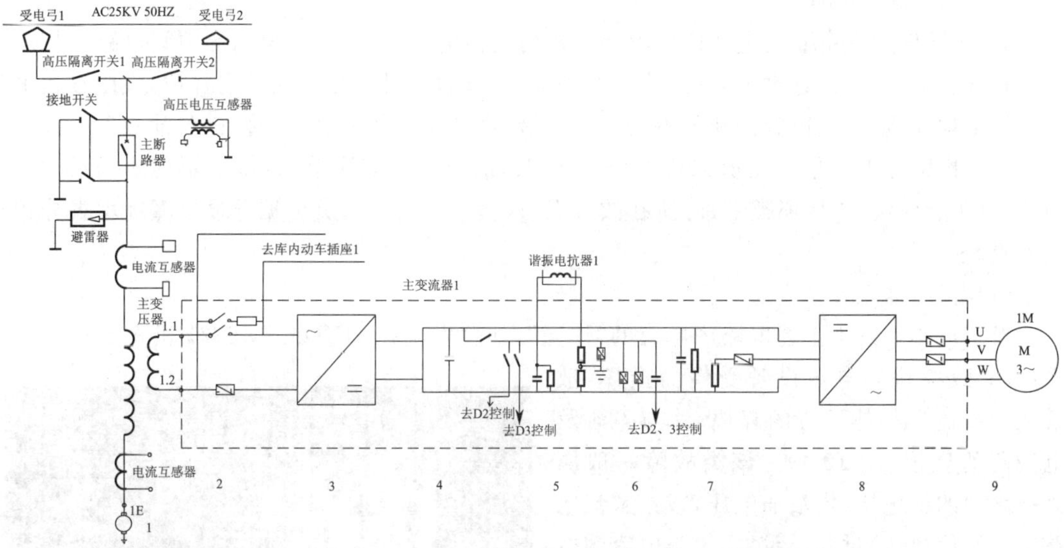


图 10-2 HXD1C 型机车 TCU 对一台牵引电动机控制关系

1—主变压器；2—预充电单元和线路接触器；3—四象限整流器；

4—支撑电容电路；5—谐振电路；6—泄漏电阻/接地检测电路；

7—中间直流回路电容电路；8—脉宽调制逆变器；9—牵引电动机

线路的分相区，或特殊天气下的困阻区段（困难阻止障碍区段的简称），时有机车牵引终止请求救援堵塞正线的行车事故发生。如发生在 HXD1C 型 9664（本局防重号，本机车出厂号为 0664 号）机车因主变流器 TCU 柜内模块爆炸就造成途停堵塞兰新正线 108 min（图 10-3）。因此作者将此类故障收集分析总结如下，便于同仁们掌握，避免类似的机车运用故障事件发生。该方面的故障可分为 TCU 硬件设备故障，通信类（包括软件）故障，人为操纵（作）处置失当故障。一般而言，硬件设备故障指 TCU 内谐振电子设备故障，通信类故障指辅助（网络线路）故障，在机车运用中其故障多数情况下发生在控制软件内，但其故障现象均出现在电子设备的硬件上。该类故障发生后，其外部故障现象均会触使主断路器跳闸引起主电路起保护作用。

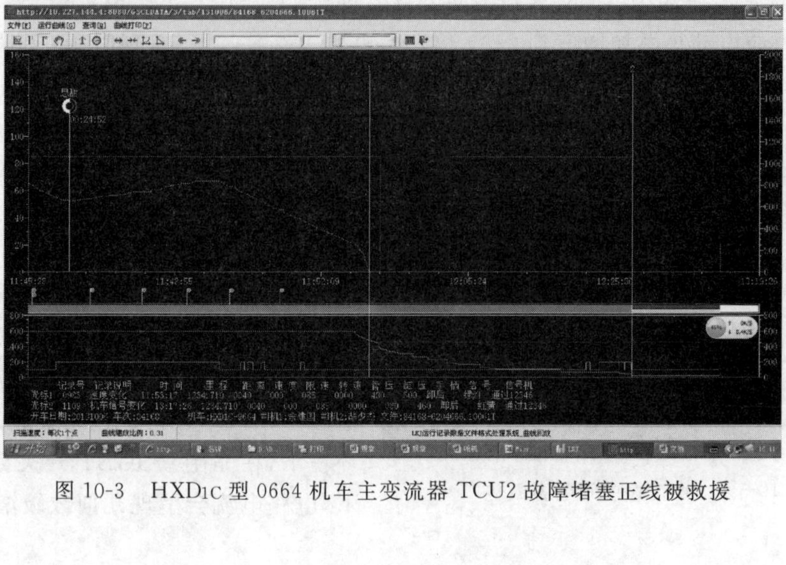

图 10-3 HXD1C 型 0664 机车主变流器 TCU2 故障堵塞正线被救援

1. TCU 硬件故障

TCU 硬件故障主要发生在四象限整流器内支撑电容、二次谐振电路的中间电路与相应电路吸收电容的损坏，即这类电容的“炸壳”(外部壳体爆炸，具有相当大的爆炸声，发生在机械间而司机室均能听到)与电容内化学物质激化涌液(即使电容体膨胀，俗称“鼓包涌液”)。该类故障在计算机屏显上有报警显示：TCU1(或 TCU2)故障。仅能简单而示，不能具体提示故障属 TCU 内功能模块(或称那类部件)所在故障点，这就需要司乘人员根据屏显故障提示去分析查找处置。

(1)电容“炸壳”

机车运用中发生上述电路内电容的“炸壳”，如曾发生在 $HXD_{1C}$ 型 6221 机车支撑电容炸壳后，导致模块等电子设备受侵而损坏，散落在主变流器柜体下方的碎块、片与碎渣及电线路的烧损(图 10-4)。该类故障一般属该电路中的端电压(指浪涌电压，或指整流电路谐振峰值电压)过高，超过了该类电容耐电压的冗余量(即为电路负载量额定电压的 2～3倍)，而使其不能承受过高的耐电压而发生损坏，其故障现象为“壳体爆炸”(俗称“炸壳”)。

图 10-4　TCU 柜内支撑电容“炸壳”后柜下散落的碎渣块与烧损电线路

该类电子设备的损坏主要属设计结构缺陷(在于抵卸不了供电网压变化与相应几何级的谐振峰值电压的瞬时增高值)。体现在该类电容耐峰值电压冗余量不足，因此类电容接在开关频率较高(≤250 Hz)的晶闸管 IGBT 电路端电压的电感电路中，其相应电路的峰值电压又随外加电源(网压)电压的升高而上升。标准计算网压为 25 kV 时的机车变压器输出到 TCU 端电压为 970 V 左右，根据《铁路技术管理规程》有关规定最高网压≤27.5 kV(现场网压峰值调压≤31 kV)，若在此两种峰值电压下，其 TCU 端电压将远大于 970 V(即约为 1 067～1 202 V)，其峰值电压约为(1 067～1202V)$\times\sqrt{2}$(即约为 1 504～1 695 V)。若按该电路开关频率引起的感应电动势叠加增值到 2～3 倍。由电感电路叠加可知，现时用在此处电路的电容额定电压基数就显得过小(一般设计是按此电路额定电压的 2 倍计算)，这是该处的电子设备运用冗余量不足引起易损的主要因素。

图 10-5　二次谐振中间电容鼓包

(2)电容“鼓包涌液”

机车运用中发生在上述电路中电容“鼓包涌液”引起的主回路接地，一般情况属该类电容容量冗余量不足引起的“鼓包涌液”(图 10-5)二次谐振中间电容鼓包，就属此类故障情况。在机车运行于连续负载的大电流工作环境下，在晶闸管 IGBT 开关频率较高变换下，电路电流会呈现几何数级增大，在电容吸收时因冗余量不足而损坏("鼓包涌液"),造成机车主回路接地。除此之外,这类电子设备故障还与机车运行线路纵断面及其相关因素有关,即在列车牵引定数下运行在连续长大上坡道时,机车持续在高负荷工况下运行。导致机车功率输出长时间处于高负荷工况区,电子设备工作的电磁释放热度加上夏季戈壁滩的高温(用机车便携式红外线轴温测温枪打到地表上达 50 ℃及以上),而此类电子模块柜箱的外温也达 50 ℃及以上,内部无法开启估计也在 50 ℃及以上(柜内装设有风扇通风冷却)。不利的工作工况与地理环温双重过高因素的影响,也是促使此类电子设备超负荷损坏因素之一(注:图 10-5 中 C7 中间电容壳体中间已鼓包,正常壳体应是平板状)。

2. 通信类故障

该型机车运用中网络通信故障为泛泛而言,仅就 TCU 系统而言就较为广泛,如表 10-17 内所述,机车在运用中所发生的通信类故障主要分为两类,一是,该电路的电子元器件发生质量故障使其无信号输出,二是,通信辅助电路发生导入错误,即网络通信电路接触不良,如信号电路插件松脱、插头接触不良与插头有媒介物(如水质性导电物质短路等),接触器辅助联锁接触不良;或非程序信号误介入(包括人为误操作),即电子元件柜屏蔽不良引起的电磁干扰,与人为操作中失当,导致的计算机控制系统失效/失控("死机")等类故障。

3. 人为操纵(作)处置失衡

机车司乘人员不能根据具体机车运行在线路上的列车牵引状态适时调整机车功率输出(即进级与退级,或称给流与退流,现时司机基本上均采用机车自动调整限制驾驶,但此系统在特殊区段驾驶也是有缺陷的)。即适时根据线路纵断面调整机车牵引力的输出,来缓和机车负载情况,使机车负载在部分时段内减负,达到合理调配运用的目的,避免机车 TCU 长时间工作在持续高负载下遭到过激性损坏。

同时,在机车运用中发生 TCU 内故障时,应认真检视计算机屏显故障提示,做到对检有数,避免盲目处置操作带来的电子设备或部件的损坏。如 TCU 内逆变器发生故障引起的牵引封锁,与单台牵引电动机有关,这时仅需将该台相应的故障牵引供电电路甩掉即可,用其他 5 台牵引电动机能继续机车有效运行,而我们有的司乘人员在处置中,将整台转向架的 3 台牵引电动机甩掉,导致机车牵引力不足而被迫实施区间救援。更有甚者,盲目地反复使用机车上的多项计算机控制系统复位方式(故障操作规定一次性复位次数仅为 3 次),造成机车电子部件的损坏。计算机控制系统"复位"只是针对该系统控制发生紊乱与负荷过载引起保护装置起作用后,或网络通信出现瞬时时阻障碍,或人为操作中输入错误信号或机车电磁信号干扰等类故障,采取此处置方式"复位"时才有效。在实施计算机控制的故障处置中,对于硬件设备损坏使用其"复位"方式是无效的。

4. 线路纵断面与机车运用环境影响

线路纵断面使机车持续长时间处在高负荷的工况下,如上所述,电子元器件工作在地理环温与工作环温双重高温下带来的积热,加之散热不良,也是造成 TCU 内电子元器件发生运用故障与损坏的重要原因之一。如作单运用在兰新干线上的西段,即哈密至乌鲁木齐区段内就未发生在 TCU 内电容"炸壳"和"鼓包涌液"的故障,因该牵引区段内的绝大多数属缓和线路地段(指既有上坡道,也有下坡道或平道的线路地段),机车无需在持续高负荷下运行,而此牵引区段的了墩、鄯善至吐鲁番 200 km 多,在夏季还有戈壁滩火炉之称运行区段。而同样处在此兰新线上的东段哈密至柳园区段就时有发生 TCU 内电容"炸壳"和"鼓包涌液"。究其原因，在此区段内的烟墩至红柳河段为 135 km/h 的 12.5‰连续长大上坡道（2013 年 6 月份始降坡为 157 km 连续 6‰的长大上坡道），但机车牵引负荷率基本不变（牵引定数由原 4 500 t 增为 5 000 t，并由原双机牵引改为单机牵引）。而且发生此类故障均发生在此长大上坡道的尽头端（即景峡至红柳河）站间，就此说明，在机车负荷持续发挥极限时，易发生 TCU 内电容“炸壳”和“鼓包涌液”及影响到其他电子设备模块损坏，由此也可证明此类设备冗余量不足。

**三、改进措施**

据上述对该型机车运用故障分析，就 TCU 内电子模块装置而言，TCU 内电子设备的损坏事出有多类因素。从机车现场运用而言，首先应在源头对该类型机车在运用中反映的故障设备进行相应增改，即增大 TCU 内的电子元器件（电容）承载冗余量，来增强该设备的抗御性；改进电路接（节）点松缓引起通信掉码；提升司乘人员的机车操作（纵）技能，以适应列车牵引定数对机车牵引性能的要求。

1. 改进设备结构缺陷

针对 TCU 内电子设备的设计结构缺陷，主要为电源供电网压在高压区间浮动变化（25～31 kV）与 IGBT 高频开关的双重作用下，带来的感应电动势叠加引起感应电压的超高（四象限整流电路与半波/全波整流电路是有区别的，前者要远大于后者）。因此，按电子学原理应将相应的谐振电路的支撑电容与二次谐振电路中的中间电容耐端电压值提高，应由现在 TCU 电路端电压（970 V）2 倍值提高到 3～5 倍，以适应抗得住此电路中内感应电动势谐振峰值电压。在此也应加大此类电路中电容容量（mF）的倍增值，应为实际电路容量的 3～5 倍，即在此现有支撑电容组内和二次谐振电路的中间电容组内分别并联相应电容来增加其电路冗余量（图 10-6(a)、(b)内虚线框）和改换现有中间直流回路短路放电模块电路中的电容值（见图 10-6(c)内左侧虚线框），按电路最大容量的 3 倍以上增大其冗余量值，使其有足够冗余量。与此同时也应改善 TCU 柜内电子元器件的散热条件来降低电子设备工作环温影响，并增大电子器件柜内的通风散热能力，使其电磁热度得到相应降低，保证电子元器件工作环温在正常范围内（注：作单 2013 年 12 月新接入的该类型机车对其控制柜内通风能力均作了加大处理）。

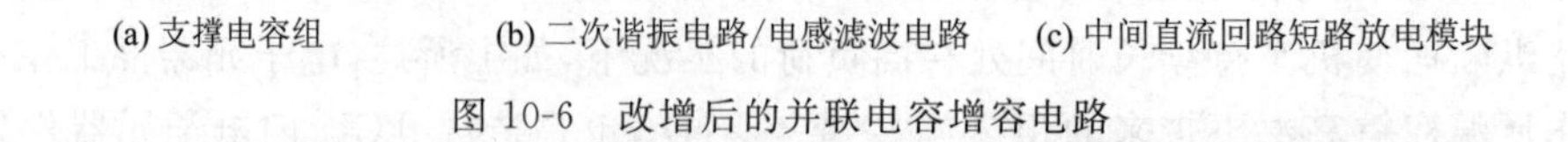

(a) 支撑电容组　(b) 二次谐振电路/电感滤波电路　(c) 中间直流回路短路放电模块

图 10-6　改增后的并联电容增容电路

现时针对 TCU 内“电容鼓包”，引起机车运用途中发生主回路接地，导致机车区间被救援问题突出。经作单与厂家共同研究，对装车在机车运用中的电容冗余量不适问题进行了增容更换。并制定下发了《HXD1C 型机车牵引变流器中间直流回路二次谐振电容改造工作安排》。自 2013 年 6 月 28 日起，到 9 月底已更换 79 只主变流柜的 474 个电容，剩余机车的变流柜的电容有待后续更换。

2. 改善机车网络通信

机车运用中发生在上述电路中的通信类故障分为两类，从作单机车运用的实际情况而言，属上述第一类故障主要是内在程序设计问题，属第二类故障主要为外在连(联)络与防护问题，在此类故障中的人为操作失当，主要为发生故障后的操作处置不当。应着重改善机车网络通信线路中接(节)点的接触可靠性。

针对发生的多起计算机系统通信接口板故障与该型机车在我局高温环境下运用存在的质量隐患，通过该型机车设计制造单位的研究攻关，制定了相应解决方案，即对机车通信接口板进行了改造。

针对辅助变流器 K1 接触器的辅助联锁存在的质量问题，按照〔株机段改通 GZ 2013072 号〕现场改造通知文件，自 2013 年 7 月 24 日起，对辅助变流器 K1 接触器的辅助联锁进行改造，目前已完成改造 82 台机车。除此之外，需提升运用人员(包括机车维护人员)的技能作业与操作水准。

3. 提升司乘人员操作技能

机车运行中司乘人员应考虑列车编组，特别是熟悉机车运用性能与线路纵断面，合理运用好机车牵引性能，根据线路纵断面带来的机车负荷不同，合理运用操纵(作)好机车，尽可能避免机车在持续长时间的高负荷下运行，引起机车的局部超载影响电子设备(部件)的正常发挥而生成故障。当机车发生故障时，应按机车处置故障的作业程序要求进行，不得盲目处置。对机车运行中发生在 TCU 系统的故障，如模块“炸块”、电容“炸壳”、“涌液”，引起的主回路接地、过流的预防，在机车连续负荷电压超高与电流过大和设备工作环温超标时，可通过精心地对机车操作与维护来进行弥补。如在长大连续上坡道的线路缓和地段(如站内通过)可适当降低手柄位退流(保持机车运行匀速即可)，来缓和机车 TCU 连续的高负荷性，从而减缓 TCU 内的电子元器件持续负荷率来避免设备损坏。

HXD1C 型机车在作单仅是运用初始，机车结构缺陷，维护不到位，运用中的操作处置失当和操作技能低下所反映在此的机车运用问题上。特别属机车电子控制设备的故障均有其不可视性，机车操纵台计算机屏显的故障提示仅能简单所指，处置机车运用故障往往存在很大的盲目性，为改善该类型机车的运用牵引性能，更适应于现场运用，在改善改进设备结构缺陷的同时，相应应加大机车运用人员的培训力度，保证机车整备、维护到位，结合司乘人员精心操纵，确保机车的正确运用与操作，来提高机车的运用效率与铁路运输效益。机车运用故障一般属综合因素引起而发生，单一地发生在某设备引起的机车运用故障概率较低，机车运用是制造使用结合的产物，只有以较高的机车结构运用性能强度基础作保证，再加之良好的机车维护与正确精心的机车运用操纵，设备的结构缺陷在机车运用中也是能得到相应克服和弥补的。

## 四、机车运用预防措施

发生在主变流器的运用故障一般属机车电子设备隐形故障，多数情况下发生在机车运行中，若属器质性(硬件)损坏，在机车运行中是无法恢复运用的。作为机车运用中的预防措施，在机车运用中应尽可能避免高负荷下连续长时间运行。因该型机车属新型电力机车引进技术的改进型，机车主要部件——主变流器属电子产品，电子产品的最大弱点是不能耐高温或在相对高温环境中长时间运用和超负载运用(包括相应的附属电子设备)。作为一种新型的电力机车，避免不了没有成熟的该型电力机车运用经验。从我段与外段已有的运用经历(验)而言，机车主变流器内电子板件与所属配件(各类电容)发生器质损坏,多数情况下属超负荷情况运用(在这里超负荷属泛泛所指,并不独指功率超负荷),它包括主件运用超温(电磁温升与环温之和),超时(长时间高负载运用,该型机车对此在产品说明/技术参数给得是含糊不清的),超载(这里指各种电压、电流超高),及个别部件的超温、超时、超载,即有其综合性,也有其特殊性)。而电子设备运用特性中与机械部件运用最大的区别,即机械部件在超负荷时有一定耐时(是机械物理性决定的),而电子设备均无此类特征,属暂性与瞬间性,只要达到其工作值的上限,它就卸载,保护自我。当卸载后,超负荷解除(若强制运用,必然受到器质损坏)后,即能恢复功能运用(这是与机械设备不能相比的,因此称之为电子设备的"软功能")。

而我段运用该型电力机车主变流器内的电子设备发生器质运用损坏,多数情况下发生在烟墩至红柳河区段的连续长大上坡道,由于线路纵断面的结构特征,若机车输出功率长时间处在高负载情况下,势必发生温升(设备电磁性温升加环温)超载。作为机车操作应尽可能避免机车连续高负荷运用。该区段宏观上为连续长大坡道,微观上还是有缓和线路的,如站内线路就为缓和线路,在连续高负荷几十分钟运行后,能缓和 3～5 min,来避免长时间高负荷运行,或在降低一定功率下的持续运行(避免机车输出功率最高下的持续运行)。这样可达到两个目的,一是消除或降低连续工作情况下电子设备环境高温与电磁高热;二是缓和网压值的波动(机车突然卸载,线路负荷降低,网压会陡然上升)带来机车主变流器中间直流二次谐振对电子部件冲击造成的部件损坏。因此在此类区段运行,做到适当调节,有理有节调节操作好机车,将可降低电子部件运用故障与损坏,希望同仁们能摸索一套好的机车操作方法,以适应该类型机车在高坡区段的运用(行),避免机车运用故障的发生,提高机车运用效率与效益。

另外,需要说明 HXD1C 型机车操纵系统设定的"定速控制"操作不等于"自动控制"操作(或称自动驾驶装置),千万不能将此两种概念混淆。定速操作与自动操作是有天壤之别,机车"自动控制"操作是要求根据列车运行中"三要素"(机车性能——输出功率、列车编组——负载,线路纵断面)中变量关系随时自动调整机车功率的输出。就目前而言,国内外运用的机车均还达不到这一目标,因此机车自动控制操作仅在虚拟阶段;定速操作是不能综合考虑列车运行"三要素"的,它仅考虑机车运行中的设定速度值,机车若在缓和纵断面线路上运行,对主变流器无大碍,如机车运行在长大坡道上,它仅根据机车操纵时设定的运行速度值,使机车尽可能发挥其最大功率,来达到机车操纵运行速度设定值。若运行中机车牵引列车在高负载吨位(如定数 5 000 t),在长大上坡道上运行中达到设定值有困难时,这时机车势必要增大机车输出功率来提高机车运行速度,并始终保持这一功率输出值的输出。这样将引起机车部件在连续高负载下的超温、超时超载(尽管在机车输出功率不超载的情况下),直接导致主变流器内相应部件的超载损坏,因列车运行速度在一定条件下是与机车输出功率成正比的。作者希望能在机车运用中使司机们理解此点,而不要依赖"定速控制"操作,千万别将该装置当机车自动控制操作系统运用。

# 思 考 题

1. 主变流器主要由哪些部分组成?
2. 何谓电容"炸壳"?
3. 何谓电容"鼓包涌液"?

# 第十一章　HXD1C 型机车运用操作相关名词与规定

对新的一项设备和运用新一种机车类型，投入运用均存在一个认知了解过程，在铁路运输业中尤其如此。在此过程中除对相应的新设备(部件)熟悉运用条件外，更应对其认识清楚，熟练掌握。因此应对新设备的运用与其部件和运用条件熟知，并掌握运用好此类知识的必要条件，即熟知设备名称名词与设备安全运用条件，同时也得有相关规章规定与操作制度要求作保证。否则，避免不了机车运用中发生的盲目性，给机车运用带来诸多负面影响，从而影响机车运用效率的发挥。因此本章分 3 节列述了 HXD1C 型电力机车运用方面的操作名词、该型电力机车安全运用条件及相关的规章制度规定要求。

## 第一节　HXD1C 型电力机车运用相关名词

HXD1C 型电力机车因属计算机系统控制，具体指令的实施传达为网络通信，机车运用操作自动化程度较高。因此在机车运用操作中变得较为便利与简捷，这样在机车运用实际操作中存在与发生的问题较少，主要为机车操作认识问题，往往属对机车操作设备与具体操作程序(步骤)认识不清带来机车运用操作的盲目性。为避免机车操作的盲目性，在此编写了与机车运用操作有关的主要词汇，即机车电气设备，机车电子控制设备，HXD1C 型电力机车制动系统，机车操作等方面的名词词汇，供该类型机车运用者在机车运用操作中使用，避免在机车运用操作中的盲目性，对机车运用带来不利影响或机车相应设备与部件遭到非正常性损耗、损坏，以及机车运用故障的发生。

### 一、HXD1C 型电力机车电气设备

1. HXD1C 型电力机车主电路

电力机车主电路包括机车外电源授受装置，外电源授受装置断开电路保护装置，交-直-交流电气交换设备及相应的保护装置与测量仪器等，在主电路内的工作电气设备与连线和工作电路均称为机车主电路，简称主电路。主电路主要由受电弓、主断路器、受电弓隔离开关、避雷器、主变压器、牵引变流器和牵引电机等电气设备组成。机车的 6 台牵引电机分别由各自的逆变器独立控制，以实现黏着利用控制，并在电机或牵引设备发生故障时能相应将其个体切除，将影响范围尽可能缩小，使机车损失的牵引功率最少。

2. 受电弓

受电弓即机车授受外电源的活动移动装置，通过它与接触网的滑动接触，将外电源源源不断地输入机车变压器，使外界的高压电经变压器的降压，降为适合机车运用的电源。HXD1C 型电力机车装置有两台受电弓，一般情况下只升一个受电弓。双弓模式运用是一个例外。整台机车升起的受电弓的选择由计算机控制系统 CCU 完成。选择取决于受电弓选择开关的位

置和高压回路可能出现的故障，前者属正常选择，后者属非正常选择(即根据运用机车故障后的选择)。只有当 HVB(主断路器)断开和受电弓降下了，改变受电弓模式才是有效的。若 HVB 是合上的或者受电弓是升起的，改变受电弓模式是无效的，HMI(智能显示屏)应显示相应信息。在 HVB 断开和受电弓降下后，新的模式将是有效的。

受电弓通过压缩空气升起。升起/降下受电弓的命令由操纵台上的扳键开关给出。若机车的两个受电弓中的一个出现故障，故障受电弓可以通过高压隔离开关隔离。机车可以用另外一个受电弓继续牵引运行。受电弓配备有接触滑板监视，控制设备安装在受电弓下面的机械间内。CCU 的内部信号指示工作压力回路的状态、已升起的受电弓及检测到的网侧电压。

在机车重联模式，可利用每台机车上的受电弓选择开关选择升弓模式。

3. 主断路器

主断路器属电力机车一项重要部件，同时也是主电路主要保护装置，全称为真空主断路器，简称主断。它用于开断、接通电力机车的 25 kV 的外电源主电路，同时用于过载和短路保护。它受操作系统与机车计算机系统保护双重控制。HXD1C 型机车装置有一台主断路器，早期出厂的该类型机车该装置在机车车顶上，后期出厂的该类型机车(高原配置)将此设备与其他几种高压电气设备共同装置在机车机械间的高压电气柜内(图 11-1)。该设备结构复杂，它主要由 5 部分组成，即真空开关管、支持绝缘子、电空机械装置(其中包括合闸装置、分闸装置)、辅助触头、压力空气(即气源部分)组成。主要工作部件(主触头)在真空管内，用此来有效熄灭主电路开断时的电路电弧，其他部件用于支撑和驱动该装置的辅助部件，其中辅助触头用于控制单元使用，其次用于辅助触头系统机械动作与判断主接触器分合。

图 11-1　网侧柜

1—高压隔离开关；2—主断路器；3—高压接地开关；4—高压电压互感器；5—支撑绝缘子；6—避雷器

4. 高压隔离开关

高压隔离开关是在机车受电弓主电路的一项断电保护装置。机车运用(行)时高压隔离开关均处于闭合位，接通机车两架受电弓的车顶高压线路，从而可用机车上的任意一架受电弓和主断路器控制机车的外电源。若机车某一架受电弓发生故障，可能通过机车转换开关断开相应的高压隔离开关，切除故障受电弓，维持机车运行。HXD1C 型电力机车装置 2 台高压隔离开关，该电气设备在早期出厂的机车上装置在机车车顶盖上，以底板为界，分为上下两部分，底板上端主要为绝缘子、接触闸刀和簧片，压力气缸和控制单元板安装在底板下边，控制单元板用于电磁阀和连接凸轮开关电源的输入，底板上一个螺钉用于连接到机车的接地系统。后期出厂的该类型机车此电气设备安装在机车机械间的网侧柜内(图 11-1 中)。

5. 高压接地开关

高压接地开关是电力机车主电路接通与断开外电源的重要电气设备保护装置。其主要功能是当进行机车检查、维护或修理时，将机车主电路的主断路器两侧的高压电路短接(如图 3-26 所示)，保证对机车作业中的安全操作，并保证作业人员的人身安全，HXD1C 型电力机车装置了1台高压接地开关，前期出厂的该类型机车将此电气设备一部分装置在机车车顶，称之为车外部分；一部分装置在车内，称之为车内部分。后期出厂的机车经改进装置在网侧柜内（图11-1）。该电气设备属手动机械控制，即接地开关（闸刀）是通过支架安装在轴上，而轴、曲柄组合、连杆组合以及操纵杆组合三部分组成一个传动机构，使整个传动机构进行传动。操纵杆从一端旋转到另一端（180°），闸刀也相应从"运行位"旋转到"接地位"；或从"接地位"旋转到"运行位"（102°）。控制其旋转的是锁组合，锁组装有3个锁，其中一个供蓝色钥匙使用，第2个供黄色钥匙使用。仅在蓝色钥匙打开后，操纵杆才能从"操作"位置旋转到"接地"位置。一旦旋转至"接地"位置，联锁机构就被带有黄色钥匙的锁锁在此位置，然后可把钥匙从锁中拔下来，使作业者得到可靠保护。

6. 高压电压互感器

高压电压互感器属一小型变压器，主要用于测量主电路的网侧电压和继电保护，它连接在高压回路的高压隔离开关及主断路器之间（如图3-26所示）。$HXD_{1C}$型电力机车装置有一台高压电压互感器，早期出厂的机车该电气设备装置在机车车顶盖上，后其出厂机车该电气设备装置在网压柜内（图11-1）。高压电压互感器容量小，二次侧负荷比较恒定，所接测量和继电器的电压线圈阻抗很大。因此正常运行时，电压互感器接近空载状态。电压互感器的一、二次线圈额定电压之比，称为电压互感器的额定电压比。

7. 高压电流互感器

高压电流互感器为电力机车专用电流互感器，采用复合绝缘穿心对接式结构，适于在50 Hz或60 Hz额定电压为25 kV的电力机车上作计量或继电保护使用。电流互感器的工作原理与变压器相似，利用电磁感应原理工作。也有与变压器不同的特点，即一是一次侧电流是主电路电流，与互感器的二次侧负载无关；二是电流互感器的二次负载阻抗必须很小（在正常工作时接近短路）；三是电流互感器的二次侧线圈不允许开路运行，因在开路运行时，由一次侧电流产生的磁势得不到二次磁势抵消而全部成为励磁磁势，使电流互感器饱和，在二次侧端子上出现较高的过电压，对所接仪表和作业人员会构成安全威胁。同时高度饱和的铁芯也会因为铁损扩大、发热加剧而损坏绝缘。因此电流互感器的二次线圈和外壳都应可靠接地，电流互感器一、二次额定电流之比，称为电流互感器的额定电流比。$HXD_{1C}$型电力机车采用了1台电流互感器，装置在该类型机车车顶盖上。

8. 避雷器

避雷器是一种能释放雷电和电力系统操作过电压能量的电器，它保护着电气设备既能免受瞬时过电压的危害，又能截断续流，不致引起系统接地短路的电器装置。$HXD_{1C}$型电力机车采用1台避雷器，早期出厂的机车安装在该类型机车的车顶盖上，后期经改进的该类型机车安装在机车机械间网侧柜内（图11-1）。

9. 网侧柜

机车高压保护装置网侧柜，简称网侧柜，属$HXD_{1C}$改进型电力机车（高原配置$HXD_{1C}$型电力机车，简称该型的高配机车）的改进增加柜，即将原安装在机车顶部的高压隔离开关、主断路器、接地开关、高压互感器、支撑绝缘子与避雷器统一装置在机车机械间新设置的专项绝缘柜内。因该类电气设备均装置在主电路主变压器原边电路的前端，即全为接触网端电压端，因此称之为网侧柜（图11-1）。

10. 主变压器

主变压器工作在机车主电路，属机车高电压降压转换装置。即通过接受装置将高电压(25 kV)外电源传输到主变压器的原边绕组，经隔离互感到 6 个次边绕组(另有 2 个辅助次边绕组)降压输送到主变流器 TCU1/2。经 TCU1/2 的转换驱动机车六台牵引电动机牵引列车运行。因此主变压器是工作在机车主电路的重要电气设备。主变压器安装在机车车底两台转向架和两个风缸之间。高压电缆通过高压连接器缚在穿墙套管的内部。原边电压通过高压电缆从此处接入到主变压器侧边高压套管，带电部件位于一个焊接好的钢槽中，主变压器是通过油进行冷却的。主变压器上安装了一个压力释放阀，当主变压器中的压力超过设定的限值时，压力释放阀动作，并且在计算机屏显上给出故障信息。

## 二、HXD1C 型电力机车电子控制设备

1. 网络控制系统

HXD1C 型电力机车装备的 DTECS 网络控制系统，由列车总线 WTB、车辆总线 MVB 、以太网线 Ethernet-Bus 三部分组成。主要部件有网关模块 GWM，事件记录模块 ERM，车辆控制模块 VCM，数字量输入输出模块 DXM，数字量输入模块 DIM，模拟量输入输出模块 AXM，TPX21A 显示器，ESD 终端模块(公)，ESD 终端模块(母)，以太网交换机等组成。其核心任务是根据司机指令完成对主变流器及牵引电动机的实时控制，辅助变流器的实时控制，牵引/制动特性控制，传动系统的时序逻辑控制，显示机车运行状态，具备完整的故障保护，故障记录及显示机车功能，并具有一定程度上的故障自排除与自动切换和故障处理指导功能。

2. 中央控制单元(CCU)

机车中央控制单元 CCU 是一个标准的硬件部件，它接管机车的所有控制。它的英文缩写名 CCU，机车运用中简称 CCU。HXD1C 型电力机车上装置了 2 个 CCU 单元，即 CCU1 和 CCU2。并互为热备份一个 CCU 单元工作，若机车运用(行)中发生故障，第二个 CCU 单元替代执行所有功能。中央控制单元位于在机械间的低压电器柜中。同时 CCU 支撑司机室操纵台计算机显示屏上的所有指示。

3. 牵引控制单元 TCU

机车控制单元 TCU 属一个标准的硬件部件，它管理着主变流器的所有输入与输出。HXD1C 型电力机车装置着 2 个牵引控制单元 TCU 单元，即 TCU1 和 TCU2，每个 TCU 单元控制一台转向架的三台牵引电动机的牵引和制动。其中一个 TCU1(2)接管主控制功能。在正常情况(2 个 TCU 都可用)下，TCU1 将始终接管主控制功能。只有当 TCU1 失控(或失效)不工作时，TCU2 才成为主控制单元。CCU 发送的命令(牵引/制动等)仅给主 TCU。但 2 个 TCU 的反馈信号都将发送给 CCU。

4. 远程监控

机车远程监控的全称为远程监视与诊断系统 CMD(China locomotive remote Monitoring and Diag no sissy stem)，简称 CMD 系统。HXD1C 型电力机车装置该系统是基于车载网络平台及无线通信平台为基础的远程监视、诊断及检修维护系统平台，通过无线传输介质，实现地面基地对在线机车的远程监视、监测及故障分析处理，达到移动、远程有效控制的目的。

5. 无线重联系统

机车无线重联系统 MTU，简称 MTU 系统。为实现多机之间近距离的列车一体操纵（重联操纵）而装置的无线通信操纵控制设备。即用无线通信技术取代现有的机车重联线，同时预留多机之间的远程扩展功能，也便于实现无线重联机车的互联互通，满足更加快速可靠的重联要求。

无线操纵控制（重联操纵）天线位置位于机车 1/2 端顶部，从机车专用的天线馈线出线座引入机车内部。系统输出一路电源给网关 GWM 模块，以此输出的电源接入 GWM，来实现两种网关的电源切换。系统机车重联硬线在原有线路的基础上并联接入，包含原控制线路和重联电话信号。无线重联 I/O 线包括新增的无线重联控制线，以及预留的 I/O 线。

6. 制动控制单元 BCU

HXD1C 型电力机车配备的 CCBⅡ制动系统，在该系统中起主导体制动的为制动控制单元 BCU（简称 BCU）。它安装在机车机械的制动柜中，负责空气制动系统的控制。为了和 CCU 交换制动系统的信号，制动控制单元 BCU 与 CCU 的接口通过机车总线 MVB 连接。附加的制动信号由 CCU 进行控制（如停车制动等）。

7. 主变流器

主变流器 TCU，也称牵引变流器，英文缩写 TCU，因此简称 TCU。TCU 为 HCD1C 型电力机车交/直流/交流变换（流）装置，即用于直流和交流之间的变换，并对各种牵引电机起控制和调节作用，从而控制机车的运行。主变流器的核心部件是功率模块，它由上下桥臂的两组 IGBT 元件和反并联二极管构成，还包括冷却元件的水冷散热片和控制 IGBT 栅极电压的驱动电路。

HXD1C 型电力机车装置有 2 台变流装置，每台变流装置内含三组主变流器 TCU 和一组辅助变流器 ACU。主变流器为牵引电动机提供三相交流的变压变频电源。每组主变流器主要由四象限整流单元、中间直流电路和逆变单元等主电路部分和无触点控制单元的控制电路部分构成。根据机车运行速度，通过矢量控制，精确快速地控制牵引电动机的转矩和转速。

8. 四象限整流单元

四象限整流单元由 U 相、V 相两个功率模块构成，而功率模块数量是由相单元决定的。如以下所述逆变器单元由 U 相、V 相、W 相三个功率模块构成。由于四象限整流单元和逆变器单元的电流值要求不同，因此四象限整流单元是由两个 IGBT 元件并联后组成功率模块，如图 11-2(a)所示；逆变器单元则是由单个 IGBT 元件构成功率模块，如图 11-2(b)所示。因此四象限整流单元和逆变单元的功率模块不能互换，但采用的 IGBT 元件相同，额定值都是 4 500 V/900 A，因此模块内的元件是可以互换的。其工作过程，通过对四象限整流单元中开关元件 IGBT 的 PWM 控制，将由变压器二次侧绕组引出的 1 450 V/50 Hz 的交流电压整流为2 800 V直流电压。

9. 中间直流电路

中间直流电路是四象整流单元和牵引电动机逆变器单元之间的中间环节。中间直流电路由中间电压支撑（滤波）电容、瞬时过电压限制电路和主接地保护电路组成。其作用有三，对直流交换电路进行滤波，对主电路进行接地检测与接地保护。电路工作过程中滤波电容减小了中间直流电压的脉动，使其更加平稳。接地电容除了具备滤波电容功用外，还

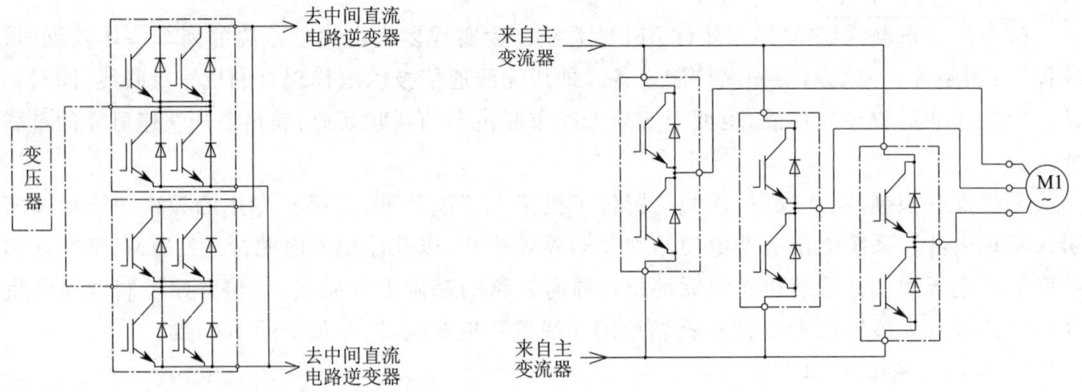


(a) 四象限整流功率模块　　(b) 逆变器功率模块

图 11-2　四象限整流/逆器功率模块

能提供主回路接地回路接地故障检测的中性点。瞬时过电压限制电路由 IGBT 和限流电阻组成。当电压传感器检测到中间电路过电压时，使 IGBT 导通，通过限流电阻构成放电回路，以降低电压，保护电路元件。主接地保护电路由跨接在中间回路的两个串联电容和一个接地信号传感器组成。每套机组分别含三套接地保护电路，可以分别对三个交—直—交电路进行检测和保护，接地检测信号送 TCMS。当出现上点接地时，可以通过接地故障转换开关，实施接地保护的隔离。

10. 逆变器

逆变器由 U、V、W 三相逆变单元构成，将整流单元输出的直流电转换为交流电来驱动牵引电动机。通过改变逆变器的输出电压和输出频率来控制牵引电动机的转矩和转速。HXD1C 型电力机车的牵引电动机分别由两台牵引变流器的 3 个逆变器单独供电，以实现牵引电动机的独立控制。由于机车六根动轴的轮径差异、轴重转移及空转等可能引起负载分配不均匀，均可以通过主变流器的控制进行适当的补偿，以实现最大限度地发挥机车牵引力。

11. 辅助变流器

HXD1C 型电力机车装置有 2 组辅助变流器 ACU1/2。正常工作时，一组 ACU1 采用 VVVF 控制，另一组 ACU2 采用 CVCF 控制。当某一组辅助变流器出现故障时，另外一组辅助变流器将采用 CVCF 控制模式继续为辅助负载提供能量。它由预充电电路、四象限整流器电路、中间直流电路、逆变器电路和供电电路组成。

辅助变流器通过由 IGBT 构成的整流单元把从主变压器辅助绕组提供的单相交流电转换为恒定电压的直流电，而后通过由 IGBT 构成的逆变器单元反直流电转换为三相交流电输出。其控制方式：无论是整流器单元还是逆变器单元均采用 PWM 调制方式进行控制。其电气电路主要由交流输入及充电回路，输入电压检测回路，输入电流检测回路整流器单元，直流整形回路，直流电压检测回路，接地保护回路，逆变器单元，中央控制单元辅助变流器冷却回路，主变流器冷却回路组成。

12. HXD1C 型电力机车电子/电气设备缩写名称对照表

HXD1C 型电力机车的电子/电气设备缩写主要包括机车网络控制系统（包括网络通信），电空制动系统与电子/电气控制设备（表 11-1）等。

表 11-1 HXD1C 型电力机车电子/电气设备缩写名称对照表

| 序号 | 缩写名称 | 设备名称 | 备　注 |
|---|---|---|---|
| 01 | 4QC | 4 象限整流器 | 电子控制系统 |
| 02 | BC-pressure | 制动缸压力 | 电空制动系统 |
| 03 | BCU | 制动控制单元 | 电空制动系统 |
| 04 | BP | 列车管 | 电空制动系统 |
| 05 | CCBⅡ | 制动控制单元 | 电空制动系统 |
| 06 | CCU | 中央控制单元 | 网络控制系统 |
| 07 | EBV | 电子制动阀控制器 | 电空制动系统 |
| 08 | EP-brake | 电空制动 | 电空制动系统 |
| 09 | EPCU | 电空控制单元 | 电空制动系统 |
| 10 | ED-brake | 电制动 | 电空制动系统 |
| 11 | HVB | 高压断路器(主断路器) | 电气控制设备 |
| 12 | HMI | 人机界面(智能显示屏) | 电子控制系统 |
| 13 | HV-cable | 高压电缆 | 电气控制设备 |
| 14 | LCDM | 机车司机室显示模块(制动屏显) | 电空制动系统 |
| 15 | LED | 发光二极管 | 电子控制系统 |
| 16 | MinCB | 小自动开关 | 电气控制设备 |
| 17 | M-IPM | I集成处理器模块 | 电子控制系统 |
| 18 | MMI | 人机接口 | 网络控制系统 |
| 19 | MR | 总风缸 | 电空制动系统 |
| 20 | MVB | 多功能车辆总线 | 网络控制系统 |
| 21 | PSW | 压力开关 | 电空制动系统 |
| 22 | PWM | 脉宽调节 | 电子控制系统 |
| 23 | ST | 状态文本 | 网络控制系统 |
| 24 | TCU | 牵引控制单元 | 电气控制设备 |
| 25 | Tract. /Brak. Eff. | 牵引/制动力 | 电子/电空制动系统 |
| 26 | WTB | 双绞式列车总线 | 网络控制系统 |

## 三、HXD1C 型电力机车制动系统

1. 制动柜

制动柜是 HXD1C 型电力机车制动系统中一个整体电空制动部件，它将电制动要求转变成空气制动压力。制动单元安装在制动柜中，控制着机车空气制动系统，为和 CCU 交换要求转变制动信号，制动控制接口设计成一个 MVB 连接。该部件设备由 8 只模块、一个电空控制单元和一个连锁钥匙阀及总风缸截止塞门组成。

2. 机车制动操控部件

HXD1C 型电力机车装备了一个 CCBⅡ空气制动系统，该系统既适用于货运也适用于客运，并以网络为基础的电空联合空气制动系统。而该系统的操控部件就装设在两端司机室的

操纵台上，主要由制动显示器(LCDM)、电子制动阀控制器(EBV)和风压表组成。

(1)制动显示器(LCDM)

制动显示器，也称制动显示屏，简称制动屏显。它在机车制动系统的英文缩写名 LCDM。它属机车制动系统的制动操控部件，其主功能是显示制动量与数字，并具有相应的记录功能，通过屏显的制动当量提示，给予司机即时的制动视觉信息，便于较好掌握机车运行动态制动状态，有利于司机制动量的把握，更有利于列车平稳安全操纵。同时也记录着该系统的运行状态(包括故障记录)，便于事后的故障分析及其他事宜的掌控与部件维护与修理。

(2)电子制动阀控制器(EBV)

电子制动阀控制器，简称制动器，英文缩写 EBV。它由自动制动手柄(简称自阀或称大闸)与单独制动手柄(简称单阀或称小闸)组成，是机车制动系统的执行器(或称执行机构)。其中自阀控制列车的制动与缓解，单阀仅控制机车的制动与缓解，并具有在自阀实施列车制动时单独缓解列车的功能。它在机车制动系统属间接控制器，它在执行司机操作指令中，仅根据司机实施列车制动(或机车制动)与缓解指令控制机车制动柜的制动单元或模块来具体实施，自阀(单阀)并不具备直接实施列车(机车)的制动功能(直接控制仅在自阀紧急制动位时才能实施)，这是该类型电空制动机的特征。

3. 电制动

电制动属能量转换制动的一种方式。因在内/电机车能量转换制动中有多种方式，即电阻制动，再生制动与其他方式的电转换制动。而 HXD1C 型机车采用的是电能回馈的能量转换方式，即将机车动量的机械能转换成电能，反馈于接触网的再生电能的制动方式(简称电制动或再生制动)。区别于电阻制动电能转换成热能的纯消耗性方式，所以称电制动(也称再生电能制动，简称再生制动)。

4. 非直接制动/自动制动

非直接制动/自动制动是机车制动系统的一种自动实施制动控制的控制手段。若在减速时电制动力不够，CCU 自动激活直接制动/自动制动，在操作自阀时，机车自身将用电制动进行制动。一旦来自 BCU 的电制动设定值有效，机车自动制动被切除。机车自动制动和电制动控制单元是兼容的，自动制动必须实现互锁，亦即当自动制动投入和电制动可用时，机车自动制动被限制。制动控制单元将通过 MVB-发送自阀的指令到机车主控系统，若可用的话，通过操作自阀手柄，必须激活机车电制动。当机车电制动投入，由自动产生的制动缸压力将被解除。

5. 停车制动

停车制动全称为弹簧蓄能停车制动装置，简称停车制动。该装置属保护机车防止意外溜逸的停车自动制动机械装置(当机车关闭和不被占用时)，它作为一种弹簧蓄能制动来实现。它通过位于机车每端司机室的主司机面板左侧的两个按钮开关操作停车制动：一个停车制动投入按钮和一个停车制动缓解按钮。两个按钮状态将被读入控制系统，以实现机车重联或远程机车中投入或缓解停车制动功能。若蓄电池主开关关闭，停车制动将自动投入。控制所必需的条件是所有气动设备都一起安装在“停车制动”模块上。

停车制动投入和缓解位置由压力开关［B40.07］和［ B40.11］监控。该压力开关也用来监控牵引期间有关空气软管破裂的停车制动。若高于某一机车运行速度，停车制动投入(通过缓解空气压力)，惩罚制动将被激活。

6. CCBⅡ型电空制动机系统英文字母代名称

CCBⅡ型电空制动机系统运用起来较为方便，但对其系统认识较为复杂，特别是相关的学习资料对其内的设备名称均使用的英文缩写，由于认识上的不习惯带来运用操作上的不便，因此特将该制动系统的英文名称缩写列于表 11-2 中，便于该型机车运用人员在机车运用上的便利。

**表 11-2 CCBⅡ型电空制动机系统字母代名称**

| 序号 | 字母代称 | 部　件 | 备　注 |
|---|---|---|---|
| 1 | A/D | 模数转换 | |
| 2 | A&R | 作用和缓解 | |
| 3 | AAR | 美国铁路协会 | |
| 4 | ABCB | 空气制动线路断路器 | |
| 5 | AD | 模数转换 | |
| 6 | AE1 | 1 号自动紧急开关 | 常闭 |
| 7 | AE2 | 2 号自动紧急开关 | 常开 |
| 8 | ALR | 报警继电器 | |
| 9 | APP | 作用 | |
| 10 | AR | 自动缓解开关或辅助风缸 | |
| 11 | ATP. | 自动列车保护 | |
| 12 | AW4-ER | 模量转换器均衡风缸 | |
| 13 | AW4-16 | 模量转换器 | 16 管(控制管) |
| 14 | AW4-20 | 模量转换器 | 20 管(单独作用及缓解管) |
| 15 | BAN | 电池负极 | |
| 16 | BAP | 电池正极 | |
| 17 | BAT | 电池箱 | |
| 18 | BC | 制动缸 | |
| 19 | BCCO | 截断塞门下游制动缸管压力 | |
| 20 | BCCP | 制动缸控制部分 | |
| 21 | BCEP | 制动缸均分管 | |
| 22 | BCPS | 制动缸压力开关 | |
| 23 | BCT | 制动缸换能器 | |
| 24 | BCTP | 制动缸测试点 | |
| 25 | BG | 制动栅格 | |
| 26 | BO | 单独缓解 | |
| 27 | BO1 | 自动制动单独缓解开关 | |
| 28 | BO2 | 单独制动单独缓解开关 | |
| 29 | BOBU | 单独缓解备份 | |
| 30 | BOD | 二进制输出禁止 | |
| 31 | BP | 制动管 | |

续上表

| 序号 | 字母代称 | 部　件 | 备　注 |
|---|---|---|---|
| 32 | BPCN | 制动管控制节点 | |
| 33 | BPCO | 制动管截断阀 | 制动管压力下降规定值时关闭 |
| 34 | BPCP | 制动管控制部分 | |
| 35 | BPG | 制动管表口 | |
| 36 | BPT | 制动管换能器 | |
| 37 | BPR | 制动管继电器 | |
| 38 | BPVV | 制动管在机车放风阀压力 | |
| 39 | BU | 备份 | |
| 40 | C1 | 气动塞堵 1 | |
| 41 | C2 | 塞堵 2 | |
| 42 | CCBⅡ | 计算机控制制动 | 第二代 |
| 43 | CCC | 计算机控制司机室车 | 或司机室合并计算机 |
| 44 | CCPS | 计算机控制压力开关 | |
| 45 | CDU | 司机室显示器单元 | |
| 46 | CFM | 立方英尺每分钟 | |
| 47 | CN | 控制节点 | |
| 48 | COC | 截断塞门 | |
| 49 | COMM | 通信 | |
| 50 | CONT | 控制器 | |
| 51 | COT&S | 清理、油、测试和蜡纸 | |
| 52 | COR | 截断继电器 | |
| 53 | COS | 截断开关 | |
| 54 | CPU | 中央处理器单元 | |
| 55 | CS | 司机室信号 | |
| 56 | CSP | 司机室信号处罚 | |
| 57 | CU IN | 立方英寸 | |
| 58 | D/A | 数模转换 | |
| 59 | D&T | 日期和时间 | |
| 60 | DB | 德国联邦铁路 | |
| 61 | DBCO | 电阻制动切除开关 | |
| 62 | DBI | 电阻制动连锁 | |
| 63 | DBM | 电阻制动磁铁 | |
| 64 | DBTV | 气动备份三通阀部分 | |
| 65 | dc | 直流 | |
| 66 | DCV | 双逆止阀 | |
| 67 | DEF | 死机设备 | |

续上表

| 序号 | 字母代称 | 部　　件 | 备　　注 |
|---|---|---|---|
| 68 | DER | 死机调整器 | |
| 69 | DP | 分散动力 | |
| 70 | DPC | 分散动力控制 | |
| 71 | DPM | 分散动力模块 | |
| 72 | E-IPM | 扩展集成微处理器模块 | |
| 73 | E/C | 得电关闭 | |
| 74 | E/O | 得电打开 | |
| 75 | EAB | 电子空气制动 | |
| 76 | EBV | 电子制动阀 | |
| 77 | ELV | 紧急限制阀 | |
| 78 | EM2000 | 动力装置控制计算机(EMD) | |
| 79 | EMD | 电动机部 | |
| 80 | EMER | 紧急 | |
| 81 | EMV | 紧急电磁阀 | |
| 82 | EPA | 转换器闭环控制线路 | |
| 83 | EPCU | 电空控制单元 | |
| 84 | ER | 均衡风缸 | |
| 85 | ERBU | 均衡风缸备份 | |
| 86 | ERCP | 均衡风缸控制部分 | 受控于Ⅰ司机室 |
| 87 | ERCN | 均衡风缸控制节点 | 受控于Ⅱ司机室 |
| 88 | ERG | 均衡风缸换能器 | |
| 89 | ERT | 均衡风缸换能器 | |
| 90 | ERTP | 均衡风缸测试点 | |
| 91 | ES | 紧急撒砂 | |
| 92 | ESR | 紧急撒砂继电器 | |
| 93 | EVC | 电子警报计算机 | |
| 94 | EX | 排气 | |
| 95 | EXH | 排气电磁阀 | |
| 96 | F/LY | 每机车年机破 | |
| 97 | FIG | 图 | |
| 98 | FLIM. | 货运牵引车接入模式 | |
| 99 | FLOM. | 货运牵引车切除模式 | |
| 100 | FLT | 流量换能器 | |
| 101 | FMI | 现场改造说明 | |
| 102 | FRA | 联邦铁路管理局 | |
| 103 | FS | 完全运用 | |

续上表

| 序号 | 字母代称 | 部　件 | 备　注 |
|---|---|---|---|
| 104 | ft lb | 磅英尺 | |
| 105 | FV | 输送阀 | |
| 106 | FVPS | 副司机阀压力开关 | |
| 107 | GETS | 通用电气运输系统 | |
| 108 | GEHRE | 通用电气哈里斯铁路电气设备 | |
| 109 | HDLC | 高位数据连接控制 | |
| 110 | HEBV | 助手紧急制动阀 | |
| 111 | HMI | 人机接口 | |
| 112 | HO | 手柄取出 | |
| 113 | Hz | 赫兹(每秒周期) | |
| 114 | I/O | 输入/输出 | |
| 115 | IA&R | 单独作用和缓解 | |
| 116 | IBR | 单独制动继电器 | |
| 117 | IBS | 单独制动开关 | |
| 118 | ICE | 集成司机室电气设备 | |
| 119 | IFC | 集成功能计算机 | |
| 120 | IFD | 集成功能显示器 | |
| 121 | IHUB | 集成网络中心 | |
| 122 | ILC | 集成机车计算机 | |
| 123 | IM | 单独最大允许开关 | 常开 |
| 124 | IND | 单独 | |
| 125 | IPM | 集成微处理器模块 | |
| 126 | IR | 单独缓解开关 | 常开 |
| 127 | JB | 接线盒 | |
| 128 | KBL | 克诺尔制动有限公司 | |
| 129 | kPa | 千帕 | |
| 130 | L/T | 牵引车/拖车 | |
| 131 | L-EB | 电子制动 | |
| 132 | LOCO. YEAR | 8 766 h | |
| 133 | LOCO | 机车 | |
| 134 | LOCOTROL | 通过射频通信分散动力执行 | |
| 135 | LON | 局部操作网络 | |
| 136 | LPC | 机车程序控制器 | |
| 137 | LRU | 线路可更换单元 | |
| 138 | LSI | 机车系统一体化 | |
| 139 | LY | 机车年(8 766 h) | |

续上表

| 序号 | 字母代称 | 部　　件 | 备　　注 |
|---|---|---|---|
| 140 | MIN | 最小 | |
| 141 | MIP | 微处理器接口程序 | |
| 142 | MPV16 | 电磁/控制阀 16 部分 | |
| 143 | MR | 总风缸 | |
| 144 | MREP | 总风缸均分管 | |
| 145 | MRT | 总风缸换能器 | |
| 146 | MTB | 多任务线路断路器 | |
| 147 | MTBCF | 临界故障间平均时间 | |
| 148 | MTBF | 故障间平均时间 | |
| 149 | MTBUS | 非计划进车间平均时间 | |
| 150 | MTTR | 修理平均时间 | |
| 151 | MU | 重联 | |
| 152 | MVEM | 紧急电磁阀 | |
| 153 | MVER | 均衡风缸故障电磁阀 | |
| 154 | MVEREX | 均衡风缸故障电磁阀排气 | |
| 155 | MVLT | 牵引车-拖车电磁阀 | |
| 156 | MV13E | 13 管排气电磁阀 | |
| 157 | MV13S | 13 管供气电磁阀 | |
| 158 | MV16T | 16 管缺省电磁阀 | |
| 159 | MV20E | 单独作用排气电磁阀 | 受控于Ⅰ工作室 |
| 160 | MV20S | 单独作用排气电磁阀 | 受控于Ⅱ工作室 |
| 161 | MV53 | 制动管切除控制电磁阀 | |
| 162 | N. C | 常闭 | |
| 163 | N. O | 常开 | |
| 164 | NTF | 未发现问题 | |
| 165 | NYR | 修理代码 | |
| 166 | NYS | 维护说明 | |
| 167 | NYT | 测试代码 | |
| 168 | OEM | 原始设备制造 | |
| 169 | PCB | 印刷电路板 | |
| 170 | PCS | 气动切除(分解)开关 | 或动力控制开关 |
| 171 | PDD | 接近度探测装置 | |
| 172 | PIR. | 动力连锁继电器 | |
| 173 | PIR. | 动力连锁继电器 | |
| 174 | POV | 控制操作阀 | |
| 175 | PSIG | psi 表 | |

续上表

| 序号 | 字母代称 | 部　　件 | 备　　注 |
|---|---|---|---|
| 176 | PSJB | 电源 & 接线盒 | |
| 177 | PTU | 便携测试单元 | |
| 178 | PV | 控制阀 | |
| 179 | PVE | 紧急探测控制空气阀 | |
| 180 | PVEM | 紧急控制空气阀 | |
| 181 | PVLT | 牵引车-拖车气动阀 | |
| 182 | PWM | 脉冲宽度调制 | |
| 183 | REL | 缓解 | |
| 184 | RES | 风缸 | |
| 185 | REV | 换向器 | |
| 186 | RF | 电台频率 | |
| 187 | RIM | 继电器接口模块 | |
| 188 | RLIS | 轨道润滑抑制器指示器开关 | |
| 189 | RM | 电台模块 | |
| 190 | RMA | 返回材料授权 | |
| 191 | RMPS | 电台模块电源 | |
| 192 | RU | 可更换单元 | |
| 193 | SCFM | 标准立方英尺每分钟(流量) | |
| 194 | SPOT | 标准操作程序 | |
| 195 | SPOT | 测位仪操作 | |
| 196 | SPR | 测位仪继电器 | |
| 197 | SUP | 供应 | |
| 198 | TF/LY | 每机车年总机破 | |
| 199 | TIM | 列车接口 | |
| 200 | TL | 列车 | |
| 201 | TPBC | 制动缸测试接口附件 | |
| 202 | TPBP | 制动管测试接口附件 | |
| 203 | TPER | 均衡风缸测试接口附件 | |
| 204 | TPMR | 总风缸测试接口附件 | |
| 205 | TP16 | 16 口测试附件 | |
| 206 | TP20 | 20 口测试附件 | |
| 207 | TSI | 列车状况指示器 | |
| 208 | TSOC | 技术支持操作中心 | |
| 209 | TV | 三通阀 | |
| 210 | TVB | 三通阀单独缓解 | |
| 211 | TVBM. | 三通阀单独缓解电磁阀 | |

续上表

| 序号 | 字母代称 | 部　件 | 备　注 |
|---|---|---|---|
| 212 | TVCP | 三通阀控制部分 | |
| 213 | UDE | 非期望紧急作用 | |
| 214 | UIC | 国际铁路协会 | |
| 215 | V | 电压 | |
| 216 | VA | 可视空气制动报警 | |
| 217 | V dc | 直流电压 | |
| 218 | VID | 视频信息显示器 | |
| 219 | VOL | 体积 | |
| 220 | VPC | 视频处理控制器 | |
| 221 | XDCR | 换能器 | |
| 222 | 13CN | 13 控制节点 | |
| 223 | 13CP | 13 管控制部分 | |
| 224 | 13F | 作用管过滤 | |
| 225 | 13T | 13 管换能器 | |
| 226 | 16CN | 16 控制节点 | |
| 227 | 16CP | 16 管控制部分 | |
| 228 | 16 RES | 16 风缸 | |
| 229 | 16E. | 排气电磁阀 | |
| 230 | 16S | 供气电磁阀 | |
| 231 | 16T | 16 口换能器 | |
| 232 | 20CP | 20 管控制部分 | |
| 233 | 20F | 20 管列车过滤器 | |
| 234 | 20R | 20 管中继阀 | |
| 235 | 20T | 20 管换能器 | |
| 236 | 26L | 工业标准气动制动 | |
| 237 | 16 号 PIPE | 制动缸作用管() | 到中继阀 |
| 238 | 20 号 PIPE | 单独(直接)作用和缓解管 | 仅机车 |
| 239 | 21 号 PIPE | 到电子制动阀控制阀的安全控制管 | 气动紧急控制器 |

## 四、HXD1C 型机车操作系统

1. 计算机复位

计算机复位是指计算机运行进程中遇到某种电磁干扰和输入信号错误,或人为操作失当和失误引起计算机系统自身采取的一种保护措施,其表现为“静屏”(或称计算机系统“死机”),需要计算机操作系统重新启动(机),通常将此种技术处理措施称为计算机复位,简称“复位”。HXD1C 型电力机车操作系统受计算机控制,在机车运用操作中有非常多的非操作程序电磁信号介入(通常称之为“乱码”),如电磁接触器的断开与闭合,机车运行振动引起的电气线路接口松缓造成触点“电铃”振荡等发出的电磁波或通信中断，均对机车计算机操作系统有极大影响，好在机车运用中的这类非正常电磁信号绝大多数均被设备有效屏蔽或被电子设备内的滤波器过滤掉了。因此机车运行中受此类电磁干扰的仅为极少数，通常此类情况即便发生，也可通过计算机系统相应“复位”处理。HXD1C 型电力机车计算机系统复位操作分为三种，一是计算机“复位”(操作方式可分为“小复位”与“大复位”)；二是“网络复位”；三是整台机车计算机控制系统的大复位，简称“大复位”。

2. 定速控制

HXD1C 型电力机车装设有机车运行速度定置控制设备，简称定速控制。为便于司机对机车的平稳匀速操纵，较好地发挥机车牵引力，并相应减轻司机操作作业强度。机车牵引列车操纵时，当主司机控制器(简称主司控器)的方向手柄处于向前位，主司控器级位手柄处于牵引区域，机车运行速度超过 5 km/h 时，且未实施空气制动(包括未发生非正常制动)时。在计算机屏显中司机可选择定速模式，机车运行即进入定速状态；机车将以当前机车运行速度作为当前定速期望目标速度，进入定速控制模式，机车将根据实际运行速度与定速期望目标速度的差异，自动进行机车牵引及电制动的快速转换，控制机车行驶速度不变。

3. 机车走行距离/速度测量

机车走行距离/速度测量是相辅相成的，均取值于机车车轴速度传感器的旋转速度，并根据机车相应参考车轴的轮径输入。HXD1C 型电力机车 CCU 通过 6 个牵引电动机驱动车轴的速度传感器信号获取机车速度。司机观察机车速度和走行距离通过操纵台上的双针速度表进行，双针速度表的信号来源于 LKJ2000 监控主机或数模转换盒，只有Ⅰ端司机室操纵台的双针速度表能够显示走行距离。

4. 无人警惕安全装置

机车安装无人警惕安全装置系统为监控机车司机的能力。无人警惕安全装置作为一个软件功能在 CCU 内执行。从速度大于 3 km/h 开始，该装置将通过按下按钮开关(或踩脚踏开关)，移动司机手柄或移动制动手柄对司机的反应提供一个持续监控。在静止或速度低于 3 km/h 或者方向手柄在“零”位的时候没有无人警惕装置组件需要操作。若机车司机不能正确的操作无人警惕安全装置，在开始紧急制动之前将给出视觉和声音报警。通过打开一个制动回路，系统将产生制动。无人警惕控制装置采用语音箱报警，报警音为“无人警惕”。若发生故障，诊断将输入到诊断存储器。

5. 过分相装置

电力机车运行由于线路纵断面与列车牵引定数引起的机车负载不同，而机车运行需要稳定的电源电压。因为线路接触网(地面变电所)是分置的，在地面变电所相邻区域的接口处是分离的，因此也称分相区。为了预防电源相序混淆带来的危险，从不同供电站获得电源的线路区必须严格隔离。机车通过此区域称为过分相区，简称过分相。分相区通常位于供电站处或两个供电站之间的位置，虽然在任何时候仅使用了一部分，但其他部分用来使供电站关闭并从邻近的供电站获得电源。通常，分相区由一个接地导线区组成，该区域通过绝缘材料(典型的有陶瓷压条)在带电导线的任一侧与带电导线隔离，这样设计能使受电弓平稳地从一个供电区过渡到另一个供电区。接地区能防止从一个供电区进入到其他供电区引起的电弧，因为，若供电区处于不同的相位，其电压差可能比正常系统电压要高，这样，保护断路器有可能不能够安全地断开流过的巨大电流。

为了预防供电线路接地引起的电弧危险，当经过分相区时，列车必须靠惯性通过，断路器必须断开。在经过分相区期间，通过使用沿轨道埋设的的永久性感应器组以及车载过分相装置能使 CCU 自动断开和闭合断路器。司机只要断开电源，借助惯性行车。为了提醒司机过分相区，在分相区和接近分相区处提供有预告牌。自动过分相检测装置包括信号处理器、车感应器(T1/T2)；信号处理器通过车感应器检测分相区的起始和终止位置，然后将信号发送到机车控制系统。

6. 重联操纵

重联操纵是指机车牵引列车运行中 2 台及以上的多台机车实施联合牵引或多台机车成列回返连接，而由其中一台机车操作，其他机车协从牵引列车或随行的一种操纵方式。机车重联操纵牵引列车为在现有线路上增吨运输克服列车阻力，以提高线路承载量来提高运输效率；而多台机车成列回返，避免线路区间占有量，提高线路通过率。同时为使机车操作的同步，统一机车操纵指令，充分发挥机车牵引力，避免多台机车牵引操纵中的不协调，造成启动列车困难与机车功率浪费，从而提高机车运用效率。机车重联操纵一般分为有线重联操纵与无线重联操纵，有线重联操纵属 2 台及以上机车串联在一起，并将机械、电气和气路连接在一起组成机车牵引动力组，由列车运行前方的第一台机车(本务机车)操纵牵引列车，其他机车协从，其操作指令均由本务机车发出，此种重联操纵方式也称有线重联操纵。无线重联操纵，可不进行相应的机械、电气和气路连接，由专项的无线电设备进行机车间的遥控操纵，因此多台机车牵引列车时可分布于列车编组中。该项设备建立的机车重联操纵方式称之为无线重联操纵，也称分布式重联操纵方式。HXD1C 型电力机车即设置有有线重联操纵装置，也设置有无线重联操纵方式预留。

7. 机车无动力回送

机车无动力回送是指机车无动力回送，即机车在运用中发生故障，不能发挥其牵引动力，或机车自身不能启动时，要对其回送入段修，或机车达到相应修程需进入机车厂修理，在运输途中应作无动力回送处理。因机车类型不同，无动力回送处置的方法也有所不同。机车无动力回送时，主要为机车无动力后，机车制动系统的空气压缩机不能工作，机车将因此无风源而不能产生相应的制动作用。同时为了机车在列车中编组回送时，达到与车辆制动力的一致，避免因机车制动力过强引起列车制动时产生冲动。这时通过无动力回送装置将列车管内的风压送入机车总风缸储备，使机车在列车运输过程中能产生相应适当的制动力。HXD1C 型机车无动力回送装置因设置在 CCBⅡ制动机系统中，它与电子制动控制单元有关，因此在使用该项设备时应分多项步骤按顺序进行相应操作。

(1)应先切断 CCBⅡ制动机电源，将自动制动手柄放重联位，单独手柄放最大制动位。

(2)关闭机车机械间制动柜中模块 B40.06 的塞门。

(3)手拉缓解机车走行部每个停车制动单元(其四个，即 1、3、4、6 位)。

(4)将制动柜内 ERCP 上无动力塞门打到投入位。

(5)关闭风源柜中塞门 A10，打开风源柜中总风缸的排水塞门 A12(位于第三方设备柜后面，车上风缸下侧)，将风缸压力排至 250 kPa 左右，然后关闭。

(6)打开所有平均管塞门 B94 ，B82、B86 通大气；关闭总风联管塞门 B80、B87。

(7)连接要连挂端的制动软管，缓慢打开该处制动管塞门 B81。

(8)连接另外一台机车将无动力机车列车管冲至定压，观察制动缸压力是否为 0，如不为

0，顶开 16 控制模块上的测试接头 16T，排空制动缸预控空气。

(9)从主控机车缓解并制动无动力机车列车管至少 3 次循环，观察制动缸压力变化是否正常。

(10)测试完成后可以连挂走车。

(11)途中再次连挂或更换连挂端时，仅需要重复步骤 7～10。

注：在无动力回送时，限速按《运规》相关规定执行，不允许超过机车最高运营速度120 km/h。

## 思 考 题

1. 高压接地开关在主电路中的保护作用是什么？
2. 制动控制单元 BCU 在机车制动系统的作用有哪些？
3. 什么是机车计算机控制系统的三种“复位”？

## 第二节 HXD$_{1C}$型电力机车运用安全

机车运用安全涉及方方面面，主要体现在作业中的环境安全与作业中的操作安全。前者主指作业者在操作中可能对人身造成伤害的环境；后者主指作业中操作时设备对人身或设备损坏与对人身带来的危害。本节叙述了机车运用安全作业要求与警示及机车在处理故障中的安全操作。即电力机车登顶作业挂接地线，6A 系统车顶高压绝缘检测装置使用，换弓运行、高压隔离开关操作，HXD$_{1C}$型机车无动力回送操作、恢复(克诺尔制动柜)与(DK-2 制动柜)无动力回送操作、恢复，人力紧固器使用等作业中的操作步骤与注意事项。

### 一、电力机车运用安全作业

电力机车运用中有关技术安全的重要指令说明都带有适当的图标。为了确保人员安全，避免事故和对机车及某些部件造成损坏，必须正确地遵守这些指令。同时该类图标在不同作业环境中有着不同的含义。主要指令性名词如下。

1. 危险⚠

该图标是指作业安全与人身伤害安全两类警示指令，即与操作作业环境有关也与人身伤害安全有关。若不遵守这些指令，将会对作业操作者有伤害或死亡的危险。在这种情况下，必须严格地遵守这些重要的工作安全指令并特别小心地执行。或者，如装有心脏起搏器的人禁止进入已启动的机车；同时禁止相应人员在已启动的机车机械间内停留时间超过一个小时；运行期间，驱动装置中有危险的旋转部件和带电部件。若未经允许或在不正确的操作或维修不够的情况下拆除必要的外盖，都可能导致死亡、严重伤害或设备损坏。因此，负责安全的人员必须保证：只能授权合格的和有资质的人员对机车进行操作。此外，合格的资质人员在现场处理时必须遵守关于装配和维护的说明书及所有其他的与任务有关的产品文件；他们也必须始终遵守这些文件中所指定的方法。否则，禁止操作或靠近设备。

2. 合格人员

系指具有培训、经验和专业知识，并且其相关标准、规定、事故预防条例和操作指导的知识，均已通过负责安全的职责部门验证，可承担所要求的工作，并能发现和避免其所从事工作的潜在危险的人员。在其他方面，也必须有现场救助常识和熟悉当地的救援系统。在进行电源安装的工作时，应遵守禁止非合格人员操作的规定 。

3. 小心!

该图标指出所有的必须遵守的安全指令：若不遵守这些指令，可能导致部件或机车的损坏或故障。同时作业操作中保持镇定。注意线路环境，不要将列车停在桥梁上或隧道中！若可能的话，将列车停靠在路标处，道岔口或车站！启动紧急制动！降落受电弓。使用灭火器时，请保持距电器部件 1 m 的最小距离。在狭窄的、通风不良区域使用时须小心。

4. 注意

该图标指出所有的必须遵守的这类安全指令或给出提示和其他特别有用的信息：若不遵守这些指令，可能导致部件或机车的损坏或故障。同时为了部件和机车可靠运行，应遵守所有相关注意事项。

5. 警告!

此标识指明，若不遵守规定，可能致人身伤害，应严格遵守安全指导，并小心操作。不正当操作造成的损坏在质量保修范围之外。在温度低于 －25 ℃时，机车必须在开关闭合时停放(受电弓升起，主断“闭合”，主蓄电池开关“合”)。当机车速度超过 125 km/h 时，牵引停止。

6. 有资质的人员

有资质的人员是指因为培训、经验和指导以及他们对相关标准、规定、故障预防规定和操作指导的知识，已经得到负责安全工作人员批准，能够认识和避免与这些工作有关的危险的人员。此外，也需要紧急救助和本地救护设施的知识。因为工作关系到电源安装，有禁止无资质人员的规定。

## 二、电力机车登顶作业挂接地线

1. 作业流程

汇报→核对→升弓验电→准备工具→挂接地线→登顶作业→撤离现场。

2. 具体操作步骤

(1)第一步：申请汇报

电力机车需登上机车顶部处理故障时，必须由执乘司机亲自向车站值班员(列车调度员)办理停电手续，并校对时钟。

呼唤用语：“××××站，××××次××××机车在××站至××站间 k××××+×××m 处发生弓网故障，供电臂及支柱杆号××××，执乘司机×××请求停电处理”。在取得电调的停电命令后，按下列程序办理，方可准备登上机车顶部作业。

(2)第二步：确认命令

司机得到列车调度员接触网停电的调度命令后，必须两人共同认真确认以下内容：命令号、调度员姓名、日期、停电开始、终止时间，停电臂方向，停电区段，作业内容等。并将停电命令号码和停电时间记录于司机手账。

(3)第三步：升弓验电

执行换弓运行隔离开关操作，确认命令无误，核对调度命令中的停电时间已到，升另一受电弓验电。确认网压表及计算机屏显示原边电压均显示为“零”(图 11-3)。降弓取下电钥匙，必须由上车顶人员随身保管电钥匙。

(4)第四步:准备接地用工具

从机车放置防护工具墙壁上取下接地杆,与从工具柜取出接地线、接地靴、绝缘手套(图 11-4)。

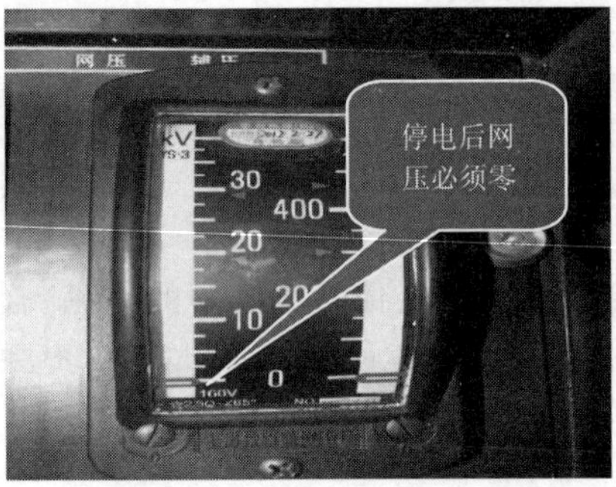


图 11-3 停电后验网压为 0

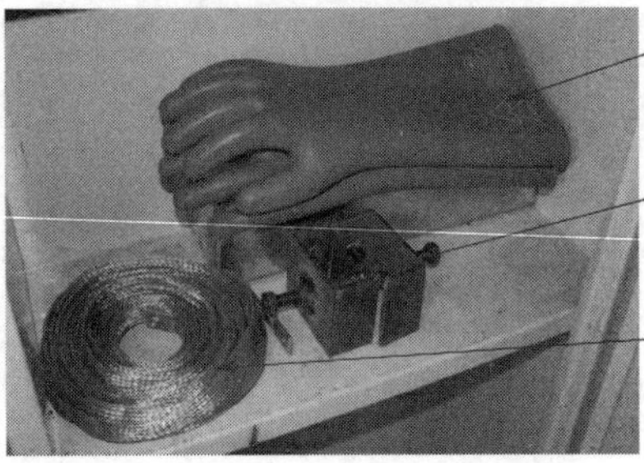


图 11-4 取出接地与防护工具

1—绝缘手套;2—接地靴;3—接地线

(5)第五步:挂接地线

挂接地线时注意:先钢轨接地,再挂杆;撤除接地线时注意:先撤杆,再拆除接地线

① 将接地杆连接好(图 11-5),刮掉钢轨两侧污物,以便良好导电,接地靴与钢轨连接并卡住不得松动(图 11-6)。

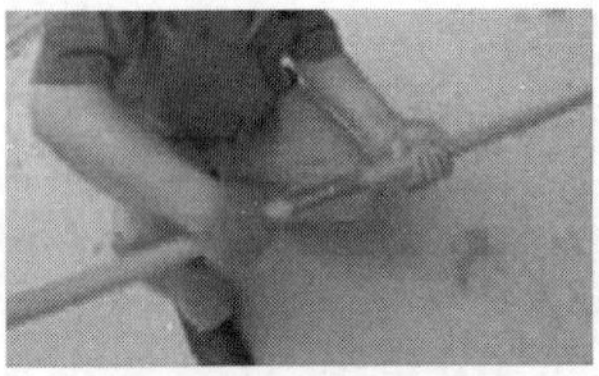

图 11-5 连接接地杆

图 11-6 安装接地靴

② 将接地靴上的螺钉松开,接地线一端套在螺杆上,上好螺母(图 11-7),接地线另一端接到接地杆羊角勾下方螺杆,上好螺母(图 11-8)。

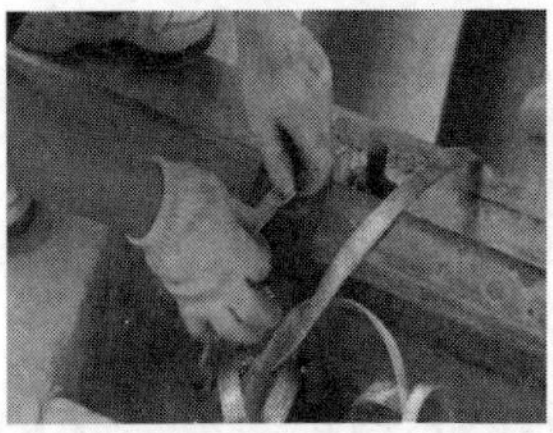

图 11-7 接地靴上接接地线一端

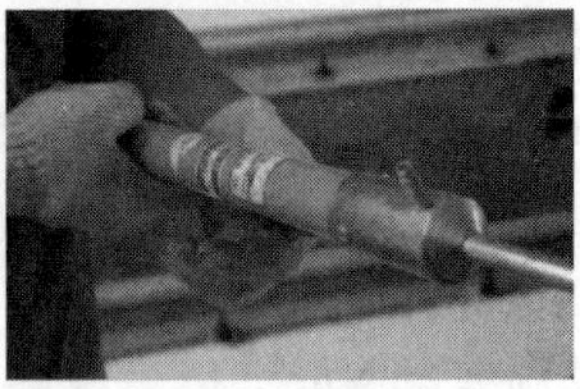

图 11-8 接地杆上接接地线另一端

③ 竖起接地杆,使羊角勾挂于接触网线上,在挂接地线时应戴好绝缘手套,并避开接地线 2 m 以上,以防感应电击伤

(6)第六步:登顶作业

① 断电，降弓拔出司机室电钥匙，蓝钥匙旋转取出（图 11-9）。

② 将蓝色钥匙插入机车高压接地开关锁组的蓝色锁孔内旋转 90°置垂直位，将高压接地开关操纵杆拉起出槽后，旋转 180°并入槽（图 11-10）。

③ 旋转上、下两组黄色钥匙（左、右两把黄钥匙联动）中的任意一组黄色钥匙 90°置水平位后，取出任意一把黄钥匙（图 11-11）。

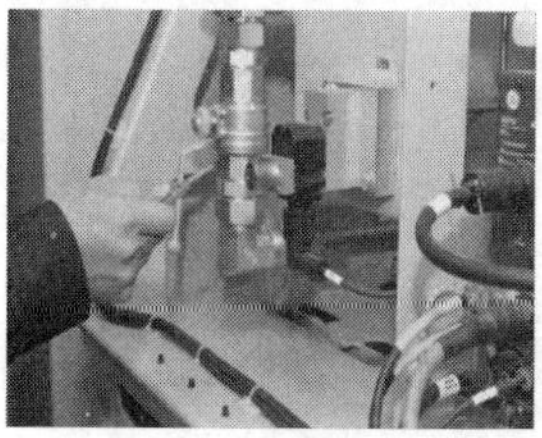

图 11-9　取出蓝钥匙

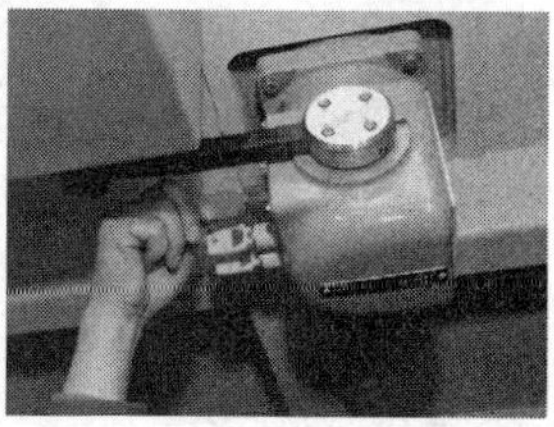

图 11-10　蓝钥匙插入高压接地开关

图 11-11　取出黄色钥匙

④ 放下车顶门梯子（图 11-12）。

图 11-12　放下登机车车顶梯子

1—车顶门梯子置放处；2—放下车顶门梯子；3—置放好的梯子

⑤ 将黄色钥匙插入车顶门旁边的黄色锁孔内旋转 90°，即可打开车顶门（图 11-13）。

图 11-13　车顶门钥匙开门

1—插入钥匙；2—钥匙旋转 90°开门

⑥ 登上机车车顶处理故障时应注重机车车顶电气设备布置（图 11-14），并需注意以下几点。

a. 登上机车车顶系好安全带，特别注意人身安全，一人上车顶处理故障时，一人必须全程监控，并迅速、果断处理，绑牢故障受电弓、消除接地点，确认不超高。

b. 若在规定时间内处理不完时，必须离开车顶，重新办理停电手续。

c. 处理完毕后，收回工具、配件、清除车顶杂物，以免造成车顶接地。

⑦ 将黄色钥匙插入车顶门旁边的黄色孔内旋转90°，锁闭车顶门。

(7)第七步：撤离现场

① 当机车顶部处理故障完毕后，应检查机车顶部有无遗留工具、物品，必须将其全部清理完毕后撤离，确认无误，锁闭机车车顶门。

② 戴好绝缘手套，取下接地杆，取下接地靴、拆除接地线(必须先取上、后拆下，将所有防护用品带上机车)。

③ 确认防护撤除，人员到齐后，由执乘司机向车站和调度员汇报，请求送电联系用语：××站，××次机车纠网故障处理完毕，执乘司机××请求送电。

图 11-14　机车车顶电气设备布置

1—主断；2—高压隔离开关；3—受电弓；4—高压接地开关；5—电压互感器

注意事项：在分相绝缘器附近停车处理纠网故障时，必须与未停电区域保持足够的安全距离。

### 三、6A 系统车顶高压绝缘检测装置使用

1. 高压绝缘检测子系统

高压绝缘检测子系统见图 11-15。

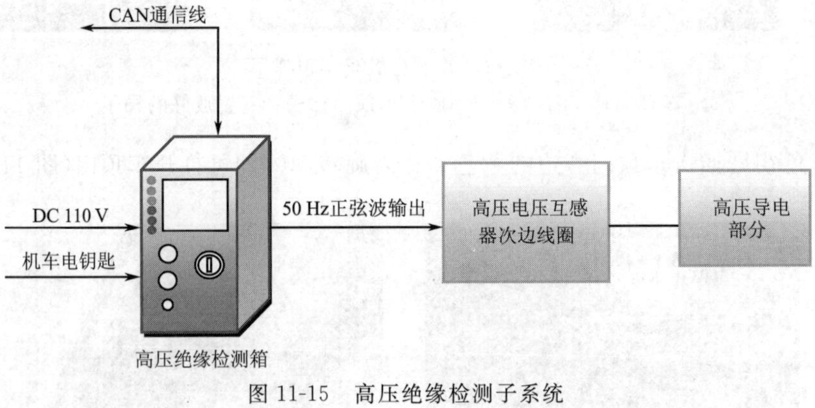


图 11-15　高压绝缘检测子系统

2. 高压绝缘检测箱

高压绝缘检测装置操作时会在车顶受电弓部分加载 25 kV 的试验高电压，所以操作前必须确认处于安全操作状态，即无论处于库内还是在线运用，必须确认机车处于降弓停车、主断断开状态，并必须确认机车车顶无人操作并锁闭车顶门。

3. 开机自检

将机车蓝钥匙插入绝缘检测功率箱前面板的钥匙孔，顺时针方向旋转，打开电源。自检指示灯闪烁，表示正在自检，以确定本装置是否能正常工作。

4. 绝缘检测

当满足绝缘检测启动的条件(自检成功、外网无电、机车电钥匙关)时,按住绝缘检测功率箱前面板上的"出库检测"或"运行检测"按钮,2 s 后将启动绝缘检测,显示"出库检测中"或"运行检测中",同时绝缘检测指示灯闪烁。此时界面上将实时显示当前输出的电压及模式。

当 30 s 后,绝缘检测完成,显示"出库检测完毕"。此时"绝缘状态"栏显示当前机车车顶的高压绝缘状态,若为"正常"说明此时机车车顶绝缘状况良好,同时绝缘检测指示灯熄灭,可以升弓;若为"报警",则机车车顶高压绝缘性能下降,此时绝缘检测指示灯常亮并发出报警声,应当进行相应的处理后才能升弓。

5. 高压绝缘检测装置检测要求

高压绝缘检测装置,运转车间严格按照"六必须、一严禁"要求执行,凡经检测试验发现高压绝缘报警的,严禁升弓。

(1)司乘人员在出乘后首次升弓前,必须进行高压绝缘检测试验。

(2)机车发生弓网故障或车顶高压设备故障,进行故障检查处理后,必须进行高压绝缘检测试验。

(3)发生车顶高压设备对地击穿或瓷瓶闪络,按要求进行故障检查处理后,必须进行高压绝缘检测试验。

(4)途中发生接触网失压停车检查处理后,必须进行高压绝缘检测试验。

(5)在大雾、雨、雪等不良天气下,机车升弓前,必须进行高压绝缘检测试验。

(6)车顶高压设备缠绕异物,在清除异物或采取隔离相应端受电弓后,必须进行高压绝缘检测试验。

(7)严禁在打雷、闪电等极端恶劣天气下进行高压绝缘检测试验。

## 四、换弓运行/高压隔离开关操作

任何需要切除故障受电弓,换弓运行时,必须正确操作故障受电弓对应的车顶高压隔离开关。电力机车升弓前,机班人员必须确认计算机屏显原边电压为 3～5 kV 的悬浮电压后方可升弓,若确认计算机屏显原边电压为零,严禁升弓;升、降弓前机班人员应共同开窗伸头确认受电弓和接触网状态正常后(夜间使用手电),并与学习司机呼唤应答,鸣笛后方可扳动操纵台升、降弓开关,升、降弓时,需再次伸头共同确认受电弓密贴或分离状态。

1. 换弓运行/高压隔离开关具体操作步骤

(1)第一步:停车,断电,降弓拔出司机室电钥匙,蓝钥匙旋转取出(图 11-9)。

(2)第二步:将蓝色钥匙插入机车高压接地开关锁组的蓝色锁孔内旋转 90°置垂直位(图 11-10),将高压接地开关操纵杆拉起出槽后,旋转 180°并入槽。

(3)第三步:旋转上、下两组黄色钥匙(左、右两把黄钥匙联动)中的任意一组黄色钥匙 90°置水平位后,取出任意一把黄钥匙(图 11-11)。

(4)第四步:将黄色钥匙插入需切除故障受电弓,对应的隔离开关锁孔内,旋转 90°,转动隔离开关转轮,由"合"位转至"分"位(特别注意:必须确认高压隔离开关转换到"分"位),将黄色钥匙复位后,锁住高压隔离开关的转轮,拔出黄色钥匙(图 11-16)。

(5)第五步:需使用哪个受电弓时,将低压电器柜上受电弓转换开关,转换至相应位置(图 11-17)。如需使用Ⅰ端受电弓时,转换开关转换至"受电弓 1"。

(6)第六步:将切除的故障受电弓,对应的风路塞门(K74 或 K75)关闭(图 11-18)。

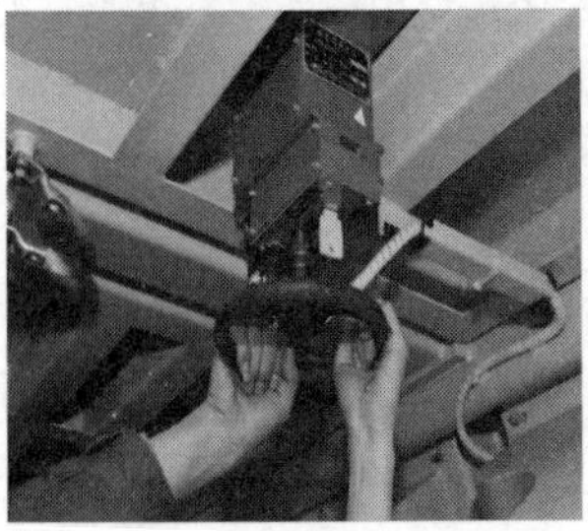

图 11-16　操作高压隔离开关

图 11-17　操作受电弓转换开关

图 11-18　切除受电弓风路塞门

注:受电弓Ⅰ风路塞门 K74,受电弓Ⅱ端风路塞门 K75。

(7)第七步:将黄钥匙插入高压接地开关相应锁孔内置竖直位(图 11-10),将高压接地开关操纵杆拉起出槽后,旋转 180°并入槽。

(8)第八步:将蓝色钥匙插入制动柜上的锁孔内旋转 90°置竖直位(图 11-9)。

2. 隔离开关操作完毕

准备升弓。

### 五、HXD1C 型电力机车无动力回送操作/恢复(CCBⅡ制动柜)

操纵无动力回送之前,必须做好机车防溜。

1. HXD1C 型机车无动力回送设备操作

具体操作步骤如下。

(1)第一步:断电、降弓、停车,司控器手柄置零位,取出换向手柄。将大闸置重联位,插好定位销,小闸置全制位。

(2)第二步:将制动柜的无动力回送旋塞置于"无动力回送"位(图 11-19)。

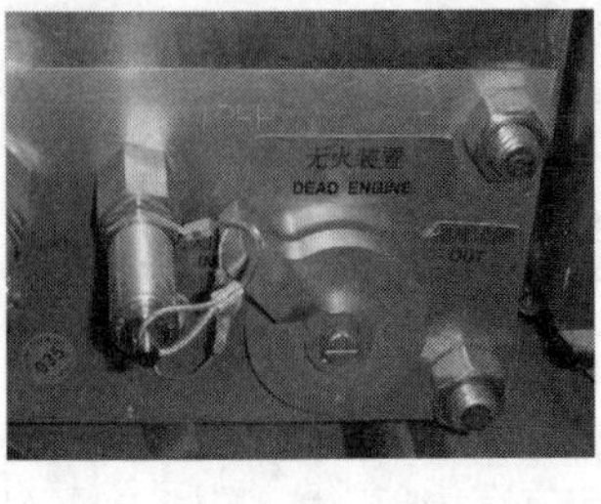


图 11-19　无动力回送旋塞置"无动力回送"位

图 11-20　无人警惕所在控制单元

1—无人警惕阀(S10);2—主断塞门(竖直位);3—停放制动塞门(R30)(竖直位);4—停放制动(B40);5—控制风缸塞门

(3)第三步:关闭"无人警惕"塞门 S10(图 11-20),(经此关闭后,司机室操纵台计算机屏显提示:紧急隔离塞门关闭)和"停放制动"塞门 B40(图 11-21)。

(4)第四步:关闭风源柜(制动柜右侧)中塞门 A10(图 11-22)。

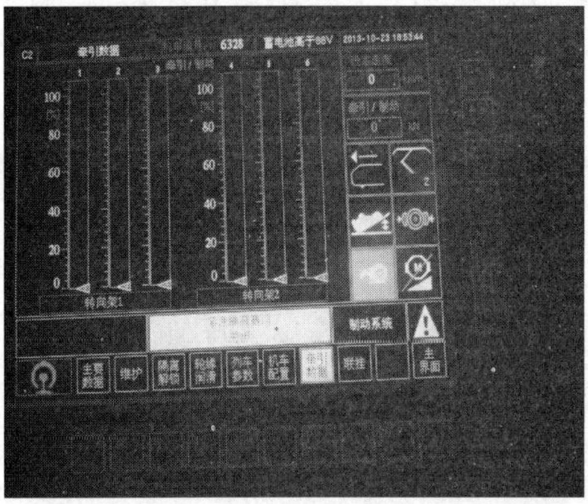

图 11-21　屏显:紧急隔离塞门关闭

图 11-22　关闭风源柜塞门

(5)第五步:打开风源柜中两个总风缸的排水塞门 A12(图 11-23),将总风缸压力排至 250 kPa左右后关闭(总风缸压力在司机室看风表)。

(6)第六步:断开电源柜的"控制电源输出"自动开关(俗称"蓄电池闸刀")(图 11-24)。

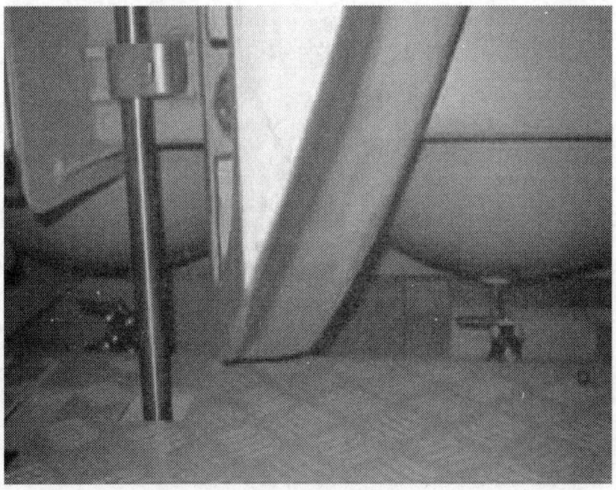

图 11-23　打开总风缸排水阀塞门

图 11-24　断开"控制电源输出"开关

(7)第七步:手拉停放制动缸缓解拉环(左 1、3 位、右 4、6 位),听到风缸的机械撞击声后松开(图 11-25)。

图 11-25　手拉缓解停放制动

图 11-26　开启相关连接管塞门

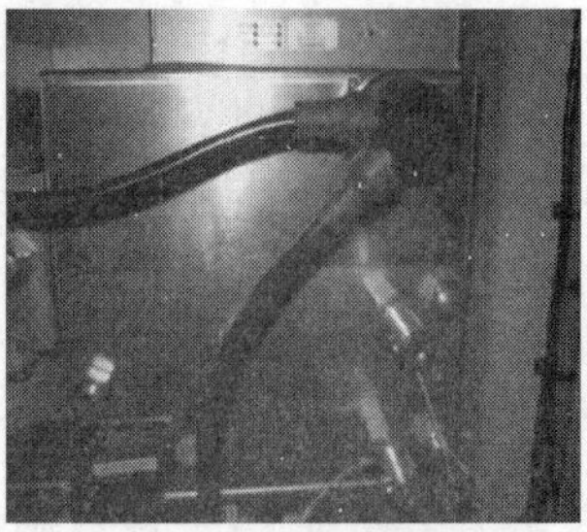

图 11-27　顶开测试接头

(8)第八步:开启无动力机车前后端的四个平均管塞门,连接列车管后,缓慢开启无动力机车与本务机车的列车管折角塞门(图 11-26)。

(9)第九步:本务机车施行缓解,确认无动力机车制动缸压力为 0,本务机车缓解、制动至少 3 次循环,观察无动力机车制动缸压力能正常缓解与制动(制动时手推制动闸片无活动间隙,缓解时手推制动闸片有活动间隙)。

注:如制动缸压力不为 0 时,则顶开 16 或 20 控制模块上的测试接头 16T 或 20T(图 11-27),排空制动缸预控空气,使制动缸压力为 0。

2. 克诺尔制动柜无动力回送设备恢复

(1)第一步:做好防溜;将机车两端开放的平均管塞门关闭;闭合蓄电池自动开关和制动机电源,小闸“全制”位。

(2)第二步:升弓,合主断,打风。

(3)第三步:开放制动柜左上方红色“无人警惕”(S10)蝶形塞门(由“水平”置“垂直”);开放制动柜右上方停放制动模块(B40)上的黄色蝶形塞门(由“垂直”置“水平”)将无动力装置手柄由右侧“无动力回送”位打向左侧“正常运转”位置;开放总风缸连接塞门 A10;确认制动柜内各阀状态:两竖/五平/一正常(个别车为三竖/五平/一正常),特别是主断路器塞门和列车管停放制动塞门(R30)在竖直位。

(4)第四步:按压停放制动缓解(绿色)按钮,确认停放制动缓解。

(5)第五步:进行自阀、单阀制动缓解试验应正常。

(6)第六步:进行断开主断后合主断试验正常后方可与前部机车摘开。

## 六、HXD1C 型电力机车无动力回送操作/恢复(DK-2 制动柜)

在早期出厂的 HXD1C 型电力机车中其制动系统装置为 DK-2 制动机(图 11-28),在此将装置 DK-2 制动机的机车无动力回送操作/恢复方法叙述如下。

1. DK-2 制动柜无动力回送方法

(1)第一步:做好防溜。

(2)第二步:按压停放制动缓解按钮;大闸“重联”位、小闸“运转位”,确认停放制动指示器显示绿色。

(3)第三步:关闭停放制动缸塞门 177(水平位)。

(4)第四步:待停放制动指示器完全变红后,手拉左 1、3、右 4、6 轴司机侧 4 个停放制动单元拉环缓解停放制动(手托制动闸片,有活动间隙则为缓解状态 )。

(5)第五步:关闭中继阀列车管塞门 115(水平位);关闭紧急增压塞门 137(水平位);关闭总风缸连接塞门 A10;打开无动力塞门 155(垂直位); 打开无动力安全阀塞门 139(垂直位)。

(6)第六步:断开蓄电池自动开关和制动机电源。

(7)第七步:与本务机车连挂接通列车管后,进行 3 次制动、缓解试验。

2. DK-2 制动柜无动力回送恢复操作

(1)第一步:做好防溜。

(2)第二步:闭合蓄电池自动开关和制动机电源,小闸“全制”位。升弓,合主断,打风。

(3)第三步:开放停放制动缸塞门 177(竖直位);开放中继阀列车管塞门 115(竖直位);开放紧急增压塞门 137(竖直位);开放总风缸连接塞门 A10;关闭无动力塞门 155(水平位); 关

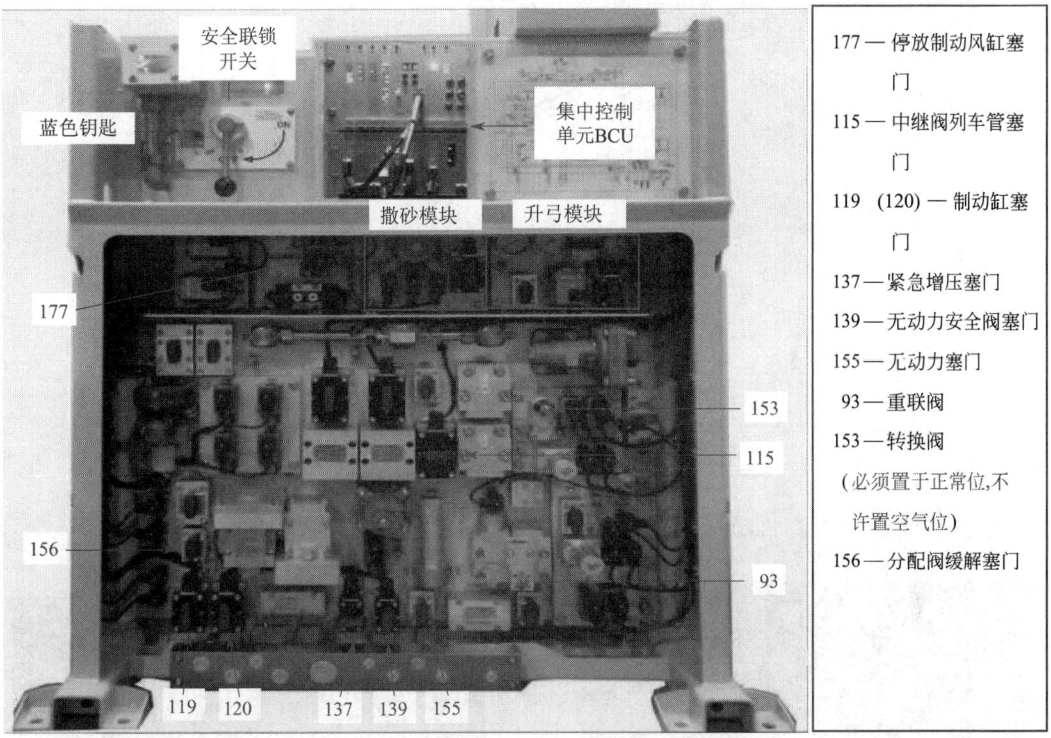


图 11-28　DK-2 制动柜

闭无动力安全阀塞门 139(水平位)。

(4)第四步:按压停放制动缓解(绿色)按钮,确认停放制动缓解。

(5)第五步:进行自阀、单阀制动缓解试验应正常。

(6)第六步:进行断开主断后合主断试验正常后方可与前部机车摘开。

## 七、人力制动紧固器使用

人力紧固器是配置在电气化区段电力机车上一种免上货车车辆顶部,对车辆实施单独手制动的车辆人力制动装置。它主要由挂钩、丝杆、卡钩与摇把组成(图 11-29),在使用时将前端挂钩挂在车辆手制动的链条上,将后端卡钩卡在车辆手制动机的转轴坐上,装上摇把拉紧链条,即拉动车辆手制动链条,随着丝杠的内缩,手制动力矩在逐渐加大,直至合适为止。

1. 人力制动紧固器使用步骤

人力制动紧固器的使用方法:一挂前、二挂后、三套摇把、四紧固。

(1)一挂前(图 11-30)。先将螺母退至螺杆后端 20 mm 处,用手将货车制动链拉紧,把吊钩挂在适当位置。

(2)二挂后(图 11-31)。挂后钩时,要根据车型选择:一是一般车型用卡钩卡在支撑板上;二是 C63A、C64A、C70 等车型,用辅钩挂在斜支撑板上;三是 C80 等车型用卡钩水平挂在支撑板上。

(3)三套摇把(图 11-32),插入摇把。

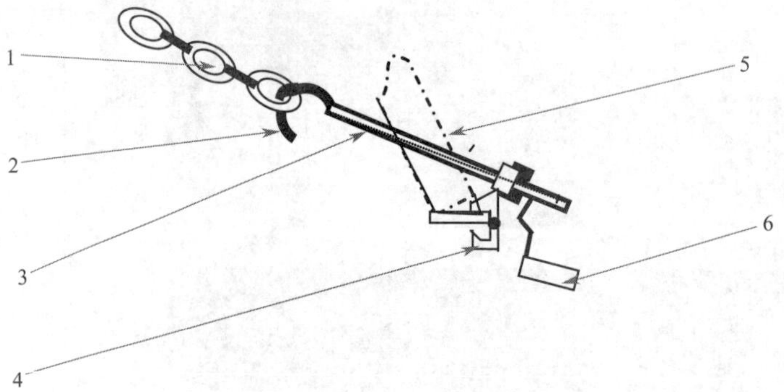


图 11-29　手制动紧固器器

1—车辆手制动链条；2—挂钩；3—丝杆；

4—卡钩；5—车辆手制动支撑；6—手制动器摇把

(4)四紧固(图 11-33)，顺时针方向转动，拉紧链条为止。

图 11-30　一挂前制动链条环内

图 11-31　二挂后制动座上

图 11-32　三套摇把

图 11-33　四摇摇把紧固

2. 安全注意事项

(1)使用前，须对机件各部进行检查，确认完好无损。

(2)紧固前应检查，挂钩和卡板挂牢不得倾斜。

(3)紧固时,用力应均匀,不要过猛以免损坏。

(4)在列车上安装时,间隔安装,使防溜制动力均匀分布。

(5)安装或撤除时,均应在全列车保持制动状态下进行,防止人身伤害。

3. 列车就地制动需拧紧人力紧固器的计算方法

(1)列车就地制动所需人力制动机轴数的计算方法

所需制动的轴数=(列车总重÷100)×每百吨列车重量所需制动轴数。

每百吨列车重量所需制动的轴数根据机车运用所在铁路局规定。如作者所在乌鲁木齐铁路局《行规》第 19 表确定:线路坡度 6‰及其以下取值 1.2;线路坡度每增加 1‰取值增加 0.3。

**表 11-3　列车就地制动的人力制动机数量**

| 坡度千分数 | 0 | 1 | 2 | 3 | 4 | 5 | 6 | 7 | 8 |
|---|---|---|---|---|---|---|---|---|---|
| 每百吨列车重量(机车及煤水车除外)所需手制动机轴数 | 1.2 | 1.2 | 1.2 | 1.2 | 1.2 | 1.2 | 1.2 | 1.5 | 1.8 |
| 坡度千分数 | 9 | 10 | 12 | 14 | 16 | 18 | 20 | 22 | |
| 每百吨列车重量(机车及煤水车除外)所需手制动机轴数 | 2.1 | 2.4 | 3.0 | 3.6 | 4.2 | 4.8 | 5.4 | 6.0 | |

(2)计算

例 1:4 000 t 货物列车停在 0~6‰的坡道上,就地制动不应少于多少轴?应拧紧多少辆车的人力制动机?

所需人力制动的轴数=(4 000÷100)×1.2=48(轴)

每辆车有 4 轴,48÷4=12(辆),应拧紧不少于 12 辆车的人力制动机。

例 2:3 281 t 货物列车停在 0~6‰的坡道上,就地制动不应少于多少轴?应拧紧多少辆车的人力制动机?

所需人力制动的轴数=(3 300÷100)×1.2≈40(轴)

每辆车有 4 轴,40÷4=10(辆),应拧紧不少于 10 辆车的人力制动机。

## 八、HXD1C 型电力机车辅助变流器故障处置

HXD1C 型电力机车辅助变流器主要功能是将主变压器次变提供的单相 AC 470 V 电压经整流及逆变后转换成 3 相 AC 440 V 电压,为机车压缩机、冷却塔风机、牵引通风机等辅助设备提供电源。每台机车配置两台辅助变流器 ACU1 和 ACU2,其中 ACU2 为恒压恒频(CVCF),ACU1 为变压变频(VVVF)。每台辅助变流器由机车主变压器的单独辅助绕组供电,正常工况下,两台辅助变流器都工作时,ACU2 工作于恒压恒频模式,ACU1 工作于变压变频模式;当任意一台辅助变流器出现故障时,另一台只能工作于恒压恒频方式。此时辅助系统工作在冗余模式。冗余模式时能满足两台主压缩机投入的要求。

1. 机车在运行过程中一台辅助变流器发生故障

(1)若行车条件不允许停车则按照以下方法处理

① 司机应先确认计算机屏属那一个辅助变流器故障。

② 主手柄回零,按压【计算机复位】键一次,机车若能正常运行,继续运行。

③ 计算机复位一次无效后,进行隔离复位操作,按压 3 次【计算机复位】键,每次间隔不得

少于 2 s,进行隔离操作后,机车能正常运行,继续维持运行。

④ 若进行隔离复位操作无效后,直接对故障的辅助变流器进行切除处理,即断开故障辅助变流器(ACU1 或 ACU2)自动开关,然后再按压 3 次【计算机复位】键,此时机车计算机显示屏会提示机车通信总线故障、ACU 自动开关打开、辅助变流器隔离三条故障信息,该故障信息属于 ACU 自动开关断开后正常提示的故障信息,司机可以不予理睬,合主断直接运行。在机车运行途中司机只需关注计算机屏显是否还有其他新的故障信息出现。同时也可按规定联系前方继乘站换车。

(2)若站内停车时或在条件允许停车的情况下按以下方法处理

直接进行大复位处理,若大复位后故障现象依然存在,直接隔离故障的辅助变流器(即断开低压电器柜故障 ACU 脱口开关),同时按规定联系前方继乘站换车。

2. 机车在运行过程中发生两台辅助变流器同时故障

机车在运行途中发生两台辅助变流器故障时,计算机显示屏提示以下信息如图 11-34 所示。

同时查看计算机历史故障记录显示如图 11-35 所示故障信息。

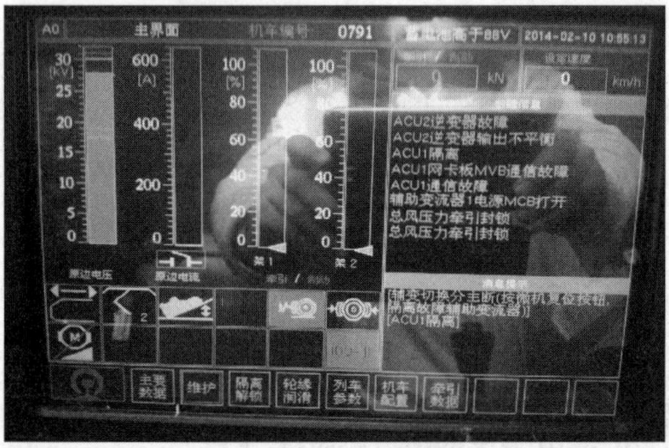


图 11-34 两台辅助变故障提示信息

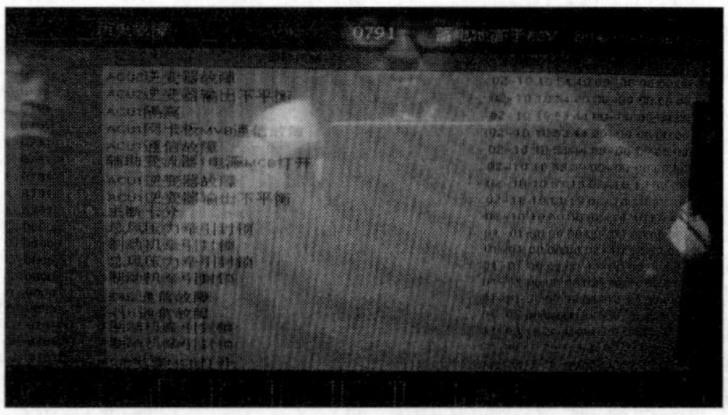

图 11-35 查询计算机历史记录

ACU1 和 ACU2 逆变器输出不平衡,两台辅助变流器同时隔离,机车牵引封锁,此时故障点为三相负载故障,由于三相负载故障导致三相负载三相用电不平衡,引起辅助变流器三相输出不平衡,造成 ACU1 和 ACU2 均隔离。三相负载见表 11-4。

**表 11-4 辅助变流器负载电气设备三相负载内容**

| 负载 | 轴功率 | 输入功率 | 所需容量 |
|---|---|---|---|
| 牵引风机 1、牵引风机 2、牵引风机 3、牵引风机 4、牵引风机 5、牵引风机 6 | 13.00 kW | 13.00 kW | 14.77 kV·A |
| 主冷却风机 1、主冷却风机 2 | 28.00 kW | 31.46 kW | 35.75 kV·A |
| 压缩机 1、压缩机 2 | 24.00 kW | 26.97 kW | 31.73 kV·A |
| 油泵 1、油泵 2 | 4.50 kW | 5.06 kW | 5.95 kV·A |
| 水泵 1、水泵 2 | 4.70 kW | 5.28 kW | 6.21 kV·A |

续上表

| 负载 | 轴功率 | 输入功率 | 所需容量 |
|---|---|---|---|
| 变流柜风机 1、变流柜风机 2 | 0.50 kW | 0.56 kW | 0.66 kV·A |
| 空调制冷 1、空调制冷 2 | 4.00 kW | 4.49 kW | |
| 空调制热 1、空调制热 2 | 6.20 kW | 6.20 kW | 6.20 kV·A |
| 卫生间加热 | 4.00 kW | 4.00 kW | 4.00 kV·A |

3. 具体处置步骤操作

(1)确认故障

断开Ⅰ、Ⅱ司机室空调开关，同时按压计算机复位按钮三次，若故障消除，则维持运行至终点站；若故障依然存在，则进行第 2 步。

(2)判断一架的三台风机

断开 1、2、3 牵引通风机三相自动开关(在低压电器柜门上)，同时按压计算机复位按钮三次，若故障消除则逐一恢复 1、2、3 牵引通风机三相自动开关，直至故障再次出现。判断出故障的牵引通风机，然后切除故障的牵引通风机，按压计算机复位按钮三次，机车维持运行，同时按“两局一线”协议中的规定联系前方继乘站换车。若故障依然存在则进行第(3)步。

(3)判断二架的三台风机

断开 4、5、6 牵引通风机故障开关，同时按压计算机复位按钮三次，若故障消除则逐一恢复 4、5、6 牵引通风机故障开关，直至故障再次出现。方可判断出故障的牵引通风机，然后切除故障的牵引通风机，按压计算机复位按钮三次，机车维持运行，同时按“两局一线”协议中的规定联系前方继乘站换车。

## 九、高原配置 HXD1C 型电力机车区别

1. 设备安置区别

(1)操纵台计算机复位按钮旁边踏面清扫按钮具有踏面清扫功能，在走行部与闸瓦相似，按压踏面清扫按钮后需再次按压踏面清扫按钮才能解除踏面清扫功能。

(2)Ⅱ室后墙脱扣开关 6 个，其中有 VCM1 和 VCM2 两个脱扣。

(3)接地开关在低压柜对面下方地板处。

(4)计算机屏显示不一样，故障信息在右方显示

(5)蓄电池脱扣 4 个，其中断开控制 1 为三项设备无电，断开控制 2 为计算机和机车无电。

(6)增加脚暖炉，脚暖炉开关在司机室计点灯开关下方。

(7)操纵台下方增加风扇和重联开关。

(8)低压柜增加双泵转换开关，客车位为双风泵，货车位为单风泵。

(9)A10 塞门在第三方柜背后。

2. 操作区别

(1)隔离开关的操作需要先断电、降弓、停车后、按压计算机屏下方【机车配置】→【车顶开

关】→【RDC1OFF1】或【RDC1OFF2】,关闭相应的受电弓风路塞门 K74 或受电弓风路塞门 K75,转换受电弓模式开关至受电弓Ⅱ或受电弓Ⅰ。

(2)无人警惕只有 60 s,为语音提示“无人警惕”。

注:正常情况低压柜所有脱扣闭合位,低压柜所有转换开关闭合位,司机室后墙所有脱扣闭合位,制动柜与以前一样“三竖、五平、一正常”。

## 思考题

1. 对电力机车运用安全作业的要求有哪些?
2. 电力机车登顶前挂接地线的操作步骤有哪些?
3. 机车换受电弓运行/高压隔离开关的操作步骤有哪些?

## 第三节 电力机车运用相关规定

在电力机车运用中,不仅要尊重机车运用性能操作好机车,也应遵守机车运用的安全运用守则运用好机车,更应遵守机车运用管理各部门与相关部门制定的运用管理规章制度及相关的规定管理运用好机车。前两项在本章的第一、二节均作有叙述,本节主要介绍电力运用中的相关规定,机车运用相关规定是相关规章制度的沿续,也是对相关规章制度的延伸。总公司(原铁道部)规章制度有规程,其业务部门与铁路局有规则(包括路局行规),站/段有细则,这些均属机车运用人员应知应会的内容,其中有些重点必须是熟知与掌握的,稍有疏忽,将可能酿成行车中的事故。因此,机车运用中的相关规定是对规章制度补充的重要环节。

### 一、总公司/部属电力机车运用有关规定

在铁路总公司有关电力机车运用的相关规定中,主要列举了相关机车运用中的管理规定与近年来全路运用电力机车中所发生的相关行车事故通报。

(一)铁总运输局关于加强机务应急救援组织及分析管理的通知

运机运用电〔2013〕1103 号列车救援是机务安全的重要风险源,涉及到多工种的配合与非正常行车组织,一旦处置不当,极易引发次生事故。为确保应急救援作业安全,重申要求如下(要点)。

1. 切实加强应急救援指挥。发生旅客列车救援时,铁路局机务处值班人员应第一时间赶赴调度所,加强机务应急救援组织;加强与机车乘务员、调度所、车站间信息沟通,服从列车调度员行车统一指挥,提示机车乘务员关键作业环节把控,确保作业安全。

2. 严格旅客列车救援专题分析。各铁路局对每次旅客列车救援都要一件不漏的进行专题分析,依据 LKJ 运行记录数据、语音记录文件,对被救援机车停车后防护、联控及救援机车行车凭证、控车模式、运行速度、制动机试验等救援全过程进行专题分析,发现问题和隐患,严肃处理。

3. 认真落实救援列车汇报制度。凡救援列车因事故救援出动,须及时进行救援总结,吸取经验教训。

(二)近年电力机车运用典型事故案例

1. 多台电力机车回送溜逸

2011 年 6 月 10 日,济南西机务段 5 台电力机车回送专列。于 5 时 30 分在大河站停车安排摘下尾部 $HXD_3$ 型 0023 号机车担当保留列车牵引任务,当 1 位值乘司机下车进行摘车作业时,2 位值乘司机将机车从无动力位恢复到运转位,在打开辅助风缸塞门准备升弓时,盲目打开了辅助风缸旁边的总风缸排水塞门,致使机车总风缸和制动缸内约 180 kPa 风压排为零。机车于 5 时 37 分在站内 2.4‰下坡道开始溜逸,2 位司机在使用自阀紧急制动、单阀制动、停放制动均无效的情况下,盲目按压紧急停车按钮,致使机车主断路器断开。1 位司机在运行前方钢轨放置铁鞋被机车排障器推出,随后通知车站开放出站调车信号。机车溜逸进入处于 5.4‰的下坡道区间,时速度达到 60 km/h 以上。司机将紧急制动按钮复位后,重新闭合主断路器,开启压缩机打风,制动缸风压随总风缸风压同步上升,机车制动缸产生制动,6 时 07 分左右停于洪沟至北集坡间 k565＋700 m 处,单机溜逸越过 3 站、2 个半区间共计 15 586m,构成了一起性质严重的机车溜逸事故。

同样的机车溜逸事件 2011 年 3 月 16 日 12 时 42 分和 4 月 13 日 6 时 35 分,连续 2 次发生在成都局。

2. 电力机车错接风管

2010 年 6 月 16 日,广铁集团株洲机务段机车乘务员值乘 $SS_{8\text{-}214}$ 号机车,担当旅客列车牵引任务。6 时 14 分,列车由衡阳站开车,运行中司机按规定进行贯通试验,发现列车降速缓慢,又与运转车长联控不上,缓解充风后司机再次进行贯通试验,并与运转车长进行联控,回答尾部车辆风表没有减压。司机立即采取紧急制动措施并通知运转车长使用紧急制动阀停车,6 时 23 分,列车停于区间 K1758＋368m 处。停车后经司机检查发现机车与车列连接端的机车列车管、供风管软管安装错误,请求进前方站(周家坳)侧线停车处理,停车处理后开车,并于耒阳站更换机车,造成本列晚点共计 2 h 52 min,构成铁路交通一般 C 类事故(C15)。

3. 挤岔子事故

2011 年 7 月 31 日 10 时 24 分,广铁集团司机值乘 $SS_8$-183 号机车,担当旅客列车牵引任务,武昌站本务机车入库转线时,因司机对站场设备不熟悉、走行经路不清楚,间断瞭望、臆测行车,越过关闭的调车信号机,挤坏道岔,构成单机挤道岔 D3 类责任事故。

4. 机车火灾事故

2010 年 6 月 30 日 11 时 52 分,T162 次旅客列车运行至胶济线章丘至济南东间,$SS_{7E}$ 型 128 号机车着火,机车乘务员将机车和机次第一位车辆与列车分离后,分部运行至前方车站。

同样的机车火灾事故发生在 2011 年 11 月 2 日,构成铁路交通一般 B 类事故。

5. 接触网触电伤害

2010 年 11 月 15 日 23 时 27 分,$SS_9$ 型 0046 号机车在整备线 8 道进行车顶设备检查作业,隔离开关操作员在司机申请停电作业单上签字后离开,没有及时断开 8 道隔离开关。一名整备检查员自行操作 7 道隔离开关断开后,与另一名检查员一起用钥匙打开 8 道接触网高压防护安全门,登上 8 道机车顶部作业,两名作业者先后被接触网高压电被击伤,构成一起严重的职工责任重伤事故。

6. 电力机车操作不当引起的动轮弛缓

2012年3月8日，司机继乘使用$SS_4$型0489号机车(DK-1制动机)，担当货物列车牵引任务。始发由操纵练习司机驾驶，速度达到63 km/h进行列车贯通试验，自阀在制动位停留时间过短，没有形成有效减压，且自阀减压的同时将单阀置于制动区。本务司机发现后实施减压，自阀在制动位又停留时间过长，造成减压150 kPa，速度快速降至28 km/h时实施缓解，13 s后速度8 km/h强迫加载，加载4 min6 s、走行387 m，速度7 km/h，司机后部观察发现非操纵节(A节)走行部有大量烟尘，立即采取停车措施，检查发现机车A节左2、左4、右4动轮弛缓，构成一般C类事故。

7. 电力机车车顶设备松脱撞坏线路设施

2011年5月26日21时54分，由于电力机车受电弓故障，造成列车通过K30+385 m处器件式分相时，受电弓滑板松脱打坏分相绝缘器，中断供电83 min。

8. 机车受电弓被异物缠绕运行损坏线路设施

2011年7月10日12时35分，货运列车运行至东风站Ⅰ场Ⅰ道K264+200 m处停车时，因机车受电弓上编织袋造成带电体接地，导致Ⅰ道接触网断线，淄博变电所上、下行供电臂同时跳闸，14时03分处理后恢复，构成铁路交通一般C类事故。

9. 电力机车误入无网线路损坏设施

2011年8月2日5时54分，司机值乘$HXD_{1C}$型机车，担当货物列车牵引任务，列车到达车站本务机车进行调车作业后，单机4道转出时，因德令哈车站错误排列调车进路，机车闯入无网区停车，将接触网46号支柱以西第七根吊弦挂断，构成电力机车错误进入无接触网线路D19类事故。

10. 电化线路设施损坏超限碰/刮坏线路设施或机车设备

2011年5月27日14时35分，由于129号-128号中心锚结线夹偏斜，造成机车通过时刮弓，将129号-128号中心锚结至127号定位间吊弦打断，定位器、定位管有不同损伤，中断供电115 min。

类似的线路接触网损坏障碍引起的行车事故连续发生。

11. 高空坠落物件砸坏接触网

2011年7月25日17时31分，车站站台雨棚上的沿口板和屋面板坠落到接触网上，将下行线接触网保护线和上行线接触网正馈线砸断，造成717、718单元接触网跳闸停电，中断上下行行车3 h 9 min，导致45列动车组晚点，构成铁路交通一般C类事故。

12. 接触网承力线断引起的行车事故

2010年9月24日21时40分，上行线K642+420 m处TJ127型铜承力索发生断线事故，承力索断头距轨面约1.5 m，$HXD_3$型机车经过时发生弓网故障，机车继续运行，将承力索拉断，造成接触网承力索损坏300 m，吊弦、电连接脱落，定位、腕臂严重偏移，波及800 m接触网。机车后端受电弓变形刮翻。9月25日1时11分恢复供电，中断供电3 h 31 min，导致客货列车31列晚点。

(三)2014年铁路总公司一季度机务事故通报

在此期间全路所发生的A、C、D类行车事故共17件，多数为D类行车事故，而在该类行车事故中，多数为机车设备操作/操纵处置失当与不当所引起。在此仅例举与电力机车操作有关的行车事故，加以叙述。在该类行车事故中有直接机车操作失当，有间接操作处置不当而引起的行车事故。直接机车操作失当有 3 件,间接操作处置不当中,其中弓网故障引起 2 件,过分相途停 4 件。

1. 机车设备操作/操纵失当

(1)旅客列车附挂机车脱轨

2014 年 1 月 13 日 6 时 57 分,司机使用 $HXD_{3C}$ 型 0860 号机车,担旅客列车牵引任务。$HXD_{3C}$ 型 0880 号机车附挂机后无动力回送。附挂机车司机在"无动力回送"作业完毕后,错误将停放制动控制塞门再次开通后关闭,而没有下车机械缓解停放制动,柳州站抱闸开车,运行至二塘站进站时,附挂机车司机听到走行部异音,立即采取紧急制动停车,经检查发现附挂机车第三轮对脱轨,中断行车 9 h 10 min,构成铁路交通一般 A4.4 类事故。

(2)旅客列车停车过标

2014 年 2 月 5 日 16 时 24 分,司机使用 $HXD_3$ 型担当旅客列车牵引任务。停车后机车越过停车标 33 m,机后第一位车辆拉下站台,影响旅客正常乘降,耽误本列 17 min,构成铁路交通一般 D15 类事故。

(3)整备场调车挤道岔

2014 年 2 月 14 日 14 时 39 分,整备司机使用 $SS_9$ 型机车,与停留的 $SS_9$ 型机车进行连挂作业时,司机未确认扳道员连接信号盲目动车,两台机车车钩位置不对应发生碰撞,被连挂机车因防溜不到位,防溜铁鞋被挤下钢轨发生溜逸,接连挤坏库内两组道岔,构成铁路交通一般 D3 类事故。

2. 弓网故障

(1)接触网断线

2014 年 1 月 18 日 4 时 48 分,司机使用 $SS_4$ 型机车,担当货物列车牵引任务。湖东二场黄灯开车,司机在未确认线路右侧接触网杆上"前方 100 m 禁止电力机车停车"禁停标志情况下,红灯前将二位机车停于四跨绝缘锚段关节处,烧断接触网,构成铁路交通一般 C14 类事故。

(2)货物列车机车刮弓

2014 年 1 月 7 日 18 时 14 分,司机使用 $SS_3$ 型机车,担当货物列车牵引任务。因本务机车辅修作业时,检修人员简化作业,未发现Ⅱ端受电弓滑板存在裂纹,列车在场站开车时发生弓网故障,受电弓上框架拉断,构成铁路交通一般 D10 类事故。

3. 过分相途停

(1)旅客列车本务机车停于分相区

2014 年 12 月 28 日 18 时 55 分,司机使用 $SS_9$ 型机车,担当旅客列车牵引任务,列车编组 17 辆、总重 934 t、计长 40.5。运行至狼窝铺站西联线机车 LBJ 设备收到报警信号,司机使用紧急制动停车,停车后距分相 75 m,不具备闯分相条件,司机盲目动车停于分相区,构成铁路交通一般 D15 类事故。

(2)旅客列车本务机车停于分相区

2014 年 12 月 28 日 8 时 22 分,司机使用 $SS_9$ 型机车,担当旅客列车牵引任务,列车编组 17 辆,总重 934 t,计长 40.5。运行至双桥至北京东站间机车 LBJ 设备收到报警信号,司机使用紧急制动停车,停车后距分相 100 m,不具备闯分相条件,司机盲目动车停于分相区,构成铁路交通一般 D15 类事故。

(3)旅客列车区间停车

2014 年 2 月 27 日 6 时 35 分，司机使用 $HXD_{1D}$ 型机车，担当旅客列车牵引任务，列车编组 18 辆、总重 1 007 t、计长 43.2。列车以 55 km/h 速度越过恩施至利川站间限速 60 km/h 区段后，距前方分相 1 243 m，司机加速提手柄过快，机车产生空转(LKJ 记录速度达到 101 km/h)，机车主断路器跳开，重新闭合无效，列车处于 17.5‰上坡道，速度逐渐下降至 32 km/h，不能满足闯分相要求，司机采用常用制动，分相前 10 m 停车，构成铁路交通一般 D15 类事故。

(4)旅客列车二次救援

2014 年 3 月 5 日 7 时 16 分，司机使用 $SS_{7E}$ 型机车，担当旅客列车牵引任务。出站后机车撞异物，司机使用紧急制动停于分相区，调度发布命令越区供电，机车升后弓网压不足，请求救援，等待救援过程中，司机误认为机车发生故障，打开高压室门进行处理，由于在关闭室门时门联锁未关闭到位，导致列车被救援至板桥站后，机车受电弓无法升起，司机再次请求救援。构成铁路交通一般 D15 类事故。

## 二、路局电力机车运用相关规定

电力机车运用相关规定因各路局所处地域情况不同，其电力机车运用管理规定也有所差异。在此主要介绍了作者所在铁路局对电力机车运用的相关管理规定，与传达总公司通知/通报要求的执行相关规定补充，以举例说明相关规定的实施执行重要性。

(一)关于专列回送机车有关升弓要求的通知

乌鲁木齐机务段，库尔勒机务段：

现将原铁道部电报“关于专列回送机车有关升弓要求的通知”(运装机运电〔2011〕233 号)转发给你们，要求各机务段认真落实部电要求。部电全文如下：

为了确保电气化区段专列回送机车运行安全，现对附挂有 2 台及其以上电力机车的机车回送专列，不允许附挂的电力机车在回送专列运行中升受电弓。各铁路局要记名传达到每一名担当回送任务的机车司乘人员，并做好回送人员的后勤保障工作。

(二)关于“吸取太原局湖东电力机务段机车乘务员违章作业导致接触网断线构成铁路交通一般 C 类事故教训”的通知(机安电〔2014〕23 号)

各机务段：

现将“太原局湖东电力机务段机车乘务员违章作业导致接触网断线构成铁路交通一般 C 类事故”的通报转发给你们，并做好以下工作：

1. 认真吸取事故教训。各段要召开专题分析会，针对此次事故发生的原因，结合本段具体情况进行认真分析，反查作业标准中存在的不足，及时完善防止烧网安全措施；同时将此次事故记名传达到每名运用安全干部及机车乘务员，杜绝类似事故在我局发生。

2. 做好教育培训、风险排摸工作。一是各段严格按照乌铁供〔2013〕411 号“乌鲁木齐铁路局关于公布《电力机车禁停标设置规定》的通知”，对乘务员开展培训工作。二是各机务段对本区段设置的“电力机车禁停标”位置进行排摸，制定安全控制措施及提示卡，组织机车乘务员培训学习，要求每名机车乘务员牢记“电力机车禁停标”的位置。于 2 月 24 日 10 点前将排摸及培训教育情况报至机务处安全科 55 号邮箱。

3. 如发生机车停于“电力机车禁停标”范围内时，司机应及时降下受电弓，具备动车条件的，移出锚段停车；不具备动车条件时，立即请求救援。

(三)乌鲁木齐铁路局关于公布《电力机车禁停标设置规定》的通知

各供电段，各车务段，各直属站，各机务段，各工务段：

《乌鲁木齐铁路局电力机车禁停标设置规定》已制定完毕，现予以公布，自发布之日起实行，技术规章目录编号为 WLG/GD205—2013。

乌鲁木齐铁路局电力机车禁停标设置规定：按照《接触网运行检修规程》(铁运〔2007〕69号)第 96 条"绝缘锚段关节作为接触网电分段处宜装设'电力机车禁停'标，必要时还应根据反向行车需要设置"规定，为避免电力机车在起电分段作用的绝缘锚段关节处停车时，受电弓短接绝缘关节，烧断接触网线索事故发生，制定本规定。

1. 禁停标设置标准(略，见有关技术文件)

2. 禁停标安装位置

安装于转换柱至锚柱跨距内距转换柱 2 m 处，靠列车运行方向的左侧(双线区段均立于支柱侧)，标志面向列车运行方向，距线路中心距离应不小于 3.5 m，反向设置与正向标准一致。遇特殊情况不能按此标准设置时，可根据现场情况适当缩短，但禁停标必须设置在两接触线的垂直距离大于 300 mm，且便于司机瞭望处。

3. 禁停标设置要求

(1)既有电气化铁路应设置禁停标的处所，由所属供电段负责设置并日常管理；新线建设、既有线改造涉及须设置禁停标时，应纳入设计文件，施工单位按设计文件装设，并向相关供电段提供相应的技术资料。

(2)供电段填写《乌鲁木齐铁路局管内起电分段作用的绝缘锚段关节统计表》和禁停标设置示意图，将禁停标设置情况纳入电气化铁路技术资料。

(3)供电段在设置禁停标志前，须会同机务、车务部门现场共同调查、确定禁停标志安装位置。

(4)供电段在设置禁停标前，应提前 10 天以书面形式函告相关机务、车务站段，并提供禁停标示意图和具体装设处所(注：起电分段作用的绝缘锚段关节是指两供电单元交界处没有安装隔离开关或虽有隔离开关，但隔离开关为常开位置且关节两端长期存在电压差的绝缘锚段关节)。

4. 其他事项

(1)本规定由路局供电处负责解释。

(2)本规定自下发之日起执行。

(四)总公司事故通报

1. 货物列车冲突较大事故

(1)事故概况

2013 年 10 月 17 日 13 时 29 分，车站 8 道通过的检 930 次货物列车，在 617 号道岔处机后 1 位和 3 至 8 位脱轨，约 10 min 后，侵限车辆被 2 道通过的检 928 次货物列车相撞，造成检 928 次机后 1 至 7 位脱轨，检 930 次机车及机后 2 位脱轨，中断上行线行车，构成铁路交通较大事故。

(2)事故原因

检 930 次货物列车脱线事故原因正在调查中，检 928 次货物列车与检 930 次货物列车侧面冲突的主要原因如下。

① 司机没有按规定及时检查报告。

② 助理值班员发现列车停车后，没有及时查明并报告停车原因。

③ 车站值班员发现电检 930 次列车运行异常后，盲目排列 2 道通过进路。

④ 列车调度员盲目指挥行车。

⑤ 电检 928 次司机瞭望不彻底，制动不及时，失去了防止或减少事故损失的最后时机。

(3)事故教训

从目前调查情况看，在电检 930 次脱轨后，机车乘务员和车站值班员在应急处置上存在严重问题。从电检 930 次货物列车脱轨到列车冲突的 11 min，机车乘务员完全有时间防止第二次事故的发生。但电检 930 次机车乘务员发生问题后，没有在第一时间向列车调度员汇报，而是向段“120”和车间汇报，这种行为不是偶然，乘务员现在已养成了一种习惯，这些习惯都来自机务段的“土政策”和工作的随意性。

2. 路局层面的认识

开展一次集中传达学习；开展一次全员专题反思；开展一次规章专项清理；开展一次 LKJ 管理整顿；开展一次非正常行车办法培训；开展一次主要行车工种任职资格清查；开展一次客车安全专项检查。对所有与客车相关的信息，都要进行逐条分析、逐条落实考核、逐条制定整改措施，形成管理闭环。一是，必须把别人的事故当作自己的事故来对待，切实从中汲取教训。二是，必须把安全责任不折不扣的落实到岗位。三是，必须把转变干部作风作为卡控安全问题的关键。要树立解决问题的意识，树立为现场服务的意识，加强同基层单位的沟通、联系，主动深入基层，帮助生产一线解决工作中的突出问题，帮助基层去协调工作中的难题，带领职工把各项措施和要求落到实处。

## 三、机务段运用电力机车有关细则

机务段是机车运用的具体单位，面对的是现实机车实际运用情况，相关规定的制定与执行是根据总公司/铁路局的规定来进行实施执行。并根据机车具体运用情况有所详细的补充，以适应现场机车实际运用的需求，求得较好的机车运用效率，并避免行车事故的发生。因全路各机务段电力机车运用情况不一，并存在地域差异，在此仅列举了作者在机务段机车运用(行)中相关规定的执行(包括机车运用应急故障的处理)与要求实施。

### (一)机车运行中弓网故障应急处置

为认真吸取全路发生的弓网事故教训，防止电力机车运行中因机车司乘人员，对接触网及受电弓搭挂异物处置不当引发事故，依据《接触网搭挂异物及零部件脱落处置办法(试行)》(乌铁总〔2013〕320)和转发《中国铁路总公司关于上海局“9・7”工作人员感应伤害事故情况的通报》(乌铁安电〔2013〕866)号文件，特制定本办法。

1. 搭挂异物信息分级

接触网搭挂异物分级：分为Ⅲ级、Ⅱ级、Ⅰ级。

(1)Ⅲ级信息是指：列车禁止通过，必须立即停车的信息。

① 信息主要特征：挂搭异物与机车车辆顶部的电气安全距离小于 350 mm。

② 列车禁止通过的参照标准：接触网挂搭的金属性异物垂于接触线以下安全距离小于 350 mm，并侵入建筑限界(即吸上线、保护线或回流线等线索侵入建筑限界)。

(2)Ⅱ级信息是指电力机车采取降弓惰行方式能够通过的信息。

① 信息主要特征:搭挂异物与机车或车辆顶部的电气安全距离大于 350 mm,电力机车可降弓后惰行通过。

② 电力机车降弓正常通过的参照标准:接触网挂搭的金属性异物垂于接触线以下安全距离大于 350 mm,并不侵入建筑限界。

(3)Ⅰ级信息是指不影响行车,但需尽快处理的信息。

① 主要特征:挂搭的异物位于接触线上方,不影响正常行车。

② 列车可正常通过的判定标准:物体缠绕在承力索或腕臂上,不影响受电弓取流;承力索、腕臂、定位装置搭挂异物,不低于接触线面,不侵入受电弓动态包络;正馈线、保护线(回流线)搭挂异物,最大风摆时不侵入建筑限界;保护线(回流线)断线不侵入建筑限界;接触网吊弦、定位支撑、腕臂支撑等脱落于接触线面,不侵入受电弓动态包络线。

2. 接触网搭挂异物时

(1)机车司乘人员发现接触网搭挂异物在接触线以下,不能判断是否具备降弓通过条件时,可采取降速或在适当地点停车确认的方式,判断信息等级后采取相应处置措施;停车后,因动能闯坡等原因无法降弓通过搭挂异物地点时,机车司乘人员及时通知车站请求救援。

(2)机车司乘人员发现邻线接触网搭挂异物时,应立即通知车站值班员及临线运行的列车。

3. 发现接触网搭挂异物信息处置要求

(1)机车司乘人员发现接触网异物属于Ⅲ级信息时,应立即停车,按规定设置防护措施,并报告车站值班员。

(2)机车司乘人员发现接触网异物属于Ⅱ级信息和Ⅰ级信息时,降弓惰行通过搭挂异物位置 50 m 后升弓正常运行,并立即报告车站值班员;列车中的重联电力机车,听到途中降弓信号或通知后,应立即降弓,并鸣笛回示。

(3)遇受电弓挂有异物,必须采取停车措施,停车后,检查异物。如果在受电弓滑板上及其他部位与接触网接触时,严禁采取断电、降弓措施。由供电人员清理异物;若异物不在受电弓滑板上并不与接触网接触,可采取断电、降弓措施,在未采取安全措施(操作隔离开关)的情况下严禁升弓、合电。及时通知车站值班员,供电调度员办理停电手续。根据异物大小和现场情况。若能确定降弓后,异物飘起距接触网距离大于 350 mm,可采取降弓操作隔离开关换弓运行。如降弓后异物飘起距接触网距离小于 350 mm,必须严格执行电力机车登顶作业流程登上车顶彻底清理异物。

4. $HXD_{1C}$型机车受电弓挂有异物的处置

需要切除故障受电弓,换弓运行时,必须正确操作故障受电弓对应的车顶高压隔离开关。电力机车升弓前,机班必须确认计算机屏显原边电压为 3～5 kV 的悬浮电压方可升弓。若确认计算机屏原边电压为零严禁升弓;升、降弓前机班确认受电弓和接触网状态正常后(夜间使用手电),并呼唤应答,鸣笛后方可扳动操纵台升、降弓开关,升、降弓时需共同确认受电弓密贴或分离状态。并按停车、断开主断路器、降下受电弓拔出操纵台电钥匙相关规定严格执行,才能登顶作业。

(二)运行中车顶“放炮”,接触网失电的处置

(1)立即降弓,根据当时情况,尽可能利用有利地形对车顶进行检查。

(2)未发现异状时,可利用车顶隔离开关,切除原受电弓,进行换弓试验。

(3)机车司乘人员试验正常,即可恢复运行,待到达入库后,再对车顶进行详细检查。

(4)机车司乘人员换弓试验车顶仍“放炮”时,应按“$HXD_{1C}$机车登车顶作业流程”处理、消除故障点。

(5)机车司乘人员故障点无法消除时,请求救援。

列车遇非正常情况停车后,机车司乘人员必须严格执行立即向车站值班员或列车调度员报告的制度。

(三)特殊条件情况下的行车

1. 大风天气橙色预警(烟墩～尾亚间风力10级)要求

(1)途中接到调度员发布大风限速30 km/h命令时必须报告各点值班室及本队指导。

(2)因大风造成机车车辆门窗玻璃破损的列车以不超过30 km/h、整列重油罐列车以不超过40 km/h的速度通过风区(电力机车牵引列车在上坡道过分相断电时,允许将速度提升至不超过45 km/h)。

(3)天气不良中间站解保作业频繁,严格落实监控站码核对、票据交接制度,解保作业监控降级,监控按最低道岔限速控制,出站有分相时,严格按速度要求过分相,防止侧线开车撞线排风掉分相。

(4)发现接触网异物立即采取降弓通过并上报信息。

2. $HXD_{1C}$型机车防空转、防溜逸

(1)手柄设定速度的要求

① 4 500 t以下列车,运行速度达到持续速度,将手柄设定速度回至80 km/h。

② 4 500 t以上列车,运行速度达到持续速度,将手柄设定速度回至100 km/h。

注:运行中发生空转时手柄绝对不能动,严禁出现提手柄、回手柄现象。凡发生空转途停,分析只要有司机提手柄、回手柄记录将定一般D15类事故,列司机全责。

(2)坡停前做到

坡停为起车做准备:在停车前速度达到20 km/h以上时单阀制动100～200 kPa,速度15 km/h时自阀减压同时进行人为撒砂。

(3)坡道起车方法

① 检查各砂管下砂状态,不良时必须进行通砂处理。

② 在机车下方钢轨表面进行预铺备用砂。

③ 起车时先单阀侧缓到零,再将手柄设定速度为100 km/h,并认真确认计算机屏显牵引力为500 kN左右的字样(若无牵引力的显示,应认真查找“牵引封锁”原因,并处理后再进行起车)。

④ 确认牵引力达到500 kN左右后,再认真确认计算机“分流”显示是否稳定,稳定后方可缓解自阀,(如确认计算机“分流”显示有波动现象即为机车已发生空转,此时严禁缓解自阀,避免列车溜逸)。起车时在机车不空转的前提下,逐渐提高牵引力至最大,确保全列启动,启动过程中要适量撒砂。

3. 本局与邻局同类型机车操作不同点

(1)站内停车监控装置通常状态下,缓解列车制动(自阀由制动区移至运转位、单阀全制位),2 min监控装置启动“缓解不开车防溜报警”倒计时10 s,此时必须使用监控装置“警惕

键”进行解锁否则 10 s 后 LKJ 发出常用制动指令。自阀置于运转位缓解充风时，严禁离开司机室检查机车及车钩。

(2)列车在运行中空气制动调速，列车管减压 50 kPa 后走行 800 m，监控装置发出“呜呜”报警声，或列车管减压 50 kPa 以上监控装置直接发出“呜呜”报警声。待列车管减压量发生变化(上升/下降)语音报警解除。

(3)邻局 $HXD_{1C}$ 型机车车站开车时，出站信号开放监控语音提示信号 2 次，待开车速度 1 km/h后监控语音再次提示信号 2 次(提示司机确认信号)。

(4)邻局 $HXD_{1C}$ 型机车运行中接收非绿灯信号，LKJ 均显示距离“不校”，实际运用中出现机车越过绿黄灯，距离误差 10～20 m 监控限速下压现象。

(5)邻局 $HXD_{1C}$ 型机车单机运行限速 70 km/h。开单机关闭制动柜撒砂塞门，三四电机置隔离位，防止追尾，防止单机升速过快撞线排风。

(6)邻局机车出/入库模式限速 18 km/h。

(7)邻局机车进站输入侧线股道号无左键等待功能，如司机在进前使用“←”左键延时操作时，侧线输入窗口立即消失，再次按压进路号键输入时在下行哈密东、哈密南、乌西弹出窗口上方为股道号、下方为支线号输入窗口，防止误输支线号股道号问题。

(8)单机车次 50001 至 50999，输入后监控默认客本，无法输入支线号进入个别车站(如本牵引区的乌西站)。

(9)邻局 $HXD_{1C}$ 型机车手柄设定速度不能固定，机车运行中发生振动极易发生超速。

(10)邻局 $HXD_{1C}$ 型机车克诺尔、法维莱、DK-2 三种制动机，接车必须确认制动机型号防止操作失误。

(11)DK-2 制动机，制动屏制动状态指示灯，有左侧和右侧两种，接车后发现指示灯不亮表示无电或正在启动，慢闪 4 s 一次可维持运行并通知段技术支助热线“110”，快闪 0.5 s 一次立即停车处理制动机故障。

(12)邻局机车法维莱制动机担当本务机车时制动屏显示主控，二位重联机车制动屏显示从控。

4. 电力机车因降雨造成轮对持续空转对策

作者所在单位就电力机车牵引运用以来就轮对存在的问题进行讨论分析，同时要求相关责任机班司机共同参与，分析原因，制定特殊环境条件下适合电力机车操纵的安全措施。空转原因分析如下。

(1)列车操纵问题

① 机车发生空转前，司机应提前预防性撒砂，以增加机车黏着力，消除空转。

② 机车发生空转后，手柄位置适当调整，已减少机车牵引力，达到机车黏着牵引力与轮轨黏着系数平衡来消除轮对空转，在手柄设置位置调整过程中，应缓慢进行，不得过急过快。

③ 当机车空转消失后，缓慢提高手柄设定速度，增加机车牵引功率，在调节过程中适当停顿，利用机车自动调节功能，调节机车牵引力。

④ 区间列车密度高，持续速度低，根据电力机车性能——牵引特性，需要的牵引力较大，从而导致发生空转的概率增加。

⑤ 行车经验积累。分析发生空转机班在机车空转操纵情况，积累操纵方法与操纵技能。

(2)机车相关设备质量问题

① 机车撒砂量没有统一标准，有的机车撒砂量大，有的机车撒砂量小，据现场作业人员反映，在实际运用过程中，机车下砂量大的机车发生空转的机率较小。

② 马蹄口设计不合理，遇到雨天运行时，雨水与机砂混合，容易堵塞砂管造成不撒砂。

③ 砂管细，砂箱压力小，部分机车撒砂不是喷出，而是流出，运行中不能完全撒在轮对下面。同时砂管带有弧度，堵塞砂管时不利于疏通。

④ 机砂清洁度不高，含有泥土，在降雨天气易板结成块，下砂量降低。

⑤ 砂箱砂盖密封不严，砂箱内压力不稳定，易出现不下砂情况。根据近期降雨情况下，柳园站检查到达机车砂箱砂量情况，出现有的机车剩余砂多，有的剩余砂少，可以判定机车在运行中撒砂量不均匀。

(3)外界因素方面

① 天气原因。钢轨有雨水，机车动轮黏着力与机车牵引力无法平衡，导致机车自动功率调整，速度持续降低，无法达到过分相最低速度要求。

② 大风天气，机砂不能撒到轨面与轮对之间，特别是砂箱压力不足的情况下，易被风吹走，失去撒砂作用。

(4)监控装置设置问题

依据 LKJ 模式控制说明，运行中机车动轮发生空转后，受监控装置 15 s 抑制时间限制，在 15 s 内如果机车动轮空转不能及时消除，监控装置将启动紧急制动措施，当监控装置记录机车轮对空转时，司乘人员必须采取措施，消除空转问题，否则造成监控排风。

根据以上问题，结合现场情况，采取以下措施

(1)加强安全预想，出勤遇非正常天气，尤其是雨天，指定专人对电力机车雨天操纵注意事项进行指导和传达。

(2)库内接车，站换接车，重点对电力机车砂箱砂量，撒砂状态，雨刷器进行检查，发现不良立即通知行修进行处理，库内撒砂不良严禁出库牵引列车，站换接车未进行有效处理，严禁开车。

(3)列车在分相前必须达到通过分相的最低速度要求，由于机车空转降功，列车速度降至通过分相的最低速度要求时，司机必须立即采取停车措施，防止因速度过低造成掉分相事故发生。

(4)结合天气情况，组织召开专题分析会，总结现场经验，分析原因，不断提高操纵技能。

撒砂方法及要求如下。

(1)库内及站换接班加强撒砂试验，保证砂路畅通、砂量充足、砂箱盖关闭严密。

(2)点式撒砂只能作为预防性撒砂，当列车产生空转后点式撒砂已经不能起到遏制空转的作用，必须使用持续性线式撒砂，使用线式撒砂时要注意，由于和谐电车采用密闭加压式撒砂，在连续踩踏撒砂阀 10 s 后，砂管不再下砂，因此必须停顿 3 s 再次踩踏撒砂阀。其方法为踩 10 s，松 3 s，再踩 10 s，松 3 s，如此循环进行持续性线式撒砂。

5. 对电力机车运用中存在的问题原因总结

(1)电力机车运用中日常教育不细致，通过此类问题，充分暴露出机车运用管理存在的缺陷，安全风险预警机制落实不利。

(2)对电力机车安全信息上报、汇总不及时，不全面，导致对电力机车非正常情况教育缺失，顾此失彼，工作中心偏移，轻视了电力机车安全隐患排查和整治。

(3)对电力机车操纵重点，没有系统进行教育，操纵习惯没有进行系统反馈，导致车间教育上出现空白。

通过以上问题分析，基本是由于操纵经验不足造成的，由于对电力机车运用时间短，基础教育没有从基础作业标准和安全理念抓起，造成作业标准依赖习惯，执行作业标准不到位。

6. 对电力机车行车安全进行重点要求

(1)加强司乘人员关于电力机车知识的学习，结合电力机车开行、列车牵引定数发生变化带来的安全风险，继续排查安全风险点，逐项完善控制措施，强化专项教育。

(2)再次开展“四防”(防弓网、防坡停、防闯分相、防掉分相)专项教育活动，结合《铁路机车操作规则》学习，加强现场推标写实，大力规范司乘人员电力机车操纵行为。

(3)各指导司机结合车队情况，利用 5 天时间，把防空转安全措施，机车空转后操纵方法在车队中开展教育，必须保证在月底前全部完成再次培训工作。

7. 电力运用中需要解决的问题

(1)遇冰霜雨雪、高温等恶劣天气，为了减少机车故障影响列车运行秩序，建议减吨或加挂补机。

(2)因和谐型电力机车属计算机系统控制，建议取消监控装置检测到机车动轮空转后，15 s内必须抑制的时间限制。

(3)统一机车撒砂量标准，不能满足条件，及时进行处理。

(4)对砂管马蹄口设计进行改造。

(5)适当调整机车砂箱压力，使机砂快速喷出。

(6)提高机砂清洁度，清除泥土。

(7)改造机车砂箱砂盖密封度。

(四)电力机车开行存在安全隐患

作者所在机务段运用电力机车以来存在的安全隐患，主要体现在以下几方面。

1. 设备设施存在困难

(1)哈密东站站换作业，无司乘人员待乘休息室，建议增盖休息房间。

(2)电力机车厕所不能使用，建议解决。

(3)电力机车工具备品使用不透明，并上铅封，内部工具无法看到。

(4)因哈密东行车计划不能提前 4 小时发布，临时变更极为频繁，导致哈密东出勤、候班人员晚到增多，建议行车计划必须提前 4 小时发布，发布后不能随意变更。

2. 监控设置运用存在的问题

(1)遇到 LKJ、机车信号、地面通过信号等故障，监控操作使用手册中规定列车不超过 20 km/h速度运行，遇到区间或进站有分相时，不能保证列车运行速度安全通过分相。

(2)双线自动闭塞区间反方向行车时，在进行反方向操作或恢复正方向操作时，监控装置均为降级状态，将按该站股道最低限速控制，因受道岔限速，不能保证列车运行速度安全通过分相。

(3)双线自动闭塞区间列车反方向行车，进站前列车越过上码点后，机车不能接收到反方向进站信号机显示，监控装置操作手册规定使用，按压【解锁】件，LKJ 监控列车不超过 20 km/h速度进站，电力机车因速度限制，不能保证列车安全通过分相。

(4)占用区间的行车凭证为调度命令，施工封锁区间开行路用列车，进站信号机显示引导信号或引导手信号时，电力机车进站的处置。

(5)占用区间的行车凭证为调度命令，向施工封锁区间开行路用列车时，如果在预告及进站信号机间途卸，监控装置规定设置为 20 km/h，如果该区间有分相时，不能保证列车运行速度安全通过分相。

3. 列车操纵(机车操作)问题

(1)相邻局(兰州局)机车与乌局运用机车在运用设置中的区别(如制动机、LKJ 设置不同),具体体现如下。

① 自阀置于运转位,监控装置具备防溜报警功能。

② 运行中调速减压 50 kPa 以上,兰州局机车具备不间断语音提示功能。

③ 使用兰州局机车时,个别机车主手柄位置不能固定。

④ 兰州局监控装置单机模式限速 70 km/h。

(2)自动过分相装置有时出现不能自动合主断问题。

(3)空敞车整列编组,在分相前速度达到 35 km/h,因大风原因,存在掉分相隐患。

(4)区间临时停电后机车防止馈电和防溜措施不足。

(5)列车运行中车辆临时故障的处置,如列车停车后,机车停车位置接近分相时,列车能否越过前方分相后停车处理。出现紧急制动停车或需要列车限速运行时,无法确保列车安全通过分相的情况下,请求救援的可性行。

(6)HXD1C 型机车正常运行时一台风泵工作,当总风缸压力达到 685~650 kPa 时,启动两台风泵工作,机车运用中总风缸压力有时 720 kPa 风泵才开始工作,因此导致列车管充风慢。

4. 区间救援问题

(1)《电气化铁路行车组织暂行规定》〔2009〕305 号文第 13 条接触网停电时列车运行的规定中第 5 项,停车超过 60 min 后按规定进行机车防溜措施操作,是否适合区间救援规定。

(2)若机车进行防溜措施操作,如何进行(司机在机车上,学习司机防护)。

(3)故障机车区间被救援,若返回车站时进行无动力回送操作,蓄电池是否馈电。

(4)区间救援开车遇分相区的处置。

(5)连挂列车,打开折角塞门,电力机车出现惩罚制动,列车管压力为零。

(6)担当救援时监控装置处于调车状态,监控显示屏不能显示 km/h 标、电力区段分相位区位置。

(7)电力机车区间担当救援,距离被救援机车 2000 m 限速 20 km/h,2000 m 内有分相时,运行速度低于分相的临界速度的处置。

(8)列车故障停车位置,距离前方分相安全距离不足的救援处置。

(9)多台电力机车区间救援的处置问题。

5. 个性问题

(1)思甜站满吨、满长列车

① 站内停车,如果不能满足站内停车需求,需要二次拉标时,机车不能满足制动需求,不能保证停车充风问题。

② 停车超过 20 min 开车前试闸问题。

③ 站内停车尾部安全距离问题。

(2)烟墩站

上行出站 730 m 为分相,处在 6‰的上坡道,分相长度 220 m,最低过分相速度 3 km/h。

① 烟墩站 5 道限速 30 km/h,电力机车牵引 4 000~5 000 t 列车烟墩站 5 道上行开车受道岔限速模式 30 km/h 限制,到分相前无法达到最低过分相速度,存在掉入分相的安全隐患。

② 烟墩站 5 000 t 列车一停再开,电力机车牵引列车无法保证在分相前将速度达到最低

过分相速度要求，存在掉入分相的安全隐患。

③ 烟墩站换挂，解备列车时，LKJ 降级模式，使用绿色许可证开车时，因烟墩站 5 道道岔限速 30 km/h，监控装置按照最低道岔限速控制列车出站，电力机车牵引列车在分相前均无法达到最低过分相速度，存在掉入分相的安全隐患。

(3)照东站

上行出站 740 m 为分相，处在 5.1‰的上坡道，分相长度 220 m，最低过分相速度35 km/h。

① 上行照东站侧线出站限速 50 km/h，电力牵引 5 000 t 列车在车站一停再开时，列车在分相前抢速达不到最低过分相速度要求，存在掉入分相的安全隐患。

② 下行进站，电力牵引列车，遇进站信号机故障引导接车，列车在下坡道涨速过快造成监控装置限速曲线下压，存在掉入分相和超速的安全隐患。

(4)山口站，思甜站，景峡站，尾亚站

上行进站前距进站信号机 250 m 处存在分相区，分相区处在 6‰的上坡道，分相长度 330 m，最低过分相速度 35 km/h。上行电力机车牵引列车在遇进站信号机故障引导模式接车，监控装置限速 20 km/h，存在掉入分相的安全隐患。

(5)哈密南站、红台站

下行电力牵引 4 581 t 及以上或牵引整列空车，哈密南站 5 道限速 30 km/h，出站方向分相前为 6.0‰上坡道加速困难，遇大风天气，易出现掉分相风险。

(6)了墩站上行

电力牵引 4 581 t 及以上或牵引整列空车时，分相位于了墩站出站第一分区，分相长度 313 m，位于 2.4‰的上坡道，如遇大风天气，降速较快，速度不好控制，存在掉分相隐患。

(五)关于电力机车进行升双弓检测的通知

弓网检测站安装在机车入库线路上，采用高速、高分辨率、非接触式图像分析测量技术，实现对受电弓滑板磨耗、中心线偏移、工作压力等关键特性参数的动态自动检测和车顶异物及关键部件状态的室内可视化观测。现要求对电力机车通过弓网检测站时(故障机车除外)，必须升双弓运行进行检测。

1. 工作安排

(1)运转车间对通过弓网检测站的电力机车(故障机车除外)，必须升双弓运行。

(2)整备车间严格按照弓网检测分析要求进行分析。

2. 具体要求

(1)运转车间要传达到每一名机车乘务员，正常入段的电力机车通过弓网检测站时，必须升双弓运行进行弓网检测。

(2)整备车间做好每台电力机车弓网检测数据的分析，发现超限报警信息时，严格按照要求进行处理。

(3)对未升弓进行弓网检测的机车，整备车间负责对受电弓压力、滑板厚度进行测量，并做好记录。

(4)修程、扣修机车，检修车间负责对受电弓压力、滑板厚度进行测量，并做好记录。

3. 完成日期：从 2014 年 2 月 12 日开始。

(六)电力机车禁停标志的设置和显示要求

1. 禁停标显示要求

绝缘锚段关节作为接触网电分段处宜装设“电力机车禁停标”,必要时还应根据反向行车需要设置规定,防止电力机车在起电分段作用的绝缘锚段关节处停车时,受电弓短接绝缘关节,烧断接触网线。

2. 禁停标设置规定

禁停标采用 600 mm×600 mm 反光菱形标志,白底、黑框、黑色“停”字、红色斜杠(图 11-36)。

3. 乌西站电力机车禁停标设置地点

电力机车在禁停标内方停留就会造成烧网事故;电力机车严禁在禁停标内方停留!

电力机车升降弓时,机班必须共同全程确认受电弓升起或降下状态,防止拉弧烧网!

图 11-36 禁停标设置规定

4. 要求

(1)东西线客、货车主管及各位指导司机,排查本区段是否存在电力机车“禁停标”,并反馈教育副主任,在日常乘务员学习会实施教育。

(2)西线客车主管及西线客车指导司机,根据以上数据,排查现场情况,并以书面及照片的形式上报教育副主任,在日常客车乘务员学习会实施教育。

(3)东线客车主管及东线客车指导司机,排查柳园至嘉峪关间,以及嘉峪关站场现场情况,是否存在电力机车禁停标,并以书面及照片的形式上报教育副主任,在日常乘务员学习会实施教育。

(七)吸取太原局湖东电力机务段机车乘务员违章作业导致接触网断线构成铁路交通一般C类事故教训

(1)运转车间立即将此次事故连夜记名传达到每一名运用安全干部及机车乘务员,要让每一名干部职工清楚事故情况和事故原因。

(2)针对此次电力机车停于绝缘锚段关节处将接触网烧断事故,召开专题安全分析会,对事故发生的原因认真分析、讨论,结合我段担当区段的实际情况,及时完善防烧网安全措施。

(3)职教科牵头、运转车间负责,立即对全体电力机车乘务员进行《关于公布电力机车禁停标设置规定的通知》(乌铁供〔2013〕411 号)文件相关内容的培训考试,重点要掌握以下内容。

① 必须掌握电力机车禁停标的样式。

② 值乘中要密切注视线路两侧标识,发现有电力机车禁停标时,必须要确认禁停标显示的严禁停车的区域长度。严禁在该区域内停车。

③ 附挂有升弓的电力机车时,本务机车(含内燃机车)在越过禁停标停车时,必须要考虑附挂机车的长度,防止附挂机车在禁停区域内停车。

④ 如发生机车停于绝缘锚段内(禁停区域内)时,司机应及时降下受电弓,具备动车条件的,移出锚段停车。不具备动车条件时,立即请求救援。

(4)运用科牵头,安全科、运用车间配合,积极与供电部门联系,掌握乌西～嘉峪关间的电力机车禁停标设置情况,安排干部现场核查,制定对应的安全措施及提示卡,组织机车乘务员培训学习,每名机车乘务员必须牢记“电力机车禁停标”的位置。

(5)运用干部对电力机车操纵情况加大分析力度,对区间在“绝缘锚段关节处”前后停车的问题认真分析,对存在问题的人员严肃处理。

(6)安全科、运用科对乘务员“电力机车禁停标”位置的掌握情况进行抽查验证。